第 五 卷

1916.1—1917.12

孙中山史事编年

主 编 桑 兵
副主编 关晓红 吴义雄

陈 喆 李欣荣 李 源 著

中 华 书 局

目　　录

1916 年（民国五年　丙辰）五十岁 …………………………………… 2191

　1 月 …………………………………………………………………… 2191

　2 月 …………………………………………………………………… 2214

　3 月 …………………………………………………………………… 2232

　4 月 …………………………………………………………………… 2259

　5 月 …………………………………………………………………… 2284

　6 月 …………………………………………………………………… 2309

　7 月 …………………………………………………………………… 2329

　8 月 …………………………………………………………………… 2354

　9 月 …………………………………………………………………… 2375

　10 月 ………………………………………………………………… 2394

　11 月 ………………………………………………………………… 2414

　12 月 ………………………………………………………………… 2429

1917 年（民国六年　丁巳）五十一岁 ………………………………… 2458

　1 月 …………………………………………………………………… 2458

　2 月 …………………………………………………………………… 2472

　3 月 …………………………………………………………………… 2488

　4 月 …………………………………………………………………… 2500

　5 月 …………………………………………………………………… 2506

　6 月 …………………………………………………………………… 2518

　7 月 …………………………………………………………………… 2537

8月 ·· 2593

9月 ·· 2645

10月 ··· 2705

11月 ··· 2741

12月 ··· 2781

1916年(民国五年　丙辰)五十岁

1月

1月1日　本日上午,收到小山善太郎、和田瑞、丸善株式会社、竹内清兵卫、清水清太郎、山本俊麿、石原□一郎、周厚德、菊池良一、片山保平发来的贺年片。徐苏中、盛怀谷、徐□、张罗等来祝贺新年,即刻离去。伍川坡、赵瑾卿、佐佐政光、连城、周道万、方毅、江维华、居正、孙镜、区汉奇、谢心准、萧萱、万黄裳、王静一(即谢持)、刘兆铭、周应时、金佐治(即廖仲恺)夫妇、仇鳌、杨丙、陈璞、刘祖章来访。中午,收到神田区表神保町10号火谷寄来的贺年片。龙光、赵践桥来访。下午,本乡区元町二丁目47号谭平来一邮件。黄实、谢心准、林德轩来访。晚,殷健和赤坂区灵南坡的头山满各来一邮件。(俞辛焞、王振锁等译:《孙中山在日活动密录》,第503—504页)

△　致电上海陈其美,指示机宜。希望竭力联络陆军,而运动海军的计策仍照王统一的办法。并告知"粤将发,鄂、赣着速动,沪当图万全"。此外关于山东的交涉已经办妥。中华革命党江苏司令长官周应时和江苏支部长吴藻华电请的万元款项一时难以拨付。最后请发电促催新疆方面尽早行动。(《致上海指示机宜电》,中国国民党中央委员会党史委员会编:《国父全集》第3册,第355页)

　　△　袁世凯公布"洪宪元年",改总统府为"新华宫",公布年度预算。云南成立护国军政府,都督唐继尧誓师讨袁。袁世凯策令,孔令贻仍袭封衍圣公,并加郡王衔。("中华民国"史事纪要编辑委员会编:《中华民国史事纪要(初稿)——中华民国五年(一九一六)一至十二月份》,第1—3,11,24页)

　　1月2日　本日上午,张宗海、□尚谦、杨清汉、赵殿□、张永修来访。下午,萱野长知、仇鳌、杨丙、王统一夫妇、廖仲恺、林德轩、覃振、王静一来访。高田□三六二六宫木寄来照片一张。(俞辛焞、王振锁等译:《孙中山在日活动密录》,第504—505页)

　　△　复旧金山革命党人电,"回期尚未定。需款急,速汇"。(《讨袁之役复三藩市速汇款电》,中国国民党中央委员会党史委员会编:《国父全集》第3册,第355页)

　　△　袁世凯规复坛庙制度。江西将军李纯电请袁世凯早日登基。(郭廷以编著:《中华民国史事日志》,第215页)

　　1月3日　本日上午,头山满、横滨市山下町186号的张某、该町245号华侨学校、陈某、致公堂(发函人代号为致公堂)、谭某、宫崎民藏(居小石川区□□町青云馆)、居小石川区白山御殿町8号畑田宅的黄五(流亡者黄实?)等各来一函。议员菅原传、谢心准、成德记、陈自觉、吴锭辉、黄□□、李杏泉、吴锟、马超俊、李文耀、黄凌欧、杨毅、缪柏原、鲍华耀、马其英、缪安光、黄焯民、鲍公兄、李英达、方英鹏、刘李□、李永添、陈百□、杨少佳、陈泽景、胡铁生、陈树人等来访。

　　中午王子衡、居正夫妇来访。下午偕同居的宋庆龄乘车外出,访问头山满、寺尾亨、海妻猪勇彦,贺拜新年。谢心准、伍川坡、陈树人、赵□琴来访,因外出未得见。归来后,张继、张静一来访。居本乡区真砂町15号二桥宅的陈某(疑为陈家蕭)来一快递邮件。晚杨丙来访。(俞辛焞、王振锁等译:《孙中山在日活动密录》,第505—506页)

　　△　尹子柱等于上月16日来函,以赣省党人对推举负责人有分歧,函请另委贤能。本日收到该函,答复称对江西司令长官人选自有

主张，尚不便发表，需待事发之后方可公布。到时无论何人，"总望公等协力襄助，以成大事"。（《批尹子柱等来函》，中国国民党中央委员会党史委员会编：《国父全集》第4册，第135页）又复上海陈其美电，"即前同山田（纯三郎）所用之密30"。（《讨袁之役复上海陈其美用密码电》，中国国民党中央委员会党史委员会编：《国父全集》第3册，第355页）

　　△　陈逸川来函，谓黄士龙、谭民三等作梗，暹罗党务难办。但亦有不少热心有才同志。来新加坡已三月，听闻内地消息，怦然心动，愿归国效力。（《陈逸川上总理函》，环龙路档案第07385号）

　　△　《中华新报》消息，上海电报总局奉北京电局、交通部及统率办事处令，查禁革命党人电报。（《严禁党人电通消息》，《中华新报》1916年1月3日，"本埠要闻"）

　　△　袁世凯令各机关对外仍称民国，对内则书"洪宪"。

　　大典筹备处于上年12月31日发布通告，于1916年元旦开始，所有奏咨及公牍只署洪宪元年某月某日。然遵循者只限于官家文告，各地商民多不奉行。凡投递外国驻京各使署及各地领事署之文件，若书"洪宪元年"均被退回。袁世凯不得已，遂令对外仍称民国，对内则书"洪宪"，暂时不加帝国字样。（"中华民国"史事纪要编辑委员会编：《中华民国史事纪要（初稿）——中华民国五年（一九一六）一至十二月份》，第28—29页）

　　1月4日　本日上午，刘世均、廖仲恺来访。中午王子衡、王静一来访。下午曾壮飞、刘世均、戴季陶、苏曼殊、谭平、王静一来访。晚，陈中孚来访。（俞辛焞、王振锁等译：《孙中山在日活动密录》，第506—507页）

　　△　委李可简为广东恩、开、新地方司令，陆任宇为高雷地方司令。（罗家伦主编，黄季陆增订：《国父年谱（增订本）》下册，第619页）又批□□伟致谢持函，曰：慧生代答以本已有策划，并嘉其热心。（《批□□伟致谢持函》，《孙中山全集》第3卷，第228页）再复中华革命党菲律宾筹饷委员薛汉英电，谓："万元妥收。南北各省皆图发动，款尚缺。"（《讨袁之役复薛汉英电》，中国国民党中央委员会党史委员会编：《国父全集》第3册，第355页）

△　鲍公兄来函,谓听闻各省独立,如需军用品,愿代为查找以廉价货佳且实用者。(《鲍公兄上总理函》,环龙路档案第01532号)

△　胡汉民偕吴宗明旅行至菲律宾,在金堡参与菲美人士辩论菲律宾独立问题。后于2月5日离开菲律宾返回东京。(蒋永敬:《民国胡展堂先生汉民年谱》,第196页)

△　北京统率办事处举行军事会议,决定进军云南。冯国璋、张勋等电请政事堂及统率办事处颁发明令,讨伐云南护国军。安徽将军倪嗣冲、巡按使李兆珍电请袁世凯早登帝位。("中华民国"史事纪要编辑委员会编:《中华民国史事纪要(初稿)——中华民国五年(一九一六)一至十二月份》,第31—32页)

1月5日　本日上午,廖仲恺、林德轩、王世璋来访。中午发一西文电。下午,谢心准、戴季陶、和田瑞来访。(俞辛焞、王振锁等译:《孙中山在日活动密录》,第507页)

△　签发委任令第62号,任命马六甲支部、峇眼西比支部、峇申分部、亚沙汉(Asahan)分部、广东支部、雪兰峨支部负责人及各科干部。(《委任令第六十二号》,《孙中山全集》第3卷,第439—440页)

△　护国军第一军司令蔡锷通电讨伐袁世凯。(曾业英编:《蔡松坡集》,第901—902页)袁世凯申令各省长官,向人民晓谕帝制之利;申令云南周边各省严筹防剿。(郭廷以编著:《中华民国史事日志》,第216页)又颁令讨伐蔡锷、唐继尧等人,并派虎威将军曹锟督师待命。("中华民国"史事纪要编辑委员会编:《中华民国史事纪要(初稿)——中华民国五年(一九一六)一至十二月份》,第34页)冯国璋、张勋、王占元、李纯、朱瑞、阎锡山、陆建章、靳云鹏等通电讨伐唐继尧。倪嗣冲电请袁世凯早正大位。(郭廷以编著:《中华民国史事日志》,第216页)

1月6日　本日上午,偕来访的戴季陶乘车至四谷区南寺町23号,访问议员菅原传,会谈两个半小时。12时50分告辞去曲町区曲町八丁目访议员秋山定辅,因秋山未在,即刻退出。后去该区二番町之38号,访小林雄介议员,会谈约四十分钟。告辞后去牛込区马场下町访议员犬养毅。犬养未在，即刻退出。下午2时30分回住所。之后，刘兆铭、苏曼殊、谢心准来访。晚王静一来访。（俞辛焞、王振锁等译：《孙中山在日活动密录》，第507－508页）

△　广东共和军总司令陈炯明、东江副司令林海山等在淡水、白花及惠州等地起义，兵分十路十八支队，旋即败退。（中华新报馆编：《护国军纪事》第1期《共和军纪事·义声纪事》，第144页）

1月7日　本日上午，枥木县枥木町秀康来一函。廖仲恺来访。下午，谢心准来访。之后，李焕、万黄裳、陈群三人来访。由谢心准代与面谈。此外，又有林德轩、肖俊、荆嗣佐三人来访。晚，神田区前神保町10号的大谷吉（音译，疑为仇鳌）来一函。（俞辛焞、王振锁等译：《孙中山在日活动密录》，第508页）

△　中华革命党成立后，即开始筹划国内反袁活动，资遣党员回国从事革命工作。本日《申报》消息，北京统率办事处接驻日密探报告，谓"遁亡海外各党魁已相互联络，新组中华民党联合会，举岑春煊为会长，孙文、黄兴副之，内地各省均派有干事。其宗旨专为推翻帝制、拥护共和，业已派遣党员数十名陆续回华，分布各地，密谋起事"，故通电各省妥慎防范。（《再纪滇省独立后之防范党人》，《申报》1916年1月7日，"本埠新闻"）就通电内容，据8日上海《时事新报》消息，称北京统率办事处电告淞沪护军使，令其以"分遣重要部属赴美筹款；组建侠义团分布长江沿岸各处图谋起事；秘制电码互通消息，分发印刷品；新近觅得革命党暗号本中常用暗语含义"四项为重点访查对象。（《海外党人活动纪》，《时事新报》1916年1月8日，"本埠时事"）

上年12月27日护国军第一军总司令蔡锷号召北方各师、旅、团、营长，共同讨伐袁世凯。贵州巡按使龙建章亦于1915年12月29日致电中央及各省，请召开国民会议，将国体变更一事重付表决，或由元首宣布取消帝制。本日，参政院开会议决发电驳复，称倘如来电所云，则民意法律无时不可变迁，故此再付国民公决之说，不能成立。全国法定之国体，元首一人不能废弃，故此由元首宣言取消之说,亦不能成立。至若人民疑虑心理,纯由唐(继尧)、任(可澄)造成,不能归咎中央。("中华民国"史事纪要编辑委员会编:《中华民国史事纪要(初稿)——中华民国五年(一九一六)一至十二月份》,第42页)

1月8日 本日上午,王统一、一濑斧太郎、廖仲恺来访。下午,戴季陶、廖仲恺、菊池良一、□茂二人(满铁社员)、林德轩、喻煜珊、谢心准、刘世均来访。晚,仇鳌来访。(俞辛焞、王振锁等译:《孙中山在日活动密录》,第508—509页)

△ 致上海革命党人电,谓:"即由台湾银行电田中日金一万圆。款尽汇沪。陕款下次汇还,请转(徐)朗西"。又致马尼拉革命党人电,谓"闽请款为谁? 当由此酌拨,不可由岷直拨,方能统一。"(《讨袁之役致上海指示汇款电》,中国国民党中央委员会党史委员会编:《国父全集》第3册,第356页)

△ 菲律宾怡朗(Iloilo)支部余以和来函,报告当地华侨踊跃认购债券及汇款事,称民心踊跃,已筹得一万余元,其中八千元先由上海银行汇出。(《怡朗支部余以和上总理函》,环龙路档案第08604号)

△ 有署名 Jacob Chen 者报登致孙中山公开信,对其革命活动加以谴责。

时孙中山派陈其美运动于沪上,图谋举事。袁党亦发动宣传,批评责难。本日《北华捷报》(*North China Herald*)刊登署名 Jacob Chen 者致孙中山公开信一封,站在袁政府的立场上,批评孙中山之革命行为,劝其趁早收手。函曰:

"先生流寓海外已有三载,诚如所言为爱国志士,则细思故国,作何感想? 先生吹嘘爱国主义,夸示利民伟划,然今昔有何作为?

"当辛亥清朝倾覆之时,先生与同志皆以此居功,以新贵自视,而世人皆知清朝之覆实乃庶民欲去其专制压迫而为之。先生鱼肉黎民甚于清朝,以致灾难更重。黎民祈求解脱之时,先生故作不闻。先生治下无法无天,敲骨吸髓。盗匪横行,国无宁日。横征暴敛,滥发纸币,而先生与同志皆中饱私囊。停战数月,属下都督、司令敛财百万。

先生责难圣人之教,此吾国文明基石,以致礼义廉耻荡然无存。此先生执政时之所作所为,堪称福祉乎?

"当南北议和,总统为万民一致拥戴,先生亦是其中之一。然国事刚入正轨,先生便再起革命,损命数千,靡费百万。意欲何为?仅为一己之私耳。所幸,此次庶民看穿把戏,革命化作泡影。

"或谓哀怜故国,先生当就此罢手。实则不然。先生去国,仍阴谋祸害。不久之前,党羽趁夜举事沪上。除惊吓庶民,扰乱市场外,一无所成。不单国人怨先生所为,外人亦是。因先生之谋划,祸乱迭起,破坏甚重。先生称此为爱国乎?

"若非我圣明之大皇帝不畏艰难一统天朝,后果可想而知。吾亦乃中国人,亦以先生为耻。同胞中竟有一人千方百计祸乱国家,而大皇帝牺牲一切以救危难。今日,本人致书先生,望先生认清图谋之危害,悬崖勒马,为时未晚。"(Jacob Chen:《致孙逸仙的一封公开信》,《北华捷报》1916年1月8日)

△ 奉天将军段芝贵、广西督军耀武将军陆荣廷、河南护军使赵倜、镇安右将军孟恩远电请袁世凯早正大位。(郭廷以编著:《中华民国史事日志》,第216页)

1月9日 本日上午,梅屋庄吉、居正、戴季陶、津久居平吉等来访。中午邓铿(仲元)、王静一来访。下午星野晴然来一贺年片。和田瑞来访。晚王统一来访。(俞辛焞、王振锁等译:《孙中山在日活动密录》,第509页)

△ 时在日发动各地讨袁军事,须有大批饷械,仅赖海外同志捐募,数微时缓,难济眉急,日方友人有为之求助政府者,日政府乃派青木宣纯中将调查。本日复上海革命党人电,告以"丁密恐不密,改用仓伯码13"。同时对江苏方面再度失约表示失望。此外又表示,湖北方面之前说有二千人可立即行动,但8日来电再要万元,令人难信。最后指示,日本政府派青木宣纯中将来沪调查,而后定方针,要求沪上革命党人"秘密间接图利之"。(《讨袁之役复上海告某部情报与日

人青木行踪电》,中国国民党中央委员会党史委员会编:《国父全集》第3册,第356页)

　　△　传闻将派革命党人携带军火款项赴云南,本日统率办事处高级军官五十余人聚议应对办法。(《政府对滇政策之所闻》,《申报》1916年1月10日,"要闻二")

　　1月10日　本日上午,陈群、林骐、罗伟三人来访。被请去民国社,谢绝会见。此后,又有廖仲恺、王统一、仇鳌、杨丙来访。下午王子衡、邓铿、王静一、林德轩、谢家兴、谢心准、头山满、鹰取忠明、廖仲恺来访。(俞辛焞、王振锁等译:《孙中山在日活动密录》,第509—510页)

　　△　之前胡汉民签转香港梁愚函,报告款项除前寄香港良款,余数已汇上海陈其美收。梁愚时任中华革命党南洋里正支部长。本日批复:"至紧!复函奖励,并着(朱)执信、(李)海云(时任中华革命党广东高雷两阳恩开新等处区司令)与接洽。"(《批胡汉民签转香港某某函》,《孙中山全集》第3卷,第230页)

　　△　唐继尧于上年12月27日致函一封,本日由李宗黄托陈其美转寄。

　　云南都督唐继尧为联络各方以壮声援,特遣派李宗黄、唐继虞为驻户代表,负责与各方联络。旋唐继虞以另有任务留滇,不能成行,李宗黄带唐继尧致孙中山、陈其美、陆荣廷、梁启超等私函自昆明出发,取道河口、海防、香港,于本月9日抵达上海。途经香港时,已将唐继尧致陆荣廷函托陆之义子国会议员曾彦转交,并往访孙驻香港代表钮永建,由钮介绍到沪后往访革命党人丁景良、陈其美。到沪之日,李宗黄即往访中华革命党,由丁景良接待。继于本日访陈其美,商谈有关讨袁事宜,并将唐函面交。另有上年12月27致孙中山函,亦托陈其美速为转寄。("中华民国"史事纪要编辑委员会编:《中华民国史事纪要(初稿)——中华民国五年(一九一六)一至十二月份》,第67页)函中称赞孙中山"以旋乾转坤之手,建熙天耀日之勋",斥袁世凯"枭雄窃柄,大盗移国",自谓入同盟会以来"始终无二",遂厉兵秣马,奋起反对。无奈"地僻民贫,兵单饷薄",所幸各方豪杰,云集响应。希望孙中山能"登高一呼,俾众山之皆应"。故除密函海内外同志一致进行外,特派李宗黄来沪秘密接洽。(李宗黄:《李宗黄回忆录》第3册,第128页)

△ 据《时事新报》转东京《报知新闻》消息,经由神户赴港之英轮"达尔塞比亚"号上有革命党九百零五人,皆自美国来华,携有巨款,欲由香港赴滇参加革命。又因8日孙中山由台湾银行汇陈其美日元一万,故报上有传闻谓陈其美已于8日来沪,携款领取上年五月向某国订购之军械,分头运往各处。(《党人之内渡》,《时事新报》1916年1月10日,"国内要闻")

△ 库伦办事大臣陈箓电政事堂,称外蒙官府所有公文,均已遵用"洪宪"年号。(中华民国史事纪要编辑委员会编:《中华民国史事纪要(初稿)——中华民国五年(一九一六)一至十二月份》,第66页)

参政院奏请袁世凯速正大位。王占元、汤芗铭、靳云鹏电请袁世凯早登大宝。(郭廷以编著:《中华民国史事日志》,第217页)

1月11日 本日上午徐璞来访,谢绝会见。另有廖仲恺、陈中孚、萱野长知来访。下午苏曼殊、王统一夫人、谢心准、廖仲恺、王子衡、邓铿来访。晚谢心准来一快递邮件(发信地址为横滨市)。(俞辛焞、王振锁等译:《孙中山在日活动密录》,第510—511页)

△ 先前梁愚来函报告款项除前寄香港良款外,余数已汇上海陈其美收。本日批复曰:"沪款收到,良款亦由此追认,请竭力再筹应急。"(《批梁愚函》,《孙中山全集》第3卷,第230页)

又致咸马里夫人(Mrs. Homer Lea)函,请代为罗致美国工程技术专家和管理人员,以助中国矿产事业。(《致咸马里夫人函》,《孙中山全集》第3卷,第231页)该函为宋庆龄撰写,由孙中山签名发出。(尚明轩:《宋庆龄年谱长编》上册,第87页)

又复马尼拉革命党人电,谓:"电悉。款由万国银行电汇横滨孙文收。"(中国国民党中央委员会党史委员会编:《国父全集》第3册,第356页)

△　朱庆澜、阎锡山等电请袁世凯早登大位。(郭廷以编著:《中华民国史事日志》,第217页)湖南长沙教育会长叶德辉等电请袁世凯早登帝位。"中华民国"史事纪要编辑委员会编:《中华民国史事纪要(初稿)——中华民国五年(一九一六)一至十二月份》,第68页)

1月12日　本日上午,横滨市胡铁生来访。中午王子衡来访。下午邓铿、戴季陶、廖仲恺、萱野长知、谢心准来访。(俞辛焞、王振锁等译:《孙中山在日活动密录》,第511页)

△　致□瑞祥函,告知此前汇上海陈其美四千三百两,已由陈函电声明收到。以后各地同志所捐款项,应汇交本部指定机关,或直接汇交本部为妥。由于云、贵独立,四川军队多数赞成,东南各省现在急图响应,惟需款浩繁,非赖海外同志出力不可。希望奋勇筹措巨资,以济军用。(《致□瑞祥嘱筹措军需函》,中国国民党中央委员会党史委员会编:《国父全集》第3册,第357页)

△　陈其美分函同志贺新岁,并盼通讯、汇款务求安全,勿落圈阱。后又于16日,与财政部会衔通告欧、美各支部,款项一律汇旧金山总支部。26日借到上海通用银元九万元。27日,与财政部会衔通告欧美各分部,将款项速汇美洲领袖支部济急。(徐咏平:《民国陈英士先生其美年谱》,第506、508、510页)

1月13日　本日上午,徐苏中、姚敏来访,谢绝会见。另有廖仲恺、居正来访。下午王静一、任寿旗、万黄裳、陈群、谢心准来访。(俞辛焞、王振锁等译:《孙中山在日活动密录》,第511页)

△　电朱执信,嘱咐"粤人款请速买正金票,用 Bearer 票,不可指人名"。同时告知,由于港英方面严禁革命党款项,之前电报指示已不妥当,因此票买后专遣妥密可信之人速带到港,交干诺道19号公慎隆陈耀平转朱执信。(《讨袁之役致上海指示汇款朱执信函》,中国国民党中央委员会党史委员会编:《国父全集》第3册,第357页)

△　菲律宾筹饷委员薛汉英来函,报告马尼拉筹饷困难,同志自广东行动失利后,"又复灰冷",以至于捐款不积极。同时,谭根领取

的飞机款项，始终未寄回收条，不知是否知情。此外，捐款收条问题，因"今又变更前说"，仍希望"多费口舌对同志解释"。(《薛汉英报告在岷筹饷情形及飞船公司款项问题》，黄季陆主编：《革命文献》第48辑，第124页)。批复："薛君借出飞船公司之款，因谭根君欲由公司填还，故未发收条。若飞船公司不能，当由本部认归公款开销，发还收条就是"。(《批薛汉英来函》，中国国民党中央委员会党史委员会编：《国父全集》第4册，第135页)

南洋兄弟烟草公司简兆南来函，报告4日已经台湾银行寄出日币一千元，并告知许柏轩、吕子英二人违背定章，请核实情况并指示应对办法。(《兆南上总理函》，环龙路档案第08236号)

1月14日 本日上午，徐苏中来访。中午廖仲恺、王静一来访。下午居正、王统一、仇鳌、杨丙、戴季陶、邓铿、萧萱、谢心准、梅屋庄吉夫妇来访。(俞辛焞、王振锁等译：《孙中山在日活动密录》，第512页)

△ 中华革命党檀香山特派委员吴铁城来函推荐郑成功为希炉筹饷局长，并报告劝募年饷情形及请奖励四大都会馆。(《吴铁城上总理函》，环龙路档案第05130号)批曰："复函嘉勉，并照开列各会馆，各致一函奖励，并任委郑成功为希炉筹饷局长。交仲恺办理。"(《批吴铁城陈述希炉党务函》，中国国民党中央委员会党史委员会编：《国父全集》第4册，第135—136页)

檀香山副支部长许直臣来函，呈报该处支部是任期满，前星期举行选举，杨广达等当选正副部长。并称筹款一事，由公款助资五百美元。由四大部之人所开捐局收入亦可达千元。(《许直臣上总理函》，环龙路档案第05131号)批曰："仲恺办理，复函嘉勉。"(《批许直臣呈》，《孙中山全集》第3卷，第234页)

冯自由为国内讨袁军事自夏威夷来函，以为时机成熟，急欲返国效力。因得复电，遂暂延未行。但倘若广东已经展开行动，则必即日就道。又报告，南美各国，近来党势异常发达，饷项汇交美支部者，源源不绝。如果到澳洲发展，还能筹得巨款，但军事万分紧急之秋，远水难救近火。檀香山党务大有起色，筹饷亦大有进步。

此外,冯还认为"此次各省起事,分子太杂,吾党必占有广东,乃有军财之实力"。上海方面,需款甚巨,"非由粤助以大款,发动诚恐不易"。希望特别注意广东情况,以免错失时机。(《冯自由为国内讨袁军事自夏威夷上总理函》,黄季陆主编:《革命文献》第48辑,第92—93页)批复:"复函着致力筹款,待有号令招乃可回。岑(春煊)日内来日本,报上所传不实。仲恺办理。"(《批冯自由来函》,中国国民党中央委员会党史委员会编:《国父全集》第4册,第135—136页)

杨广达来函报告汇款情形并寄筹饷清单,通报近期汇款情况。告知关于筹饷数目,已按计清列,而其经手之汇款一项,亦早清列,敢再钞出一份,付呈尊览。批曰:"仲恺复。"(《杨广达上总理函》,环龙路档案第08237号)

印度支部汉雨翘等来函,谓接到云南来电,请筹巨款接济军饷,同人立即集议,希望能筹得巨款。无奈囊中匮乏,侨胞捐款又不踊跃,故只筹集到千余元,已于1月12日汇出。(《印度支部雨翘等上总理函》,环龙路档案第06662号)

△　张勋电请袁世凯早膺大宝。(郭廷以编著:《中华民国史事日志》,第217页)

1月15日　本日上午,居正、廖仲恺、李焕、陈仁、刘明敏、席正铭、刘铸、王静一来访。中午王子衡来访。下午谢心准、王统一夫妇、戴季陶夫妇、廖仲恺夫妇、居正夫妇到访。晚张继夫妇来访。(俞辛焞、王振锁等译:《孙中山在日活动密录》,第512—513页)

时李烈钧被举为护国军第二军总司令,还兼任云南都督府筹饷局长,向国内人民和海外华侨筹集军费。本日,筹集军需的密使陈仁、刘明敏、席正铭、刘铸由居正陪同来谒。此后,席正铭等还几次来访,并与廖仲恺等商谈。18日下午5时,孙中山设晚餐招待陈仁等4人。(陈锡祺主编:《孙中山年谱长编》上册,第973页)

△　签发委任令第63号,委任雪兰峨(Selangor)支部、苏洛(Sulo)支部、嘉丽(Karimun)支部、四川支部、江西支部成员。(《委任

令第六十三号》,《孙中山全集》第 3 卷,第 440 页)

△　劣孔(Leacue)分部长胡维堷来函,报告夏重民来彼埠后,党务大有起色,入党者络绎不绝,同志踊跃捐款不下千余元。但近闻朱伯元有伤及夏重民名誉之言语,请加以抚慰。(《劣孔分部长胡维堷上总理函》,环龙路档案第 08240 号)

△　因有乘日本某丸轮船由港赴滇之说,本日北京政府饬陆宗舆调查。

据 20 日《申报》消息,本日下午二时,北京政府特饬由外交部致电于陆宗舆,责令就孙中山"踪迹是否尚匿居日本国境内,从速严密侦查,据实覆报"。此外,对前次密探报称革命党人由海外分途回国,潜入内地各要隘,图举大事,以冀牵制政府用兵之计划一事,亦极为关注。同日又召集紧急会议,妥筹对付遏止策略,以便通知各省查照。(《政府对于滇事之筹备种种》,《申报》1916 年 1 月 20 日,"要闻二")

△　袁世凯派特使周自齐赴日,遭日本政府辞拒。

袁世凯遣周赴日,名为庆贺天皇加冕,考察实业,实际目的有二:一、与日本洽商借款,期能解决北京财政困难;二、许与日本七项利权,换取对方对帝制的赞助。周携带袁世凯亲笔信函,而非国书。本月初,随员周家彦、刘崇杰等已经先行起程。15 日,外相石井急电驻华公使日置益,令拒周赴日。原因据称在于澄清"特使"之政治色彩,因当时中日各报纷云:"接受特使暗示承认帝制,复有幕后交换条件之传说,使日本为之困扰。"("中华民国"史事纪要编辑委员会编:《中华民国史事纪要(初稿)——中华民国五年(一九一六)一至十二月份》,第 71 页)

1 月 16 日　本日上午,林德轩、杨熙绩、廖仲恺、居正、杨寿彭来访。中午王子衡、戴季陶来访。下午和田瑞来访。之后,偕宋庆龄乘梅屋庄吉派来的车去小石川区指谷町,参观植物园。又至大久保百人町 350 号访梅屋庄吉,梅屋设宴招待。下午 2 时 55 分,王静一来访,因外出未得见。晚杨丙、韩祺二人来访,因外出未得见。8 时归寓后又有黄实来访。(俞辛焞、王振锁等译:《孙中山在日活动密录》,第

513—514 页)

△　赖天球寄王静一转谢持函,请谢转呈,求一介绍信给邹鲁,以便接洽讨袁军事。(《赖天球上总理函》,环龙路档案第 00188.2 号)同时又来函,以"民党有力之根据地在粤,一举一动均能影响全国",且其"经营赣韶一带,实力多在粤",请赐介绍信给邹鲁,以便接洽粤、赣讨袁军事。(《赖天球上总理函》,环龙路档案第 00188.1 号)

△　日使日置益照会外交部,请庆贺日皇加冕专使周自齐暂缓起行。(郭廷以编著:《中华民国史事日志》,第 218 页)

1 月 17 日　本日上午,邓铿、谢心准来访。下午王静一、黄实、池尚同、戴季陶、刘兆铭、王统一夫妇、廖仲恺、林德轩来访。晚王静一、韩祺、杨丙、仇鳌四人来访。(俞辛焞、王振锁等译:《孙中山在日活动密录》,第 514 页)

△　签发委任令第 64 号,委任西都文罗(Situbondo)分部、闽南支部、福建泉州分部、福建同安分部、海防支部、依里岸(Iligan)分部、江西支部各级干部。(《委任令第六十四号》,《孙中山全集》第 3 卷,第 441 页)

△　沈怡中来函,称陈其美、钮永健之活动,虽成绩可观,但二人有隙。请速函二人,团结一致,以收群策群力之效。同时,报告了对权重财厚,团结坚固,势力强大的官僚、进步两党,事后可能仍旧掌握重权的担忧。(《沈怡中上总理函》,环龙路档案第 10659 号)

1 月 18 日　本日上午,和田瑞、廖仲恺、席正铭、夏重民、苏无涯来访。下午居正、席正铭、蔡聪、谢心准、王子衡、张宗海、张朝选、吴右文、王静一、唐支厦、戴季陶来访。

下午 3 时 30 分,偕来访的王统一和王子衡乘车至京桥区筑地明石町 7 号矢野庄三郎宅,和在那里的萱野长知一起跟矢野面谈(据王统一谈,需要六万日元军资,他们为筹集这一资金进行了协商)。5 时 20 分,一行告辞。萱野留在那里,继续谈话。下午 5 时 40 分,17 日来东京的李烈钧密使陈仁、席正铭、刘明敏、刘铸四人来访,遂设晚

餐招待。彼等此番前来主要目的是筹集军用资金。（俞辛焞、王振锁等译：《孙中山在日活动密录》，第515—516页）

△ 以云贵独立，同志于粤、闽陆续发动，军费浩繁，需用孔急，特函叶独醒拨款支援。（《促叶独醒为闽事筹款函》，中国国民党中央委员会党史委员会编：《国父全集》第3册，第357页）

又致康德黎夫人函，请促使英国停止与袁世凯合作。告知云南已率先宣布独立，其他省正迅速响应，一如第一次革命推翻清朝统治时之情景。袁世凯虽头戴滑稽皇冠，自称"大皇帝"，仍无法压制人民之呼声。袁世凯虽可欺骗外国使节，然无法蒙蔽本国人民。然英国竟无视袁世凯昭然若揭之亲德倾向而甘受愚弄，实令人诧异。故而恳请康德黎夫人敦促英国议会中之友人，尽速将此一问题，以坚决而强烈之方式向彼国政府提出。（《致康德黎夫人函》，《孙中山全集》第3卷，第235—236册）该函为宋庆龄撰写，由孙中山签名发出。（尚明轩：《宋庆龄年谱长编》上册，第88页）

△ 签发委任令第65号，委任南生船正、副分部长。（《委任令第六十五号》，《孙中山全集》第3卷，第441—442页）

△ 日本使馆副武官坂西利八郎奉参谋次长田中义一之命，要求觐见袁世凯。（郭廷以编著：《中华民国史事日志》，第218页）

袁世凯申令停止贡献，废除各省例贡，及清末年节寿期贡献，惟保留蒙古、回、藏各王公世爵之朝贡。（"中华民国"史事纪要编辑委员会编：《中华民国史事纪要（初稿）——中华民国五年（一九一六）一至十二月份》，第75页）

1月19日 本日上午，王统一、李国柱、席正铭来访。下午徐苏中、姚敏二人来访，谢绝会见。1时50分，偕宋庆龄乘车至京桥区筑地三丁目14号，请牙医高桥松太治疗。3时40分回寓。此前廖仲恺、戴季陶来访，因外出未见。其后，谢心准、林德轩、李执中、王静一等到访。（俞辛焞、王振锁等译：《孙中山在日活动密录》，第516页）

△ 香港吴芳等来函，谓云南独立，香港各报碍于英国苛制，不敢载其确切消息，驻港同志皆不知情。同时寄出新党员誓词与银票

383元,请查收核实。(《吴芳等上总理函》,环龙路档案第 07881 号)

△ 新华宫发现图谋暗杀袁世凯案。

是案主谋为袁英,帝制功臣十三太保之一袁乃宽之次子,任职于京师警察厅督查长。因与袁家认作同宗,其行动不为人注意。袁英先致书各省将军,约期起事,并以血书运动模范团。张作霖得袁英函后密告段芝贵,段以原函密呈至京师,事遂发,袁英被捕入狱。新华宫经搜查,得炸弹五十余枚,而牵连该案者又有内史沈祖宪、内尉瞿克明等人。几经调查后,终以牵连甚广,未加追究而寝其事。("中华民国"史事纪要编辑委员会编:《中华民国史事纪要(初稿)——中华民国五年(一九一六)一至十二月份》,第 76 页)

1月20日 上午廖仲恺、王统一夫人来访。下午王子衡来访,1时 30 分离去。1 时 40 分,偕宋庆龄和王统一夫人乘车至京桥区筑地三丁目 14 号,请牙医高桥松太治疗。4 时 25 分乘车回寓。其后又有王统一来访。(俞辛焞、王振锁等译:《孙中山在日活动密录》,第 516—517 页)

△ 致邓泽如函,以军需浩繁,非巨款莫济,催促南洋募款接济。并告知今年南洋来款,不如去腊之继续,而以荷属各地方为最滞。已承担而未汇款到日本者居大半。因此,万不可使办事者虽决心而有棘手,致亏全功于一篑,务请鼓舞各处筹饷局,速催未汇之款,使其即汇东京或香港,以裨军用。(《致邓泽如函》,《孙中山全集》第 3 卷,第 236—237 页)

△ 签发委任令第 66 号,委任江西清江分部、江西武宁分部、东婆罗洲支部、三宝垄(Semarang)支部、吉生船分部、高丽船分部干部。(《委任令第六十六号》,《孙中山全集》第 3 卷,第 442—443 页)另委李南生为怡保(Ipoh)支部总务科正科长。(《给李南生委任状》,陈旭麓、郝盛潮主编,王耿雄等编:《孙中山集外集》,第 696 页)

△ 《上海泰晤士报》(*The Shanghai Times*)刊登孙中山失窃玉观音护身符一事。

消息称:去年 5 月 27 日,据芝加哥某报称,该城某处,或一当铺,或一中国洗衣店的垃圾堆,或一排卖杂碎的摊位中,有一件决定中国命运的玉器。

据透露，如今一家报纸广告上所现之首字"Dr. S. Y. S."即孙逸仙博士，中华民国首任总统。据信其正策划再次革命，以重掌国政。

广告为归还孙逸仙博士1914年8月29日失窃之玉观音悬赏美金1万。玉观音乃一中国偶像，为仁爱与幸运女神之像。据说因此像失窃，孙博士的政治前景已无比暗淡。

寻索此像交由亨利·克利福德·斯图亚特（Henry Clifford Stuart），前危地马拉城总领事负责。他宣称，归还此像，"与其失踪之后便前途未卜的远大理想至关重要"。

自投入最终成功推翻满清王朝之革命运动开始，孙博士便一直保存此像。当选临时大总统时亦配此玉，就任并改从西历时，此幸运女神像亦不离身。1912年4月1日，孙博士辞临时大总统职，但依然保持广泛影响。通过其影响，袁世凯才成为总统。

袁总统采用高压手段。他囚禁议员，直到他们赞同他为独裁者。孙博士预备反抗，但全世界反对。西方列强认可袁政府。此时孙博士依然拥有此玉观音，同志亦未涣散。时至1914年夏，反袁运动看似浩大，几势不可挡。随后欧战爆发，反袁运动愈盛。西方列强无力干涉，行动正当时机。但观音像失窃了。

昨夜，加州大学汉文教授佛尔克（A. Forke）云："广告所称之神，定为观音菩萨，佛教之慈悲女神。观音菩萨的观念约8世纪初开始出现于佛教中，是所有佛教神仙中最广为人知的。"

昨晚，孙博士之子孙科解释道，他对父亲的事情知之甚少，无法断言其是否失窃此像。孙科是加州大学的一名学生。（《孙逸仙的偶像，高价悬赏失窃护身符》,《上海泰晤士报》1916年1月20日）

1月21日　本日，颁给林元光三等有功奖状。（《颁给林元光二等奖状》,陈旭麓、郝盛潮主编，王耿雄等编：《孙中山集外集》，第695页）

△　陈丙丁来函，报告月前派邓泽如等送来债券，华侨踊跃认购。但突为荷属殖民地当局阻止，请求设法交涉。（《陈丙丁上总理

函》,环龙路档案第08605号)

又林双祥来函,报告印尼山口羊(Singkawang)民生书报社林龙祥所报电汇款项事已经照办。(《林双祥上总理函》,环龙路档案第08242号)

△ 日本警告袁世凯延缓帝制。

1915年10月28日,日本首次约同英、俄两国,警告袁世凯延缓帝制。其后,法国、意大利相继加入警告行列。时五国所持理由为恐帝制导致中国内乱,袁政府乃以帝制出于民意为理由,并向各国保证维持治安,无害于东亚和平。袁深知五国虽属联合行动,日本实为反对之原动力,遂决定派周自齐赴日。本月15日,日本拒绝周前往,袁进退维谷。此时,日本非但拒绝袁所派之特使,且参与护国军反袁行动,袁之日籍军事顾问坂西利八郎明告袁世凯,日本对帝制将采取强硬态度。19日,日本政府内阁会议通过一项声明,警告袁政府,不得忽视"南方"的动乱而实现帝制。本日,日本外相石井与驻日公使陆宗舆会谈,再次严辞警告袁政府"延缓帝制,如不听,则将出兵驻防中国要地。一面承认云南为交战团体,一面宣告中国现政府妨碍东亚和平。"("中华民国"史事纪要编辑委员会编:《中华民国史事纪要(初稿)——中华民国五年(一九一六)一至十二月份》,第77—78)

外交部通告各国公使,袁世凯暂缓登基。美使芮恩施(Paul Samuel Reinsch)电美国国务院,主张立即承认中国帝制政府。(郭廷以编著:《中华民国史事日志》,第219页)

1月22日 本日上午,邓铿、廖仲恺、居正、谢心准来访。中午王统一来访。下午廖仲恺来访,1时2分离去。1时35分,偕宋庆龄乘车至京桥区筑地三丁目14号,请牙科医生高桥松太治疗。晚,王统一夫妇来访。(俞辛焞、王振锁等译:《孙中山在日活动密录》,第517页)

△ 怡朗支部余以和来函,谓粤东起义不断,东江、阳江盐务大受损失,有回国经营之意。(《余以和上总理函》,环龙路档案第08606号)

仰光支部调查科主任蓝磊等来函,报告殖民地政府阻挠捐款,并

威胁将华侨革命党人驱逐出境。(《仰光支部蓝磊上总理函》,环龙路档案第08243号)

△　叶楚伧在上海创办《民国日报》,陈其美资助。(徐咏平:《民国陈英士先生其美年谱》,第509页)

1月23日　本日上午,戴季陶、黄实、谢心准来访。中午王静一来访。下午林德轩、林圃光、王子衡来访。(俞辛焞、王振锁等译:《孙中山在日活动密录》,第517—518页)

△　委黎赞臣、林永林为西贡筹饷局正副局长,樊镇安为董事长。(罗刚编著:《中华民国国父实录》,第2763页)

△　去岁协助陈其美刺杀上海镇守使张汝成的张汇滔来函,称安徽起义之事已筹备妥当,请设法汇款万元,即可举事。并告知管鹏已于21日出狱。(《张汇滔上总理函》,环龙路档案第01052号)辛亥革命时管鹏曾指挥义军在颍州大破倪嗣冲部,二次革命失败后流亡日本。孙中山重组中华革命党时与居正等加入,未几奉命回国谋划安徽举事。为倪嗣冲爪牙诬为盗魁而遭囚禁。(中国国民党中央党史史料编纂委员会编:《革命先烈先进传》,第1043—1044页)

△　日本海军中将青木宣纯奉命来华考察时局。(郭廷以编著:《中华民国史事日志》,第219页)

1月24日　本日上午,席正铭、刘兆铭、张宗海、王维屏、苏景三、郭建封来访。下午,廖仲恺、王统一来访。1时50分,偕宋庆龄乘车至京桥区筑地町三丁目14号,请牙科医生高桥松太治疗。4时回寓。期间谢心准、戴季陶来访,未得见。回寓后谢心准又来访。(俞辛焞、王振锁等译:《孙中山在日活动密录》,第518页)

△　签发委任令第67号,委任马来西亚吡叻布先(Perak Pusing)分部、江西新昌县分部、江西萍乡县分部、马来西亚霹雳安顺(Teluk Intan)分部、万里望(Mengelembu)分部、实兆远(Setiawan)分部、怡保支部的负责人及各科干部。(《委任令第六十七号》,《孙中山全集》第3卷,第443—445页)

1月25日　本日上午,戴季陶、杨丙、犬塚信太郎、王静一、谢心准来访。下午1时50分,偕宋庆龄乘车至京桥区筑地町三丁目14号,请牙科医生高桥松太治疗。四时回寓。期间戴季陶、居正二人来访,未得见。回寓后东京《日日新闻》记者土田清祜来访,谢绝会见。又有陈家蕭来访,谢绝会见。之后,戴季陶、居正、夏重民、松岛重太郎来访。晚,廖仲恺来访。(俞辛焞、王振锁等译:《孙中山在日活动密录》,第518—519页)

△　1915年11月19日,希炉分部长兼筹饷局长黎协为凶徒所杀。11月26日,吴铁城来函,通报此事。(《吴铁城报告黎协被害情形上总理函》,黄季陆主编:《革命文献》第48辑,第91—92页)本日复希炉分部负责人黄根、刘安函,对黎协之死表示哀悼,并告知军饷已由美洲支部转来。(《复黄根等追悼黎协并嘱筹款讨贼函》,中国国民党中央委员会党史委员会编:《国父全集》第3册,第360页)

△　周应时来函,称革命党人瞿钧被捕关押年余,请设法援救。(《周应时上总理函》,环龙路档案第10717号)

1月26日　本日上午,东亚青年会干事佐藤勇次郎来访,谢绝会见,即刻离去。之后,王静一来访。中午刘雍、徐东垣、乔根、戴季陶、王统一等来访。下午1时30分,偕戴季陶乘车至牛込区马场下町,访犬养毅,和他面谈,4时10分告辞。后去麹町区麹町八丁目访秋山定辅,未在,即刻退出。4时35分回寓。期间,居正、张继、谢心准来访。因秋山未得见。(俞辛焞、王振锁等译:《孙中山在日活动密录》,第519—520页)

△　复中华革命党神户大阪支部副部长杨寿彭函,告知三千元汇款已由财政部收领。并鼓励积极在日筹款,预料"其结果当不让南洋、美洲各埠"。(《复杨寿彭告捐款收到仍望竭力相助函》,中国国民党中央委员会党史委员会编:《国父全集》第3册,第360—361页;关于杨寿彭的事迹,参见安井三吉:《孙文与杨寿彭》,中国社会科学院近代史研究所编:《纪念孙中山诞辰140周年国际学术研讨会论文集》下,第1002—2012页)

△　二次革命期间任驻南昌第二师师长的刘世钧来函，报告已于15日到沪，面晤各同志。先前派往内地活动及调查者亦前来面述一切。并就西南、南京冯国璋、徐州张勋及江西、浙江等方面的情况，及活动方案进行商议，同时请寄二千元为活动经费。（《刘世钧上总理函》，环龙路档案第00093号）同日再函，详述廖昌驹运动张勋部下的进展。还汇报了江西等地的运动情况，并祈筹款接济。（《刘世钧上总理函》，环龙路档案第00094号）

△　《申报》消息，据"波斯丸"搭客称，黄兴在美已筹得巨款，不日将乘"天洋丸"邮船赴日，与孙中山互商革命计划，然后将同行赴沪与各党魁会议要务。（《华侨之时局观念》，《申报》1916年1月26日，"要闻一"）

1月27日　本日上午，刘兆铭、谢心准、廖仲恺来访。下午廖仲恺、王统一、居正、郑丹、徐苏中、王九龄来访。晚7时25分，戴季陶夫妇、王统一来访。（俞辛焞、王振锁等译：《孙中山在日活动密录》，第520—521页）

△　悉尼黄国民来函，报告筹饷情形，谓本周悉尼同志召开大会，发起商家捐款，已筹得百余镑。如商家继续踊跃捐款，可得巨资。（环龙路档案第08245号）

△　贵州护军使刘显世宣告独立，自任都督，以戴戡为护国第一军右翼总司令，王文华为东路军总司令，分别向四川和湖南进军。（郭廷以编著：《中华民国史事日志》，第220页）

1月28日　本日上午，谢心准、邓铿、刘兆铭来访。中午王静一来访。下午1时40分，偕宋庆龄乘车至京桥区筑地三丁目14号高桥牙科医院治牙，3时40分回寓。（俞辛焞、王振锁等译：《孙中山在日活动密录》，第521页）

△　签发委任令第68号，委任文都鲁苏分部、加里昔分部、西都文罗分部、金宝分部负责人及各科干部。（《委任令第六十八号》，《孙中山全集》第3卷，第444—445页）

△　悉尼中华民国阅读书报社来函,请示所筹款项如何汇寄。
(《雪梨中华民国阅读书报社上总理函》,环龙路档案第 08246 号)

△　梁启超派周善培自上海赴日本,晤犬养毅(梁初拟自往,谋借款购械,未果)。岑春煊到东京。(郭廷以编著:《中华民国史事日志》,第 220 页)

1 月 29 日　本日上午,陈家鼐、廖仲恺、戴季陶、和田瑞、夏重民、家鸿、秦廉、向鹏、谢心准来访。下午王统一来访。(俞辛焞、王振锁等译:《孙中山在日活动密录》,第 521—522 页)

△　上海《民国日报》转《字林西报》24 日北京访员函,谓袁世凯谕令粤、桂两省严防孙中山、岑春煊和陈炯明等的活动。消息称,袁政府得秘密报告,岑春煊已由云南赴广西,与陈炯明共谋在广西暴动举事。陈与孙中山之同志同在香港、广州湾及澳门等处静候时机,以期至内地谋革命。曾有孙、陈签字委任状等,为广州政界所查获。闻袁政府已谕令该两省将军严密防范。(《防范岑春煊》,上海《民国日报》1916 年 1 月 29 日,"要闻")

1 月 30 日　本日上午 9 时 53 分,陈树人来访,因尚未起床,未见,陈即刻离去。之后陈又随王静一来访。11 时 45 分,谢心准来访。下午梅屋庄吉乘车来访。(俞辛焞、王振锁等译:《孙中山在日活动密录》,第 522 页)

△　中华革命军江苏司令长官周应时来函报告江苏讨袁情势,并总结失败教训。函谓:"……要之,今次事件之不成,归源于平日准备之不足,因经济之时有时无,致军警之声气若断若续,从今以后拟招罗有声望及久于军界之人,从各方面设法进取,以期连络之确实(此事刻已着手)。一面恳请大部接济整款,随时应用,实事求是,以待时机。如谋主动,须经济充裕,如谋响应,敢言负责,要之尽力而为之,若得大部始终信任,源源接济,终局之胜利当为吾党所获也。"(《周应时上总理函报告江苏讨袁情势书》,黄季陆主编:《革命文献》第 46 辑,第 187 页)

△　上海《民国日报》转《满洲日日新闻》消息,谓回教主亦反对帝制,并与宗社党及孙中山联络。消息称新疆、甘肃两省教徒三千万之回教主突然对于北京政府大为反对。帝政命令一下,三千万之教徒猛然蹶起,右提胡剑,左携经典,日进百里,将袭北方。又拥精练兵二万余之白狼、宗社党首领升允,现皆策应孙中山。目下,升允潜伏于东京,坐俟时机,并待回教主之使者到来,同访孙中山。孙、升往来秘议颇多。(《回教主反对帝制》,上海《民国日报》1916 年 1 月 30 日,"要闻")又上海《民国日报》转 28 日东京电,称久居南洋反对袁氏最有力之某君(当指岑春煊),突然出现在东京,并与孙中山会见数次,协议种种重要问题。(《革命领袖之握手》,上海《民国日报》1916 年 1 月 30 日,"外报译电")

1 月 31 日　本日上午,廖仲恺来访。中午中村弼来访。下午 1 时 40 分,偕宋庆龄乘车至京桥区筑地町三丁目 14 号高桥松太牙医处治疗。4 时 5 分返寓。回寓后,王静一来访。(俞辛焞、王振锁等译:《孙中山在日活动密录》,第 222—223 页)

△　上海《民国日报》消息,称驻日公使密电,报告岑春煊由南洋返沪,旋来东京与孙中山会见,关于革命进行事件,均已决议。(《革命领袖之握手》,上海《民国日报》1916 年 1 月 31 日,"本社专电")

是月　本月,致函袁军征滇总司令曹锟,晓以大势,相信"以足下之练达英武,中间利害,宁待深言?"指出"中国国体之是否适宜共和?解决国体之是否全国真正民意? 帝制实行之是否不生内乱? 变更国体之能否巩固外交地位? 袁世凯氏之一人政治,是否真能利民福国,适于二十世纪之生存? 皆可于此时下一判断"。建议取"倡树义帜,拥护共和,建盖世之功名,播威声于中外,流芬芳于史册"之上策,而弃"拥兵逗遛,沈机观变,坐使势成鹬蚌,利归渔人"之下计,更不要"以共和名将,不保障公器之国家,而甘为一姓之臣奴,作梁莺之虎,效灵公之蓁"的最下策。(《革命党寓书总司令》,上海《民国日报》1916 年 1 月 29 日,"要闻")

△　任命居正为中华民国东北军司令,经营直隶、山东、山西讨袁军事。吴大洲、薄子明、尹锡五、赵中玉、吕子人、马海龙等同志集所部待命。(罗刚编著:《中华民国国父实录》,第 2769 页)

批冯自由函,曰:"有电来问各省独立,需彼回否,已答须待上海得后可回,现当请竭力筹款,以应各省起事。"(《批冯自由来函》,陈旭麓、郝盛潮主编,王耿雄等编:《孙中山集外集》,第 696 页)

△　加拿大顷市顿埠分部李铁血来函,报告分部组织情形。(《李铁血上总理函》,环龙路档案第 04884 号)

△　1915 年末或 1916 年初,与日本陆军参谋总长上原勇作谈话。大意为,为了立即打倒专制横暴的袁世凯,确立为全体国民所支持的革命新政府,收到中日结合的实际效果,希望日本至少以预备役将兵和武器编成三个师团,支持中国革命军。

谈话指出,日本人口年年增多,东北三省的辽阔原野适合于开拓。日本本来资源贫乏,而满洲,则毋庸讳言,富于重要的资源,日本瞩目斯土,乃当然之国策。对此,中华革命党员能予以充分谅解。故可以满洲作为日本的特殊地区,承认日本移民和开拓的优先权。

但谈话中也明确声明:东北三省是中国的领土,吾等坚决维护固有的主权,虽寸土亦不容侵略。还指出,不仅满洲,中国本土的开发亦唯日本的工业、技术、金融力量是赖。倘日本真能以互助的精神,诚心诚意地援助中国的革命统一,相互提携,为亚洲的独立与复兴通力合作,则中日两国的国界难道不可以废除吗?(《与日本上原勇作的谈话》,陈旭麓、郝盛潮主编,王耿雄等编:《孙中山集外集》,第 225—226 页)

2 月

2 月 1 日　本日上午,王统一、廖仲恺、谢心准来访,11 时 25 分离去。之后戴季陶、居正、和田瑞来访。下午,接见徐苏中、谭平、萱野长知、戴季陶、邓铿、王子衡夫妇、廖仲恺、林赓、菊池良一等。晚，王统一夫妇、邓铿夫妇、廖仲恺来访。（俞辛焞、王振锁等译：《孙中山在日活动密录》，第523—524页）

2月2日　本日上午，谢心准、张继、夏重民来访。下午接见王统一。1时40分，乘人力车至曲町区曲町八丁目，访议员秋山定辅，面谈后于6时告辞，晚王静一、和田瑞来访。（俞辛焞、王振锁等译：《孙中山在日活动密录》，第524页）

△　上海《民国日报》刊发致上海革命党人电①，告知一周内将有一函递到，"此仆以血诚书之者，望诸君三覆而审读之，且望将此函与同志诸同胞共读之"。并请收到后复电。（《孙中山致上海革命党人电》，上海《民国日报》1916年2月2日，"本埠新闻"）

2月3日　本日上午，刘兆铭、印度人莫基慕塔、和田瑞来访。中午王静一来访。

下午1时，收到中涩谷977号美国联合通信社遣使者送来的一份文件，写四条后使者离去。之后，廖仲恺来访，遂和廖仲恺、王静一乘车至青山南町六丁目60号王静一处同是日从神户荣町三丁目佐野旅馆抵东京的周世民和邓铿等面谈，6时20分回寓。期间，王统一夫妇来访，因外出未见。

晚，偕宋庆龄和王统一夫人乘人力车至下涩谷315号廖仲恺处和萱野长知、王统一、林赓面谈。晚餐后回寓。（俞辛焞、王振锁等译：《孙中山在日活动密录》，第524—525页）

2月4日　本日上午杨丙、仇鳌、谢心准、刘兆铭、王静一、陈广溪、郑献来访。下午1时35分，偕宋庆龄乘车至京桥筑地町高桥松太牙科医院治疗，4时45分回寓。随后，邓铿、廖仲恺来访。晚，和田瑞来访。（俞辛焞、王振锁等译：《孙中山在日活动密录》，第525页）

△　致中华会馆董事函，陈述其本人革命经历、让位初衷及袁氏

①　此电上海《民国日报》据"《大陆报》载上海党人接孙中山来电"转录。现标时间系上海《民国日报》刊登日期。

罪孽,请筹巨款襄助革命,并承诺"将来大功告成,当有以报也"。(《致中华会馆董事函》,陈旭麓、郝盛潮主编,王耿雄等编:《孙中山集外集》,第375页)

委任郑成功为檀香山及希炉筹饷局长①。(罗刚编著:《中华民国国父实录》,第2770页)

△ 张继、戴季陶、居正、谭人凤四人前往热海会见岑春煊。

据日方消息,中国进步党首领梁启超及周善培、温宗尧三人,传说就此次革命来日与孙、岑两首领会商。但梁、温两人突然因发生某种事暂不来日,只有周善培作为梁启超的代理,代表进步党于2月3日上午到东京东站。抵京后,在京的张继、戴季陶等人立刻会见周,就各首领聚会一事作了协商。为与尚在热海的岑春煊商议,今日下午,张继、戴季陶、居正、张(疑为谭)人凤四人前往热海。四人与岑会见后,商定聚会地点、日期等事项,准备6日返回东京。目前岑正在病中,聚会地点多半是在热海。又及:岑春煊一行四人中的自称苏福的人,据说是国民党领袖张绍曾。(俞辛焞、王振锁等译:《孙中山在日活动密录》,第636页)

2月5日 本日上午,奉头山满之命,鹰取某来访。下午,谢心准、犬塚信太郎、王静一、周世民、戴季陶、藤田礼造来访。晚,廖仲恺、林赓、邓铿来访。(俞辛焞、王振锁等译:《孙中山在日活动密录》,第525—526页)

△ 新加坡同文报社黄永齐来函,报告报社同仁热心捐款,与去年12月31日由台湾银行电汇来日。因此为义捐,不收债券,请发收条以为凭据。因迟迟未得收条,故请核查收条寄发情况。(《黄永齐上总理函》,环龙路档案第08735号)

△ 《北华捷报》消息,称黄兴已乘"千代丸"于1月16日由美国抵达横滨,并赴东京与孙中山互访多次。据传二人在观点上未能达成一致,孙中山被孤立。1月23日,黄兴乘火车离开东京奔赴中国。

---

① 此一委任系1月14日批吴铁城来函时交办。

(《北华捷报》1916 年 2 月 5 日,"国内及综合新闻")

△　胡汉民自菲律宾启行返东京,暂兼理党务。(时东京本部党务部长居正已奉孙中山之命赴山东负责军事,胡汉民自马尼拉启行,抵达东京后孙中山命暂兼党务部长。)朱执信率革命党人聚番禺石湖村,旋袭该地兵工厂。(罗刚编著:《中华民国国父实录》,第 2770 页)

2 月 6 日　本日上午,上海荫馀里 45 号的某人来一邮件。飞行员坂本寿一来访。中午,和田瑞来访。下午廖仲恺、苏无涯、许偕、王静一来访。(俞辛焞、王振锁等译:《孙中山在日活动密录》,第 526 页)

△　革命党人管鹏于 1 月 21 日获释,本日来函答谢救助,告以知遇之恩不敢忘,今后当如何效命,请时时予以指示。(《管鹏上总理谢救助函》,黄季陆主编:《革命文献》第 48 辑,第 336 页)

□少坪来函,报告已经抵津并会晤同人,所办之事均有端倪。(《少坪上总理函》,环龙路档案第 07392 号)

△　伍廷芳在上海宁波路广潮会馆发表演说,号召同人"同心协力,一致维持此中华民国五年,毋使全国人艰难创造之业为一人所占据,以贻吾国民羞"。(晋:《伍先生维持共和之演说》,《时事新报》1916 年 2 月 7 日,"时评")

2 月 7 日　本日上午收一西文电。中午谢心准来访。下午犬塚信太郎、王统一、王静一来访。晚,仇鳌、杨丙、朱焜三人来访。(俞辛焞、王振锁等译:《孙中山在日活动密录》,第 526—527 页)

△　给在浙江策划举事的夏次岩经费手谕:"见票即交夏次岩君亲收日金壹万七千元正。"(《谕交夏次岩日金手令》,中国国民党中央委员会党史委员会编:《国父全集》第 4 册,页 136)

2 月 8 日　本日上午,戴季陶、陈家鼐、刘兆铭、梅屋庄吉来访。中午,王统一来访。下午,谢心准、王静一来访。(俞辛焞、王振锁等译:《孙中山在日活动密录》,第 527 页)

△　电送香港朱超经费手谕:"请电送香港朱超收日金壹万元也。"又发令汇款东京手谕:"票汇东京孙文收日金六万元也。"(《谕电

送香港朱超日金手令》,中国国民党中央委员会党史委员会编:《国父全集》第4册,第136页)

签发委任令第69号,委任江西上高县分部、驾芽鄏分部负责人及各科干部(《委任令第六十九号》,《孙中山全集》第3卷,第445页)颁给陈秉心奖状。(《颁给陈秉心奖状》,陈旭麓、郝盛潮主编,王耿雄等编:《孙中山集外集》,第696—697页)

△　巴达维亚支部长沈选青来函,报告筹饷情况,谓云贵独立以来,资本家稍改往日反对态度,倾向赞同革命。但慷慨捐助者,仍属凤毛麟角。(《巴城支部长沈选青上总理函》,环龙路档案第08253号)

2月9日　本日上午,廖仲恺、林德轩、徐心田、王统一、居正来访。中午,张继、王旦来访。

下午,梅屋庄吉夫妇、苏无涯、宫崎寅藏、谢心准、邓铿、廖仲恺、南洋兄弟烟草公司经理简照南来访。(俞辛焞、王振锁等译:《孙中山在日活动密录》,第527—528页)

△　□平鸣来函,报告汇款情形,谓近来致函鼓动各处同志及商家捐助军饷。据悉尼来函,称已收集数百镑,不日将汇出。此前仍将继续致函,如向悉尼商家劝募能有成效,必能筹巨汇交。(《平鸣上总理函》,环龙路档案第08254号)

2月10日　本日上午,印度人莫基慕塔、张宗海、王统一来访。中午王静一、林德轩、康兆民来访。下午,谢心准、冯自由、夏重民、陈树人来访。晚,王静一、张国祥(周善培的化名)来访。(俞辛焞、王振锁等译:《孙中山在日活动密录》,第528—529页)

△　委马安良为甘肃省司令长官,张宗海为军事筹备委员及陆军师长,师尚谦、汉烜为副委员长。(罗刚编著:《中华民国国父实录》,第2771页)

△　新西兰惠灵顿黄国民来函,谓彼埠华侨多粤人,广东未独立时人心效力不足。如广东独立,则可能人心附从。经与郭标等商议,并得回复全埠决议助款,预计近期当有大额款项汇来。(《黄国民上总

理函》,环龙路档案第08256号)

△ 本日,上海《时事新报》转《大陆报》1月30日"东京通讯",报道孙、岑会晤联络情况。消息称,1月23日,岑乘春日丸离沪,于26日抵神户,翌日即携同事数人来东京。岑富政治经验,"为中国政事有势力之政客"。此次滇省举义,岑为中心人物,黄兴、蔡锷、李烈钧诸人悉由"岑氏以个人势力结合而融洽之也"。故"人皆仰望岑氏,以为南方义军一旦大功告成,建设政府则岑氏殊有总统之望焉"。前传岑与孙及其他非军人派之党人领袖不和,然近因友人之居间,已各捐弃前隙,共敦睦谊。据《国民新闻》称,革命党人闻岑、孙握手,"无不欣然大悦,对于将来大事皆满怀希望"。闻二人并不拟以东京为革命行动之根据地,将来当仍在上海或云南活动。(《西报述岑、孙之握手》,《时事新报》1916年2月10日,"国内要闻")

同日,上海《民国日报》亦转此消息,称岑春煊现在东京与孙中山握手,指出岑为中国政界中富有经验势力之人,此次云南举事,岑为中坚人物。黄兴、蔡锷、李烈钧辈,及其与握有军队的革命党领袖的合作,多赖岑之力。设他日滇省有建立政府之日,则岑为人选之一。传闻岑与孙中山及其他领袖意见本不融洽,但近则已联络一致,故孙、岑现正在讨论中国之大局中。但孙、岑之计划,实并不欲以东京为民党行动之根据地,其意仍在云南、上海两处。设滇事能日益进步,则岑仍将离东京而赴中国内地。此间外务省,视岑与孙同为政治犯而监察其行动。故凡中国之革党领袖,均不□在此有所举动。(《海外党人消息》,上海《民国日报》1916年2月10日,"要闻")

又转《大阪每日新闻》消息,称1月28日,有王寿鸿、丁志城二人往访谭人凤,每日在谭寓密议,30日乘"天洋丸"返上海。此二人常往返丁南洋与东京、长崎间,与岑春煊、孙中山等互谋联络。(《海外党人消息》,上海《民国日报》1916年2月10日,"要闻")

△ 墨西哥华侨发表宣言,反对袁世凯恢复帝制,表示"不恤任何牺牲",以维护共和制度。(中国社会科学院近代史研究所中华民国史组

编:《中华民国史资料丛稿·大事记》第3辑,第87页)

2月11日　本日上午,收陈家鼐和相关的某人邮件各一。任致远、张鹏飞、刘雍、王子衡、谢心准来访。中午,陆军预备役少佐大原武庆来访。下午,和田瑞、苏无涯、许楷、马超俊、方英鹏、居正、张继、戴季陶、王静一、王统一、周善培、廖仲恺、邓铿、简兆南来访。其中,王静一到访两次,第二次与周善培一起登门。晚,王旦、张容来访。(俞辛焞、王振锁等译:《孙中山在日活动密录》,第529—530页)

△　致古岛一雄函,赞其"于东方大局独具只眼",希望当选议员后能主持正论,促进东亚和平。(《致古岛一雄函》,陈旭麓、郝盛潮主编,王耿雄等编:《孙中山集外集》,第375页)

△　《国民公报》转东京《万朝报》消息,称日本民党首领犬养毅、寺尾亨及浪人领袖等于1月13日在民党首领头山满氏家内开会,讨论对付中国革命之方法。若辈素与革命党有秘密关系,故当日会议遂决定联合国民以声援中国革命党,使华人自行内乱,以便日人就中取利。因此,宫崎滔天定于1月25日前赴上海,帮助革命党筹划一切。(《日本民党拟助中国革命党之筹划》,《国民公报》1916年2月11日,"要闻二")

2月12日　本日上午,冯自由、刘兆铭、阿朵鲁佛萨尔克(译音,系音乐教授)、坂本寿一来访。下午,谢心准、廖仲恺夫人等四位中国妇女、居正、王静一来访。4时10分,乘车至芝区三田南寺町8号,访关正雄(岑春煊的化名),同主人和来访的张继、周善培等七人面谈并共进晚餐。10时50分回寓。(俞辛焞、王振锁等译:《孙中山在日活动密录》,第530页)

2月13日　本日上午,犬塚信太郎、苏无涯、居正、冯自由、王统一、王静一、祁耿寰、周济时来访。下午,王子衡、胡汉民(于2月12日回到东京)、邓铿、黄汝成、谭平、居正来访。另有葛庞(2月15日被委任为长沙宝庆军事筹备委员)来访,谢绝会见。晚,苏无涯、许楷二人来访。(俞辛焞、王振锁等译:《孙中山在日活动密录》,第531页)

△　本日，日本方面探报此前两日活动情况。称：

"中华革命党首领岑春煊上月 24 日化名任时兴到东京。25 日去热海，投宿该地的樋口屋旅馆。据传，该人以后又潜回东京，正在侦查中。上月 5 日下午，两名自称王辅宣、张容的中国人，在芝区三田南田寺町 8 号租借一室（房主为同町同号的愿海寺，房租每月六十元）。翌日晨 2 时左右，年龄五十有余的关正雄及章同两名中国人前来，与王、张住在一起。叫关正雄的人年龄和长相都与岑春煊酷似，想必是该人，正在秘密侦查中。12 日，孙中山乘汽车来访该人，与先来一步的张继、张国祥（即数日前作梁启超的代理，代表中国进步党来东京的周善培的化名）等四人及主人关正雄会谈约六小时。另外，关正雄于 10 日下午 7 时左右，曾以任时兴的化名访问男爵加藤高明。在返回途中拜访头山满。昨 11 日下午 6 时半拜访犬养毅。根据这些事实，即可认定关正雄是岑春煊的化名。关于上述与孙文会见的内容情况，现正秘密调查中。

又及：关于岑春煊的住所及其它行动，对东京的革命党也严守秘密，未加泄漏。但据该党员的口吻，岑来的目的，除与孙文会见协商外，好像还带有与我政府当局协商某些事情的任务。"（俞辛焞、王振锁等译：《孙中山在日活动密录》，第 636—637 页）

△　委任杨广达、许直臣为檀香山正副支部长。（罗刚编著：《中华民国国父实录》，第 2773 页）

2 月 14 日　本日中午，戴季陶来访。下午，刘兆铭、谢心准来访。（俞辛焞、王振锁等译：《孙中山在日活动密录》，第 531 页）

2 月 15 日　本日上午，犬塚信太郎来访。中午田中某来一电，电文：老王速来，拜托。又有宫崎寅藏、王静一来访。下午，给王统一发出一快递信。萧萱、周楚萍、胡汉民、邓铿、王静一、周善培、王统一夫人、坂本寿一、中泽家康、王旦、王九龄（东京千驮谷町 377 号）、董泽来访。此外还有仇鳌来访，在另室和王静一面谈。戴季陶来一邮件。晚，王统一来访。（俞辛焞、王振锁等译：《孙中山在日活动密录》，第

531—532页）

△　签发委任令第70号，委任檀香山支部、大完肚分部、三宝雁分部、甘肃支部、江西永丰县分部、仙葛洛分部、巴生港口分部负责人及各科干部。（《委任令第七十号》，《孙中山全集》第3卷，第445—447页）

△　交吴藻华经费手谕："即交吴藻华君亲收日金五千元也。"（《谕交吴藻华日金手令》，中国国民党中央委员会党史委员会编：《国父全集》第4册，第136页）委李国柱为湘南军事筹备员，葛庞为长沙宝庆军事筹备委员，曾明衡、张若浩为赣南军事联络委员。（罗刚编著：《中华民国国父实录》，第2773页）

2月16日　本日上午，谢心准、廖仲恺、戴季陶来访。中午，王静一来访。下午，严华生、刘铎麟、王九龄、董泽、邓铿、周楚萍、王子衡、胡汉民、冯自由、居正来访。王静一的使者持函来访，得回函后，使者即刻离去。4时40分，偕邓铿步行去青山南町六丁目60号，访王统一处，并和周善培议事（似有其他客来，但一切不明）。6时30分，乘人力车回寓。晚，王静一、张宗海、王统一来访。牛达区马场下町35号的犬养毅来一邮件。（俞辛焞、王振锁等译：《孙中山在日活动密录》，第532—533页）

△　委俞钰为饶州军事联络委员，傅达民为广信军事联络委员，俞醒更为九江军事联络委员。（罗刚编著：《中华民国国父实录》，第2774页）

△　中华革命党成立后，曾献策将海外洪门致公堂各机关改组为支部的任寿祺来函，报告经营江西之方案，并陈述计划，请求核示。（《任寿祺上总理函》，环龙路档案第00113号；睦宇：《任寿祺先生传略》，《铅山文史资料》第2辑，第70页）

2月17日　本日上午，刘兆铭、王统一来访。中午，谢心准来访。下午，戴季陶、陈中孚来访，上海法租界霞飞路坊平里9号郭某来一挂号邮件。3时5分，萱野长知陪同大连《大东日报》社社长金子云齐和帝国大学生会田真一来访。之后，又有郭森甲、居正、胡汉民、冯自由、王子衡、邓铿、周楚萍、黄汝成、廖仲恺、周善培、王静一来访。(俞辛焞、王振锁等译:《孙中山在日活动密录》,第533—534页)

△ 公使团质问外交部,平定内乱是否有期。(郭廷以编著:《中华民国史事日志》,第222页)

2月18日 本日上午,戴季陶、杨丙、刘兆铭、王统一夫人来访。中午,谢心准来访。下午,邓铿、祁耿寰、王统一、议员菊池良一来访。晚,遣女侍给廖仲恺送函。(俞辛焞、王振锁等译:《孙中山在日活动密录》,第534—535页)

△ 交江南、皖南革命军司令官兼江苏革命军司令部参谋长吴藻华经费手谕:"即交吴藻华君亲收日金四千元也。"又交陈其美助手,负责秘密联络长江一带事务的周淡游经费手谕:"即交周淡游君亲收日金五百元也。"(《谕交周淡游日金手令》《谕交吴藻华日金手令》,中国国民党中央委员会党史委员会编:《国父全集》第4册,第137页)

委任何以兴为大山脚分部总务科主任。委任陈继平为星加坡琼州分部交际科主任。(《给何以兴等委任状二件》,陈旭麓、郝盛潮主编,王耿雄等编:《孙中山集外集》,第697页)

△ 陈其美奉命在上海主持讨袁军事,本日来函报告各方联络情形。略谓:

"前日电请赴粤,昨奉覆勿往,自应祗遵。盖日来焦急,以为吾党如不得粤,前途殊甚可虑。今之党员,始终不动摇于势利者,能有几人?即日本交涉,亦必以权力为判。(三井许下粤后给五十万,唐少川亦假许卅万,他事类此)。念之滋悚,知欲一助执信之成也。据李思广来言,吾党势力固较他党为优,然同时运动云南兵者,有李根源;运动广西兵者,有林虎。陈子楷辈亦左右其间,故虽有明少贞前次之失误,鄙意尚欲执信羁縻之。虑一放手,即为他党攫去也。顷日夏之时,由港返沪,据言:前南京第八师营长谭昌在港运动有日,省中军官及兵士,约可得五千人,需款万二千元,已嘱与执信接洽,归其统系,如由执信审查属实,自可付款,此间亦可代筹寄汇执信,听其拨用。……湖北事,蔡(济民)有函报附呈。现在驻鄂兵统计约一师,运动成绩较好之第七团已开往他处,殊为可惜,……然昨(17日)日据(丁)景梁(良)得鄂消息,有今日发动之说。梓琴(田桐)昨夜亦赶往,果而,尚有希望也。蔡有改旗及称都督之议,知益不能不令梓琴速往,梓琴故决不至叛党者也。湖南事已交覃理明(振)四千元(日金),据言系运动警备队及少数军官学生。覃不归,仍望林德轩返国,以示非争司令,不过为补助之行耳。其美曾遣熊黑往办,熊为省军官稽查处长,结识颇多,进行亦锐,其兄持中并联合军官同学。惟岳州、常德皆驻有重兵,必待黔军大至乃动。鄂如能起,或易为也。江西运动成熟之第六师已开行,然接洽人尚逐队而往,近仅有新兵一旅。董福开行后,党员颇有发奋,思归图谋会党者。附呈计划书,似尚可行,拟给以款促成之。曾尚武专联军队,曾给以三千元,当或有效。……江苏有冯(国璋)行而蒋雁行代之之消息。果然则易举,冯在此殊为一大障碍。……安徽事如常,管鹏任否,缓日乃能定。梓琴欲约(张)孟介赴鄂,已赞之矣。上海近有组织海军司令部消息,探其内部,颇有冲突,大舰或可望开来。陆军虽日有进步,然必得外界声势,乃可望举图。意两湖粤苏浙必尽人吾党之手,乃能发挥主义。美午夜旁皇,必求一逞,望先生随时有以教令也。青木对于吾人尚能表示好感,前日托山田(纯三郎)先容约谈。渠意如来法界,虑为侦者瞩目,其美往彼又虑英界危险,不如迁来法界,以便往还。今新自宁归,不日将迁来此。"(徐咏平:《民国陈英士先生其美年谱》,第513—515页)

△　报传,黄兴之子黄一欧近日由长崎来沪,随行党人数名,在某租界内秘密组建"民义社",暗中召集同党,预备起事。所有款项都由富于资财之华侨某氏担任接济。(《最近党人活动记》,《时事新报》1916年2月18日,"本埠时事")

2月19日　本日上午,廖仲恺、邓铿、王静一来访。下午,王统一、冯自由、张继、胡汉民、戴季陶、王子衡、谢心准、坂本寿一、头山满、犬养毅、议员古岛一雄、廖仲恺夫妇、法学博士寺尾亨来访。到访

前,寺尾亨先来一电报。晚,王静一来访。因来客多,未见。(俞辛焞、王振锁等译:《孙中山在日活动密录》,第535页)

△　吉林留日学生邓居文来函,自述生平,称17岁粗通俄文,1909年入保定法政学校,辛亥时曾于哈尔滨举事未成,1915年得官费留学日本。函中表达了对孙中山主张的认同和敬仰,希望能有机会前来晋见。(《邓居文述其生平并请晋见上总理函》,黄季陆主编:《革命文献》第48辑,第336-338页)批示:"交惠生调查后,约来见。"(《批邓居文函》,《孙中山全集》第3卷,第242页)

△　随着全国反袁形势日益高涨,革命党人不断自日本潜回,政府亦严加防范。21日《申报》消息称,本日下午,沪杭车站有少年五人,二着西装,为警察所拘。闻系孙中山由日本派来之党人,先经侦探搜查,发现孙之委任状,拘获后均解往制造局。(《西报纪党人图浙之挫折》,《申报》1916年2月21日,"本埠新闻")

2月20日　本日上午,王统一、黄实、居正、萱野长知、戴季陶来访。下午,陈家鼐、周道腴、萱野长知、戴季陶、石浦某和河喜多某(梅屋庄吉夫妇陪同)、和田瑞、胡汉民、居正来访。据日方探报,石浦和河喜多二人是陆军现役军官,唯恐来访之事被泄露,故异常保密。其姓名及军职级别正在侦查之中。(俞辛焞、王振锁等译:《孙中山在日活动密录》,第536页)

△　交由吴藻华介绍前来的刘友敏经费手谕:"即交刘友敏君亲收日金叁仟五百元也。"委任刘谦祥为宿务(Cebu)筹饷局董事。(《委刘谦祥为宿务筹饷局董事状》,中国国民党中央委员会党史委员会编:《国父全集》第4册,第137页)

又给久原房之助借款收据及证明书:

"一、署名人素以图东洋平和及中日亲善为目的,贷款人深谅此热诚,愿赞助署名人之政治改良事业,乃允本项借款。今后署名人得此援助,若获成功,必以全力贡献于东洋平和及中日亲善之事业。

一、今后如贷款人有关于在中国之实业计划,商于署名人,署名人必以好意为之协力。

一、本项借款在署名人事业成功后，或由国民政府，或由署名人负担偿还之责任。

久原房之助先生惠存"（《给久原房之助借款收据及证明书》，陈旭麓、郝盛潮主编，王耿雄等编：《孙中山集外集》，第698页）

△　陈炯明来电，谓（1月）6日电所陈各节偏重屠龙（济光），建议在粤会师讨伐，愿分兵助剿灭。（《陈炯明上总理函》，环龙路档案第02398号）

又吴宗明来函，请电达筹饷局长薛汉英拨出军债票一千元，交其自己设法招售，以还《公理报》之旧欠。（《吴宗明上总理函》，环龙路档案第08280号）

2月21日　本日上午，居正、刘兆铭、王静一、廖仲恺、张继来访。中午，胡汉民来访。下午，王统一、谢心准来访。另有卫华公自东京车站乘人力车来访，谢绝会见，卫乃去青山北町七丁目民国社。晚，偕宋庆龄乘车至府下西大久保414号访王统一，在另室和王密谈约一个半小时，9时25分回寓。（俞辛焞、王振锁等译：《孙中山在日活动密录》，第536—537页）

2月22日　本日上午，邓铿来访。中午，冯自由来访。下午，廖仲恺、邓铿、王静、陈家鼐、坂本寿一、谢心准来访。另有小石川区白山御殿町8号畑田处的黄实来一邮件。（俞辛焞、王振锁等译：《孙中山在日活动密录》，第527页）

△　久原房之助经营矿业，因秋山定辅从中斡旋，本月20日以70万日元贷助。本日致久原房之助函，表达致力于"东洋和平"和"中日亲善"的夙愿，告知援助的70万日元已收，他日革命成功，当如数偿还。同时希望久原能对中国的事业发展提出建议。（《为承贷款致久原函》，中国国民党中央委员会党史委员会编：《国父全集》第3册，第362页）

委陈其美为江、浙、皖、赣四省中华革命军总司令，以便调度讨袁

军。(徐咏平:《民国陈英士先生其美年谱》,第 515 页)

中华革命党人在上海袭击肇和舰失败,及该舰派驻黄埔,乃计再度袭击,事成之后即进攻粤垣。2 月 12 日夜,中华革命党广东总司令朱执信指挥袭击行动失败。此后,中华革命党之军事活动,以淞沪、武汉、粤东、山东为重点;至各地负责人,广东以朱执信、邓铿为领导中心,山东由居正总其责,淞沪方面仍由陈其美主其事。孙中山为使中部讨袁军事行动便于调度,特电委派陈其美为江、浙、皖、赣四省总司令,并负责就近联络湘、鄂二省。(“中华民国”史事纪要编辑委员会编:《中华民国史事纪要(初稿)——中华民国五年(一九一六)一至十二月份》,第 115 页)

△ 《国民公报》消息,称岑春煊、李烈钧主张急进,孙中山主张渐进,并透露“去年 11 月,何天炯由彼南经新嘉坡来至日本,参与孙文机密,大为孙、岑二派讲求联络之策。其后,何天炯密航上海,与陈其美密谋中国南部之动乱。其次则张继由法赴美,与黄兴同居。本黄派之策划而至新嘉坡与岑春煊联络,再来日本与孙文商量,现在尚在东京市某郊外密议”。又称“胡汉民、许崇智现已去东京而往南洋。近自云南事起,由乱军旅团长曹某密报孙文,妄言云南地险,足可支持”。同时,黄兴电孙中山,告知“病已全愈,观望内地之形势,再行归东”,而孙则促其速归。(《在外党人之消息》,《国民公报》1916 年 2 月 22 日,“新闻二”)

△ 陆荣廷之代表唐绍慧及唐继尧之代表李宗黄晤梁启超于上海,邀梁赴广西。(郭廷以编著:《中华民国史事日志》,第 223 页)

2 月 23 日　本日上午,收上海胜家公司的黄福广来一挂号邮件。中午,林德轩、林超群来访。下午,刘兆铭、胡汉民、邓铿、谢心准、廖仲恺、王静一、王旦来访。(俞辛焞、王振锁等译:《孙中山在日活动密录》,第 537—538 页)

△ 复陈其美函,指示湘、鄂等地行动机宜,通知邓铿行程,并派居正到上海专门负责山东事务。同时告以已与岑春煊会晤一次,但

"无甚要领"。亦与周善培见数次,周"自居超然派,而以调和为任,究竟目前无切实之办法,则亦空言而已"。(《复陈其美告各方情形函》,中国国民党中央委员会党史委员会编:《国父全集》第3册,第362－363页)

△ 维多利亚交通部长马杰端来函,请查询2月16日所汇之款的情况。(《域多利交通部长马杰端上总理函》,环龙路档案第08736号)

△ 《国民公报》消息,称据日本报载,黄兴现由美来日。一月以前,令其子一欧在东京租屋。又言,岑春煊自新加坡入东京,与孙、黄相会,筹商关于滇乱之密谋。(《日报之党人行踪谈》,《国民公报》1916年2月23日,"新闻二")

△ 袁世凯申令缓正大位。

袁世凯派周自齐赴日被拒后,日本反袁态度更趋明显而积极。1月19日,日本内阁会议通过警告,要求袁世凯延缓帝制,21日即向北京政府表示,若不延缓帝制,将出兵中国,并承认南方为交战团体。日本之警告,予袁威胁甚大,不得不于同日对日表示延缓登极。

日本除警告北京政府之外,复支持中国境内反袁行动。袁世凯面临此种情势,不得已乃于本日申令:……此后凡有吁请早正大位各文电,均不许呈递,特此通令知之。("中华民国"史事纪要编辑委员会编:《中华民国史事纪要(初稿)——中华民国五年(一九一六)一至十二月份》,第116页)

2月24日 本日上午,廖仲恺来访。中午,王静一、萱野长知来访。下午,谢心准、冯自由、邓铿、胡汉民、犬塚信太郎、廖仲恺、印度人莫基慕塔来访。(俞辛焞、王振锁等译:《孙中山在日活动密录》,第538页)

△ 发函通告南洋澳洲等处同志,告以当前革命形势,希望踊跃捐款,并请妥善接待前来筹款的冯自由。(《通告南洋澳洲等处同志函》,《孙中山全集》第3卷,第245页)

△ 宿务筹饷局范警文来函,请颁发筹饷局职员委任状及关防。(《范警文上总理函》,环龙路档案第07882号)江西清江分部长曾宗鲁来函,自谓本一学生,入党不过三年,于党务并无建树。清江为江西甲

级县,旧官僚最多,具贪鄙顽固,党务棘手。本欲推辞,但首领任命,责无旁贷,故计划即刻起行赴任。(《江西清江支部长曾宗鲁上总理函》,环龙路档案第00029号)

△　《申报》消息,称淞沪警察厅探报,各地党人群集上海已达八千余人,每月共需六万数千元维持,均由孙中山在外捐募,汇来接济。拟趁机起事,响应滇军。(《报探党人胡匪之麇集》,《申报》1916年2月24日,"本埠新闻")

△　《上海泰晤士报》26日称,南京省府消息,据驻日密探报告,孙中山、谭人凤、岑春煊及其他革命党领袖将在长江流域举事,支援云南护国军。彼等将先抵南京,随后赴江西和安徽。地方政府接令严加防范。(《孙逸仙近况》,《上海泰晤士报》1916年12月26日)

2月25日　本日上午,仇鳌、杨丙、王静一、王统一来访。下午,刘兆铭、印度人莫基慕塔、张人杰、王子衡、张继、居正、胡汉民、王静一、周善培、戴季陶来访。之后,又有刘雍、陈楷二人来访,和戴季陶、王静一在另室面谈。此外,还给王统一发一快递邮件。另有居小石川区水道町仓桥宅的某人来一快递邮件。(俞辛焞、王振锁等译:《孙中山在日活动密录》,第538—539页)

△　本日签发委任令第71号,委任高砥分部、生瓦分部、仁丹分部、浮庐山背分部、大山脚分部、双溪大呣分部、雪兰峨古毛分部负责人及各科干部。(《委任令第七十一号》,《孙中山全集》第3卷,第447—448页)

△　中华革命党本部发出通告,转录日本《朝日新闻》所载关于袁世凯提出的日本承认中国帝制的交换条件,称北京方面特派大使周自齐赴日,据《朝日新闻》所载,袁世凯政府提出帝制交换之条件凡六:(一)吉林、奉天两省司法权;(二)津浦铁道北段;(三)天津、山东沿海一带海岸线,一概让予日本管辖;(四)聘日本人为财政顾问;(五)聘日本人为军队教练官;(六)中国兵工厂,中日两国合办。而所要求之交换者则为日本承认帝制。通告指出,此项协议果使成立,帝

制发生之日,即中国灭亡之日。日本特于本月 15 日阁议决定,对于袁氏特派大使各节,毅然拒绝,毫不游移。尚望内外同胞,各竭才力,尽匹夫之责,竟救亡之功。(《中华革命党本部于昨日发出通告》,上海《民国日报》1916 年 2 月 26 日,"要闻")

△ 怡朗支部余以和来函,报告云贵义师连战告捷,彼埠同人乘机联络各界筹募捐款,已颇具雏形。高肇基认为如此筹款,进度太慢,建议发行福建军债票。但不知此种方式与本党债券统一办法有无抵触,请指示。(《怡朗支部余以和上总理函》,环龙路档案第 07981 号)

△ 《上海泰晤士报》消息,据密探报,沪上已集结"红胡子"会匪两千。彼等受党人教唆,乘汽船来沪,居租界中,预备起事。外交部接政府令,切实保障外人机构安全,并向码头加派警力,但未得领事团同意。另报,陈其美已回国,时下在无锡或常州活动。陈及部众预备以无锡为经营江苏之基地。自云南事发以来,党人群聚上海,月耗六万元,由孙中山向海外华侨募捐得来,一旦时机成熟,将起事响应云南护国军。(《沪上之革命党人》,《上海泰晤士报》1916 年 2 月 25 日,"本埠近况")

△ 陆征祥将变更国体照会底稿咨送驻外各使秘存,俟皇帝即位定期,再照会驻国政府。头山满召集日本各政党代表,商议对华方针。(《中华民国史事编年》,第 224 页)

2 月 26 日 本日上午,廖仲恺、邓铿、谢心准、夏重民、黄汝成来访。下午,王统一、周楚萍、王静一来访。另有田中某来一电报。(俞辛焞、王振锁等译:《孙中山在日活动密录》,第 539 页)

△ 宿务支部长陈伯豪来函,谓筹款事务颇有进展,已募得债券一万余元。(《宿务支部长陈伯豪上总理函》,环龙路档案第 08262 号)

△ 《北华捷报》消息,称陈其美在无锡、常州一带为部众急购食品。据警备司令报称,维持费用每月达六万元,由孙中山从日本汇来。(《红胡子与叛乱者》,《北华捷报》1916 年 2 月 26 日,"华报摘录")

2 月 27 日 本日上午,廖仲恺来访。10 时 55 分,偕廖仲恺去北岛郡巢鸭町字上込 422 号,访田中□,和田中及来访的王统一等四人在内室密谈。(田中□从事印刷业,孙曾托他绘制中国近海地图。孙此次是来矫正这幅大地图的。)下午,和田瑞、王统一夫人来访,和宋庆龄面谈。之后,又有谢心准来访。(俞辛焞、王振锁等译:《孙中山在日活动密录》,第 539 页)

2 月 28 日 本日上午,收暂居本乡区□町本乡馆的卫华公来的一挂号邮件。张永修来访,谢绝会见。中午,廖仲恺来访。下午,谢心准、菊池良一来访问。晚,王统一来访。飞行家坂本寿一来一函。(俞辛焞、王振锁等译:《孙中山在日活动密录》,第 540—541 页)

△ 苏禄支部长张成谟来函,报告党务情况,称宋振前来鼓吹党务,入党者更为踊跃。但因彼埠地处偏僻,华侨对国家前途漠不关心。宋振前来,言语不通,故随同协助。同时又报告了其女与宋两情相悦之事。(《张成谟上总理函》,环龙路档案第 08263 号)

又印尼三宝垅(Semarang)黄贞诵等来函,告知委任状及印信已经收到。但筹款一事,因该埠人心顽固,经百般鼓吹,倡办债券一事方稍能就绪,但又被荷兰警察搜查,以至人心更是冷淡。同人必当另筹善法,以赞助云、贵等地军饷。(《黄贞诵等上总理函》,环龙路档案第 06417 号)

△ 本日上海《民国日报》消息,称据侦探报告,岑春煊赴日后,因水土不服,患病休养。居正屡奉孙中山之命往来孙、岑之间。岑、孙意见已颇融合。岑病愈后乘自动车至孙宅拜访,张继亦在座,共同商议今后之计划。(《侦探口中之党人》,上海《民国日报》1916 年 2 月 28 日,"本埠新闻")

△ 袁世凯令立法院提前召集,以国民会议复选当选人为立法院复选当选人。

云、贵相继独立,武力镇压未能奏效,周自齐赴日遭拒,外交失援,国内纷争迭起,帝制前途暗淡,袁世凯遂有取消之举。本日,袁世凯颁令提前于 5 月 1 日召集立法院,又恐立法院议员选举程序繁琐,一时赶办不及,复令以国民会议复选当选人为立法院复选当选人,俾得如期召集。("中华民国"史事纪要编辑委员会编:《中华民国史事纪要(初稿)——中华民国五年(一九一六)一至十二月份》,第121页)

2月29日　本日上午,收自国外来一电报;居上海法租界霞飞路的郭某和宝康里10号的宋某各来一挂号邮件。晚8时10分,品川町北品川345号的犬塚信太郎来一函。8时3分,来一西文电。8时55分,自外地来一电,发报人不明。(俞辛焞、王振锁等译:《孙中山在日活动密录》,第541页)

△　李凌汉来函,谓彼埠华侨于广东独立之前多存观望,筹款之踊跃,不及他埠。所募之款已交本部。并向当地简氏借款万余应筹款之急。(《李凌汉上总理函》,环龙路档案第08264号)

又三宝雁熊棹堂来函,称已将指示通知同人,劝勉各尽义务。所募军券款项已交薛汉英转汇。(《熊棹堂上总理函》,环龙路档案第08255号)

△　《上海泰晤士报》消息,张继等革命党领袖会晤岑春煊及孙中山后离开东京。(《革命党人纷纷离日》,《上海泰晤士报》1916年3月1日)

3月

3月1日　本日下午,谢心准、廖仲恺、王静一来访。(俞辛焞、王振锁等译:《孙中山在日活动密录》,第541页)

△　泗水支部古汉光来函,报告公债情形,谓由神户东南公司寄来的债券,仍在海口关栈。荷兰政府对此种债券检查甚严格,故仍未敢询问原因。能否取回,难以预料。同时告知,目前云南唐继尧,粤东陈炯明都派人在南洋出售公债,加上中华革命党的,各有宗旨和名称,与筹款实属大碍。(《泗水支部古汉光上总理函》,环龙路档案第08609号)

△ 《申报》及《中华新报》消息,称在东京的中国革命党领袖张继一派之党员,向某地进发,据闻此即孙中山与岑春煊会合之结果。(《东京电》,《申报》1916 年 3 月 1 日,"东方通信社电";《中华新报》1916 年 3 月 1 日亦有相同报道)

云贵举兵,虽非孙中山直接策动,但坊间颇多传闻,认为两方关系密切,孙对护国军予以财政资助。本日上海《中华新报》《时事新报》,4 日《北华捷报》均称经孙中山等筹划,已派员赴上海,托某洋行汇解军饷二十五万前往云南、四川等处接济护国军。(《孙文又筹解巨饷赴滇》,《中华新报》1916 年 3 月 1 日,"本埠要闻";《孙文汇款之传说》,《时事新报》1916 年 3 月 1 日,"本埠时事";《又是孙逸仙》,《北华捷报》1916 年 3 月 4 日,"华报摘录")

△ 本日北京政府停拨大典筹备费。(郭廷以编著:《中华民国史事日志》,第 225 页)

3 月 2 日　本日上午,犬塚信太郎来访。下午,胡汉民、王子衡、萧萱、张继、刘兆铭、谢心准、戴季陶到访。(俞辛焞、王振锁等译:《孙中山在日活动密录》,第 541 页)

△ 《时事新报》消息,革命党急进派首领韩恢已与某国人两名来沪,预备潜入江北联络青红帮及私枭土匪乘机起事。又有传闻,前参议院正议长张继由美国来沪,预备召集前此解散之两院议员重行组织。(《党人来沪之报告》,《时事新报》1916 年 3 月 2 日,"本埠时事")

3 月 3 日　本日上午,刘兆铭、杨丙、仇鳌、彭逸园、廖仲恺来访。下午,谢心准、和田瑞来访。晚,王静一来访。(俞辛焞、王振锁等译:《孙中山在日活动密录》,第 542 页)

△ 致河内法国总督电,请求公正对待在广州湾被捕之革命者陆志云及赖达(据 Lukchiwan 和 Laidat 音译)。又致约翰内斯堡赖经(据 Laiking 音译)电,告知七千三百四十一元已收到。(《致河内法国总督电》,郝盛潮主编、王耿雄等编:《孙中山集外集补编》,第 188 页)

△ 本日上海《民国日报》发布北京统率办事处密电,称据驻日侦探报告,孙、黄、陈、岑连日在东京开会,集议进行方法。业经议定,

分为三大股，……各举首领一人指挥监督。一俟目的达到，设立新政府于南京，仍举孙中山为大总统。(《侦探口中之党魁会议》，上海《民国日报》1916年3月3日，"本埠新闻")

3月4日　本日下午，王静一、任致远、刘雍、张成、余柏寒、廖仲恺、谢心准、胡汉民、王统一来访。(俞辛焞、王振锁等译：《孙中山在日活动密录》，第542页)

△　怡朗支部余以和来函，报前后两次共汇交筹款一万一千元，并请寄第三种债券。(《怡朗支部余以和上总理函》，环龙路档案第08266号)

△　袁世凯称帝后，迭遭各国遗弃。日本不仅政府表示反对，且民间亦召开大会，支持共和。本日《顺天时报》消息，称连日各机关新闻对于日本国民之态度横加攻击，或指为日本浪人不正当之行为；或曰请看日本浪人之狂谬；或曰咄咄日本浪人荒谬绝伦之举动。大旨谓近日日本所开之对华有志大会为浪人之结合，乃一般无聊之政客及无职无业好乱游民之所为，并谓日本政府对于此种集会，宜加取缔。

报道指出，近来日本在野之各政治家，忧中国时局之危急，思筹救济之策，因□征集全国一致舆论之所在，建议于政府当局促其实行，乃于上月24、25两日在东京精养轩开有志恳谈会，交流意见。各政党、各政派及外交团体、实业家、新闻记者团等，彼此交涉，主张相同，乃于27日复在精养轩开对华有志联合大会。到会者三百余名，以全会一致议决宣言书及议决文，并选举实行委员数名，其宣言及议决如下：

宣言：当此世界骚乱之际，东洋平和，一依我帝国之保障。乃中国总统袁世凯违背天理人道，不念民众利害，不顾友邦劝告，猘欲僭窃帝位，至激成全国之公愤，遂使中国陷于扰乱之惨祸。吾人鉴于日华两国之特殊关系与帝国之天职，深以袁世凯之行动为非，断然排斥之，誓救中国四亿之苍生，以期收拾大局，确立东洋平和之基础。决

议,今次中国之动乱,其责一归于袁政府之失政,各省因袁世凯僭窃帝政,举兵排击,吾人认为中华国民正当之行动,期使袁世凯速举引责之实。

此次大会由日本民间志士泰斗头山满发起,赴会者政府友党有同志会领袖安达谦三、滨口雄幸,中正会首领花井卓藏等。政府反对党则有政友会领袖床次竹次郎、杉田定一、冈崎邦辅、小川平吉,国民党首领犬养毅等。此外,如国际公法学者博士寺尾亨、报界元老三宅雄次郎等,诸名士不胜枚举。当时推杉田定一为坐长,详细讨论交换意见,乃为上述之决议,发布上述之宣言。是则此次大会,实为日本全国各派政治家代表全国舆论之举动,决非如彼机关新闻所云,为无赖浪人之集合。且此日本国民一致之舆论,实为对中国国民之一种劝告,实为日本国民一种热诚之忠言,更绝不得谓为荒谬之举。中国国民不可不虚心雅量,一察邻国国民之忠言。

随后,该报又加以评论,认为日本现今对华方针业经确定,不论政党不分朝野,全国一致,惟以救济中国时局,维持东亚平和,贡献于世界文明为其应尽之天职。国论一致之状态,不仅于该有志会之决议、宣言见之。即观近来各新闻之论调,亦可了然。盖现今全国新闻所主张者,均已一致。观本报前此所译载者,亦可略见一斑。乃各帝政机关新闻,利令智昏,妄指为日本浪人之行动以欺国民,并出种种诬妄之词,欲使一般人心忌恶日本,以为转嫁民怨于友邦之计,误国何其之甚。(《日本之对华舆论》,《顺天时报》1916年3月5日,"论说")

孙中山在日期间,头山满、犬养毅、寺尾亨等与之过从甚密,此次日人集会与孙在日活动或有密切关系。

△梁启超自上海乘日船秘赴香港转广西,汤叡、蓝公武、蒋方震、吴贯因、黄群(溯初)等同行(梁等均冒充日人)。(郭廷以编著:《中华民国史事日志》,第225页)

△　面对各方指责,袁世凯发布申令自辩,希望国人以国家兴亡为己任。

申令称:"故中国者,非一人之中国,乃四万万人共有之国也。方今时局危迫,险象环生,非万众一心,无以保国保种。凡我爱国之人,当捐除一己之意见,融化一党之畛域,摒绝私人之感情,协力维持,……倘或乘此时艰,竞争权利,或持意见,或拘党派,或囿感情,胥动浮言,甘为祸首,……必至颠覆邦家,扰害黎庶,……瞻望前途,殊甚悲悯。……予躬膺艰巨,昕夕焦劳,忧患频经,绝无安乐,……苟利于国,何惜此身? ……乃仁不胜暴,诚不格奸,邪说繁兴,金壬交煽,遂成同室操戈之祸,弥殷榱崩栋折之忧。用是推心置腹,喻我国人,力免沦胥,引为己责。着各省文武长官,剀切晓谕,俾遐迩人民,咸知爱国之真理,父诏其子,兄勉其弟,互相告诫,以儆群迷,毋负予再三谆诲之至意。"("中华民国"史事纪要编辑委员会编:《中华民国史事纪要(初稿)——中华民国五年(一九一六)一至十二月份》,第135—136页)

3月5日 本日上午,廖仲恺、胡汉民、萧萱、陈炯和田瑞来访。中午,戴季陶、伍洪培二人来访。

下午,和来访的犬塚信太郎一起乘犬塚的车至京桥区筑地明石町,访医学博士岸一太。离开后,王统一来访,并候至返回后面谈。期间,松岛重太郎(日俄贸易商会)来访,和王统一交谈。至回寓后,又和松岛面谈。另有梅桥林来访,谢绝会见。(俞辛焞、王振锁等译:《孙中山在日活动密录》,第542—543页)

△ 高铁德、陈煊、伍横贯来函报告美洲讨袁军组织进展,并建议"待口岸一得手(如广东上海等处),即拔队东归,为北伐之一助"。批复:"着军事部代复,奖其热心。并着稍候沿海得有根据之后,当函召回来效力也。"(《高铁德、陈煊、伍横贯报告组织美洲讨袁军上总理函》,黄季陆主编:《革命文献》第48辑,第95页)

3月6日 本日上午,谢心准、廖仲恺来访。中午,刘兆铭来访。下午,王静一、胡汉民、戴季陶、廖仲恺来访。晚,王统一乘人力车来访。(俞辛焞、王振锁等译:《孙中山在日活动密录》,第543页)

△ 批2月20日小吕宋吴宗明函"请电达筹饷局长薛汉英拨出

军债票一千元，交其自己设法招售，以还公理报之旧欠函"，谓："仲恺办理，并复。"（《批小吕宋吴宗明函》，《孙中山全集》第3卷，第246页）

3月7日　本日上午，王统一陪同神户市三上□□店主人来访。之后，刘兆铭、萧萱、席正铭来访。其中刘兆铭两次造访。

下午，夏重民、谢嵩生、谢心准、周应时、王统一、廖仲恺来访。傍晚，偕王统一、廖仲恺二人乘车至京桥区银座二丁目10号日俄贸易商社访松岛重太郎，并和松岛及来访的中山面谈。晚8时35分，和王、廖一起离开。回寓后再共同议事。（俞辛焞、王振锁等译：《孙中山在日活动密录》，第544页）

△　柏文蔚来函通报行程，并请指示机宜。（《柏文蔚上总理请示机宜函》，黄季陆主编：《革命文献》第48辑，第263页）

怡朗支部佘陶民、余以和等来函，对早日发动闽、粤革命的建议表示支持，并告知正努力加紧筹备军饷。但因兹事体大，非涓滴之资所能济事，对前日呈请通融福建债券一事，请早日指示。（《怡朗支部佘陶民等上总理函》，环龙路档案第08265号）

△　3月，西南战事呈胶着状态，故有关于讲和的消息流传。本日《北华捷报》收北京消息，称唐绍仪等沪上名人敦促云贵事件和平解决。北京方面，袁世凯、徐世昌等亦有同样想法，希望北军在川东南打击护国军后，云贵方面能明白自己军事力量的薄弱和反抗的徒劳。据可靠私人消息，唐绍仪等与蔡锷、唐继尧密谋和谈，而李烈钧及孙中山一党的其他领袖反对和解。据信若蔡、唐放弃抵抗，彼等亦难有作为，因其在西南并无影响。（《南北和谈之努力》，《北华捷报》1916年3月18日，"西南叛乱"）

△　袁世凯特派陆荣廷为贵州宣抚使，陈炳焜兼护督理广西军务。（"中华民国"史事纪要编辑委员会编：《中华民国史事纪要（初稿）——中华民国五年（一九一六）一至十二月份》，第139页）

日本内阁会议决定树立在华霸权，推翻袁世凯，承认中国南北两军为交战团体，默许日本民间援助南军，派崛内为驻云南领事。

革命党人朱执信攻广州长洲炮台及"肇和"军舰。(郭廷以编著:《中华民国史事日志》,第225页)

3月8日 本日上午,犬塚信太郎来访。收芝区芝口一丁目15号宫崎商店的天田清乡来函。天田清乡是十八九岁青年,失去双亲,生活悲惨,信中表示了为中国革命党献身之意。下午,刘兆铭、张继、梅乔林、谢心准、王静一、廖仲恺、松岛重太郎(日俄贸易商会)来访。晚,松岛重太郎、王统一乘车来访。稍后,偕来访的松岛重太郎和王统一乘松岛的车去芝区金今里町18号,访久原房之助。11时30分和松岛、王统一一起告辞,11时30分回寓。(俞辛焞、王振锁等译:《孙中山在日活动密录》,第544—545页)

△ 委任朱霁青为中华革命军北满军事筹备会委员长,段右军、谢宝轩为委员。(罗刚编著:《中华民国国父实录》,第2782页)

△ 檀香山副支部长许直臣来函,报告捐款颇有成效,目前办完手续的已有美金数百元,且曾向美洲总部汇美金五百元交由林子超汇往东京。又命四大都会馆开捐局,已募捐数百元。还组织学生编演戏剧,除经费外又募得五百余美金。并称筹募革命捐款,虽千辛万苦,决不辞劳。(《许直臣上总理函》,环龙路档案第08268号)

3月9日 本日上午,廖仲恺、胡汉民二人来访。其后,岑春煊(化名章士剑)和王旦乘马车来访,与胡汉民、廖仲恺等议事。又有坂本寿一来访,因和岑春煊等议事,谢绝会见。下午,谢心准、王静一、廖仲恺、胡汉民来访。(俞辛焞、王振锁等译:《孙中山在日活动密录》,第545页)

△ 本日签发委任令第72号,委任印尼孟加映(Bengkayang)分部、天洋丸分部负责人及各科干部。(《委任令第七十二号》,《孙中山全集》第3卷,第449页)

3月10日 本日上午,犬塚信太郎、王统一、梅屋庄吉、坂本寿一、松岛重太郎、廖仲恺、胡汉民、戴季陶来访。中午,王静一、霍□二人来访。下午,松岛重太郎来访,遂偕戴季陶和松岛重太郎乘车到京桥区银座二丁目 10 号松岛宅，在其二楼谈话。之后，姓名不详的两人来访，3 时 20 分又有一人来访，并参与谈话。返寓后，戴季陶、犬塚信太郎、夏重民、谢崧（嵩）生来访。

据日方调查，孙中山去日俄贸易合名会社社长松岛重太郎宅，经松岛之斡旋和久原房之助订立了借款合同。在该会社二楼和三名日本人（中山某、远藤某、武田某）交换了合同书。中方签字人是孙中山、戴季陶；日方保证人是松岛重太郎和中山某。据说，孙提供了四川省的某利权，但不清楚。（俞辛焞、王振锁等译：《孙中山在日活动密录》，第 546—547 页）

△　致东北军革命党人电，"沪复电，吴（大洲）奔津，留□沪，不愿趋连"。（《为吴君不愿趋连电》，中国国民党中央委员会党史委员会编：《国父全集》第 3 册，第 363 页）

△　廖仲恺为购械及山东讨袁军事函居正，谓机枪五支各配弹万发已在东京交易，但尚未交货，而效果如何更不确知。并告以孙中山已函湖北田桐，"勉其慎重将事，待命而动"。希望"齐鲁之间，如确有把握，应期而举，当不惜一切牺牲图之耳"。（罗刚编著：《中华民国国父实录》。第 2782 页）

3 月 11 日　本日上午，刘兆铭、王统一以及坂本寿一陪同中泽家康和原某来访。下午，谢心准、王子衡、杨丙、廖仲恺、胡汉民、陈炯、夏重民、李敕、胡汉资、李天民、和田瑞、戴季陶、王静一来访。（俞辛焞、王振锁等译：《孙中山在日活动密录》，第 547 页）

△　宿务支部长陈伯豪来函，谓军兴时代，诸般进行，首在金钱。筹饷一宗当竭死力而尽责任。唯恐杯水车薪，无济大事。又报华侨何槐经伍平一之手捐款三十元，如核查属实，请发给债券，免负爱国热心。（《宿务支部长陈伯豪上总理函》，环龙路档案第 08272 号）

宿务筹饷局范警文来函，谓共募集债券银一万四千三百元。已售出但尚未交款的尚有五千余元。另请授叶独醒总劝募员一职，并请发筹饷局职员委任状及印信。（《宿务筹饷局范警文上总理函》，环龙路

档案第 08273 号)

印尼北加浪岸(Pekalongan)陈如切等来函,谓三千元债券,本月1 日已经汇丰银行转日本银行汇出两千元,请速发回执使认购之人得以观阅。余下一千元,如不能完成募集当立即寄回。(《陈如切等上总理函》,环龙路档案第 08270 号)

△　北京政府公布颁爵条例。袁世凯特派曾鉴为川南宣慰使。李根源、杨永泰访梁启超于香港,商与岑春煊合作。(郭廷以编著:《中华民国史事日志》,第 226 页)

3 月 12 日　本日上午,廖仲恺、犬塚信太郎、萱野长知夫人、王统一、和田瑞、仇鳌来访。上海法租界霞飞路协平里 8 号的林某、大连山县通顺华公司田中丰春及一位姓名不详的人各来一函。下午,夏重民、李敫、李天民、胡汉贤、坂本寿一、原一郎、议员菊池良一来访。(俞辛焞、王振锁等译:《孙中山在日活动密录》,第 547—548 页)

△　复上海陈其美电:“电悉。一二日当如数电二十万,为江、浙及第二舰队用,请速着手。”(《讨袁之役复上海允汇二十万为江浙及第二舰队用电》,中国国民党中央委员会党史委员会编:《国父全集》第 3 册,第364 页)又复居正电:“电悉。款如得手,可照办。”(《复居正电》,《孙中山全集》第 3 卷,第 246—247 页)

△　刘崛陈书报告广西革命艰苦情形,称生活久已绝粒,同志嗷嗷,无处可呼将伯,不知可否设法予以解决。(《刘崛上总理报告广西革命艰苦情形函》,黄季陆主编:《革命文献》第 47 辑,第 341—342 页)

史明民上密谋吉林计划书,并附“秘谋光复吉林计划”,称:“第念明民与东省多有交游,早归一日,当有一日进行之效益,……用是寸心若焚,夜不成寝。……未闻明教,万状焦虑。窃维一隅问题,似可克期进行,当无碍于全局。”20 日,批复:“惠生代复,着他来见。”(《史明民上总理陈述密谋吉林计划书》,黄季陆主编:《革命文献》第 48 辑,第 175—178 页)

上海《民国日报》消息,称某党魁向不与孙中山接洽,近频至青山孙寓大开会议,闻有担任北方一带军事,乘北方空虚,长驱入捣北京之说。密察派出之人由东京至长崎往大连者已有十余人之多,预料中国北方将有大乱。(上海《民国日报》1916 年 3 月 13 日,"电荟")

3 月 13 日　本日上午,戴季陶、廖仲恺、胡汉民、王子衡、王静一、周应时来访。中午,祁耿寰、谢崧(嵩)生、戴季陶来访。下午,京桥区木□町一丁目 6 号经营颜料的塚木国三郎来访,戴季陶代为接待。塚木带来俄制步枪一支,说他有这种枪二百五六十支,希望购买。戴答,我们不需要枪,他立刻离去。随后又接见坂本寿一、原一郎、席正铭、谢心准。其中,坂本寿一两度造访。(俞辛焞、王振锁等译:《孙中山在日活动密录》,第 548—549 页)

△　致直、鲁、晋省革命同志函,告以"上海发难而后,云、贵踵起,竖讨袁义旗,作共和之保障",但"云、贵军局限一隅,胜败之机,尚难预决",因此"欲缩短战争之期间,保全国家之元气,……非从袁氏根本地推翻不可",故"特派居正为中华革命军东北军总司令,统筹直隶、山东、山西革命军进行事宜,前来与诸同志相见",希望同志们"各披肝胆,协力同心,义勇奉公,精诚服务,以达吾党远大之目的"。(《派居正为东北军司令通告冀鲁晋各省同志书》,中国国民党中央委员会党史委员会编:《国父全集》第 3 册,第 364 页)

△　上年冬,陈中孚自东三省至日本,言东北大有可为,居正介之孙中山,孙中山命居正主其事,居正乃偕陈中孚赴大连。本年一月,居正奉命至青岛经营山东军事。旋以东北复有事接洽,又往大连。不久又自大连抵青岛,设立机关,筹划山东军事,嗣吴大洲、薄子明、尹锡五、赵中玉、吕子人、马海龙等各集所部待命。时日人萱野长知辅助居正,购械事均由萱野与宫崎寅藏进行。(罗刚编著:《中华民国国父实录》,第 2785 页)12 日,覆居正来电云:"电悉。款如得手,可照办。"本日,又派居正为东北军总司令而通告冀鲁晋各省同志,望协力同心以达讨袁目的,并复居正 3 月 7 日函,告知萱野长知所给款项可以全数拨付山东方面使用,促其月内行动。同时,传达朱执信已在广

州举事的消息，以及革命党人在山西策动阎锡山等人的情况。(《复居正告各方讨袁军事情形函》，中国国民党中央委员会党史委员会编：《国父全集》第3册，页365)又函告居正，传达李凤鸣、何绪甫、续西峰等人在山西和陕西的活动情况。(《复居正函》，《孙中山全集》第3卷，第248—249页)

再复上海革命党人电："五日函悉。款先得五十万，余俟王统(一)海军获后乃可得。沪事当俟王统(一)动后方可发，王极有把握，当不落空。鄂事由田(桐)试办，如得手，则委之也。"(《讨袁之役复上海指示沪鄂活动机宜电》，中国国民党中央委员会党史委员会编：《国父全集》第3册，第366页)

又委陈沛南、朱印山为南非洲正副支部长。(罗刚编著：《中华民国国父实录》，第2789页)

△ 二次革命时，陆荣廷助袁世凯镇压革命，曾授衔耀武上将军。云贵举兵后，传闻陆与孙中山秘密交往，并延揽袁之凤敌岑春煊入桂。18日上海《新闻报》转本日《朝日新闻》关于孙中山与陆荣廷密谋消息，揭露广西将军陆荣廷在云贵尚未革命以前，即已与孙秘密联络。其间屡为北京政府所迫，不得已决意辞职。然陆于辞职一事，预先咨问孙。孙常劝其留任勿动，故未辞职，以至今日。陆之态度，外观似不明显。故外间或传其与广东龙济光互相提携，或报称陆、龙两将军之间最近又发生某某关系，甚且报称陆已加入政府一方，所属军队已出发征滇。今据较确之消息，则陆之代表日前密至上海，与在沪之进步党筹商提携方法，现已双方已有成议，故进步党中最有力之领袖某氏(应为梁启超)即于本月上旬由上海出发赴广西南宁府。于是，世人注目已久之广西态度，近决定加入南方护国军。恐不出是月，将见广西之宣布独立。(《东报纪中国时事》，《新闻报》1916年3月18日，"紧要新闻")

△ 广西将军陆荣廷、桂林镇守使陈炳焜及梁启超等电请袁世凯即日辞职。(郭廷以编著：《中华民国史事日志》，第226—227页)

3月14日 本日上午，戴季陶、廖仲恺、梅屋庄吉来访。中午，仇鳌、王静一、余柏寒、张成、戴季陶来访。下午，刘兆铭、议员菊池良一来访。3时,乘车外出访问议员秋山定辅,5时告辞返寓。期间,胡汉民来访,并候归来。晚,王统一、戴季陶来访。(俞辛焞、王振锁等译:《孙中山在日活动密录》,第549页)

△ 菲律宾支部副支部长王忠诚来函,报告奉朱执信函,粤事紧急,故于11日由宝通银行电汇港币五千六百元交李思辕手收,并请速寄军债券。(《王忠诚上总理函》,环龙路档案第08274号)

新西兰惠灵顿支部黄国民来函,谓得致公堂热心分子支持,共同演说,赴会者捐款踊跃。悉尼支部党务进展迅速,党员人数增至八九十人,对澳洲党务前景表示乐观。(《黄国民上总理函》,环龙路档案第07750号)

悉尼支部□平鸣来函,报告由悉尼至惠灵顿与黄国民共商党务,并与致公堂中热心分子共同演说,效果颇为如意。对黄的谦虚配合大加称赞。悉尼方面,郭标等大商家加盟,党员增至八九十人,目前,悉尼党员尚未进行大集会。但于小型集会中已募得三百余镑,并于2月21日汇出。(《平鸣上总理函》,环龙路档案第07749号)

3月15日 本日上午,戴季陶、梅屋庄吉、王统一、松岛重太郎来访。中午,和田瑞、王静一来访。下午,谢心准、犬塚信太郎、王子衡、胡汉民、王静一、徐东垣、周耀、刘春一、任致远、杨丙新、赵和青、赵振东、陈楷、祁耿寰、王璋等来访。(俞辛焞、王振锁等译:《孙中山在日活动密录》,第550页)

△ 1915年4月29日,签发委任令第29号,任命金一清为南洋荷属联络委员。(《委任令第二十九号》,《孙中山全集》第3卷,第423页)本日,印尼加里沙(Garissa)伍麟祥来函,报告汇款事务,谓金一清到后党务大有起色,党员名册3月2日已经寄出。另汇党费二百三十元,请查收后颁给证书。同时询问公债票由本部寄送还是向他埠转取。(《伍麟祥上总理函》,环龙路档案第08277号)

檀山隆都从善堂主刘润柱来函,谓收到信函指示之前已经筹募爱国捐,待汇齐后逐次寄来。(《檀山隆都从善堂主刘润柱上总理函》,环龙

路档案第 08275 号)

　　△　云贵军兴后,中华革命党加紧在内地的秘密活动。北京及地方政府亦密布探员侦查缉拿,此前各地已拘捕多人,多持有孙中山委任状,真伪莫辨。本日《申报》消息,据湖北督军王占元称,沙市防军于 3 月 4 日缉获女革命党五人,在行李衣箱内搜出炸弹炸药等危险物品多种,并孙中山所发凭照。据该女革命党人供称,伊等同党共一百余人,皆系革命党学生。由孙在日本、香港等处召集,编为女子侦探队,乔装旅客,专运军火等项,赴内地各省接济潜伏同志,并刺探军情。(《查察党魁遣派之女侦探》,《申报》消息 1913 年 3 月 15 日,"本埠新闻")

　　△　前有传闻陆荣廷与孙中山暗中联络,本日广西独立,举陆荣廷为都督。("中华民国"史事纪要编辑委员会编:《中华民国史事纪要(初稿)——中华民国五年(一九一六)一至十二月份》,第 160 页)

　　3 月 16 日　本日上午,廖仲恺、犬塚信太郎来访。中午,王静一、王璋二人来访。下午,王统一、梅屋庄吉、谢心准、松岛重太郎、戴季陶、犬塚信太郎、廖仲恺、胡汉民来访。其中,王统一与松岛两次到访。(俞辛焞、王振锁等译:《孙中山在日活动密录》,第 550—551 页)

　　△　致上海革命党人电二件,其一给陈其美,告知本日由三井银行汇其二十一万元,其中一万元给田桐,务必妥善谋划。其二,告知本日由正金电汇陈其美收日金二十一万元,请拨田桐沪洋万元。诸事望慎而图之,务期万全效果。(《讨袁之役致上海告由正金银行汇款陈其美电》,中国国民党中央委员会党史委员会编:《国父全集》第 3 册,第 366 页)

　　△　廖仲恺代复居正函,询获野款能否实现,并问汇款地址。(《廖仲恺代复居正函》,环龙路档案第 03623 号)

　　3 月 17 日　本日上午,夏重民、陈树人、戴季陶、廖仲恺、梅屋庄吉、杨丙、仇鳌、王统一来访。下午,王静一、周应时、徐东垣、乔根、胡汉民、菊池良一、廖仲恺来访。2 时 5 分,乘人力车外出访秋山定辅,5 时 30 分告辞回寓。期间,严华生来访,和廖仲恺面谈。晚,犬塚信

太郎、王静一来访。(俞辛焞、王振锁等译:《孙中山在日活动密录》,第551—552页)

△ 致《公理报》电(原件为中文),"我军占领广东沿海各地。"又致伦敦龙某电(据Loong音译)电,"取道加拿大来"。再致新加坡陈达文电(据Chantatman音译)、"王佛隆很平安。"(《致伦敦电》《致新加坡陈达文电》,郝盛潮主编、王耿雄等编:《孙中山集外集补编》,第189页)

签发委任令第73号,委任广东肇庆分部、广东四邑两阳分部、江西修水县分部、江西铜鼓县分部、江西宜黄县分部、江西建昌县分部负责人。(《委任令第七十三号》,《孙中山全集》第3卷,第449页)

△ 时在华西媒虽不认同洪宪帝制,但对革命党也抱有成见。本日,《申报》转《京津泰晤士报》8日消息,讨论河南人对局势的态度,并指出黄兴已不能胜领袖之任,其滥用公款一事,国人犹未忘怀。孙中山亦为失国人信任。就众多领导人而言,黎元洪今日若能自由,大足号召全国。然北京当局早已料及,不使其与革命党人交往。黎与其他有人望的领袖三四人,皆严受看管,不能出国门一步。(《汴人对于时局之精神》,《申报》1916年3月17日,"要闻一")

△ 袁世凯召见梁士诒,商撤销帝制。

广西独立,日本扬言武力干涉,江苏将军冯国璋、山东将军靳云鹏、江西将军李纯、浙江将军朱瑞、长江巡阅使张勋等五将军联电请速取消帝制。另天津徐世昌亦有函曰"今尚可转圜,失此将无余地"。同时,滇军又大举反攻。袁世凯以形势日蹙,顿萌悔意,乃于本日召见梁士诒商讨撤销帝制。决定,帝制撤销后,中央政事由徐世昌、段祺瑞任之,安定中原军事由冯国璋任之。并请梁士诒为其致电陈宦,嘱托其一面严防,一面与蔡锷谈判。同时,因梁士诒与梁启超有旧,托其游说梁启超,请疏通滇、桂。("中华民国"史事纪要编辑委员会编:《中华民国史事纪要(初稿)——中华民国五年(一九一六)一至十二月份》,第165页)

3月18日 本日上午,胡汉民、廖仲恺、戴季陶来访。下午,菊池良一、萧萱、谢心准来访。1时52分,偕菊池良一乘车去曲町区二番町访曾提出二十一条的前外务大臣,时任贵族院议员和宪政会总裁的加藤高明。交谈中,志村源太郎于下午 3 时来访,参与交谈。3 时 50 分告辞,乘车至曲町区曲町八丁目,访秋山定辅并与之交谈。秋山宅没有其他来客。6 时 25 分乘车回寓。(俞辛焞、王振锁等译:《孙中山在日活动密录》,第 552—553 页)

　　△　加拿大劣孔(Lacombe)分部胡维埙来函,谓本月 17 日所募款项已汇寄支部,并请查询去年 9 月汇给香港夏重民的钟民光、温尧森二烈士家属抚恤金的收取情况。同时报告出现伪讨袁军印(刻有"中华讨袁军政府总部大元帅岑印""中华洪门讨袁军总部印"字样),请与在日之岑春煊核实。(《劣孔分部胡维埙上总理函》,环龙路档案第 08278 号)

　　宿务支部筹饷局范警文来函,谓虽颁布之筹饷局章程中没有总劝募员一职,然以该职对筹饷前途有重要影响,请选员委任。并请早赐筹饷局关防。(《范警文上总理函》,环龙路档案第 05132 号)

　　△　《新闻报》报道陈其美在沪活动消息,称淞沪警厅得探报,获悉陈其美现在上海筹划起事手续,预备响应滇军,已定有条规及规定陆军旗帜式样,分寄各处,并预谋运送飞机去云南。(《防范党人近闻片片录》,《新闻报》1916 年 3 月 18 日,"本埠新闻")

　　3 月 19 日　本日上午,廖仲恺、戴季陶、犬塚信太郎来访。11 时 30 分,偕来访的戴季陶乘车去芝区白金今里町 18 号,访久原房之助,和来访的议员秋山定辅面谈。下午,松方五郎访久原宅(是否和孙面谈尚不详,松方下午 4 时 10 分离去)。下午,王静一、谢心准来访,因外出未见。其后,王子衡、议员菊池良一来访,候回寓。之后,又有谭平来访。晚,廖仲恺、王静一来访。(俞辛焞、王振锁等译:《孙中山在日活动密录》,第 553—554 页)

　　△　致电陈其美,请兼任江苏司令长官,并告知可从湖南的经费中拨二千应覃振之请款。(《讨袁之役致上海陈其美指示为苏负责人及拨款覃振电》,中国国民党中央委员会党史委员会编:《国父全集》第 3 册,第 366—

367页）

居正收到电报指示，谓："萱兄（萱野长知）嘱购壳子枪，是否急需？获野款何无消息？速复。念日由正金电五千，请收。谋天津有门径否？〔并〕复。"（《致居正电》，《孙中山全集》第3卷，页250）

△　曾参加1895年广州起义，并在失败后手持双枪，保护孙中山逃往香港的华侨革命党人夏百子来函，询问前函是否收到。又称今日居于沪上，人生地疏，困苦之极，请求接济，并附名片一张，信封一枚。（《夏百子上总理函》，环龙路档案第01318号）

3月20日　本日上午，胡汉民、戴季陶来访。犬塚信太郎来一电报。下午，王静一、廖仲恺、戴季陶、床次竹次郎、犬塚信太郎、周应时、谢心准来访。晚，戴季陶来访，因已就寝未见。（俞辛焞、王振锁等译：《孙中山在日活动密录》，第554页）

△　批史明民12日函请求急图东三省事函，曰："惠生代复，着他来见。"（《批史明民函》，《孙中山全集》第3卷，第250—251页）

因福建革命党人黄展云对闽省侨款有所建议，本日乃电陈其美转黄，告知已任命其为福建司令，统一调拨外洋汇闽用款。又致马尼拉革命党人电，告知闽事已委许崇智专办，款应归许支配，以便统一。嗣后闽军饷，请汇日本转许，勿汇他人。祈转告怡朗方面。（《讨袁之役致马里喇告闽事由许崇智专办电》，中国国民党中央委员会党史委员会编：《国父全集》第3册，第367页）

再致居正电，告知田中借款未成，希望先筹二万，汇往山东，并请速报陕西情况。（《致居正电》，《孙中山全集》第3卷，第251—252页）

△　陈其美奉命主持上海革命活动，遂为沪上各报所关注，本日《新闻报》消息，称军警各机关近来接到侦探陈述革命党人活动之报告，殆无日无之。其中事之真伪，非局外人所能知晓。昨闻某机关又得密探报告，谓海外革命党人托某国暗中运载新式快枪两万余支来华，停泊某处海面，本埠某党魁已派周应时向某国借款两千万，业已订立秘密条件，预备购买此项枪械，私运至沪等等。江苏巡按使齐耀

琳获得探报,陈其美现在上海组织机关,预备响应滇、黔,已拟定陆军旗帜式样,觅呈查核等情。昨经省公署将该旗绘图通发各处严查防缉。其所绘旗式计直长四尺,横长六尺,上有五角星五颗,一居中,余在四角。(《防范党人传言种种》,《新闻报》1916年3月20日,"本埠新闻")

《国民公报》报导前国会议员预备在上海集会消息,称前参议院正议长张继现由美国来沪,已在日本东京与孙中山、岑春煊等会议妥洽,预备在沪召集前此遣散之参众两院议员重新组织。政府已派员分途密查,究竟有无其事。(《党人纷纷来沪》,《国民公报》1916年3月20日,"新闻二")

△ 袁世凯召国务卿及各部总长、参政等商撤消帝制。(原拟即下令,袁克定阻止)。(郭廷以编著:《中华民国史事日志》,第227页)冯国璋致电北京,请取消封爵,并接见蔡锷挚友朱德棠,商讨反对帝制事宜。又接见四川陈宧代表胡鄂公,磋商停战议和条件,拟倒袁自立为总统。(公孙訇:《冯国璋年谱》,第49页)

3月21日 本日上午,戴季陶、鲍成顺、彭祖复、邵兆本、杨丙、仇鳌来访。中午,王静一、戴季陶、张成、余柏寒四人来访。下午,谢心准来访。(俞辛焞、王振锁等译:《孙中山在日活动密录》,第554—555页)

△ 致旧金山《少年中国报》电,要求将存款尽买百马力以上适军用之飞机十数台,速付来。并着能飞之同志及林森、邓家彦等回来。(《讨袁之役致三藩市少年中国报购飞机电》,中国国民党中央委员会党史委员会编:《国父全集》第3册,第368页)

签发委任令第74号,委任都湾分部负责人及各科干部。(《委任令第七十四号》,《孙中山全集》第3卷,第449—450页)

△ 怡朗支部余以和来函,报告1月7日和27日两次汇款万余。又谓筹办军债,绝对慎重,没有丝毫轻率。(《怡朗支部余以和上总理函》,环龙路档案第08282号)

印尼泗水(Surabaya)支部总务处主任古汉光来函,报告正发函催集款项汇交。因陈铁伍认为此项筹款应用于接济广东举事,拟汇齐后请示办法,以备同人询问。此外,政府成立之前,难以动员商贾,捐款人多为劳动阶层之粤籍华侨。另黄宗和交来日币两千,本日经台湾银行汇出。(《泗水支部总务主任古汉光上总理函》,环龙路档案第08281.1号)

△　袁世凯特任徐世昌为国务卿。("中华民国"史事纪要编辑委员会编:《中华民国史事纪要(初稿)——中华民国五年(一九一六)一至十二月份》,第171页)

3月22日　本日上午,戴季陶、刘兆铭、陈树人来访。下午,谢心准、胡汉民、陈炯、犬塚信太郎、廖仲恺来访。之后,夏重民、王佐成、谢嵩生二人登门,由胡汉民代为面谈后得接见。其后,又有刘兆铭、戴季陶、王静一到访。(俞辛焞、王振锁等译:《孙中山在日活动密录》,第555—556页)

△　中华革命党东北军师长朱霁青,以入党与否,诚非重要,惟视心之所向,特函本部总务部谢持副部长,称"非不才对党部有隔阂,入党可以忠于党,不入党不能忠于我心乎"。(罗刚编著:《中华民国国父实录》,第2792页)本日批示:可据实答之,并着再来见。(《批朱霁青致谢持函》,《孙中山全集》第3卷,第252页)

签发委任令第75号,任命仰光支部、罅辖分部、华都呀吔分部、打扪(Tambun)分部、端洛(Tronoh)分部、亚巴里分部负责人及各科干部。12日,史明民来函提出密谋吉林之计划,本号委任令亦指派其为吉林党务联络委员。(《委任令第七十五号》,《孙中山全集》第3卷,第450—451页)

△　简兆南来函,报告3月19日已经汇出两万元,且其埠闽籍华侨所认购股票已经收齐。(《兆南上总理函》,环龙路档案第08283号)

∧　15日,陆荣廷宣布广西独立,袁世凯深受打击,接受五将军要求,申令撤销帝制,发还各省区推戴书,所有筹备事宜立即停止。召开代行立法院临时会。(郭廷以编著:《中华民国史事日志》,第228页;"中华民国"史事纪要编辑委员会编:《中华民国史事纪要(初稿)——中华民国

五年(一九一六)一至十二月份》,第 172 页)

3月23日　本日上午,久原矿业株式会社职员厚母二郎以及杨丙、周□二人来访。中午,乘车去大久保 414 号,访王统一,下午 1 时告辞回寓。下午,伍洪培、王子衡、廖仲恺、犬塚信太郎、谢心准来访。晚,廖仲恺再次来访。(俞辛焞、王振锁等译:《孙中山在日活动密录》,第 556 页)

△　复上海陈其美电二件。其一谓时机至此,可速发制人。兹电二万,专用于沪上,切勿再行分散。上海如能得手,则万事皆可就绪,希望奋励图之。其二,告知二万由台湾行电山田(纯三郎)收。因东京与广东通电不便,除灭龙(济光)事由陈其美邓铿可也。(《讨袁之役复上海告汇款谋汇电》《讨袁之役致上海指示汇款及除龙电》,中国国民党中央委员会党史委员会编:《国父全集》第 3 册,第 368-369 页)

致居正电(此件所标系收到日期):"二十由正金电五千,收否?铣已交易,速运送。定船后再电告接洽。"(《致居正电》,《孙中山全集》第 3 册,第 253 页)

再复马尼拉革命党人函,要求以对待叛党者的办法处理谭根。

1914 年 8 月初,在复伍平一函中曾言:"飞机学校事,当竭力促成之,而目前训练尤不可缓,盖时局正佳,飞机之用即在目前也。"(《复伍平一函》,《孙中山全集》第 3 卷,第 106 页)谭根以飞机试演为业,有意创办飞机学校授其技术,孙中山深悉飞机在军事上用途,故曾委谭根为航空司令,又曾致书南洋同志冀赞助其事。至 1915 年 4 月 23 日,批叶独醒函,指示关于飞机人员,"请该员自行裁夺,或贵埠同志与他(指谭根)酌夺可也",并指出"对于谭根不置可否乃妥",(《批叶独醒函》,《孙中山全集》第 3 卷,第 168-169 页)对谭根之作为已具警惕。本年,讨龙济光军兴,乃命谭根由菲律宾至香港,伺机入粤,以飞机协助讨袁军,而谭与伍平一复由香港返菲律宾。事为龙济光所知,遣李实、刘沛泉、金镕往,以利诱之,谭竟献机降龙。马尼剌支部以谭自孙处领有巨款拟以法律向谭追讨。(罗刚编著:《中华民国国父实录》,第

2795 页)乃于本日复马尼拉革命党人电,曰:"飞机除尊处及内埠出款外,此间出款六千。应使谭将款交还吾党,否则飞机仍吾党物,谭不能携去。谭既叛党,应以对待叛党者之法待之。"(《讨袁之役复马里喇告筹款购机交涉电》,中国国民党中央委员会党史委员会编:《国父全集》第3册,第368页)

△ 三宝雁熊棹堂来函,报告委任书已收到,又称前后两次已汇出款项一千五百元。(《熊棹堂上总理函》,环龙路档案第08271号)

庇能支部张援民来函,寄上职员表,并请发委任状,及三等有功章及奖状三四十枚。(《张援民上总理函》,环龙路档案第05133号)

1915年2月,居正来函,以南洋烟草公司主人简英甫"素具热心,颇可担任巨款",请委以新加坡联络员。得批示"准照办理"。(《居正为请简英甫为新加坡联络委员上总理函》,黄季陆主编:《革命文献》第48辑,第56页)后邓泽如又来函,报告简慷慨助饷,请待粤事戡定后,为其留实业一职。(《邓泽如上总理函》,环龙路档案第08774号)本日,简英甫来函,报告捐款之事,国家兴亡,匹夫有责。有好消息,请不时传达。(《简英甫上总理函》,环龙路档案第08851号)

△ 《时事新报》消息,宋教仁遇刺三周年纪念会在法租界尚贤堂举行。(《宋教仁三周〔年〕追悼》,《时事新报》1916年3月23日,"本埠时事")

△ 22日宣布取消帝制后,本日袁世凯又申令废止"洪宪"年号,仍以本年为中华民国5年。特任段祺瑞为参谋总长,并以徐世昌、段祺瑞、黎元洪的名义电陆荣廷、唐继尧、蔡锷、刘显世等,请停战议和。("中华民国"史事纪要编辑委员会编:《中华民国史事纪要(初稿)——中华民国五年(一九一六)一至十二月份》,第182页)

3月24日 本日上午,王统一、廖仲恺、戴季陶来访。中午,谢心准、久原矿业株式会社职员厚母二郎来访。下午,胡汉民、王静一、周应时、廖仲恺来访。晚,厚母二郎再次来访。(俞辛焞、王振锁等译:《孙中山在日活动密录》,第556—557页)

△ 电马尼拉支部,"谭根款未写收条,恐于法律无效,不必拘

控,只以常理追讨,观其如何回答,另行设法对待。"(《讨袁之役致马尼喇指示追讨谭根款电》,中国国民党中央委员会党史委员会编:《国父全集》第 3 册,第 369 页)

再复汉口革命党人电,"哿电悉。望即以得之英士之款竭力进行可也。"(《讨袁之役复汉口竭力进行电》,中国国民党中央委员会编:《国父全集》第 3 册,第 369 页)

△　悉尼《民国报》李襄伯来函,报告汇款事务,请查收款项。因澳洲政府电报局尚未戒严,故请电知共和军进行情况。(《雪梨民国报李襄伯上总理函》,环龙路档案第 08285 号)

爪哇唆唠知呻分部同人来函,报告党务及汇款情形。告知金一清前来组织分部,设立党内机关。党内同志无不竭尽全力。但因地处山区,侨胞不多,推广党务不易。分部内有热心同志数人另筹特别捐百元寄汇,以作茶果之用。(《爪哇唆唠知呻部分同人上总理函》,环龙路档案第 08284 号)

澳洲墨尔本刘灯维来函,报告已组织中华共和会,响应国内讨袁运动,他日筹得捐款,定当寄回。请收到汇款后签名回复,以慰侨胞。(《刘灯维上总理函》,环龙路档案第 04886 号)

△　陈炯明发布"告父老书",斥袁世凯"稔恶至今,五千年神皋元气剥尽",龙济光"助桀为虐,水深火热,重苦我桑梓之邦"。现"桂军指日东下,炯明与唐、蔡、李、陆首义诸公预有成约,谊赋同袍,亦率百粤健儿,追随鞭镫……"(《陈炯明告父老书》,《时事新报》1916 年 4 月 5 日,"国内要闻")

△　云南都督唐继尧主张迫袁世凯退位。

传闻袁世凯撤销帝制,废止洪宪年号后,唐继尧致电广西都督陆荣廷等,谓袁世凯窃国称帝,业已丧失大总统资格,主张依旧约法及大总统选举法为根据,由副总统黎元洪继任,而不容袁世凯以取消帝制为敷衍之计,仍觍颜居总统之职,亦不容其利用其他各省出面转圜,非退位不可。("中华民国"史事纪要编辑委员会编:《中华民国史事纪要

（初稿）——中华民国五年（一九一六）一至十二月份》，第183页）

3月25日　本日上午，戴季陶、廖仲恺、胡汉民、和田瑞、刘兆铭、陈树人、李敕、关□华、曾苏汉来访。其中，刘兆铭到访两次。又有萱野长知、田中丰春各来一挂号邮件。中午，谢心准来访。下午，偕陈树人步行到原宿车站，乘上手线电车，在上野站下车，参观□□博览会，5时40分回寓。其间，王子衡、王静一来访，因外出未见。另有王统一来访，留纸条后离去。回寓后，王子衡再次来访。晚，王统一来访。（俞辛焞、王振锁等译：《孙中山在日活动密录》，第557—558页）

△　复旧金山《少年中国报》电，告知机价太贵，问可否改买百六马力之加的士机？价约美金万元，因飞机以多为妙。债券等已托"日本丸"带来。（《讨袁之役复三藩市少年中国报商购飞机电》，中国国民党中央委员会党史委员会编：《国父全集》第3册，第370页）

又复陈其美电，谓前因沪欲急动，海军已另谋全策。今上海虽率先动，亦无妨。王统一不必来商，各可相机而动。惟一三舰队，请陈切勿接洽。（《讨袁之役复上海陈其美指示沪虽先动亦无妨电》，中国国民党中央委员会党史委员会编：《国父全集》第3册，第369—370页）

△　本日《国民公报》消息，报道革命党的行动计划，称上海方面昨奉北京统率办事处密电，得知据驻日探员报告，孙中山、黄兴、陈其美、岑春煊等连日在东京开会，集议举事方法。业经议定，分为三大股，云南、四川、贵州、广东、广西、福建六省为南股，安徽、河南、江苏、湖北四省为中股，奉天、吉林以及内蒙一带为北股，各举首领一人指挥监督，一俟目的达到，设立新政府于南京，仍举孙为大总统。据此，除通电各省军、巡两署秘密设法防范外，并要求将如何设防政策随时电复。（《党人计划之探报》，《国民公报》1916年3月25日，"新闻二"）

△　袁世凯令朱启钤退还皇帝推戴书于参政院。（郭廷以编著：《中华民国史事日志》，第228—229页）参政院代行立法院召开临时会议，达成三项议案：咨请政府撤销国民代表大会公决之君主立宪案；取消参政院为国民代表大会总代表名义案；咨请政府恢复因帝制失其效

力之民国法令案。（"中华民国"史事纪要编辑委员会编：《中华民国史事纪要（初稿）——中华民国五年（一九一六）一至十二月份》，第185页）

3月26日 本日上午，胡汉民、廖仲恺、犬塚信太郎、黄实、王静一来访。中午，戴季陶来访。下午3时10分，偕宋庆龄到涩谷一带散步，4时35分回寓。晚，犬塚信太郎来一函。（俞辛焞、王振锁等译：《孙中山在日活动密录》，第558页）

△ 在日闻知袁世凯于本月22日撤销帝制后，乃于次日电沪，指示："电悉。时机至此，可速发制人，不必待王（统一）也。"25日又电："前因沪欲急动，海军已另谋全策。"及闻袁氏顾问英人莫利逊有劝袁氏退位之说，本日乃电陈其美，"京信，莫利逊策袁暂退，使黎（元洪）代，俟欧战终，乃借英力复出。故沪事当发于袁退之前乃可"。又致马尼拉革命党人电，指出谭根反复难靠，应逼偿款，阻止归粤助敌。（《讨袁之役致上海指示沪应发动于袁退前电》，中国国民党中央委员会党史委员会编：《国父全集》第3册，第368—370页）

△ 《时事新报》刊发岑春煊讨袁宣言，谓其讨袁非"修私怨而来，亦非攘权利而来"，乃出于公心，为"保全中国数千年固有之正谊人道而来"。出于清朝之臣和民国之民的责任，"誓必灭贼"。其还历数袁世凯从刺杀宋教仁到称帝的罪状无一不违背约法，但亦力澄自己绝无贪恋权位之心，希望世人能"谅吾之不才，而容吾之自主"，其亦"进不敢妄求，退有所自守"。

时评谓岑春煊此举乃为回应袁氏捏造之民军欲举岑为总统之说，故而特别强调尊重约法，并力表大局定后愿尽力于社会。（《岑春煊之宣言》，《时事新报》1916年3月26日，"要闻·时评"）

△ 袁世凯宣布取消帝制后，就其总统一职的合法性，南北双方态度不一。大体而言，北派认为西南战事起于帝制问题，应随帝制撤销而息止，袁世凯仍居总统，罢兵言和。南方独立各省及革命党人则认为，袁世凯称帝已背叛民国，故大总统资格已随之丧失，故帝制撤销后已不可再任总统。本日，倪嗣冲致电政事堂、统率办事处、各省

将军、巡按使等电,指出帝制取消,蔡锷、唐继尧倘再负险自固,当共伸挞伐。电谓:辛亥改革,民国肇建,南北统一,备历艰难。方冀同心协力,蕲国富强,乃以少数党人怀挟私见,癸丑七月复召变端,糜饷劳师,仅克底定。……蔡、唐诸君如真政见不同,仅可于从容讨议之时,剖陈厉害,俾易转圜。乃既各人赞成于先,复经开会公决于后,忽翻前议,食言称兵。……元首不忍以救国之意转而为厉民之阶,更不忍以阋墙兄弟之争,启外界干涉之渐,特颁申令,撤销代行立法院建议之案,发还各省区推戴之书,视天下以至公,视重器如敝履,至诚感格,蔡、唐诸君当亦无从置喙。……倘再负险自固,抑或要挟多端,则是攘利争权,甘居戎首,甚至为虎作伥,别有肺肠,……我辈身为军人,有卫国保民之责,岂能坐视沦覆,不为援拯。惟有视为公敌,共伸挞伐,以巩国基,而抒民意。(李良玉、陈雷主编:《倪嗣冲函电集》,第265—266页)同日,徐世昌又致电滇、黔、桂,略谓"帝制取消,公等目的已达,务望先收干戈,共图善后"。其后复请康有为、伍廷芳、唐绍仪、汤化龙等出任调停,又请龙济光与陆荣廷协商。徐世昌提出停战条件为:滇、黔、桂三省取消独立;责令三省维持地方治安;三省添募新兵一律解散;即日起,三省之兵不准与官军交战;三省各派代表一人,来京筹商善后。("中华民国"史事纪要编辑委员会编:《中华民国史事纪要(初稿)——中华民国五年(一九一六)一至十二月份》,第185—186页)护国军也提出停战条件,要求袁世凯即日退位。唐绍仪电斥袁世凯不得再居总统之职,总统继承应依约法规定。(郭廷以编著:《中华民国史事日志》,第229页)十七省国会议员谷钟秀等以"誓除袁逆",特电通告各国公使,及通电各省迫袁退位。(罗刚编著:《中华民国国父实录》,第2796页)

3月27日　本日上午,戴季陶、廖仲恺、胡汉民、夏重民、谢心准、伍川坡来访。下午,王子衡、外国人焦谢夫·威鲁比(译音,居横滨,国籍不明)来访。2时20分,偕宋庆龄在附近散步,3时40分回寓。之后,又有戴季陶、廖仲恺、胡汉民、王静一来访。晚,戴季陶来访。(俞辛焞、王振锁等译:《孙中山在日活动密录》,第558—559页)

△ 3月20日,曾电菲律宾革命党同志,告知福建事务已经委托给许崇智。菲律宾革命党同时亦收到许崇智直接发送的电报,遂电询东京本部,乃于本日回复两电。其一,"许电称闽尚需款,请筹汇东转许。并请转告怡朗";其二,"沪电乃崇智所发,勿疑。"(《讨袁之役致马里喇盼筹款济闽电》《讨袁之役复马里喇告沪电乃许崇智所发电》,中国国民党中央委员会党史委员会编:《国父全集》第3册,第370—371页)

致卢慕贞函(原函未署年份,据信封邮戳大正五年,定为1916年),告知已汇出日币两千元,随时价兑换港币。此单写永安公司名字,收到时可托人带港,托孙智兴向台湾银行收取(此单别人不能收)。收到此款,可作一家开支。(《致卢慕贞函》,郝盛潮主编、王耿雄等编:《孙中山集外集补编》,第189—190页)

签发委任令第76号,委任芙蓉琼州分部、山口羊(Singkawang)支部负责人及各科干部。(《委任令第七十六号》,《孙中山全集》第3卷,第451—452页)

△ 爪哇黄宗河来函,痛斥袁世凯罪行,报告林师峰留下两千元中华革命党债票已经完成招募并汇出款项,并称当再竭力以助义师。(《爪哇茄里黄宗河上总理函》,环龙路档案第08286号)

△ 袁世凯令恢复因帝制丧失效力之民国法令。("中华民国"史事纪要编辑委员会编:《中华民国史事纪要(初稿)——中华民国五年(一九一六)一至十二月份》,第186页)唐继尧之代表李宗黄晤冯国璋。(李得日本武官青木之助,乘日军舰自上海来南京,事先由孙洪伊代为安排。)(郭廷以编著:《中华民国史事日志》,第229页)

3月28日 本日上午,廖仲恺、王统一来访。中午,菊池良一来访。下午,谢心准、廖仲恺、胡汉民来访。(俞辛焞、王振锁等译:《孙中山在日活动密录》,第559—560页)

△ 致上海陈其美电二件,其一,询问运动第二舰队的进展;其二,告知"款难分拨,此时务注全力于沪,以求完全。沪得后则款械自易"。(《讨袁之役致上海询问第二舰队运动情况电》《讨袁之役致上海务注全

力于沪电》,中国国民党中央委员会党史委员会编:《国父全集》第 3 册,第 371
页)

　　△ 《国民公报》报道孙、岑在日本密谋消息,称有党人三名自称
日本人,名为田中丰春、岛田仁三郎、佐佐木三郎,2 月 28 日由东京乘
急行列车至神户三宫驿下车,即搭"台南丸"至大连。其中田中丰春即
为张继,此次游日,特介绍岑春煊、孙中山相见,为种种密谋。此行之
目的欲与旅顺寓所之肃亲王相见,并有真日本人萱野长知等人同行。
据新闻记者云,萱野告知今次三人渡满,带有任务所不待言,但其内容
难于明言,或暂时在大连附近小作勾留,亦未可料。岑春煊现已不在
热海,转伏于东京。今年新春,在青山稳田假寓与孙中山会见。双方
交换意见,相约互为提携,并电告在美之黄兴。闻黄兴不久归国,亦有
便道过日之说。如按革命党人所计划,若中国某要港得手,则黄兴不
来日本,直向其地。惟孙、岑二人见云贵两军之情,形势无大变化,若
前述计划不生意外之龃龉,则二人同伴回国。其出发之期不出三个月
内。(《重要党人之踪迹》,《国民公报》1916 年 3 月 28 日,"新闻")

　　3 月 29 日　本日上午,林祺、陈扬镳、刘兆铭、谭平、犬塚信太
郎、廖仲恺来访。下午,戴季陶、谢心准、廖仲恺、万黄裳、王静一来
访。坂本寿一来一函。晚 7 时 5 分,偕来访的戴季陶去千驮谷町原
宿 148 号,访陆军参谋本部第二部长福田(雅太郎)少将。晚 10 时
40 分,和戴季陶一起告辞回寓。戴 11 时 50 分离去。(俞辛焞、王振锁
等译:《孙中山在日活动密录》,第 560—561 页)

　　△ 　时国内武装同志已迭有行动,各地讨袁军均需东京汇款策
应。因需款孔急,乃以总理身份任命筹款员或劝募员职务。本日,致
叶独醒函,告知时任中华革命党宿务筹饷委员的范警文推荐其出任
劝募员一职,希望不要推辞。

　　又致上海革命党人电,"田桐赴鄂后,沪给款共若干? 彼来电云
只领沪款三千。确否?"

　　居正收到电报指示,如果张树元的北洋五师果有投诚之意,宜速

派人联络。如能归中华革命党指挥,"可许以事后赏主动者百万,及全师加双饷至终身"。并传达有亲往山东指挥之意。(《讨袁之役致居正商军事及定械款价电》,中国国民党中央委员会党史委员会编:《国父全集》第3册,第371—372页)

　　△　袁世凯焚毁关于帝制文书八百四十件。(郭廷以编著:《中华民国史事日志》,第229页)

　　3月30日　本日,致居正函,告知已电嘱黄大伟来山东,对胡闹的刘大同最好回避。与山西刘仁甫要秘密接触。(《致居正函》,《孙中山全集》第3卷,第258页)

　　又复上海陈其美电,指示军队以袁世凯取消帝制而生观望,"殊出意外,恐终难靠",因此上海的行动当等王统一运动海军得手后再进行。中华革命党怡朗支部长陈民钟即将路过上海,要求陈妥善接洽。还询问对潮州驻军的策反活动是否得手。(《复上海革命党人电》,《孙中山全集》第3卷,第258页)

　　又致槟榔屿吴世荣等电,"闻兄等尽力向闽帮筹款,能多得济大局,幸甚。极盼好音"。(《致槟榔屿吴世荣等电》,《孙中山全集》第3卷,第259页)

　　又致犬养毅等电,指出南北调和问题,其本人无亲来之必要。(《总理复犬养毅等电》,环龙路档案第04762号)

　　居正收到电报指示,"五万当力筹,可速着手。并详查帝制取消后,军队有无退志? 即复"。(《讨袁之役复居正告筹款并询帝制消亡后士气电》,中国国民党中央委员会党史委员会编:《国父全集》第3册,第373页)

　　△　政事堂统率办事处急电护国军要求停战。("中华民国"史事纪要编辑委员会编:《中华民国史事纪要(初稿)——中华民国五年(一九一六)一至十二月份》,第201页)

　　3月31日　本日上午,廖仲恺、胡汉民、戴季陶、杨丙、夏重民来访。下午,刘兆铭、徐苏中、邓惟贤、夏重民、谢崧(嵩)生、廖国仁、尾靖行辉、王静一、卢佛眼、黄汝成、雷云、董伦芳来访。3时40分,乘车至曲町八丁目18号,访议员秋山定辅,6时告辞。晚,戴季陶来

访。(俞辛焞、王振锁等译:《孙中山在日活动密录》,第561页)

△　致上海革命党人电二件,其一,指示"北方来电,帝制取消,军心益振",但上海方面反生观望,怀疑前往联络策反之人以此为借口索款,希望详查,不要受骗。其二,通知已转邓铿电促洪兆麟回国,但担心恐难在香港登岸。指示陈其美与邓商议让洪转由台湾赴潮州的方案。(《讨袁之役致上海嘱详查在沪活动情况电》《讨袁之役致上海告以洪兆麟行踪转邓铿电》,中国国民党中央委员会党史委员会编:《国父全集》第3册,第373—374)

颁给杨其焕三等有功章奖状。(《颁给杨其焕奖状》,陈旭麓、郝盛潮主编,王耿雄等编:《孙中山集外集》,第698页)

是月　复居正函,讨论对柏文蔚的安排问题及山东筹饷事。告知柏已宣誓入党,若来青岛当在日本人面前与之会面,看其能否服从指挥。京、津、保定三地事务,暂时不必兼顾,希望居正专心经营山东。同时,指示经费事宜,要求务必办成萱野长知所说可以在青岛筹集的十万款项。(《复居正捐款分配情形函》,中国国民党中央委员会党史委员会编:《国父全集》第3册,第374页)

本月20日,孙中山曾电复居正,云:"萱兄函悉,……",又于23日致电居正,云:"二时由正金电五千,……"以此两函与前函参照,足见该致居正函,应是本月下旬发出。

又有唐继尧来电,表示赞成唐绍仪为议和总代表,并请指定云南代表。(《唐继尧上总理函》,环龙路档案第04081号)

4月

4月1日　本日上午,和田瑞、廖仲恺、陈树人、高剑文来访。中午,廖仲恺来访。坂本寿一来一邮件。下午,王静一、周应时、刘兆铭、向辰来访。晚,戴季陶乘车来访。(俞辛焞、王振锁等译:《孙中山在日

活动密录》,第 562 页)

　　△　致上海陈其美电,"由台湾行电山田(纯三郎)六千金,请收交(许)汝为。"

　　又致马尼拉革命党人电,称四千元已收,即转汇许崇智。

　　居正收到电报指示,得知此前印刷的军票不清晰,不能使用。占领济南后,必能借到百万现款。(《讨袁之役致上海告汇款收转许崇智电》《讨袁之役致马里喇告款汇许崇智电》《讨袁之役致居正告印票不用济南得后可借现款电》,中国国民党中央委员会党史委员会编:《国父全集》第 3 册,第 375 页)

　　△　宿务筹饷局范警文来函,谓两周前已经汇出捐款。如果福建独立,华侨可以加倍襄助。又报告收到《民强报》张本汉、王忠诚债券一千多元,称委托劝募,以应粤事之急需。因未得总部之命,不敢汇交。经查二人确实负责广东筹饷工作,但款项仍须归总局统一规划,故请示债券汇交地点。(《宿务筹饷局范警文上总理函》,环龙路档案第 08288 号)

　　黄汉兴来函,报告募款三万助福建独立,并请宋、陈二人带军票十万前来。(《黄汉兴上总理函》,环龙路档案第 08287 号)

　　△　袁世凯令国民会议与立法院议员选举,仍分别办理。日本派驻云南领事崛内到任(唐继尧开会欢迎)。(郭廷以编著:《中华民国史事日志》,第 230 页)

　　4 月 2 日　本日上午,胡汉民、谭平、周应时、王静一来访。下午,王统一来访。晚 7 时 10 分,戴季陶来访。7 时 20 分,偕来访的戴季陶步行去原宿 148 号,访问陆军参谋本部第二部部长福田(雅太郎)少将,面谈。福田寓无其他来客。午夜季陶 1 时 30 分回寓。戴 1 时 45 分离去。(俞辛焞、王振锁等译:《孙中山在日活动密录》,第 562—563 页)

　　△　时颇关注上海举义,认为应以运动海军为先,乃于 3 月末多次电陈其美,指示行动和款项问题。对此,坊间亦多传闻。本日《申

报》消息称,孙中山于 3 月 27 日由东京汇来现银十万元,在沪党人领袖即于 30 日晚 8 时在总机关部齐集同志,会议进行方法。经众决定,31 日晚分为南北两路,同时进攻军警各机关。(《谣言党人起事之戒备》,《申报》1916 年 4 月 2 日,"本埠新闻")

4 月 3 日　本日上午,廖仲恺、犬塚信太郎来访。下午,坂本寿一、谢心准、王静一来访。(《孙中在日活动秘录》,第 562 页)

△　委杨寿彭为神户、大阪筹饷局长。(罗刚编著:《中华民国国父实录》,第 2805 页)

△　加拿大维多利亚(Victoria)交通部长马杰端来函,告知彭天民将取道回国,委托其开具介绍信。因彭在维多利亚时为宣传和筹饷之事不辞辛劳,请求予以接洽并任用。(《域多利交通部长马杰端上总理函》,环龙路档案第 08769 号)

△　云南举义后,期望上海能早有行动,曾于 3 月 26 日致电陈其美,希望能在袁世凯宣布退位前于上海举事。各地革命党人亦纷纷云集待命。北京方面对此非常关注,严密侦查。本日《申报》消息,称统率办事处前因滇省起事,各省党人又有跃跃欲试之势,特饬驻沪侦探"收买无聊党人,潜通消息"。得密报,在沪各党魁已召集党羽七千余名,内有三千余名已派往长江下游一带相机行事,尚有四千余名均分匿沪上。因接到孙中山自日本来电,嘱在江浙两省先行起事,故在总机关部开会,筹策进行。(《探报党人分任之职务》,《申报》1916 年 4 月 3 日,"本埠新闻")

上海《民国日报》亦载相似消息,称北京统率办事处通过收买党人获悉,在沪革命党魁陈其美和李某等已召集党羽七千余名,其中三千余人已派往长江下游一带相机行事,尚有四千余人在租界潜伏。今因接到孙中山自日本来电,嘱在江浙两省先行举事,陈、李二人乃于上星期日,召集同志在某租界总机关部开会。(《侦探口中之党人起事》,上海《民国日报》1916 年 4 月 3 日,"本埠新闻")

△　2 月 22 日,陈其美受命任江、浙、皖、赣四省中华革命军总

司令。3月22日，袁世凯宣布撤销帝制。23日，孙中山电上海革命党人，"时机至此，可速发制人"。26日护国军提出停战条件，要求袁世凯即日退位。孙中山电陈其美，望其在袁世凯退位前举事。唐绍仪亦电斥袁世凯不得再居总统之职，总统继承应依约法规定。十七省国会议员谷钟秀等通电各省迫袁退位。本日，有化名 H. A. T. 者致函《北华捷报》，反对袁世凯去位，略谓：

清朝颠覆之易，出乎各方所料。革命党人对如何引导这一新获得之自由尚未做好预备。他们先自选孙中山为临时大总统。孙虽为改革者和政治活动家，先前享有盛名，并努力实践，但在迫使清帝逊位诸事上却并无作为。最终，袁世凯当选，扶大厦于将倾，可见其为最适合主持国政之人，亦可进一步显明革命党徒知叛乱，而无任何建设国家之理念。

要求袁世凯即刻去位，而一时又无有资格之接替者，中国又重回辛亥年清朝倾覆时之困局。犹如痴人突得巨富，不知如何花费。（H. A. T. :《致北华捷报编辑函》，《北华捷报》1916 年 4 月 8 日，"编辑收函"）

4月4日　本日上午，青岛八幡町 4 号的萱野长知来一挂号邮件。廖仲恺、胡汉民、刘兆铭、夏重民、高剑文来访。中午，王子衡、戴季陶来访。下午，谢心准、头山满、坂本寿一、王静一、刘兆铭、王子衡、胡汉民、黄汝成来访。（俞辛焞、王振锁等译：《孙中山在日活动密录》，第 563—564 页）

△　原期上海早日行动，收复沪土，底定长江。然而，居正在山东之发展甚速，故本日特电沪上革命党同志，告知山东将有行动，以期先于岑春煊、唐继尧等成立军政府，指示上海方面"能动即动，若彼等政府成立，吾党外交更失地位"。（《讨袁之役致上海告山东月内当动电》，中国国民党中央委员会党史委员会编：《国父全集》第 3 册，第 375 页）

又告居正，今日午前汇银五万元，祈察收，并指出"现在比较各处形势，不特山东为扼要，且觉最有望，故欲兄以全副精神对之，期于必占济南，则东北全局，可迎刃而解"。因此"济南为至重要地点，若济南一得,……则两师之军械,一二百万以上之现款,俱可于此间筹取,持此以往,足能号召天下,幸勿忽视"。(《复居正指示军械并告各地军情函》,中国国民党中央委员会党史委员会编:《国父全集》第 3 册,第 376 页)又以运械事电告居正,"荷物由仓地以寄青岛军政官名义,届出神奈川县警部认可始能运,恐八日船尚难办到。藤田子弹速追取,以填前拂款"。(《讨袁之役致居正告汇款运械函》,中国国民党中央委员会党史委员会编:《国父全集》第 3 册,第 377 页)

再致汕头革命党人电,"英士报兄已入汕,近情如何？望详报,以备谋械接济。电由日本领事转便可"。并告知洪兆麟明日发,经台湾来汕。(《讨袁之役致汕头询军情并告洪兆麟行期电》,中国国民党中央委员会党史委员会编:《国父全集》第 3 册,376—377)

△　怡朗支部余以和来函,汇报募款情形。谓特印债券,手续繁缛,窒碍难行,请以普通债券加盖印章。同时报告五万元债票已收,一二日内将召集商家劝说认购。(《怡朗支部余以和上总理函》,环龙路档案第 08289 号)

吴铁城来函,澄清龙济光身亡是谣传,龙军溃败是真,并询问若粤局定后,督粤者何人。同时报告海外有康有为运动总统一席甚力,颇有希望的谣言。(《吴铁城上总理函》,环龙路档案第 02034 号)

□淮滨来函,转来三等功将状五十张,交(温)宗尧手收,并附信封一枚。(《淮滨上总理函》,环龙路档案第 01531 号)

4 月 5 日　本日上午,廖仲恺、王子衡、戴季陶、杨丙来访。中午,戴季陶来访。下午,伍洪培、王子衡、戴季陶、谢心准、周应时、王静一、廖仲恺、胡汉民来访。晚,戴季陶来访。(俞辛焞、王振锁等译:《孙中山在日活动密录》,第 564—565 页)

△　致上海陈其美电,指示如果报传即将由上海调往广东的北军已被革命党人策反,则上海方面当迅速行动。如果未被策反,则当待其调离后再图谋举事。

又复汕头革命党人电,通知洪兆麟本日启程由台赴汕,并询问枪械交接地点。

再致居正并转吴大洲电,告知以后有事当与居正商议,并由居用密电转呈。(《讨袁之役致上海指示相机而动并望详报汕事电》《讨袁之役复汕头务毅力支持并询接械地点电》《致吴大洲有事与居正商转电》,中国国民党中央委员会党史委员会编:《国父全集》第 3 册,第 377—378 页)

△ 陈炳坤来电,报告约期起义,但为大雨所阻。(《陈炳坤上总理函》,环龙路档案第 02586 号)

澳洲支部黄右公等来函,报告已于 3 月 17 日汇来英金一百六十镑,但未收到消息,请拨冗回复,以释群疑。又呈报澳洲支部党务发展及筹款困难的原因,例如华侨程度低下,会党无赖阻挠。其中影响最大的是辛亥年间汇交之筹款未留登记,以至反对派乘机散布谣言,任意诬陷。面对困境,希望能派冯自由前来主持党务。(《澳洲支部黄右公等上总理函》,环龙路档案第 08291 号)

菲律宾筹饷局蒋汉英来函,谓近日西报均载广东独立,都督已死之消息,请求核实。同时报告募款工作已经进行。(《宿务等饷局范警文上总理函》,环龙路档案第 08296 号)

周伯祥来电,报告在香港听闻顺德一役失败,为朱执信持权独断,自欲居功,不顾大局造成。(《周伯祥上总理函》,环龙路档案第 02384 号)

△ 《时事新报》消息,谣传南北双方商定在 3 月 28 日至 4 月 10 日停战和谈。但南方以袁退位伏罪为唯一条件,袁退位之前断无停战之事。而袁世凯一再袒护帝制祸首,未加惩办,并无真实调停之意。故该报认为谣传为袁党捏造。(《南北两军停战之谣传》,《时事新报》1916 年 4 月 5 日,"国内要闻")

又据该报 7 日消息,英文《京报》称本日冯国璋、陈宦有电致北京,全文秘不可知,探得大意为,冯认为此次南方希望甚大,仅取消帝制不足以满其愿,故尚需另筹善后办法,以根本解决问题。并推脱责任,辩称当初帝制发生时,其并未赞成。陈以"川南数战,损失甚巨",

指出南方问题"欲用武力解决,恐非易事",希望袁世凯既然"向以爱国爱民为心,不妨仍按爱国爱民之方针,委曲求全,维持大局"。(《冯国璋、陈宦致袁政府之要电》,《时事新报》1916 年 4 月 7 日,"国内要闻")

4 月 6 日　本日上午,戴季陶、犬塚信太郎、廖仲恺、王静一、席正铭来访。其中,戴季陶到访两次。下午,陈家鼐、坂本寿一、王静一、戴季陶来访。晚,戴季陶又来访。(俞辛焞、王振锁等译:《孙中山在日活动密录》,第 565 页)

△　广东将军龙济光被迫宣布独立。(郭廷以编著:《中华民国史事日志》,第 231 页)

4 月 7 日　本日上午,廖仲恺、胡汉民、杨丙、夏重民、戴季陶、王静一来访。中午,和田瑞、王子衡来访。下午,周应时、谢心准、胡汉民、王子衡、议员秋山定辅、王静一、赵瑾卿、廖仲恺、戴季陶、冈津矶次来访。6 时 15 分,乘车至筑地明石町,访医学博士岸一太,并会见来访的犬塚信太郎及另一人(日本人,官吏),晚 8 时 30 分告辞。后至曲町区曲町八丁目 19 号,访议员秋山定辅,和先来的田中义一及戴季陶(比孙迟到五分钟)、秋山等四人会见。11 时 5 分告辞回寓。晚,王统一夫人来访,和宋庆龄面谈。(俞辛焞、王振锁等译:《孙中山在日活动密录》,第 565—567 页)

△　致上海革命党人电,告知"明晨当竭力筹之,然骤恐难得十万。若沪得后,可立致百万"。同时,立即委王统为总司令。(《讨袁之役致上海允筹款并着委王统总司令电》,中国国民党中央委员会党史委员会编:《国父全集》第 3 册,第 378 页)

又致汉口革命党人电,"即由正金电一万金,请用 Teuto 名问收"。(《讨袁之役致汉口告由正金银行汇万金电》,中国国民党中央委员会党史委员会编:《国父全集》第 3 册,第 378 页)

又致汕头革命党人电,告知"现得三十年式枪五千,可运到惠、潮沿海一带",询问交接地点。同时告知洪兆麟 6 日起程,由台湾来汕头。(《讨袁之役致汕头询接械地点并告洪兆麟行踪电》,中国国民党中央委员

会党史委员会编:《国父全集》第3册,第378页)

再致居正电(此件所标时间系收到日期),称"南方消息大佳。山东事宜慎重,必待械到乃发"。(《讨袁之役指示居正山东事宜慎重电》,中国国民党中央委员会党史委员会编:《国父全集》第3册,第378—379页)

4月8日 本日上午,戴季陶、廖仲恺、犬塚信太郎、胡汉民、王子衡、王静一、周应时、赵瑾卿等人来访。其中,戴季陶、犬塚信太郎两度到访。中午,谢心准来访。下午,议员菊池良一、戴季陶、廖仲恺、犬塚信太郎、苏无涯、印度人莫基慕塔、谢心准、胡汉民、王静一来访。其中,戴季陶和廖仲恺到访两次。另有王统一来一电。晚7时40分,和来访的戴季陶乘人力车至曲町区曲町八丁目19号,访问议员秋山定辅,和先来的某日本人(据说此人居住在赤坂区青山北町一丁目石屋胡同入口处,疑为七日晚在秋山家会见的参谋本部次长田中[义一]中将)等四人会面。午夜0时5分告辞(某日本人留下)。另有陈家鼎来一函。(俞辛焞、王振锁等译:《孙中山在日活动密录》,第567—568页)

△ 致上海革命党人电,"今日两次共电十一万。切望捷音,行当率同志齐来"。致居正电(此件所标日期系收到日期),"已定□租船运来,大约14日可到"。(《讨袁之役致上海告电汇十一万闻捷齐来电》《讨袁之役致居正告运械期电》,中国国民党中央委员会党史委员会编:《国父全集》第3册,第379页)

颁给黄挺生三等有功章奖状。(《颁给黄挺生奖状》,陈旭麓、郝盛潮主编,王耿雄等编:《孙中山集外集》,第699页)

4月9日 本日上午,胡汉民、廖仲恺、戴季陶、坂本寿一、和田瑞、赵瑾卿、王静一、陈广溪来访。中午,议员秋山定辅、戴季陶、胡汉民来访。下午1时20分,偕宋庆龄乘车至巢鸭町字驹込220号,访田中昂(廖仲恺夫妇、戴季陶、胡汉民、萱野长知夫妇及两三位日本人也相继来访)。之后,观赏太神乐手品等演出,并与来客合影。(俞辛焞、王振锁等译:《孙中山在日活动密录》,第568—569页)

△　致上海陈其美电，"昨款多汇万元，适覃振催款急，如有余，请拨给数千"。又致旧金山《少年中国报》电，要求飞机寄用时用 Osaki Ukitern 名义，并电告船名。如款项充足，希望多购百五以上马力发动机寄日本，装机体较廉。美、加同志曾习军操决心效力者，请资遣先来日本。（《讨袁之役致上海嘱拨款覃振电》《讨袁之役致三藩市少年中国报商购飞机并盼资遣军事人才效力电》，中国国民党中央委员会党史委员会编：《国父全集》第 3 册，第 379—380 页）

4 月 10 日　本日上午，胡汉民、廖仲恺、谢嵩生、廖国仁、夏重民、黄强黄、王静一来访。中午，谢心准来访。下午，戴季陶、坂本寿一、山科多久马（医师，和革命有关者）来访。（俞辛焞、王振锁等译：《孙中山在日活动密录》，第 569 页）

△　批陈某函[①]，交谢持回复，指示关于湖南的事务与林覃商议即可。（《批陈某关于湘事来函》，中国国民党中央委员会党史委员会编：《国父全集》第 4 册，第 138 页）

又致邓泽如等函，谓袁世凯大势已去，"内外交迫，此伧必倒，殆已不成问题"，但也担心非真民党，不能维持共和，振兴民国，倘若"一般官僚复活，即与第二第三袁氏无异也"，当吸取辛亥革命的前车之鉴。尤其是广东的龙济光，"论其罪恶，决不稍轻于袁"，只是"今为四面民党革军所迫，乃亦宣告独立"，这样的人不能信任，故而"凡百事体，皆须以自己之人物为中心"。同时还告诉邓"国是未定，则吾人须有不可侮之实力，质言之，即是武力"，希望能多物色南洋革命华侨，训练成中下级军官。

再复加属华侨敢死先锋队队员胡维堉函，请复查之前汇往香港的五十二万元的转交情况。同时告知现在飞机价格昂贵，各处汇来钱款只能购买两架，希望同志们能竭力筹捐。加拿大华侨中有受过军事训练的青年，可以择优送来日本备用。又告诫岑春煊属于"见识

①　原函请示关于办理湖南事情，来函发自日本乡汤岛一丁目八番地鹈泽万。

思想均极愚陋"的旧官僚,"断不足维持中国,奉之者不过借为傀儡而已"。(《讨袁之役致邓泽如等函》《复胡维埙勉与诸同志竭力筹款购机函》,中国国民党中央委员会党史委员会编:《国父全集》第3册,第380—381页)

△ 袁世凯特任张勋兼署督理安徽军务,倪嗣冲为长江巡阅副使。(郭廷以编著:《中华民国史事日志》,第231页)

4月11日 本日上午,戴季陶、仇鳌、胡汉民、廖仲恺、谢嵩生、廖国仁、犬塚信太郎来访。10时,乘车至西大久保访王统一住所。犬塚信太郎亦造访王统一,和先来访的戴季陶等四人在内室议事。10时45分,和戴离开王统一住所(犬塚留下),至小石川区原町访男爵阪谷芳郎。出门期间,有王静一、陈家鼐来访。中午,周应时、赵瑾卿、王文成来访。下午,山科多久马来访,拒绝会见。之后,王子衡、谢心准、王静一、戴季陶、议员菊池良一及其父菊池九郎、周应时、王文成、赵瑾卿、胡汉民、廖仲恺、萧萱等来访。其中王静一到访两次。晚,仇鳌来访。(俞辛焞、王振锁等译:《孙中山在日活动密录》,第569—571页)

△ 此前曾电告陈其美勿涉运动第一、三舰队之事。至本日,电告付予全权,见机行事,毋待王统一。(《讨袁之役致上海陈其美与一、三舰队接洽电》,中国国民党中央委员会党史委员会编:《国父全集》第3册,第381页)

△ 本日《新闻报》转日本《万朝报》4日消息,称"广东形势既已发展,岑春煊将立于表面以统制革命军,南方威势必能自此大振"。并指出,孙中山之一派徒驰于理想,故宋教仁一派之旧国民党虽已与黄兴一派握手,尚无雅量以容孙、岑。南派对于岑氏尤非难其在前次革命态度冷淡,致革命军未能协调一致。今广东独立,各派现调和之机,袁氏败落似亦唯时日迟早之问题。(《东报所载各种评论》,《新闻报》1916年4月11日,"紧要新闻")

4月12日 本日上午,胡汉民、廖仲恺、刘兆铭、犬塚信太郎、王静一、杨丙、彭汉怀、议员菅原传来访。另有犬塚信太郎遣特使送函一件。11 时 50 分,偕来访的杨丙、王静一至原宿站上车,去神奈川县平冢,看望在杏云堂医院住院的刘膺实,并和他议事,25 分钟后告辞。中午,和田瑞、戴季陶、谢崧(嵩)生、廖国仁、尾崎行辉来访,因外出未见。下午,戴季陶、廖仲恺、犬塚信太郎来访。晚,和来访的犬塚信太郎、戴季陶乘车至涩谷町下涩谷访某人,10 时告辞。(犬塚 7 时 35 分离去)。(俞辛焞、王振锁等译:《孙中山在日活动密录》,第 572—573 页)

　　△　致居正电,"吴大洲辞职,当照准"。(《致居正准吴大洲辞职电》,中国国民党中央委员会党史委员会编:《国父全集》第 3 册,第 381—382 页)

　　△　三宝垄张世宗等来函,告知通知及表格已经收到,但债券被当地政府没收,未及登记号数等事。又谓当地人口大不如前,而大资本家又已被袁世凯以三至四品嘉禾勋章笼络,筹款困难。许崇智、邓泽如等也尽知此种情形。(《张世宗等上总理函》,环龙路档案第 08294 号)

　　△　广东护国军领袖徐勤、谭学夔、广州警察厅长王广龄、广西代表汤叡与龙济光之代表济军统领贺文彪、潘斯凯、蔡春华、警衙军统领颜启汉等会议于海珠,汤、谭、王等被颜等枪杀,徐勤走沙面。(郭廷以编著:《中华民国史事日志》,第 232 页)

4 月 13 日　本日上午,戴季陶、廖仲恺、席正铭、和田瑞、夏重民、徐苏中、王静一、周应时来访。中午,和田瑞来访。12 时 50 分,偕来访的王静一、周应时二人至青山南町六丁目 55 号野崎医院,看望住院的章君波。五分钟后离开该院,至青山南七丁目 1 号周应时处,和赵瑾卿、王文成等面谈。4 时 20 分告辞,4 时 55 分回到住所。下午,谢心准、廖仲恺、戴季陶、议员菊池良一、山科多久马、萧萱、胡汉民来访。晚,王静一、周应时、戴季陶来访。(俞辛焞、王振锁等译:《孙中山在日活动密录》,第 572—573 页)

　　△　致上海陈其美电,通知胡汉民堂弟胡毅生来沪信息,并告知菊池将革命党人在沪企图泄给报馆,要求"切嘱山田(纯三郎),嗣后未发现事毋电他处,否则误事不少"。

　　又致汉口革命党人电,告知"现适款竭,亦无人可派,请兄等勉力为之。如大得手,弟可亲来也"。

又转发周应时电致上海革命党人,指示徐朗西款三千,如未送,请即拨还。并请将周电翻译后转给吴藻华,告知苏事迫时,归恐不及。各项事务请其与陈其美商议,临近处置。

再致马尼拉革命党人电,"款仍寄许汝为交,方能统一"。又致Iloilo电,"可照行也"。(《讨袁之役致上海告胡毅生行踪并戒事先勿外泄电》《讨袁之役复汉口得手亲来电》《讨袁之役致上海并转周应时函》《讨袁之役致Iloilo依计照行电》,中国国民党中央委员会党史委员会编:《国父全集》第3册,第382—383页)

4月14日　本日上午,廖仲恺、胡汉民、谢心准、陈家鼎夫妇、议员菅原传、和田瑞来访。中午,廖仲恺、杨丙来访。下午,戴季陶、赵瑾卿、王文成、谭发、议员秋山定辅、廖仲恺、王静一来访。晚,坂本寿一来一函。(俞辛焞、王振锁等译:《孙中山在日活动密录》,第573—574页)

△　致汉口革命党人电,倘如报传浙江独立,举王文庆为都督,请电王接洽,并报告独立后之情形。(《讨袁之役致汉口告汇款并询浙独立情形电》,中国国民党中央委员会党史委员会编:《国父全集》第3册,第383页)

△　澳洲惠灵顿华侨黄国民来函,报告筹饷及党务情况,谓人心仍为物欲所惑,目前仅筹得四十镑。同时告知,冯自由已经启程,经南洋荷属诸岛至悉尼,彼处亦会准备欢迎。又通报悉尼党务情况,谓大有进展,会厅已落成,选举已进行,郭标当选局长。与彼处人财均缺相比,悉尼的情况全然不同。(《黄国民上总理函》,环龙路档案第08295号)

△　杨虎、蒋介石奉陈其美命占领江阴炮台,宣布独立,萧光礼、尤民为司令。占领五日,因内部叛变,士卒溃散而撤离。此役失败,郑守祥被究全责。后于岁末上书自辩,认为失败非其之罪,乃因陆军先退,彼等仍坚守炮台。并请拨发救济。(《郑守祥上总理函》,环龙路档案第11552号)

岑春煊自日本归,本日过香港,秘密赴肇庆,李根源、章士钊、温宗尧、周善培、杨永泰同行。(郭廷以编著:《中华民国史事日志》,第 232 页)

4 月 15 日　本日上午,廖仲恺、戴季陶、胡汉民、犬塚信太郎来访。10 时 25 分,偕戴季陶乘人力车至下涩谷 377 号访杉田定一。另有一姓名不详的日本人在座,四人面谈并共进午餐。3 时 42 分回住所。中午,周应时、印度人莫基慕塔来访,和胡汉民、廖仲恺交谈。下午,赵瑾卿、谢心准来访,因外出未见,谢心准整理材料后于 1 时 25 分离去。之后,王静一来访,因外出未见。返寓后,周应时、胡汉民、戴季陶来访。其中,王静一、周应时两度到访。晚,廖仲恺来访。(俞辛焞、王振锁等译:《孙中山在日活动密录》,第 574—575 页)

△　颁给黄升三等有功章奖状。(《颁给黄升奖状》,陈旭麓、郝盛潮主编,王耿雄等编:《孙中山集外集》,第 699 页)

△　致上海革命党人电,请派人接待化名"陈国荣"的胡汉民。

又致汉口革命党人电,"即由正金电斋藤玄万金。企候佳音"。(《讨袁之役致上海告胡汉民行踪电》《讨袁之役告汉口由正金电汇万金电》,中国国民党中央委员会党史委员会编:《国父全集》第 3 册,第 383—384 页)

△　饶潜川来函,报告缅甸党务,并略述其任缅甸特派员一职五年以来之工作。

据饶称,1912 年时,在缅党员已达数千余名,兼认中国实业银行股份十余万金。护国战争期间,饶曾电达上海交通部,担认筹款,随后至各埠募款九千余盾。继而,饶历数袁氏通电各领事取消国民党消息传来,庄银安、林文曲、雷荣南等辈提倡解散书报社,并暗中播弄,通信各埠分部以利害恫吓等罪行,以至解散者十有余所。待接孙中山询款函后,张永福、吴世荣等互相推诿。饶含忍,不以为辱,百折不挠,鞠躬尽瘁而后已。及至去年,饶请命存案于本部,邀集同志组织支部,但缅甸党员内部纷争不断,以至于对决公堂,相互诽谤。饶为表白苦衷,上书孙中山,诚恐党内同志有挟意见而潜谤者,非敢邀

功,但求无过。(《缅甸五年来之党务》,黄季陆主编:《革命文献》第 45 辑,第 652—655 页)

叶独醒来函,承委任为总劝募员一职,并汇报筹款情况。(《叶独醒上总理函》,环龙路档案第 08610 号)

宿务筹饷局范警文来函,报告因欧战影响,加之当时闽粤未独立,大资本家又惧怕袁世凯,捐款不踊跃。所筹款项已请岷局转交。同时询问宿务筹饷局印章可即刻制作还是仍以党务部名义活动。(《范警文上总理函》,环龙路档案第 08296 号)同日又与陈伯豪联名来函,称其所在之地,革命党同志不多,穷于应付。前接许崇智由上海致叶独醒函,请筹饷五万。故此,希望如果福建已经独立,请先电达华侨会所,请其尽力赞助。如果尚未独立,请先函告,而后发电,以专其责成。此外,原函未申明此次筹款属于义捐还是募债,请求明示。同时,还就广东情形发表看法,认为即便龙济光假独立,亦有助于革命党。(《陈伯豪上总理函》,环龙路档案第 08297 号)

△ 黄兴自纽约致电唐绍仪、伍廷芳、张謇、温宗尧、梁启超、汤化龙、谭延闿、钮永建、柏文蔚、范源濂等,指出:"不去袁逆,国难无已! 望力阻调停,免贻后累。"(毛注青编著:《黄兴年谱长编》,第 464 页)

4 月 16 日　本日上午,戴季陶、谢心准、胡汉民、廖仲恺、和田瑞、王静一来访。中午,赵瑾卿、王文成、严华生、戴卓民、周应时、戴季陶、胡汉民来访。12 时 55 分,偕戴季陶至千驮谷町原宿 148 号,访福田(雅太郎)陆军少将。下午 2 时 10 分告辞,2 时 13 分回寓所。外出期间,陈广汉于下午来访,王静一代为接待。3 时,戴季陶送来一快递邮件。4 时,乘车至曲町区曲町八丁目 19 号访秋山定辅,后至大久保百人町 330 号访梅屋庄吉,6 时回住所。晚,戴季陶、周应时、章君波、王文成、王静一、胡汉民来访。其中周应时两度造访。(俞辛焞、王振锁等译:《孙中山在日活动密录》,第 575—576 页)

△　此前曾于 1 月 1 日,3 月 12 日、18 日、23 日、24 日至上海陈其美电,原欲海军第一、第二、第三舰队同时起事,命陈其美负责接洽

的是第二舰队，至第一、第三舰队或由王统一接洽，或另派人接洽，以是迁延时日。本月 11 日，电告陈其美，授予接洽其他两舰队之全权，毋待王统一。但本日又致陈其美、王统一电，"自后海军事悉由王兄指挥，务望两兄协力。得军舰，即先将机器局袭取，立吾党基础"。（《讨袁之役致陈其美等指示机宜电》，中国国民党中央委员会党史委员会编：《国父全集》第 3 册，第 384 页）

　　△　林德轩来函，指出"此次革命成绩彰著者，都系半官僚之活动，于国家改革之根本大计，未必有何种效果"。又报告两湖军情，强调两湖对革命党的重要性，拟不日赴武汉，便图入湘，就近策划。所领款项已分配各地。（《林德轩上总理函》，环龙路档案第 04418 号）

　　△　冯国璋电袁世凯，指出以目下之计，在"尊重名义，推让治权，开诚布公，昭告中外，……务示天下，无烦金革，共保和平"，暗示袁世凯以退位为宜。（"中华民国"史事纪要编辑委员会编：《中华民国史事纪要（初稿）——中华民国五年（一九一六）一至十二月份》，第 237 页）梁启超电复梁士诒，劝袁世凯勿怙权位。（郭廷以编著：《中华民国史事日志》，第 232 页）

　　4 月 17 日　本日上午，谢崧（嵩）生、徐苏中来访。梅屋庄吉遣特使送函一件。下午，坂本寿一来一函。谢心准、梅屋庄吉、周应时、夏重民、王静一、廖仲恺、戴季陶、尾崎行辉、谢崧（嵩）生、廖国仁、周应时、赵瑾卿、王文成、章君波等访。其中，周应时造访两次。晚，和田瑞来访。（俞辛焞、王振锁等译：《孙中山在日活动密录》，第 576—577 页）

　　△　签发委任令第 77 号，委任江西万安县、星加坡琼州分部负责人及各科干部。（《委任第七十七号》，《孙中山全集》第 3 卷，第 452 页）

　　△　加拿大华侨敢死队先锋队蔡鹏等来函，奉上活动经费预算表及名册，并请时赐箴言。（《敢死先锋队蔡鹏等上总理函》，环龙路档案第 08585 号）

　　利物浦支部骆潭等来函，报告汇款情形，称已募得四万英镑，已于 4 月 1 日电汇三万镑交广东陈炯明，但尚未收到回复。另有一百

镑,已汇美洲洪门转济内地之急。(《利物浦支部骆潭等上总理函》,环龙路档案第 08298 号)

　△　冯国璋等提出调停时局办法大纲八件:承认袁仍居总统之位,重开国会,惩办奸人,编定军队,遵守元年约法,各省将军巡按使照旧供职,撤回川湘前敌各军,大赦党人。("中华民国"史事纪要编辑委员会编:《中华民国史事纪要(初稿)——中华民国五年(一九一六)一至十二月份》,第 239 页)

日本外务大臣石井菊次郎对陆宗舆表示,如袁世凯下野,可在日本居住,并予以保护。(郭廷以编著:《中华民国史事日志》,第 232—233 页)

4 月 18 日　本日上午,戴季陶、犬塚信太郎、廖仲恺、仇鳌来访。其中,戴季陶造访两次。中午,席正铭来访。下午,夏重民、王静一、戴季陶来访。另有头山满来一函,坂本某(疑为坂本寿一)来一电,居牛込区水込町 28 号仓□宅的杨素丁来一快递邮件。晚,王静一、席正铭来访。(俞辛焞、王振锁等译:《孙中山在日活动密录》,第 577 页)

　△　批刘煜焕报告党务及墨西哥政府苛待华侨事,并请设法早派外交官保护函,"复函鼓励"。(《批刘煜焕函》,《孙中山全集》第 3 卷,第 273 页)

致上海革命党人电,"袁谋甚狡,以独立为消民党气焰,故陕宜缓动,以待全局筹备同时而发"。

又致田桐电,"款难再筹,务期勉力发动,否则信用全失矣!"(《讨袁之役致上海指示陕宜缓动电》《讨袁之役致田桐勉力发动电》,中国国民党中央委员会党史委员会编:《国父全集》第 3 册,第 384 页)

　△　唐继尧、刘显世、陆荣廷等宣布袁世凯已丧失总统资格,应由副总统黎元洪继任。四川将军陈宦电告徐世昌等,调解不成。(郭廷以编著:《中华民国史事日志》,第 233 页)

4 月 19 日　本日上午,戴季陶、廖仲恺、刘兆铭、王静一、郭完、杨丙、周洛来访。中午,谢心准来访。下午 1 时 50 分,坂本寿一、秋山定辅来访。另有富勇龙太郎(陆军退役大尉)来访,谢绝会见。晚,

周应时、戴季陶、王文成、赵瑾卿、章君波来访。（俞辛焞、王振锁等译：《孙中山在日活动密录》，第 578 页）

△　致上海革命党人电，询问浙江近况，并告知海外同志多欲回国效力，并备有飞机饷械。希望能与浙政府妥商，借宁波为登陆地，否则便武力占领。

又致陈其美电，询问何时能动？近情如何？希望时时详报，以便统筹全局。（《讨袁之役致陈其美询沪事电》，中国国民党中央委员会党史委员会编：《国父全集》第 3 册，第 384—385 页）

△　《申报》消息，报道济南革命党人活动情况，称其内部颇有携贰。故孙中山派吕志伊潜至山东，晓以大义，调和意见，协力推进。（《山东：济南党人之活动》，《申报》1916 年 4 月 19 日，"地方通信"）而济南商会、巡按使署则接居正署名电，威吓三日内让出兵权，否则革命党人定然立即举事，玉石不分，同归于尽等语。济南军民初接该电时，大为惊愕，公举代表谒见靳云鹏，请为保护。靳乃一面急电沂州混成第一旅第一团来济助防，一面召集绅商表明中立维持地方治安之主义。（《山东最近之恐慌与戒备》，《申报》1916 年 4 月 27 日，"要闻二"）

4 月 20 日　本日上午，廖仲恺、戴季陶、梅屋庄吉来访。下午，谢心准、杨丙、刘定、戴季陶来访。其中戴季陶两度造访。晚，王静一来访。宫崎寅藏来一函。（俞辛焞、王振锁等译：《孙中山在日活动密录》，第 578—579 页）

△　致居正电二件。其一，"不必忙急，务期切实准备。彼虽独立，我仍攻之，更易得手也。荷物到否？"其二，"电悉。闻岩城要得陆军当局同意乃借款。按吾党已借巨款，至今尚未生效力，当局已有烦言，恐不能再得同意，然已托头山交涉"。（《讨袁之役致居正切实准备函》《讨袁之役致居正告借款交涉电》，中国国民党中央委员会党史委员会编：《国父全集》第 3 册，第 385 页）

△　卢慕贞复 3 月 27 日函，称汇款二千已收。（《卢夫人致总理函》，环龙路档案第 01591 号）

△ 《时事新报》消息,李经羲以私人名义分电汤化龙、唐绍仪、伍廷芳、汪大燮等,希望赞助议和。(《李经羲还想调停》,《时事新报》1916年4月20日,"北京专电")

4月21日 本日上午,廖仲恺、刘兆铭、坂本寿一来访。下午,谢心准、苏无涯、赵植之、夏重民、陈树人、戴季陶。路经横滨的某人、府下富田村的宫崎寅藏和国外各来一邮件。晚,和田瑞来访。(俞辛焞、王振锁等译:《孙中山在日活动密录》,第279页)

△ 3月24日,澳洲墨尔本华侨刘灯维来函,请收到汇款后签名回复,以慰侨胞。本日批复:"答书鼓励,并着改为中华革命党。因共和等为官僚借用,以混乱吾党故也。"(《批刘灯维函》,《孙中山全集》第3卷,第275页)

又致上海革命党人电,询问海军计划因内部泄密为报纸连载后,对行动有无阻碍。(《讨袁之役致上海询各方情形电》,中国国民党中央委员会党史委员会编:《国父全集》第3册,第385—386页)

签发委任令第78号,任命亚细亚皇后船(Pelabuhan Ratu)分部、印尼坤甸(Khuntie)支部、南非支部、槟榔屿支部、泰国通扣分部、巴双支部负责人及各科干部。(《委任令第七十八号》,《孙中山全集》第3卷,第452—454页)

△巴生支部郑受炳来函,报告收到汇款收条。同时,又告有福建永春人颜穆闻假冒革命党人,骗取捐款事。(《巴生支部郑受炳等上总理函》,环龙路档案第08299号)

△ 袁世凯令成立责任内阁,制定政府组织令及政府直属官制。

帝制撤销后,袁世凯一面设法与南方独立各省谋和,希望仍能保留大总统职位;一面作出改革政治的姿态,以期缓和各方逼迫退位的情势。本日,袁世凯令成立责任内阁,以国务卿总理国务,组织政府,各部总长皆为国务员,共同负责;并将所制定的政府组织令及政府直属官制,同时公布。("中华民国"史事纪要编辑委员会编:《中华民国史事纪要(初稿)——中华民国五年(一九一六)一至十二月份》,第243页)

唐继尧、刘显世、陆荣廷、龙济光电请各国领事馆各国公使,设法保护黎元洪,使重获自由。(郭廷以编著:《中华民国史事日志》,第 233 页)

4 月 22 日　本日上午,戴季陶、廖仲恺、刘兆铭、横滨市鞋商关商会店员某、犬塚信太郎、周应时、严森、邵兆忠、彭逸园等来访。其中,戴季陶到访三次。

下午,刘兆铭、隐岐敬次郎、谢心准、萧萱、梅屋庄吉夫人、王静一来访。3 时,与宋庆龄和梅屋夫人乘梅屋的小汽车至两国国技馆、上野公园参观画展和动物园。5 时 25 分返寓。外出期间,戴季陶、刘兆铭来访,未见。返寓后,戴季陶、廖仲恺来访。(俞辛焞、王振锁等译:《孙中山在日活动密录》,第 579—580 页)

△　19 日,居正致电山东将军靳云鹏,威胁如不出让兵权,玉石俱焚。因电中提及日人萱野长知,引发外交问题。本日,就此问题致居正电,告知靳已电北京交涉,日方非常为难,可能会令萱野离境。要求居正"以后表面宜避与日人有关系,乃不招各国之忌,而免障碍"。(《至居正电》,《孙中山全集》第 3 卷,第 277 页)

又致旧金山《少年中国报》电,告知决意 27 日回国,以壮大革命党声势。希望"飞机及各同志速回。如有余款,望速汇应急",并交代由谢持和谢心准分别负责东京本部和横滨交通部工作。(《讨袁之役致三藩市少年中国报告决意回国电》,中国国民党中央委员会党史委员会编:《国父全集》第 3 册,第 386 页)

△　洪兆麟来函,告知本拟经台湾返汕头参加革命,不料在台湾被警察监视,失去行动自由。后闻汕头虽已独立,但不知何故依然捕拿革命党人,故拟先到上海,再设法前往内地。(《洪兆麟上总理函》,环龙路档案第 01875 号)

△　本日,黄兴由旧金山启航赴日。途经檀香山时,当地日本记者来访,询及中国时局,告以:"除非袁世凯下台,讨袁行动决不中止",并否认与孙中山有任何分歧。(毛注青编著:《黄兴年谱长编》,第 464 页)

△ 3月21日，袁世凯任徐世昌为国务卿，致力调停南北。由于南方各省坚持非袁退位不可，徐世昌多方努力，未能得到预期结果。段祺瑞对调停之事不表热心，并以参谋总长无实际军权，徒有虚名，未到参谋本部视事。袁世凯了解其用心，不得不表示交出政权，改良政治，乃于4月21日成立责任内阁，颁布政府组织令及直属官制。本日，复准徐世昌辞职，特任段祺瑞为国务卿。段乃于23日就职视事。("中华民国"史事纪要编辑委员会编：《中华民国史事纪要（初稿）——中华民国五年（一九一六）一至十二月份》，第245页)

4月23日 本日上午，戴季陶、廖仲恺、犬塚信太郎、周应时、王静一来访。中午12时30分，偕廖仲恺乘车至本区高田村访宫崎寅藏，和他面谈五十分钟。2时30分回寓。下午，坂本寿一来访，等候片刻，返回后二人面谈。另有犬塚信太郎来一邮件。返寓后，廖仲恺、王静一来访。又有前田下学和其弟前田行藏来访，谢绝会见。晚，席正铭、陈戴方、戴季陶来访。(俞辛焞、王振锁等译：《孙中山在日活动密录》，第581页)

△ 致学务总会视学员熊理函，称赞其"究心于教育事业，为士林之所依归"，并对其在向华侨宣传爱国方面所做的贡献予以赞扬。希望"值此国家多故，党务积极进行之秋，尚冀足下不坠初衷，有所策励。"(《致熊理望积极推进党务函》，中国国民党中央委员会党史委员会编：《国父全集》第3册，第386—387页)

△ 菲律宾筹饷局薛汉英来函，报告款项已于4月10日汇出，并请寄功章及债券。(《菲律宾筹饷局薛汉英上总理函》，环龙路档案第08301号)

△ 在日期间，策动广东、江浙及山东革命，颇得日人相助。本日，上海《时报》转《大阪每日新闻》18日消息，报道在日募兵事，称已筹得大宗军费，以东京为根据地，拟于日本内地募兵约一千名，使加入革命军。特感海军兵之必要，派人分赴横须贺、舞鹤、佐世保及吴港等地，努力密募海军后备役兵。宪备队正密加侦查。唯横须贺已

有五十名应募,而其募集条件约定准士官先给慰劳金二百五十圆,月俸自四十五圆至百圆,抵中国后更给以慰劳金若干圆。至于伤亡时之遗族抚恤金及革命成功后之论功行赏等问题,各设有规定。(《孙逸仙之募兵消息》,《时报》1916 年 4 月 23 日,"要闻一")

△　袁世凯改组内阁,以段祺瑞兼陆军总长,陆征祥为外交总长,王揖唐为内务总长,孙宝琦为财政总长,张国淦为教育总长,金邦平为农商总长,曹汝霖为交通总长,王士珍为参谋总长,庄蕴宽为审计院院长。("中华民国"史事纪要编辑委员会编:《中华民国史事纪要(初稿)——中华民国五年(一九一六)一至十二月份》,第 246 页)

4 月 24 日　本日上午,议员秋山定辅、居横滨市的胡汉贤、彭振三、李藻、周□汉四人来访。下午,廖仲恺、宫崎寅藏、戴季陶、梅屋庄吉夫人、前田九二四郎夫人、刘诚、宫崎寅藏宅的松本藏次、王静一、周应时、张继等来访。其中,戴季陶到访两次。5 时,偕宋庆龄和来访的梅屋庄吉夫人乘车至曲町区有乐町一丁目 3 号大武照相馆合影。之后,在照相馆和宋庆龄、梅屋夫人分手,至赤坂区灵南坂町访头山满,和先来访的宫崎寅藏、张继、戴季陶等在其二楼密谈。10 时回住所。晚,廖仲恺来访。之后,议员菊池良一来访,与廖仲恺会见。另有秋山定辅来一函。(俞辛焞、王振锁等译:《孙中山在日活动密录》,第 582—583 页)

△　致上海革命党人电二件。其一,告知之前耗费巨资却无成效,不能昭信于人,无法再筹。军官索款,可以事后再给,不能事前轻掷。其二,告知将于 27 日乘"近江丸"返沪。

又致汉口革命党人电,告知 27 日乘"近江丸"前往上海。如汉得利,当亲来汉。再致居正电,"济南得手,文或来鲁。既准备即发,不必理睬商会也"。(《讨袁之役致上海械款毋轻掷并告行期函》《讨袁之役致上海告派人来接电》《讨袁之役致居正告行期并允亲来鲁电》,中国国民党中央委员会党史委员会编:《国父全集》第 3 册,第 388—389 页)

因国内讨袁军事日渐明显,黄兴偕邓家彦于本月 22 日离美回国。闻讯,特电吴铁城密转黄、邓,嘱来沪上相商。旋因所乘轮须靠日本,黄暂滞日,邓则换船赴沪。……4月间,决定回国行期之前,另有电致旧金山林森,请代求黄兴借款济急。此事未见有结果。(罗刚编著:《中华民国国父实录》,第2822页)

又致火奴鲁鲁吴铁城密交黄兴、邓家彦电,曰:"密。交黄克强、邓孟硕鉴:请两兄直乘原船到沪相会为盼。"(《讨袁之役致火奴鲁鲁吴铁城密交黄兴、邓家彦电》,中国国民党中央委员会党史委员会编:《国父全集》第3册,第387页)

△ 收到林德轩函,获悉已占领永顺等八项军情。(《林德轩上总理报告》,环龙路档案第04417号)

上海□□来电,请代付恭田毒气残余金额三千。(《上海□□上总理电》,环龙路档案第08557号)

4月25日 本日,冯国璋电未独立各省,互相联络,再事调停。

冯国璋欲操纵南北政局,前于4月17日提出调停办法八项,分电征求未独立各省之意见。本日再电各省,相互联络,各保疆土,扩充实力,方可对南方四省与北京,得以左右而为轻重。四省若违众论,自当视同公敌,北京若有异议,亦当力为争持。("中华民国"史事纪要编辑委员会编:《中华民国史事纪要(初稿)——中华民国五年(一九一六)一至十二月份》,第247—248页)

△ 仰光支部何荫三来函,报告筹款活动受到当地政府数次阻挠,只能暗中进行。有意捐助者亦裹足不前。明日先由局长寄送六千,请速将债票寄来。又告知,缅甸当局决议支持袁世凯政府,驱逐在缅活动之革命党华侨。其本人往来函电已在警署监控之下,因协助筹款而遭警方查问。(《仰光支部何荫三上总理函》,环龙路档案第08302号)

△ 革命党人居正聘日人阪本寿一为飞艇教官。(郭廷以编著:《中华民国史事日志》,第234—235页)

周应时与阪本订教授飞机契约书。(罗刚编著:《中华民国国父实录》,第2823页)

4 月 26 日　本日上午，戴季陶来访。7 时 25 分，偕戴季陶至千驮谷町原宿 148 号，访福田雅太郎（陆军少将）。9 时，和戴一起告辞回住所。外出期间，席正铭来访，即刻离去。返回后，犬塚信太郎、廖仲恺、菊池良一、林龙雄来访。其中，廖仲恺、犬塚信太郎两度造访。

下午，菊池良一、林龙雄、张继、廖仲恺、戴季陶、谢心准、美国人肯尼迪（迈梯尔电报社通讯社职员）来访。4 时 25 分，陆军参谋本部本庄中佐给千驮谷町原宿 148 号的福田雅太郎宅打电话，说找戴季陶有急事。福田将此意转告，但因戴不在，故特到福田宅给本庄打电话，然后回寓。返回后，周应时、廖仲恺、头山满夫人及其女儿、犬塚信太郎、戴季陶、菊池良一来访。

晚 7 时 20 分，偕戴季陶、王静一乘人力车外出（去向不明，似去赤坂区青山北町一丁目 8 号某处），8 时 10 分，和他们一起返寓。返回后，参谋本部的本庄中佐来访，并于 8 时 40 分和来访的戴季陶一起离去。又有，前田九二四郎夫人、曲町区有乐町照相馆的大武丈夫来访。10 时 4 分，戴季陶再度来访，约五分钟后离去。（俞辛焞、王振锁等译：《孙中山在日活动密录》，第 583—584 页）

△　继 24 日，通告上海方面即将回沪消息后，本日再电，希望能将沪、浙纳入革命党势力范围，并告知将返沪，要求山田（纯三郎）通知青木宣纯，如派人来接，须与山田同来。

又复邓泽如等 3 月 22 日函，称赞南洋兄弟烟草公司股东简英甫热心捐款的义举，对其预备将来充实广东实业的计划表示支持。同时告诫龙济光假称独立实为骗局，当继续讨伐。（《讨袁之役致上海告派人来接电》《讨袁之役致邓泽如等函》，中国国民党中央委员会党史委员会编：《国父全集》第 3 册，第 389 页）

△　居正来电，告知将稍迟出发，请令赶制旗帜，大、小各百面。（《居正上总理电》，环龙路档案第 03331 号）

△　冯国璋电黎元洪、段祺瑞、徐世昌等，劝袁敝履尊荣，亟筹自

全之策。（郭廷以编著：《中华民国史事日志》，第235页）

4月27日 本日，偕廖仲恺、戴季陶、张继、宫崎寅藏和经日回国的老同学钟工宇由横滨乘"近江丸"启程赴沪。（段云章编著：《孙文与日本史事编年（增订本）》，第511页）

△ 陆荣廷、龙济光等通电拥岑春煊为两广护国军都司令。（郭廷以编著：《中华民国史事日志》，第235页）唐继尧闻知冯国璋之调停办法，复电表示，袁世凯退位，诸事立即解决，否则绝无解决之望，态度至为坚决。（"中华民国"史事纪要编辑委员会编：《中华民国史事纪要（初稿）——中华民国五年（一九一六）一至十二月份》，第252页）

4月28日 本日，抵神户。（段云章编著：《孙文与日本史事编年（增订本）》，第511页）唐继尧之代表李宗黄来谒。（罗刚编著：《中华民国国父实录》，第2826页）

△ 复国民党部等团体函3月24日函，告知款已收到。又谓龙济光伪称独立，在粤危害甚于袁世凯，已策励粤军剿除。对浙江独立表示欣慰，希望同志努力筹集捐助，响应义师。（《覆国民党部等团体促筹济讨龙军饷函》，中国国民党中央委员会党史委员会编：《国父全集》第3册，第389页）

签发委任令第79号，委任三宝雁分部、西都文罗分部、加里昔分部、仁物分部负责人及各科干部。（《委任令第七十九号》，《孙中山全集》第3卷，第454页）

△ 冯国璋电劝南方独立各省罢兵。又电邀梁启超回沪，共同调停时局。（"中华民国"史事纪要编辑委员会编：《中华民国史事纪要（初稿）——中华民国五年（一九一六）一至十二月份》，第256—257页）

粤军第一师师长李耀汉等通电推戴岑春煊为两广护国军都司令。（《李耀汉等推戴岑西林电》，《时事新报》1916年5月6日，"国内要闻"）

4月29日 本日，乘轮船离开神户驶向上海。（段云章编著：《孙文与日本史事编年（增订本）》，第511页）

△ 倪嗣冲急电北京，报告湖南都督汤芗铭秘密策划反袁。（李

良玉、陈雷主编:《倪嗣冲函电集》,第268页)山东将军靳云鹏电劝袁世凯辞职。(郭廷以编著:《中华民国史事日志》,第235页)

4月30日 本日,致居正电,请竭力联络山东方面党内党外各势力,并告知来沪目的亦在于此。(《讨袁之役致居正告赴沪目的电》,中国国民党中央委员会党史委员会编:《国父全集》第3册,第389页)

△ 美国企李夫仑埠黄基等来函,报告筹集军饷情形,谓已筹得银两,即将交给大埠汇寄内地以为军需之用。同时询问袁世凯是否有停战议和之请。(《个李夫仑黄基等呈总理函》,环龙路档案第08304号)

△ 长江巡阅使张勋电唐继尧,主袁世凯留任总统。(郭廷以编著:《中华民国史事日志》,第235页)

是月 批陈中孚函购买飞机事函,谓日本飞机为急用装备,要求查明式样、马力和价格后立即回复。(《批陈中孚关于购买日本飞机事函》,中国国民党中央委员会党史委员会编:《国父全集》第4册,第139页)

又致林森电,称决心返回中国,并告知情况紧迫,希望能联络黄兴,借款十万济急。(《致林森请求黄兴借款十万元济急电》,中国国民党中央委员会党史委员会编:《国父全集》第3册,第387页)

△ 在东京与某某举行谈话,讲述约法与国会的重要性。谓袁世凯破坏约法,解散国会之时,国人早已知晓其必有称帝之日,"然大声反对者,乃绝无人",故不得不组织中华革命党"冀尽愚忠于祖国"。对目下形势仍表示乐观,希望"国民今后自当一心一德,共任艰巨"。(《中山先生之乐观》,上海《民国日报》1916年5月6日,"要闻")

△ 护国军第一军总司令蔡锷复电政事堂统率办事处,提出"今有识者皆谓项城宜退,遵照约法,由副总统暂摄,再召国会,依法改选",坚决主张袁世凯必须退位。("中华民国"史事纪要编辑委员会编:《中华民国史事纪要(初稿)——中华民国五年(一九一六)一至十二月份》,第267页)滇、黔、桂、粤四省联电,迫促袁世凯退位,要求"依据约法,转陈项城,速行宣告退位。遵照约法,继任有人,一面息兵,速集国会,扫除秕政,救亡之道,在此一举"。("中华民国"史事纪要编辑委员会编:《中华

民国史事纪要（初稿）——中华民国五年（一九一六）一至十二月份》，第268页）

5月

5月1日　本日，抵上海。时日人金子克己、工藤铁三郎亦来沪助陈其美谋再举。后金子又陪同孙中山所派之蔡济民赴武汉联络。时日驻汉口屯军司令高桥大佐、参谋东乡少佐、汉口日报冈幸七郎亦予暗中声援。（段云章编著：《孙文与日本史事编年（增订本）》，第511页）

△　两广都司令部成立于肇庆。岑春煊任为都司令，梁启超为都参谋，李根源为副都参谋，章士钊为秘书长，温宗尧为外交局长，杨永泰为财政局长，钮永建为军事代表，谷钟秀为政治代表，蒋方震为作战计划主任，公布宣言，不分党派省派，一致讨袁。（孙中山电岑春煊赞同其主张，并劝勿与龙济光部生衅。）（郭廷以编著：《中华民国史事日志》，第235—236页；"中华民国"史事纪要编辑委员会编：《中华民国史事纪要（初稿）——中华民国五年（一九一六）一至十二月份》，第296页）

△　冯国璋通电修正其4月17日之八条主张。（要点为袁暂任总统至国会开幕，严定国会议员资格，修改民元约法等。）将帝制复辟的责任一概推给杨度等人。而"党人问题"则应由"政府审查原案，判别是非，咨送国会讨论，俟得同意，然后宣告大赦。方免抵触法律，贻祸将来"。黎元洪态度坚决，表示"目下时局不能不令袁即行引退"。（《异哉冯国璋之调停建议》《黎大总统之刚健态度》，《时事新报》1916年5月13日，"国内要闻"）

5月2日　本日，怡朗支部余以和来函，告知4月10日手谕已接到，月捐助饷事已着手办理，并表达了对粤事内幕的牵挂。（《余以和上总理函》，环龙路档案第07393号）

△　唐绍仪等以二十二省旅沪公民名义发表宣言，指出袁世凯"毁裂宪草，谋叛国民，依约法应丧失其元首资格，是为个人犯罪之结

果"，因此当依据大总统选举法第五条，由"未曾附逆之副总统"继任，至本届大总统届满为止，反对冯国璋调停。（"中华民国"史事纪要编辑委员会编：《中华民国史事纪要（初稿）——中华民国五年（一九一六）一至十二月份》，第 283—284 页）

5 月 3 日　本日，岑春煊、梁启超致电黎元洪及南方独立五省，主张袁世凯退位，黎元洪依法继任大总统。（"中华民国"史事纪要编辑委员会编：《中华民国史事纪要（初稿）——中华民国五年（一九一六）一至十二月份》，第 286 页）

△　四川将军陈宧致电袁世凯，谓"人心久已失，虽有大力者，亦不能逆天以挽亡"，劝其退位。（"中华民国"史事纪要编辑委员会编：《中华民国史事纪要（初稿）——中华民国五年（一九一六）一至十二月份》，第 287—288 页）

本田亲清与梁士诒谈话，表露出日本意在趁南北相争时谋取利益。（段云章编著：《孙文与日本史事编年（增订本）》，第 511—512 页）

5 月 4 日　本日，菲律宾霍洛岛（Jolo）张成谟来函，报告其子染痢疾病逝，并请致函宋亚藩，命其前来与小女完婚。（《张成谟上总理函》，环龙路档案第 08984 号）

△　中华革命党在东京八日町设立的飞行学校于本日正式开学训练。坂本寿一任教官，梅屋庄吉负责管理，有学员夏重民、周应时、马超俊、胡汉贤等四十七人，夏重民任班长，周应时任副班长。有飞机两架，航校经费全由梅屋提供。坂本给学员开设"自行车训练""飞机制造""发动机""电器""飞行原理"等课程以及进行滑行训练等。（段云章编著：《孙文与日本史事编年（增订本）》，第 512 页）

△　湖南将军汤芗铭通电，主袁世凯退职，由副总统黎元洪继任。中华革命军东北军得日本之助，自青岛到潍县，攻击东城，另支攻周林，居正任总司令。（郭廷以编著：《中华民国史事日志》，第 236—237 页）梁启超致电国务卿段祺瑞，谓"今日之有公，犹辛亥之有项城；清室不让，遂项城不能解辛亥之危，项城不退，虽公不能挽今日之局"，

希望劝袁世凯"能自退,则身名俱泰"。("中华民国"史事纪要编辑委员会编:《中华民国史事纪要(初稿)——中华民国五年(一九一六)一至十二月份》,第293页)谭人凤函阻蔡锷推荐徐、段、冯等任何一人继任总统。(罗刚编著:《中华民国国父实录》,第2829页)

△ 上海《民国日报》消息,称蔡锷已派代表赴日本与孙中山接洽,并带有欢迎回国之使命。(《滇使欢迎孙先生》,上海《民国日报》1916年5月4日,"本社专电")

《申报》转载日本东方通信社3日电,称自受段祺瑞、冯国璋二人提携以来,"讨袁各派有生异议之忧,袁派遂乘此机,益煽妥协之风"。故此,讨袁各派乃起大同团结之议,孙中山派"现已改其从来之态度,图与南方各首领意见一致"。而岑春煊、孙中山、黄兴、汤化龙等合作之议已成,故汉口、杭州、广东等处,已无同志排挤之事。又称近议组织临时政府,因防位置等之争端,故讨袁各派拟合成一体,各就所长,分担事务。(《东京电》,《申报》1916年5月4日,"东方通信社电")

《顺天时报》报道黄兴行踪,称黄兴于日前由美乘轮启航,定于9日可到日本。孙中山拟待黄抵日后即赴中国大起活动,现连日用无线电与黄往返电商,进行计划。(《孙黄活动》,《顺天时报》1916年5月4日,"东京特电")

5月5日 本日,中华革命党人王统一等依靠应募日本退役军人在上海吴淞图袭"策电"舰,未成。其经过据日人太田宇之助忆称:"因为该舰之内应者的过错,我们部队的一部分登陆时,竟开枪毙命两人,其余者统统败退。"此事失败后,孙中山责备王统一"过分热心而近似性急",王于12日或13日离沪东渡日本,先住大阪,6月17日回到东京,7月19日又挈眷回国,此后下落不明。(段云章编著:《孙文与日本史事编年(增订本)》,第512—514页)

△ 云贵举义后,加拿大华侨闻之,拟联同回国效命疆场。4月10日,孙中山函告胡维埙,谓加拿大华侨中有受过军事训练的青年,可以择优送来日本备用。17日,队员蔡鹏等奉上预算及名册。后奉

电,因内地戒严颇紧,暂缓束装。至 5 月初,收胡汉民 4 月 14 日电,转孙中山命令,立即东归,听候调遣。本日,敢死队沙城分机关麦惠民等来函,谓队员本多寄人篱下,少有积蓄。希望能电英属各支部转告各分部筹集川资。(《麦惠民等上总理函》,环龙路档案第 08558 号)

上年 7 月 13 日,蔡突灵来函,称急欲北上救父,资斧无着,请求接济。(《蔡突灵上总理函》,环龙路档案第 00168 号)本日再函,请助款使成行,以见囚父,以抚弟棺。(《蔡突灵上总理函》,环龙路档案第 00175 号)

5 月 6 日 本日上海《时事新报》不准确消息,称孙中山由美东渡,近复乘日本邮船于昨日到沪。同志诸人已预备摩托车在虹口日轮码头迎迓,小作勾留即须前往粤省故里。(《孙中山昨日到沪》,《时事新报》1916 年 5 月 6 日,"本埠新闻")

△ 浙江军民推吕公望为都督,坚决反袁。冯国璋联合张勋、倪嗣冲发起南京会议,调停时局。("中华民国"史事纪要编辑委员会编:《中华民国史事纪要(初稿)——中华民国五年(一九一六)一至十二月份》,第 297 页)

△ 5 月 5 日,冯国璋赴徐州与张勋、倪嗣冲会商,决定在南京举行调停会议,遂联衔电告北京,并分电未独立各省,请各派代表一人,于 15 日齐集南京举行会议。("中华民国"史事纪要编辑委员会编:《中华民国史事纪要(初稿)——中华民国五年(一九一六)一至十二月份》,第 298 页)

本日,倪嗣冲抵南京,在与冯国璋和张勋商议后,一同密电国务院,支持袁世凯继任总统。电称,时下局势"内氛外侮,险象环生。勋等集议再三,以为今日之局,内氛易扫,外侮难御。而欲求御侮之方,必有折冲之策",希望袁世凯务必坚持到底,不要轻信流言,灰心退位,并望振作精神,专意维持外交,"示天下以决心,杜邻邦(之窥伺),持危定乱,莫要于兹。"

又与冯国璋、张勋联名通电国务院、统率办事处及各部院局署,发起南京会议,谓"当此时机,危亡呼吸,内氛四伏,外侮时来,中华已无解决之权,各省咸抱一隅之见,谣言传播,真相难知"。有鉴于此,冯国璋于 5 月 1 日拟就八条,并发布通电,但因"惟兹事体重大,……

往返电商,诸多不便,……以为目今时局日臻危迫,我辈既已〔以〕调停自任,必先固结团体,然后可以共策进行。……兹特通电奉商,拟请诸公明赐教益,并各派全权代表一人,于咸日以前,齐集宁垣,开会协议,共图进止,庶免分歧而期实际"。(李良玉、陈雷主编:《倪嗣冲函电集》,第 269 页)

5 月 7 日 本日,《时事新报》透露孙中山预备演讲的内容,称其内容约分三项:(一)不愿再为总统;(二)不敢以革命前辈自居,力求与各方面联络;(三)取消中华革命党,并不用青天白日旗。(《孙中山将有宣言》,《时事新报》1916 年 5 月 7 日,"本埠时事")

△ 蔡锷电复陈宧,袁世凯退位后可暂以黎元洪继任,再召集民国二年国会,选段祺瑞为总统(同日以此议电告梁启超)。又电唐继尧、刘显世,不赞成粤桂组织政府,推举首长。(郭廷以编著:《中华民国史事日志》,第 238 页)

5 月 8 日 本日,驻潍县之东北军总司令居正通电,称午前 4 时占领安邱、潍县,不日可望开城。(《东北军司令居正驻维县时之通电》,黄季陆主编:《革命文献》46 辑,第 312 页)

△ 护国军军务院成立于肇庆,唐继尧为抚军长,岑春煊为副抚军长,摄行抚军职权,陆荣廷、龙济光、梁启超、蔡锷、刘显世、李烈钧、陈炳焜为抚军,梁启超兼任政务委员长,唐绍仪为外交专使,李根源为北伐联合军都参谋。(郭廷以编著:《中华民国史事日志》,第 238 页)

5 月 9 日 本日,第二次讨袁宣言见报。略述革命经历和让位初衷,痛斥袁世凯"逆谋终不自掩,残杀善良,弁髦法律,坏社会之道德,夺人民之生计",故不得不"主兴讨贼之师,所以维国法而伸正义,成败利钝所不计也"。然二次革命失败后,"群思持重,缓进之说,十人而五。还视国中,则犹有信赖袁氏而策其后效者;有以为其锋不可犯,势惟与之委蛇而徐图补救者;有但幸目前之和平,而不欲有决裂之举者"。这些心理上的弱点,皆为袁所利用,于是"解散国会,公然破毁我神圣庄严之约法,诸民权制度随以俱尽"。痛心之余,乃决以一身奋斗报效国家,遂组织中华革命党,以最严格的章程约束。将尽扫政治上、社会上之恶毒瑕秽,而后复纳之约宪之治。宣言强调,"今独立诸省通电,皆已揭橥民国约法以为前提。……夫约法者,民国开创时国民真意之所发表,而实赖前此优秀之士,出无量代价以购得之者也"。故其与袁之间"无私人之怨,违反约法,则愿与国民共弃之。与独立诸省及反袁诸君子,无私人之惠,尊重约法,则愿与国民共助之"。希望讨袁各派"主义既合,目的不殊,本其爱国之精神,相提携于事实",而民国元首,当"依约法被举,而不由暴力诈术以攫取之","只有服务负责之可言,而非有安富尊荣之可慕"。此外还提出民族、民权、民生三大主义,及五族共和的主张。(《孙文宣言》,上海《民国日报》1916年5月9日)

宣言发表后,上海各报纷纷发表社论或文章,予以称赞。

10日,上海《民国日报》社论,指出袁党靠利益结合,人各有私,支离破碎。而革命党以正义为约束,矢志不渝。希望国人不要为袁世凯制造的谣言迷惑,称宣言曰:袁氏破坏民国,自破坏约法始,义军维持民国,固当自维持约法始;曰:今日为众谋国救国之日,决非群雄逐鹿之时;曰:张皇补苴,收拾时局,当世固多贤者,苟其人依约法被举,不由暴力诈术以攫取之,则固与国民所共承者也;曰:末俗争夺权利之念,殆不戒而已除,惟忠于所信之主义,则初不为生死祸福而稍有屈挠。凡此诸说,堂堂正正,意为人人心中尽有之意,言为人人口中欲发之言,一鞭一痕,一字一血。国民讨贼之初心与夫袁逆是非之播弄,于此而大白于天下。

接下来,社论对宣言中提到的"权利"观作进一步引申,提倡"欲置国于全治,非立根于道德不可。天下多事,正吾人砥砺道德之机"。提醒国人"破坏时代,生死急迫,权利之念犹不暇及。而建设时代,休休有暇,权利之诱吾人以亏节堕行者,较破坏时代为尤剧",指出"不植道德焉坚操守,民国今之后幸福系于此矣!"(上海《民国日报》1916年5月10日,"社论")

《民信报》评论宣言,称"读先生宣言,据爱国之精神,广救国之途术。综其要旨,维持民国约法,祈向真正和平,息竞争夺利之害,杜派别党争之弊。对于现在,期猛厉进行,无遗纵敌之祸,对于将来,决不肯使谋危民国者复生于国内。而尤谆谆以与国民共同为言,是诚共和国家之原则,而为解决时局之要图也"。(《读孙先生宣言》,上海《民国日报》1916 年 5 月 11 日,"论粹")

《民意报》发表评论,谓"中山先生抱三民主义垂三十年,终始一贯,未尝稍渝厥志。辛亥革命不幸仅达民族主义之目的,癸丑革命为民权而战,不幸亦归于失败。今次革命,宜为民权而战矣!然设不幸仅以倒袁毕革命之能事,则中山先生讵能效碌碌辈随波逐流,而遂置民生、民权两主义于脑后乎?此宣言末节所以有'袁氏既去,则当与国民共荷监督之责,决不肯使谋危民国者复生于国内'数语也,吾愿国民与中山先生共勉之"。(《读孙先生之宣言》,上海《民国日报》1916 年 5 月 11 日,"论粹")

《上海日日新闻》发表评论,谓"孙文氏于昨日发表对于时局之宣言,堂堂二千余言,忧国之至情,跃然而出。其因维持民国约法,伸张正义,成败利钝固早在计算之外矣!夫中国阀族之弊害,累积陈堆,至今日到根本的大廓清之时代。如仍以姑息之手段,一时魔化,恰如养痈贻患,其危险诚不可测。孙文之宣言,即根据民国约法,而竭力除去此等之弊害,颇合吾人之意者也。其宣言曰:'袁氏破坏民国,自破坏约法始;义军维持民国,固当自维持约法始。是非顺逆,区以别矣!夫约法者,民国开创之时国民真意之所发表,而优秀之士出无量代价以购得者也'云云。盖民国约法乃第一次革命之结果,以血所书而平民主义之结晶体。袁世凯与其羽党着手打破之,是即第二次革命,乃至今日之革命所由起。是故中国之革命可谓之为打破阀族而行平民主义之一大平均作用。不得平均之时,必经几次往复,如洪波拍岸,必振荡多次,始可归于平静。至于党中树党,对于运动实为深忌。势力分剖,同士相疑,则敌可乘隙离间。南方革命军中,不能全然否认此等之现象。此讨袁义声中极可忧虑之事也。孙氏之宣言曰：'今日为众谋救国之日，决非群雄逐鹿之时'，尤为光明至切之语。凡云南军与中华革命党之间，及诸方面之意思，有不得不为之疏通之感。勿论反袁排袁之大根本，宜于一致进行。即使具体的讨袁之计划进步，其间亦不可有多少间隔。而袁氏之所乘之点亦即在是。密使杨士琦有来沪之说，彼于上海必有所计划，盖可知矣！愿南方侧诸首领，留意孙氏之语，勿为袁氏所乘也。"（《外报评中山宣言》，上海《民国日报》1916 年 5 月 11 日，"要闻"）

《中华新报》评论宣言，谓"中山先生之宣言，括其精义有二：一曰维持约法；二曰不争权利。由斯遵也，中国前途之幸福岂有涯量。

夫蹂躏法律，推翻国宪，至袁世凯而诣其极。劫夺四万万公器之国家，移而为一姓子孙之权利，至袁世凯而诣其极。此所以酿成今日之战端。而国家隐受其祸者，皆袁氏尸之也。

今义师既起，袁氏将倒。吾人之祈望，必须尽反乎袁氏之所为，涤荡而廓清之，始足以言治。宣言中所谓'维持民国当自维持约法始'，'末俗争权夺利之念，殆不待戒而自除'，诚言治者之本也。

呜呼，民国成立以来，因袁逆肆虐，中山先生纯洁高尚之主义，迄未得实施。国人有同憾焉！今而后，讨贼之役一终，建设之事即起，互相提携，冀达目的，愿与中山先生共勉之"。（《读中山先生之宣言》，《中华新报》1916 年 5 月 9 日，"时评一"）

黄兴于 6 月 1 日复谭人凤电，亦称："中山先生在沪宣言，豁然大公，无任钦仰"，并表示已屡次通电，号召共同讨伐袁世凯，摒弃党派和门户之见。（毛注青编著：《黄兴年谱长编》，第 473 页）

△　《中华新报》报道孙中山来沪之目的，称来沪原因，是因为沪上党派分歧，未能一致。故拟于近日内廿一联合大会，与各方面调和意见，一致进行，并代述南洋华侨赞助之热心，输款之踊跃。昨前两日，各重要分子均纷纷往谒。据云晤谈时极谦恭，并言有拟定进行之大计划，俟开联合会时对众宣布。并闻携有巨款数百万，由某国银行

汇来,以资助革命活动。(《孙中山来沪之原因》,《中华新报》1916 年 5 月 9
日,"本埠要闻")

△　云南起义后,黄兴亦加紧武装讨袁工作。于 4 月 22 日,自
旧金山启航赴日本。孙中山闻讯后,于 24 日电邀黄兴到沪相会,但
黄兴因所乘轮船径开日本,遂于本日在神户登陆。头山满、宫崎寅
藏、萱野长知等到港迎接,旋赴东京。黄兴抵日后,致电袁世凯,劝其
退位,称"国人未尝负公,公实负国。公生平以权谋奸诈愚弄一世,以
此骗取总统,以此攘窃帝位,然卒以此败,岂非天哉! 共和创造之初,
公誓与国人竭诚拥护共和,故吾党欣然以总统让公。未几,公握大
权,乃用武力破坏共和,阴谋帝政。……今者,独立之声,遍于全国,
兵精械足,士气振奋。而公众叛亲离,左右皆敌,公纵不知爱国为何
义,亦当知所以保身保家之道,若见机早退,犹得略息人民之怒,稍留
去后之思。不然,怨毒郁结,何所不泄。势机迫切,稍纵即逝。望速
决择,无贻后悔"。(毛注青编著:《黄兴年谱长编》,第 465—466 页)

据李贻燕忆称,黄兴在日逗留期间,于东京小石川植物园与数十
人集会,发表"讨袁防日"的讲话,略曰:"我去年奉孙先生命,叫我兼
程回国,主持讨袁之师。我回国后就要到湖南去策动长江中游的军
事,……袁贼僭窃为心,多行不义,失道寡助,不难讨平。……我们要
当心的还有日本这个国家。他们为政者的居心,我们十余年来,已看
得清清楚楚。自从日俄战后,他已把我们中国做他的禁脔,纳入他的
势力范围之中","日本为政者是我们的大敌"。不过,"我们如能发奋
图强,实行我们的革命方略,使他们知难而退,也许可以化其野心"。
在旁的古野作造博士听后,亦"为之点首再三"。(段云章编著:《孙文与
日本史事编年(增订本)》,第 514—515 页)

△　蔡锷电复段祺瑞、王士珍:一、袁立即退位由黎元洪继任;
二、如黎难胜任,可托辞辞卸,以国务总理摄政;三、撤退前敌军队,南
北共商善后;四、以特别条件规定选新总统。(郭廷以编著:《中华民国史
事日志》,238—239 页)

5月10日 本日,颁给李霭春、冯尔琛、陈明春三等有功章奖状。(《颁给李霭春等奖状三件》,陈旭麓、郝盛潮主编,王耿雄等编:《孙中山集外集》,第699—700页)

△ 《顺天时报》刊发9日下午收到东京特电,报道黄兴行程,称黄兴由美乘"春阳丸"今早驶到横滨登岸,即偕黄一欧等同乘火车到东京。闻黄兴携有巨款,拟留勾一月,即赴上海。如中国形势急转,一星期后即行起身。(《黄克强由美抵日》,《顺天时报》1916年5月10日,"东京特电")

五月上旬 致岑春煊电,称阅读岑之宣言,"有不分党派、省派之语,实获我心",主义目的既然一致,当共同推进。对于大敌当前而内纷不息的状况,表示已电同志,"俾泯猜虞,并力求事实上之一致"。(《致岑春煊电》,《孙中山全集》第3卷,第286页)

5月11日 本日,《民国日报》刊发孙中山致电滇、黔、桂、浙、粤都督及各军司令电,声讨袁世凯,号召采取一致行动,"猛向前进,决不使危害民国如袁逆者生息于国内"。(《孙中山致各都督司令电》,上海《民国日报》1916年5月11日,"公电")

奉电后,云南都督唐继尧于本日复电,"奉电欣悉返国,曷胜欣慰。元恶未除,群凶四伏,万方多难,端赖老成。尚望赐教,以匡不逮,翘瞻沪滨,无任神驰!"(《滇省唐都督致孙中山电》,《时事新报》1916年5月18日,"公电")

△ 《顺天时报》刊发10日下午收到东京特电,报道黄兴行踪,称9日有黄兴由横滨抵东京之说,查系黄之眷属。其实,黄兴于未到横滨以前,在观音崎近海转乘小轮于房州某地点登岸,行踪诡秘,未知其所在。(《黄兴之行踪诡秘》,《顺天时报》1916年5月11日,"东京特电")

△ 倪嗣冲、冯国璋等拟定南京会议大纲四则,其中以国家存亡为第一问题,而以袁氏退位与否为第二问题。("中华民国"史事纪要编辑委员会编:《中华民国史事纪要(初稿)——中华民国五年(一九一六)一至十二月份》,第315页)

肇庆军务院布告,俟国务院依法成立时,军务院立即撤废。(郭廷以编著:《中华民国史事日志》,第239页)

5月12日 本日,黄兴发布通电讨袁,略谓:"袁氏僭逆,毁法祸国。滇、黔倡义,桂、粤、两浙继起,其他各省亦多仗义执言,迫令退位。神州有人,国犹可立。友邦倾动,民意或苏。惟是元凶势穷,意仍顽固,不除祸本,终是养痈。痛苦已深,何堪再误。……兴居美两载,新返东郊。虽驽骞无能,而报国之志犹昔,愿随国人后竭诚罄力,扶翼共和,勉尽义务,不居权位。"(毛注青编著:《黄兴年谱长编》,第466页)

又致电钮永建等,谓"此时宜速并力驱袁,依约法解决大局"。(《黄兴覆钮永建诸君电》,《时事新报》1916年5月24日,"公电")

△ 《顺天时报》刊11日下午收到之东京特电,称黄兴现在东海道某处勾留,连日与张继诸人会议将来进行计划。(《黄兴之近状》,《顺天时报》1916年5月12日,"东京特电")

△ 四川将军陈宧再电袁世凯,请即日宣告退位。(郭廷以编著:《中华民国史事日志》,第239页)

梁启超复电冯国璋,坚持黎元洪依法继任大总统之主张,谓:除项城退位外,别无解决之方。并对冯国璋所谓"民国四年以后,大总统固已失其地位,副总统名义当然同归消灭"等语,加以驳正。("中华民国"史事纪要编辑委员会编:《中华民国史事纪要(初稿)——中华民国五年(一九一六)一至十二月份》,第317页)

5月13日 本日,《顺天时报》刊载"孙中山告诫同志"书,希望不要为袁世凯奸诈所惑,坚决以武力解决,同时暂且勿用青天白日旗,跟从南方护国军用五色旗。(《孙中山告诫同志》,《顺天时报》1916年5月13日,"时事要闻")

△ 《北华捷报》误传孙中山与黄兴已由美国启程。孙中山将经日本返华,称已抵达横滨,将于周五抵达上海,最终前往广州。黄兴紧随,将经日本港口入华,之后将有进一步行动。(《黄兴归来》,《北华

捷报》1916 年 5 月 13 日［该消息未附日期，5 月 13 日是星期六，故来源至少是两天前的。］）

△　曾因黄兴为中华革命党成立时党员须纳指模一事不欢而散，西人以为双方难以复合。本日《北华捷报》又转 9 日东京消息，谓黄兴乘 Shinyo Maru 离美。四百名中国留学生及支持者在东京集会等候接见，而孙中山的支持者则被逐出大会。（《北华捷报》1916 年 5 月 13 日，"文章 3"）

5 月 14 日　本日，国会议员对时局宣言见报，谓袁世凯"元首资格早已消灭，万无可再尸政局之理"，故据大总统选举法，应"由副总统继任，至本任大总统期满之日止"。而根据《临时约法》和《国会组织法》，"大总统并无解散国会之权"，因此"参众两院议员法律上之资格当然继续存在"。（《国会议员对于时局宣言》，《时事新报》，1916 年 5 月 14 日，"国内要闻"）

△　上海中国银行拒绝国务院停止兑现付现命令，宣布照常继续兑现。（"中华民国"史事纪要编辑委员会编：《中华民国史事纪要（初稿）——中华民国五年（一九一六）一至十二月份》，第 319 页）

5 月 15 日　本日，居正来函，谓南军志不在远，中原诸将相约迫袁以固其位，草草解决隐患无穷。革命党既然已经失去了在南方的机会，则应当"力图筑北，尚堪镇服群小"。目前已经克复数邑，靳云鹏急谋独立相抗，此机实成败惟一关键，"青军守将素钦先生，速来则外交利用可为，迟无及矣！"（陈三井、居蜜合编：《居正先生全集》中册，第 231 页）

△　自称共和政府情报部（Intelligence Department of the Republican Government of China）的机构致函《上海泰晤士报》和《北华捷报》编辑部，呈上孙中山 9 日宣言的英译本，谓："我等相信此次宣言的观点不仅可以去除对孙先生及其同志的种种怀疑，亦有助于理解其与其他共和派领袖们的关系。"（《孙逸仙宣言》，《上海泰晤士报》1916 年 5 月 17 日，"通信"）

△　4月17日,冯国璋提出调停办法八项。本日,唐绍仪等二十二省旅沪公民再电冯国璋,表示抗议。袁世凯密电冯国璋等,寄望南京会议妥筹善后办法,告以南方四省纷纷要其退位,其本人决无贪恋权位之意,惟寄望该会议妥筹善后方针,并随时与政府会商。("中华民国"史事纪要编辑委员会编:《中华民国史事纪要(初稿)——中华民国五年(一九一六)一至十二月份》,第321页)

黄兴致电上海国会议员,重申讨袁主张。又电告唐继尧等,愿为反袁斗争尽匹夫之责。(毛注青编著:《黄兴年谱长编》,第467—468页)

革命党以飞机一架袭济南将军府。山东第五师长张树元与居正议和。(郭廷以编著:《中华民国史事日志》,第239—240页)

5月16日　本日,居正、萱野长知来电,报告潍县军威大发,请赴鲁指挥,以夺敌胆。(《居正、萱野上总理函》,环龙路档案第03343号)

△　20日,《北华捷报》刊发撰于本日的文章,论及中国银行、交通银行兑现危机,为袁世凯开脱,认为孙中山缺乏实干能力,不足以担当大任。文章指出中、交两行关闭,必将比袁世凯的反对者所大肆渲染的卖国行为激起更多的人反其统治。但思想一下,这个未经深思熟虑的停兑方案并不应由袁来负责。当等待南京会议讨论其是否继续留任总统时,其权力已暂由内阁代行。众所周知,停兑几乎由梁士诒提出,经国务总理段祺瑞授权。不能想象,袁世凯本人以其长期的执政经验,深悉货币市场的脆弱性,会签署这样一个灾难性的授权。之所以强调这一点,是因为当今的局势很容易过度夸大早已传遍全国的孙中山宣言的重要性。因读者事先已获悉内容,对宣言的兴趣亦大打折扣。宣言热情洋溢,真诚地相信其所言的正义性。基于以上两点,人们轻信其所言,但却不能说宣言出自一个实干者之手。孙中山在国人中颇有知名度,作为一个有崇高理念的梦想家而受到崇敬,可付诸实践的能力却不尽如人意。推翻满清其功不可没,但在建立政府方面的工作却很失败。文章认为,据中国目前的局势而言,需要一个强有力且经验丰富的人主持大局,袁世凯尽管有种种

失误，却比任何人都能胜任。（《银行危机与中国》，《北华捷报》1916 年 5 月 20 日）

5 月 17 日　本日，王忠诚来函，报告因龙济光据粤，拟将各军集中一地。（《王忠诚上总理函》，环龙路档案第 02597 号）

△　黄兴致函唐绍仪、张謇、程德全、伍廷芳、汤寿潜、赵凤昌，请逼迫袁世凯早日退位。（毛注青编著：《黄兴年谱长编》，第 468 页）江苏、安徽、江西、山东、河南、直隶、奉天、吉林、黑龙江、湖北、湖南、山西、福建、热河等十七省区代表应冯国璋电召，会议于南京，多主袁世凯退位。（郭廷以编著：《中华民国史事日志》，第 240 页）

5 月 18 日　本日，陈其美在上海遇刺身亡，闻讯后立即赶来，抚尸痛哭。

下午二时，陈其美至萨坡赛路 14 号与吴忠信、刘基炎等会谈。出门时，黄包车夫竟知其要去何处，颇觉意外。会谈中，李海秋推门进来说客人已等。陈以为是预约的鸿丰煤矿公司的人到来，便下楼至饭厅会客。不久，门铃响起，女仆前去开门，吴忠信也打开客房门看来客何人。但见一人去向陈其美房中，一人在客房门前掏枪射击，同时饭厅也响起枪声，陈其美遇刺身亡。一番混乱后，刺客许国霖当场被抓，宿振芳后为巡捕房拿获。据许、宿二人供认，此案由张宗昌、朱光明主使，派程子安、许国霖布置，李海秋为内应。鸿丰煤矿公司谎称要拿出一块矿地抵押给日本某公司，资助陈其美经费，其实为一侦探机构。后蒋介石将陈其美遗体搬到自己家中办理丧事。（徐咏平：《民国陈英士先生其美年谱》，第 540—545 页）

△　题写"失我长城"哀悼陈其美。（《悼陈英士被刺殉难挽词》，陈旭麓、郝盛潮主编，王耿雄等编：《孙中山集外集》，第 620 页）

△　驻沪国会议员复黄兴书，希望能对国会日后之行动加以指导。（《附旅沪国会议员覆黄克强函》，《申报》1916 年 5 月 23 日，"公电"）

军务院第二次宣言，拥护副总统黎元洪为大总统。（郭廷以编著：《中华民国史事日志》，第 240 页）

南京会议正式开会,与会代表多数赞成袁世凯退位。冯国璋以此事关系重大,未可冒昧表决,宣告散会。("中华民国"史事纪要编辑委员会编:《中华民国史事纪要(初稿)——中华民国五年(一九一六)一至十二月份》,第338页)

5月19日 本日,宋庆龄抵上海,前往迎接。(段云章编著:《孙文与日本史事编年(增订本)》,第515页)

△ 致居正电:"英士昨下午在山田(纯三郎)家被凶轰毙,捕凶一人,关系者数人,捕房查押。见兄侄来,请暂勿会。此电请秘。"(《讨袁之役致居正告陈其美被刺电》,中国国民党中央委员会党史委员会编:《国父全集》第3册,第390页)

△ 时中华革命党东北军既占各县,复谋省城济南。当济南城屡次发现炸弹时,靳云鹏曾召集政界要人暨绅商学界代表会议,决议主张袁氏退位,山东以地理之关系,不能宣布独立。即于19日致电政府,要求实行退位。但革命党人则谓靳氏不肯独立,即系反对民军,决拟武力从事。……靳云鹏于28日进京,政府改派张怀芝、段芝贵来济,以张为山东将军,实行武力解决。至袁氏逝世后,双方仍有冲突。(罗刚编著:《中华民国国父实录》,第2846页)本日,黄兴致函居正,询问山东讨袁战况,谓:"兄等于群贼之中奋勇苦战,敬佩殊深!今日战况如何?尤为悬念"。并告:"中山先生此次宣言,闻国人甚为欢迎"。(毛注青编著:《黄兴年谱长编》,第469页)

△ 山东将军靳云鹏电劝袁世凯退位。倪嗣冲到南京,坚主维持袁世凯之总统地位。(郭廷以编著:《中华民国史事日志》,第241页)

南京会议第二次开会,因倪嗣冲之胁迫,与会代表态度多有变更。("中华民国"史事纪要编辑委员会编:《中华民国史事纪要(初稿)——中华民国五年(一九一六)一至十二月份》,第339页)

5月20日 陈其美遇害后,曾亲临萨坡赛路吊视遗体,大为哀恸。本日,致陈其美家属唁函,告知不便亲临致奠,但"此案关系至重,不能不彻底穷究",正欲"详悉内容,以便设法对付"。(《陈英士先生遇害记(四)》,上海《民国日报》1916年5月22日,"本埠新闻")

△　致函黄兴,告国内政情,并望在日购买枪械,并指出如下要点:

一、防范袁世凯及其同党的缓兵之计。

二、冯国璋"其态度始终暧昧",而南京会议,"或受袁之愚作保袁之计,或谋自保而团结一种势力有所觊觎,均未可知。……此辈衷情叵测,决不能与南方同其步调"。

三、赞助南方,共同讨贼。不过岑春煊"势狡毒甚于张勋,……或迫于事势,不能不姑息弥缝"。其又"与龙(济光)提挈,以临民军,各派俱不能俯首听命"。而"龙甚险诈,自岑到肇,龙势转张,盖名义上有所凭借。且托词北伐,据有省库,更广招兵,专力对待民军"。因此只要"事体稍变,龙必反戈。其次亦为南面张勋,而断不能如岑所期望"。且岑"仅带有桂兵二千,肇庆李耀汉有十五营,而李则人尽可属。故两广都司令及护军府根本极薄弱,可忧"。

四、沪上形势最为重要。陈其美"于肇和事件失败后,迭遭挫折,……其死后,所图必大受影响"。而冯国璋在南京"为阴为阳,卢(永祥)、杨(善德)益有所恃,其部下更难决心"。故此,"大抵民党他方无特别之势力发展,则沪事急遽无好希望也"。

孙中山认为"综上情形,大局殊未易定其归宿。欲求达共和之目的,倒袁为必经之路,而吾人达到与否,视倒袁经过之事实如何"。又预言将来中国之问题,实为"民党与官僚派之争"。故而"熟思审虑,但求贯彻吾人之主义,而宁牺牲一切之办法,求最大之团结力,以当彼官僚一派"。同时"武力之发展,此时尤不容缓"。但统观全局,"独山东方面有可为之基础,且可即时布置"。时下,居正与吴大洲等兵力,"有二千余枪,已占领潍县、周村等处,进战退守,均有依据"。目前"吾人武器不足,即须为之加增。并就此招募人士,训练成军。假有二师(二师之中下级军官,已略有准备),可以取齐鲁而迫燕赵"。希望黄兴"以借购军械之事与青木、松井商量,伊亦赞可"。惟"此事

重大，外交上须有种种之手续"。并告知陈其美死讯。(《致黄兴函》，《孙中山全集》第3卷，第287—291页)

　　△　收电后黄兴回复："惊闻英士兄为奸人所戕，旧同志健者又弱一个，极为惨痛。共和未固，遽失长城，我公哀念可知。仍望接厉进行，同慰先烈。"(毛注青编著：《黄兴年谱长编》，第469页)

　　△　萱野长知致电梅屋庄吉，请梅屋将飞机立即送到山东就地训练，梅屋即致电坂本寿一，饬其"速来京商量"。坂本对将飞行学校即迁中国开始有难色，经梅屋耐心说服，坂本始允尽快迁移。(段云章编著：《孙文与日本史事编年(增订本)》，第516页)

　　△　冯国璋电劝袁世凯退位。(郭廷以编著：《中华民国史事日志》，第241页)

　　5月21日　致黄兴电，告知决意赴鲁，之前所需武器，在日本时已与参谋部商议，并有眉目。青木宣纯亦表支持。希望黄兴能代其向日本参谋部和外务部协商，"如有障碍，请临机破除，事当有成"。(《致黄兴电》，陈旭麓、郝盛潮主编，王耿雄等编：《孙中山集外集》，第464页)

　　△　居正自青岛来电，谓："皓电悉，不胜恍痛！此间靳云鹏恳派代表赴济磋商，先生早临，可望迅速解决。乞示。"(《中华革命军东北军总司令居正任内上总理要电摘录(二)》，黄季陆主编：《革命文献》第46辑，第293页)

　　5月22日　5月19日，宋庆龄抵沪，孙中山前往码头迎接。故有谣言，称孙中山预备逃往日本。本日《新闻报》刊登谣传，称陈其美遇刺身亡后，孙中山于是晚(即18日)8时赴陈遇害处(即14号屋内)询视，旋即回寓所。翌日(即19日)清晨五时许，即收拾行李，乘汽车至虹口三菱公司码头下船，搭东洋公司船前赴日本。(《孙逸仙氏赴日之风说》，《新闻报》1916年5月22日，"本埠新闻")

　　△　自21日致函黄兴托借款购械后，黄兴在东京多方奔走，力助其成。乃于本日来电，谓："械事请亲电参部，并要青木再电商当局，以便易于交涉。"(毛注青编著：《黄兴年谱长编》，第47页)

维多利亚交通部马杰端来函,告知已获悉陈其美遇害,望为国珍重,加意防卫。(《马杰端上总理函》,环龙路档案第 04776 号)

居正来电,告知靳云鹏请派代表赴济南磋商,若孙中山能亲临山东指导,渴望早日解决问题。(《居正上总理电》,环龙路档案第 03467 号)

△ 四川将军陈宧宣布与袁世凯断绝关系,改称四川都督。(郭廷以编著:《中华民国史事日志》,第 241 页)

南京会议电邀南方独立各省遣代表与会。

南京会议经两次集会后,对袁世凯退位问题讨论未决,5 月 20 日续行开会,冯国璋认为袁本应退位,"惟宜向国会辞职,本会碍难建议",众多赞成其说,遂由冯嘱秘书拟稿,原拟即行通电各省。本日,冯将电稿交付讨论,会中争论颇多。山东代表丁世峄认为不论缓急,袁都是退位,由国会提出弹劾要比独立各省主张的即行退位晚一两个月,若此期间与独立各省决裂"则咎将谁属?"故建议请独立各省代表与会。冯表同意,因此取消由国会解决之说,代以分电独立各省,遣派代表前来开会,共谋善后之决议。("中华民国"史事纪要编辑委员会编:《中华民国史事纪要(初稿)——中华民国五年(一九一六)一至十二月份》,第 344—345 页)

5 月 23 日 本日,致电田桐、居正、朱执信等,希望"一切事宜务求与讨袁各派协同进行,以收群策群力之效"。同时,告知沿用五色旗,"俾不致同一讨贼之军而有猜疑"。(《致田桐居正朱执信等与讨袁各军协同进行电》,中国国民党中央委员会党史委员会编:《国父全集》第 3 册,第 392 页)

△ 中华革命党发布第 24 号通告,称孙中山已经回到上海并联合各方力量致力于对袁世凯的讨伐。(罗刚编著:《中华民国国父实录》,第 2852—2853 页)

△ 《时事新报》刊东京中华革命党总部及旧金山中华革命党总支部来电,对陈其美遇刺表示哀悼。(《旧金山中华革命党总支部来电》,《时事新报》1916 年 5 月 23 日,"公电")

△ 中华革命军东北军总司令居正(参谋长蒋中正)攻击山东潍县第五师师长张树元,因日本军官之干涉,退至城外二十里之庞家庄。(郭廷以编著:《中华民国史事日志》,第241—242页)

5月24日 本日致函三宝垅张世宗、廖燮南、黄贞诵等同志,称赞彼等热心鼎力赞助革命事业,嘱托查明遗失的四张债券的编号,希望日后若得巨款,直接汇寄本部。(《奖勉垅地同志努力筹募讨龙军饷函》,中国国民党中央委员会党史委员会编:《国父全集》第3册,第392页)

△ 函菲律宾陈伯豪等,告知捐款收到,已交财政部办理,仍望鼎力宣传革命,筹集款项。(《复菲律宾陈伯豪等告捐款收到仍望鼎力鼓吹函》,中国国民党中央委员会党史委员会编:《国父全集》第3册,第392页)

又致函田中义一,谈论时局,请求援助。函中指出,西南方面,"独立各省之实况,据一般观察,实力相差甚远。不仅向北方采取攻势颇为困难,即仅固守南方亦非易事。……且历来武器弹药不足,今已几无发展之余力。广西实力亦不充足……"。

广东方面,"龙济光之独立,全系与袁商讨后向民军使出的缓兵之计"。岑春煊自日本归国后,"为求独立各省之统一而煞费苦心"。但以其实力"驱逐龙济光实属非常困难"。孙对此十分忧虑,当尽力敦促广东民军与岑春煊和解。

浙江的组织"似已渐趋巩固",但江苏冯国璋态度"仍不鲜明",上海杨善德"尚拥有两个师团以上之北军。"浙江"不能与江苏对抗者,实甚明显"。

近期在肇庆组成的军务院(唐继尧任抚军长,岑春煊为抚军副长)使得"独立四省之联络,已较前稍形紧密",今后"对内对外活动或可稍见起色"。

总之,南方"实力较弱,内部亦不巩固。反观袁派形势,仍较南方为强",即便袁氏退位,"袁派势力仍将掌握政治上之中心权力"。即便在今日南方独立各省人士中,"亦不乏动辄自甘妥协之趋势",故而

"倘若此次革命不幸而以妥协告终,则中国政治上之黑暗依然不能除去,而东洋之和平依然无望"。故而"今日如欲挽救南方独立各省之危急,舍重新建立巩固之实力外别无良策"。山东本为革命党长期经营之地,"已占领十有余县,只以缺乏军火供应而不能如意进展。……事之成败全系于军火供应之有无",所以委托上海之青木将军"设法提供两个师团所需之武器",青木对此计划表示赞成,据闻业已电告日本政府。此外,又另委在东京之黄兴,将此意转达日本当局,黄兴亦表赞同。因此"此举与中国之大局安危攸关,务望审度时势利弊,予以充分援助,至为盼祷"。

同时,还向田中通报了陈其美死讯。(《致田中义一函》,《孙中山全集》第3卷,第293—296页)

又谕胡汉民经费令,"支交汉民五千元正"。(《谕交胡汉民经费令》,陈旭麓、郝盛潮主编,王耿雄等编:《孙中山集外集》,第700页)

△　4月15日,饶潜川曾来函,通报缅甸党务,并述党内纷争。本日杨景藩来函,报告仰光方面李引随等控告饶潜川事,认为矛盾源于李等欲改支部书报社为社会党机关未成,以此挟怨。又报苏尚燃等在缅英政府面前造谣,怂恿严拿革命党人,以致其失去建和学校教员一职,请求回国效命沙场。(《杨景藩上总理函》,环龙路档案第07347号)

△　《上海泰晤士报》发表文章,评论袁世凯退位问题,谓:

袁世凯反复承诺退位,却迟迟不退,并给出各种理由。其中之一就是如果引退,国家将陷入更糟的境况。其次则是共和派并没有选出可以替代其位置的人。故此他不能任由涣散的共和派粗暴对待国家,仅因他们不同意其统治。解释貌似合理,却忽略了关键一点。倘若袁世凯依然在位,国家便无宁日。举国怨声载道,如果袁世凯心系国家利益,则必要退位。另一方面,其主张可能有诚实的一面,若其坚信多少仍有正当理由在位。……在许多方面,辛亥年间的情况再现。其时,举国反满,动乱无序。共和领袖们提不出总统人选,乃唤出孙逸仙之名。他戏剧性地登台,又戏剧性地被推为临时大总统,遂就任执政。尽管孙逸仙是个杰出的人物,但却不具备组织国家的能力,后来也未能如人们所期待地那样经营好铁路。当时的情况,人们不惜一切代价推翻满清,以期事后重建秩序。共和领袖们坚信其事业是正义的,也相信自己的运气。如今,他们依然怀有同样的激情,而最大目标就是袁世凯。若其退位,则他们将会重组政府。无疑会先任命一位临时总统,国会也会定期召开,然后调整方针以符合国家利益。直到那时,直到袁世凯履行退位承诺,事端方可平息。袁世凯必须退位,事情将如辛亥年间那样纳入正轨。对袁而言,寻找继任者并无意义,他知道自己必须退位,且当以尽可能得体地离去。(《袁总统之承诺》,《上海泰晤士报》1916 年 5 月 24 日)

5 月 25 日 本日,签发交付曹亚伯经费和孙洪伊银币的手谕,分别交付五千和三千元。(《谕交曹亚伯五千元令》《谕交孙洪伊银币令》,中国国民党中央委员会党史委员会编:《国父全集》第 4 册,第 139 页)

又复杨寿彭 5 月 16 日来函,告知给陈其美家属的慰问款已收,待交付后再补开感谢函。

再致电居正,告知陆军学生王素及肇和之役陆上决战队三十余人将来山东参加革命,请接收后立即遣赴前敌。(《复杨寿彭致谢诸同志捐助陈其美家属赙金函》《致居正介绍肇和之役战士投效电》,中国国民党中央委员会党史委员会编:《国父全集》第 3 册,第 392—393 页)

△ 23 日曾电居正,希望"一切事宜务求与讨袁各派协同进行,以收群策群力之效。至于旗帜,云、贵、桂、浙均已一致遵用五色旗,吾党亦宜一律沿用,俾不致同一讨贼之军而有猜疑"。本日,居正乃据此发布《中华革命军东北军宣言》,宣告四事:"第一,本军以袁世凯背誓叛国,违法殃民,认为国民公敌,特与西南各省护国军互相呼应,一致讨贼;从袁诸将吏士卒,心诚向顺者,皆置勿问,论赏以功。第二,本军尊重民国元年约法,怀爱五族,遵用五色国旗。第三,本军克赴地方,暂行军政,人民生命财产,一律依法保护;地方安宁秩序,绝

对维持。第四,本军对于邦交,恪遵国际条例,凡在本军军政管理区内,友邦居留人士之生命财产,一体保护。但属战线以内者,不在此限。"(《东北军宣言》,黄季陆主编:《革命文献》第46辑,第285页)

　　△　廖仲恺奉命到达青岛,慰问中华革命军东北军。(陈锡祺主编:《孙中山年谱长编》上册,第996页)

　　△　《申报》刊登岑春煊就调停岑、龙矛盾复电,谓:"辱电苦心至论,感服于恒。公为手造民国之人,主大公无我之论,身为砥柱,谁敢差池。煊迂拙无能,本不足与闻天下事,今以乡里旧游强相督勉,敢不躬亲讨贼以遂夙愿? 顷奉教言并劝慰同人一致融合,此岂仅粤省一隅之幸? 百年带砺,实利赖之。龙都督处,煊将原电转达,已得覆感谢。仁言利溥,于斯可征。愿共同努力,无限神驰。"(《岑都司令两要电》,《申报》1916年5月25日,"要闻二")

　　《申报》披露辽东护国军遣散事,称孙中山"以辽东处特别地位,非全省一致,不可轻动"告邵兆中。邵在辽东旅馆晤吴莲伯,吴亦以此旨相规劝。邵顾全大局,计令护国军暂行遣散,以待后图。(《辽东护国军经过之宣言》,《申报》1916年5月25日,"要闻二")

　　△　梁启超电唐继尧、蔡锷等,希望积极进军,迫袁退位。(郭廷以编著:《中华民国史事日志》,第242页)

　　5月22日,南京会议通电南方独立各省派代表与会。是电发布后,张勋代表万绳栻返徐州,报告会议情形。张勋闻之大怒,通电保存袁世凯总统职位,谓如和议不成,必出以战。("中华民国"史事纪要编辑委员会编:《中华民国史事纪要(初稿)——中华民国五年(一九一六)一至十二月份》,第356页)

　　5月26日　本日,黄兴经寺尾亨介绍,访政友会总裁原敬,说明中国国内反袁状况的同时,以法国对美国独立战争的援助为例,向日本要求援助。原敬以孙、黄的革命"成功与否,目前还是疑问","就日本来说,援助是有限的。首先中国人自己没有充分的决心,别人援助也无效",表示不可能给予积极的援助。(段云章编著:《孙文与日本史事

编年（增订本）》，第 517 页）

　　△　上海《新闻报》转《大陆报》不实消息，称孙中山已离沪赴粤，革命党中情形益臻纠葛。此外，黄兴手下书记三人已发起运动，欲使革命党拥戴黄为候选总统。（《孙文离沪与黄兴派运动》，《新闻报》1916 年 5 月 26 日，"本埠新闻"）

　　△　冯国璋电陆荣廷，谓副总统资格应随大总统资格同时消灭。（6 月 3 日，陆驳之。）（郭廷以编著：《中华民国史事日志》，第 242 页）

　　5 月 27 日　本日，致函美商、大西洋铁路公司副总经理戴德律（James Deitrick），告知目前工作首要先决条件是经费，现因经费缺乏而难以控制局势。望急筹金元五百万，援助攻击北京，实现一生之主要愿望和目标，即于短期内恢复国内和平。（《致戴德律请即筹款函》，中国国民党中央委员会党史委员会编：《国父全集》第 3 册，第 394－395 页）

　　△　黄兴来电，询问"械事已电日当局否？"并告知对方有不欲孙赴鲁之意。（《黄兴上总理电》，环龙路档案第 03196 号）

　　△　宋庆龄致梅屋庄吉夫人函，说孙中山很忙，比在东京时还要忙，"因此我得代他向您致谢，他从来都无所畏惧，即使许多密探跟踪他也是如此，我当然为他非常担忧，如果他不与我在一起，我就感到不安。但是有一件事他必须亲自处理，因为只有他才能在这艰难的年代拯救中国，使之免遭灭亡"。（段云章编著：《孙文与日本史事编年（增订本）》，517 页）

　　△　唐继尧通电，力主袁世凯退位。冯国璋再电独立各省，商停战。（郭廷以编著：《中华民国史事日志》，第 242 页）

　　5 月 28 日　本日，电居正，告以上海陆军学生八十二人乘日轮赴山东相助事，请即知会吴大洲与接洽。（《讨袁之役致居正介绍军官生并告刘基炎可赴鲁电》，中国国民党中央委员会党史委员会编：《国父全集》第 3 册，第 395 页）

　　△　黄兴来电，"今晚往商，如何？再复"。（毛注青编著：《黄兴年谱长编》，第 471 页）

又有梅培来函,称发起筹款定名为"讨袁捐",已有十数同志捐款五六百美金。拟汇合飞船存款于四五周内一同寄回。(《梅培为汇寄讨袁捐上总理函》,黄季陆主编:《革命文献》第 48 辑,第 95—96 页)

5 月 29 日　本日,汤芗铭以湖南都督名义宣告独立。

汤平日屠戮革命党人甚众,及至广西独立,陆荣廷进军湖南,汤鉴于形势不利,乃谋与革命党人合作。5 月中旬,衡阳等地相继独立,汤以情势日迫,乃于 25 日致电袁世凯,劝其退位。本日,遂以湖南都督名义,宣布独立。("中华民国"史事纪要编辑委员会编:《中华民国史事纪要(初稿)——中华民国五年(一九一六)一至十二月份》,第 361 页)

△　袁世凯宣布帝制案始末。

南京会议后,形势对袁不利。袁世凯始知冯国璋已不复为己用,乃决计以张勋取代江苏将军地位,而诱冯为国务总理。若冯不从,则以张勋、倪嗣冲合力制苏。其时,张勋对南京会议情形表示不满,并已通电主战,而刘冠雄、段芝贵亦主张对西南用兵,袁遂决计备战。先于本日宣布帝制案始末,欲藉此作为推卸叛国责任,而为继续用兵之先声。("中华民国"史事纪要编辑委员会编:《中华民国史事纪要(初稿)——中华民国五年(一九一六)一至十二月份》,第 359 页)

5 月 30 日　本日,致居正电,告知同志间不要在旗帜名称等问题上发生争执,且根据日本当局的意思,不宜立即赴鲁,山东方面希望能与吴大洲、薄子明等调和。(《指示讨袁方略电》,中国国民党中央委员会党史委员会编:《国父全集》第 3 册,第 396 页)

△吴大洲来电,告知如不能亲来山东,请速派代表办理外交,筹备军火。(《吴大洲上总理电》,环龙路档案第 03356 号)

5 月 31 日　本日,中华革命党印制军票以供饷需。

中华革命党所印军票,面额分十元、百元、千元三种,印有中央银行字样。本日,东京本部谢持复东北军总司令居正电:"查已印钞票有中央银行字样,业电沪询办法矣!"孙中山在沪得谢持电告,即径电居正指示:东北军勿自使用军票,因其弊大。(罗刚编著:《中华民国国父

实录》,第 2858 页)

　　△　居正来电,告知拟援助周村吴大洲部。(《中华革命军东北军总司令任内上总理要电摘录(三)》,黄季陆主编:《革命文献》第 46 辑,第 293 页)又发布通电,表示不支持南北议和,认为“纵使平和解决,草率就事,豺狼虽去,狐狸犹存,共和之实不举,革命之祸无穷,内讧屡起,元气愈伤,一时姑息,万劫难复”。(《东北军总司令居正通电》,上海《民国日报》1916 年 5 月 31 日,“公电”)

　　自交托黄兴在日购械事后,黄兴于 5 月 22 日复电商议,此后又于 27 日、28 日分别致电询问商讨。本日,黄兴再度来电,谓:“款二十万,武器若干,嘱汉民请青木再电归,尤可望成功。”(毛注青编著:《黄兴年谱长编》,第 471 页)

　　△　就 5 月 9 日报载之宣言,《中华新报》刊载谭人凤致黄兴电,略谓:“……中山先生来沪宣言,廓然大公,凤已表极端赞同之意。公资高望重,与孙公关系尤深。二三老同事晨星寥落,自应沆瀣一气,谋遂初心。……当前杀贼,不容有党。主张划一,门户洞开。……”(《谭石屏先生致黄克强电》,《中华新报》1916 年 5 月 31 日,“紧要新闻”)

　　△　护国军山东军政府成立,以吴大洲为都督,薄子明为总司令。

　　肇庆军务院布告,速筹备恢复国会,揭示袁世凯非法解散国会,此次兴师讨袁,即本拥护国法之精神。军务院虽应时势需要而产生,然非长久之计,盖国家赖以维持者,仍在约法。国会是约法上最主要之机关,一切法律由国会制定,当速图规复,使庶政有所本。护国军军政府亦通电各国使节,依据民国二年大总统选举法,拥戴黎元洪继任大总统。外交事务由军务院统筹办理。对此,北京国务院呼吁未独立各省与南京会议合作。(“中华民国”史事纪要编辑委员会编:《中华民国史事纪要(初稿)——中华民国五年(一九一六)一至十二月份》,第 365－368 页)

　　△　1916 年 3 至 5 月间,倪嗣冲通电北京政事堂、统率办事处、

各部院，各省将军、巡按使，承德、归化、张家口都统，龙华、宁夏、淞沪护军使，并转各镇守使、各师、旅长，反对袁世凯退位。倪认为，云南护国军兴，"本以帝制为口实"，袁世凯"俯察国势，不忍同室操戈，至〔致〕人民重罹惨祸，毅然废弃帝制，规复共和，天下为公，人所尽见"。蔡锷、唐继尧等果真"赤诚为国"，则如愿以偿后"自应解甲休兵，共谋乐利"，要求袁世凯退位是"无稽之言"。而且总统任期"载在约法，中道更易，国本动摇，扰攘之争，益无底止"，因此批评护国军"以意气之凭凌，置国家于不顾"，希望各方能够"合力维持，共扶危局"。（李良玉、陈雷主编：《倪嗣冲函电集》，第 270—271 页）

6 月

6 月 1 日　5 月 31 日，谭人凤致电黄兴，陈述团结讨袁之必要，颇以革命党人"各立宗盟，难免分歧"为虑，希望"主张划一，门户洞开"。本日，黄兴电复谭人凤，赞成孙中山在沪宣言，一致讨袁，并指出"袁逆谋叛，凡属国民，均宜联合一致，同事挞伐。中山先生在沪宣言，豁然大公，无任钦仰，兴屡通函电，共起讨贼，并党界亦消灭，何门户之可言？"（毛注青编著：《黄兴年谱长编》，第 473 页）

△　蔡锷电冯国璋允停战。（郭廷以编著：《中华民国史事日志》，第 243 页）

6 月 2 日　本日，朱执信自香港来密电，告知款尽，部属整编问题希望能再与岑春煊商议。（《朱执信由香港致总理密电五件（一）》，黄季陆主编：《革命文献》第 47 辑，第 355 页）

居正自青岛来电，催寄军票，称："军票无论何种货样，勉速令东京派妥人送来，如迟则自印，否则难支。"（六月四日到。）（陈三井、居蜜合编：《居正先生全集》中册，第 232 页）

1915 年 2 月 25 日，因居正所请，任命周知礼为云南支部长。本日周知礼来函,报告去岁奉命到缅甸筹饷,在下缅甸筹得之饷已由仰光支部汇日本。在上缅甸筹得之款,除寄香港外,余下千余元曾托阿瓦执事催收汇寄。款数和人名,之前陈绍棠已有册报。(《周知礼上总理函》,环龙路档案第 08314 号)

△ 岑春煊、陆荣廷等通电:袁不退位,决无调停可言;黎元洪继任;否则不停止军事行动;拥护约法,保障国会。倪嗣冲到汉口,准备攻湘。(郭廷以编著:《中华民国史事日志》,第 243 页)

6月3日 本日,致中华革命军东北军居正电二件。其一告知,已电东京速寄债券二十万,但军票"流弊无穷,不止鲁民受害,吾党丛怨,必累前途"。其二,告知吴大洲、薄子明所求外交及军火援助已嘱周起云处理,并赞成援助周村。(《为指示山东讨袁军需债券事电》《指示山东讨袁军事电》,中国国民党中央委员会党史委员会编:《国父全集》第 3 册,第396—397 页)

△ 朱执信由香港来密电,告知暂缓解散部众。(《朱执信由香港致总理密电五件(2)》,黄季陆主编:《革命文献》第 47 辑,第 355 页)

△ 中日人士在东京鹤见总持寺举行陈其美追悼会,到会者有黄兴、谢持、黄一欧、宫崎寅藏、头山满、寺尾亨、仓知铁吉、犬塚信太郎、藤濑政次郎、山科多久马等二十一人。会后摄影留念。(毛注青编著:《黄兴年谱长编》,第 473 页)

△ 之前,居正屡次电请前往山东指导革命工作,本日《申报》消息,谣传将赴青岛。消息称北京派来的公府顾问日人坂西利八郎由潍县至济南,已于 28 日回京复命,并透露其在济时与某机关人员之谈话,谓:"……潍县革军总司令居正因陈其美已死,赶回青岛,将往上海,故总司令现由参谋长陈中孚代理。今后潍县革军已由孙文电召刘大同及谭人凤部下之一派管理,其先发队已抵大连。孙文将于明晨抵青岛矣!"(《班(坂)西氏潍县退兵之谭话》,《申报》1916 年 6 月 3 日,"要闻二")

6月4日 本日,签发交山田等费用手谕,交付往奉天用费四千

三百元正。(《谕交山田等往奉天费用电》,中国国民党中央委员会党史委员会编:《国父全集》第4册,第139页)

△ 朱执信由香港来密电,称岑春煊只同意收编三千,而其部下有七千之众,请求出面与之协商。(《朱执信由香港致总理密电五件(3)》,黄季陆主编:《革命文献》第47辑,第355页)

△ 袁世凯病不能支,熊希龄劝其速定退位大计。(郭廷以编著:《中华民国史事日志》,第243页)

6月5日　本日,袁世凯猝晕,逾时始平(中午),即召段祺瑞、徐世昌、王士珍口述遗令,遵照约法,以副总统继任。(郭廷以编著:《中华民国史事日志》,第243页)

△ 谢持来电,报告潍县来函索要飞机,尾崎行昌已经赴沪,请求就近商议。(《谢持上总理电》,环龙路档案第03469号)

6月6日　本日,袁世凯死(上午十时十五分),年五十八岁。英、日、法、俄、意、比公使访段祺瑞,表示希望黎元洪继任总统。国务院通电,遵袁世凯遗令依约法(新约法)以副总统代行职权。(郭廷以编著:《中华民国史事日志》,第244页)

△ 收到居正自青岛来电,告知债券太少,请求发行军票。(陈三井、居蜜合编:《居正先生全集》中册,第233页)

△ 谢持复张鲁泉书,再申孙中山联合护国军之旨。

先是5月21日,谢持复天津席正铭,已申明孙中山联合护国军,一致讨袁之旨。至是复接山东张鲁泉来函,对外间传言,有所质询。本日谢持复书,再申明联合各派讨袁之旨。(罗刚编著:《中华民国国父实录》,第2863页)

6月7日　本日,致居正电,请指一人签字发行军票,询问是否需要由投军华侨编成的卫军。告知听闻吴大洲已支付九万余元购枪炮,与居正订购的相同,不知居正方面是否已经付款。又通知飞行家尾崎同廖国仁、谢崧(嵩)生赴潍,将与居正协商飞机事宜。(《讨袁之役致居正介绍军官及飞行家电》,中国国民党中央委员会党史委员会编:《国父

全集》第 3 册,第 397 页)

　　△　黎元洪发表就任宣言,又致电唐绍仪、康有为、汤化龙等,宣告就任大总统,盼望协助。次日(8 日),唐、汤复电,建议依照旧约法召集国会。(《黎大总统致唐少川电》《唐少川覆黎大总统电》《黎大总统致康南海电》《黎大总统致汤济武电》《汤济武致黎大总统电》,《中华新报》1916 年 6 月 9 日,"公电")

　　△　日石井外相致电驻华公使日置益,饬速见黎元洪,向黎申明:"黎氏于此时局艰难之时,当此重任,帝国政府对此深表同情",并提出当前之急务是首先任命一个不至于重复执行袁世凯时代造成日中两国关系乖离之政策的新政府。黎所亲自任命的新政府若真正诚意努力于恢复国内之秩序,并确立日中友好。日本国政府尽可能予以直接或间接之援助。希望能对日本政府尽可信赖,无论何事,均可提出商谈。上原勇作参谋总长、田中义一参谋次长亦于 6 月 9 日表示支持。(段云章编著:《孙文与日本史事编年(增订本)》,第 518 页)

　　△　黄兴致函中华革命党东京本部负责人谢持,认为袁世凯虽死,余孽犹存,主张从根本上加以扫除。(毛注青编著:《黄兴年谱长编》,第 474 页)

　　邹鲁致电上海国会议员通讯处,建议用国会名义,急促黎元洪南下就职,并"以大义责段保黎公自由行动"。又电黎元洪,请南下就职。又致电段祺瑞,望其"据国法,顺人心,悉力拥护",使黎元洪得以南下就职。(《邹鲁致国会议员电》《邹鲁致黎大总统电》《邹鲁致段祺瑞电》,《时事新报》1916 年 6 月 14 日,"东方通信社电闻")

　　△　梁启超以袁世凯病死,局势转变,认为收拾北方局面,惟段祺瑞是赖,应予援助,不可怀有彼我之成见,遂于本日吁请南方独立各省致电段祺瑞,拥戴黎元洪即日就职。("中华民国"史事纪要编辑委员会编:《中华民国史事纪要(初稿)——中华民国五年(一九一六)一至十二月份》,第 381 页)

　　6月8日　本日,上海《民国日报》刊发孙中山答记者关于时局意见。称对时局颇具乐观,只是"不识多数国民之意志,能如予之所要求否? 一般执权武人之自持,能如予之所希望否?"自二次革命失败至云贵举义,袁世凯心腹散布流言,谓非袁必乱,而"国民之无识者,亦畏袁逆及其爪牙腹心之武力,以为非袁真乱也",遂拥戴袁世凯,以致时局一发不可收拾。外国人不悉中国情形,皆亦视袁逆为中国唯一之人物,不惜尽力相助。如今袁世凯已死,"今后国内无袁逆,国内国外之无识者所倡非袁则乱之谬说,至此随袁以俱灭"。但目前最关心的问题是"袁死之后,中国果然可以大治否? 果然可以不乱否?"认为,"若今后南北各执权者能一秉至公,尊重约法,拥护共和,去其争权夺位之私心,革其武人干政之恶习,以爱国之真诚,和平之精神,致力于奠定国基,建设国政之事业,则袁死而中国真可大治"。但是现在已起义各省之执政者,"征其数月以来之行事,吾可信其为诚意拥护共和"。而未独立各省之执政者与乎伪内阁之人物,尚不能明白表示其态度。因此,"倘各执政者皆能表示其诚意之所在,则予愿与国民共助之;倘不然者,则予愿奋起而与国民同尽挞伐之责"。(《某民党首领之谈片》,上海《民国日报》1916年6月8日,"要闻")

△ 黎元洪发表维持大局宣言,主张召集旧国会,组织责任内阁,救济北京金融。(《黎大总统维持大局之宣言》,《中华新报》1916年6月9日,"本馆专电")

△岑春煊电国务院,表示不支持援用新约法,由黎代行总统职务的说法。冯国璋所召集之南京会议解散。美总统威尔逊电唁袁世凯之丧,并贺黎元洪。(6月26日威氏参加中国使馆为袁世凯举行之追悼礼。)(郭廷以编著:《中华民国史事日志》,第245页)梁启超电请黎元洪规复民元约法,召开国会,委任段祺瑞组阁,惩办帝制祸首。("中华民国"史事纪要编辑委员会编:《中华民国史事纪要(初稿)——中华民国五年(一九一六)一至十二月份》,第383页)

6月9日 本日,发表规复约法宣言,强调"吾侪与袁氏非有私怨",斥责袁世凯"凡百罪孽,皆由其以天下为私之一念而来"。故而,现今"求治无他,一言蔽之曰:反其道而已。庶事改良,或难骤举,至于规复约法,尊重民意机关,则惟一无二之方,无所用其踌躇者"。其本人"志在共和,始终不贰",号召国人"当能同德一心,共趋致治之正轨,文亦将尽民国一分子之义务,为献替之刍荛"。(《孙文宣言(二)》,上海《民国日报》1916 年 6 月 9 日,"社论")

△　致电黎元洪,庆贺继任总统,希望规复约法,尊重国会,摒除一切僭制妄作。(《孙中山致黎总统电》,上海《民国日报》1916 年 6 月 11 日,"公电")

致电居正:"袁死,内外情大变,应按兵勿动,候商黎解决。飞行上事应停办,请告尾崎。"(《致居正告袁死应按兵勿动电》,中国国民党中央委员会党史委员会编:《国父全集》第 3 册,第 397-398 页)

△　在天津从事反袁活动的张辉瓒来函,报告原来策划军官学生起事,不料袁世凯暴毙,原先计划不得不稍作变更。既然不宜继续行动,则当早日设法结束,以全信用于将来。(《张辉瓒上总理函》,环龙路档案第 09254.1 号)

夏尔钧来函,谓 2 月夏次岩牺牲后,部下流落上海者百余人,境遇惨淡,请速拨款遣散。(《夏尔钧上总理函》,环龙路档案第 03987 号)

居正复 7 日电,称对吴大洲购械之事并不知情,彼处已经交付定金三万,并询问袁世凯死后有何主张。(《居正上总理电》,环龙路档案第 03472 号)

△　《申报》转《大陆报》消息,称在海关损失大量钱财。

消息称,五月初,孙中山乘日轮由东赴沪,随带日币八万圆,未露真名姓,惟同船日人多识其人。追抵沪时,海关洋检查员四人登轮搜查。当时闻有一日人告以孙乃大革命家,洋员即向孙搜检,从其腰际搜得日币八万圆,疑为伪币,详细察视,初非伪物,乃退还之。但八万圆钞票已缺少两万,而入于洋员衣袋中!后该洋员遭知情日人讹诈,闻共分去数千元之多。孙登岸后以失款事告知同辈,咸欲从事追究,不愿将巨款掷诸虚牝。于是托某要人转告税务司立即调查。税务司查知实情后，通知孙如能出而控告，则海关当尽力赞助，务使攫资者受刑事裁判。孙雅不愿对质公堂，乃辞谢。据洋检查员云，检视钞票后即全数交还，当时孙颇惶恐，大约虑人识其真相，知其抵沪，故以二万圆相赠，意在使其勿声扬。惟检查员本无干预孙行动之权，而孙又未携带违禁或漏税之品，更无行贿之必要。是以孙之慨赠巨款，乃为虑人知觉，致有暗杀起见，故此资在职务观念上言之，不得视为贿赂，检查员无必须拒绝之理。税务司因孙不愿到堂，乃自行发落。撤去检查员四人差使，而追取尚未用尽之余资送还。据说二万圆钞票，得以归赵者，仅有半数左右。(《西报纪孙中山携资来沪之损失》，《申报》1916年 6 月 9 日，"本埠新闻")

△ 袁世凯死，黎元洪继任总统，约法问题成为各方讨论要点。革命党人主张废除袁一手策划之新约法并恢复《临时约法》。本日黄兴致电黎元洪及肇庆军务院、各省都督、上海国会议员、外交代表唐绍仪等，请规复旧约法，从速召集旧国会，组织内阁，严惩祸首。(毛注青编著：《黄兴年谱长编》，第 475 页)

△ 长江巡阅使张勋邀之前在南京会议的直、豫、晋、皖、奉、吉、黑七省代表在徐州会议，议决：一、尊重清室优待条件；二、保全袁世凯家属生命财产及其身后荣誉；三、速行组织国会，施行完全宪政；四、电劝独立各省取消独立，否则武力对待；五、抵制暴烈分子参预政权；六、严整兵卫，保全地方；七、维持国家秩序，设有用兵之处，合筹军饷；八、电请政府罢黜苛捐杂税；九、中央如有弊政，应合力电争；十、团结团体，遇事筹商，取同一态度。(张之参谋长万绳栻所策划，是为第一次徐州会议。)(郭廷以编著：《中华民国史事日志》，第 246 页)

6 月 10 日　本日，致电朱执信："袁死，政局一变，我应罢兵。"(《孙中山致朱执信电》，上海《民国日报》1916 年 6 月 14 日，"公电")

又致居正电："袁死，政局一变，我宜按兵勿动，候商黎大总统解决。"(《孙中山致居正电》，上海《民国日报》1916 年 6 月 14 日，"公电")

颁给叶独醒二等有功奖状(《颁给叶独醒奖状》，陈旭麓、郝盛潮主编，

王耿雄等编:《孙中山集外集》,第701页)

△ 收到居正自青岛来二电,其一为速派许崇智前来,并请委陈中孚为东北军副司令。其二,为复7日函。(见9日事。该电9日发出,本日收到。)(陈三井、居蜜合编:《居正先生全集》中册,第234—235页)

△ 澳洲雪梨支部郭遁生、李襄伯来函,谓对黎元洪、岑春煊等人之意图,未能明了。香港、澳门及各省本党机关,如需帮助,彼埠可助一臂之力。同时,报告筹饷事务已陆续进行。前函有军票寄来,收到时一定立即商办。并付汇款信息。(《雪梨支部郭遁生、李襄伯上总理函》,环龙路档案第08307号)

△ 上海《北华捷报》就袁世凯去世发表评论,对袁的执政给予高度评价,指出:"所有外国人都对袁世凯的去世深表哀恸,尤其是英国,几乎无以言表。袁总统与外国友好,同时仍坚持国家权益,这是一项不小的成就。且他真诚地希望将西方思想融入中国人的生活,却又洞悉这一举措的局限性。我们不相信对他的悼念会仅限于外国人及其中国友人。这样一个时刻,政治上的怨恨应当遗忘。一代伟人去世了,其治理国家的能力和政治家的风度,不仅在中国,乃至在世界任何国家的政治家中,都当引以为荣。他可能犯过错误,复辟帝制——其真相从未道明——是一个真心为国家谋福,不惜以胆怯者望而却步的行为作为代价的人犯下的一大错误。……倘若他没有做好从孙逸仙无力的双手中接管政府权力的准备,中国过去五年的历史将与现在完全不同。那些最猛烈批判其'罪行'的人也不能否认在袁世凯的统治下,中国被领出混乱,步入多年未有的繁荣。总而言之,生命和财产得到保障,在这个匪徒横行的国家,许久未见。"(《袁世凯逝世》,《北华捷报》1916年6月10日)

△ 袁世凯死,倒袁各派领袖纷纷要求恢复《临时约法》,惩办帝制首恶。本日唐继尧电黎元洪,要求恢复民元公布约法,召集民二解散国会,惩办帝制祸首,撤回抵抗护国军之军队,召集军事会议,筹商善后。梁启超电独立各省:一、规复旧约法;二、速集国会;三、任段祺

瑞改组新阁；四、裁判帝制祸首。张勋电陆军部次长田中玉等，否认主张清室复辟。日本政友会总理原敬、国民党总理犬养毅、同志会总理加藤高明联合发表外交国务协定书。（郭廷以编著：《中华民国史事日志》，第246页）

6月11日　本日，上海《民国日报》《时事新报》等刊黎元洪复9日电。黎称"国家多故，祸变相寻"，自己"出任艰巨，实违初志"，希望"左提右挈，共济艰难"。（《黎总统覆孙中山电》，上海《民国日报》1916年6月13日，"公电"；《黎总统覆孙中山电》，《时事新报》1916年6月13日，"公电"）

△　中华革命军四川司令石青阳通电，痛斥袁世凯罪行，并宣告已于4月10日成立中华革命军四川司令部，旨在"一、推翻专制政府；二、恢复完全民国；三、启发人民生业；四、巩固国家主权"。（《中华革命军四川司令石青阳通电》，上海《民国日报》1916年6月28日，"本社专电"）

6月12日　本日，收到居正自青岛来电，询问对内阁的主张及廖仲恺能否来主持财政事务。（陈三井、居蜜合编：《居正先生全集》中册，第236页）

△　倪嗣冲为条陈三事致黎元洪电，其一为"谋统一"，主张"应请大总统明发命令，饬独立各省一律取销，共矢公忠，以维大局"；其二为"化党见"，倪认为"考各国政党，非不互相竞争，然各以政纲相号召，以法律为范围"，目前国家"痛深创巨，必团结始足图存"，故请黎元洪"明发教令，首泯猜嫌，……如再秘密结社，称同政党以根权利，因根权利而坏公安，是其自甘违法，即应按法严惩"；其三为"维币制"，倪认为"现虽大省各自维持，暂支危局，而此省钞票，彼省不收，金融机关仍难活动"，因此"欲图补救，非有大宗的款接济该两行（中国银行、交通银行）不可"，建议黎元洪"设法筹借数千万现金，分给该两行，以资周转。并饬令各省，凡该两行之纸币，不分省界，一律通用，一律兑现，庶已失之信用可望挽回"。（李良玉、陈雷主编：《倪嗣冲函电集》，第273—274页）

6月13日　本日，致电福建革命军，告知袁世凯死，时局一变，有和平之希望。要求"已占领地方,倘人不来攻,我宜按兵勿动,维持秩序。未举兵者,宜停止进行"。政治问题,等与黎元洪商议后解决。(《孙中山致福建革命军电》,《中华新报》1916 年 6 月 14 日,"公电")

又电黄兴,认为如果黎元洪能规复约法,召开国会,则当息止纷争,致力于国家建设,以昭信义,固国本。并询问黄兴的看法。(《孙中山致黄克强电》,《中华新报》1916 年 6 月 14 日,"公电")

再电吴大洲、薄子明,告知袁世凯死,国内外形势变化,建议按兵不动,维持地方秩序,等候与黎元洪协商解决。(《孙中山、张溥泉致吴大洲薄子明电》,上海《民国日报》1916 年 6 月 14 日,"公电")

△ 许崇智、邵元冲衔命抵潍县,助居正处理军务,(罗刚编著:《中华民国国父实录》,第 2871 页)居正来电,报告许、邵二人已经抵达,并就张怀芝侵占临朐、安邱之事,请电黎元洪申斥并将其撤职。(《中华革命军东北军司令居正任内上总理要电摘录(四)》,黄季陆主编:《革命文献》第46 辑,第 293 页)

△ 《申报》刊登康有为、孙中山对时局之主张。消息称,昨日某要人觐谒康、孙二人,叩以对于时局之意见。两君均主张遵守元年约法。康南海云:"余前以时局遽变,恐野心家多群起而争,致陷国家于危境,故有复辟之议,乃谓彼属于此,非绝对的主张复辟也。今黎氏既依元年约法继任大总统,七鬯不惊,国基可谓大定。且黎氏忠信诚实,国人共仰,得斯人出任艰巨,尤可免前途无限之纷争。"孙中山认为,黎元洪依元年约法出任总统,乃当然之事,其甚表同意。且段祺瑞维持秩序,尤属有裨大局,阙功甚伟。日来有人主张调护国军若干入卫京师者,不知段既能膺此艰巨,人民安堵,又安用此一着? 调兵多则方有未远,少则仍无济于事,是徒伤北军感情,且先示人以不信,甚不可取。(《南海中山对于时局之主张》,《申报》1916 年 6 月 13 日,"本埠新闻")

△ 唐绍仪电黎元洪、段祺瑞,强调"解决时局,第一要着,在恢复民国元年临时约法,及民国二年国会制定之大总统选举法。稍有

参差,危象立见"。(《唐少川致大总统电》《唐少川致段祺瑞电》,《时事新报》1916 年 6 月 13 日,"东方通信社电")

岑春煊与陆荣廷、汤芗铭、陈炳焜等电黎元洪:(一)总统系继任,非代行职权;(二)拥护民元约法;(三)恢复国会;(四)组织新内阁。(《岑、陆、汤、陈致黎大总统电》,《时事新报》1916 年 6 月 19 日,"国内要闻")

6 月 14 日　本日,收黄兴回复 13 日电。黄兴指出黎元洪若能诚意恢复约法,其他问题自可迎刃而解。并对息纷争事建设的主张表示钦佩。(《黄克强复孙中山电》,上海《民国日报》1916 年 6 月 16 日,"公电")

又收居正自青岛来电,请停止在上海招兵。(陈三井、居蜜合编:《居正先生全集》中册,第 237 页)

△　黎元洪致黄兴电,希望能"左提右携,纠谬绳愆"。至于,国家根本大计,"诸待咨商,谋及国人,请从此始"。一旦"议有办法,即当专电奉闻"。(《黎大总统致黄克强先生电》,《中华新报》1916 年 6 月 16 日,"公电")

蔡锷电请黎元洪恢复旧约法,召集旧国会,改组正式内阁,开军事会议,惩办帝制余孽。(郭廷以编著:《中华民国史事日志》,第 247 页)

6 月 15 日　本日,致电居正:"张怀芝侵地,来电不明,请复,便交涉。"(《致居正询张怀芝侵地电》,中国国民党中央委员会党史委员会编:《国父全集》第 3 册,第 399 页)

△　与《民意报》主持人徐朗西之谈话由该报刊发,指出目下时局,尚未敢骤言容易解决。袁党依然盘踞要津,国会议员尚未正式集会;完全责任内阁又未成立。故此各地革命军的活动尚不能停止。段祺瑞虽然反对帝制,不能确定是否真能拥护共和,维持秩序。同时,表示除之前两次宣言外,对报传本人的意见概不负责。(《在上海与徐朗西的谈话》,《孙中山全集》第 3 卷,页 308—309)

△　时居正与吴大洲、薄子明有隙,居正欲请孙中山赴山东主持,吴、薄则请黄兴前往。本日《中华新报》消息,中华革命军东北军

吴大洲、薄子明等致电黄兴,请其至山东主持大局。(《山东护国军都督致黄克强电》,《中华新报》1916 年 6 月 15 日,"公电")

△　就革命党与帝制派问题,据本日《申报》消息,黎元洪与段祺瑞商议,拟下命令二道。其一为特赦数年来袁政府所谓乱党,如孙中山、黄兴以下之革命党人,一律复其自由。其二为"此次主张帝制诸人概不咎其以往"。特赦革命党人令已由司法部拟呈黎阅览。第二道令,"闻已中变",因恐南方各省不尽同意,"大约尚须商酌"。(《帝制派尚大活动》,《申报》1916 年 6 月 15 日,"要闻一")

△　冯国璋等通电黎元洪、段祺瑞,主张恢复临时约法,提出两个有关问题:以何种方式恢复临时约法;如何救济临时约法之缺点。对于前者,主张直接以命令宣布;对于后者,主张速定宪法,以固国本。并指出因临时约法缺点较多,宜在十月内召集国会。且临时约法既恢复,则所召集之国会也当为 1913 年所解散之旧国会。(《冯华甫主张旧约法之要电》,《中华新报》1916 年 6 月 18 日,"紧要新闻")

6 月 16 日　本日,北京政府命令各省停战。("中华民国"史事纪要编辑委员会编:《中华民国史事纪要(初稿)——中华民国五年(一九一六)一至十二月份》,第 397 页)

△　黄兴来函,称山东问题仍有望和平,但希望孙中山不要急于赴鲁,可请张继及一有资望的军人出面调和。(《黄兴上总理电》,环龙路档案第 03471 号)

△　上海《时事新报》刊张勋致该报电,略述大意为优待清室和袁氏家族,如请速开国会,当排除先前暴烈分子,西南各省如不取消独立,仍以武力解决等。(《张勋之主张如此》,《时事新报》1916 年 6 月 16 日,"北京专电")

△　岑春煊致电黎元洪、段祺瑞、唐绍仪等,宣布支持唐继尧 10 日电中所述之内容,并认为代表南方护国军的一致主张。(《独立各省要人救济时局之通电》,《时事新报》1916 年 6 月 19 日,"国内要闻")

△　是时,援用袁世凯约法之议出自段祺瑞。本日,黄兴致电驻

沪国会议员,反对北京"约法会议",指出:"北京召集各省代表议约法,意在破坏旧约法及国会",请驻沪议员"择定安全地方,早开国会"。又电谭人凤,指出:"袁逆自毙,余孽犹存。黎公若能依法图治,乱萌可遏制。有违此旨,兴亦弗承。"再电独立各省,呼吁勿派代表北上,应择安全地点召开旧国会。(毛注青编著:《黄兴年谱长编》,第 476 页)

6 月 17 日　本日,黎元洪来电,赞同 6 月 9 日电文中的意见,希望对国家根本大计及善后事宜提供指导,并告知希望能派代表入京商办一切。(《黎总统再致孙中山电》,上海《民国日报》1916 年 6 月 20 日,"公电")又电黄兴,请派代表到京面商民国根本大计及善后问题。(毛注青编著:《黄兴年谱长编》,第 476 页)

△　张怀芝部占领临朐、安邱之后,居正于 6 月 12 日电张,要求所部退防。本日,居正再次致电张怀芝,索还两地。("中华民国"史事纪要编辑委员会编:《中华民国史事纪要(初稿)——中华民国五年(一九一六)一至十二月份》,第 398 页)同时又来电,请告黎元洪裁撤张怀芝。(陈三井、居蜜合编:《居正先生全集》中册,第 238 页)

6 月 18 日　本日,黎元洪来函,告已派郭同来谒,请指示军国大计。(《黎总统致中山先生函》,上海《民国日报》1916 年 6 月 29 日,"要闻")

△　参众两院通电,定于上海集会,执行约法所赋职权。同时发布民国议会集会通告,希望各省速通知本省议员查照。通告谓:"临时约法第二十条,参议院得自行集会开会闭会。国会组织法第十四条,民国宪法未定以前,临时约法所定参议院职权,为民国议会之职权。又第十条,民国议会开会及闭会,两院同时行之。现依以上规定,自行集会开会。凡两院议员,除附逆者外,务于 6 月 30 日前齐集上海,7 月 10 日行开会式,各议员到沪后,费用由两院支给,特此通告。"(《民国议会集会通电》,《中华新报》1916 年 6 月 19 日,"公电")

就议会集会地点,倪嗣冲通电,反对议员团在沪开会,谓"现值时势艰难,亟谋统一,如约法、国会各事,政府正审慎商榷,择善而从。凡属于爱国志士,自应静候明令,翊赞新猷。乃竟迫不及待,居然私假两院名义,擅自召集,违法自由,不知将置政府于何地。且政府现在北京,国会远开沪上,五洲万国尤无先例可援,名实乖违,莫此为甚。"(李良玉、陈雷主编:《倪嗣冲函电集》,第275页)

△ 两会议员致电黎元洪,指出袁世凯的民国三年约法及大总统选举法"均非依法定程序制定,应即废止",支持临时约法及民国二年之大总统选举法。(《关于恢复约法问题之要电》,《中华新报》1916年6月19日,"紧要新闻")

6月19日 本月15日,中华革命军东北军司令居正来电,称遭张怀芝之攻击,由于电文不明朗,乃去电询明情形。至16日,黎元洪颁布停战令。17日,黎元洪复电询问国事意见,并请派代表赴北京共议国事。但黎元洪态度未臻明确,加以北将张怀芝纵兵略地,残民以逞,危及中华革命军东北军停火原意,是而暂缓派遣代表。18日,黎派郭同来谒,请示军国大计。遂于本日致电黎元洪,请早日恢复约法及国会,并惩究张怀芝纵兵残民。(《孙中山再致黎总统电》,上海《民国日报》1916年6月20日,"公电")

△ 撰文祭陈其美。(《祭陈其美文》,《孙中山全集》第3卷,第309页)

△ 袁死黎继,新旧约法之争大起。就约法与政党问题,本日《申报》转英文《京报》文章,分析新旧约法之争与政党派别之分化重组,认为"旅居沪上之旧议员约分为四派,其一派谷钟秀、张继等为国民党之健者,人数较多。国民党旧日之首领孙文、黄兴已不为人所推戴。目下所奉为首领者为唐绍仪,若恢复旧议会,则国民党大占势力,必然推举唐绍仪组织内阁。国民党全体上场,此意可推想而知"。(《约法与将来政党之派别》,《申报》1916年6月19日,"要闻二")

△ 驻华各国公使觐贺黎元洪就任。("中华民国"史事纪要编辑委员会编:《中华民国史事纪要(初稿)——中华民国五年(一九一六)一至十二月份》,第401页)

6月20日 本日,致居正电,告知已由唐绍仪通知张怀芝代表陈、洪二人速电北京,催促恢复旧约法,召开国会,表明态度,张已照办。二人转达张意，请派代表到济南协商。(《致居正嘱派代表赴济与张怀芝接洽电》,中国国民党中央委员会党史委员会编:《国父全集》第 3 册,第 400 页)

△　江西党员严彝等来函,请将董福开所领现金债票示知以便查算,以免中饱私囊。内附已经领取及支用的经费统计表一张。(《江西党员严彝等上总理函》,环龙路档案第 00182 号)

△　袁世凯死后,新旧约法之争可分两派。北方多主张沿用 1914 年袁世凯所定之新约法,南方滇、黔、桂、粤诸省及反袁人士,则主张恢复民元临时约法。段祺瑞操纵时局,黎元洪本人则盼望从速解决问题,故分电邀约各方人士赴京,讨论办法。14 日和 17 日,黎元洪两次电黄兴,希望能洽商国事。本日,黄兴复黎元洪电,指出恢复旧约法并召集旧国会"实如矢赴的,如水归壑,万无反理"。但目前商榷旬余,迁延未决,担心错过时机,国家必将陷于万劫不复。此二事最为急迫,故派李书城为代表赴京。(毛注青编著:《黄兴年谱长编》,第 476 页)

△　张勋通电,反对惩办帝制祸首。(郭廷以编著:《中华民国史事日志》,第 248 页)

6 月 21 日　本日,复居正电,告知张怀芝已派代表携函前来请息纷争。询问交涉时要附加什么条件。(《指示山东民军与北军息争电》,中国国民党中央委员会党史委员会编:《国父全集》第 3 册,第 400 页)

△　本月 9 日,黄兴电黎元洪,请规复旧约法,从速召开国会,组织内阁,严惩祸首。17 日,黎电黄兴,请派代表到京面商,黄兴遂派李书城去京会商,并知告知关键在段祺瑞,乃先电段,建议早日规复约法并召集国会,可使"人民隐受无穷之赐,而戴公之忧,亦与日俱深"。同时告知已应黎元洪之请,派李书城为代表进京。如段有何赐教,可由李转达。(罗刚编著:《中华民国国父实录》,第 2873 页)

△　本日《申报》消息,收小吕宋华侨通电:"袁贼虽死,余孽未清,解决大计,不容迁就。华侨愿以财产为后盾。"(《小吕宋华侨通电》,

《申报》1916年6月21日,"公电")

　　△　北京政府特任龙济光兼署广东巡按使。

　　袁世凯死后,龙济光于6月9日取消独立,恢复其"振武上将军督理广东军务"之职衔,黎元洪于本日嘉其"深具世界之眼光,急谋统一,热忱爱国",委以广东善后事宜,并特任其兼署广东巡按使之职。("中华民国"史事纪要编辑委员会编:《中华民国史事纪要(初稿)——中华民国五年(一九一六)一至十二月份》,第406页)

　　6月22日　本日,黎元洪复19日电,告知"约法、国会二事,刻正由院妥筹,行当解决。所称鲁、闽、粤事各节,……已交国务院办理"。(《黎总统致孙中山先生电》,上海《民国日报》1916年6月24日,"公电")

　　南非分部长陈沛南来函,谓袁世凯抱病而死,局面一变,革命党尚未占据完全优势,希望能扫除障碍,奠定民国基础。同时报告帝国宪政会冒充中华会馆以唐继尧名义发来筹饷委任状,及葡属莫桑比克罗连士麦(Maputo)分部扰乱支部工作一事,建议党员不可滥收。(《陈沛南上总理函》,环龙路档案第06339号)

　　△　袁世凯死后,其炮制之约法也面临失去合法地位,恢复临时约法的呼声日益高涨。本日段祺瑞发布通电,征询恢复民元约法办法。

　　黎元洪就任后,发生新旧约法之争。时南方军务院之拥戴黎,系基于临时约法之规定,而段通电全国,则宣告依据新约法第二十九条,由黎元洪代行总统职权。冯国璋15日电提出可以命令恢复临时约法,段认为"盖命令变更法律,为各派法理学说所不容,贸然行之,后患不可胜言。……或谓三年约法,不得以法律论,虽以命令废之,而无足议,此不可也。三年约法履行已久,经历依据,以为行政之准,一语抹煞,则国中一切法令皆将因而动摇,……如谓法律不妨以命令复也,则亦不妨以命令废矣,今日命令复之,明日命令废之,将等法律为何物。……总之,复行元年约法,政府初无成见,所审度者,复行之办法耳!"("中华民国"史事纪要编辑委员会编:《中华民国史事纪要(初

稿)——中华民国五年(一九一六)一至十二月份》,第407—408页)

6月23日　22日,段祺瑞发布通电,征询恢复临时约法办法。本日复函,对其"洎帝制发生,尤能以大义自持,冒犯险难,终始不变"表示赞赏,指出规复约法,尊重国会,为共和根本大计,希望段"翊赞当机,不为莠言所惑,重陷天下于纷纠"。(《致段祺瑞论规复约法尊重国会为共和根本书》,中国国民党中央委员会党史委员会编:《国父全集》第3册,第400—401页)

△　因得黎元洪电,请派代表入京,本日乃派萧萱、叶夏声为代表入京接洽。致段祺瑞书由萧、叶面见段时递交。(《孙中山致黎总统派代表入京电》,上海《民国日报》1916年6月29日,"公电")并复居正电,告知已派萧萱、叶夏声赴济南为代表,本日乘"神户丸"往青岛。将先来潍面商。(《复居正已派代表赴济电》,中国国民党中央委员会党史委员会编:《国父全集》第3册,第400—401页)

收姚锦城函,以救国心重而能力薄弱,需要补救提升,请赐《民权初步》两册,一为教学之用,一为私人收藏。遂批复,曰:"着交《民权初步》二本。"(《姚锦城请赠〈民权初步〉上总理函》,黄季陆主编:《革命文献》第48辑,第338—339页)

△　收到居正自青岛来电:"请令返侵地,并五师全部退回潍县以西五十里。"(陈三井、居蜜合编:《居正先生全集》中册,第239页)

△　段祺瑞代表政府公祭袁世凯。(郭廷以编著:《中华民国史事日志》,第248页)又致电驻沪国会议员,指出"约法问题,议论纷疏,瓈府未便擅断",而议员们"法理精邃,必能折衷一是"。(《段芝泉致驻沪国会议员电》,《中华新报》1916年6月24日,"公电")

6月24日　本日,签发交曹亚伯经费手谕四千五百元正。(《谕交曹亚伯四千五百元令》,中国国民党中央委员会党史委员会编:《国父全集》第4册,第139—140页)

又致居正电,告知萧、叶改乘"小野丸"。(《谕交曹亚伯四千五百元令》,中国国民党中央委员会党史委员会编:《国父全集》第3册,第401页)

△　居正来电:"许柳丸返沪报告,务请其偕杨(庶堪)、蒋(介

石)、吴(忠信)诸兄速来主持。"(《中华革命军东北军总司令居正任内上总理要电摘录(五)》,黄季陆主编:《革命文献》第46辑,第293页)

　　△　黄兴在东京访日本外务大臣石井菊次郎,就中国政局问题交谈两小时。(段云章编著:《孙文与日本史事编年(增订本)》,第518页)

　　6月25日　本日与唐绍仪一同收到山东张怀芝来电,恳请敦促萧萱、叶夏声二人速来山东。(《张怀芝致唐少川、孙中山电》,《中华新报》1916年6月29日,"公电")

　　收居正自青岛来电,为报告已派刘廷汉赴济南与黎元洪代表谈判。(陈三井、居蜜合编:《居正先生全集》中册,第240页)

　　△　就政党派别问题,本日《申报》转英文《京报》消息,对唐绍仪成为国民党领袖寄以厚望。消息称旧议会既然已经复活,则自然会产生政党。议员政客多在南方,尤聚于上海之一隅。将来组建政党,仍会以国民党、进步党为最大之结合。黄兴、孙中山已成为过去之人物。此次兴致勃发,树讨袁之帜者为唐绍仪,大有当选副总统及国务总理之希望。国民党之首领为唐绍仪当属无疑。(《政党派别之萌芽》,《申报》1916年6月25日,"要闻二")

　　△驻沪海军总司令李鼎新、第一舰队司令林葆怿、练习舰队司令曾兆麟宣布加入护国军,要求恢复民元约法,民二国会。唐绍仪、梁启超、温宗尧、王宠惠电请黎元洪罢斥龙济光。(郭廷以编著:《中华民国史事日志》,第248—249页)

　　△　时约法之争大起,段祺瑞于22日通电,不主张以行政命令废除袁世凯炮制之《中华民国约法》。本日唐绍仪、梁启超电段祺瑞,劝即恢复元年约法,驳其22日通电。通电指出,段祺瑞所任职之国务院,本身就是"元年约法之机关,三年约法所未尝有也",指出三年约法若为法,元年约法定非法,段所长之国务院何以成立?对于段所谓以命令废除三年约法,"则国中一切法令皆将因而动摇"的说法,通电认为"一般法绝非随根本而动摇",法国八十年间,宪法变更十数次,而一般法未受影响。况且"法之成立,其程序必根据于其母法,三

年约法绝无根据,而反于母法也。非特国人不公认为法,即今大总统之地位,今国务院之地位,皆必先不认为法而始能存在也"。(《唐少川、梁任公复段芝泉电》,《中华新报》1916 年 6 月 26 日,"紧要新闻")伍廷芳亦致电段祺瑞,强调三年约法为非法。(《伍秩庸复段芝泉电》,《中华新报》1916 年 6 月 27 日,"公电")

6 月 26 日　21 日,黎元洪嘉龙济光"深具世界之眼光,急谋统一,热忱爱国",委以广东善后事宜,并特任其兼署广东巡按使之职。本日,孙中山致黎元洪电,请速罢龙济光。称唐绍仪等请除龙济光电,实为天下公言。痛斥龙在粤三年,无恶不作。自袁世凯倚为爪牙,龙乃恣睢纵恶。希望黎元洪即刻"收回成命,立予严惩,毋以一人之故,而失粤三千万之人心"。(《孙中山致黎总统请斥龙济光电》,上海《民国日报》1916 年 6 月 29 日,"公电")

又致居正二电,其一谓:"此间款绌较甚,二三千亦不可得。杨(庶堪)、蒋(介石)、吴(忠信)赴潍事,商定再复。"其二,请居寄五千给林蔚、陆发桥等为路费,前往山东投效。(《致居正告杨君等赴潍事,商定后再复电》《致居正筹款寄林蔚、陆发桥等俾成行电》,中国国民党中央委员会党史委员会编:《国父全集》第 3 册,第 402—403 页)

再致戴戡等转石青阳电,告知袁死,局势一变,建议按兵勿动,并请沿用五色旗。(《孙中山致四川革命军司令石青阳电》,上海《民国日报》1916 年 6 月 29 日,"公电")

△　收到居正自青岛来电,为购械请补助现金二三十万。(陈三井、居蜜合编:《居正先生全集》中册,第 241 页)

△　本日《中华新报》消息,驻沪国会议员谷钟秀等二百九十九人复段祺瑞 22 日电,指出 1914 年约法和其附属之大总统选举法、国民会议和立法院组织法皆与临时约法、国会组织法及 1913 年宪法相违背,故不能生效。(《驻沪国会议员覆段芝泉漾电》,《中华新报》1916 年 6 月 26 日,"公电")

△　6 月下旬,唐绍仪、范源濂、谭延闿、孙洪伊、钮永建、张继等

联名致电黄兴,敦促归国。电曰:"总统定位,政局仍危;大力匡扶,端赖贤者。我公手造共和,举国宗仰,敢乞即日言旋,主持一切。南针攸锡,庶有遵循。"本日,黄兴电复唐绍仪等,告以"兹辱电招,敢不趋命? 首途有日,再当奉闻"。(毛注青编著:《黄兴年谱长编》,第477页)

6月27日 本日,居正来电,欲以许崇智为东北军第一师师长。(《中华革命军东北军总司令居正任内上总理要电摘录(六)》,黄季陆主编:《革命文献》第46辑,第293页)

又得黎元洪覆电,对萧萱、叶夏声二人赴京表示欢迎。(《黎总统复孙中山欢迎代表电》,上海《民国日报》1916年6月29日,"公电")

△ 黄兴电贺海军独立。(《黄克强先生祝海军独立电》,《中华新报》1916年6月28日,"公电")

6月28日 坂本寿一接受孙中山任命之中华革命军东北军航空队总司令后,于本日率飞行学校学生和维修人员等一百人,带两架飞机,从神户港出发,直航青岛。(段云章编著:《孙文与日本史事编年(增订本)》,第518页)

△ 袁世凯灵柩出京,归葬河南彰德。(郭廷以编著:《中华民国史事日志》,第249页)

△ 驻沪国会议员致函海军,敬贺独立。(《国会议员敬祝海军独立函》,《中华新报》1916年6月29日,"公函")

6月29日 本日,汪精卫来函,告知已通过汇丰银行汇上两千日元,用孙逸仙名提取。又报告,有通过渣打银行汇寄的款项,银行要求委任信方能取款。经交涉无效,但渣打银行指名"林蔚陆"(革命党办公地方的化名)可作收委人。请速写委托信。(《汪兆铭上总理函》,环龙路档案第08324号)

△ 袁世凯死后,黎元洪虽为总统,而政权操于段祺瑞。段不愿恢复约法及召开国会,孙中山据理据法以争。25日,上海海军亦以独立要求恢复约法,段知不可忽视,乃同意恢复民元约法及召集国会。本日,黎元洪任命段祺瑞为国务总理,并以大总统名义下令:在

宪法未定以前，仍遵行中华民国元年 3 月 11 日公布之临时约法。又表示，据临时约法第五十三条，续行召集国会，定于本年 8 月 1 日起，连续开会。（罗刚编著：《中华民国国父实录》，第 2876－2877 页）

6 月 30 日　本日，发表对时局之谈话，表示并不乐观，指出"旧约法虽有旦晚恢复之说，而上海所谓一般政治大家，除发空言打电报外，滞留沪上，不敢进京，致使黎大总统孤立无援，一切政令仍为帝制党所把持"。（《某要人之时局谈片》，上海《民国日报》1916 年 7 月 1 日，"要闻"）

△　居正来电，告知萧萱、叶夏声二人已到潍坊并传达指示，但与张怀芝的交涉仍未妥当，将士欲急进，希望速来山东。（《中华革命军东北军总司令居正任内上总理要电摘录（九）》，黄季陆主编：《革命文献》第 46 辑，第 294 页）

汪精卫来函，报告汇款两千日元。渣打银行之款，请委托"林蔚陆"代收，将凭证寄来。（《汪兆铭上总理函》，环龙路档案第 08326 号）

萧萱、叶夏声来电，汇报与张怀芝商讨停战之结果。（《萧萱、叶夏声上总理电》，环龙路档案第 03266 号）

是月　沈飞霞等呈报军官学校同志招待所第一所财产清册。（《沈飞霞等呈总理报告》，环龙路档案第 09254 号）

7 月

7 月 1 日　6 月 26 日，曾电黎元洪，请罢龙济光。27 日，黎收到电报。本日复电，已将此事通知国务院。（《黎总统复孙中山先生电》，上海《民国日报》1916 年 7 月 6 日，"公电"）

△　《申报》消息，黎元洪所派与孙中山接洽的代表郭同已经出京，将由南京前往上海。（《南京快信》，《申报》1916 年 7 月 1 日，"要闻一"）

△　梁启超以约法已复，国会即将召开，向唐继尧等提出，军务

院之目标业已达成,依其组织条例之规定,当即撤销。("中华民国"史
事纪要编辑委员会编:《中华民国史事纪要(初稿)——中华民国五年(一九一
六)一至十二月份》,第 425 页)

　　△　本日《中华新报》消息,因龙济光电告北京,言李烈钧谋攻广
州,黎元洪电请岑春煊、孙中山、黄兴等设法调停。(《黎总统电请岑、孙
诸公调停粤事》,《中华新报》1916 年 7 月 1 日,"本馆专电")

　　7 月 2 日　本日《时事新报》消息,先前称黎元洪以解决国事问
题,电请派代表赴京协商。时已派萧萱、叶夏声二人为代表,因需筹
备解决时局之条陈手续,未能即刻启程。黎盼望甚殷,现又以旧约法
业经命令恢复,新内阁亟需组织,凡百要政亦须逐一兴办,是以特派
国会议员郭同来沪咨询一切。传闻郭由京浦铁路南下,转由沪宁火
车于日前抵沪,暂寓公共租界某旅社,连日往访,代达黎元洪诚意,并
筹商一切政策。(《派员晤商孙中山》,《时事新报》1916 年 7 月 2 日,"本埠时
事")

　　△　《上海泰晤士报》转东京 1 日消息,南京会议未能达成满意
结果,冯国璋建议黎元洪当继任总统。梁启超乐意尊黎为总统,但孙
中山、黄兴反对。南方各派认为有必要联合起来一致努力。(《黎大总
统?》,《上海泰晤士报》7 月 2 日,"中国局势")

　　7 月 3 日　本日,致函田中义一,谈到田中前此援助之力,因时
局变迁,收效无几,特遣戴季陶赴日,"奉商以往及将来诸要件,畅聆
教益,祈进而语之"。据戴季陶称,孙中山在日本的时候,对于田中满
怀期待。孙中山向来对于任何人,总时时刻刻作其同志,不承认世界
上有坏人,也不承认世界上有不能变更的人,他认为人类行为的错
误,只是"不知",如果知了,他一定能行。当时的田中非常活跃,又有
操纵日本政权的地位,影响对国际问题的决策。孙中山所希望于田
中的,第一是能弃日本的传统政策,第二是能改正一切认识错误。其
他的日本人,没有比田中的地位,与中国关系更大的。(段云章编著:
《孙文与日本史事编年(增订本)》,第 519—520 页)

△　叶夏声、萧萱赴谒黎元洪、段祺瑞。

应黎元洪邀请,于6月23日派叶夏声、萧萱赴京与黎元洪、段祺瑞会商。叶、萧先到山东潍县与居正商量,然后北上。本日叶、萧谒见黎、段,畅谈甚久。9日,上海《申报》载"孙文代表在京之政见",称此派来叶夏声、萧萱两代表,系专为答谢黎元洪前派代表南下之盛意,并顺候段祺瑞。二人于3日下午6时,晋谒黎元洪于政府中签押房,旋拜候段祺瑞于府学胡同段宅,畅谈甚久。至8时始退。闻礼遇甚为优渥。某君曾询叶夏声政见,叶认为,中国目前虽尚不免有多少杌陧之象,然前途则甚可乐观。原因何在?袁世凯智计殊绝于人而卒以帝制致败,后此当无人再敢自恃聪明,而国民经此次之痛苦,亦悟国家宜群策群力,不敢再持非谁莫属之谬见。这足以矫正数千年人治主义之恶思想,此一可乐观。中国人从来不知尊重法律,致政府得任意破坏蹂躏。而此次改革,举国咸以恢复旧约法、国会为唯一宗旨,可知由人治趋于法治之日为时不远,此二可乐观。时代易变,而思潮难变。时代之变不足以言进步,而思潮之变乃为进步。中国数千年专制思想,以先觉者首揭共和旗帜,而辛亥即变于共和,此可谓一大进步。今共和已确立,则后此思潮之易变者,即为由数千年来之人治思想进于法治思想。而彼等所以乐观亦即在此。而孙中山与黎元洪也持相同态度。2日,黎元洪亦极言今日宜竭力置国家于法治,想天下同此见解者当大有人在,非徒区区愚见为然。叶还谈到了国会问题,指出此次之国会,宜专以制定立国必须之种种法律,使成一完全法治之国。然后依据法律以改良政治,则所谓官僚政治、武人政治皆不足忧。官僚、武人之猖獗,皆由于无法。故国会今后宜以最快速度制定各项法律。因此,目前纷纷争执,实不能从根本上解决问题。(《孙文代表在京之政见》,《申报》1916年7月9日,"要闻二")

7月4日　7月1日吴大洲、薄子明之驻沪代表张鲁泉致电北京政府,告以"惟军队编制已及一师以上,一时释手,断难完全统一",表示暂不解散,只得"整饬军队,切实维持"。(《山东护国军致北京政府电》,《中华新报》1916 年 7 月 4 日,"公电")本日,孙中山致居正电:"能编一军否? 电复。"(《致居正询能否编一军电》,中国国民党中央委员会党史委员会编:《国父全集》第 3 册,第 405 页)

△ 黄兴自日本启程回国。(毛注青编著:《黄兴年谱长编》,第 478 页)

△ 山东革命军与张怀芝部停战。

黎元洪继任后,战衅未戢。山东将军张怀芝既主张武力解决,革命军亦不惜以武力相周旋,彼此函电互相争执,迄未停战。嗣因中央通电各省停战,孙中山亦由沪电劝居正、吴大洲息兵。张怀芝因邀集鲁绅,居间调停,革命军乃派代表赴济南,本日开会决议停战。("中华民国"史事纪要编辑委员会编:《中华民国史事纪要(初稿)——中华民国五年(一九一六)一至十二月份》,第 428 页)8 月 5 日,居、吴至济南与张怀芝代表商定中华革命党东北军和山东护国军的改编问题。山东讨袁战事至此结束。(《山东革命军善后协议》,《顺天时报》1916 年 8 月 25 日,"时事要闻")

7 月 5 日 本日,致戴德律函,谓袁世凯死后,局势已完全改观。倘若当初其能有那笔急需的款项,本可早在袁世凯死前就成立临时政府,而现在也不会有南北妥协的问题出现。但是,根据约法规定,黎元洪已递补总统遗缺。目前最迫切的愿望,是和平与秩序的恢复,所以愿意促成了双方的谅解。谈到黎元洪时,认为其为人随和懒散,不抱帝王野心,会顺应民心为国效劳,而不至于假借权柄以谋私利。孙中山自认为影响之大一如既往,而且深得人民信任。同时,告知戴德律,取消洽谈中的政治贷款,并表示将来希望投身实业。(《致戴德律函》,《孙中山全集》第 3 卷,第 316 页)

又致萱野长知、陈中孚函,"叠电均悉。复电想皆达览,兹先汇上叁百元,祈收用。"(《致萱野长知及陈中孚告汇三百元函》,中国国民党中央委员会党史委员会编:《国父全集》第 3 册,第 405—406 页)

△ 铁择自汕头来函,报告广东讨伐龙济光情形,指出将领貌合

神离,各有所图,缺乏中坚人物主持一切。群龙无首,主张分歧,政治上也有可能为人所败。有国会议员认为将来总统选举,岑春煊、陆荣廷之间必争副总统一职。(《铁择上总理函》环龙路档案第 02058 号)

7 月 6 日　本日,黎元洪派来接洽之郭同离开上海抵达南京。(《标题栏目》,《申报》1916 年 7 月 7 日,"南京快信")

△　收到湖南卫戍司令唐蟒发布通电,称"汤督(乡铭)畏罪宵遁,省中军警长官亦相继潜逃",故迫不得已,于 7 月 15 日组织卫戍司令部,"以期保卫地方,维持秩序"。(《唐蟒通电》,《申报》1916 年 7 月 10 日,"公电")

时居正、吴大洲与张怀芝对峙于山东,潍县绅民深受其苦。潍县议会乃于本日来电,称潍县地小民贫,供饷困难,请速筹济。(《潍县议会上总理电》,环龙路档案第 03372 号)

△　黄兴抵达上海。(毛注青编著:《黄兴年谱长编》,第 478 页)

7 月 7 日　本日,致电居正,告知已命吴忠信往山东协助。(《致居正告吴忠信来助电》,中国国民党中央委员会党史委员会编:《国父全集》第 3 册,第 406 页)

△上海《申报》消息,谓段祺瑞已照所请,先令龙解职来京。定次日提出正式国务会议拟定施行手续,再行呈请黎元洪鉴核,并再分别复电诸要人,俟得同意,即行发表。(《解决时局中之要题》,《申报》1916 年 7 月 7 日,"要闻二")

7 月 8 日　本日,与唐绍仪一同收山东将军张怀芝电,谓"对于时局前途,余亦切盼和平解决,至恳切示教之处,不胜感谢"。(《张怀芝电覆孙唐》,《盛京时报》1916 年 7 月 8 日,"栏目")

7 月 10 日　本日,居正为张怀芝犯境事,经上海《民国日报》来电,声称已奉黎元洪令息兵,斥张怀芝出兵夺其领地临朐、安邱、临淄等处,指出"中央之法令不行,国宪议会不免危险,袁派爪牙不去,调和妥协终属空谈",欲以武力自卫。(《居正致孙中山、黄克强、唐少川电》,上海《民国日报》1916 年 7 月 13 日,"公电")

又收居正自青岛来电,催寄百元和十元军票四万。(陈三井、居蜜合编:《居正先生全集》中册,第242页)

　　△　驻沪国会议员公推代表八十余人,欢宴黄兴于大马路汇中饭店,并邀唐绍仪、王宠惠、柏文蔚、于右任、胡汉民等作陪。孙洪伊致欢迎词,黄兴致谢词,谓"袁逆虽受天诛,祸首尚逍遥法外。千钧一发之时,诸公负责至重。三年以来,人心风俗,国家纲纪,败坏已达极点,一时救拔,殊不易易。……凡一国民权被制于恶劣官僚者,其国必危弱;民权伸张,官邪扫荡,其国必强盛。望诸君本前次奋斗之精神,引国家于轨道,不为利动,不为威劫"。(毛注青编著:《黄兴年谱长编》,第479页)

　　7月11日　本日,据10日电复居正:"军票已由田中寄鲁,共三十箱。债券无,且不便再发。"(《致居正告军票已寄鲁不再发债券电》,中国国民党中央委员会党史委员会编:《国父全集》第3册,第407页)

　　△　收居正转许崇智函,请速偕蒋介石莅潍。(《中华革命军东北军总司令居正任内上总理要电摘录(八)》,黄季陆主编:《革命文献》第46辑,第294页)

　　7月12日　本日,收居正自青岛为移师返侵地事来电,称北军五师驻潍致扰,秩序难复。东北军所占之地狭小,难以供养。请求再电北京,令返还所占之地。(陈三井、居蜜合编:《居正先生全集》中册,第243页)

　　△　本年1月20日,《上海泰晤士报》转去年芝加哥某报消息,称悬赏一万美金,寻找失窃玉观音护身符。7月5日,孙中山在致戴德律函中亦提及美国人史托特(Henry Clifford Stuart)通过一位史卡菲尔德(Scafield)先生登载广告,寻找一件据说是他用作护身神物的玉雕偶像,从而在华盛顿报纸上造成了耸人听闻的事件,并声称,其曾由孙中山授权,悬赏一万美元以搜求此物。(《致戴德律请取消接洽贷款函》,中国国民党中央委员会党史委员会编:《国父全集》第3册,第406

页)本日《中华新报》刊登消息,称孙中山于 10 日向记者辟谣,指为"美国所谓黄色报纸刻意制作,企惹注意,以广销路",批评中、日报纸辗转传载,其实是在为此等黄色报纸做广告。(《中山先生失窃玉佛事之无稽》,《中华新报》1916 年 7 月 12 日,"紧要新闻")

△ 北京政府废止"惩办国贼条例"及"附乱自首特赦令",所有本年 7 月 2 日以前因政治犯罪被拘者,一律释放,其通缉各案亦一律取消。(郭廷以编著:《中华民国史事日志》,第 252—253 页)

就废止"惩办国贼条例"及"附乱自首特设令",倪嗣冲发布通告,称"本省长奉令之后,已饬地方官逐案查明,凡已经拘禁无关刑事罪名者,即行分别一律释放。其前奉中央命令通缉各案,亦一律撤销,以仰副大总统实行共和,默化党争之至意",并要求各政治犯"速还乡里,各安生业"。(李良玉、陈雷主编:《倪嗣冲函电集》,第 279—280 页)

7 月 13 日 本日,应邀至黄兴为旅沪各省议员北上饯行宴会上作陪。

自黎元洪下令召集国会,定于 8 月 1 日集会后,各省议员纷纷集沪,行将北上。本日,黄兴设宴于汇中饭店以饯送行。孙中山与章炳麟、唐绍仪、柏文蔚、王宠惠、于右任、钮永建等被请作陪。莅席议员二百余人。

首先由唐绍仪致词,谓"诸君为国民代表,行将北上,今日中国之诸重大问题,均待解决于诸君,诸君之责任綦重,国人之希望诸君亦綦殷,祈诸君自重其责任,以勿负国人之希望"。(《沪上名流欢送国会议员志盛》,《中华新报》1916 年 7 月 14 日,"紧要新闻")

接着,由黄兴发言,谈论议员责任,称:"先有袁氏之违法,而后有国会之抵抗,而有非法之解散。故袁氏之违法为因,即国会之抵抗为果。今若曰国会捣乱,向后袁氏违法,不通之论也。今者,诸君又将行使职权矣,所望仍尊重责任之观念,勿轻背神圣之职守,即不幸有与行政部争执之事,亦视为职守之当然。……鄙人因袁氏之先例,知金钱之为物,足以启野心者之图谋不轨,甚望国会开后,对于借款问

题特加注意。……勿令非正义之人更得借金钱之能力,行政治之罪恶。"(毛注青编著:《黄兴年谱长编》,第 480 页)

席间,孙中山应邀演讲,其要义在阐明民国存亡与国民心理之关系。孙中山指出,"民国何由发生,亦只发生于国民之心"。但由于"基础尚未坚固,多数人之认识未真,乃有奸人乘机簸弄,遂使民国者,一切形式机关制度,倾覆扫荡,而专制帝国几乎复活。此非徒袁氏之罪也,多数人不知自爱其宝,故强有力者,得逞志于一时"。然而"民国究竟亡而复存",又说明"共和真理,其入于人心者深矣"。

孙中山还强调,"主权在民,民国之通义"。袁世凯"不守其奴仆之分,而凌践主人",是以引发护国战争。现今"民国以四万万人为主人,诸君为主人代表,使忠仆得以尽职,奸奴不敢复生,皆惟诸君之责"。希望议员们"此时无所畏避,当速至北京解决目前之难局,致力将来之建设"。(《孙中山之国会主权论》,上海《民国日报》1916 年 7 月 14 日,"要闻")

章太炎、王正廷亦相继发表演说"暴徒解"和"国会之后盾尤在全国人民"。(《欢送国会议员补志》,《申报》1916 年 7 月 15 日,"本埠新闻")

19 日《顺天时报》报道此事,称 13 日,旅沪革命党领袖黄兴、钮永建、谭延闿、唐绍仪、胡汉民、柏文蔚、温宗尧、王宠惠、于右任等九人作东道主,假座于大马路口汇中旅馆共宴国会议员并请孙中山、章太炎二人作陪。当日午正入席,议员到者二百余人。酒行三巡后,由黄兴、唐绍仪演说,指出"此后政局惟各议员诸君是赖云云",言词恳挚期望甚奢,听者无不感动其中。接下来,由王正廷代表议员答词,然后由孙中山、章太炎演说。约历一时之久,皆铭心镂骨之论。其最要之语则谓,"此后不应再有党派,惟共和、帝制两途须分清泾渭,但定为民党、帝党二者云"。合座拍掌声、万岁声诚有惊天动地。约五时半乃共同留影而散。此次国会开院,关系共和前途。目前大定 14 日午后一时在霞飞路尚贤堂开会讨论一切,并函邀报界列席参议。(《民党领袖公宴国会议员志盛》,《顺天时报》1916 年 7 月 19 日,"各省闻要")

△　致居正电,告知现存债券情况,谓:"百元券剩十二万元,已电速尽办寄兄。但发行时,宜填前月日。千元券尚多,需否？十元券已罄,制需时。"(《致居正告发债券办法电》,中国国民党中央委员会党史委员会编:《国父全集》第3册,第407页)

7 月 14 日　本日,致居正电,告知叶夏声由京回。廖仲恺乘"神户丸"来面商。许崇智、蒋介石同行。(《致居正告廖仲恺等来面商电》,中国国民党中央委员会党史委员会编:《国父全集》第3册,第407页)

△　驻沪两院议员借法租界尚贤堂举行留别茶话会,孙中山与黄兴、唐绍仪等应邀参加。

据15日《申报》消息,茶话会于下午二时一刻开始,汤化龙为主席,所言以两院同人名义发出。除议员外,来宾座中有孙中山、黄兴、胡汉民、伍廷芳、唐绍仪、温宗尧、王宠惠、钮永建、柏文蔚、李鼎新、林葆怿、许继祥及记者所未曾相稔者。孙身着白色学生式服,状颇闲适。唐绍仪述开会词,接着黄兴即登台演说,其词颇长。演说毕,伍廷芳继之。伍演说既终,"群属望于孙先生矣"！但壁间又贴有通告,15日议员请孙开谈话会(粤省议员署名),故将于明日演说。而后胡汉民登台演说良久,再由汤化龙请来宾及新闻记者演说,遂告散会,摄影以作纪念。(飘萍:《纪国会议员谈话会》,《申报》1916年7月15日,"要闻一")

当日,黄兴即席演说,指出:"昨日孙先生曾云,参、众两院为国家之统治机关,其责任至重。斯言信然,诸君不可不勉也。诸君今负此重大之责任,将北上就职,实行建设,而第一之重要问题,则制定宪法是也。鄙人尝念,今日制定宪法,必定贯彻共和之真精神。而首先注意者,应加入'凡反对国体者,有罪'之一条。在美国,宪法实有此先例。夫袁氏帝制之谋,数人擅唱之于前,而少数人附和之于后。祸首虽甘心叛国,而胁从之逆则多精神薄弱,受人胁迫。假使宪法明定反对国体之刑章,则一二好乱之徒不敢擅冒不韪,而一般之人亦罔敢为之附和。此为断除祸根计,为巩固国基计,所万不获已者也。"(毛注

青编著:《黄兴年谱长编》,第481页)

随后,伍廷芳发表演讲,希望两院议员小心办事,尽力保护两院,勿让政府再次推倒。并祝国会万岁。(《两院议员留别大会纪事》,《新闻报》1916年7月15日,"本埠新闻")

伍廷芳演讲毕,胡汉民登台演说,赞同孙中山提出的地方自治,谓:"兄弟以中国之政治现状异常复杂,即依立法而论,亦有一缺点。当临时政府成立之初,中山先生就职南京,兄弟随在。此时代政治上之事,自今思之,以为有一缺点,即矫枉过正是也。当时中央与各省,由先有独立各省,后有中央。故中央之权小,各省之权力大。一般人以为非统一不可。其实,统一二字亦一笼统语。不统一即不为国,此不待言者。但彼时言统一,在加重中央之权,而中央之权应加重至何限度,则无人能言之。以至袁世凯利用统一二字而成为中央集权。就政治上说,满洲之亡,亡于中央集权。因无限制的集权于中央,在地面极大之中国,断办不到。……至于袁世凯所谓,不是集权中央,乃是集权个人。使天下拥袁一人,乃能由总统而作皇帝。无所谓中央,无所谓地方,而无政治而已。兄弟在南京时,久想作分权的商略。随孙先生返粤,即拟从事社会以发表此种意见。不料,弟一至粤,陈竞存(炯明)兄即走,强曳为地方办事之人。身在地方,主张地方分权,在中国人本以为嫌疑,犹之诸先生在国会,即主国会之说不肯自出诸口也。然兄弟犹发一通电,迄无应者,是以作罢。今次,诸先生入京,最大责任在制定宪法。兄弟意见,作联邦自治。诸抽象的言论辨别,已非其时。当有从事具体的办法之研究,或即宪法中定一省制度以后根本巩固,不至易于摇动。更可防一种反动,致权不在地方人民而在行政长官。如此,则由地方发达而民权发达,民国自然巩固。前年,袁世凯解散国会,人民如无闻焉者。人民不知民权,即不知拥护,逐去他自己的代表仍不为意。此何等现象?故巩固民权,必从分权上着手也。其次则军民分治问题,此种制度本吾辈所主张,因军是另一事,不得干预民政,更不得加诸民政之上。袁世凯所为则只有军政,全将民政削去。况军并无所谓治,分治之说亦不成立。所望两院诸先生者,以立法上手段,勿使军加乎民之上,勿使军乱中国,成为完全的民治。此兄弟对诸先生之希望也!"(《胡汉民演说词》,《申报》1916年 7 月 15 日,"要闻一")

△ 居正来电请示返侵地事宜。

时山东谈判正在进行中。至 7 月 2 日,潍县居正代表已至济南与张怀芝代表商谈停战妥协条件。国会议员团亦至周村调节政府与吴大洲之关系。(《二日济南电》,《时事新报》1916年 7 月 3 日,"东方通信社电")张怀芝提出以护国军所占之地"不得有军官一人一骑之踪迹或作战行动",选择两军范围之中心点召集议会,解决善后问题,护国军"必宜开往济南,军费由政府供给"等三项为和谈条件。吴大洲、薄子明表示"此种毫无名义之款,断难收受",拒绝张怀芝私下议和。吴大洲指责张怀芝破坏大局,出兵侵掠,要求以"从此双方停战,决不进攻","补助军饷多少不计,但须纯粹由绅商学界全数担负","如双方再有军事动作,全省视为公敌"为和谈条件。(《山东护国军和议期中之函电》,《中华新报》1916年 7 月 19 日,"紧要新闻")本日,居正来电,报告国务院 8 日电张怀芝,有居正迭次反复,立予剿除等语;本日会议,电诘问,将士愤欲急进,请令定夺。(陈三井、居蜜合编:《居正先生全集》中册,第 244 页)

又致黎元洪电,称山东护国军"奉命按兵,迄今未动,何谓反复?"指责张怀芝进兵夺地,而护国军方面"屡电请命,未予解决,何罪更可剿除?"(《居正致黎大总统电》,《中华新报》1916年 7 月 21 日,"公电")

△ 黎元洪申令惩办变更国体祸首杨度、孙毓筠、顾鳌、梁士诒、夏授田、朱启钤、周自齐、薛大可。(原有张镇芳、雷震春、段芝贵、袁乃宽、曹汝霖等。顾、夏、薛非首要。)唐继尧、岑春煊等以约法国会次第恢复为由,宣告撤销护国军军务院。蔡锷电唐继尧,重申始终抱定为国家不争权利之初心。(郭廷以编著:《中华民国史事日志》,第 253页)

7月15日 本日,参加广东驻沪国会议员在法租界尚贤堂的茶话会。

据《申报》消息,下午二时,粤驻沪国会议员假法租界宝昌路尚贤堂请孙中山和上海诸名流、两院议员开茶话会,至者极盛。首由易次干宣述欢迎辞,表达对孙中山的敬仰,"一为道德,二十年来牺牲权利以利天下,自任临时总统至今,声名遍天下而布衣素食依然;二为理想极高,二十年前,人闻先生革命之说,无不诧为怪诞,而今竟见于事实,则由今以推将来,凡先生所理想当无不成为事实;三为开诚布公,先生无论何地何人何事无不一出以诚,其吃亏在此,其可敬可仰永为吾人之模型者亦在此"。(《驻沪粤议员之茶话会》,《申报》1916 年 7 月 16日,"要闻一")

孙中山登台演讲,先说明权利为人类同具之观念,继言研究改革中国之经过,最后申述中华民国之意义。

孙中山指出,"权利为人类同具之观念",但倘若"非尽铲恶政治而去之,国民非特自身无权利之可言","即幸及身,而酬亦无有能贻其子孙者",故其"毅然欲起而改革之,以绵吾全国同胞奕世不失之大权利"。革命时期,其"力与同志谋以武力为改革之手段,争国民权利之预备",但现今则当与众人讨论建设问题。孙中山认为谋国者,无论英、美、德、法,"必有四大主旨:一为国民谋吃饭,二为国民谋穿衣,三为国民谋居室,四为国民谋走路"。

孙中山还阐发了他对"民国"这一概念的理解。认为"二十世纪之国民,当含有创制之精神,不当自谓能效法于十八九世纪成法而引为自足",当有所创新。而"代议政体旗帜之下,吾民所享者只一种代议权耳。若底于直接民权,则有创制权,废制权,退官权"。为推行此种民权,主张以县为单位,实行地方自治。最后,强调要巩固民国,必先建其基础,而这一基础"不必外求,当求诸全国国民之心中"。(《名流政治演说——昨日尚贤堂茶话会》,上海《民国日报》,1916 年 7 月16日,"要闻")

就华侨境外投资问题,孙中山亦以"广东富豪伍某,曾于七十年前投资于美国铁路,二十年前曾以此事在香港涉讼"为例,指出"故吾国人之投资外国者,苟祖国政治不良,决无保存资财之道。"(《正误》,上海《民国日报》,1916年7月19日,"要闻")

孙中山发表讲话后,黄兴在演说中强调普及教育,称政治不改良,必无教育发达之望。孙中山顷言衣食住为政府对于国民施政之主旨,无适应之教育,则衣食住三字仍不易平均。何则?中国之所以穷,穷在贫富不均耳!欲均贫富,当令全国人民无一不有谋生之智能;欲全国之人民有谋生之智能,非普及教育不可。美国现在多有形似教育捐的这条法律,凡有恒产而具赡济教育之能力者,无不奔赴于提倡教育的旗帜下。(毛注青编著:《黄兴年谱长编》,第481-482)

7月16日　就居正14日来电批复:"已着仲恺致意,请照行可也。"(《批青岛某某电》,《孙中山全集》第3卷,第324页)

△ 《申报》就国会开会前之筹备发布消息,称参议院议长张继、众议院副议长王正廷已先后出京。当二人未出京以前,大阪《朝日新闻》驻京记者曾往询问对于今后政局之意见。王正廷认为,"设袁再生存两月,由南方以实力斥去之而根本的厉行改革,固可为所欲为。今以病死之故,乃以和平的贯澈南方之主张,组织内阁一节,吾辈与唐绍仪氏同意,以为可以逐步改善。今虽力劝氏等入京而顷所得。孙洪伊复电,仍不欲轻率入阁。后此如何结果,殊难预断。国会以下月一日召集绝无困难。选举副总统时,如旧议员人数不足,可以候补议员补充之。制定宪法当首先从事旧约法之不完全。吾人亦既公认之矣!"张继继而指出,国会开会后第一问题为改造内阁及惩办帝制派,主张真正之责任内阁,拥戴文治派为总理。至惩办帝制派问题,山东居正一派发表激烈之主张。惟孙中山主宽大,认为倘若以此再引发国内动乱,诚非得策。外人观察中国前途,多怀悲观,而其尤困难者则为财政及军政。财政问题苟有解决,则政治上之诸问题自较

易于整理。此则有待于友邦直接间接之援助者尚多。(《国会开会前之布置》,《申报》1916 年 7 月 16 日,"要闻二")

7 月 17 日 本日,邀请两院议员、旅沪名流、商学官军各界、新闻记者于午后二时开茶话会于张园安垲第,以期交换政见,并发表演讲。

到会者约千余人,除两院、议员及沪上名流、新闻记者外,受邀前来的还有教育界代表黄炎培,商界代表宋汉章、朱葆三、洪承祁,护军使代表赵禅,交涉使代表陈震东,上海县知事沈宝昌。二时许,宣布开会。(《纪孙中山之政见演说会》,《申报》1916 年 7 月 18 日,"要闻一")

孙中山演讲的主要内容为地方自治与直接民权,认为"今国人竞言建设,但尚无一定方针,故以先定方针为最要"。接着以建高楼必先固地基为比喻,强调"地方自治者,国之础石也。础不坚,则国不固",因此"今后当注全力于地方自治"。相信,中国以旧有自治之基础,合诸今日人人尊重民权之心理,行之十年,不难达此目的。

继而指出,"民意常潜伏而不可见,非有一方面走于极端,不能发生反动",此次中国民意之激烈表达,正由于袁世凯复辟帝制。然而,"欲使民意易于发见,非有良善之机关不可,此最新自治制即其机关也"。新的自治机关"欲图实行,当由先知先觉者之负责。先知先觉者能人人尽职,不患国人之不悟"。中国旧有地方自治,15 日黄兴已详细阐述。指出本旧础石而加以新法,自能发挥数千年之优良性能。当时孙中山也表示"当为人民之叔孙通,使其皆知民权之可贵"。更号召与会诸公"皆为伊尹、周公,辅迪人民,使将民权立稳"。

接着,提出了从办地方自治学校到制定自治制度的一系列办法。最后,感慨"国不治不能发大财,即发财亦不能持久",号召商界关注政治。(《记孙中山先生之政见演说会》,上海《民国日报》1916 年 7 月 18 日,"要闻")

之后,黄兴、伍廷芳等围绕相关话题,接着发表演说。黄兴从地方自治的角度就孙中山之言难以施行的观点发表见解,指出"我国自治组织最完备,特未有其名。又,人民久屈于专制政体,固不能如图(即孙中山演讲时悬挂之美国最新之自治机关示意图)中之在上,而当移置于图之下端。其上有六局,则皆我所固有。……因皆为我所固有,惟将屈处在下之人民,移而置于图之上端而已"。(毛注青编著:《黄兴年谱长编》,第482—483页)

商界代表洪承祁演说,云:"中山先生谓商业与政治有密切关系,此我商人所当书绅不忘者。商人多求和平,但以近五年中之经验,则知非求永久之和平不可。中山先生所论最新自治制度,殆为求永久和平之法。两院诸君当思所以实行,而亦商界所应研究者也。鄙人承葆三先生之命,代述其意如此。"

新闻记者邵仲辉发表演说,指出报纸言论与真民意不相违背。

伍廷芳亦发表演说,谓"中山先生发挥政见,苦口婆心,良可敬佩。吾国今日最要者在定良好之法律,尤在定法以后人人能守法而不渝。袁之罪恶最大者为不守法律,非特解散国会,甚且逮捕议员。西律于侦查家宅逮捕人民等事,极为郑重。袁则随便搜索,随便拘繫。两院议员有被拘至今日始得自由者,违法孰甚。吾人皆避居租界,非以租界以外几无法可言耶! 今日当定法,尤当守法。两院诸公当为国民制良法,尤当监督政府使不敢违法,方不负中山先生之盛意也"。(《纪孙中山之政治演说会(再续)》,《申报》1916年7月20日,"要闻一")

伍廷芳之后,黄炎培发表演说,谓"今日中山先生提倡地方自治。中山先生发言慷慨激昂,鄙人愈觉惶愧无地。鄙人亦教育界一份子。国内发生帝制,道德堕落,教育界实负有重大之罪戾。今国家建设问题,地方自治实为重要,而教育与自治尤有密切之关系。故今后之教育界责任愈重。然教育事业非一二人之力所能尽,必全国人民共同肩负此巨责,而后教育界始可大放光明。今日到会者不下千人,假如一人劝十人于此暑假中令子弟入学补习,影响甚大。近十年来,国人对于教育均视为重要问题,然当帝制发生之时全国中几于无教育可办。今局面改观,吾教育界引颈企望政治清明,而又仰仗官厅掖进,且教育上种种问题与两院诸公关系至重,故属望两院诸公亦甚深也"。(《记孙中山之政见演说会(续)》,《申报》1916 年 7 月 19 日,"要闻一")

　　参议院代表王正廷发表演说,称:"中国最大缺点在遇事不从根本着想,孙中山先生不拘于宪法等事,特注于一国根本之人民。盖人民尽知地方自治,由一县而推至一省一国,必悉能实行自治,又何至如三年以来,吾侪国会受尽痛苦,而国家亦蒙无穷之影响耶? 今欲言者,即(一)望国人群以中山先生为模范(拍掌);(二)须知五年之间,人民历尽无数之辛酸苦辣,皆害在四字,曰'拥护中央'(拍掌),人民稍有反抗政府之为,政府即以此四字责之,而其所谓拥护者何? 予敢曰非他,拥护袁世凯耳(拍掌)。今也,又有一新名词出曰'统一',然统一二字之根本问题乃统一全国人民,使全如今日。孙中山先生所言之地方自治,乃统一全国国民之基础耳! 宁有他哉? 且'民为邦本'四字乃一切政治之本源,如任一部人民较他部人民享多数之利益,其极必有害于国家。故须行自治制而后可以无偏,而后可以统一。议员诸君当有以保障之也(拍掌)。"(《张园演说政治记(续)》,《新闻报》1916 年 7 月 20 日,"本埠新闻")

　　据邹鲁回忆,孙中山回上海后,想和议员们谈话,乃派其去约。邹乃与在沪议员商定,开会欢迎孙,并请其演讲。孙中山在尚贤堂以"地方自治为建国基础"为题发表演讲,历二时之久。后来又约议员及各界领袖在张园演讲。事前,问邹,"议员们最注意的是什么?",邹答曰:"宪法",并建议孙讲世界上现行最新式的民权制度,因为对此问题,议员们大都很感兴趣。那日,孙中山讲直接民权问题,听众"咸讶为得未曾有"。(邹鲁:《邹鲁回忆录》,第 59－60 页)其实,孙中山讲直接民权问题在 13 日,地方自治问题在 17 日。

　　孙中山等关于地方自治的宣讲亦引起江浙一带地方士绅的关注。8 月,温岭县议会副议长蔡宗黄禀督军吕公望,请电达中央回复地方自治,并引孙中山语,谓:"……窃维县议会为代议县地方行政及监督县知事机关,对于人民权利有直接关系。孙中山有言,县自治与民国政治关系最巨。县会机关一日未复,即宪政基础一日不立。"
(《请复自治之禀稿》,《申报》1916 年 8 月 13 日,"地方通信")

△　《申报》消息称,浙江督军吕公望因有要事商议,由杭州乘坐三号快车来沪。抵站后即乘汽车往北暂驻英租界振华旅社。闻俟往晤孙中山后,尚须至护军使杨善德处会商要务。(《浙江督军莅沪》,《申报》1916 年 7 月 18 日,"本埠新闻")

7 月 18 日　本日《中华新报》就 17 日演说发表时评,称赞孙中山首倡共和,实行革命,为民国之先知先觉,并指出其纯粹民政主义之直接民权说,诚为民主国家之极轨。不可误认为"此种制度行之于领土狭小之瑞士则可,恐不适于广土众民之大国"。相信"直接民权之说,苟悬为必达之目的,而以必成之决心与毅力赴之,纵不能实现于今日,安见其不能见之于十年或数十年之后乎?"因此,希望国人勿以孙之言为陈义过高而视为不可期及之事。(《孙中山先生演说志盛》,《中华新报》1916 年 7 月 18 日,"时评")

△　黎元洪电促驻沪国会议员速赴北京。(韩信夫、姜克夫主编:《中华民国史·大事记》第 1 册,第 441 页)

7 月 19 日　本日,致居正电,认为其树敌太多,宜早日收手,建议与廖仲恺协商办法。并请致电萧萱转告段祺瑞,山东军队不能骤然放弃,但目下没有经费遣散,只能等待中央决定。(《指示收束山东军民电》,中国国民党中央委员会党史委员会编:《国父全集》第 3 册,第 407—408 页)

7 月 20 日　本日,在上海金星保险公司、南洋兄弟烟草公司欢送两院议员大会中,就宪法之基础问题发表演讲,指出:"国人苟能多一实业,则国家多一分之富力矣!"

就政权建设而言,孙中山认为自孟德斯鸠提倡三权分立以来,各国以之为宪法基础,但他本人则主张五权分立。三权分立之法,通行百数十年,几如铁案。但今日"乃觉其宪法不能相容,惟欲中途变动,则殊非容易耳"。但中国制定宪法之初,则尚可乘机采用五权者分立之制,在立法、司法、行政三权之外增加考试和弹劾两权。相信,"今以外国输入之三权,与本国固有之二权,一同采用,乃可与世竞争,不致追随人后,民国庶几驾于外国之上也"。(《两大公司欢送两院议员记》,上海《民国日报》1916 年 7 月 21 日,"本埠新闻")

△ 湖北督军王占元来函,告知曾任鄂军中校的革命党人容景芳等已遵照黎元洪申令开释,并已通令属下将所有政治犯核查释放。(《各督军覆孙中山先生请释政治犯电》,上海《民国日报》1916 年 8 月 22 日,"公电")

7 月 21 日 本日,黎元洪申令,嘉许军务院宣告撤销,并勉内外各官,以竟全功。("中华民国"史事纪要编辑委员会编:《中华民国史事纪要(初稿)——中华民国五年(一九一六)一至十二月份》,第 457 页)

△ 萧萱、叶夏声来电,报告北京方面并无要求张怀芝攻取潍县的命令,称已将此事电告居正,希望将其召到上海酌商办法。(《萧萱上总理电》,环龙路档案第 03264 号)

7 月 22 日 本日,因听闻侄孙昌"举兵于乡,多有扰及闾里,致父老责有怨言",乃致函,劝其"洗戟归田,毋久为乡里之累,方表大公无私"。至于解散费,由唐绍仪派专人回乡与父老协商。希望孙昌遵从众议,否则将置之不理,恐其在乡中也无法容身。(《致孙昌函》,陈旭麓、郝盛潮主编,王耿雄等编:《孙中山集外集》,第 376 页)

△ 孙科来电,称朱伯元因办理筹饷事务,拟回国。因缺乏川资,请求电告共和维持会支款。(《孙科上总理电》,环龙路档案第 08561 号)

△ 上海《申报》《新闻报》《时报》《神舟日报》《时事新报》《中华新报》《华报》《民国日报》《民信日报》《新中外报》《共和新报》等十一家报纸借尚贤堂开茶话会,欢送北上议员。至下午三时,议员及来宾陆续至会约五六百人,伍廷芳、黄兴、胡汉民、钮永建等到会。孙中山、唐绍仪、康有为、梁启超、柏文蔚等因事未至。(《报界欢送国会议员纪事》,《申报》1916 年 7 月 23 日,"要闻一")

黄兴发表演说,呼吁"舍私见而谋国政",指出:"自民国成立以来,报馆、国会同为代表民意之机关,在国中非常尊重,不可不就往事以勉将来。昔日之国会、报馆,因随世界潮流,为有党之结合,不免互相误会,舍政见而为私争,不商榷大计而攻击个人。今往事已矣,重振旗鼓,脱专制之束缚,以建共和民国,当一本良心之主张,以谋国是,尽舍私见而谋国政。此实第一要义也。"(毛注青编著:《黄兴年谱长编》,第 484—485 页)

7 月 23 日 本日,在上海的青木宣纯中将和日本驻上海有吉明总领事设宴招待北上的中国国会议员,孙中山、黄兴、张继、伍廷芳、章炳麟等有关革命党人士四十人与会。席上,有吉明在欢迎词中,希望议员在制定宪法时,"切勿忘中日亲善之一事"。次日,青木致电参谋总长,陈述中国党派情形,内称:"黄兴为南方派的中心,仍留上海。""孙中山派表面上协助此等运动,但无密切联系。"(段云章编著:《孙文与日本史事编年(增订本)》,第 520—521 页)

△ 湖北革命党人田桐等通电中央,告知已奉手谕解散秘密团体。(《湖北民党解散团体之通电》,《申报》1916 年 7 月 29 日,"要闻二")

7 月 24 日 本日,福建督军李厚基来函,告知 17 日已奉黎元洪 12 日申令释放政治犯。(《各督军覆孙中山先生请释政治犯电》,上海《民国日报》1916 年 8 月 22 日,"公电")

又英文《京报》来函,为国会开会,该报特行增刊,请赐训词或鸿文,以表政见。(《英文〈京报〉上总理、黄兴、唐绍仪、康有为电》,环龙路档案第 09041 号)

△ 居正与张怀芝相互发电责难。居正先致张怀芝电,告知东北军克复临淄之期,军民皆知,外人可证。指责张部首掠临朐,继陷安邱,又攻诸城。如不归还,既兴讨贼之师取济南。张怀芝复电,称居正所言与事实不符,要求严令所部及吴大洲等,从此一概不准侵略城池,勒捐商户,逼迫军队,肆扰省垣,并停止一切军事行动,以待中央解决。如言行相背,则齐鲁健儿情甘喋血。(《居正致张怀芝电》《张怀

芝覆居正电》,《国民公报》1916年7月27日,"新闻二")

7月25日 本日,致电山田纯三郎,托其代请一名日本医生来为宋庆龄治疗腹泻发热。(《致山田纯三郎代请医生一名来寓函》,中国国民党中央委员会党史委员会编:《国父全集》第3册,第408页)

△ 与黄兴等参观商务印书馆编译部及印刷所,该馆副总理张元济(菊生)、李白科陪同导游。(毛注青编著:《黄兴年谱长编》,第485页)

据《申报》消息,孙、黄及两院议员数人乘汽车特至该馆编、印两部参观。由副经理张、李二人殷勤接待,导往各处详细观览,并款以西餐。五区警署特派警员一排至商务印书馆梭巡保护。等至下午三时余告辞离开。(《参观商务印书馆编、印两部之内容》,《申报》1916年8月1日,"本埠新闻")

△ 中华革命党本部发布通告,奉谕各省党军停止进行,一切党务亦应停止,将来如何改组,有何办法,应征求海内外各支、分部之意见。(《中华革命党本部通告》,上海《民国日报》1916年7月28日,"本埠新闻")事后,张炳宸等来函,自述在热河、大沽、沧州等地运动驻防军警的经过。袁世凯死,大局已定,组织亦已结束,请拨款偿还债务,并列具开支。(《张炳宸上总理函》,环龙路档案第09256号)

△ 朱执信由香港来密电,"徐昨占石龙,颂,今日赴徒处,执、湘(指朱执信、古应芬二人)留港,有款速汇"。(《朱执信经营粤事史略·附录:朱执信由香港致总理密电五件》,黄季陆主编:《革命文献》第47辑,第355页)

△ 叶独醒来函,对政治经济改革双管齐下的方针表示赞同,但指出政治不良终至实业衰败,政府腐败,华侨投资累亏甚巨,信用扫地。官僚派系复杂,社会公德缺失,投资合伙无异缘木求鱼。主张先规复约法,改革政治已达真正之共和。(《叶独醒上总理函》,环龙路档案第07846号)

△ 黄兴在卡德路徐氏花园宴请青木宣纯、有吉明及日侨知名人物和沪上名流。(毛注青编著:《黄兴年谱长编》,第485页)

7月30日《顺天时报》刊载宴会详情。黄兴于25日在徐园招待侨沪之重要日本人,并延中国国会议员相陪。自下午三时起,车马□填,群贤毕至。日本来宾为青木陆军中将、有吉总领事、斋藤副领事、原田候补领事、增田海军大佐、高仓海军中佐、中岛海军少佐、盐岛海军大尉、铃木陆军大尉及宗方、井手、土佐、木幡、原田、安田、幡生、神崎诸氏。中国来宾则为孙中山、唐绍仪、伍廷芳、章炳麟、谭延闿、温宗尧、李手书诸人及多数之国会议员如张继、殷汝骊等亦咸莅止,主客约共六十余人,谈笑甚欢。□前绿阴如滴,凉风徐来,暑气全消,而主人雅意,又复设有围棋、将棋等娱乐之具,以为来宾随意消遣之资。至五时许布席,开尊列筵十二,水陆毕具。辨肴之顷,黄兴乃起立演说,谓中日亲善之说,向来极所主张。由今日之大局计之,益觉此事为当务之急。一旦欧战终结,西方列国必复以东洋为角逐之场,故今日中日两国必须互相提携,以实现"东洋之平和由东洋人自行保护"之主义。之后,有吉总领事代表日方回应,谓对于黄兴的观点,极表赞同。此后,中日两国人必须互释猜嫌。接着由张继起立演说,谓与孙中山之政见虽有种种不同之处,然渴望中日亲善以维持将来东洋之平和则二人同一见解。其最敬服孙中山之言论,而唐绍仪则为实行之人。甚望唐此次将孙之大方针不遗余力以实行之。本日,主客□欢至七时半始散会。(《黄克强欢宴中日名士》,《顺天时报》1916年7月30日,"时事要闻")

△ 《申报》载湖北省议会公电,阐述省议会之重要性,指出"夫立法机关,中央与地方关系具责任同,譬之人身脉络,国会脑部也,省会心脏也。两者有一停滞,势必指使不灵。矧参议员由省会选出,省会不复则参议院失所根据,即国会之组织不得完全者。……方今政令更新,百废待举。国会虽足代表民意,究不能解决地方庶政。故省会之重要,不让国会。犹复迟回瞻顾,令民之喉舌积滞莫宣。所谓与民更始者,应如是耶。同人等受民付托,有职莫举,反躬内疚,缄默难安。敢请海内名流著之论说,使通电力争一致,主持俾省会早日召

集。人民幸甚,大局幸甚。湖北省议会同人叩"。(《湖北省议会同人电》,《申报》1916年7月25日,"公电")

△ 《申报》消息,传有来京之意。

黎元洪与段祺瑞商议,邀请在野政治家北上。由政府秘书长发函十余通,所邀者有孙中山、黄兴、岑春煊、梁启超、伍廷芳、康有为、张謇、温宗尧、汤化龙等。据说孙中山颇有来京之意,已致书在京旧部声明此意。惟何日启程,尚未确定。黄兴因为部下所阻,一时恐不能立即前往。岑春煊声明待军务院解散即解甲归田不再涉足政治。(《政府电促诸要人入京》,《申报》1916年7月25日,"要闻一")

7月26日 本日,与黄兴、唐绍仪及湖北旅沪人士接湖北旅京议员暨军学各界人士经《申报》所转之公电,电谓:

"……京报欣悉,吾鄂旅沪诸公推戴蔡济民为鄂督。然省长一席亦关重要。彭养光君望重资深,以之相畀,必能与蔡君共济艰难。望始终坚持,并祈孙、黄同诸先生表示主张。吾鄂幸甚。湖北旅京议员暨军学各界公叩。"(《旅京鄂人来电》,《申报》1916年7月26日,"公电")

△ 上海《新闻报》消息,称黎元洪为景仰伟人起见,敦请来京共商国是。据说已允北上。交通部已电饬沪宁、津浦、京奉三铁路局预备花车,并在北京东城石大人胡同迎宾馆(此馆系一座壮大之洋楼,本为外交部欢迎外宾之所,当民国元年时,孙中山来京即系寓此馆内)预备寓所。闻将于下星期内即可抵京!(《政海人物之新消息》,《新闻报》1916年7月26日,"紧要新闻")

7月27日 本日,黄兴答《民国日报》记者问,谈发展教育、实业问题。(毛注青编著:《黄兴年谱长编》,第486页)

7月28日 本日,于上海一品香设宴,招待中日两国人士,日本方面出席者有有吉明总领事和青木宣纯中将。中国方面出席者有黄兴、章炳麟、唐绍仪等共六十余人。(段云章编著:《孙文与日本史事编年(增订本)》,第521页)

30日,上海《时报》转《上海日日新闻》报道,称日本方面有有吉总领事与以下领事馆员,青木中将以下武官及公司人员,新闻记者等。中国方面则有黄兴、唐绍仪、章炳麟诸氏,计达六十余人。酒酣,孙中山起而演说"中日亲善论",略谓:此次之革命,由日本之援助,得早日告成,谨此申谢。余留于日本之年限,较在中国尤长,殊堪威□。有吉总领事代表来宾述答辞。至九时半,尽欢而散。(《孙中山欢宴中日人士》,《时报》1916 年 7 月 30 日,"本埠新闻")

△ 居正来电:"返潍拟北上,请任蒋介石为东北军参谋长,并请命许崇智代理东北军总司令。盼复。"(七月二十八日发往上海。)(《中华革命军东北军总司令居正任内上总理要电摘录(九)》,黄季陆主编:《革命文献》第 46 辑,第 294 页)

△ 《申报》消息,与唐绍仪、黄兴、王宠惠、温宗尧等及议员团、各报馆收袁世凯侄子袁英请严查祸首籍没赃私公电。电称袁世凯为称帝,造成"交通银行亏至四千余万,中国银行亦亏至一千余万,益以外债内资当在万万以上"。这些款项,"虽缘项城一人,而耗费实则首恶诸人所侵盗"。之前,虽有惩办帝制首恶的命令,但漏网之鱼实多。时下国库空虚,上下交迫,"而彼辈坐拥巨资,席丰履厚,或则法外逍遥,或仍从中盘踞。刑法不中,可谓至极"。故请再颁明令,按律严惩,"纵有架逃,宜思穷捕"。袁英本人愿意协助指证。又指出,因大理院人员多有帝制嫌疑,已经丧志检查资格,希望特设法庭裁决。(《袁不同请严惩祸首籍没赃私电》,《申报》1916 年 7 月 30 日,"公电")

31 日《上海泰晤士报》亦称,袁世凯侄子袁英致电唐绍仪、孙中山、黄兴等人,谓帝制活动,耗资五千万,四千万借自交通银行,一千万借自中国银行。尽管袁世凯渴望称帝,帝制过程则有十三人密谋推动,皆中饱私囊。建议将彼等抄没家产。并称其可以举证。(《帝制细节》,《上海泰晤士报》1916 年 7 月 31 日)

△ 《中华新报》转来史昌明公电,谓"东埔奉命,义师乃止。关山奔走,愧负素怀。自顷约法重光,寰宇思治。先生共和先觉,创国元祖,人所同归,中外同钦。从此提携全国俊秀,共谋建设,必能永奠

国基,福利神州。民等不敏,辱附骥尾,誓贯初志,乞赐昏海,俾慰群情。近更联合筹议大计,迟日赴沪面呈,并闻盼示。史昌明暨全体同人叩。《吉长报》转"。(《史昌明致孙中山电》,《中华新报》1916 年 7 月 24日,"公电")

△ 报章传闻将至南京并赴北京,各界已预备开会欢迎。(《南京快信》,《申报》1916 年 7 月 28 日,"要闻一")

△ 湖南旅沪同乡会借斜桥湖南会馆为本年二月在长沙为汤芗铭杀害的革命党人龚炼百(又号铁铮)举行追悼会。孙中山撰写挽联:可悯麟凤供枭脯,如此江山待被除。黄兴、于右任、程德全等亦撰挽联悼念。(《湖南会馆开追悼会》,《申报》1916 年 7 月 29 日,"本埠新闻")

7 月 29 日　本日,《申报》转《大陆报》消息称,闻黎元洪电邀赴京,已电复称不日将北上。是以黎已命交通部预备专车,并命内务部整顿外交部迎宾馆以备欢迎。(《黎总统欢迎孙中山》,《申报》1916 年 7 月 29 日,"本埠新闻")

△ 《新闻报》消息,谓将赴南京,冯国璋遣副手迎接。(《南京》,《新闻报》1916 年 7 月 29 日,"快信")

7 月 30 日　本日下午二时,铁道协会开会欢送两院议员。会长孙中山因临时有要事,由马君武代其发言。马谓中国"进口货物日多,出口货物日少",其原因"实基于交通之不便利"。而五年来,"官僚党与外国借款",名为修路,实则中饱私囊。建议议员们对此情况进行调查,向国会请愿,并质问政府。同时希望议员们能"收罗人才","整顿路政","此即中山先生今日所希望于诸君者也"。(《孙会长代表马君武演说词》,上海《民国日报》1916 年 7 月 31 日,"本埠新闻")

△ 收居正 28 日请任命蒋介石为东北军参谋长,许崇智为代理东北军司令电。(《居正上总理电》,环龙路档案第 03552 号)

△ 倪嗣冲致电黎元洪,主张以武力解决粤事。

4 月 28 日,孙中山复国民党部函,谓"龙济光伪称独立,以图敷衍,吾粤受龙毒害,以较受诸袁氏者尤为深切。经已策励粤军,必除此蠹"。但 5 月 24 日,致田中义一函中,又认为以民军实力"驱逐龙济光实属非常困难"。6 月 25 日,唐绍仪、梁启超、温宗尧、王宠惠电请黎元洪罢斥龙济光。26 日,孙中山致电黎元洪,请罢龙济光。7 月 1 日,因龙济光电告北京,言李烈钧谋攻广州,黎元洪电请岑春煊、孙中山、黄兴等设法调停。本日,倪嗣冲致电黎元洪,主张以武力解决粤事。电指"李烈钧何人,竟敢怀挟野心,谋揽权利,始欲进兵窥赣,继有挥兵攻粤。恃众横行,破坏大局,已属罪状昭著。……乃犹勾结桂滇各军暨粤东土匪,一意孤行,四面围攻,荼毒粤省之人民,……夫政府以广东督军授陆荣廷,陆未到任以前畀龙济光暂行署理,……即使陆荣廷奉命赴任,尚须与龙济光和衷商榷,定期交替,……龙济光一日未经交卸,即一日得行其职权",批评有人"不责李之肆行,而犹窃窃焉议龙督之抗命,是非颠倒,纲纪荡然",故恳请黎元洪"明发命令,责成龙督保守广惠,……一面将李烈钧等违令横行情状明白宣布,声罪致讨,电斥江西、福建两督,一由赣南,一由诏安督兵会剿,以张挞伐而警凶残"。(李良玉、陈雷主编:《倪嗣冲函电集》,第 278 页)

7 月 31 日　本日,居正来电,"明日启行,偕吴忠信、萧汝霖、刘廷汉、贺治寰、吴怀仁及日人野中金子。"(七月三十一日发往上海。)(《中华革命军东北军总司令居正任内上总理要电摘录(十)》,黄季陆主编:《革命文献》第 46 辑,第 294 页)

△　东北军总司令居正自潍县赴北京,许崇智代理总司令,蒋中正任参谋长。(罗刚编著:《中华民国国父实录》,第 2899 页)张勋发布通电,声援龙济光。(郭廷以编著:《中华民国史事日志》,第 255 页)

是月　致函旅美华侨阮本畴,告知袁死黎继,各地革命军已于约法恢复后停止活动。山东居正部也已于月中令其解散。广东与龙济光的对抗也仅已邓铿个人名义进行。故现在不可再以中华革命党的名义运送飞机来华。希望"仍集合同志衷心研究,以备日后御外之用"。(《致阮本畴函》,陈旭麓、郝盛潮主编,王耿雄等编:《孙中山集外集》,第

377 页)

△　收朱执信自香港密电,"现在已占领深浚,经石龙至南冈铁路,昨胜,李嘉品军进攻惠州,乱急,所商乞示,崖略款收"。(日期不详,约在 1916 年 7 月间,朱执信发)(《朱执信经营粤事史略·附录:朱执信由香港致总理密电五件》,黄季陆主编:《革命文献》第 47 辑,第 355 页)

△　王丹侠等来函,称因参加革命以致流落沪滨,请拨给赴鲁、粤等地船票,以便投效各军。并附个人履历。(《王丹侠等上总理书》,环龙路档案第 03641 号)

是年夏　致黎元洪函,强调了汉口领事团保持中立对武昌起义成功的重要性,并指出"各国对于他国国中起革命时宣布中立,实为国际上所罕闻,况以列强联同宣布,则尤非常之事",即便"云南此次起义,各国尚未有中立之宣言"。

函中尤其提到湖广总督瑞澂污蔑起义军为义和团之辈,请求列强武力干涉时,法国驻汉口领事侯耀(Ulysse－Raphac Reau)"深明革命党之宗旨,极有同情,当会议时,主持公道,表白革命军改良政治之目的,破彼义和团流派之说,力言干涉之非。其时各领事本无成见,遂得开悟,而干涉开炮之议以消"。希望黎元洪能"从优给予法定给外国人最高勋章,以彰殊勋,必能激劝流俗,裨益邦交"。(《致黎元洪请授勋辛亥法国驻汉领事书》,中国国民党中央委员会党史委员会编:《国父全集》第 3 册,第 403－405)

8 月

8 月 1 日　本日《时事新报》消息,孙中山、黄兴等旅沪名流三十余人发起,定于 8 月 6 日在张园开追悼陈其美大会。(《陈英士追悼会预志》,《申报》1916 年 8 月 1 日,"本埠新闻")李征五被共推为庶务长,筹备会场一切事宜。(《陈英士之追悼会》,《时事新报》1916 年 8 月 1 日,"本埠时事"）

△　孙景龙来函，报告二次革命期间，南京水西门外粤东烈士坟遭破坏，请饬地方官重新修葺。又请大力提倡工艺、矿产、农垦、教育等项，"以活民命而济时艰"。（《孙景龙上总理函》，环龙路档案第 09369 号）

△　《中华新报》消息，称日内将赴南京，冯国璋已派副官李显谟预备欢迎。（《中华新报》1916 年 8 月 1 日，"苏州快信"）

△　国会重新开会。参众两院议员到会者五百十九人，在参议院举行开会式，黎元洪到会补行大总统就职宣誓。（罗刚编著：《中华民国国父实录》，第 2904 页）

8 月 2 日　本日，林白水之妹林宗素来函，谓仰慕至深，本欲请陈其美引荐，被告以行动机密，同志多不与闻，如与党务无关，则不宜觐见。后至新居拜望，又遭拒绝，但仍期待赐晤。同时告知南通张泽霖，前因谋江苏独立被捕，请电冯国璋释放。（《林宗素上总理函》，环龙路档案第 09370 号）

居正来电，汇报抵达济南后之情况，告知将于 3 日赴京，请求指示办法。（《居正上总理电》，环龙路档案第 03253 号）

△　北洋各省军政首长纷电，指责李烈钧违令横行。

广东滇军李烈钧部与龙济光军之间所发生的军事冲突，迄未停止。黎元洪电令李烈钧入京，亦未成行。段祺瑞不愿广东沦为南军势力范围，因有围剿李部主张。华北各省军政长官，仰承其意旨，日来纷电指斥李烈钧之非。（"中华民国"史事纪要编辑委员会编：《中华民国史事纪要（初稿）——中华民国五年（一九一六）一至十二月份》，第 467 页）

8 月 3 日　本日上海《民国日报》消息，与黄兴、伍廷芳、唐绍仪等联名发布"陈英士暨癸丑以来诸烈士追悼大会"通告，订于 8 月 13（星期日）下午二时起六时至，追悼陈其美及癸丑以来殉国诸烈士于法界霞飞路尚贤堂。（《陈英士先生暨癸丑以来诸烈士追悼大会通告》，上海《民国日报》1916 年 8 月 3 日）

　△ 《时事新报》消息,称有往杭州游览之意,吕公望已请前参议会会长张羽生赴沪欢迎。(《时事新报》1916年8月3日,"杭州快信")

　8月4日 8月1日和2日,居正、吴大洲迭与张怀芝、孙发绪会见,并与政府特派之曾任保定陆军军官学校校长的曲同丰商议山东护国军善后问题。终因无法达成一致,必须与中央直接谈判,遂决意本日北上。2日晚,居、吴二人又设宴款待济南重要官民,并感谢日本对中国革命的帮助。(《居、吴两氏决定北上》,《中华新报》1916年8月4日,"东方通信社")为此,孙中山致居正电:"现当收束,一切由兄专办。但偕日人赴京有碍,切勿偕行。至要。"(《致居正勿偕日人赴京电》,中国国民党中央委员会党史委员会编:《国父全集》第3册,第408页)

　此时日本已不支持革命党。日本军部电令青岛守备司令官、驻济南武官和北京公使馆副武官坂西利八郎大佐立即中止对革命军的援助,并严饬坂西到青岛督促执行。(段云章编著:《孙文与日本史事编年(增订本)》,第521页)

　又致冯国璋电,南通张泽霖因函劝独立被囚,请求释放。(《孙中山致冯国璋请释张泽霖电》,上海《民国日报》1916年8月8日,"公电")

　△ 《申报》《新闻报》7月26日、29日消息,称孙中山有不日北上之说。本日,《中华新报》亦称,与黄兴等迭接政府电邀入京磋商大政。昨接覆电,允于九月初间即行来京。(《孙中山已允入京》,《中华新报》1916年8月4日,"本馆专电")

　同日该报又称,日来外间宣传孙中山因奉黎大总统电招,有即日北上之说,并云南京冯国璋已派代表李显谟来沪欢迎等语。兹悉孙中山近日虽迭接黎元洪来电邀赴京师,而时局甫定,南方善后事宜多未解决。除前派代表萧、夏两人入都面陈外,一时不打算北上。刻下虽有往西湖避暑之议,能否成行亦尚未确定。外间所传北上一节当非事实。(《孙中山暂不北上》,《中华新报》1916年8月4日,"本埠要闻")

　8月5日 本日,与黄兴收黎元洪挽陈其美电,谓:"闻公等为陈君英士开会追悼,远风遄听,怅恸同深。辛亥之役,赖为声援。旋斡南东,厥功甚伟。项城即位,独振晓音。百折不回,终殒非命。综其生平,刚肠义胆。择途虽激,救国则诚。人之云亡,天胡此醉。范金结感,闻鼓增思。谨致哀忱,用昭公论。"(《黎总统挽陈英士电》,《顺天时报》1916 年 8 月 10 日,"公函公电")

　　△ 云南督军唐继尧通电调解粤事,并促陆荣廷迅速赴任。("中华民国"史事纪要编辑委员会编:《中华民国史事纪要(初稿)——中华民国五年(一九一六)一至十二月份》,第 473 页)

　　8 月 6 日　本日,《申报》消息,与康有为、梁启超、岑春煊、徐世昌、章炳麟、黄兴等七人,及满汉回藏各一人被北京政府确定入元老院。(《申报》1916 年 8 月 6 日,"专电")

　　△ 山东张怀芝进攻中华革命军,战于潍县。(郭廷以编著:《中华民国史事日志》,第 256 页)岑春煊电请政府严饬龙济光约束所部,静候陆荣廷解决。("中华民国"史事纪要编辑委员会编:《中华民国史事纪要(初稿)——中华民国五年(一九一六)一至十二月份》,第 475 页)

　　8 月 8 日　本日,致唐绍仪函,请代呈政府发还讨袁借款,其中提到日债共一百万元,海外各埠华侨借款一百七十万元。(《致唐绍仪函》,陈旭麓、郝盛潮主编,王耿雄等编:《孙中山集外集》,第 377—378 页)

　　△ 夏重民为华侨同志对党务意见及航空队事来函。夏认为,"目下国会约法,虽已规复,黎氏虽已就职,然帝孽犹存,官僚尚在,吾人无一健全之军队以为后盾,前途仍未许乐观也",主张一战"以为根本的改革,决不愿闻和平之梦语"。接下来称赞了 5 月发表的宣言,同时报告了飞机运抵山东后的基本情况,以及飞行队中公物私用的现象,希望能设法处置。建议"最好请尾崎即日运交本队,以为各生练习之用"。(《夏重民为华侨同志对党务意见及航空队事上决理函》,黄季陆主编:《革命文献》第 48 辑,第 89—90 页)

　　7 月 12 日,北京政府下令,所有 7 月 2 日之前因政治犯罪者,一律释放。本日袁炯来函,称江西湖口起义失败后,与蔡世英、熊公福先后被捕。后奉黎元洪令,本人得释,已于 7 日到沪。请电赣都李纯

释放熊、蔡二人。(《袁炯上总理函》,环龙路档案第00004号)

又黄伯耀来电,报告飞机完工,可飞五十尺高,只适合教学使用。(《黄伯耀上总理函》,环龙路档案第07933号)

8月9日 本日,国务院令曲同丰办理山东军事善后。四川督军兼署省长蔡锷因病离开成都。("中华民国"史事纪要编辑委员会编:《中华民国史事纪要(初稿)——中华民国五年(一九一六)一至十二月份》,第481页)

8月10日 本日《申报》消息,冯国璋收到4日电,已照准释放张泽霖。(《南京快信》,《申报》1916年8月10日,"要闻一")但8月23日又报,"本县独立未成被拘之张泽霖解往南京判定徒刑羁禁。曾由孙中山电冯国璋释放,闻未获允许。其原因已经冯函陈查照"。(《政治犯之不幸者》,《申报》1916年8月23日,"地方通信")

8月上旬 8月,国会重开,国民党籍议员集于北京张宅,有主张拥岑春煊为领袖者数人,邹鲁厉声曰:"本党自有领袖,何须认他人作父。且广东此次起义,败于岑之阴谋,其何以慰死者于地下?"议者语塞。然此数人即另结合而衍为后日之政学会。(罗刚编著:《中华民国国父实录》,第2906页)

8月11日 本日,致电黎元洪,对革命烈士遗属颠沛流离表示伤感。并告知陈其美旧部虽已令遣散,但大多流落上海,无依无靠。各地政治犯虽已申令释放,但其中穷困者亦来上海谋生。希望黎元洪对上述三个群体予以救济。(《孙中山先生致大总统电》,上海《民国日报》1916年8月13日,"公电")

△ 7月11日,收居正转许崇智函,请速偕蒋介石莅潍。14日,致电居正,告知许崇智与蒋介石同行。28日,居正请任蒋介石为东北军参谋长,并请命许崇智代理东北军总司令。本日,许崇智、蒋介石来函,报告整理东北军情况,称到潍县三周,发现居正名为总司令,实权操于陈中孚。陈之心腹朱霁青向绅商借款二十万购械而未上报,其部扰民殊甚,草菅人命。就"能维持则维持,不能维持则解散"的指示,建议解散部队。(《许崇智蒋中正上总理函》,环龙路档案第03410

号)

　△　北京政府严令龙济光、李烈钧即日停战。

　龙济光、李烈钧于广东韶州冲突之后,双方相持。粤民愤龙军残暴,屡电北京政府,严惩龙济光。政府为调和此事,前于7月上旬,电召李烈钧赴京,以陆荣廷为广东督军,派龙办理两广矿务,未收果效。其后各省督军有通电调节粤事者,亦有呼吁中央用兵解决者。大抵北方各省袒护龙济光,南方各省袒护李烈钧,壁垒分明,互诘不已。至是,政府乃令龙、李即日停战,若再行开战,即派兵讨伐。("中华民国"史事纪要编辑委员会编:《中华民国史事纪要(初稿)——中华民国五年(一九一六)一至十二月份》,第481—482页)

　8月12日　本日,黎元洪就昨日电回复,告知计划将流离革命党人安置方案提交国务会议统筹。(《黎总统致孙中山先生电》,《中华新报》1916年8月6日,"公电")

　△　16日《申报》消息,本日两院院外谈话会将散时,王正廷忽然大声报告曰,孙中山有电来,明日在上海尚贤堂为陈其美等死者开追悼会。两院同人有愿意致电吊唁者请各自上台签名。与会者一哄而散,亦有若干人上台书名。据闻有人主张以国会名义去电并派人为两院代表赴沪祭奠者。反对者多,遂作罢。乃用个人名义联名发电。(《春明珍闻七》,《申报》1916年8月16日,"要闻一")

　△　《北华捷报》消息,称将于星期一(7日)离开上海赴杭州。希望返回后能确定进京日期。(《北华捷报》1916年8月12日,"文章3")

　8月13日　本日,法租界尚贤堂举行"陈英士先生及癸丑以来诸烈士追悼大会",因病未到,由黄兴主持。(毛注青编著:《黄兴年谱长编》,第491页)作祭陈其美及癸丑以来殉国烈士文。(《追悼先烈大会记》,上海《民国日报》1916年8月14日,"要闻")

　△　原定将于14日抵达杭州,浙江督军吕公望特别布置省议会为行台,派张镜如等筹备欢迎事宜。(《杭州快信》,《申报》1916年8月13日,"要闻一")计划预备花车,派陆军至车站列队,奏军乐,添驻警卫,

搭驻彩棚,清理道路。(《欢迎孙中山先生之筹备》,上海《民国日报》1916 年 8 月 14 日,"地方新闻")本日致电吕公望,告知本拟 14 日赴杭承教,但昨日胃病复发颇剧,医者嘱宜静养。今日追悼大会亦不能出席,旅行更非所宜。(《孙中山先生改期赴杭》,《新闻报》1916 年 8 月 15 日,"本埠新闻")上海《民国日报》14 日消息,则称原因为感冒加剧,由张群代为致电吕公望转达歉意。(《孙中山先生改期赴杭》,上海《民国日报》1916 年 8 月 14 日,"本埠新闻")

△ 黄强黄来函,谓三年来为拓展党务,惨淡经营。革命结束后,军队解散,请设法资助回国。(《黄强黄上总理函》,环龙路档案第 01321 号)

8 月 14 日 黎元洪曾来函,欲聘为高等顾问。(《黎大总统致孙中山先生函》,上海《民国日报》1916 年 8 月 16 日,"要闻")遂复函黎元洪,表示"但使国家有事,谋及庶人,文必竭其愚虑,以裨高深",但对高等顾问一职,认为"受者不无短绠之愧,评者或生尸饔之讥",请黎收回成命。(《孙中山先生辞顾问》,上海《民国日报》1916 年 8 月 22 日,"要闻")

黄兴亦致黎元洪函请辞顾问,对黎的聘任表示感谢,但指出顾问等职,"原无一事可办,而徒縻国帑,只对于国家大政如有所见,自应随时条陈"。(《孙黄均辞顾问》,《新闻报》1916 年 8 月 23 日,"本埠新闻")

△ 成都《国民公报》转北京某英文报消息,称孙中山因黎元洪屡次电邀来京,许于日内即由沪北上。黎元洪饬令交通部预备专车。(《孙中山来京消息》,《国民公报》1916 年 8 月 14 日,"新闻二")

△ 日驻华新公使林权助于本日莅任,会见刚任总理之段祺瑞时,段埋怨日本的山东驻军唆使和援助革命党人活动。随后,林权助把日驻山东司令官召到北京希望他改变做法,该司令官说:"本人已充分了解了,当按尊意执行。"当时,东北军内部分为两派,总司令居正主和,参谋长陈中孚主战,参加东北军的日本人都反对妥协。7 月 31 日居正赴京,与北京政府商谈。次日,萱野长知跟踪上京,欲设法活动,推举居正任山东都督,未遂。(段云章编著:《孙文与日本史事编年

(增订本)》,第521—522页)

△ 吕公望批准,照徐锡麟例,拨银五千元,派员计划陈其美丧葬事宜,并立即拨付五千元,给其家属一次性抚恤。(《时事新报》1916年8月14日,"杭州快信")

△ 北京政府令各省议会于10月1日召集。("中华民国"史事纪要编辑委员会编:《中华民国史事纪要(初稿)——中华民国五年(一九一六)一至十二月份》,第485页)

△ 张勋通电各省,推举徐世昌为副总统。李纯(李电系窃名)、倪嗣冲、赵倜、孟恩远、张作霖、张怀芝、杨善德等复通电响应。(罗刚编著:《中华民国国父实录》,第2907页)

8月15日 本日,致函久原房之助,望携手合作开发矿业。告知"现今各省前来磋商开办矿业者,为数甚夥。阁下经办矿业之丰富阅历及抱负,素为鄙人所敬佩。且此番所办事业,我意亟须与阁下共同经营。……如蒙阁下同意,即可在阁下大力协助下,经鄙人之名义首先设立测量勘察机构,立即着手实地调查。如调查结果发现良矿,或愿联合经营,即可进而研究办法"。久原于9月5日复函称:"贵国大局日渐稳定,实属夙愿,不胜欣喜之至!""所谈开采矿山一事,谅为贵国当前问题之最善大策",并特派中山说太郎到上海磋商。9月18日再致久原函,再次表示:"开采矿山为敝国至上之急务,如阁下之热心而有力者,对此事业能予赞助,实不胜庆幸之至! 只期待阁下之代表中山说太郎早日莅此。"(段云章编著:《孙文与日本史事编年(增订本)》,第521—523页)

△ 本日,就请释蔡世英、熊公福二人一事,江西督军李纯复电,称蔡世英、熊公福、常孝善等人早已遵令释放。惟熊光炜在鄱阳威逼公团勒索巨款,且伤害人命,触犯刑事罪名,未便开释。22日,上海《民国日报》又刊湖北督军王占元,福建督军李厚基就释放政治犯问题的来电。(《各省督军覆孙中山先生请释政治犯电》,上海《民国日报》,1916年8月22日,"公电")

△ 本日上海《新闻报》载"政党之领袖"一文,评论四大党派之领袖,指出国民党本有孙、黄两派,彼此意见甚深,将来激烈派必奉黄兴为党魁,稳健派必奉孙中山为首领。惟内中尚有一部分法律派,对于孙、黄亦未能十分满意。此派或将与他党并合,亦未可知。(《政党之领袖》,《新闻报》1916 年 8 月 15 日,"紧要新闻")

△ 本日《时事新报》消息,因有要政欲赴杭与吕公望磋商,原定 14 日清晨由上海起行,昨日届期为现驻制造局之步兵第三十八团马团长得悉,故于昨晨特派步兵一连,各荷枪械及军乐队一班在车站排队以备恭送。旋因另有要事,无暇赴杭,送行军队立即回营归队。(《孙中山无暇赴宁》,《时事新报》1916 年 8 月 15 日,"本埠时事")

8 月 16 日 本日清晨 8 点,偕同胡汉民等乘火车由上海赴杭州。步兵三十八团特派一连整队荷枪至车站护送。护军杨善德使亦派军乐队一班守候龙华车站,于火车经过时奏乐迎送。(《孙中山乘车赴杭》,《申报》1916 年 8 月 17 日,"本埠新闻")抵达杭州时,浙江督军吕公望即派参谋长暨各师长、旅长、各厅长至车站欢迎。下车后,即与军政警学绅商各界脱帽行礼,遂乘舆至新市场清泰第二旅馆会客厅休息。由军署招待员指定楼上第 26 号房间为其侨寓之所。浙江铁道协会总干事阮石麟往谒,畅谈中国铁路事务。(《孙中山莅杭》,《申报》1916 年 8 月 18 日,"地方通信")

抵达杭州后,游西湖。18 日上海《民意报》刊登谈话,称前此到杭,道路及各项设备尚多简陋,今则焕然一新,深佩当局布置之得宜。西湖之风景为世界所无,妙在大小适中,……诚为国宝,当益加以人工之整理,使世界之游客咸来赏其真价。(《在杭州的谈话》,《孙中山全集》第 3 卷,第 339—340 页)

19 日,上海《民国日报》消息,称自采荷花,笑曰:"中华民国当如此花。"旋至纪念碑,摩挲读之,对同行诸人说:"辛亥之役,可为纪念者大抵为袁氏毁灭无遗,而此碑矻然独存,可见浙人士保障民国之功。"又至秋墓凭吊,谓光复以前,浙人之首先入同盟会者为秋瑾。今秋瑾不再生，而"秋风秋雨愁煞人"之句，则传诵不忘。（《孙中山先生游杭记（二）》，上海《民国日报》1916 年 8 月 19 日，"要闻"）

△　据 18 日《申报》消息，本日康有为离杭返沪。中午至督军署辞别，吕公望留宴。午餐后，康即乘舆至车站坐下午特别快车回沪。吕公望及民警各厅官员及各界要人送别康有为后一同至清泰第二旅馆拜谒孙中山。（《康南海离杭》，《申报》1916 年 8 月 18 日，"地方通信"）

同日，该报评论曰，孙至康去为同一日，杭人又多一番议论。又有人说康有为主张复辟，各团体不可请彼演说。故此，省教育会请康有为之时颇有人来询问所演讲内容是否与政治相关，请务必审慎等等。普通杭州人只知道二人都是伟人，均可崇拜，党派内幕非其所关注。（静眼：《浙省政界之内幕》，《申报》1916 年 8 月 18 日，"要闻二"）

8 月 17 日　本日早晨，吕公望便衣来谒，旋因公事别去。随后，孙中山与胡汉民、戴季陶步行出钱塘门登葛岭之楚云台。（《孙中山先生杭游纪要》，《中华新报》1916 年 8 月 22 日，"紧要新闻"）因见削壁临空，奇峰突屹，乃曰：皆人工所致，想浙省在昔不知为何种建筑用石至多，故凿山为石，而山成壁，未必天然也。（《孙中山先生游杭记（二）》，上海《民国日报》1916 年 8 月 19 日，"要闻"）中午返回，吕公望在督军署内设宴，政界、学界、报界、商界到者七十余人。觥筹交错，情意交欢。旋经吕公望敦请，即席发表演讲，（《浙督军欢谯孙中山》，《申报》1916 年 8 月 19 日，"要闻二"）题为"建设以修路为第一要着"。首先，盛赞浙江"道路修治，气象一新"，必能成全国之模范。接着，强调"今者共和再造，建设之事，不容再缓"，而交通便利应为"第一要着"，但"欲交通便利，必先修治道路"。最后，以英、德两国，疆土狭小人口不多，皆练兵四五百万，成世界强国为例，说明在中国修路并非不可能之事。因此也不必担忧"中国贫穷，造路无费"。（《孙中山先生游杭记（二）》，上海《民国日报》1916 年 8 月 19 日，"要闻"）

又有 19 日《申报》所载，同题异文。孙中山称赞了浙江道路建设的成就，指出，道路建设是地方是否文明的标志。"欲地方进富强之域,首重道路交通。"交通发达后,"工艺即可以振兴",故而对修路的资金问题,大可不必悲观。认为"浙江丝之出产,名著全球",如能善加利用,"不使生丝出洋,而织成以致用,所增富力不可计"。但"生产物之流通,仍以道路灵捷为贵",浙江既然有这样的基础和机遇,就当先"致力于道路一事,次及工艺问题",这样必能成为各省的模范。演说既毕,时已下午三点半,遂各尽欢而散。(《浙督军欢讌孙中山》,《申报》1916年8月19日,"要闻二")

午后三时由督军署宴罢赴六和塔观钱塘江潮,谓:"子胥实死于钱江,人谓其怒气所凭,故钱塘之潮甲于江海,为一大观。余意人之精神不死,虽躯体不存而精神犹能弥漫天地,此即浩然之气也。"徘徊久之,嘱陈去病赋诗以记之。又曰:"余昔在欧洲曾游一塔,值薄暮闭门,几不得出。"乃下塔由南山复趋别径,至虎跑寺,亲掬泉水饮之曰:"味甚甘美,天之待浙人何其厚耶。"(《孙中山先生游杭记(三)》,上海《民国日报》1916年8月20日,"要闻")

△ 李墨西来函,指出强国之道首推财政。现国家经济困顿,不能一味依赖外债。建议劝导各省各县总商会集资筹办商业银行,并于各省及各通商要埠设立分行,使该行钞票通行全球。哪国不予认可,即抵制该国之货。但政府对该行当无干预之权,不过可从该行每年盈余中征收若干。政府若有临时用款,亦可向该行借贷。待到商业银行经营发达,再扩充国内工厂,则平民皆有生业。不出二十年,可兵精民武,内外事务均可应对自如。(《李墨西上总理函》,环龙路档案第09371号)

△ 曾运动松江驻军起义反袁的浙江同盟会员黄兢白登报声明自二次革命以来,投身党务,经费皆从己出,从未向人勒索。如今已报告孙中山查照,闭门养病,不闻国事。如有人假借其名义敲诈勒索,可直接诉诸法律解决。(《黄兢白特别启事》,《申报》1916年8月17日)

8月18日 本日上午八时,谒张苍水墓,曰:"张公乃吾人之先觉者。"入石屋洞,纵观造像,登其高处,历览乾坤、青龙等洞。(《孙中山先生游杭记》，上海《民国日报》1916 年 8 月 20 日，"要闻"）

　　下午三时，赴省议会欢迎会，到者甚众。据上海《新闻报》20 日消息，政界有高等审判厅长范贤方，同级检察长殷汝熊，盐运使胡思义等均到场。由省议会副议长张羽生起而致词，曰："孙先生再来浙江，实与吾浙以最大之光荣。且孙先生与民国有极大之关系，故无民国则孙先生去，民国复则先生亦再来。同人等所以竭诚欢迎孙先生也。"旋读颂辞。孙中山登台致谢，谓："无民国仆不能来，民国复生仆亦再来，而民国之所以再造，则皆在座诸先觉者之力也。"并演讲地方自治，平均税则诸大端。洋洋洒洒历二小时，约数千言。待胡汉民继而演说完毕，已六时三十分。仍由张羽生致敬辞散会。（《孙中山先生在杭演说记》，《新闻报》1916 年 8 月 20 日，"紧要新闻"）

　　此外，演讲还强调"地方自治，乃建设国家之基础"，并指出地方自治是人民的责任，"不论何县或一地方，面积有大小，户口有多寡，人民有贫富，总以量地方之财力，尽力建设"。接着，提出了修建道路，促进地价，再按地收税的办法，使"国家地方，两有裨益"。最后，指出其所倡导之三民主义，民族、民权已达到目的，而"民生主义即拟从此土地问题着手"。（《孙中山先生游杭记（三）》，上海《民国日报》1916 年 8 月 20 日，"要闻"）

　　在省议会演讲完毕，旋即赴杭州陆军同袍社公宴会，并发表演说，阐述五权分立的观点。认为弹劾和考试"在我国并非新法，古时已有此制，良法美意，实足为近世各国模范"。如果不实行考试制度，则被选之人"〔其〕真实学问如何，易为世人所忽"，以至于"黠者得乘时取势，以售其欺"。如果能够"实行考试制度，……自能真才辈出"。还指出，中国人喜欢做官，结果"不问其所学如何，群趋于官之一途，所学非所用"，而且"向以官为利薮，不知西人之业工商者，岁入数十万乃至数百万，亦寻常之事"。所以，如果工商发达则求富不必当官，为官亦不能致富。而最重要的就是"有考试制度以限制之"。中国动言复古，但唯独弹劾、考试两种制度不能实行，岂不可惜！因此，主张五权分立以救三权鼎立之弊。论其理由，"非立谈可罄，假以岁月，当博考西籍，汇为一编，以资供献。异日吾国果能实行此制，当为世界各国所效法焉"。(《孙中山先生游杭记》，上海《民国日报》1916年8月20日，"要闻")

△　黎元洪再度致书，请勿辞高等顾问。(《孙中山先生与总统总理往来书牍》，《中华新报》1916年9月11日，"紧要新闻")

8月19日　本日，离开杭州赴绍兴。

上午七时三十分，孙中山按原定计划离开清泰寓庐，偕随行人员赴绍兴，政界自督军以下咸往恭送。临行，嘉兴政学各界派代表顾企先等前往欢迎，希望路过时能略作停留。孙乃告知已经与绍兴方面约定，婉言辞谢。(《孙中山先生杭州游记(四)》，上海《民国日报》1916年8月22日，"要闻")

《申报》消息谓，是日偕胡汉民、冯自由等乘舆过江，赴绍兴游览稽山风景，再由甬乘轮返沪。戴季陶染病，暂住浙江医院调摄。(《杭州快信》，《申报》1916年8月21日，"要闻一")《新闻报》消息略同《申报》，谓19本日上午，孙中山忽偕胡汉民等渡江赴绍兴。听闻是绍县人士邀请演说，不日仍须回杭州。(《孙中山赴绍志闻》，《新闻报》1916年8月21日，"紧要新闻")

一行离开后，清泰老板在接受记者采访谈论孙中山此行，曰："孙先生以民国总统，一代伟人来寓，敝馆荣幸已极。且孙先生行李简单，不随一仆，无事供张，普通旅客亦未如是之和易近人。今而后，吾侪商人亦知共和国家真正平等，真有幸福。忆去岁，袁皇帝派一授勋使者至杭，满街军警辟易行人，如防大敌。以视孙先生曾为总统，而和蔼可亲如常人，有若天渊。奈何孙先生而不为民国总统耶？先生之系人去思，有如此者。"(《孙中山先生游杭记(四)》，上海《民国日报》1916年8月22日，"要闻")

绍兴县知事宋承家闻知孙中山将至宁波，即电告柯镇高叔安县佐预备欢迎。本日下午三时，舟过柯镇，高县佐特与警察到埠欢迎。

晚间抵绍,宋知事、警佐薛瑞骥、水警署长祁文豹、商会总董高云卿、中国银行主任孙寅初及绅学界陈坤生、杨立民等人出西郭门亲赴轮埠恭迎入城,即在布业会馆下榻。据闻将于20日赴兰亭游览风景,宋特备盛宴款待。游览后不直接回上海,尚须到南海普陀游玩一周,小住数天以消暑。据说伍廷芳、唐绍仪、黄兴等人于18日夜乘"宁绍"轮由上海赴宁波,即于19日由宁波赴普陀。彼此似曾相约。大约阴历八月十五,尚将乘船至杭州观看钱塘江大潮。(《孙先生之行踪》,《新闻报》1916年8月22日,"紧要新闻";《孙、伍、唐、黄同游普陀》,《申报》1916年8月23日,"地方通信")

下榻之处在布业会馆旁的"适庐"。当夜,孙中山在绍兴县商会会长陶成章堂侄陶荫轩的陪同下参观"适庐茶室"及新开的"镜湖浴室"。茶客们肃然站起,孙乃示意大家坐下。再由陶陪侍进入浴室,向浴客挥手致意。(谢德铣:《孙中山先生一九一六年绍兴之行述略——纪念孙中山先生诞生一百二十周年》,《浙江学刊》1986年第6期,第116页)

△　本日晨,黄兴、唐绍仪、王宠惠、钟文耀等偕同伴18人搭"宁绍"轮过宁波,旋即开往普陀山。20日午后,均搭乘原轮回宁波。一时各官绅到埠登轮道候者颇形忙碌。闻唐、王二人拟登岸由宁波搭车往杭州,黄则由原轮返沪。19日晚,鄞县祝知事接省垣范仰乔厅长来电,谓孙中山将于20日早晨渡江搭车来宁波,午后四时可到,立即赶备欢迎。绅商学界闻此消息,纷纷伫集车站,以冀一瞻丰采。(《宁波快信》,《申报》1916年8月22日,"要闻二")

8月20日　本日早晨登望海亭,上午至布业会馆发表演讲,午后至绍兴城内观览。

辰刻,登望海亭时对周围的人说,绍兴地大物阜,确系富饶之所,可惜未曾讲求实业,使有用之地,而竟成为废弃。比如其高山为何不栽森林,其旷地为何不种桑茶棉果。

九时许,一行下山,在当地驻军团部休息片刻后,即回布业会馆。十时许,在布业会馆接见绍兴县各机关代表,然后由陶荫轩陪同前往布业会馆的党民舞台演讲。各界推商会会董高云卿为临时主席,致欢迎词,称"吾国专制流毒,已数千年。先生一人,效华盛顿之所为。推翻君主,创设共和,使吾人得享共和幸福,皆先生奔走呼号之力。先生近日来绍,吾人当极诚欢迎"。

随后,孙中山起身鞠躬致词,指出"国家强盛与否,非一人之力可以成功。必须合群力,而后可成世界最强盛之国",对"知识较他省为优"的浙江民众寄予厚望。同时也对公共事业的改革和建设提出意见。(《孙中山先生越游记》,上海《民国日报》1916 年 8 月 23 日,"要闻")

孙中山用普通话演讲,历时一个多小时,结束后合影留念。接着又在布业会馆接见陶成章的父亲陶正,询问陶成章牺牲后陶家的境况,特别提到生活是否过得去。陶正说国家发的抚恤金大部分用以还债,一小部分造了几间住房,感激对烈属的关怀。孙听后,随即叫秘书写下从手谕,谓:民国五年起,追加陆军上将陶成章烈士抚恤金七百元正,令交浙江省督军府。

午后,造访绍兴城内古贡院,敬谒徐锡麟祠,访大通学堂,慰问徐家属。下午参观成章女校,在陶成章像前默哀致敬,摄影留念。接着乘船往谒大禹陵。(谢德铣:《孙中山先生一九一六年绍兴之行述略——纪念孙中山先生诞生一百二十周年》,《浙江学刊》1986 年第 6 期,第 117 页)

△　沈怡中来函,希望能在铁路行业谋一工作,恳求开介绍信一封。(《沈怡中上总理函》,环龙路档案第 09384 号)

美洲山姐咕(圣地亚哥)分部全体党员来函,介绍二次革命失败后流亡于彼处的刘恢汉在宣传扩展党务方面的功劳,请予以任用。(《山姐咕分部全体上总理函》,环龙路档案第 08771 号)

△　《北华捷报》26 日消息,称本日与伍廷芳和黄兴自普陀还,相聚宁波。……有人对他们造访的目的感到好奇,但可以肯定是为了促进国民党未来的利益和影响。(《宁波》,《北华捷报》1916 年 8 月 26 日)

△　《时事新报》消息,称已电请黎、段安插陈其美旧部。(《孙文

之电请事件》,《时事新报》1916年8月20日,"北京专电")22日又报,称日前致电黎、段,请抚恤陈其美家属及此次起义阵亡将士,并谓自陈惨死后,其部下大率流离上海,应请政府设法位置,以免此辈青年为饥寒所迫而有非法之事。不知政府接电后究如何安插。(《电请安插陈氏旧部》,《时事新报》1916年8月22日,"国内要闻")

8月21日　本日继续在绍兴游览。

清晨,绍兴县知事宋承家等陪同孙中山游览陆游快阁、王羲之兰亭及唐、林二义士墓、宋六陵遗蜕之天章寺,即在曲水流觞处设宴。晚至东湖谒陶成章祠,并提"气壮河山"额赠之。夜行八十里至曹娥江,二十二日黎明由当地军队欢迎渡江,乘火车至宁波。(《孙中山先生邀游宁绍纪》,《新闻报》1916年8月25日,"紧要新闻")

在兰亭邀见秋瑾之侄秋壬林。秋称民国成立后,曾担任过一年绍兴电报局局长,以后又去萧山任茧捐局局长,自感阅历尚浅。二次革命失败后卸任,至今还待业在家。孙曰:"我知道你们秋氏是书香人家,秋瑾本人国文基础就很不错。你还年轻,应当潜心深造,学好了本领,才能继承先人的革命遗志,继续为国家出力。你们绍兴有一位蔡元培先生,对培育青年成材非常热心。你可去信,就说是我推荐来的,请他设法安排。"是年12月,蔡元培就任北大校长,根据秋壬林来信,蔡回信邀请他进北大法律系攻读,并安排了一个助理会计职务。(《与秋壬林的谈话》,郝盛潮主编、王耿雄等编:《孙中山集外集补编》,第191页)

同日晨,宁波各机关接甬绍路线电话,谓孙中山尚在绍兴。唐绍仪等20日由普陀回,即乘车由宁波往杭州。不期抵达后得晤,彼此均喜出望外。绍兴人士又以久望丰采,坚不令行,故尚须留绍一天,约22日午后可达宁波。宁波士绅清理第四中学校舍为行寓,预备开会欢迎,并请演说。(《宁波快信》,《申报》1916年8月23日,"要闻二")

时胡汉民随同前往绍兴,因感冒寒凉,夜忽吐泻,急请中医裘吉生诊治服药,一宿即愈。孙中山大喜,书"救民疾苦"四字奖赠。(《孙中山先生越游记》,上海《民国日报》1916年8月23日,"要闻")

△　寺尾亨来函,称素以乐育中国英才为己任。料将来中国百废待举,建设人才可能供不应求。受此次革命影响,学生虽有减少,但仍愿继续维持政法学校,并扩充为大学,增设研究科,请予以支持。(《寺尾亨上总理函》,环龙路档案第01130号)

又林森来电,报告众议院选举情况,段祺瑞得四百○七票当选。并请将此消息转告唐绍仪。(《林森上总理电》,环龙路档案第09176号)

△　国会同意段祺瑞任国务总理,黎元洪通电各省知照。

本日下午一时,众议院开议黎元洪提出特任段祺瑞为国务总理咨请同意案,出席议员四百一十四人,投票结果,得同意票四百○七张,以绝大多数通过。("中华民国"史事纪要编辑委员会编:《中华民国史事纪要(初稿)——中华民国五年(一九一六)一至十二月份》,第495页)

8月22日　本日,由绍兴抵达宁波。

孙中山抵达宁波,十一时到车站,同来者为胡汉民、邓家彦、陈去病、周佩箴诸君。祝知事及警务所长率官商绅学各界至站迎接。中午,于呦呦旅馆设宴招待。午后二时,借第四中学开欢迎会,到会者数百人。首由祝知事迎孙中山并各界代表入席,即由各界致敬(一鞠躬)后,由各界代表王东园致欢迎词,及祝知事宣布开会。(《宁波通信》,《申报》1916年8月25日,"要闻二")

词毕,请孙中山发表演说。孙中山分析了时人对政局之想法,认为乐观者以为将来永无竞争永无危险,悲观者以为前途危险不可终日。但他本人觉得共和坚固与否,完全依靠人民,而不在政府与官吏,人民能始终负责,则共和目的无不可达。反之,即有良善之政府与官吏,亦必不能实现。此外,他还指出,地方自治欲有效,必须振兴实业,讲究水利,整顿市政,建立进步之社会,且"急宜联络各省巨商,组织一极大之商业银行。"(《孙中山先生发展宁波之演说》,上海《民国日报》1916年8月25日,"要闻")

继由胡汉民演说,谓以孙中山之言论为一种理想,实为大误。凡事实必有理想而生,断无无理想之事实。但人们往往不能从理想而见诸施行,所以理想常不能见诸事实。今若将孙中山所言诸端细为研究,以甬人才力,必能达到目的。旋即摄影散会。是晚,即于第四中学下榻。(《宁波通信》,《申报》1916 年 8 月 25 日,"要闻二")

△　分电海外各支部,停办募集军资。(罗刚编著:《中华民国国父实录》,第 2908 页)

由绍兴致电吕公望,表达谢意,并请吕转达各界。(《时事新报》1916 年 8 月 23 日,"杭州快信")

△　《时事新报》刊发杭州游历之开销,谓此次莅杭,寓居清泰第二旅馆,凡派警卫、悬旗结彩等事,屏谢不用。交际费用仅用一千三百余元。(《时事新报》1916 年 8 月 22 日,"杭州快信")

8 月 23 日　本日晨八时,由祝知事、赵林士、王东园诸君等各乘舆陪同至城中竹州女师范学校观览。小憩即过天封塔登高远眺甬埠市政及四明形胜。观眺即毕,遂至后乐园由各界代表等公宴。午后又各乘舆出城至江北工业学校及公立工厂观察,一切极蒙赞许。当日,以连日冒暑游览各地,身体(微)感不适,即由海军司令部特派员邀偕随行诸人下建康舰开驶出港。闻尚拟至定海登岸一游,再往象山港观察军港。毕即行返沪。(《宁波通信》,《申报》1916 年 8 月 25 日,"宁波通信")

△　加拿大维多利亚交通部马杰端来函,报告陈树人抵达情形,及计划购置新印刷机事。(《域多利交通部马杰端上总理函》,环龙路档案第 07406 号)

△　参议院通过段祺瑞为国务总理。(郭廷以编著:《中华民国史事日志》,第 258 页)

8 月 24 日　本日清晨,独乘小艇,由穿山港穷探水道,经长腰岭东出至大小铜盘诸小岛,再由舟船接至军舰。十时抵定海,遂上岸至东岳庙游览。旋即,泛小艇至定远炮台观察。晚返抵穿山港。(《孙先生象山群岛之俊游》,上海《民国日报》1916 年 8 月 27 日,"要闻")

△ 18日在浙江省议会的演讲被译成英语,于本日发给《北华捷报》,并于9月2日刊发。(《孙逸仙在宁波》,《北华捷报》1916年9月2日)

8月25日 本日,游览普陀山。

清晨孙中山一行由象山港折入西路,至鲔埼岭而返,谓"得此地自开商场,必胜过宁波矣!"下午二时抵普陀山短姑祠登峰,遇北京法源寺住持道阶来迎,即同行至前寺,晤丁馀和尚,登藏经阁,瞻缅甸玉佛。遂共乘舆至佛顶山,登钟楼四眺。复过佛顶寺小憩。下过后寺,住持了一已排班通候,且设素斋相饷。因闻梵音洞之异,遂辞行,僧众又撞钟伐鼓相送。六时至梵音洞,东望洛伽山,潮声动荡,至为快悦。七时,返前寺夜宴。山僧求书甚众,乃题字相赠:"与佛有缘""常乐我净""法堂"及"昧盦诗录"。十时返舟,26日晨经海路返上海。(《孙中山先生象山群岛之俊游》,上海《民国日报》1916年8月27日,"要闻")

游普陀山途中,亲感灵异,乃以短文志之(据冯自由推断,此件为陈佩忍手笔,经孙中山鉴定后付石刻)。(《游普陀志奇》,《孙中山全集》第3卷,第352—353页)

△ 《顺天时报》消息,称孙中山曾与何海鸣先后函电黎元洪,详陈革命党人苦况,请政府酌量安置,然如何安置之办法则未曾道及。有众议员张传保指出,党人约可分为两派,即军人及属于他界之人是也。属于军界者,既有军事学识经历,似可量其才之大小,派入各军任用。属于他界者,则用移民戍边之法,每人给以边地若干,任其招工垦殖。至于此项巨款,由政府派员向海外华侨及内地殷商募集,或发行内国公债票若干,专为垦殖边地之用。闻张不日将此意见作为议案提出,请大众公决。(《张议员提议妥筹党人生计》,《顺天时报》1916年8月25日,"时事要闻")

8月26日 本日晨,与胡汉民、邓孟硕、朱卓文、陆佩忍、周佩箴等乘"建康"舰由普陀山动身,下午四点抵吴淞,搭淞沪火车回沪。(《孙中山由杭返沪》,《新闻报》1916年8月27日,"本埠新闻")

△ 黄兴致何成濬函,谈辞高等顾问事,谓"前总统以高等顾问

相界,情谊可感。惜以此眼光施之吾人,已具函辞谢之,由伯钊(耿觐文)带去,并请当面代申鄙意。乃不见许,兹又宠命重邀。在前清、洪宪时代,想九叩首求之而不得,我今则九叩首再为谢之,亦所不惜"。(毛注青编著:《黄兴年谱长编》,第493—494页)

△　徐世昌调停总统府与国务院之争,议定双方权限。(郭廷以编著:《中华民国史事日志》,第259页)

8月27日　本日,致□冠三函,认为"袁氏奄逝,首恶已除,佳兵殃民,于义无取",故前已通告,所属各军停止进行,静候中央解决。如今约法、国会次第规复,破坏既终,建设方始,希望领兵者能以大局为念,急图缩编及解散部众,以轻担负而安地方。(上海《民国日报》1916年8月29日,"特别广告")

8月28日　同日,蔡锷乘"江裕"轮到上海,黄兴命黄一欧代表前往码头迎候。(毛注青编著:《黄兴年谱长编》,第494页)

8月29日　本日,邹鲁等21名议员向国务院提出质询:龙济光何以拒不下台?

国会开会时,邹鲁力主驱逐龙济光,曾质问段祺瑞,袁世凯余孽广东督军龙济光被政府免职后不肯交出军权,政府如何处理。同时,又多次致函电给广东省议会、各团体及各报馆,请大家一致驱龙济光,务达目的。为此,还全力促成桂系入粤,表示"吾粤两院同人,力为陆督后盾"。(冯双:《邹鲁年谱》,第84—85页)

8月30日　本日,《新闻报》转《字林西报》对孙中山自治论的评论,批评其"公产主义"思想,指出孙中山认为,民主为救国之政体,自治为民主之基础,而公产主义为自治之目的。孙颇赞宁波商人经商之能力,乃明白解释经商之方法与海口之重要。对于以上论调,该报表示不敢不与以赞同。但至其公产主义,则认为似乎全属理想,并指出孙中山未思及其困难问题。例如获得土地以后,将如何处之?然此又是次要问题。最重要的是如何能获得土地。孙中山提出的办法是让地主将其地价报明,"如过于报大则重税之,如过于报小则购之,以作公产,两行之皆得,其利固矣!"然以中国各地主而论,其能服从并将地交出否? 实为疑问。至欲购买土地,必须要有资本。孙中山谓可用地方公债券,然发行公债券,必于预算表中确实定有保证,而后可使人民信任。孙宣称,上海租界特色,大半是华人的贡献。对此,该报没有异议。然华人对于租界一切费用,在工部局向无代表过问,而仍乐于居其治下者。其原因何在? 这是孙中山没有考虑过的。即便在文化较优于中国的各国,亦无以私蓄供公家的现象。中国欲实行此公产主义,恐非得等到将来不可。川路、沪宁铁路及沪杭铁路,商贾之失败,皆足证华人公司的管理知识极少。而地方自治,和经营公司的道理一样。公司的股董既不能监察经理人之行为,则安能望人民监查自治机关之行为。故该报虽谓中国全国人民皆无自治知识的看法并非公论,然观于今日之国会,则亦庶几近之。国会恢复后二十一日中,竟有十二日不能开会。中有二次因不足法定人数而散。有价值之举,仅追认段祺瑞为总理而已。而其上海事务所费用之巨,得不偿失。该报批评孙中山只知中国之虚荣,而昧于其实在情形,故往往进行过速。试问华人知自治二字之解释者,百人中有多少? 孙久在欧洲,见欧洲之发达,地方自治之完美,不可能不感触于心,而一思将其祖国建设到同等地位。不知一切制度非瞬息之间就可发展到完美程度,必须先经过无数困难,始能有效。以一国之制度,行之于各国,必至失败。或中国,或欧洲各国,莫不同出一轨。(《西报评孙中山之自治论》,《新闻报》1916 年 8 月 30 日,"紧要新闻";《孙逸仙在杭州》,《北华捷报》1916 年 9 月 2 日)

8 月 31 日　本日,复杨纯美函,告知 3 月 30 日汇款四百元一事,已函东京财政部调查。查得 5 月 24 日收巴城杨姓一函,并汇四百元,但函中未署名,亦无地址,无法回复,故特此核实是否为彼处汇款。如情况属实,请向巴城支部查取收条。(《复杨纯美答询汇款事函》,中国国民党中央委员会党史委员会编:《国父全集》第 3 册,第 409 页)

又致函陈中孚函,令听从居正指挥。

时山东善后问题谈判不顺，报称居正、吴大洲进京与政府协商，皆金钱问题。政府以目下财政紧迫之际，解散经费无从筹措为借口，称甚至将山东护国军改编为山东守备军亦相当困难。吴大洲闻此，怫然回鲁。推测其意，仍拟照最初计划，袭破张怀芝取而代之。（《山东护国军善后之困难》，《中华新报》1916年8月20日，"东方通讯社电"）本日，孙中山致陈中孚等函，指示大局底定，当遵照通告，平和解决。尤应服从居正主张，急办收束，不得固执己见，与政府再生冲突，致贻扰乱争权之诮。（《致陈中孚等急办收束电》，中国国民党中央委员会党史委员会编：《国父全集》第3册，第409页）

△　马君武来函，报告已组织"丙辰俱乐部"，称其离沪时，孙中山尚在杭州，来不及谈论北行宗旨。24日到京，即与同志着手政党之组织，已于本日开会公决，定名"丙辰俱乐部"。会员以旧同盟人为中坚，如居正、田桐、叶夏声等。刘成禺一派已全体加入。有赞同帝制嫌疑而罪名不大的旧同盟会员，经同人审议皆可参加。现有会员四十余人，预计将来会到两三百人（会员以议员为限）。（莫世祥编：《马君武集（1900—1919）》，第282页）

正月　致黎元洪函，告知已令举兵拥护共和的奉天桓仁县知事王济辉停止行动。为遣散所用四万一千四百余元公款，均系因起义支销，不能以亏空公款甚巨为由对王进行惩戒。希望黎、段详查，予以免罪。（《请政府免惩王济辉函》，中国国民党中央委员会党史委员会编：《国父全集》第3册，第409—410页）

正谊社来函，告知成立经过，并附宣言一张。（《正谊社上总理函》，环龙路档案第04362号）

9月

9月1日　8月4日，曾电冯国璋请释曾因函劝独立而获罪的张泽霖。10日,《申报》消息,冯国璋已准。但23日消息又称未予批准。本日,二次革命期间曾自称尚志讨袁军司令的章水天致冯国璋、江苏省长齐耀琳电,请释张泽霖。(《章水天致冯、齐电》,《申报》1916年9月2日,"公电")

　　△　南洋陆军随营学堂毕业生钱宝钧来函,告知自1912年解散后数年毫无建树,请求收编留用。(《钱宝均上总理函》,环龙路档案第09372号)

　　△　谭根在肇庆试演飞机,岑春煊、陆荣廷及各师、旅、团长均到场参观。下午陆荣廷派员造访谭根,希望将来谭能助其在广西创办航空学校。听闻飞机厂亦正在加工赶制多具飞机。(《大飞行家谭根在肇演试飞机》,《中华新报》1916年9月10日,"紧要新闻")孙中山曾委任谭根为航空司令,又致函南洋同志,希望能赞助其事业。本年3月23日,以谭根为龙济光利诱,献机降龙,乃致电马尼拉革命党人,以对待叛党者处理。

　　9月2日　本日上午,林伯渠来访。(毛注青编著:《黄兴年谱长编》,第495页)

　　△　因袁氏已死,龙济光被逐,各地零星用兵,皆以私人名义进行;中华革命党本部已停止军事行动,今后唯尽监督之责;同时又请政府归还华侨之二次革命后捐款,乃于本日复郭标函,指出"此间军事进行,早已宣告停止。……本部既无积极之进行,自当停止军资之募集。故于22日发上英文电报一通,请通知各埠机关,停止集款。……今大局粗安,对于华侨所捐军饷,应由文提议于政府,请求偿还,以示奖劝,刻已派定廖君仲恺日间晋京交涉此事。至于政府,财政邻于破产,而借款之难,较第一次革命后为甚,则允偿与否,及何时能偿,尚难预料"。又复施兆衡函,告知已致电冯国璋释放其父,但昨日收到来函,方知仍未开释。请其向县衙查明,有无其他原因,再行缄达。(《复郭标述捐款偿还问题及国内政情函》,中国国民党中央委员会党史委员会编:《国父全集》第3册,第410—412页)

△　纽约赵公璧来函，告知现有资本家兼摄影师与之相约回国开办公司，并就中国有无制造影画公司等七个问题进行请教。(《赵公璧上总理函》，环龙路档案第 04777 号)

△　坂本寿一的航空队获二十万元遣散费，由该队中、日人士公平分配，萱野长知亦归国。(段云章编著：《孙文与日本史事编年（增订本)》，第 523 页)

△　8 月 22 日在宁波的讲话被译成英语，登载于《北华捷报》。(《孙逸仙在宁波》，《北华捷报》1916 年 9 月 2 日)

9 月 3 日　本日上午，早年游学日本武备学堂，此次讨袁过程中，于年春亲率炸弹队攻入浙江将军府的革命党员，浙江丽水县人阙玉麟在佐佐木医院病逝。乃与黄兴、唐绍仪、胡汉民、柏文蔚等致浙江督军吕公望电，请派员来沪办理后事。(《孙中山等致浙江电》，上海《民国日报》1916 年 9 月 4 日，"公电")

△　致陈中孚等电，告知居正已经返回济南，希望立即商议善后办法，勿强中央所难。(《致陈中孚等望急商收束电》，中国国民党中央委员会党史委员会编：《国父全集》第 3 册，第 412 页)

△　《申报》载山东问题之消息，称居正日前由京来济后，对于收束东北军问题主张极为和平。与曲同丰之意见亦甚融洽。适逢近来潍县高密诸城民军各领袖亦接孙中山来电，力劝不可固执己见，与政府再生冲突。在各领袖平日对于孙中山固极端信仰，孙又嘱其须服从居正之主张，故此次居正之主张和平，各领袖亦自无异议。倘当权者能开诚布公，与居正协商一切，则山东问题之解决当不困难。闻高密吕子人亦于日前来济，昨日午间到省议会与议长暨各议员叙谈许久。闻吕之意见，对编制民军一层则欲呈送清册，由中央主持，编制数目之多寡，绝不争执。惟近数日来在高密所筹之饷三十余万，拟请政府归还以昭信用。政府如以财政奇绌，不易办到，则按捐饷，各户发给荣誉状，以示奖慰。据说潍、高方面之民军收束亦已有头绪。(《山东问题》，《申报》1916 年 9 月 3 日，"要闻二")

△ 上海《新闻报》消息,称江苏驻沪交涉员杨小川以前晚民鸣新剧社编演孙中山新剧,遭老闸捕房派中西探捕前往干涉,特据情来函请表示意见。兹得复函,略谓:"民鸣新剧社编演鄙人历史,纯系热忱提倡灌输文明,鄙人并不反对,如该社得能继续开演是剧者,亦可发展其社会之风尚。"现杨已将此意转告捕房。(《孙中山君允许编演新剧》,《新闻报》1916 年 9 月 3 日,"本埠新闻")

9 月 4 日 本日,浙江督军吕公望复 3 日电,告知已派本署职员何志诚于 5 日乘车赴沪慰阙玉麟家属,并赍送赙仪六百元,聊资丧助。(《浙江吕督军致孙中山电》,《申报》1916 年 9 月 6 日,"栏目")

△ 与唐绍仪、伍廷芳等收李烈钧电,称病势转剧,军队结束以后,即离营就医。希望抵沪之日,可重领教言,瞻晤有期。(《李协和称病解兵电》,上海《民国日报》1916 年 9 月 17 日,"要闻")

△ 萱野长知致梅屋庄吉书,论山东民军遣散问题。

就山东民军遣散问题,本日萱野长知在写给梅屋庄吉的书简中称:"小生北京之行,本希望促成居正成为山东督军,但由于中央政府缺乏实力,且此时并非向张勋等人发出命令的时机,只得延期。""山东民军是否作为政府军保留,倘若解散,如何分配经费等问题,目下正在详细交涉中。"(段云章编著:《孙文与日本史事编年(增订本)》,第 523 页)据 16 日《中华新报》消息,中央政府提出解决山东问题方针四项:(一)解除山东省长官与民军首领之争执;(二)平定民军解散部队之骚扰,保持治安;(三)重要交涉悬案俟中央政府解决;(四)议定准备善后费用等件。(《山东善后之办法》,《中华新报》1916 年 9 月 16 日,"东方通信社电")

△ 黄兴致何成濬函,谈政局及党内团结问题。

2 日,国民党派重要人物三十余名,在石驸马大街张继宅会合商议宪法问题,多主张先与孙洪伊派接洽,故于是日派人与孙派协商。至国民党派之团结名称,有谓宜名为政治讨论会者,有主张与孙派之宪法研究会合并,仍称宪法研究者。究竟如何命名,须俟与孙派接

洽后方能决定。(《国民党派与孙伯兰派之结合》,《顺天时报》1916 年 9 月 3
日,"时事要闻")本日,黄兴致何成濬函,谈政局及党内团结问题,略
谓:"伯兰兄政见与当局骤难融洽,自是当然。尚望持之以渐,万不可
以大刀阔斧行之,致蹈元年来之覆辙。……目前团结事,溥泉(张继)
必有能力。汉民迟日可来京,到时望为接洽。汉民在中华革命派中
非其所主张也。渠所持政见,弟信以为切时之图,言行皆足代表吾
党。"(毛注青编著:《黄兴年谱长编》,第 495 页)

9 月 5 日 本日,致居正电,告知许崇智不能前来,各军如不依
令解散,即脱离关系。(《致居正嘱各军应解散电》,中国国民党中央委员会
党史委员会编:《国父全集》第 3 册,412 页)

△ 本日,旅沪革命党人首领在法租界霞飞路大安里谭人凤寓
所会议,黄兴、柏文蔚亦派代表参加。

孙中山曾于 8 月 11 日电黎元洪,请求接济穷苦革命党人。上海
官、商两界亦积极筹商善后办法。革命党中就解决办法各有建议,谭
人凤主张开垦,柏文蔚主张疏浚淮河,亦有一部分主张征蒙,或者给
资解散。上海政府方面则给出解决方案十三条,因革命党人反对而
取消。复由上海护军署参谋长赵联璜、知县沈韫石、商界领袖虞洽
卿、朱葆三于 8 月 29 日与革命党人领袖会商,达成解决办法三条。
传闻中央已拨付二十万(计八厘公债票十五万,现洋五万)。因僧多
粥少,政府需组织调查,严防冒领,而革命党人首领仍主张自行负责,
凡各处小团体并入大部分办理,以防冒滥。(《筹议党人善后策》,《时事
新报》1916 年 9 月 3 日,"本埠时事")本日,旅沪党人首领在法租界霞飞路
大安里谭人凤寓所会议,黄兴、柏文蔚亦派代表参加。谭人凤主张有
团体之革命党人,由各首领造册具报,无隶属团体的归善后维持会办
理。(《筹议党人善后之近讯》,《中华新报》1916 年 9 月 7 日,"本埠要闻")9 月
11 日,在沪革命党人善后事务所成立,定简章九条,附审查细则五
条,事务所细则五条。(《在沪办理党人善后简章》,《时事新报》1916 年 9 月
12 日,"本埠时事")就驻沪中华革命党成员的遣散问题,孙中山委托吴

忠信办理。

　　△国会宪法会议开会。

　　参众两院组织宪法会议,讨论宪法,于本日在众议院开会,即将1913年宪法起草委员会在天坛草定之宪法草案,由原起草委员拟定理由说明书,连同原案,咨交宪法会议,予以讨论。("中华民国"史事纪要编辑委员会编:《中华民国史事纪要(初稿)——中华民国五年(一九一六)一至十二月份》,第513页)

　　9月6日　本日,维多利亚支部马杰端来函,报告国民党驻加拿大华侨党务负责人陈树人上月到来,传达指示,同志无不豁然开朗。接下来,陈计划游历加拿大各埠,宣传党务报务。(《域多利交通部马杰端上总理函》,环龙路档案第07408号)

　　又函,谓陈树人此行,将恳切之意宣慰同志,并指示伟策,使党务报务都大有进展。(《域多利交通部马杰端上总理函》,环龙路档案第07407号)

　　9月7日　北京政府举行祀孔典礼,黎元洪令教育总长范源濂恭代行礼,其礼仪与昔日迥异之处,为行三鞠躬礼。("中华民国"史事纪要编辑委员会编:《中华民国史事纪要(初稿)——中华民国五年(一九一六)一至十二月份》,第529页)

　　9月8日　自8月以来,黎元洪多次来电请北上,共商国是。未赴。乃派胡汉民、廖仲恺为代表,与黎元洪、段祺瑞接洽国事及偿还华侨革命军债事,并与孙洪伊商议组织大党问题。本日,致孙洪伊函,指出"新内阁为观瞻所系,澄清吏治又民众所同翘首仰望者",对其坚毅卓绝,出任其难表示钦佩。并告知已用专函罗列现在要务,呈递黎元洪,更请胡汉民、廖仲恺二人赴京,亲述详情,并商要事。希望到时能予以接洽协助。(《致孙洪伊派胡汉民等入京亲述详情并商要事函》,中国国民党中央委员会党史委员会编:《国父全集》第3册,第412—413页)

　　时传,孙洪尹、张继等拟组一大党,但立于表面。冯国璋等暗中援助,徐世昌、李经羲等负责联络政府内部人员,再联合南方派团体以对抗段祺瑞。待岑春煊、孙中山北上后，该计划必能大有进展。
（上海《民国日报》1916 年 11 月 24 日，"特约电"）

　　△ 宪法会议举行第二次会议，旧国民党议员主张于宪法中规定省制大纲、省长民选，宪法研究会（旧进步党）议员反对，大起争执。
（郭廷以编著：《中华民国史事日志》，第 260 页）11 月 4 日，新疆省长兼署督军杨增新通电反对省长民选；10 日，江西督军李纯通电，力陈省长民选之弊端。（"中华民国"史事纪要编辑委员会编：《中华民国史事纪要（初稿）——中华民国五年（一九一六）一至十二月份》，第 667，677 页）

　　9 月 9 日　本日英国利物浦支部陆梦飞等来函，报告支部党务暂由洛谭代办。（《陆梦飞致总部函》，环龙路档案第 05135 号）

　　△ 旧国民党国会议员张继、孙洪伊、谷钟秀、林森、吴景濂等组织之"宪政商榷会"成立。（郭廷以编著：《中华民国史事日志》，第 261 页）

　　△ 蔡锷由沪东渡就医，黄兴亲往码头相送。（毛注青编著：《黄兴年谱长编》，第 496 页）

　　△ 《国民公报》消息，政府派王芝祥至沪粤接岑春煊、康有为、章太炎、梁启超、刘揆一、黄兴、孙中山等来京协商大计。（7 日 7 时发，8 日 9 时到。）（《国民公报》1916 年 9 月 9 日，"专电"）

　　9 月 10 日　本日，以帝制余孽犹潜存北方，而张勋、倪嗣冲之辈依然跋扈，今后国政能否一遵民主正轨，事未可知，先期预防，实有必要，特定储金办法一种，致函中华革命党各支部，通告预为绸缪。

　　通告认为，"虽天戮袁逆，不假手于吾人，然专制推翻，共和再造，我党原来希望，亦思过半矣"。约法既然已经恢复，黎元洪为依法继任之人，故亦劝部署罢兵，以"示仗义者非为权利而动"。国会开会后，内阁已得承认，时正从事于制定宪法。但感觉"至于帝制余孽，潜伏北方者尚不少，中央不无投鼠忌器之患。其它如张（勋）、倪（嗣冲）辈，亦依然跋扈，如世人所指，此时固难操切从事，然隐忧未息，则国人犹未得高卧也"。因此，今后国中能一遵共和正轨与否，事未可知，故"吾人则贵先事预防，有备无患"。所以，"与同志拟有蓄金办法，盖集合群力，为未雨之绸缪"。(《通告党员储金章程函》,中国国民党中央委员会党史委员会编:《国父全集》第3册,第414—417页)

△　昔在东京时,已着同志购买飞机供军用,待其离日返沪,飞机仍存神户,而有尾崎、刘嵩生等人已赴山东加入东北军。现形式转变,飞机用途一时未定,乃于本日,致函杨寿彭,望设法保全已运至神户的飞机,勿令损失。(《致杨寿彭赞其定购飞机得力并告解除对尾崎之聘约函》,中国国民党中央委员会党史委员会编:《国父全集》第3册,第413—414页)

△　梅尚志来函,称肄业于美国军事学堂,研究军事战术之学有年,请求效力。同时建议展开军国民教育,指出世界各国,能注意之则强,轻视之则弱。(《梅尚志上总理函》,环龙路档案第08956号)

△　曾于1915年3月受命为南洋各埠特务委员的何天炯致宫崎寅藏函,指出日资本家徒注意于孙、黄二人,亦浅见之辈。"孙先生近来态度甚为谨慎,外界非难之声尚少,惜其行事,忽然积极,忽然消极,如生龙活虎,无从摸捉,则欲四万万人有依赖之信用也,恐不易矣! 黄先生对于政界,暗中十分热心,然此刻无出头之望,以黄先生之资格地位,将来本为有望之人物,惜其人好作虚言,老同志中甚为解体,且其自身之气欲日见发展,是亦无良好结果也。"(段云章编著:《孙文与日本史事编年(增订本)》,第524页)

是月上旬　致函段祺瑞(原件无日期。函中有胡、廖赴京致语,与9月8日致孙洪伊函语接近,该函当为同时期),认为南方迭经兵燹,摧残已甚,民业不振,国库收入随之锐减。欲上充国库,必先下裕民生。因此已将目前要务略陈于黎元洪前,兼请胡汉民、廖仲恺二君代表赴京,亲述一切,并有要事与段商议。(《致段祺瑞派胡汉民廖仲恺赴京函》,中国国民党中央委员会党史委员会编:《国父全集》第3册,第413页)

又函黎元洪,告知已委托胡汉民、廖仲恺二人赴京面陈意见,并简列四条建议:

其一则厘金碍百货之流通,裁厘加税,事简民便。闻经提出国务院议,深佩硕画,希勿为小阻碍而有停顿,速收良果。

其二则土货出口,运回本国别口,仍作进口货课税,似宜蠲免,俾于奖励之所宜及者,不致翻被加以额外之征求。

其三则土货出口税率,虽有协定,若能设法减轻,实足奖励民业。

其四则币制改归统一,闻经由部提议,商工之业,待此而盛,希力主持,勿令中滞。(《孙中山先生与中央往来书牍补录》,上海《民国日报》1916年9月11日,"要闻")

△　8月11日,曾电黎元洪希望对贫苦革命党人予以接济。8月底,在沪党人善后问题开始办理。29日,革命党人以护军署所定遣散条例过于严苛,群起反对,并致函责问。护军署同意修改,特邀商界巨子虞洽卿与革命党领袖会商。但各省领袖多有未到,而所谈不外另筹善后办法。对于前章程一致反对,对于"资遣"二字亦不承认。(《筹议党人善后办法》,《中华新报》1916年9月1日,"本埠要闻")9月10日《申报》刊载消息,称:"沪上党人善后问题筹议已久。初由官厅订立资遣章程十三条,因各党人反对作罢。继由各党人提出办法三条,经官商会同决定,由杨护军使电呈中央核夺,旋据国务院覆电认可。(华密电悉,办法三项大致妥洽,仍望随时斟酌办理,具报院。东。印。)……至在沪党人中,以中华革命党部分为最多,除由孙中山先生委任吴忠信君(理卿)为代表与官商议订一切外,并已由孙先生将现时在沪应受解散各首领开列名单,送交杨护军使备查,闻共二十九人。"(《办理党人善后问题之推行》,《申报》1916年9月10日,"本埠新闻")

9月11日　先前,已派胡汉民、廖仲恺为代表,北上与黎元洪、段祺瑞磋商。本日,上海《新闻报》转黎、段来函。段函谓已派王芝祥至上海面见,表达其邀请至京之意,并致书希望坦怀相见,并对北上表示热忱欢迎。黎函亦告知特遣王君铁珊至沪迎接。(《孙中山与总统总理往来书牍》,《新闻报》1916年9月11日,"紧要新闻")

△　《申报》北京电,闻梁士诒为法国代募华工,系用于农业。近派人至山东等处招募。梁从中获巨利。政府中人拟提议与法政府商

酌,改由政府派人办理,约定待遇法则,方可以安插无业党人。并闻孙中山亦有此主张。(《申报》1916 年 9 月 11 日,"专电")

9 月 13 日　本日,复黎元洪、段祺瑞二人 9 月上旬函,告知王芝祥已经抵上海,转达黎、段意见。对邀请北上,以已派廖仲恺、胡汉民携详细意见赴京为由,婉言谢绝。(《孙中山与总统总理往来书牍(二)》,《中华新报》1916 年 9 月 26 日,"紧要新闻")

又致函《申报》,就该报 11 日关于其赞同梁士诒为法国代募华工一事发表声明,称查此事,"中山先生始终并未与闻,想系有人误传,或系别有用意在内,特此登报声明"。(《环龙路孙宅来函》,《申报》1916 年 9 月 14 日,"来函")

△　进步党之梁启超、汤化龙、王家襄、林长民组织成立"宪法研究会"。(郭廷以编著:《中华民国史事日志》,第 262 页)

9 月 14 日　本日,函嘱邓泽如结清荷属各埠革命军债,并指示收回的债券当汇存一处,候机会设法寄回。债券数目也要及时结清,以免造成偿还时的麻烦。事毕,希望能速来上海一行。

又为清理公债事致函各支分部长,筹饷局长,告知委任邓泽如清理债券收据数目。各处之债券收据,已售者请开列汇交某处若干,及经支售券经费若干,并存根交与邓。其已售未交之款,亦请随同交与邓,以清数目。未售之券,亦请迅即交邓点收,以便寄回本部汇列,准备交涉偿还,希望立即照办。(《致邓泽如等嘱清理债券函》,中国国民党中央委员会党史委员会编:《国父全集》第 3 册,第 466—467 页)

因函中有"希速来沪一行"一语,而 1917 年 9 月 14 日,孙中山已不在上海,故可能为 1916 年事。

△　旅沪党人善后维持会因内部不和宣告解散。(《取消革命善后维持会》,《中华新报》1916 年 9 月 15 日,"本埠要闻")传闻山东省长孙发绪因受山东民间团体非难,不能安处,于本日窃行北上。(《孙省长北上》,《中华新报》1916 年 9 月 16 日,"东方通信社电")

9 月 15 日　本日,乘早班火车至周王庙下车,改坐肩舆至海宁

观潮。偕行者张静江等十人，省议员任茂梧、许行彬、吴鸿逵等均预
赴海宁当向导。(《杭州通信》,《申报》1916 年 9 月 17 日,"要闻一")诸人由
周王庙启程，经过郭店达海宁城。沿途男女争来瞻仰，县知事刘某等
亦出城迎迓至乙种商校，下舆午膳。膳后复乘舆至新建之三到亭中
略备茶点。下午两点整，潮势大作，如万马奔腾。顾而乐之，大有观
止之欢。潮落后摄影而散。(《孙中山海宁观潮记》,《新闻报》1916 年 9 月
17 日,"本埠新闻")观潮旅费自上海至长安来回车票连同午晚两餐售
洋六元，抵长安后再由民船经水道二十四华里可至海宁，一行七人，
往返谢绝一切招待。(《孙中山先生之观潮》,上海《民国日报》1916 年 9 月 16
日,"本埠新闻")为海宁乙种商业学校题词:"猛进如潮"。(《为海宁乙种
商业学校题词》,陈旭麓、郝盛潮主编,王耿雄等编:《孙中山集外集》,第 622 页)

△　檀香山支部杨广达来函，请发民国维持会职员委任状。
(《杨广达上总理函》,环龙路档案 05137)

9 月 16 日　《北华捷报》刊发 6 日收到消息:政府拨付上海护军
使杨善德 20 万元用以解散革命党人，以防止他们受孙中山、黄兴等
的唆使，制造事端。沪上党人现听命于柏文蔚、韩恢、李征五(现在正
因鸦片传闻受牵连)及龚振鹏。彼等现与政府达成三项协议:

(1)上海各租界及华界的党人遣散事务全部委托给各领袖，并由
彼等设计最佳方案。护军使不加干预。

(2)所有之前效命于各省督军、省长之党人，或外国学校归来，或
中国学校之学生均当听其由政府资遣，返回原地。

(3)遣散后，党人生命财产由各省恰当保护。(《革命党人之遣散》,
《北华捷报》1916 年 9 月 16 日)

△　9 月 2 日复施兆衡函，告知已致电冯国璋释放其父施瑞麒。
本日，施兆衡又来函，称高淳县知事以未得冯国璋公文，拒绝释放其
父。恳请再电冯请予开释。(《施兆衡上总理函》,环龙路档案第 09373 号)

9 月 17 日　本日,《新闻报》刊登民鸣社广告，将于 9 月 20 日上
演"孙中山伦敦被难记"。(《新闻报》1916 年 9 月 17 日,"广告")

　　△　施兆衡再次来函,请求再电冯国璋释放其父施瑞麒。(《施兆衡上总理函》,环龙路档案第 09375 号)

　　9 月 18 日　本年 2 月 20 日,曾与日人久原房之助签订借款七十万日元。22 日,又致函久原,表示将来愿尽其所能使民国政府赞同久原在中国的事业计划。8 月 15 日,又至久原函,表示愿意携手合作,开发矿业。9 月 5 日,久原复函表示乐意,并派中山说太郎到上海磋商。本日,复久原函,曰:"开采矿山为敝国至上之急务,如阁下之热心而有力者,对此事业能予赞助,实不胜庆幸之至! 只期待阁下之代表中山说太郎早日莅此。详情面商之后,再仔细奉告一切。"(《复久原房之助函》,郝盛潮主编、王耿雄等编:《孙中山集外集补编》,第 192页)

　　9 月 19 日　本日,为释放秦毓鎏事,致书江苏督军冯国璋。

　　秦字效鲁,江苏无锡人。1900 年肄业于江南水师学堂,赴日本留学。上海光复后,即返回无锡组织敢死队光复无锡、金匮两县。1912 年任南京临时总统府秘书。1913 年讨袁军兴,随黄兴赴宁,任江苏讨袁军临时筹饷处处长。事败,为程德全密令捕拿,继判刑九年。(《致冯国璋函》,《孙中山全集》第 3 卷,第 367-368 页)10 日《中华新报》消息,无锡商会会长孙鸣圻呈函冯国璋请求保释。(《秦毓鎏在狱著书》,《中华新报》1916 年 9 月 10 日,"地方新闻")孙中山遂于本日致函冯国璋,辨明其冤。冯国璋得书后,旋即释放秦毓鎏。秦乃于 10 月 12 日出狱。

　　△黄明新来函,自述革命经历,谓曾充任绿营兵弁,继而"厕身香港,往来南洋",因见华人所遭遇的不公平待遇,在杨衢云的启发下,萌生革命想法。后在沪宁铁路任职,联络革命同志,调节纷争,以微薄薪水补助不足之用。近遭辞退,请出面交涉沪杭两路局长,重新任用。(《黄明新上总理函》,环龙路档案第 01503 号)

　　9 月 20 日　致函海宁县同盟会员。

　　9 月 15 日,携朱执信、张人杰等至海宁观潮。回沪后于本日致函许行彬、张步青、孙棣三等海宁县同盟会员九人,曰:"文以履历蹶踬,再履坦途。日前与三五友人,漫游贵属,得与诸同志把酒话旧,历叙契阔之感,缠绵意致,匪可言宣;又得陪观浙潮,洗涤怀抱。旋以事冗,未得与诸同志畅叙,深以为憾。别后于是日十时遄返沪寓。燕处超然,鸥盟仍在。用修寸楮,藉表谢忱。"(《孙中山致谢东道主》,《新闻报》1916年9月28日,"本埠新闻")

△　马君武来函,推荐供职于京汉铁路的史青前来协助,将对交通政策的研究绘成图册,以发挥更大的社会影响。同时告知与居正等组建丙辰俱乐部,实"因北京主持党务者,一事不办,坐待灭亡",故先"号召一部分,先成为一坚固团体,非必欲树独立旗"。马认为政党为议会政治所必要,因此"将来彼等小政客果欲组织大党,我辈亦不妨加入也"。(《马君武报告成立丙辰俱乐部上总理函》,黄季陆主编:《革命文献》第48辑,第247—248页)

又西贡总支部为成立中华革命党支部来函,批评陈炯明上年遣使抵西贡,"秘密与景南等组织俱乐部以来,遂使旧支部之职员,多有越畔喜新之见,而怀入主出奴之心"。幸而孙中山能"爱人之以德,一视同仁,悯蠢尔之无知,不忍阻其自新之路",而东京总部胡汉民亦特委林焕庭下越南,"与旧支部各职员消融畛域,疏通意见,改组新党为中华革命,统一支部"。无奈"景南等依依不舍,植党营私,竟同驽马恋栈,其冥顽不灵,未易理喻",因此不得已与林相商,照总部规则,迅速组成中华革命党西贡支部。(《旅西贡总支部为成立中华革命党支部上总理书》,黄季陆主编:《革命文献》第45辑,第670—671页)

再有段祺瑞复函,告知廖仲恺、胡汉民到京,所携建议文书已收到,正拟答复。并期盼早日亲临北京。(《孙中山先生与总统总理往来书牍(二)》,《中华新报》1916年9月26日,"紧要新闻")

△　宪法会议召开第一次审议会。

宪法会议审议会原订本月15日举行,嗣以当日会议进行不久,即为程序问题争执不决。议长王正廷乃宣告改为谈话会,延至本日始举行审议会。("中华民国"史事纪要编辑委员会编:《中华民国史事纪要（初稿）——中华民国五年（一九一六）一至十二月份》,第545—546页）

9月21日　本日,杨华馨为抚恤蔡济五等烈士家属来函,陈述烈士就义经过并开陈家属名单。(《杨华馨为蔡济五等烈士请恤上总理函》,黄季陆主编:《革命文献》第47辑,第190—191页)

△　中华民国铁道协会成立于民国元年,一时会员皆富于学识,对于路政规划甚详,曾公举徐朗西积极进行。嗣后会务发达,内部扩充,改举孙中山为会长,徐为执行部长。时梁士诒把持交通,徒党遍布,路弊丛生。天下指斥而莫如之何。该会不畏权要,与交通系相对抗,虽未足云收全功,而宵小皆为侧目,稍稍敛迹。迨癸丑事变后,孙中山去国规划革命,徐旋亦东渡。会中职员散处各地,会务遂完全停顿。袁死黎继后,约法恢复,遂由徐恩泽出面,诸人在沪上召集会员,复设铁道协会机关。北京则有张大义、陈策诸人恢复本部。各省亦纷纷组织分会。会长一席仍公推孙中山担任。昨日某人进谒,叩以对该会之进行方针。(《孙中山与铁道协会》,《申报》1916年9月22日,"本埠新闻")乃发表申明不再担任铁道协会会长。称其于路政曾有所规划,但该会经中止而恢复,情势已变,会长一席,其并未承认。现会中一切设施,其未尝闻问,故绝对不负责任。(《孙中山先生与铁道协会》,《中华新报》1916年9月22日,"紧要新闻")

△　安徽督军张勋、省长倪嗣冲等召开第二次徐州会议,成立"省区联合会"。

国会开会后,段派人士徐树铮等暗中与倪嗣冲及张勋代表万绳栻诸人秘密磋商,愿奉张勋为盟主,于是各省复派代表至徐州集会,成立"省区联合会"。初入会者凡九省,后增至安徽、江苏、江西、湖北、河南、山东、直隶、甘肃、奉天、吉林、黑龙江、福建、广东等十三省,同时订定省区联合会章程十二条,声称以"联络国防,巩固势力,拥护中央"为宗旨,以防止"暴乱分子私揽政权",且"对于政府有非理之要求,为公论所不容者,本团体即以公敌视之"。("中华民国"史事纪要编

辑委员会编:《中华民国史事纪要(初稿)——中华民国五年(一九一六)一至十二月份》,第 561 页)

9 月 22 日　本日,赵鸾恩来函,谓盐城周龙甲曾致力讨袁,因时机未熟而败,为北军所捕,移送军政执法,判决一等徒刑,解回原籍,收禁三年。现黎元洪申令释放政治犯,周理因被开释。但劣董刁绅,挟仇图报,栽以抢劫抬架各案,知事否认为政治犯。请求设法解救。

批复,"代答以:待详细查明,乃能设法。并向江北同志一查其人,或由信内各节,根究查之"。(《赵鸾恩上总理函》,环龙路档案第 09374号)

△　《申报》消息称,上海革命党人善后事务所自册报截止后,共收名册五百余份,连日交付审查。考虑头绪纷繁,现审查会各员对于广东、福建等省驻沪党人稍为隔阂,殊难着手。昨经会商,函请孙中山将熟悉闽、粤两省驻沪党人情形者,酌选一员到所,帮同审查,以期妥洽。孙已指派许崇智来所协助审查。(《审查闽粤党人名册之协助》,《申报》1916 年 9 月 22 日,"本埠新闻")

9 月 23 日　本日,批云南陆军驻蒙步兵二十二团第二营来函,代答以:"追悼当即照办,抚恤当稍待,转请政府为之。"(《批云南陆军驻蒙步二十二团第二营来函》,中国国民党中央委员会党史委员会编:《国父全集》第 4 册,第 140—141 页)

△　主持镇江金山寺的黄宗仰来函,邀请游玩。(沈潜、唐文权编:《宗仰上人集》,第 94—95 页)

△　倪嗣冲致电张勋,反对唐绍仪任外交总长,批评唐绍仪、孙中山"阴谋卖国,以遂其排挤之私",且唐赴京即在三两日之间,一入外部,挽救愈难。故此,本日会议决定,先拟电稿,"联名恳请政府,俟清算比款后,再饬就任"。另打算遣代表数人进京,面谒黎元洪、段祺瑞,极力净论。期在必行,而仍保持政府威信。(李良玉、陈雷主编:《倪嗣冲函电集》,第 280—281 页)

9 月 24 日　黄春熙来函,称去岁秋来沪创办实业。奈时事多变,以致亏累颇巨。先因友人举荐,任蒙古富利金矿总经理,希望能介绍联络华侨方面借款开办。(《黄春熙上总理函》,环龙路档案第09336号)

菲律宾宿务部长陈伯豪来函,陈述对时局及党务的意见,对国家财政困难,难以立即偿还革命借款表示谅解。希望共和巩固,三民主义早日实现。但对目下武人跋扈的局面表示担忧,期待日后革命党势力增长,足以监视鹰犬,使之不敢逞雄。就改组问题,呈报各分部多赞成恢复国民党名称。(《宿务支部长陈伯豪上总理函》,环龙路档案第08614号)

曾任湖南讨贼军总司令的林德轩来函,报告发起正谊社,入社者已千人。表示希望辞去守备司令一职,从事社会事业,贯彻民生主义。李国柱财产发还问题,已请督军谭延闿办理。(《林德轩上总理函》,环龙路档案04363)李国柱本湖南嘉禾人,1905年留学日本期间结识孙中山、黄兴等人,入同盟会。后变卖家产从事反清革命。二次革命失败后出走日本,次年入中华革命党,旋即回国从事反袁活动。曾带领被汤芗铭遣散的湖南守备队起义,遭重兵围剿。失利后微服出境,亲属三十余人被杀。(郭汉民主编:《湖南辛亥革命人物传略》,第492页)

9月25日 本日,王忠诚来函,询问筹划创办银行及在沪组建机关会两事何时着手。并告知已返回香港,希望此前在港所组之旅店能够落成,那时或可再向同志筹集股本到沪开设,希望本部能协力赞助。(《王忠诚上总理函》,环龙路档案第08988号)

9月26日 批古同志等函(原函为陈报困苦,请催善后审查委员会办理善后事):"不复,存。"(《批古同志等函》,《孙中山全集》第3卷,第369页)

△ 黎元洪政治顾问刘人熙访孙中山、黄兴。孙中山极言裁厘之益,黄兴深言中央以分别黑白为保守威信之要义。(毛注青编著:《黄兴年谱长编》,第498页)

△　《申报》消息,胡汉民、廖仲恺二人到京后入住六国饭店。胡汉民入见黎元洪,代达孙中山意旨,谓暂时不能北来,惟希望尽力于社会实业。并告知:外交总长唐绍仪虽已到天津,因咳疾加重,一时亦不能来。(《唐绍仪之入京消息》,《申报》1916年9月26日,"要闻二")

9月27日　本日,为上海竞雄女校书"巾帼英雄"横额。(罗家伦主编,黄季陆、秦孝仪增订:《国父年谱(增订本)》下册,第737页)据《时报》28日消息:白克路竞雄女学原为秋社同人纪念女侠秋瑾而设,迄今五载,颇着成效。……此次孙中山游杭下车后,首先便去拜见秋瑾墓。归沪时即手书横额一方,曰"巾帼英雄",并为该校书校训,"勤敏朴诚"。(《孙中山提倡女学》,《时报》1916年9月28日,"本埠新闻";《题竞雄女学校训》,陈旭麓、郝盛潮主编,王耿雄等编:《孙中山集外集》,第622页)

△　22日,《中华新报》《申报》《民国日报》等均报有于21日辞铁道协会会长消息,另据《中华新报》本日消息,记者见本日铁道协会启示一则,其中所言,谓孙中山之于铁道协会,并未稍露辞去会长之意,与22日各报消息大有出入,乃复往谒见。适逢孙患胃病,未获见,乃晤其秘书朱执信。朱告以孙之意一如既往,对该记者所言实无稍异。铁道协会,孙昔虽规划其间,"嗣以国家多故,情势变迁,该会一切设施业已终止,所有会长职务亦随之消灭"。纵使该会规复,亦不承认其会长继续有效。目前,孙对该会之现行计划未尝闻问,绝对不负责任。(《孙中山先生与铁道协会》,《中华新报》1916年9月27日,"栏目")

9月28日　本日12时在康脑脱路徐园设宴,招待参加东北军的海外华侨。

山东中华革命军于倒袁过程表现突出,其中尤以华侨团最为得力。此团多由加拿大归侨中的革命党人组成。受教育程度较高,在海外各有营业。袁世凯称帝后,各舍本业,研究军事,归国效力,奋斗于潍县等地,功勋卓著。东北军司令部解散后皆乘船来沪。本日十二时在康脑脱路徐园设宴,开慰劳大会,并发表演说予以鼓励,略谓:

"诸君归国时为洪宪元年,今日欢宴则已复为民国五年。虽不必功悉由己出,而各人共葆此精神益振励之,则将来保障共和,实惟诸君之苦心毅力是赖。所望始终不变。共和之保障,不在武力,而在人心。观感兴起,有待先觉。宜念前日功效之大,亦知后此责任之重。"(《孙中山先生慰劳义勇华侨》,上海《民国日报》1916年9月29日,"本埠新闻")

△ 本年春曾与陈其美谋攻"肇和"舰未遂的黎萼来函,陈述在粤讨伐袁世凯、龙济光之经过,请出任艰巨,其愿效驱驰。(《黎萼上总理函》,环龙路档案第02391号)

△ 上海革命党人审查会柏文蔚、吴忠信、詹大悲、许崇智、李征五等致电北京国务院,谓名单已经审查完结,遣散约需款六十万,请速拨款。(《党人审查会至北京电》,《中华新报》1916年10月3日,"公电")

9月29日 本日,田次壎来函,称曾任步兵第七十七团团长及第三师一等参谋,二次革命失败后匿居山谷。本年4月来沪联络同志,谋划起义。袁死黎继后,静候资遣。请嘱吴忠信于事务所内先支出若干,以免同人饿病而死。(《田次壎上总理函》,环龙路档案第01061.1号)

△ 黎元洪令禁树植党援,越权干政。

黎元洪以张勋、倪嗣冲等日前召集徐州会议,组织省区联合会,团结势力,诋毁国务各员,乱纪干政,殊为非是,特令国人顾全大局,勿假爱国之名,招致危亡之祸。("中华民国"史事纪要编辑委员会编:《中华民国史事纪要(初稿)——中华民国五年(一九一六)一至十二月份》,第572页)

△ 外交总长唐绍仪不满军人干政,电请辞职。

唐绍仪自6月30日由政府特任为外交总长将近三月,日前始由沪北上,准备赴京就职。有张勋等北洋军人联合通电反对,及其抵达天津,帝制遗党复假借直隶绅民民意,散发诋毁唐之传单,加以攻诘。唐乃以军人干政,动摇国本,遂电请辞。本日奉令照准。(中华民国史事纪要编辑委员会编:《"中华民国"史事纪要(初稿)——中华民国五年(一九一六)一至十二月份》,第572页)

9月30日　本日，参加中华革命党在上海举行的欢迎大会。

自中华革命党举兵讨袁以来，海外华侨党人纷纷响应号召而回国参加中华革命军，大部分在山东居正军中。及讨袁军事结束，山东中华革命军解散，归国华侨以任务达成，亦将重返海外。本日，中华革命党在上海举行欢迎大会，孙中山发表演讲，称赞"此次华侨队自海外万里归来，参加革命事业，不特为中华革命军之光荣，于国民思想，亦大有关系"。

孙指出，反对革命者常污蔑革命党为无业游民，迫于饥寒，不得已而谋革命。此种普通心理，历久未尽销除。不知革命党人本意，乃为国家前途而为之，为图四万万人子孙百世之幸福而为之。今海外华侨归来，参与革命事业，"遂可一雪斯言，显出革命党非迫于饥寒，不得已而后为之"，也"足使国人皆知革命党为提倡共和，赞成改革而来。其所希望者，乃国家之富强，而非以个人利害为意矣！"

华侨投身革命，本为高尚目的而来，但"偶值帝制消灭，袁世凯自死，旧官僚亦皆赞成共和"，约法恢复，国会再开。革命党最初目的虽未尽达，但"不能不于此时为一停顿，告一结束"，希望华侨归去后能发扬革命主张，"化彼南北美二十万同胞，皆为维持共和之士"。

孙中山还认为，今中国国民四万万，其能明了共和之意义，有共和之思想者，尚不得谓多。即便美洲华侨二十万人，"明共和之意思，有其思想者"又能有几人？然而"前时帝制之破坏，华侨实为一最大之力。彼官僚之所忌惮，半在华侨"。将来"建设前途，尚多艰难危险，若能紧〔坚〕其心不变，则将来有赖于诸君者正多也"。（《在沪欢迎从军华侨大会上的演说》，《孙中山全集》第3卷，第370—374页）

△　苏无涯来函，称前奉命返回香港谋划西粤事件，虽有端倪，但因款项不足，未能顺利进行。故此特派刘玉山面呈所有情况，并请训示办法，以便拨款到时即可着手举事。（《苏无涯上总理为桂事派刘玉山来东报告函》，黄季陆主编：《革命文献》第47辑，第342页）

收美洲总支部吕南来函，请求就所呈之香港交通部方案予以指示。同时,就国内武人干政,态度蛮横的状况,请示应对方针。继而告知美洲党务发达,同志热心,希望能认真对待函件,即便是敷衍几句。不可"需款之时函电交驰,得款之后置之不理"。又指出林森回国后,美洲党务缺乏核心枢纽,无可服众之人,以至有野心之一派以党魁自居,扰乱党务,请求早除。并附上相关交通部草案三张。(《美洲总支部吕南上总理函》,环龙路档案第06421号)

△ 《申报》刊昆山陶祖侃上江苏省议会书,引用孙中山之地方自治理念,谓:"自治发达为民主国之根本。吾国自治以教育低微,半不能尽餍人望,自无可讳。孙中山先生所以主张自治学校也。惟入自治学校者未必皆为议员,为议员者未必皆能入自治学校。轻而易举者莫如巡回演讲,约定宣讲章程及自治必须之知识,其不来听者予以严重之取缔,则尤善矣!"(《昆山陶祖侃上江苏省议会书》,《申报》1916年9月30日,"来件")

△ 国务总理段祺瑞分别通电参与徐州会议各省区军政长官及部分师旅长,吁请不得有逾轨行举。("中华民国"史事纪要编辑委员会编:《中华民国史事纪要(初稿)——中华民国五年(一九一六)一至十二月份》,第576页)

是月 批某君函(原函介绍赵君回国,请安排工作以维持生活事),答以"现在尚非吾党执政,恐无从设法为谋生,不如招之回国从事实业为妙也。现弟正开始调查此事,想赵君必能于其间择一事也,俟得要领,当再报闻"。(《批某君函》,《孙中山全集》第3卷,第374—375页)

△ 周斌来函,谓读沪报,获悉要求旅沪革命党人在24日内办理善后手续,认为过于草率,且办法不善。(《周斌上总理函》,环龙路档案第03940号)

10月

10月1日 本日,复美洲总支部吕南9月30日到函,就所呈之香港交通部方案予以批示,曰:"自答:香港机关实不可少,但款恐难筹集耳。"(《批旧金山中国国民党美洲总支部函》,《孙中山全集》第 3 卷,第375 页)

△ 邀请宫崎寅藏与同志共进晚餐。

宫崎寅藏于 9 月 30 日从日本下关乘船抵上海。本日应孙中山之邀,与黄兴、廖仲恺、胡汉民、朱执信、刘人照等共进晚餐。(段云章编著:《孙文与日本史事编年(增订本)》,第 524 页)

△ 国务院复上海党人审查会 9 月 28 日电,告以"需款过巨,难于凑集"。另电护军使杨善德,除原先拨款十万之外,酌加五万。(《国务院覆党人审查会电》,《中华新报》1916 年 10 月 3 日,"公电")

△ 丙辰俱乐部开欢迎会,胡汉民、廖仲恺、钮永建、冯自由等到会。马君武致欢迎辞,指出时局危机,"民党同志若不谋精神上之结合,无以谋国事之进行",而丙辰俱乐部之宗旨即为谋求民党"精神上之团结"。接着,胡汉民发表演说,对"结合真正民党,联为一气"表示极力赞成。同时指出,当前最大的可悲之处不在财政和外交上的困境,而在于"个人不能保全其社会上之信用"。胡认为改革全赖信用,希望"同志诸君极力保全信用,培养根本"。之后,钮永建等亦相继发表演说。(《丙辰俱乐部之欢迎会纪盛》,《中华新报》1916 年 10 月 6 日,"紧要新闻")

△ 唐绍仪因军人干政,称病辞职后,黎元洪拟改任陆征祥为外交总长,众议院以三百八十八人中一百九十八票反对,未得通过。("中华民国"史事纪要编辑委员会编:《中华民国史事纪要(初稿)——中华民国五年(一九一六)一至十二月份》,第 585 页)

10 月 3 日 汪德渊曾来函,称已与吴稚晖寻获邹容墓,拟于国庆日前往展拜,请为表彰。本日,批复"代答以:请同吴稚晖先生来商办法可也"。(《批汪德渊拟整理邹容墓地函》,中国国民党中央委员会党史委员会编:《国父全集》第 4 册,第 141 页)

△ 与黄兴联名电谷钟秀,谓:"报载中央已准少川辞职,势无挽

回。兄等调护苦心,同人共谅。仍望以国务为重,毋少气馁。"(毛注青编著:《黄兴年谱长编》,第499页)

△　维多利亚交通部马杰端来函,请设法解决在潍坊的加属华侨的生活问题,或资遣回故里,或发给川资使返加拿大,或使入校学习,但求衣食有赖,免落为流离之民。(《马杰端等上总理函》,环龙路档案第08549.1号)

10月4日　本日,与康有为、伍廷芳、黄兴、蔡锷、梁启超、温宗尧、吴稚晖、王宠惠等收到岑春煊公电。岑表达了对时局的担忧,批评各方入京交往,拉帮结派。共和政体,首崇法制,但"今则对人之事八九,持法之事十不足一,纷纷扰扰,迄无已时,坐视大法未立而不能先,财政紊乱而不能救,冗兵满国而不能裁,教育寝废而不能举,甚至外交濒危而方针不能立,强镇恣肆而中央不能言。长此不已,何以为国? 瞻顾前路,可为寒心"。岑认为"立国精要在于调和,无古今中外,实同一理",此次讨袁,"义师功未及半,元凶遽归正"。同时,南方革命派之间也能"通力而合作,昔年党隙,涣然以消"。所以正当趁此时机调和各方,"各尽其职守之所应尽,各争其所当争,互让其所当让",除了"蠹国殃民,及曾助袁为虐始终不悟者,屏不与同外",其余的都当尽量和解。(《岑春煊电》,上海《民国日报》1916年10月9日,"公电")

△　岑春煊离粤。

肇庆军务院解散后,两广护国军督司令岑春煊将未了军事移交广东督军陆荣廷,行政事务移交省长朱庆澜,本日起程离开肇庆,返归桂林转回西林原籍。("中华民国"史事纪要编辑委员会编:《中华民国史事纪要(初稿)——中华民国五年(一九一六)一至十二月份》,第586页)

10月5日　龙济光卸任后,于本日率所部振武全军退出广东省垣,开往琼州岛驻扎。("中华民国"史事纪要编辑委员会编:《中华民国史事纪要(初稿)——中华民国五年(一九一六)一至十二月份》,第587页)

10月6日　本日《申报》消息,9月19日请冯国璋释放秦毓鎏函,闻冯国璋已复函照准。(《南京快信》,《申报》1916 年 10 月 6 日,"要闻一")

10 月 7 日　本日《申报》消息,胡汉民与国民党议员多人赴唐绍仪处接洽,主张即选副总统。又派人到上海与孙中山、黄兴联络。(《申报》1916 年 10 月 7 日,"专电")

另据《申报》10 日消息,称参议院议长王家襄指出,选举副总统一节,自系两院应行之职权。惟现正值宪法开议之时,副总统之选举是否有急于举行之必要,似时间问题。此中尚须研究。孙洪伊一派之王乃昌、宋渊源则积极提倡立即选举。近日活动范围似已扩张到旧国民系方面。据说,张继在南京虽未言其何事,以意度之,殆与此问题不无关系。胡汉民来京,实为孙中山之代表,闻近日对此案颇赞成,主张即行选举者,则孙中山之意,殆不见为特别之主张。而黄兴在沪,闻近有人前往商榷。黄不久可以表示其态度,且表示其主张选举何人。至唐绍仪在津,各报言其今日业已返沪,实则唐尚须少作勾留,而议员多人往咨询。闻唐亦赞成即行选举。(飘萍:《北京特别通信十九》,《申报》1916 年 10 月 10 日,"要闻二")

△　吴志革来函,报告回国讨袁及参加华侨义勇团之经过,不愿被遣回加拿大,希望能有贡献于实业,请求返粤入校求学。(《吴志革上总理函》,环龙路档案第 01594 号)

10 月 8 日　本日,批乔义生"请念昔日之谊,速给黎元洪一信,祈其关照"函,"代答:办不到"。(《批乔义生函》,《孙中山全集》第 3 卷,第 375 页)乔义生,字宜斋,山西临汾人。曾留学爱丁堡大学,受业于康德黎,结识孙中山,入兴中会。孙中山伦敦蒙难时曾积极营救。后入同盟会,积极投入反清革命。二次革命失败后,奉孙中山命活动于北方各省。(黄季陆主编:《革命人物志》第 6 集,第 235-236 页;《山西文史资料》,1991 年第 4-5 辑,第 269-272 页)

△　马月眉来函,报告袁世凯既死,因返国时未曾取回头纸(外国发放的再次入境凭证),又未能在国内办实业,愿继续追随。(《马月

眉上总理函》，环龙路档案第 08952 号）

10 月 9 日　本日，批吴铁城请致函陈润生予以鼓吹，为举荐于黎元洪事函，"先生不荐人"。（《批吴铁城函》，《孙中山全集》第 3 卷，第 376 页）

△　获黎元洪授大勋位。同日，黎亦授唐继尧、蔡锷、陆荣廷、梁启超、黄兴勋一位，段祺瑞、王士珍、冯国璋一等大绶宝光嘉禾章。（"中华民国"史事纪要编辑委员会编：《中华民国史事纪要（初稿）——中华民国五年（一九一六）一至十二月份》，第 592 页）黄兴辞勋位不受。（毛注青编著：《黄兴年谱长编》，第 499 页）

此次国庆期间，北京政府对各派要人都授以勋位，不仅有孙中山、黄兴、蔡锷、岑春煊等发起讨袁者，亦有冯国璋、曹锟等袁世凯旧部，以及铁良、世续等满清遗老。10 日，《中华新报》就授勋问题发表时评，认为"定勋必先定其对象，而后勋乃可得而言"。民国国庆授勋，理应"原为对于共和而出"，世续"有功于清室"，曹锟"有功于洪宪"，"亦得滥膺"，"不知其所谓勋之对象安在？"（《授勋质问》，《中华新报》1916 年 10 月 14 日，"时评二"）

23 日《申报》亦转《大陆报》消息，评论国庆荣典，谓："双十节荣典大颁，试就得勋章者之名单而一察之。即知政府于选择懋赏之中，实以调和各党派为主义。名单冗长，报纸载之数日始毕。姑举数名，而政府选择之宏博，亦可见矣！如孙文、铁良、唐绍仪、张勋、黄兴、冯国璋等本非道同志合，而政府则一视同仁，虽荣典之等级不同，而诸人之荣佩勋章则一。其能睹物动心，一变其仇视之态度而为相亲相爱之情谊与否，则在今日尚未可知。惟既共沐荣施，同膺上赏，如黄兴、张勋者似可不致操同室之戈矣！"（《政府与国会之相互关系》，《申报》1916 年 10 月 23 日，"要闻一"）

△　下午二时，旅沪党人首领在法租界仁元里开会，抱怨政府及商会筹集二十五万元款项不敷遣散之用，批评善后事务所效率低下，审查两月之久尚未公布名单及拨发钱款，对审查会提出质问。（《党人

开会质问审查会》,《中华新报》1916 年 10 月 10 日,"本埠要闻")

10 月 10 日　本日,与胡汉民一同探望黄兴。

黄兴胃出血病复发,呕血升余,晕厥时须。孙中山、胡汉民等前往探望。(毛注青编著:《黄兴年谱长编》,第 499－500 页)

△　《申报》载广东维持国体会通电,谓:"国庆日,本会在东园开大会议,特闻。维持国体联合会古伯荃叩。"(《广东维持国体会通电》,《申报》1916 年 10 月 10 日,"公电")

△　宫崎寅藏于杭州街头发表祝贺中华民国国庆之演说。22日,在给宫崎民藏的信中,认为孙、黄、唐(孙中山、黄兴、唐绍仪)非常团结,这是可喜的现象。但也提到"孙最近好多了,但有时候还是个性太强"。(段云章编著:《孙文与日本史事编年(增订本)》,第 525 页)

△　据本日《上海泰晤士报》消息,张继来沪与孙中山、黄兴商讨重组国民党问题,此部分革命党人拒绝加入唐绍仪的新党。(《上海泰晤士报》1916 年 10 月 10 日)

张继、胡汉民由南京抵沪,旋走访孙中山、黄兴、青木宣纯中将。张继等此行系因商组大政党问题。日本方面对此行十分关注,是月4 日海军司令部上海电报,12 日斋藤少将致参谋总长电和 11 月 25日青木中将致参谋总长电均以此事为主要内容。海军军令部电中称:"据民党方面的策划,拟举拥有武力而又对待民党方面较好的冯国璋为副总统,以便压制帝制派和张勋等北洋军人。此项计划日前张继曾亲自来南京向冯说明,冯对民党方面的推荐并无异议。"对于组织大政党,斋藤少将谈到唐绍仪,胡汉民"已与孙文、黄兴取得密切联系,并与冯国璋、唐继尧通了消息"。青木电中提到,冯国璋对组织大政党颇表赞成。(段云章编著:《孙文与日本史事编年(增订本)》,第 525 页)

△　本日,北京举行国庆大阅兵典礼。("中华民国"史事纪要编辑委员会编:《中华民国史事纪要(初稿)——中华民国五年(一九一六)一至十二月份》,第 596 页)

10 月 12 日　本日,因善后款项迟未拨付,旅沪革命党人代表又于法租界某处集会,其中部分激烈分子主张以暴动方式解决。各部首领虽不主张,但因人数众多,难以维持,故请各代表于次日赴善后事务所,要求从速拨款,以免激成暴动。(《党人要求发款之续闻》,《中华新报》1916 年 10 月 13 日,"本埠要闻")

△ 收某人来函,陈述对黎元洪颁发勋位之意见,谓黎之用意未必与袁世凯相同,骤然拒绝,恐其会生意见。故复电措辞,最好不要从个人辞谢着笔,而须"将勋位二字从根本上打消",使黎知此与约法中关于平等的条款背道而驰,也使其他贪图虚荣的人不敢贸然接受。(《某某上总理函》,环龙路档案第 09043 号)

10 月 13 日　本日,致全国各同志函,概括"六月以后吾党之目的及办事大略"。

孙中山认为袁死黎继,约法恢复,国会再集,"吾党不得不宣布罢兵,以示吾人革命志在护法,而非为利"。如果黎能守法,则目的经已达,"故即令山东、广东暨各路军队,一律停止"。段祺瑞组阁,"虽位置吾党数人,实非弟之所欲,弟唯欲纠集吾党同诸人,固结不解,纯取监督政府主义,以俟时机,发舒吾党之政策耳"。

继而概括数月来所办事务:其一:扩充党务。"……托胡汉民君入都,主持一切。"本可团结进步、共和两党中的一部分,但"以北京政争之烈,无暇及此"。现为党务扩张计,"应徇众议,为复党之准备,是手续须求美备,而经费又须宽筹"。

其二:要求偿还华侨债券。目前中央财政,"支绌万分,前以五百万之日本借款,几酿政变,恐无余力偿吾党历年之巨款,现仍在交涉中"。如此项借款不能急遽收回,故而计划"要拟以别种优越之权利相代,俾吾党侨友不至亏折"。

其三:兴办各种实业。最初打算"先办银行,以为各种实业倡始,惟兹事体大,资本须巨,章程须备,规模又须宏敞,现正在计议中"。但"深望此事能成,一可利华侨之汇兑,二可便华侨之储蓄,三则各种实业胥由之解决"。但集资不易,故希望各埠华侨能先汇报本地情况。就归侨和革命党人的安置问题,孙打算"先于内地矿产中,择其尤者一二区,先筹开办。并拟于长江一带择地开垦,如办理得宜,获利必厚"。

其四:在上海办机关报。孙中山指出,原先"吾党于沪上夙无完善之机关报,以至吾党之用心行事足以为国利民福者,世人莫或知之,虽有良善政策,无从宣达,以起国人之信仰,此最为缺憾者"。现拟将"徐朗西君所办之《民意报》,从事扩张,完全代表吾党意思,发挥吾党政纲"。经费方面请求各地同志协助。

其五:拟在上海建立华侨会馆,作为侨胞与内地的交际机关。要求"其会馆之规模,务期宏大,组织务期完备,俾海外华侨回国,有所问津,务使达到合海外华侨之财之智,以兴发祖国利源之目的"。以上五事,皆吾党近日之措施,应为同志诸君告者。(《为扩张党务事致陈子岩函》,中国国民党中央委员会党史委员会编:《国父全集》第3册,第418—420页)

△　批居正"请指定中华革命党本部事务所各部主任事"函,"即委居正为总务主任,谢持为党务主任,廖仲恺为财务主任"。(《批居正函》,《孙中山全集》第3卷,第379页)

△　达剑峰来函,谓其民国元年于南京创办《民魂报》,历经艰难。二次革命期间,财产被没收,现虽有明文发还,但查询得知已供徐州定武学校使用,无归还之日。请求予以救助。(《达剑峰上总理函》,环龙路档案第09377号)

又吕宗荣、陈镜伯为秘鲁党务来函,上报南美洲本党分部林立,党员繁庶。惟地悬隔关,僻处遐方,祖国消息传来,异常艰阻。希望能公举专员于内地采择见闻,提议向来热心党务的许籕香担任南美华侨驻粤代表。(《吕宗荣上总理函》,环龙路档案第06377号)批曰:"此内各信皆当一一答之,并寄前致各埠通函。许君尚未来见(缘何?一问伯元便知)。"(《批吕宗荣来函》,中国国民党中央委员会党史委员会编:《国父全集》第4册,第141页)

△　旅沪革命党人首领联名致电黎元洪、段祺瑞、冯国璋，称党人善后事务办理两月未能实行，仅十五万拨款难以周济数万旅沪党人，彼等已无力维持。并"以沪上为华洋荟萃之区，诚恐激生意外，谁尸其咎"相要挟，希望政府尽快复函解决。(《千回百折之善后问题》，《中华新报》1916 年 10 月 15 日，"本埠要闻")

△　《上海泰晤士报》消息，昨日一无业华人被告上联合法庭，罪名是于本月 6 日偷窃一辆价值三百五十元的道格拉斯摩托车。被告辩称该车为孙中山所赠。证人往见孙中山，孙告知情况属实。但证人说被告买下了该车。选择和偿付都是孙中山自己的事情。摩托车发还被告，指控遂取消。(《孙逸仙博士的摩托车》，《上海泰晤士报》1916 年 10 月 13 日)

10 月 14 日　本日，黄兴复黎元洪电，谢其派员问候，辞受勋位，曰："……昨阅报载，我公策勋，特授兴以勋一位。无功受赏，益增惭惶。加以衰朽之躯，何敢膺此宠锡？谨先电辞，敬请收回成命。"(毛注青编著《黄兴年谱长编》，第 500 页)

△　仰光支部曾允明等来函，对国会约法难复，武人跋扈，十三省同盟等状况表示愤慨。同时寄来 8 月 31 日停办党务指示下达之前吸纳的新党员誓言，请发放证书。并询问改组政党之手续。(《曾允明等上总理函》，环龙路档案第 06422 号)

△　《北华捷报》评论国庆荣典，认为比起任何尚且健在的人，得到一等勋位的黄兴更可能让中国为一场没有必要的革命付出没有必要的代价。(《荣典》，《北华捷报》1916 年 10 月 14 日)

10 月 15 日　本日《申报》消息，旅沪革命党人因日来天气渐寒，衾袍尚阙，善后款审查虽竣，发给尚未有期，多有向孙中山恳请设法者。孙慨念党谊，已饬属于中华革命党之审查员转商政府，先将现在各部党人解散费发出。而各部分首领垫过解散费以致亏累的，各款俟日后再可与政府商量。并闻以前负责审查工作的许崇智、吴忠信亦主张此项办法。(《党人盼望拨款之急迫》，《申报》1916 年 10 月 15 日，"本埠新闻")

△　上海《新闻报》消息，黎元洪日内拟派专员敦请孙中山、黄兴、梁启超、岑春煊来京会商一切。（《新闻报》1916 年 10 月 15 日，"专电"）

△　段祺瑞致电黄兴，慰问病情，"务望安心静养，为国珍重"。（《段总理致黄克强电》，《中华新报》1916 年 10 月 17 日，"公电"）

10 月 16 日　本日《申报》消息，称孙中山不日将赴南京游览。（《南京快信》，《申报》1916 年 10 月 16 日，"要闻一"）

△　《中华新报》消息，此前旅沪党人以饥寒交迫，善款审查虽竣，拨发无期，多有向孙中山请求设法。孙乃饬审查员转呈政府，先拨付善款。各部首领所垫付之解散费，日后再与政府协商。本日，党人善后事务所发出通告，定于 10 月 21 至 23 日发放遣散款项。事务所将于 18 日撤销。（《党人发款有期矣》，《中华新报》1916 年 10 月 17 日，"本埠要闻"）

△　黄兴复段祺瑞 15 日电，告以德国医师云若静养，可以告愈。（《黄克强覆段总理电》，《中华新报》1916 年 10 月 17 日，"公电"）

10 月 17 日　本日《申报》消息，办理旅沪革命党人善后事宜，现已审查完毕。定于 18 日将事务所撤销，故 17 日该所内一切器具均已运出，将屋关锁，仍交还公款公产经理处收管。闻革命党人因善后款项为数甚少颇不满意，17 日由商董虞洽卿邀请各省党人代表至北市总商会磋议办法，各代表因恐同志未及周知，特于 16 日在事务所门上粘贴布告如下：

诸同志公鉴：

善后款项事务所准拨之十七万元不敷支配，同人等定于 17 日（即今日）三时在沪北总商会与商董接洽一切，谅本日五时即可解决，诸同志切勿至事务所催询，特此布告。（《办理党人善后之收束》，《申报》1916 年 10 月 18 日，"本埠新闻"）

△　本日《上海民国日报》消息，时国会正热议副总统人选问题，

孙中山、黄兴、唐绍仪、唐继尧、蔡锷、冯国璋、段祺瑞、岑春煊、陆荣廷等均获提名。各派协商结果，唐继尧、蔡锷因年龄不合，孙中山因曾任大总统，均不便推荐，而主张冯国璋者尤甚。(《选举副总统问题》，上海《民国日报》1916年10月17日，"要闻")

△ 黄兴报登启示称病。(《黄克强启事》，《中华新报》1916年10月17日，"广告")

△ 陆征祥任外交总长议案于本月3日为众议院多数票否决后，黎元洪又拟任汪大燮为外交总长，本日再度为众议院否决。法国驻天津总领事要求将老西开地方划入法租界范围。("中华民国"史事纪要编辑委员会编：《中华民国史事纪要(初稿)——中华民国五年(一九一六)一至十二月份》，第610页)

10月18日 本日《申报》消息，癸丑之役，凡属党会大都解散，自由党亦在其列。现闻该党总部代表王树谷及职员潘祖仁、王文涛等以辛亥光复，自由党成立时曾由彼等代表赴宁请求临时大总统孙中山主持党务，并推为名誉总裁。一时支部遍布各省，党员达五十万人。现因共和再造，在朝者虽持不党主义，而在野党会次第恢复者业已不少。故亦特设自由党总部筹备事务所于法租界银河里。俟征集多数意见，再行公请前正副总裁孙中山、李怀霜仍主党务。(《自由党又将恢复》，《申报》1916年10月18日，"本埠新闻")

10月19日 本日，致咸马里夫人函，赞同其到中国一游，认为因此而获得的知识，将大有裨益，愿尽力之所及为夫人此行提供便利。但中国内地艰辛困苦难以忍受，凡途中日用物品，均需随身携带，需要成队仆役，建议只考察沿海城市。对中国目前的情况，认为切不可过份乐观。不良之因素一如既往，仍在从内部危害民国之命脉。同时告知，目前事务繁杂，须加料理，一旦得空，将赴美洲一行。(《致咸马里夫人函》，《孙中山全集》第3卷，第379—380页)

又函邓泽如，告知清册已收。

9月14日，函嘱邓泽如结清荷属各埠革命军债，邓于10月1日复函。本日再函邓泽如,告知从前寄来清册已经收到,交财政部备案。9月,派廖仲恺、胡汉民进京,一拟主持党务,一拟要求偿还华侨借款。当时,唐绍仪拟就任外交总长,胡、廖二人亦拟以邓为新加坡领事,后因唐辞职未成。同时,孙还通知邓,万一内阁会议拒绝拨款,则只能要求以四川河底机器淘金权作抵押。党务方面,同意各埠恢复国民党的请求,但亦直言告邓,虽然在国会,革命党占多数,但各省会"经二次革命之后,已为地方官蹂躏无遗,非再事经营不可",如要恢复国民党,各省须设分部,应酬交际花费自不能少。但自军队解散后,军事募捐停止,仅靠美侨汇款填补。前函,孙曾望邓"此事办竣后,希速来沪一行",故在此再告"如贵冗稍暇,仍望即来"。

同日,再函邓泽如,告知"本月五号,尊处交耀平兄由台湾银行汇来港币五千元,经已收到。除俟清单到时由财政部照发收据外,特先奉复"。(《复邓泽如函》,陈旭麓、郝盛潮主编,王耿雄等编:《孙中山集外集》,第378—380页)

△　叶佑华来函,谓段内阁一切行为类似袁世凯,指斥其对龙济光的支持。同时告知数月以来,未得赐教,请指示革命党目前之情形。(《叶佐华上总理函》,环龙路档案第09177号)

郑立本来函,谓九月起三宝垅支部党务已遵令停止。并告知华侨昔日归国遭袁政府随意捕拿,今则又有盗匪滋扰,胥吏勒索。在外则频遭殖民地政府骚扰。请设法挽救。(《郑立本等上总理函》,环龙路档案第04891号)

△　黄兴致电黎元洪,谓病情日有起色,"现可稍进饮食,渐能起立片时,静养可以告痊愈"。对于辞受勋位之事,请求黎元洪谅解。

收到电文后,黎元洪复电,称赞黄兴"经营草昧,缔造艰难,功在山河,名重中外",如果"必执个人之谦德,反无以示荣典之大公",劝其勿辞。(《黄克强致黎总统电》《黎总统复黄克强电》,《时事新报》1916年10月20日,"公电")

10月20日　本日,与旅沪党人总事务所代表们谈话,表示不会干涉善后事宜。

各省党人代表总事务所本日推举代表前往沪海道尹徐鹤仙、交涉员杨小川及虞洽卿、孙中山等处，面陈困难情形，要求维持。(《三志办理党人善后之周折》，《申报》1916年10月21日，"本埠新闻")孙乃与旅沪党人总事务所的代表谈话，表示不会干涉善后事宜，称："此次善后，虽由自己发起，但既由政府办理，自己不能再行干涉。且甚望各党员早日领款得所。至致函护军使缓发，此时万难答允。若商会肯出款项，我自然乐予承认，但我并不要求商会发款。"(《孙中山不干涉党人善后》，上海《民国日报》1916年10月21日，"本埠新闻")

此外，原定21日开始拨发旅沪革命党人善款，而部分情绪激烈的分子予以干扰，分发传单阻止领款。多数稳健党人金以为此种举动不合时宜，故以前各省所举代表多宣告脱离关系，不负责任。孙中山亦查悉此中情节，业经声明，不与闻此事。不过仍有人利用孙愿意出面维持之名义，刊发传单。(《汇志党人善后之波澜》，《中华新报》1916年10月22日，"本埠要闻")

例如，有人以旅沪各省党人事务所名义发布通告，声称此次善后款项仅十七万元，已经不敷分配，而审查员不知以何为标准，任意核减，以致不平不匀，令人痛恨。势非根本推翻重行审查不可。18日特举代表往商会接洽，蒙允添款并发。讵官厅概不承认有意逼挟。19日又举代表往谒道尹徐鹤仙，陈述一切。当即慨允与杨护军使、杨交涉员磋商尽善办法。又称孙中山亦愿出而维持，则最后之目的必能完全达到。"特恐吾党不能坚持到底，致伤人格，现已各省开会一致表决，概不领款。如有少数党人不经全体通过，有意破坏，单独领款者，即属彼党败类，公共罪人。彼辈约合同志齐集于斜桥一带，遇有携册领款者，毋论何省党人，一概截留，提充公费。"(《三志办理党人善后之周折》，《申报》1916年10月21日，"本埠新闻")

另据21日《新闻报》所发消息，本日午前，旅沪革命党人各部首领在霞飞路宝康里71号事务所谈定办法六条：(一)由旅沪十三省党人各举代表一人赴孙中山处接洽；（二）各省代表须按照人数预算须款若干，再请由孙中山转商商会设法补助；（三）各代表应将各省党人首领所报名册宣布确数；（四）俟商会担任款项后请孙中山斟酌办法；（五）如孙先生不便担任，请委托谭人凤经办；（六）各省代表应具公函，请由孙中山转致杨护军使暂缓发款，俟商会补助款项后再行定期发给。

各省代表集议后会同前往孙中山寓所，恳求出任担当。经孙答称，诸君如与商会商妥，鄙人理应出为维持，是以于下午刊发传单分送各省事务所诸同志。

传单如下：

今日各省代表至孙中山先生处，已允出为维持。俟商会款项交接妥协，即有相当办法。乞各代表坚持到底，暂勿领款，免为人所借口为要。特此通告。（《三志党人善后之波澜》，《新闻报》1916 年 10 月 21 日，"本埠新闻"）

《申报》亦刊登布告，称党人善后事宜业已办理就绪。……癸丑之役后，在沪各党魁组织机关，召集退伍军人企图革命，以致历年各省闲散军官、退伍士卒及列名党籍之人相率来沪入党办事者人数甚多。自上年西南事起，在沪党众纷纷投效各省护国军。经此疏泄，在沪党人已减去不少。……陈其美部属由孙中山筹款解散。黄兴亦声明自行资遣部属，不领公家分文。（《申报》1916 年 10 月 20 日，"布告"）

△　本日中华革命党甘肃支部长张宗海致函《申报》声明在沪贫苦党人所推荐之七省代表中，甘肃代表杨松林系假冒，有致孙中山、许崇智、韩复炎等信件为凭证。（《张汉青来函》，《申报》1916 年 10 月 23 日，"来函"）

△　北京方面已派王芝祥赴上海慰问黄兴病情，本日已由京启程。（《新闻报》1916 年 10 月 21 日，"专电"）

10 月 21 日　本日，□留芳来函，称于经夏次岩介绍 1914 年入党，7 月谋占温州失败，本年二月间在杭州活动，夏被捕牺牲后流落

上海,请拨发川资回籍。(《留芳上总理函》,环龙路档案第 03990 号)

△ 《时报》消息,上海自由党总部提议恢复,现正筹备进行。昨由该部代表王树谷偕同鲁定格律师及翻译金文彪等晋谒孙中山,询问对于本党之意见。孙适因有客,委胡汉民代表接见。据谓孙此时不愿预闻政事,然对于有道德之在野党会极表欢迎,并言及党务及党员资格:(一)实有道德心有裨民生国计,不可因党务希冀猎取官职;(二)党员须有正当恒业及自立能力,不可因入党之故放弃自有职业。有此方足言党。党纲须严。王等遂欣然而出,现正筹备一切,征集多数意见,将来须严定党纲及党员资格。暂设筹办事务所于法租界银河里 9 号,并设通讯处于英租界大马路 42 号鲁定格律师事务所。(《孙中山对于党会之意见》,《时报》1916 年 10 月 21 日,"本埠新闻")

△ 《时报》22 日消息,本日有党人中之无统系者百数十人,在华法交界之卢家湾附近等候领款党人经过,与之为难。上午十时许,有鄂人叶怀卿、鲁人孙纵横、夏之时、吴忠烈等在发款处领款而回,行至该处(法界),若辈即与为难。吴忠烈被殴受伤,此外尚有同行者一人被戳受伤跌入浜内,并将叶、吴领款一千余元,孙、夏领款八百余元一并取去。事为法捕房所闻,立派中西探捕前往弹压,闻当场拘获数名,余均逃散。被拘之人自称为孙中山所承认之代表,实则孙对于此事绝不干涉。(《发给党人善后款项之情形》《孙中山并未承认代表》,《时报》1916 年 10 月 22 日,"本埠新闻")

10 月 22 日 各省党人中不愿领款者于本日又公举王质、熊椿珊、谢勋圃、许百寄、章杰等前来面求维持。经垂询五端:(一)各省能否一致停止不领?(二)各省代表能否担任维持现状?(三)各省代表能知各省究须若干款项方可解散?(四)各省党员中除中华革命党外有无混淆?(五)商会款项可否应允?俟以上各端一一解决,乃允待商会交出款项后出面维持。(《发给党人善后款项续志》,《申报》1916 年 10 月 23 日,"本埠新闻")

10 月 23 日 本日,马君武来函,希望拨付史丹池二百元月薪,以与其供职于京汉铁路时的相等。同时告知来京将二月，政局种种，皆令人起悲观，拟不久即南归。外交部问题未了，又起内务部问题，恐政局从此不宁。（莫世祥编：《马君武集（1900～1919）》，第296页）

△　美洲总支部吕南继8月呈请指示交通部方案后，又于本日来函，谓在香港设交通总部一事，希望速办以助海外党势之巩固，既可以代表华侨监督政府及请愿，又可以联络海外同志，团结感情。请指示可否。（《吕南上总理函》，环龙路档案第04892号）

△　《申报》等刊发孙中山与黄兴、唐绍仪等七十三人发布为唐继星、阙麟书二人开追悼会的启事："唐、阙二公奔走国事牺牲己，一则横遭惨死，一则忧劳陨命，且癸丑以来协同进行之郭文元、柳智远、陈兰波、宋遵义、邵植三、孙驭风、徐仰山、刘子元、邱丕振、秦万峰、毛汉武、黄□□、崔长荣、刘锦山、朱德盛、王振夏、赵祁泽、张良明诸烈士先后殉国。凡我同人罔不悲悼，兹订于11月2号下午一时至四时止假沪城九亩地新舞台开会追悼，暂设事务所于嵩山路16号。如蒙海内同志及各界诸君赐赠挽章诗歌以光幽德，请寄事务所唐祁钦君收存。特此通告。"（《上海日报公会启事》，《申报》1916年10月23日）

10月24日　本日，批复居正"报告就总务部主任职后清理旧卷，分别部署，并草定总务部组织纲要呈核"函，"批准，发回。"（《批居正函》，《孙中山全集》第3卷，第381页）

△报登启事，谓有人冒签名，写信到渔阳里5号夏宅，经夏宅察觉并予以通知。诚恐奸人冒签名字，四处招摇，特此通告。以后接函，觉签名有可疑者，请至环龙路44号孙宅询问明白，免被欺蒙。如能查出冒名者报官，审查核实后，愿酬谢花红银一百大元。（《环龙路四十四号孙宅启》，上海《民国日报》1916年10月24日）

△　此前，因黎元洪屡邀入京商议时局，时关于即将北上之传闻颇多。据本日四川《国民公报》北京特派员专电消息，称已允担任公府顾问，月薪五千元。（《国民公报》1916年10月24日，"专电"）

本日上海《民国日报》亦称，黎元洪以政局风潮时起非国家之福，

亟望北上收维持调护之效。(《总统望孙中山北上》,上海《民国日报》1916
年10月24日,"本社专电")

10月25日 本日,就前日报刊发布唐、阚二烈士启示,发布声
明,称:"阅报见有追悼唐(继星)、阚(麟书)二公广告一则,不胜骇异。
追悼烈士,自所不反对,然冒名之风,断不可长。此次追悼会之件,文
始终并未与闻,特此广告。以后再有此种不法行动,定当依法究治。"
(《孙文启事》,上海《民国日报》1916年10月25日)

△ 复郭标函,盛赞华侨同志捐助的热忱,告以组党办法,谓:
"现方编订党纲及重订规程,所有党纲未寄到以前,请以国民党名义
招人入党,其手续则参酌中华革命党各章程办理,而不用中华革命党
之名。"(《复郭标指示组党办法并嘱汇寄存款函》,中国国民党中央委员会党史
委员会编:《国父全集》第3册,第421页)

10月27日 总统选举会通告,定期补选副总统。

6月7日,黎元洪继任大总统后,副总统一席虚悬已久,本日总
统选举会发布通告,定于10月30日开总统选举会,依法补选中华民
国副总统。("中华民国"史事纪要编辑委员会编:《中华民国史事纪要(初
稿)——中华民国五年(一九一六)一至十二月份》,第633页)

10月28日 本日《北华捷报》消息,黎元洪聘请为高级顾问,月
薪三千,仍辞而不受。但据《京报》称,通过胡汉民,黎元洪成功地让
孙接受此职,应允的信函已经到达北京。(《北华捷报》1916年10月28
日,"文章23")

10月29日 本日,倪嗣冲致电黎元洪,反对省制加入宪法。

袁世凯死后,革命党人再倡地方自治。7月14日,驻沪两院议
员借法租界尚贤堂举行留别茶话会。孙中山、黄兴、唐绍仪等应邀参
加,胡汉民登台演说,赞同地方自治。次日,孙中山参加广东驻沪国
会议员在法租界尚贤堂的茶话会,发表演讲,主张以县为单位实行地
方自治。17日,两院议员、旅沪名流、商学官军各界、新闻记者于午
后二时开茶话会于张园,孙中山又以地方自治与直接民权为主题发

表演讲,黄兴、伍廷芳、黄炎培等人赞成。稍后,温岭县议会副议长蔡宗黄禀吕公望,请电达中央恢复地方自治,并引孙中山之言为支持。

8 月 18 日,曾在浙江省议会大谈地方自治。此后,《字林西报》《申报》等亦对孙中山的地方自治观加以评论,贬多赞少。本日,倪嗣冲致电黎元洪,反对省制加入宪法,称如果仓促列入宪法,“穷其流弊,非事实多所窒碍,即宪法因之动摇”。倪认为:“省议会与地方官吏系立于对待〔立〕地位,民选果成事实,则监督悉成虚语,行政亦失威权。此以为是,彼以为非,各私其亲,各匿其党,势必酿地方纷扰之象,启豪华掠夺之谋,妨贤者登进之路。举地方行政悉陷于党争之漩涡,邦域于以分崩,中央失其统御。”(李良玉、陈雷主编:《倪嗣冲函电集》,第 284 页)

10 月 30 日　本日,黄兴病危,前往寓所慰问。(毛注青编著:《黄兴年谱长编》,第 502 页)

△　上海《民国日报》转发广东来电,“大局奠定,本军久经解甲归田,乃琼镇黄志桓勾引土豪林熙邻等仍复纵兵四出,捕戮民党如故,乞电督军、省长,速电制止,不胜急迫,待命之至。陈侠农、吴伯全暨全体党人叩”。(《公电来电》,上海《民国日报》1916 年 10 月 30 日,“公电”)

△　《申报》消息,广东方面派外交员林子峰前往上海迎接孙中山,传不日将赴粤一行。(《广东目前之难题》,《申报》1916 年 10 月 30 日,“要闻二”)

△　据总统选举会决定,本日开会选举副总统,到席七百二十四人,江苏督军冯国璋以五百二十票当选。(“中华民国”史事纪要编辑委员会编:《中华民国史事纪要(初稿)——中华民国五年(一九一六)一至十二月份》,第 636 页)

10 月 31 日　本日午前四时,黄兴病逝于上海福丌森路寓所。乃电告各地华侨黄兴逝世消息。

△致美洲中华会馆(分转檀香山、加拿大及南美各支、分部)、新加坡转仰光、曼谷、西贡等地友人及澳大利亚、新西兰友人,通报黄兴

逝世消息。(《致美洲转檀香山加拿大南美各支分部中华会馆告黄兴逝世电》,中国国民党中央委员会党史委员会编:《国父全集》第 3 册,第 421—422 页)

△　与派赴北京视察后返沪的胡汉民谈论时局。

唐绍仪宣布辞职后,胡汉民亦接孙中山电,命与廖仲恺速回上海。胡汉民乃至天津偕唐绍仪一同南下,廖仲恺仍留京专办偿还华侨革命债券事。胡汉民抵沪后,报告北上情形,并言国民党籍议员有举孙中山出任副总统之议。孙大不以为然,并诫胡汉民"你同仲恺在北京要当心一点。我将要造反了。北京当局现勾结帝国主义者有解散国会的意思,对于国家有捣乱的行为,我们便要讨伐他们,你们要小心。"(蒋永敬:《民国胡展堂先生汉民年谱》,第205页)

△　与唐绍仪、温宗尧、胡汉民等收黎元洪电,称赞黄兴为"民国元勋,中邦柱石"。对其突然逝世表示惊愕,告以将派员前往致祭,并交国务院从优议恤。还将遣李书城、耿觐文赴沪,会同何成濬襄理丧事。同日,北京国务院、冯国璋、汤化龙、柏文蔚、交通总长许世英、财政总长陈锦涛、次长殷汝骊、农商总长谷钟秀、江苏督军李纯等亦来电,哀悼黄兴逝世。(《吊黄克强先生哀电汇录》,《中华新报》1916 年 11 月 2 日,"紧要新闻")

是月　批加属华侨函,"函答:此事当着人到京相机行之,然成否未敢决也。并将电由函到汉(胡汉民)、仲(廖仲恺)"。(《批加属华侨函》,中国国民党中央委员会党史委员会编:《国父全集》第 4 册,第 141 页)

△　马骥来函,述其生平及志向,希望能追随左右效力。

马原为"两等小学校教员"为"展生平抱怀,而报效国家于万一",故担任南宁水上警察厅充书记员,既而调充巡船巡长。因仍感难展生平所志,于是投笔从戎于粤省陆军,在龙济光军中任中尉就职。讨袁军兴,龙按兵不动,置若罔闻。马乃"爱组织同袍,冀应滇黔,再造共和"。不料"事机不密,为所识破",于是逃至湖南,一贫如洗。未想湖南官场"运动都借力财神",虽经"谭督军极力维持,锐意图治,以杜厉阶。第因循已久,用人维旧,急难悉屏恶习"。故三月以来,几至流落无归。但仍胸怀大志,相信孙中山等"既能创造于始,尤当匡辅于后,俾得实行共和为完全之民国,方不负初志耳",而其本人虽"微才末艺无补于世",但仍然诚意追随,"庶不愧此堂堂七尺之躯"。现其已"准备旋里,筹划川资行装,以俟钧示",希望孙能"不以疏忽见罪,而谓孺子可教,请即赐示,俾得遵循"。

批:代答:少年有志,望从事于学问,以造成有用之才,庶能……(以下残缺)。(《马骥述生平志事上总理函》,黄季陆主编:《革命文献》第 48 辑,第 339—341 页)

△ 题"教子有方"赠蒋(介石)母王太夫人。(罗刚编著:《中华民国国父实录》,第 2935 页)

△ 沈家裕来函,自述经历,称曾致力于运动九江革命,后为张勋通缉,流落来沪。本年 5 月至山东投军,但 8 月东北军又遭解散。希望能资送留学。(《沈家裕上总理函》环龙路档案第 01498 号)原函无日期,因述及"已于前月解散",推断写于 10 月。

△ 10 月下旬,邹鲁向国会提出《查办张勋案》。

据邹鲁回忆,其曾在国会特别对张勋提出查办案,政府中人知道此事,颇以为异。查办案虽在国会提出,但是每次都排在议程最末,天天如此,所以总没有机会讨论。张勋更对其非常愤恨,声称若邹经过其地盘,便立刻捉住枪毙。后张勋逆迹昭著,邹又提出《查办张勋案》,列举其危害国家、紊乱国宪、颠覆政府、违反共和四大罪。然政府慑于张氏声威,段更别有用心,所以始终没有将张勋议罪。(邹鲁:《邹鲁回忆录》,第 61—62 页)

是年秋 刘世伟等来函,谓曾入海军,辛亥时参加革命,清朝覆灭后入校进修。袁世凯宣布称帝以后,因吴江左介绍入中华革命党,随同前往上海从事革命活动。袁世凯死后,重新入校。现毕业在即,打算留学深造,但家境贫寒,请向黎元洪推荐官费选派。(《刘世伟等上总理函》,环龙路档案第 01225 号)

11 月

11 月 1 日 本日，与唐绍仪等发布黄兴逝世通告，"黄克强先生于 10 月 31 日午前四时逝世。民国肇始，失此柱石，公谊私情，曷胜感恸！兹择于 11 月 1 日午后八时大殓，另诹日开奠。凤叨世、盟、僚、友、戚、族谊，谨此通告"。(《黄克强先生逝世通告》，上海《民国日报》1916 年 11 月 1 日)

△ 致中华革命党各支分部同志函，通报黄兴逝世。(《悼黄兴逝世致各友分部同志函》，中国国民党中央委员会党史委员会编：《国父全集》第 3 册，第 422—423 页)

又致梅屋庄吉电，曰："黄兴于昨日晨逝世，感谢生前的厚谊。"(《致梅屋庄吉电》，郝盛潮主编、王耿雄等编：《孙中山集外集补编》，第 194 页)

△ 何成濬致黎元洪电，报告黄兴病逝经过及遗言(内阁不可更动，孙洪伊能任大事，应引为助)。(郭廷以编著：《中华民国史事日志》，第 268 页)

△ 黄兴大殓。(《黄克强入殓情形》，《新闻报》1916 年 11 月 2 日，"本埠新闻")江苏督军冯国璋、淞沪护军使杨善德、江苏交涉公署均派员前往致祭。上海道尹徐鹤仙亲往祭奠。本日往祭者不下数百人。(《薄海同哭伟人》，《中华新报》1916 年 11 月 2 日，"本埠要闻")在沪日本人青木宣纯中将、松井石根中佐、铃木少佐、头山满之子头山立助、众议院议员井手三郎、海军少佐津田静枝等前往吊唁，驻沪总领事有吉明亦派代表往悼。久原房之助赠日金一万元。(《赙吊来自友邦》，《中华新报》1916 年 11 月 2 日，"紧要新闻")

△ 众议院在报告中法老西开交涉事件后休会，发公电哀悼黄兴，追悼会日两院下半旗致哀。(《众议院为黄克强休会》，《时事新报》1916 年 11 月 3 日，"内外要闻")

△　陆荣廷、河南督军赵倜及巡按使田文烈、山西督军阎锡山、浙江督军吕公望、广东省长朱庆澜、福建督军李厚基、山西省长孙发绪、吉林省长郭宗熙、湖南督军谭延闿、山东督军张怀芝、山西同盟会员谷思慎等人及山东省议会、江苏省议会、河南省议会、广东省议会、江西省议会、宪友社等团体来电,哀悼黄兴逝世。(《吊黄克强先生哀电续录》,《中华新报》1916年11月3日,"紧要新闻")

11月2日　本日,与唐绍仪、胡汉民等均收到华侨国会参议员谢良牧来电,谓已与刘人熙、黎尚雯、郭人漳一同谒见黎元洪商讨黄兴葬仪,拟分十事:(一)国葬;(二)国家开追悼大会;(三)立功地方建专祠;(四)国史馆立传;(五)派员恭代致祭;(六)优给丧资;(七)拨款抚恤遗族;(八)灵柩回籍,官吏沿途照料;(九)派员赴湘办丧事;(十)赠挽联、诔文。(《吊黄克强先生哀电续录》,《中华新报》1916年11月3日,"紧要新闻")

△欧阳振声等五十二人通过《中华新报》转来电报,对黄兴逝世表示哀悼。(《吊黄克强先生哀电汇录》,《中华新报》1916年11月2日,"紧要新闻")《时事新报》转孙洪伊等十五人致孙中山、唐绍仪转黄宅电,对黄兴突然逝世表示震惊,赞其"首造民国,险阻备□,伟烈殊勋,震铄中外",对"万方多难,干济需才"之时"哲人其萎"表示哀恸。(《中外吊黄克强先生电》,《时事新报》1916年11月2日,"内外要闻")驻智利达打分部李励予来函,对黄兴逝世表示哀悼,并请代为安慰家属。(《驻智利达打分部李励予等上总理函》,环龙路档案第06920号)

△　黎元洪令优恤黄兴,拨治丧费两万。葬仪照上将殁于军中者操办。(《黄先生之身后优礼》,《中华新报》1916年11月4日,"译电")

11月3日　本日,贵州督军刘显世、四川督军罗佩金、马君武等广西籍国会议员、旧金山国民党总支部张黄伯耀等人与中华革命党神户及大阪支部、吉林省议会等团体来电,对黄兴逝世表示哀悼。(《吊黄克强先生哀电续录》,《中华新报》1916年11月7日,"紧要新闻")

11月4日　本日,袁世凯死后奉命北上以参议员身份在国会联络国民党两院议员的周震鳞来函,报告国会党派分化,请北上领导。周指出,"数月以来,目击各党分裂,变幻情形,几不可究诘",因此"非得历史最深信望最著之伟人,标举党帜,出任党魁,必不足以提挈群伦,纳诸轨道"。国民党自同盟会改名后,"分子复杂,秩序早乱",故主张"既然国民党破绽毕露","则所谓根本救济之法云者,必不在保存国民党之空名,而在结合进步党之孙伯兰派及章太炎与民社混合之新共和派"。周认为:"此两派既竭诚奉戴先生,且有黎、冯两公为之后援,先生一出负担责任,则议员中坐得二三百人,合之国民党可靠分子三百人,共得五百余人,占国会人数三分之二强。则目前政局变迁已可渐操民党之手,共和基础之稳固,亦将于此举卜之矣!"当然"至党之成立,党之巩固,党之发展,皆须先生从早到京一行"。(罗刚编著:《中华民国国父实录》,第 2936－2937 页)

△ 《中华新报》消息,日本内务大臣后藤新平、陆军中佐本庄繁、中日实业公司副总裁仓知铁吉、法学博士副岛义一、贵族院侯爵议员大隈重信、前司法大臣尾崎行雄、政务局长小池藏等致电孙中山哀悼黄兴逝世。(《吊黄克强先生哀电续录》,《中华新报》1916 年 11 月 4 日,"紧要新闻")

△ 《北华捷报》刊登 10 月 23 日广东通讯,由岑春煊缔造而现已解散的南方政府被要求解决五百万元债务问题。这些债务几乎未被偿付。前革命党魁岑春煊不日将抵粤,孙中山也将南下广东。(《广东需款孔急》,《北华捷报》1916 半年 11 月 4 日)

△ 国会议员开解散纪念会。(郭廷以编著:《中华民国史事日志》,第 268 页)

11 月 5 日　本日,赵念伯来函,称月前因家庭困难,匆匆返回故里。近闻黄兴逝世,不胜哀悼。告知现患喉疾,待治愈后即来沪投效。(《赵念伯悼黄兴上总理函》,黄季陆主编:《革命文献》第 48 辑,第 339 页)

△ 出席上海精武会搏击运动会,并发表演说。

6 日《申报》消息,本日上海精武会借凤鸣茶园开搏击运动会,来宾二千余人,孙中山发表演说,大旨谓技击术为中国国粹,自枪炮发明而后,国技遂微,不知枪炮与技击交相利用。试以此次欧战证之,战阵开始之时,固藉枪炮,而冲锋肉搏则非技击不为功。况科学日益步进,枪炮终穷于用。然则,中国将来倘与列强相周旋,最后五分钟必藉技击为强有力之后盾。深望青年学子、军界健儿,暨各界同胞咸能加以注意,并祝精武会之日益发达。(《精武技击运动纪录》,《申报》1916 年 11 月 6 日,"本埠新闻")

△　黄兴逝世后山西省议会除在省内发起追悼会外,特于本日来电表示哀悼。(《吊黄克强先生哀续录》,《中华新报》1916 年 11 月 7 日,"紧要新闻")《中华新报》刊汪精卫自法国波尔多来电,对黄兴逝世表示哀悼,并询问突然病逝的原因。(《黄克强先生哀电续录》,《中华新报》1916 年11 月 5 日,"紧要新闻")

11 月 6 日　本日,出席黄宅第一次治丧会议。与唐绍仪被推为主丧友人,致各处函电均用主丧友人名义。(《黄宅治丧会议记》,《新闻报》1916 年 11 月 8 日,"本埠新闻")

△　致函黄德源、饶潜川等,谓债券、功章、奖状各件,已饬财政部早日寄出,并解释延迟的原因。同时,传达国内政治情形,告知海外华侨欲入党者可照中华革命党旧章用国民党名义接收。(《致黄德源饶潜川等嘱将余款电汇上海并指示征收党员办法函》,中国国民党中央委员会党史委员会编:《国父全集》第 3 册,第 423—424 页)

△　王河屏来函,谓中、交两行停止兑现后,《民强报》经费困难,请求补助。并告知将赴南京,就凤凰山铁矿遭盗卖一事面呈冯国璋。

接信后,嘱书记代复,"以贵报向未寓目,既系自癸丑以后,蝉联不绝,必有接济之人。现在款项支绌,实难相助"。(《民强报拆梢真相》,上海《民国日报》1916 年 12 月 22 日,"要闻")

上海《中华新报》《民国日报》载日本人秋山定辅致孙中山哀悼黄兴逝世电。(《黄克强先生哀电续录》,《中华新报》1916 年 11 月 6 日,紧要新闻;《日本人吊电汇录》,上海《民国日报》1916 年 11 月 6 日,"要闻")

11月7日　本日,与唐绍仪再到黄宅,续开治丧会议。(《黄宅治丧会议记》,《新闻报》1916年11月8日,"本埠新闻")

△　《中华新报》刊载林森、居正、王鸿猷、管鹏、成都警备副司令卢师谛、成都杨毅等人及日本驻上海领事馆来电,哀悼黄兴逝世。(《黄克强先生哀电续录》,《中华新报》1916年11月7日,"紧要新闻")

美国纽约分部伍学金、伍立勋来函,哀悼黄兴逝世,并请日后发信写明英文地址。(《美国纽特市分部伍学金伍立勋上总理函》,环龙路档案第06921号)

△　黎元洪接徐世昌来电,请派人邀孙中山、梁启超来京协商国事。(《新闻报》1916年11月10日,"专电")

11月8日　本日,再赴黄兴宅参加治丧会议。(《黄宅治丧会议续记》,《申报》1916年11月9日,"本埠新闻")

△　美洲支部黄伯耀来函,告知国民党南美各埠分部公请许籍香为该分部驻粤代表。又称赞林森遍游南美各国,劝华侨助饷,收效甚大,且旅费自理,未费公款分毫。(《黄伯耀上总理函》,环龙路档案第06378号)

11月9日　本日,批曹沛要求接济二百元,俾得运送其父棺归葬事,曰:"调查其人,若查不出,可不答。"(《批曹沛请接济函》,中国国民党中央委员会党史委员会编:《国父全集》第4册,第141页)

△　11日《申报》消息,本日又至黄兴宅与唐绍仪、王芝祥、胡汉民、徐鹤仙、朱执信等商讨黄兴祭仪。(《总统代表致祭黄克强》,《申报》1916年11月11日,"本埠新闻")

△　副总统冯国璋在南京就职。("中华民国"史事纪要编辑委员会编:《中华民国史事纪要(初稿)——中华民国五年(一九一六)一至十二月份》,第675页)

11月10日　本日,批四川仁寿县征收局某君拟在滇省开浚航政函,表示甚赞其议,指出如果云南省政府能够同意,可代向集资承办。然必先实地测量全河之高低,绘就详细图乃可。(《批四川仁寿县征收局某君来函》,中国国民党中央委员会党史委员会编:《国父全集》第4册

上,第 142 页)

△　发电哀悼蔡锷逝世,并称将派周应时敬诣丧次赙唁。(《蔡松坡先生哀电汇录七》,《申报》1916 年 11 月 22 日,"本埠新闻")

△　《国民公报》消息,传闻电请政府加拨解散革命党人费二百万元。(《国民公报》1916 年 11 月 10 日,"新闻二")

是月上旬　邹鲁以段祺瑞政府懦弱无能及做出种种不法行为,提出十大质问书,谓:"国家之治乱,判于政治是否能上轨道以为断,否则发端极小,而流祸不可胜言。袁氏最初当国,人多以时局艰难,意存姑息,卒之日益加厉,酿成大变。共和再造,所望政府国民悉循政治轨道,庶几风雨飘摇之时,得同舟而共登彼岸。乃数月以来,政府举动,有未能一一悉喻于人。谨就大端十种,依法质问,请政府依法于十四日内答复。……"(冯双编著:《邹鲁年谱》,第 86 页)

11 月 11 日　《申报》12 日消息,本日与胡汉民、谭人凤、柏文蔚、蔡元培等和黎元洪代表王芝祥于法租界黄兴宅致祭黄兴。并与唐绍仪等联名致电黎元洪,对其派王芝祥代表致祭黄兴表示感谢。(《总统代表致祭黄克强纪盛》,《申报》1916 年 11 月 12 日,"本埠新闻")

△　沙域分部马耀星等来函,陈述对党务的意见,主张以举办五事为紧要之举。例如以恢复国民党,组建强有力之大政党为第一要务,筹办银行为第二要务,等等。(《沙域分部马耀星等上总理函》,环龙路档案第 07543 号)

△　《国民公报》就电请加拨巨款解散部众一事发表评论,称:"近日,京沪各报载党人善后之办法,并种种问题,种种波折。总而言之,不外一款字。最近孙中山电请加拨巨万,以为办理善后之用。党人将得其所矣!而我一般老百姓,苦兵燹,苦盗贼,男女老幼奔走流离,不得其所者不知凡几。又何不速谋一善后之法耶?"(《党人为着何而来》,《国民公报》1916 年 11 月 11 日,"新闻二")

△　《北华捷报》消息,革命党与孙洪伊一派已联手组建新党,欲提名孙中山为党魁,与孙之洽谈正在上海进行。新党取名"民治党",

据说其目标是支持军人小集团。(《北京电》,《北华捷报》1916 年 11 月 11 日,"中国新闻")

11 月 12 日 本日,批黄容生"报告拟召开中华革命党加拿大各分部恳亲会,请派员前来事"函,曰:"留意,如有妥适之人到时派往,甚好。答函励之。"(《批黄容生函》,《孙中山全集》第 3 卷,第 386 页)

△ 王河屏再次来函,特寄《民强报》两份呈阅,以证明前函所言不虚,希望能资助维持。(《民强报拆梢真相》,上海《民国日报》1916 年 12 月 22 日,"要闻")

11 月 13 日 本日,与唐绍仪收镇江绅商军学各界代表为赵声请恤典事。函称赵声"黄花岗其功在民,早有舆论,三经总统,两睹共和,勋赏不及,恤典未加",请求孙中山提议政府为之修墓建祠。(《为赵声烈士请恤典》,《申报》1916 年 11 月 14 日,"地方新闻")

△ 陈亚东等来电,哀悼黄兴逝世。(《申报》1916 年 11 月 24 日,"专电")

11 月 14 日 本日,批广州严某函,"不记忆为何人,可一查审美书馆人,乃酌代答"。(《批广州严某函》,《孙中山全集》第 3 卷,第 387 页)

△ 与唐绍仪致电参、众两院,主张挽留陆荣廷以安粤。

袁世凯死后,龙济光虽经政府命令免职,改派陆荣廷接任,却迟迟不肯交权。邹鲁曾在国务院质问段祺瑞,如果龙不交权,政府将如何处置?同时屡次致电广东省议会、各团体及各报馆,请大家一致驱龙,务达目的。(邹鲁:《回顾录》,第 69 页)孙中山也认为"粤东龙逆,毒民最甚",亦曾与王宠惠、唐绍仪等"发电攻之"。而陆荣廷辛亥前虽积极镇压过镇南关起义,但孙认为其"于此次独立,名誉甚佳,其在广西亦无贪污劣迹,与本党亦有联络"。(《致中华革命党各支部函》,《孙中山全集》第 3 卷,第 362 页)10 月 4 日,陆荣廷攻入广州,龙济光退守海南。

为稳定广东局势,孙中山与唐绍仪于本日致电参、众两院,主留陆(陆荣廷)以安粤。参、众两院粤议员因于 15 日开会讨论此事,一致赞同,除分电陆荣廷和广东省议会挽留外,并复电:"寒电敬悉,即集议一致认为非留陆无以安粤,已推派代表谒总统、总理,表示公意,一面电陆勿再求去,再电省会协留以昭众志。"(《粤议员挽陆以安粤》,上海《民国日报》1916 年 11 月 20 日,"要闻")

又为留陆在粤事与唐绍仪联名致邹鲁电,请转告同乡,粤经破坏,乱机犹伏,陆督重望内外,倚如长城。比闻屡电求去,若徇其情,虽成一人高蹈之慨,粤事将不可问,务望合力挽回,以顾桑梓。无任盼祷。(《粤不可无陆督军》,上海《民国日报》1916 年 11 月 18 日,"要闻")

11 月 15 日　授意朱执信复梅屋庄吉吊黄兴函。

黄兴逝世后一日,乃电告梅屋庄吉:"黄兴于昨日晨逝世,感谢生前的厚谊。"梅屋于 11 月 1 日来函吊唁黄兴。本日,授意朱执信回函,称:"此次克强先生之丧,偏蒙东邻贤士大夫之深厚同情,致哀赐唁,感谢实深,重蒙勉以为国自重,为平和尽瘁,敢不再拜,敬佩佳言,特嘱执信代复台端,聊申谢意。"(段云章编著:《孙文与日本史事编年(增订本)》,第 526—527 页)

△　夏重民以东北军航空队解散款项情形呈报。

中华革命党东北军航空队组织,亦奉命解散。本日,航空队长夏重民将全部解散款项,呈报于东北军总司令部。共费一万元,其中支付教师薪金及返日旅费者四千元,支付队员及职员解散费者六千元。计:坂本教师四个月薪金,共一千二百元正。星野助教师三个月薪金,共六百元正。立花助教师三个月薪金,共六百元正。熊木三个月薪金,共三百元正。日人职工六人薪金,共八百元正。剪风运费二百元正。日人全部回东川资,共三百元正。以上共支四千元正。再,支航空队员十五人解散费,共四千五百元正。庶务次长兼通译加给津贴,二百元正。书记加给津贴一百元正。航空队厨役、杂役、水夫、小孩及一切杂费,共二百元正。新进航空队员三人川资,共一百元。在八日市由刘季谋经手,借杨寿彭伙食费二百元正。队长往来上海、青岛及在济南旅费,共二百元正。队长解散费五百元正。以上共支六千元正。(《中华革命军东北军航空队解散款额》,黄季陆主编:《革命文献》第

46 辑，第 481 页)

　　△　17 日《申报》转本日路透社电，谓组织元老院之议案已提交国会，孙中山、岑春煊、康有为、梁启超、唐绍仪、徐世昌、李经羲、伍廷芳、张謇、赵尔巽、陆征祥诸人均名列其中。(《申报》1916 年 11 月 17 日，"译电")

　　11 月 16 日　本日，批马耀星等 11 日函，"此等复通函之件存之，待各件有要领再答。"(《批马耀星等来函》，中国国民党中央委员会党史委员会编：《国父全集》第 4 册上，第 142 页)

　　又批智利某某电，"答函谢之，并告近情。"(《批智利某某函》，《孙中山全集》第 3 卷，第 387 页)

　　△　与唐绍仪收广东议员来函，获悉经集议，粤籍议员认为"非留陆无以为安"，并得知彼等已派代表谒见黎元洪、段祺瑞，表示公意。还联电陆荣廷，请勿离去。(《粤议员挽陆以安粤》，上海《民国日报》1916 年 11 月 20 日，"要闻")

　　潘必昌来函，谓赴津谋事未遂返沪，往领善款，办事员指其党员证疑似假冒，必要发证人梁纬舟前往证实，而梁尚在日本，故请设法证明清白，以助维持生计。(《潘必昌等上总理函》，环龙路档案第 01245 号)

　　11 月 17 日　本日，夏重民来函，报告收束东北军办理情形，及遣散费的分配情况，谓华侨航空队情况尤其困难，各先给五十元使归上海。如各人不能久留以待善款，请先垫付路费，待领款后由银行汇还。(《夏重民上总理函》，环龙路档案第 03432 号)

　　△　总统府丁世峄就陈其美国葬并恤其遗族事复函，谓陈其美的功绩与黄兴相同，建议予以国葬，希望先与议会中和陈其美相识者商议，再于会中提出议案。(张黎辉、蒋原寰等编辑：《北洋军阀史料·黎元洪卷》第 10 册，第 1289－1290 页)

　　△　日本东京各界名士在芝区青松寺举行黄兴追悼大会，到会者数千人，不能入而立于山门外者数万人。追悼会由外务大臣后藤新平男爵，前任各部大臣加藤高明子爵、河野广中、箕浦胜人、尾崎行

雄等,陆军代表田中义一、海军代表秋山真之、外交界代表小池张造、实业家久原房之助,以及头山满、寺尾亨、犬养毅等日本各界有影响力的人士发起。(毛注青编著:《黄兴年谱长编》,第511—512页)

△　《申报》载安徽省追悼黄、蔡公电,对二人先后离世,表示哀恸。安徽各界此前订于20日追悼黄兴,现推迟至28日,以便黄、蔡二人追悼会同时举行。并设事务所于商会。(《皖省各界追悼黄、蔡电》,《申报》1916年11月17日,"公电")

11月18日　本日,《中华新报》发表时评,指"国老院虽有自动和被动之分别,终之为国民立一吃饭不做事之好榜样而已"。如要"送些干脩与人"则高等顾问等足矣,又何必"污神圣之国会,使议此等猪栏典制?"(《国老院》,《中华新报》1916年11月18日,"时评二")

11月19日　本日,批时在山东潍县驿前大和旅馆的夏某函,"千元当可照办"。(《批夏某函》,《孙中山全集》第3卷,第387页)

△　黎元洪回复请罢国老院电。

17日《申报》消息,国老院组织法案咨交众议院。第一条,国老院以大总统特聘之国老组织之;第二条,国老备大总统咨询国事;第三条,国老不逾十人;第四条,国老须年满五十以上,具有左列资格之一者:一、曾任大总统、副总统者;二、有大勋劳于国家,德望素著者;三、博通中外,学术体用兼赅者。(《国老院组织法案咨交众议院》,《申报》1916年11月17日,"要闻二")孙中山对设立国老院一事表示反对,并致黎元洪等电,指出欧美共和国有元老院,实与今之参议院相当,中国已有两院,不必架屋叠床。黎所拟设之国老院,法自日本元老院,但元老与内阁、国会交相嫉视,而施政亦大受阻碍,希望引以为戒。(《孙中山先生议罢国老院官制电》,上海《民国日报》1916年11月20日,"公电")本日,黎元洪回电,告知国老院一事,先是有人为调和政局起见,屡次建议,经内阁采纳,现已将组织法拟定,咨交国会,想两院不乏明通之士,赞成与否,应有适当之解决。(《大总统覆孙中山先生电》,上海《民国日报》1916年11月20日,"公电")

△ 自由党于法租界银河里 19 号事务所开全体茶话会,新旧同志到有二百余人,提议事项六项,中有一项谓,孙中山来函,辞退党务。拟公举某某主持会务,须先征求同意。(《自由党同志之茶话会》,《申报》1916 年 11 月 20 日,"本埠新闻")

11 月 20 日 本日,上海《民国日报》刊发与唐绍仪致各总长、各议员函。陈述陈其美生平及贡献及身后萧条,"遗体至今犹寄存沪上,无以为葬",希望能"为之表彰,予以国葬,并存恤其遗族"。(《陈英士先生之灵骸》,上海《民国日报》1916 年 11 月 20 日,"要闻")

△ 复李宗黄电,称赞唐继尧为命世之材,认为其表现堪称全国军人之表率。然勾留沪上,百务冗杂,对唐、李二人的来函未尽礼数。但素心相期,皆在远大。表示以后有所见解,当随时发表,不吝直言。(《复李宗黄告对时局意见当随时发表函》,中国国民党中央委员会党史委员会编:《国父全集》第 3 册,第 424 页)

11 月 21 日 本日,驻粤滇军发文哀悼黄兴、蔡锷、陈其美,决定于 11 月 26 日在韶州设灵,备牲开会追悼,以表哀忱而慰忠魂。(《广东韶州来电》,《申报》1916 年 11 月 23 日,"公电")

△ 财政部前所酌议发还抄没革命党人财产办法,经呈明黎元洪后,于本日奉准施行。("中华民国"史事纪要编辑委员会编:《中华民国史事纪要(初稿)——中华民国五年(一九一六)一至十二月份》,第 687 页)

11 月 22 日 与主丧友人联名发布黄兴治丧通告,"黄克强先生交友满天下,车笠之盟,缟纻之好,究有仆等所未悉者。代主丧务,勉持大体,征名遍讣,恐有未周,诸祈见谅为幸"。(毛注青编著:《黄兴年谱长编》,第 512 页)

11 月 23 日 本日,致函美国国会议员威廉·舒尔兹。为中国"已经有了一个共和制的政府,但若我们仅是孤立拯救自己,发展就将停止",在"实践中之民主"方面,表示无能为力。因此除非获得美国之协助,否则"我不认为我毕生之事业可取得完满之成功"。

又以上海的租借为例,认为亟需给国人树立"一种市政管理之楷模"，而美国就是榜样，表示在一定的时期内，"可受美国之督导"。

此外还就退还庚款等事对美国表示感谢，希望舒尔兹能为他"向美国人民作一切有效的宣传"，"在贵国务院广袤的辖区内找出更多的办法，并广泛传播，最有效地和最可能地达致美国人民"。（《复威廉·舒尔兹函》，郝盛潮主编、王耿雄等编：《孙中山集外集补编》，第 195—196 页）

△ 岑春煊离粤赴沪。（《新闻报》1916 年 11 月 24 日，"专电"）

11 月 24 日 之前曾交给戴德律委托权文件，请其代为洽商政治贷款，至袁世凯死后情势转变，遂于本年 7 月 5 日函告取消洽款事，并请将委托权文件退还。本日，再致函戴德律，请将委托权文件交给执函来访的友人诺曼（Robert Norman），并告以将有实施开发东北农业土地之构想，请代搜集有关资料，且询问须用何种方法。（《致戴德律函》，《孙中山全集》第 3 卷，第 391—392 页）

△ 批冯某为询问国内产锡矿事之来函，谓："锡矿富于云南，两广间亦有之，必从该处求之，乃有得也。"

又批徐化龙"请求致函粤督并请更换德工程师"函，称已照致书粤督，俟有回音当再报。并写信陆荣廷，告知广东无烟药，德国工师既造，不妨用此人一试，如有成效则留之，无成效则去之。（《批徐化龙来函》，中国国民党中央委员会党史委员会编：《国父全集》第 4 册，第 142 页）

△ 二次革命开始时曾追随李烈钧讨伐袁世凯并任师长，后又参加云贵举义，时任驻粤滇军第四师师长的方声涛来电，称原本欲亲吊黄兴，但所部饥寒交迫，不可终日，难以脱身，故派代表前往。（《方声涛来电》，《申报》1916 年 11 月 24 日，"公电"）

与唐绍仪收陆荣廷复电，以微躯多病，任重材轻为由，请另选贤能。（《粤督军来电》，《申报》1916 年 11 月 23 日，"公电"）

许崇智、蒋介石、吴忠信、杨庶堪、周淡游、吴藻华、邵元冲等来函，请定去年冬肇和舰起义同志牺牲之日为烈士日，由官厅具礼致祭。（罗刚编著：《中华民国国父实录》，第 2940 页）

往昔医学院同学廖德山来函，报告仍在岭南学校教学。（《廖德山

上总理函》,环龙路档案第 03116 号)

印尼华侨黄甲元来电,对黄兴逝世表示哀悼。(《黄甲元上总理函》,环龙路档案第 06927 号)

上海《民国日报》载陈亚东等来电,谓拟在南京筹备哀悼黄兴大会。(《陈亚东等电》,上海《民国日报》1916 年 11 月 24 日,"公电")

△ 《申报》北京电,国老院草案因孙中山反对,岑春煊、康有为亦多不赞成,现经国务会议讨论,主张撤回。(《申报》1916 年 11 月 24 日,"专电")

△ 时关于孙中山即将北上的谣传盛行,本日《时事新报》消息,称与唐绍仪带随员多人于下午坐快车前往南京,闻将转乘京浦火车北上。目的地不详。(《孙唐两氏之行踪》,《时事新报》1916 年 11 月 24 日,"本埠时事")12 月 1 日,上海《民国日报》称北京盛传孙中山、唐绍仪、岑春煊等不日均将北上。(上海《民国日报》1916 年 12 月 1 日,"本社专电")12 月 2 日,《北华捷报》亦刊发孙、唐前往南京消息,并言据北京电报猜测此行目的是赴京就任于孙洪伊、张继所组新党之理事会。传闻副总统冯国璋是这一萌芽中的政党的支柱,背后由徐世昌和李经羲支持。目标据说是抵销段祺瑞的影响。(《孙博士与唐先生》,《北华捷报》1916 年 12 月 2 日,"中国新闻")

11 月 25 日 宿务支部长陈伯豪来函,报告驻小吕宋副领事林葆恒聚赌事,请函外交部及本党两院议员究办。(《宿务支部长陈伯豪上总理函》,环龙路档案第 07892 号)

△ 倪嗣冲通电挽留国务总理段祺瑞。("中华民国"史事纪要编辑委员会编:《中华民国史事纪要(初稿)——中华民国五年(一九一六)一至十二月份》,第 692 页)

11 月 27 日 本日,上海《民国日报》报载苏州商学界来电,对黄兴逝世表示哀悼,特派黄笑侯、查鉴来沪致祭。(《吴城商学界唁黄兴电》,上海《民国日报》,1916 年 11 月 27 日,"公电")

又巴达维亚书报社来电,报告开会敬悼黄兴。(《巴达维亚书报社

上总理电》,环龙路档案第 06923 号)

11 月 28 日　本日,批某某"申明该埠同志维护大局所拟之办法请准行事"函,曰:"通电绝止后,本难再行承认,然贵埠同志,既已从全为大局行之,本部则照承认就是。"(《批某某函》,《孙中山全集》第 3 卷,第 392 页)

△　到福开森路黄宅与唐绍仪、胡汉民、钮永建等商议黄兴殡葬事宜。(《黄宅治丧处会议纪》,《申报》1916 年 11 月 29 日,"本埠新闻")并与唐绍仪、李烈钧、蔡元培、柏文蔚、谭人凤等,为黄兴发布讣闻及出殡通电,通告黄兴于民国 5 年 10 月 31 日午前四时疾终沪寓,享年四十有三,经于 11 月 2 日午前入殓。定于 12 月 21 和 22 两日召开吊唁黄兴大会,23 日举殡杭州西湖茔地。(《孙文等通告黄公出殡电》《孙文等通告黄公讣闻电》,《时事新报》1916 年 11 月 29 日,"公电")

△　与唐绍仪、胡汉民等复浙江督军吕公望电,告知将派刘昆涛、耿伯钊、陈闿良、徐少秋等为黄兴墓地一事赴浙协商。(《黄宅治丧处会议纪》,上海《民国日报》1916 年 11 月 29 日)

△　李书城、何成濬致电段祺瑞,为黄兴丧葬一事催促议定国葬条例。(《催议国葬条例电》,《时事新报》1916 年 11 月 29 日,"公电")

△　岑春煊自粤到沪。(郭廷以编著:《中华民国史事日志》,第 272 页)

11 月 29 日　9 月,曾派廖仲恺、胡汉民进京主持党务,并与孙洪伊商议组织大党问题。报章亦盛传有入京意向。本日下午,《时事新报》收到北京消息,谓"盛传孙中山、岑春煊、唐绍仪将入京组织大政党。据个中人云,费由元首负担"。(《时事新报》1916 年 11 月 30 日,"北京专电")

△　胡维坝来函,谓与林森共事有年,林办事无不迅速妥善,做事审慎周详,对美洲党务发展贡献巨大,为其被人毁谤事剖白。(《胡维坝上总理函》,环龙路档案第 07664 号)

11 月 30 日　本日,复函二件,其一,白某同志推荐与铁路有关的书籍两本，请其去书店购买。(《批答关于铁路参考书事》,中国国民党中央委员会党史委员会编:《国父全集》第4册,第143页)

其二,谓:"以各事当照办,惟嘱地方官保护一事,尚待查明其人,乃能办之。恐成为反对民党之官,则曾□为保护,暗或有不利亦未可知也,故宜慎之。"(《批某某函二件》,《孙中山全集》第3卷,第393—394页)

△ 纳闽坡(Labuan)支部张渔村等来函,报告本日开会追悼黄兴。(《纳闽坡支部张渔村等上总理函》,环龙路档案第06924号)

△ 《申报》消息,称向政府索还革命用款要求二百八十万元。昨国务员有力主照拨者,得通过。此外,钮永建九十万,谭人凤七十万正在交议中。(《申报》1916年11月30日,"专电")

又据该报12月5日转《字林西报》本日消息,谓北京华人访函云:"美借款甫经议定,党人要求已纷来沓至。孙中山要求一百万元,李烈钧五十万元,谭人凤九十万元,钮永建七十万元,吴大洲五十万元。此事想读者早有所闻。其所持理由以为,上述各款皆由日人等处借来,为反对帝制之第三次革命经费,今既共和复活,宪法恢复,则前借各款当然由政府归偿,不能再延。闻孙所索之一百万元,系用于上海及长江一带革命者。李烈钧五十万元,将用作遣散其部下滇军两师之资。谭人凤与钮永建共索一百六十万元,以解散江浙两省青、红两帮之匪徒。盖六月间,曾召集此辈以谋江浙之独立也。吴大洲与现充众议员之居正有关系者,索取五十万元以偿山东革命之费。据云鲁省革命费用大半从日人借来。李烈钧因政府已准粤督陆荣廷扣留盐税余款五十万元以供其所需,故已离粤到沪,至于其部下滇军则已交与陆督,以粤省财力而谋重行编制!"(《字林报之北京政闻》,《申报》1916年12月5日,"要闻一")

△ 传闻本日到南京,乘汽车入城,谒冯国璋。(《时事新报》1916年12月1日,"苏州快信")又据12月1日《时事新报》消息,某派因唐绍仪、胡汉民游说冯国璋为党魁无效,更遣公府秘书郭同持某巨公手书往宁劝诱,但冯仍谢绝。(《时事新报》1916年12月2日,"北京专电")

是月　撰挽蔡锷联"平生慷慨班都护，万里间关马伏波。"（毛注青、李鳌、陈新宪编：《蔡锷集》，第 638 页）

△　本月 17 日，日本各界人士在东京举行黄兴追悼大会。后孙中山与唐绍仪等主丧友人致函田中义一，曰："敬闻执事在东方〔京〕发起追悼黄克强先生大会，推本友谊，为空前之盛举，厚义深情，存殁均感。谨代表致谢，并寄上黄先生遗照一纸，以作纪念。"（《致田中义一函》，陈旭麓、郝盛潮主编，王耿雄等编：《孙中山集外集》，第 380 页）

△　李绍莲来函，自述早年革命经历，谓曾在广东警界任职，辛亥时至南京投军，参加过二次革命，曾被以乱党嫌疑拘禁数月。今春三月，本拟赴粤投军，不料南下后旧疾大作，未能如愿。现冬风渐紧，衣被单薄，祈求救助。（《李绍莲上总理函》，环龙路档案第 11544 号）

何丙南来函，称曾任自由党分部理事，请收录以供驱驰。（《何丙南上总理函》，环龙路档案第 04189 号）

丁怀谨来函，哀悼黄兴逝世。并告以去岁回滇，曾草拟航路意见，并得到官民两署一致赞同，然调查未竣，战端已开，未能继续。故附上航路草案，请求支持。（《丁怀谨上总理函》，环龙路档案第 04066 号）

詹斌来函，称曾任江阴要塞司令，于 4 月 15 日宣布独立，因寡不敌众，败逃沪上。不得不变卖所有，北上山东投军，未料东北军亦遭解散。此前沪上办理党人善后，不幸名落孙山。刻下受理期限已过，漂泊沪江，请求收纳以效力。（《詹斌上总理呈报近况并自荐》，环龙路档案第 01062.1 号）

12 月

12 月 1 日　本日，与唐绍仪等至黄兴宅出席治丧办事处会议，决议黄兴归葬湖南。并于 12 月 6 日，通电各方。（《黄宅治丧会议记》，《申报》1912 年 12 月 7 日，"本埠新闻"）

△ 冯自由来函,称黎元洪公布华侨议员选举日期为 1 月 18 日,美洲相隔太远,如用信函通知,必赶不及。因其处已无经费,故请致电旧金山发布公告。同时告知其尚在运动农商部,希望能将选举日期推延到 2 月 20 日或 25 日。

批曰:"选期定元月十八,速照由函令各埠,用书报社名函电农商部,各举代表一人,不得同名,并电自由。"(《冯自由为华侨选举事请总理发电通告各埠函》,黄季陆主编:《革命文献》第 48 辑,第 93—94 页)

△ 北京中央公园召开蔡锷、黄兴追悼会。黎元洪派金永炎代祭,各机关放假一日,并下半旗。(《新闻报》1916 年 12 月 2 日,"专电")

△ 下午三时,《时事新报》收到 30 日专电消息,谓孙中山索款二百八十万,虽经政府承诺,但无现款。孙之代表谓政府只须与一凭据,认彼为债券者,何时交款均可。

又据该报收到本日下午七时消息,有人就孙中山索款事面询段祺瑞,段言国务会议无所谓通过,但也没有不给之意,不过须过问用途。或疑政府无力照给,但据财政总长陈锦涛所言,"钱是有,在这里,苟允,照数立即可拨"。(《时事新报》1916 年 12 月 2 日,"北京专电")

12 月 2 日 本日,批旧金山中国国民党(按此时未改组中国国民党。1914 年国民党改组中华革命党后,海外仍有沿称国民党。此处疑为中华革命党或国民党之误。)美洲总支部关于汇款事函,"即代收款,交蒋介石转交,取条作回信。速寄"。(《批三藩市中国国民党美洲总支部函》,《孙中山全集》第 3 卷,第 394 页)

△ 曾任浙江严州司令的金维系来函,称旧部困于沪上,请助生活费及川资。(《金维系致朱执信函》,环龙路档案第 01063.1 号)同日,金又函朱执信,称旧部不能离沪者八人,眷属五人,请求接济。(《金维系致朱执信函》,环龙路档案第 01064.1 号)

△ 《新闻报》消息,黄兴营葬西湖,业由主丧友人孙中山等派刘昆涛等四人到浙江接洽,并堪择墓地。(《新闻报》1916 年 12 月 2 日,"快信·杭州")

△　《申报》消息,国老院案,审查结果已否决。(《申报》1916 年 12
月 2 日,"专电")

另据《北华捷报》16 日评论,指出据《临时约法》,中华民国总统
权力非常有限,国会和内阁完全控制了他的行动。如此情况下,国老
院纯属多余。建国老院等于修正《临时约法》,给现政府提供手段,减
少对国会的依赖。

据说,国老院计划的设计人是总理,目的如上所述。亦有说法,
认为国老院仅用于安置重要人物,以免他们和政府作对。一家中国
报纸预测了第一批国老提名,其中有孙中山、岑春煊、康有为、梁启
超、唐绍仪、徐世昌、李经羲、张謇、赵尔巽、陆征祥。

孙中山反对国老院,认为违背了《临时约法》的精神和文本。众
议院以同样理由驳斥,指出设国老院等于给国家增加了第四个机构。
据推测,众议院和内阁会一致抵制提案。(《国老》,《北华捷报》1916 年 12
月 16 日)

12 月 3 日　本日,曾在美洲创办《少年中国晨报》和华侨航空学
校的黄伯耀来函,谓将于 12 月 23 日搭船回国,并报告被举为华侨议
员事。(《黄伯耀上总理函》,环龙路档案第 07411 号)批曰:"注意！派人接
船,朱卓文为妥,否则刘纪文亦可。"(《批黄伯耀函》,《孙中山全集》第 3
卷,第 395 页)

△　针对各报所载,孙中山请政府偿还革命借款二百八十万,阁
议照拨一说,本日上海《民国日报》刊文,澄清国务会议同意照拨实属
误传。并称中华革命党讨袁经费多贷自日本友人和南洋各富商。现
国事大定,债主纷纷索偿。既然革命党讨袁经费与其他义师经费性
质与目的相同,则断不能视为私人债务。各报所载情况亦大体如此,
惟阁议照拨一说,并非事实。国务会议虽然同意清偿,但仍需详细审
查。孙中山近日正在检齐册籍,准备汇送政府。至于何时拨款,拨付
多少则尚无明确日期。而关于孙中山向政府索巨款办政党一说更是
奇谈。(《偿还孙中山先生革命用款之真相》,上海《民国日报》1916 年 12 月 3

日,"要闻")

△　众议员温世霖等提出弹劾国务总理段祺瑞内阁案,列举段内阁六项违法,四项失职之处。("中华民国"史事纪要编辑委员会编:《中华民国史事纪要(初稿)——中华民国五年(一九一六)一至十二月份》,第708页)

12月4日　本日,批某某"为经济支绌,拟请设法代谋官费补助事"函,告知官费一时难以设法,俟稍有机会,无论何方面若能为其设法,当为尽力。(《批某某函》,《孙中山全集》第3卷,第395页)

△　林森自北京来书,汇报政情(林森时正出席国会,奉孙中山命在京组合大党),告以"返京以来,即将先生意旨传布于各同志议员,所提组合大党主义,各议员均表同情,深佩硕画。现伯兰(孙洪伊)已出内阁,谷(钟秀)、张(继)意见自可渐消于无形,且西林(岑春煊)、协和(李烈钧)近都莅沪,与吾人同一主张。……由是观之,在京政客之趋向,悉视驻沪各要人为转移耳!兹届改选参议员期迫,各政团更渴望大党早日成立,庶有竞争之实力也。近闻华甫(冯国璋)迟早加入吾党,要随黄陂(黎元洪)为进止。回京时,曾进府面询及内阁近情,谈次虽未涉及造党方略,而已表赞同民党真意,共护共和为己任之心志,溢乎言外。……最近内阁变更,有三政象,姑列以供参考:第一准段辞职,以伍(伍廷芳)代理总理,以参谋长代理陆军总长。第二提出徐东海(世昌)为总理,国会通过后徐辞不受职。第三提出伍秩庸通过后即组织新内阁。以上三种,为新近之说,究徐果否辞职,抑只为段派面子欤,尚不可以决定。唯此种内阁又是虾龙合混之怪相耳。政局多变,亦缘未有雄大政党,操提全局之故,是以在沪既决以大党为补苴,迅望奋励促成,以副众望为祷。革命用费,阁议虽已承诺,尚须先生莅京一行,方得履行其实。至各同志,尤其切望瞻仰丰采。唯何时定期起节,乞预电示是盼。兹另邮上国会法典一本,速记录二本,议事细则一本,统祈察收"。(林友华:《林森年谱》,第87页)

△　《申报》12月5日消息,本日林传甲上书冯国璋,请聘孙中山为筹建中之南京大学校长。其书谓"全国无一医科大学,农、工、商

亦不发达。公民并拟请将南京大学首重医科，次及理、工、农、商。前任临时大总统孙中山先生系医学博士，自退任后因政争复游海外，归国以来无相当之位置。如果我副总统商之大总统，延孙中山博士为南京大学校校长，以倡全国教育界注重医学实业之心，可挽回末世徒尚文法之弊。将来吾国退位之大总统仍有益国民，各以所学为国民之导师，不至如袁氏能进不能退，或如中山退位后无所归也。我副总统在位，当虑及十数年后功成身退，何以终天年？数百千年后何以保令名？若南京大学成立，则铜像峨峨，不仅以武功赫濯昭垂奕世也。公民为中国万世计，为公万世计，冒渎再陈，惟公察其诚而赞其成焉"。(《林传甲上冯副总统书》，《申报》1916 年 12 月 5 日，"要闻二")

　　△　此前，不断有孙中山即将入京之传闻，本日上海《新闻报》发表对时下党派关系及大党组建问题的评论，称："民党，此系假定之名词，质言之，即旧国民党。国民党本有孙、黄两派，暗中时有冲突。云南起义以后，又加入西林一部分。（西林虽在癸丑年时加入，当时不过借彼之名，在党中并无势力）。而上海方面，又有唐少川一部分之议员团，至北京后又加入孙伯兰一派。一党中有如许之党魁，此实不能成一大党之总因。现在北京者，可分为三政团：（一）丙辰俱乐部，纯粹黄系，田桐、白遂枢为该团之代表；（二）益友社为孙、唐系，王正廷代表孙系，谷钟秀代表唐系；（三）韬园纯粹孙洪伊系。此三系中，黄系最为激烈，不失老同盟会之本色，而步伐整齐，亦其特色。孙洪伊系，人数既少，善用阴谋，为黄系所轻视。始则利用国民党，继则欲操纵国民党，终为孙、黄两派所窥破，始终歧视之，并不承认为本党，不过借此以树进步党之敌而已。自黄克强逝世，黄系既失党魁，一部分之党员怅无所归。孙系以为合并之机会已到，内中有小部分与孙系不能合并者，不能不设法疏通。此次闻孙中山偕岑西林、唐少川来京，实为调和两派之作用。而孙洪伊一派，此次失败，欲作卷土重来之计，闻数次派人游说孙、岑、唐来京组织大政党。故该党之出现，期不甚远。惟黄派能否全部并入，尚看岑、唐之手段如何。闻组织政

党之经费已筹到百万元,此项经费系出诸某某保险公司。外闻孙中山要求政府给予二百余万为解散中华革命党经费,所谓造党经费即出于此。其实现政府非袁氏,未必能如此慷慨也。"(《政党之复活》,《新闻报》1916 年 12 月 4 日,"紧要新闻")

△ 就索款问题,本日《时事新报》载 3 日收到之消息,称:"孙中山索款 280 万,国务会议时令其提出凭据,如借某日人款若干,列举甚多,不能不具日人姓名以便审计院审核,或尚须国会通过。此事出面向政府交涉者,为孙文之代表议员叶夏声。"(《时事新报》1916 年 12 月 4 日,"北京专电")

再据 8 日《时事新报》消息,有国会议员就孙中山等索款一事提出质问。

其一为议员郭章鋆、谷芝瑞、刘万里、李尧年等,所提略谓:"民国再造,元气未苏。财政困难达于极点,筹借外债权济目前。在政府虽有难言之隐情,而增加负担在国民实有无穷之苦痛。然使用途正确,则政府或可求谅于国民。据闻,日来党人吴大洲要索解散费二百四十万元,钮永建要索解散费九十万元,谭人凤要索维持费七十万元。最奇者,前南京临时大总统孙文竟有要求给予二百八十万元之说。查此次滇军起义,孙文并未与闻,有何名义来索巨款。此等无理之要求,政府理宜严行拒绝。未审上列各款,政府曾否给付? 如已给付此项巨款,是否由借款中拨出,抑或别有财源? 事属隐秘,无从悬揣,兹依《临时约法》第十九条提出质问书。请政府于文到后五日内答复。"

其二为张坤、刘景烈、蒲殿俊、金涛、刘鸿庆等,所提略谓:"此次实业借款,挖肉补疮,苟延残喘,两院同人几经磋商,勉予通过。政府当局嗣后对于国家用款,应如何格外慎重。乃近阅报载,近来各处纷纷向政府索款者,吴大洲一百四十万,李烈钧五十万,孙文二百八十万,均经国务会议通过。其未提出国务会议者,钮永建九十万、谭人凤七十万等等语,如果属实,吴大洲等究以何种名义要求巨款? 国务会议既经通过,对于详细帐目是否确实审计? 本员以为,现在国库空虚，已达极点。兑现早有明文，纸币尤多阻滞。中央威信不出国门，亡国惨祸，逼在眉睫。财政当局应如何力图整顿？倘一方面罗掘抵押，忍痛借债，一方面仍泥沙巨数，敷衍开支，试问经济状况是否尚有维持之日？心所谓危，不敢缄默。究竟政府有无拨付吴大洲等巨款情事，或拨付若干，详细帐目如何，并将此次借款用途一并报告本院，以释群疑。谨依《临时约法》第十九条第九项暨议院法四十条提出质问书，要求政府从速答复。"（《关于党人要索巨款之质问》，《时事新报》1916年 12 月 8 日，"内外要闻一"）

另据 12 日上海《新闻报》消息，关于革命党各首领向政府要索巨款，业由众议员郭章翊、王谢家先后提出质问，而胡鄂公等亦有提案，题曰"政府允给孙文二百八十万元质问文"。提案如下：

"近日，都中各报宣载政府已允孙文之要求二百八十万元，阅之殊深诧异。按民国通例，元首辞职，与平民等。孙文虽曾任临时总统，既经解职，即为平民。以平民向政府要求巨款，实为轶出民国之常轨。而政府贸然允之，谓为追念前劳，则无论孙文临时任内有无功绩，而民国总统数载一易，例端一开，援起无算。若谓革命有年，藉资弥补，试问奔走国事者奚止孙文，而功业彪著者亦不胜数。一人倡首，群起效尤，允之则何忍重国民之负担，拒之则何以杜若辈之口实。且前次上海党人善后，关于孙文方面已由其自派代表吴忠信领给善后款项在案，此次要求又系据何理由？此应质问者一。共和国家首重法律，预算为法律之一，政府自应竭诚遵守。若于预算外擅支巨款，是破坏预算法案，紊乱财政规程也。此应质问者二。民国以来，国库困踬，几非募借外债不足以图生存。此已无可讳言。近来金融紧迫尤甚，此次中美借款，几费经营所得亦仅然。犹指定用途，以整顿金融，活济市面为条件。若以此项巨款饱私人之欲壑，内不足以整饬金融，外不足以维持信用。民国元年，比国借款任意支销，外人至今引为口实。故年来募借外债，难于往昔，此后当更甚于今日。前车未远，来轸方遒。此应质问者三。谨依临时约法第十七条第九项，及议院法第四十条之规定,提出质问。请咨达政府,限于五日内详确答复。提问者胡鄂公,联署者杜树勋等二十人。"(《关于孙中山索款之质问》,《新闻报》1916年12月12日,"紧要新闻")

又据《时事新报》12日消息,本日众议员王谢家等又就孙中山索款事提出质问,措辞尤其严厉。王谢家指出,当前国家财政已陷于危急恐慌地位,度支奇绌,库空如洗,主政者除俯首忍痛,求援助于此挖肉补疮饮鸩止渴之外债之外,别无挹注之方。现美国借款甫望成立,一切政费皆将取给,中行兑现又需维持。而京外报纸又纷载革命各首领有向政府所要巨款之事,皆以革命亏累为辞,请拨巨款以资弥补。又报载此事日前已交国务会议,多数赞同,将有允准之意,不过须开明用途,以便核销而已。虽然报章传闻未必可信,但王谢家仍决定向政府陈明立场,认为"夫革命以铁血,不闻以金钱,革命为义务,不闻为权利革命。革命系增进人民之幸福,不闻系加重人民之担负。革命乃不祥之物,不得已而后用之。不闻如贸易之举,有所利而始行之",因此"姑无论此次西南起义迅告厥成,索款诸人绝未闻有赫赫特殊之功昭著世宇。即使同仇敌忾,力争共和,亦人人应尽之责任,即人人应受之损失。若谓此项损失均需政府赔补,则吾全国人民之受此损失者,军兴以来,约计不下二万万以外,更从何处索赔补乎?"针对山东问题,王谢家指出,"盖民军者,对于袁政府之名称也。今国家统一已久,但有国军,但有国民,民军二字何所取义?",认为"若政府对此亦当速定办法,不能长此姑息,纵虎狼而食人肉。"最后,提出"革命非罔利之谋,金钱非酬报革命之物,政府无任意处决财政之权"的观点,希望政府即日速覆。(《关于党人要索巨款之质问》,《时事新报》1916年12月12日,"内外要闻")

据《时事新报》8日消息(第一张第三版),该报于7日凌晨3时收到6日下午6时北京电,称有众议员张坤、王谢家、胡鄂公连续向政府质问孙中山索款一事。既然王谢家的质问于4日提出,则郭、张、胡等人亦当在4日前后。

12月5日　本日，与唐绍仪等前往迎送过沪的蔡锷灵柩。(《柩车特别访函二》,《申报》1916年12月6日,"本埠新闻")

△　孙一鸣来函,为请居正拨付长春活动经费事。函称前得蒋介石来书,居正对于拨付长春活动经费一事久未答复,现已实在无款可用。若径与催索,恐仍置之不理,敬恳函告居正,请其照数拨给,以纾急困。(《孙一鸣请居正拨付长春活动经费上总理函》,黄季陆主编:《革命文献》第48辑,第179页)批曰:"前信如何,酌量代答。"(《批孙一鸣函》,《孙中山全集》第3卷,第395页)

△　原属广东护国第三军的旅美归侨杨汉魂来函,称1914年由美返回,至东京谒见后,归国"组织民党,一片坚心"。之后又参加广东方面的革命活动。"讵料解组而归,经济困乏",请求代筹银三百元以救燃眉之急。本日批复,称:"无能为力,并着不必来见。"(《杨汉魂报告革命经过并请予济助上总理函》,黄季陆主编:《革命文献》第48辑,第342—343页)

《中华新报》刊吴敬恒(稚晖)就黄兴丧葬问题致来函,提议将宋教仁墓地建设成为模范公墓,并将黄兴安葬其中。(《中华新报》1916年12月5日,"专件")

纽柯鳞(新奥尔良)分部长陈树棠来函,报告美国总统威尔逊苛待压制华侨,物价腾贵,集资困难,请开矿业济贫困,再倡种植畜牧,以收天然之利。(《纽柯鳞分部长陈树棠上总理函》,环龙路档案第07847号)

12月6日　本日,复曾任南京临时政府教育部的云南人丁石生函,对收采金沙,开浚河道的想法表示赞同。建议先征得云南政府的同意,并愿代为向华侨集资。同时指出开浚河道前要先进行测绘,画出详细图案,如此方能吸引华侨投资。(《复丁石生论开辟金沙江航路意见书》,中国国民党中央委员会党史委员会编:《国父全集》第3册,第425页)

又批某某劝加入青年会,及询问黄德三住址函,称年已老,不敢混入青年会;但望青年人鼓舞向前,日进不已。并告知不清楚黄德三的住址,对于此人,也欲一见。

批周子骧报告起程回粤,并抄录通信住址事函,"抄所在住址,并注明为回国华侨"。

批香港黄某函,"以事未定,不能委任"。(《批香港黄某函》,《孙中山全集》第 3 卷,第 397 页)

与唐绍仪、李烈钧、蔡元培、柏文蔚等联名致黎元洪及国务院函,告知黄兴改葬湖南,23 日出殡,请政府先期派兵轮到沪,以备运枢至汉,并饬知沿途地方官照料。(《黄先生葬礼会议记》,上海《民国日报》1916年 12 月 7 日,"本埠新闻")

致浙江督军吕公望电(此电无日期,据 12 月 6 日致大总统、国务院电,两者同为一事),告知黄兴改葬湖南,取消此前安葬西湖的提议。(《黄先生葬礼会议记》,上海《民国日报》1916 年 12 月 7 日,"本埠新闻")

再致赵恒惕、范治焕电,告知黄兴改葬湖南,23 日出殡,请商借萍局拖轮驳船至汉迎运。停枢地点祈先选定,办理情形如何,盼随时电告。(《黄先生葬礼会议记》,上海《民国日报》1916 年 12 月 7 日,"本埠新闻")

△　李汉兴来函,叙述参加革命经过,请拨发回滇川资。(《李汉兴上总理函》,环龙路档案第 04152 号)

△　青木宣纯中将再致日参谋总长电,谈到因日政府与段祺瑞政府已有一方讨好,另方呼应的情形,"致使民党深感忧虑。因此,唐绍仪、孙中山、王宠惠、胡汉民、张继等详细讨论结果,决定在曹汝霖到达日本以前,派民党得力人物,前往日本,向我政府当局详细说明中国的国情,力陈为了革新中国内政,并完全与日本的诚意联合,必须坚决排斥段祺瑞为中心的武断官僚派的主张,以促进日本朝野的决心。现决定张继负责此项任务,明日(7 日)由上海启程,秘密直赴东京。关于张氏到达东京后,特望我国陆军当局予以援助一节已向本职提出"。(段云章编著:《孙文与日本史事编年(增订本)》,第 527 页)

△　据 19 日《国民公报》消息,山东张怀芝派员赴沪,于本日来谒,陈述编遣民军事宜。(《要闻汇志》,《国民公报》1916 年 12 月 19 日,"新

闻二"）

12月8日　本日，与唐绍仪、李烈钧等主丧友人又至黄兴宅集会。并于同日致参众两院议员电，催促早日表决黄兴国葬的议案。（《黄宅治丧会议续记》，《申报》1916年12月8日，"本埠新闻"）

△　宪法审议会就省制加入宪法问题发生冲突。

省制加入宪法问题，业于宪法审议会中两度表决，均未获得结果，本日再度交付表决时，宪法研究会派议员与益友社议员发生冲突，以致议场秩序混乱。9日，京师地方检察厅请求政府彻查宪法审议会议员冲突事件。11日，宪法协议会等九政团举行协商会议，商讨宪法审议会冲突事件善后办法。17日，宪法协议会等九政团促请续开宪法审议会，先行审议地方制度以外各问题。（"中华民国"史事纪要编辑委员会编：《中华民国史事纪要（初稿）——中华民国五年（一九一六）一至十二月份》，第718—719、723、725页）

12月9日　本日，《北华捷报》称收到11月30日消息，称此次向美国的借款中，革命党魁孙中山、李烈钧、谭人凤、钮永建、吴大洲分别索款一百万元、五十万元、九十万元、七十万元和五十万元，理由是这些款项于护国战争开始时由各领袖借自日本和其他地方。民国重光，约法规复，借款当由政府偿还，不可拖延。

孙中山索要一百万，据说用于上海及长江流域各城市的革命活动。李烈钧所要五十万用于解散麾下现在广东的云南两师。谭人凤、钮永建的一百六十万用于解散江浙青红帮。吴大洲的五十万则用于偿还日债。（《中国为革命付出的代价》，《北华捷报》1916年12月9日）

同日又报收到12月4日消息，称孙中山索款二百八十万元，日前已由内阁通过。但消息只是部分准确，总理段祺瑞答复友人提问时说内阁既未同意，也没有拒绝任何申请。除非每项开支的具体证明都已预备就绪，否则不会考虑任何申请。

孙中山向政府所要巨款，其中向海外华侨借款一百八十万，向外国人借款八十万，富裕的革命党预付十五万，他本人支出了五十万。

本报北京中国通讯员报称孙中山索款一百万,但不论哪个数字,中国都认为难以接受。(《革命成本》,《北华捷报》1916年12月9日)

12月10日 本日,通告海外各支分部华侨从军及遣散经过情形。赞扬华侨热心爱国,深明革命原理,不避艰险,对袁世凯一死,大局立即转变,不能再以革命名义用兵表示遗憾。告知同志"解散之事,实出于万不得已,此诚初意所不及料。各同志尚多欲仍留军籍,学习军事学问,但以此时情势,我党不争政权,则华侨诸君留习军事学,亦无所用,故力劝各同志及早回埠"。对从军华侨"以绝顶之热心,决死来归",却"抱勇迈之心,无用武之地"的感受表示谅解,故"乞各同志对于从军华侨已未回埠者,均以口或以书信劝勉慰解,不使遽尔灰心。将来仍可出为国家栋梁,自致勋业,则华侨之光荣,即吾党之光荣,亦即国家之大幸也"。(《分致各支分部同志述华侨从军经过及遣散情形函》,中国国民党中央委员会党史委员会编:《国父全集》第3册,第425—427页)

又因各埠屡有函来问,满任职员应否改选?本日发布通告,指出本党改组在即,故暂不改选,仍照旧办事,直至改组。但已经举定新任职员者,仍由新举职员接理。(《通告海外各支分部职员暂不改选函》,中国国民党中央委员会党史委员会编:《国父全集》第3册,第427页)

再致黎元洪电,称赞章太炎"硕学卓职〔识〕,不畏疆〔强〕御,古之良史无以过之",推举任国史馆长一职。(《孙中山先生为国史馆事致大总统电》,上海《民国日报》1916年12月14日,"公电")

△ 菲律宾三宝雁(Zamboanga)分部长戴秋饮来函,痛陈国事,感慨民国虽立,而帝制余孽未净。同时,对黄兴逝世表示痛惜。(《三宝雁分部长戴秋饮上总理函》,环龙路档案第08616号)

巴达维亚华侨曾静波来函,投诉家乡恶霸曾肇沃霸占其家业,请主持公道。(《曾静波上总理函》,环龙路档案第04781号)

12月11日 本日,批某某函,"现在此间财尽援绝,而海外华侨又迫还债,正在困途,无由接济,乞为谅之"。(《批答无力接济》,中国国

民党中央委员会党史委员会编：《国父全集》第 4 册上，第 143 页）

△　黎元洪就章太炎任国史馆长一事覆函，告知已交国务院讨论。（《大总统覆电》，上海《民国日报》1916 年 12 月 14 日，"公电"）

△　鄂省议员詹大悲等来函，称因参议员选举日期临近，"非谋一精神上结合之团体，不足以策进行"，故成立政治商榷会，作为将来政党之准备。至于选举预备，现已着手，能否战胜他派，全恃最后五分钟。批曰："看过。"（《鄂省成员詹大悲等报告成立政治商榷会上总理函》，黄季陆主编：《革命文献》第 48 辑，第 248－253 页）

又邬骏等来函，称彼等早先皆热心党务。呈请拨发川资未蒙批准，至今仍滞留上海。此时已度日如年，请给旅费及数日衣食。（《邬骏上总理函》，环龙路档案 11546.2）

△　戴季陶与日人三上丰夷的代理者中岛行一签订创设上海交易所的密约，内定由该日商输入五百万元为该所办理费。营业包括证券、商品两大部分，商品中如金银、线、纱、米、麦等均包在内。中方签字者尚有孙中山、张人杰等。为办理此事，戴于 1917 年 2 月 27 日抵东京，与东京著名股票经纪会商进行事宜。（《孙文垄断上海市面之大计划》，《晨钟报》1917 年 4 月 6 日，"紧要新闻"）孙对此颇为关注。1918 年 8 月 12 日，复孙科函，谈及此事，望孙科回国相助。

12 月 13 日　本日，致黎元洪及国务院电，盛赞云南反袁首义之功勋，请定云南起义日为国庆日，并对唐继尧等起事诸人予以表彰。（《致黎元洪国务院盼定云南起义日为国庆日电》，中国国民党中央委员会党史委员会编：《国父全集》第 3 册，第 427 页）

△　三藩市民国维持会李培芬来函，报告收到汇款收条，存下之款，待核清数目后如数付上。同时，询问国内政局和党务进行情况。（《三藩市民国维持会长李培芬上总理函》，环龙路档案第 08327 号）

12 月 14 日　据《申报》16 日消息，本日北京国务院例会，答复众议院质问孙中山请款案，称政府并未允拨，须先以证据呈核再决。（《申报》1916 年 12 月 16 日，"专电"）

又据该报 17 日消息,称:"纷传民党伟人如孙中山、吴大洲、钮永建诸君,皆向政府请发巨款,而孙中山多至二百八十万元,颇惹社会之注意。亦有以款为已付若干,即借以攻击财政当局,且诋毁诸伟人者。又因有从美国借款中拨付之说。中国银行徐总裁(恩元)乃恐影响于兑现,即函询陈总长,似含有不应以辛苦经营借得之钱拨付伟人之意,请陈总长宣布,以免内外恐慌云。同时众议院议员即提出质问书。今日国务会议决定答复,声明政府并未允拨孙中山以所要求之款,惟请其先以细目证据缴核再议。报纸谓已拨付若干皆非事实。"(《北京特别通信》,《申报》1916 年 12 月 17 日,"要闻一")

△ 《上海泰晤士报》消息,芜湖绅商对各革命领袖索款一事深表关注,除联名致电内阁和国会,主张拒绝此要求外,亦告孙中山,曰:"报载,先生向中央政府所要 280 万元,盖所谓革命花销,另有二领袖效法。如此要求,实让国民惊异不已。若先生仅是一介平民,如何为革命支持如此巨款? 倘若此款由海外华侨捐献,则不能以其为中国国民为理由偿付,他们也当为国家做些贡献。时下国民贫困,政府财政捉襟见肘。社稷恐将不保,国民亦牺牲私财。而今,先生关注民生,我等亦不认先生会要求政府偿还革命花销而置国家于倒悬。如此要求,自然会使国民以为先生借举义谋私利,以致有损声誉。此外,筹借洋款并非易事。若洋人以政府无力还债监管财政运作,则国家必祸患无穷。我等对先生尊敬爱戴,除电政府、国会外,亦以上述告知。"(《党魁索款与士绅之反应》,《上海泰晤士报》1916 年 12 月 14 日)

△ 居正通电取消东北军名义。(郭廷以编著:《中华民国史事日志》,第 274 页)

12 月 15 日　本日《时事新报》消息,又有议员就索款事提出质问。

其一为滇籍议员李燮阳等质问政府对于云南正当请求之军饷迟迟不发,而对于孙中山无理要求之巨款,转允拨给,是何理由? 其文称:"近日都下各报载钮永建、李烈钧、吴大洲、谭人凤均向中央索款。

诸人兴师护国,身与戎行,现时或解兵柄,或尚未解。而于兵事首尾,未即完结,需款多寡,容当别论。所最离奇骇人听闻者,为前临时总统孙文。其索款竟至二百八十万,此次发难是否为文,海内无不知者。既不能明张旗鼓,直指燕云,事成乃自已为功,已属可怪。藉令暗相援应,倾囊资助。然毁家纾难,豪杰之常。时过求偿,历史未见。且文亦安所得如此巨款?辛亥之役,文所挟以俱来者,适成笑柄。今日国库如洗,政府倚外债为生。埃及之辙,明知故蹈。事无可奈,识者寒心。文大伟人,不求所以救亡,转因以为利。此则百思不得其解者也。并闻政府已允其要求。查去冬首义,实惟云南边瘠之区,外资绝少。军兴而后,按籍派捐,用兵半载,财尽民穷。前该省特派代表入都请款,至如旱望岁,如婴待哺。今政府不稍接济,而于文无理之要求,慨然承诺。此尤百思不得其解者也!究竟政府曾否允给孙文二百八十万之款,及云南所请军饷何以迟迟不发?谨依法提出质问书,请即确实答复。提出者,李燮阳、杜成镕、严天骏。联署者,虞廷恺、莫德惠三十余人。"

其二为议员杨士鹏之质问。杨谓:"呼声爱国,孙文之调独高。革命以来,至今六载,政府以借债苟活,国家则破产堪虞。此次滇黔仗义,实出于不得已之举,而岂有因以为利之心。故整旅前驱,李烈钧首称勇敢。然解散军队,所请不过四十万元。其余各省义士募兵响应,均属有功。但遣散军队之费,似宜取李烈钧为衡,方见以义始而不以利终。遇有所请过巨,为孙文者。正当奔走劝谕,晓以共体时艰,毋重民困,乃不愧为爱国伟人。今闻自己对于政府有二百八十万元之要求,诚堪骇异。夫孙文不知国穷已极,动资外债。今又几于无债可借乎?请是款也,不解有何名义,作何用途?查滇黔军兴已久,孙文始潜踪回沪。未闻召集一旅一团,以随滇黔之后。不过报章登载,见其一篇讨逆檄文。讵纸价之贵,竟达至二百八十万耶?抑数年逃亡海外,旅费需如是之多,欲责政府赔偿耶?政府设自有私财,慨然用以酬应革命巨子,博其欢心。金钱结纳贤者,犹谓不可。况断必出于借款也。前日，财政、农商两总长，擅与兴亚公司订款五百万，未经国会通过，该约即为无效。是凡关于国库负担违法之借款，政府不能擅主之。非法之索款，政府更何能擅予之？惟报纸宣传，有无其事，莫释疑团。谅孙文之贤，当不出此。如果非虚，政府严词驳诘，未便私予通融。否则此款将取之何项借款？孙文用何名义来支？预算案内作何名目列入？谨依临时约法第十九条提出质问书，请政府于文到后五日内答复。"（《孙文索款之质问》，《时事新报》1916 年 12 月 15 日，"内外要闻"）

△ 宁波慈溪人周英（相成）来函，请介绍至浙江军事补习所受训，并附履历一份。（《周英（相成）上总理函》，环龙路档案第 04008 号）

12 月 16 日 本日致卢慕贞函，"12 月 1 日来函已收到。你欲做永安公司股份，自可由你定夺便是。家费由阳历明年正月计起，当每月寄一二百元，或半年寄一次也。我现在身体更佳，诸病悉除，可勿为念"。（《致卢慕贞函》，陈旭麓、郝盛潮主编，王耿雄等编：《孙中山集外集》，第 381 页）

△ 周应时报告行止，称为清理癸丑以前所办掘港场垦殖公司事，于 13 日来通，约尚有一二日之逗留，即可返沪。返沪后，即行北上，至关系念，特此报告。（《周应时报告行止上总理函》，黄季陆主编：《革命文献》第 48 辑，第 49—50 页）

△ 《上海泰晤士报》刊登议员杨士鹏就孙中山索款问题所提质问书的英文译文。（《孙逸仙博士之索求》，《上海泰晤士报》1916 年 12 月 16 日）

12 月 17 日 本日，谢持自北京来书报告"近日京中只有总统、总理等事之议论，国家两字久不闻矣！"（罗刚编著：《中华民国国父实录》，第 2945 页）

△ 《新闻报》转《京报》消息，批评拨付革命补偿款。

消息称："近日因革命党用费向政府索款，以孙中山之 280 万为最巨。国务会议之结果，当交财政核办，而财政总长早已扬言，钱是有,在这里,说拨就拨。于是,旁观之人关心财政,亦惟有付诸咨嗟太息而已。不意事之离奇,尚有甚于此者。财部如何核办,国务院尚未得一字报告。而财政总长以外之人,居然已有接洽拨款之事。确闻一星期前,中国银行总裁徐恩元奉元首面谕,令其设法先筹 60 万汇往上海,交孙手收。徐氏业已照办。犹忆中行兑现之始,该行呈部之文曾有银行为政府垫款应有一定制限,藉维信用等语。今银行尚未脱离部辖,兑现风潮亦未平定。徐总裁何患无辞抵塞,乃对此等不急之款尚未能坚持不付。银行前途尚何言哉?"(《孙款已拨六十万》,《新闻报》1916 年 12 月 17 日,"紧要新闻")

　　△　倪嗣冲公电上海各报馆,就国会内斗问题发表看法。

　　9 月 8 日,国会宪法会议续开,旧国民党议员主张规定省制大纲、省长民选,宪法研究会(旧进步党)议员反对,大起争执。12 月 8 日,参众两院宪法会议,宪法研究会派议员与益友社(宪法商榷会)派议员,因争执省制大纲加入宪法问题,发生斗殴。倪嗣冲"得悉于省制表决一案种种扰乱情形,惊诧之余,无任痛愤",乃于本日公电上海各报馆,劝告国会议员,谓"本年国会召集,方期议员诸君清白乃心,销镕意见,速定最良善之宪法,以固国基而救危亡。乃开会以来,已经数月,荏苒蹉跎,毫无建树。乃竟纷扰凶斗,越出常规之外,疾首痛心,孰过于是! 夫省长应否民选,省制应否加入,系属另一问题,姑置勿论。第议案表决是否通过,院法俱在,岂得意为从违。乃以主张失败,要求再行表决,激起冲突,竟至凶斗,咄咄怪事,未之前闻。……夫以中国之大,人民之多,不亡于真专制之政府,而亡于假共和之国会,谁实尸之? 必有职其咎者",希望议员们能"毅然悔悟,共策进行,化个人意见之私,促国家和平之福,速将宪法议决公布。"(李良玉、陈雷主编:《倪嗣冲函电集》,第 287 页)

　　12 月 18 日　本日,批华侨某同志函,"失去证书,请另开列姓名以便补发。对反对党当以德化之,不必用何种手段也"。(此件所标时间系来函日期。)(《批答华侨某同志对反对党须以德感化》,中国国民党中

央委员会党史委员会编:《国父全集》第 4 册,第 143 页)

△　海军部来电,告知拟派"楚观"舰赴沪护送黄兴灵柩到武汉。
(《海军部电》,《申报》1916 年 12 月 20 日,"本埠新闻")

12 月 19 日　本日《时事新报》消息,称该报 18 日上午 12 时收到 17 日下午所发之北京专电,谓政府答复议员质问索款事,拟将所报细目一并叙入。某某两总长反对,谓答复应稍含浑,细目尤无庸宣布。遂终止。(《时事新报》1916 年 12 月 19 日,"北京专电")

△　黎元洪令军人不得参与党会。("中华民国"史事纪要编辑委员会编:《中华民国史事纪要(初稿)——中华民国五年(一九一六)一至十二月份》,第 727 页)

12 月 20 日　本日,收广东报界公会电。电称 17 日午,有六人到《南越报》伪登告白,继又自称军队,擅将总编、编辑人李汇泉捕去。中途捆绑,牵至城内军署附近连新街连轰四枪毙命。所经皆繁盛商场,历警察区署五所辖地,持枪露刃,警察不敢干涉。路遇军官,数语即过。迥非寻常谋杀可比。外间哄传,与报界反对开赌有关。似此入室擅捕,白昼当街强杀,约法何在? 现粤省人人自危,请迅电粤澈查缉凶,以维人道。(《广东报界公电》,上海《民国日报》1916 年 12 月 22 日,"公电")

12 月 21 日　本日,撰联挽黄兴,曰:

常恨随陆无武、绛灌无文,纵九等论交到古人,此才不易;

试问夷惠谁贤、彭殇谁寿,只十载同盟有今日,后死何堪。(《黄先生开吊第一日纪》,上海《民国日报》1916 年 12 月 22 日,"本埠新闻")

△　赵植芝来函报告香港联义社情形,称联义社系属侨海交通,联络同志,开办历两载余,基础尚未大体奠定。值此青黄不接之际,人心涣散,必须大力整顿。故此联络海外侨旅,加以扩充,并刊发通告书。同时,求墨宝两幅,并附"香港联义社通告第一号"。(《香港联义社通告第一号》,黄季陆主编:《革命文献》第 45 辑,第 703—704 页)

△　《国民公报》消息,称近日向政府索款者沓来纷至,业已拨交

者,吴大洲一百四十万,李烈钧五十万。孙中山以中华革命党为托辞,索款二百八十万。政府虽有难色,国务会议提出,竟得通过照拨。其余,钮永建要求九十万,谭人凤要求七十万,亦已提交国会讨论。当此民生凋敝之秋,如斯耗费,恐怕民力耗尽而国亦非福。批评孙中山等"号称伟人者曾亦念及否"。(《要闻汇志》,《国民公报》1916 年 12 月 21 日,"要闻二")

△　北京政府增加国会开幕(4 月 8 日)及云南起义(12 月 25 日)为民国纪念日。(郭廷以编著:《中华民国史事日志》,第 274 页)

12 月 22 日　本日,为索款遭质问事致参众两院议员函。自称实行革命事业二十余年,至乙未广州谋泄事败,兄弟家产遂荡然无存。此后历次革命的费用"皆华侨同志出之"。同时,联络他省军队的费用也非常巨大,虽也有人慷慨捐助,"然应于借募金成功之偿还者实过半"。临时政府成立财政困难,不但未予偿还,还大量借贷。及财政部移交北京,"则只以一纸证据塞责,其款固至今未偿也"。

二次革命失败后,组织中华革命党,"计募借华侨款 170 万元,借入日本商人债 100 万元"。各项革命活动的开支,"均由筹借之款以支持,一切出入,井然可稽"。

时下"共和既复,而一不之恤,是则在国家为寡恩,在国民为负义,故请求政府代为偿还,非徒以保个人之信用也"。社会上有传言,"谓以此项巨款,饱私人之欲壑",简直就是污蔑诽谤。此次黎元洪授予大勋位,请辞的原因之一就是,"此世所指为有功者,而文则终赖华侨有志之士毁家倾屋以为之助。若曰无功,是以一人之谦让而没之也。其曰受功,则虽总统遇我厚,然他人出血汗犹未得偿,我能腼颜独被优异耶?"最后,痛批"夫帝制用款,数累万万,国人犹不能不为袁氏任责,而此反对帝制之用款,仆过其百分之一,对之反生疑义,轩轾厚薄,宁有说以处之"。(《孙中山先生致参众两院议员书》,《中华新报》1916 年 12 月 22 日,"紧要新闻")

△　时澳洲同志以中国派驻悉尼领事无能,于侨民发展有碍,请

求更换,并询问国内情形。本日覆函,称现任外交总长伍廷芳尚亲革命党,但此时还立足未稳。对于更换使领一事,亦无能为力。只能稍后再找机会,尽力为之。又就李襄伯对政局的询问予以答复,告知现在国会虽为不党主义所阻,表面上未见政党出现,实际革命党仍占大多数。内阁中自唐绍仪辞职后,虽名为有革命党人为总长,"实恐其无甚气力,且为官僚所化,殊不足恃。督军中亦有二三人与吾党甚亲近,大略如此"。(《复郭标等告收到捐款并述更换领事及国内政情函》,中国国民党中央委员会党史委员会编:《国父全集》第3册,第428页)

11月6日,收《民强报》黄河屏请求接济经费函,11月12日又收到报纸两份,以证所言不虚。本日乃致《民强报》函二件(此二件系上海《民国日报》发表日期),其一谓:"贵报向未寓目,既系自癸丑以后蝉联不绝,必有接济之人。现在款项支绌,实难相助。"其二,批评该报"寄来报淫猥鄙秽之语,触目皆是",表示深恶痛绝,即便有能力相助,"亦断不助此伤风败俗之报"。(此件为孙中山嘱秘书代笔。)(《〈民强报〉诉梢真相》,上海《民国日报》1916年12月22日,"要闻")

△　宿务支部长陈伯豪来函,报告已于21日晚开会追悼黄兴、蔡锷,并询问党务改组情形。(《宿务支部陈伯豪上总理函》,环龙路档案第06926号)

△北京政府令内务部办理黄兴、蔡锷国葬典礼。(郭廷以编著:《中华民国史事日志》,第274页)

12月23日　本日,黄兴灵柩起运回湘,与唐绍仪、李烈钧、柏文蔚、蔡元培等送行。(《送柩人物》,《申报》1916年12月24日,"本埠新闻")

△　1914年夏,程壮于南通起义失败,部众被俘。后经孙中山与冯国璋、齐燮元交涉,其中九人得释。后程壮又致朱执信请设法营救其余部属函。本日,孙中山批复,"可照写信或发电请释各人。"(《程壮请助开释南通之役罹难革命党人致朱执信函》,黄季陆主编:《革命文献》第48辑,第134页)

△　与谭延闿、唐绍仪等收到内务部来电,同意给予黄兴、蔡锷

国葬礼遇。并告知，据《国葬法》第三条，国葬墓地由国家于首都择定相当地址建筑公墓，或于各地方择定相当地址修筑专墓，或由死者遗族自行择定茔地安葬。故黄、蔡二人营葬之处究在首都公墓，抑或在地方专墓或由其家属自择茔地，请分别转询，确定办法后随时电复，以便筹办。（毛注青、李鳌、陈新宪编：《蔡锷集》，第639页）

叶荫青来函，表示愿意为陈肆生挪借学费，请调查此人情况，并转达此意。（《叶荫青上总理函》，环龙路档案第07412号）

陆费逵来函，索要会议通则一份。（《陆费逵上总理函》，环龙路档案第09381号）批，"代答以：先生近因事忙，尚未完稿"。（《批陆费逵请赠会议通则函》，中国国民党中央委员会党史委员会编：《国父全集》第4册上，第144页）

12月24日　据本日《申报》消息，孙中山再电保释陈宏猷，未获准。（《申报》1916年12月24日，"专电"）

12月25日　本日，批旧金山美洲总支部函，谓在国内招股为极难之事，既得如此妙法，当可在上海试办。先用少本，至有成效，为众人所知之后，则招股不难。若照此去办，当尽力助成。（《批三藩市美洲总支部来函》，中国国民党中央委员会党史委员会编：《国父全集》第4册，第144页）

△　上海《民国日报》消息，吴伯为陈宏猷诉冤事来电，称对陈宏猷在京被诬拘留，不胜骇异。查陈奉命起义琼崖，并无惨杀劫掠。现陈已补众议员，因诬被拘，实为冤抑，恳为伸雪。（《吴伯为陈宏猷诉冤电》，上海《民国日报》1916年12月25日，"公电"）

△　胡春浦来函，自述革命经历，谓早年曾随李燮和办事，后追随陈其美。袁氏当国后，不得不隐匿法租界靠变卖家产维持生计，并垫付联络运动周边城邑军警之费用。又称自办革命以来三载，丝毫未用公家经费，以致倾家荡产，一家六口嗷嗷待哺，请求设法救济。（《胡春浦上总理函》，环龙路档案第11545.2号）

庇能支部筹饷局长朱定和来函，就结束劝募债券一事，报告已和

邓泽如结清。(《庇能支部筹饷局长朱定和上总理函》,环龙路档案第08618号)

12月26日 本日上海《民国日报》消息,与唐绍仪、柏文蔚等为黄兴丧事发布感谢启示,谓:"黄克强先生病终沪上,承海内外诸公吊唁,灵梓回湘,并承远道步送,隆情高谊,感荷殊深,谨此代谢。代维亮察。"(《黄宅治丧办事处启事》,上海《民国日报》1916年12月26日)

△ 李海云来函,呈报讨伐袁世凯及龙济光所费之款项,请设法筹还。并附1914年以来办理高雷四军所用各项开支。(《李海云上总理函》,环龙路档案第02392号)

12月27日 本日《申报》消息,就向政府请款一节,国会议员曾提出质问。兹闻国务院昨已咨覆国会。其文曰:"国务院为咨覆事,准贵院咨开'议员赵连琪提出关于孙文等有无索款事实暨是否允给质问书一件请答复'等,因查孙文确曾来函呈请清偿借款二百七十万元,当经以所称借款募款并未附有凭证,已由财政部函致孙文检送凭证在案,自应俟凭证到日再行核议,相应咨复贵院查照可也,此咨。"(《孙文请款之咨复》,《申报》1916年12月27日,"要闻一")

另据该报29日消息,曾与唐绍仪、谭人凤、李烈钧、柏文蔚、章炳麟诸人联名电致政府,谓黄兴生前奔走国事,为公负债十七万元,请予拨还等语,本日,政府以"孙氏曩尝要求偿还债项,提出议会尚未议决,此际殊难允如所请"。已婉曲电复。(《申报》1916年12月29日,"外电")然据《时事新报》29日消息,谓黎元洪有准允之意。(《时事新报》1916年12月26日,"北京专电")

△ 冯国璋联合二十一省军民长官通电忠告总统、总理和国会。主张维持现状,忠告总统任用贤能,屏斥离间府院情感之政客;劝请总理早定军事、财政、外交大计,收拾残局;并呼吁国会,勿徒事纷争,致越法干权,危及国家。("中华民国"史事纪要编辑委员会编:《中华民国史事纪要(初稿)——中华民国五年(一九一六)一至十二月份》,第738页)

12月28日 本日,上海各界借斜桥湖南会馆召开黄兴、蔡锷追悼会。计划安排孙中山、唐绍仪、梁启超、李佳白、钮永建、石醉六、谭人凤、柏文蔚等发表演说,(《大追悼会之秩序与执事》,《申报》1916 年 12 月 28 日,"本埠新闻")但除李佳白外,鲜有到场者。(《黄、蔡二公追悼大会纪事》,《申报》1916 年 12 月 29 日,"本埠新闻")

　　△　黎元洪咨覆国会质问革命党人索款案。

　　革命党人前因进行讨袁工作,所借内外债款为数颇巨。孙中山曾向政府陈明详情,要求政府拨款偿付,其余革命党人李烈钧等亦陆续要求给付。因政府财政困难,10 月 13 日,孙中山曾致书国内外同志,详加说明,要求偿还华侨债券。书谓:

　　"计自癸丑以后,吾党以袁氏弁髦法律,破坏民国,无日不以讨之为职志,端赖各同志毁家相助,裨底于成。而历年以来,募集资金,为数至巨。今共和再造,应要请政府偿还,以期符合原议,昨已托由廖仲恺君向黎总统及财政部请照数发还。惟中央财政,支绌万分,前以 500 万之日本借款,几酿政变,恐无余力再偿吾党历年之巨款,现仍交涉中。如此项借款不能急遽收回,则拟要求以别种优越之权利相代,俾吾党侨友不至亏折,此可为诸同志告也。"

　　然而,此事引致各界议论纷纷,且有政府业已允拨之传闻。国会议员得悉传闻后,相继提出质询,重点约有三端:曾否给付、是否自政府借款中拨付、是否别觅财源拨付,提请政府答复。本日,黎元洪咨复如下:

　　"此次借款系为振兴实业周转金融之用。至孙文、钮永建所请之款,其总额一为二百七十万元,一为四十八万二千余元,据称为此次恢复共和之用,中多内外债项,请政府归还。前经国务会议议决查明凭据再议办法。当由财政部分别函达,请将借款凭据及支出用途单据一并检送,以凭核办,并无给付之事。

　　李烈钧请款,准前岑都司令电称,共计欠饷一百三十余万。前经财政部电覆,应与陆督军、朱省长妥筹办法。

　　吴大洲所部编遣之费,前经本院电商张督军,由该省筹垫。至其所欠外债,则须确查另议。谭人凤则除前领八厘公债票三十万元,请拨付本息,尚未核准外,查无要索维持费七十万元之事。"("中华民国"史事纪要编辑委员会编:《中华民国史事纪要(初稿)——中华民国五年(一九一六)一至十二月份》,第743—744页)

12月29日　邓耀来函,称困陬南京数月,表示愿追随左右。(《邓耀上总理函》,环龙路档案第01139号)

△　《申报》30日消息,议员艾庆镛本日又就请款事提出质问,称孙中山向政府要索巨款,当经本院议员先后提出质问,准咨覆俟凭证到日再行核议等语,乃近日各报登载中行总裁徐恩元奉总统谕,已密拨六十万元云云,阅之不胜骇异。当此财政奇窘之时,一切国库支出尽依法律范围,尚虞不给。矧数十万元之巨不经法律手续随便支付,财政前途何堪设想?且自中行兑现发生恐慌,不得已小借美款以为接济,若如此支用,窃恐五百万借款不及接济兑现,即可用罄,无益国家金融,徒增人民担负,财政当局问心何安?试思此六十万元,以各兑换所门前鹑结鸠形,冒夜忍冻,只为兑现十元的贫民计算,可活六万贫民。当此兑现不足之时,"以数万贫民生活之费见好于一二人,我仁明之大总统谅不为"。该议员表示:"深愿此等传说或有未确,但又恐此等传说不为无因,谨依法提出质问。请咨达政府,迅即答复,以释群疑。"(《质问中行秘拨巨款事》,《申报》1916年12月30日,"要闻二")

△　《国民公报》节译《京津英文时报》对革命党之评论二则,以显明外国人对中国政党之厌恶。指出"至其所言,或亦不无过情之处,阅者分别观之可也"。

其一为"大政党"。该报称据可靠消息,刻下国民党人如孙中山、唐绍仪、岑春煊、李烈钧、陈炯明、张继、胡汉民等正在组织一大政党——民主党,以改组北京政府为真正共和为目的。岑、陈、胡三人,初由广东到沪,业与孙、唐接洽。而孙、唐两人则前此已赴南京,游说副总统为之党首,而孙、唐以下诸人则为之副。此党之本部,议设在沪,而北京则但设支部,以免为北系势力所牵。北系者,固此党所决意摧灭,且不惜引用外力以为臂助者。其最有趣味之报告,则党中拟用一人为东京支部之长。此日人本系秘密党魁,向以规取满蒙为其目的,专在北部搅扰,以与其政府以藉辞进取之时机。该党利用此人,即为欲得日人臂助之故。或曰不然,此日人担任参谋,不为部长。而该党与北系争锋,必引外助,则固绝对之必要。凡事具备,所欠者财。俟孙、吴诸人所要求政府数百万巨款到手,则起事之日至矣!不幸,中央所向美国之加高议借之款,仅有二三百万到手,故于诸位大人物之要求尚无力应付。又闻四川罗佩金亦求二百万元之款为改组军队之用。

其二为政界之阴谋。北京政党各求伸张势力,事实上自不可掩。虽国民党前有宣言,谓宪法未成立以前,不肯以党势加诸政界。此乃大大欺人之语。近闻天津老西开之争执,即系国民党之阴谋,意欲利用此机以为推翻段内阁之事。今之各省日电中央,阴谋家所主使也。或云即免职之某总长,亦百万用此以撼段祺瑞者。观此等呐喊与事实大小实不相称。此无他,因阴谋家不欲此事早日和平了结,使政府地位因以稳固,故政府日用和平之法,而党人之怂恿小民则愈激烈。今幸外交总长不坠术中,此事当不至决裂。今日中国政府地位艰难已极,而党人乃欲启衅友邦,使之更加不了,人谓此等先党后国,其言不尽妄。总之彼辈争权,实做捣乱之事,虽断送国家亦不暇。顾此国亦可谓不幸之尤。(《外人对于民党之评论》,《国民公报》1916年12月29日,"新闻二")

△ 谭人凤致书张勋书,为索款一事自辩,称向政府索款,乃为偿付辛亥革命"所亏日款"。此款之前已经财政总长熊希龄、周自齐同意拨付。因癸丑之役,其本人出亡,袁世凯抵赖未付。此本国家债务,深系两国邦交,而自己"虽有数万金之亏累",因国家财政困难,并未提交请求。张勋长电"捕风捉影,颠倒黑白",本无"辩白之价值",只因"个人损失原小,莠言乱政,前途隐患无穷",故为"正人心,息邪

说",不得不进行辩白。谭承认索款之事确有,但并非如报纸所传,并从解决退伍军人生计问题考虑,使其各安本业,免作流民,实为经济之举,且反问张勋,既然其曾电云"国家赋税之收入,一铢一粒皆出自小民之脂膏,用之而是虽累万而何恤,用之而非虽半缗而当靳",那么张自己"雄踞一方,豢养骄兵悍卒,月索费 40 万,为有用乎,抑无用乎?"更指责张勋"一介武夫,老迈昏庸,而欲横行天下也,得乎?"(《谭人凤致张勋书》,《时事新报》1916 年 12 月 30 日,"内外要闻";《要请巨款之自辩》,1917 年 1 月 1 日,"内外要闻")

12 月 30 日　据本日《申报》消息,张勋致电北京政府,谓孙文请款,不应付。(《申报》1916 年 12 月 30 日,"专电")

△　雪峨兰龙邦埠张碧天来函,报告该埠隆邦书报社依国会组织法举冯自由为代表参加国会选举。(《张碧天上总理函》,环龙路档案第04896 号)

又戴卓民来函,寄上吕南所拟之香港交通总部草案。(《戴卓民上总理函》,环龙路档案第 04895 号)

△　31 日《国民公报》消息,本日国民公会成都分会筹备员梁记虎接孙中山自上海来函,言及近日趋向只专心从事提倡实业,各党会之事无余力兼顾。虽有请主持者,然均严确拒绝,因不愿作虚文应酬。此可见孙先生之用志,实业界不患无发展日。(《信函中之孙中山》,《国民公报》1916 年 12 月 31 日,"新闻三")

12 月 31 日　北京政府公布参议员、华侨议员选举法。(郭廷以编著:《中华民国史事日志》,第 276 页)

是月中下旬　日本派到中国的军事和外交人士频频向日本参谋总长、本野外相报告中国政情,其中述及孙中山及其所属派别的活动。比如,12 月 17 日,日驻华武官坂西大佐致参谋总长电,引用吴景濂谈话。吴谈到唐绍仪、孙中山组建大政党因谷钟秀、张耀曾为段祺瑞所收买而陷于停滞状态,坂西则祖段非吴,说吴为"墙头草"。12月 28 日青木中将致参谋总长电,亦谈到孙中山和孙洪伊派同谷钟

秀、张耀曾派有过商谈团结合作之事。(段云章编著:《孙文与日本史事编年(增订本)》,第528页)

是月　批加拿大品夫分部函,"告以近事,并言各种章程办法,俟与政府交涉还债妥后,乃能从事,请稍待之"。(《批加拿大品夫分部来函》,中国国民党中央委员会党史委员会编:《国父全集》第4册,第144页)

是年　批某侨埠中华革命党支部函,谓:"筹饷一事,虽支部亦可兼任,但当以分任为宜。支部专任推广党势,筹款委员专司财政,协力进行,必收效果。贵埠侨胞人数财力,俱过于美埠金山大埠,而金山一埠能筹款十余万,而贵埠乃如此,公等之责不可不加勉也。"(《批某侨埠中华革命党支部函》,《孙中山全集》第3卷,第412页)

△　致美洲中华会馆函,将来所办之事,概括为三大要务:其一为振兴实业,杜绝漏卮。想"先办银行,为各种实业倡始"。其二,拟在上海建设华侨会馆,"为侨胞与内地交际之机关,凡工商事业,借此地以为调查联络之所,使华侨尽知各种天然利源,生财机会不至为外人捷足"。其三,拟组织一宏大报馆,"一使人民知共和为世界最良之政治;二使人民知人权之可贵,不至仍前放弃,被人蹂躏;三竭力调查实业,供华侨归国之引导"。(《为拟兴办实业及华侨会馆致美洲中华会馆书》,中国国民党中央委员会党史委员会编:《国父全集》第3册,第428-430)

△　致邓泽如函,告知浙省特派调查南洋实业专员王孚川(名廷扬)、丁心耕(名福田)前来考察,请妥为招待,并引领参观,介绍本埠及邻近各埠的实业家,使其能调查详细,将来回国报告,对鼓舞政府振兴实业、保护华侨之心,必大有帮助。(《致邓泽如函》,《孙中山全集》第3卷,第414页)

△　批偿还借款等事函,答(许)直臣云,"文集字已写妥寄,并奖其热心"。答杨广达,"粤债务自当尽力,俟待汉民、仲恺由京回来,再商办法也。南非党证照发,并嘉其热心"。"甲元代居正答。"(《批答偿还借款事》,中国国民党中央委员会党史委员会编:《国父全集》第4册,第145页)

△　批旧同志组织大政党事函,称不欲与闻党事,专致力于建设事业,但很希望本党旧同志迅速组建大党。认为唐绍仪、孙洪伊确实已经开始组织,并能与之志同道合,希望同志们予以支持。以后如有疑点,可就近询问胡汉民、林子超。(《批答甚愿旧同志速行组织大政党》,中国国民党中央委员会党史委员会编:《国父全集》第 4 册,第 144 页)

△　批孙静山函,指出要引导海外侨商返国开发一切利源,是以第一事当以还债,"以照信用而励侨情"。但此事政府尚未确允,而反对之声已起,若此不能先还债,则侨商恐不敢投资于国内。(《批长沙溥利磺矿公司孙静山来函》,中国国民党中央委员会党史委员会编:《国父全集》第 4 册,第 259 页)

△　批请将用款列入向政府交涉还债案事函,指出此次向政府交涉还债,指明为第三次革命,由其一人从外人及华侨借来,而分用于各省。对其本人既不知道,而又未开列其数的借款,自无从加入此案之内也。(《批答用款无法列入向政府交涉还债案内》,中国国民党中央委员会党史委员会编:《国父全集》第 4 册,第 259—260 页)

△　批借款筹还事函,称此款已入筹还预算之中,报告政府,政府尚无拒绝,然亦未有还期。漳泉会馆之款,已面托黄竹友转致贵乡人云,政府一旦还款,即交黄君代清手续等语。(《批答借款已入筹还预算之中报告政府》,中国国民党中央委员会党史委员会编:《国父全集》第 4 册,第 261 页)

△　题沈缦云像赞,"如见故人"。(《题沈缦云像赞》,郝盛潮主编、王耿雄等编:《孙中山集外集补编》,第 198 页)

△　为山田纯三郎题词二件:

辅车相依。

至诚如神。

(《为山田纯三郎题词二件》,陈旭麓、郝盛潮主编,王耿雄等编:《孙中山集外集》,第 624 页)

△　题熊持危、范伯林暨熊君夫人张氏合葬墓碑:捐躯为国。

(《题熊持危、范伯林暨熊君夫人张氏合葬墓碑》,郝盛潮主编、王耿雄等编:《孙

中山集外集补编》,第 198 页)

　　△　委任卢鸿为广属安抚使。

　　附:香港来电,三万五千六百元收。卢鸿系请委广属安抚使,误写多四字能委,乞电示。符。(《委卢鸿为安抚使令》,陈旭麓、郝盛潮主编,王耿雄等编:《孙中山集外集》,第 701 页)

　　△　颁给李源水、郑螺生、何荫三、黄德源、邢炳光等五人二等有功章奖状,表彰其慷慨捐资,赞襄义举。(《颁给李源水等奖状五件》,陈旭麓、郝盛潮主编,王耿雄等编:《孙中山集外集》,第 701—702 页)

　　△　华侨智育会李呈祥来函,报告尼留地政府派警察将债券收去,请设法交涉。(《华侨智育会李呈祥上总理函》,环龙路档案第 08607 号)

　　△　维多利亚交通部马杰端来函,报告妻子去世,母亲无人照料,请转小儿少汉速行回家。(《马杰端上总理函》,环龙路档案第 08549.2 号)

　　△　朱霁青来函,谓财政困难,养兵事非得已,当益勉以答国民厚爱。(《朱霁青上总理函》,环龙路档案第 03435 号)

　　△　朱震寰来函,谓其虽身为女子,未敢以柔弱之躯弃国民天职,数年来投身革命,奔走呼号。然此次革命党人造册资遣,其因为女子而受歧视,请予以援助。(《朱震寰上总理函》,环龙路档案第 01337 号)

　　△　黄竞白来函,称为解散部下同志,以致负债过多,请设法接济。(《黄竞白上总理函》,环龙路档案第 01330 号)

　　△　田次壔来函,称曾入步兵第七十七团团长及第三师一等参谋,二次革命失败后匿居山谷。本年四月来沪联络通知,谋划起义。袁死黎继后,静候资遣。请嘱吴忠信于事务所内先支出若干,以免同人饿病而死。(《田次壔上总理函》,环龙路档案第 01061.1 号)

1917年(民国六年　丁巳)五十一岁

1月

1月1日　在东京《朝日新闻》发表《中日亲善的根本意义》,希望中日友好,日本帮中国"改正"不平等条约,中国经济可解除束缚,而日本所得好处,则是以中国为市场,获得比目前增加十倍的经济利益。但日本当局对此未作出回应。(大阪《朝日新闻》1917年1月1日,〔日〕陈德仁、安井三吉编:《孙文·講演〈大アジア主義〉》资料集:1924年11月日本と中国の岐路》,第295-299页;李吉奎:《孙中山与日本》,第464-465页)

孙中山此时之外交方针,以联日为主线。中华革命党之内部通讯指出:"现在日本内阁,表明不干涉中国内政之方针。但在有识者仍多主张联结民党,共维东亚大局,其怀侵略野心者,少数眼光不足之人而已。民党当取联日态度,则彼中有眼光者与我提携益得信用,否则民党与彼不合,野心家遂可得势而于我国不利矣。"(《中华革命党总务部第一号通讯》,黄季陆主编:《革命文献》第49辑,第2页)

△　为陈去病母倪节孝君作墓碑铭并叙。

略谓:"舟行多暇,(陈氏)每为余述其母夫人倪节孝君之贤,余既闻而志之。及归,因复以表墓之文请。去病能词章,才名满天下。……徒以十年袍泽,患难同尝,知去病者宜莫余若,爰为之言。"

(《陈母倪节孝君墓碑铭并叙》,《孙中山全集》第4卷,第1页)

△　隆世储来函,告以连年奔走革命之迹,现奉调镇南韶连,因滇军拥据,未能赴任,拟返沪面聆教言。批答:"当力任艰巨,以维民国,切勿萌退志也。"(《批隆世储函》,《孙中山全集》第4卷,第2页;环龙路档案第03120号)

△　香山刘汉华来函,述刘章民奔走革命及劝募情况。(环龙路档案第01678号)

△　姚光、王化麟来函,拟创一钢甲队为辅翼武术之计,并访有武术名家在京,欲资实练。并附意见书及图说。(环龙路档案第13726号)

△　二十二省、三特区长官由冯国璋领衔,联名发表拥护段内阁之长电,威胁总统黎元洪和国会。(《中华民国史事纪要(初稿)——中华民国六年(一九一七)一至十二月份》,第16—18页)

1月2日　刘希波来函,请济助烈士刘省吾之家属,并协助向谭根取回飞船公司股金。(环龙路档案第01824号)

△　纽约支部来函,报告选举华侨参议员代表,"除大埠外,余尚未为本党完全控制。乃因吾党实力未充"。"欲谋补救之法,宜将美洲、古巴、加拿大等领事完全位置本党员,否则当以全力争努约、加拿大、古巴、金山四处。"(环龙路档案第07893号)

1月3日　《香港华字日报》发表署名"梓庵"的文章《论孙、唐为黄兴请款案》,就孙中山等人为黄兴殁后请政府代为偿还银十七万一事发表评论。文章指出社会存在两种截然相反的意见:一是黄兴此款乃为革命而生,又为抚恤其遗族之必要,理应立刻偿付;二则认为现正值孙氏等人向政府请偿巨款之际,不宜偿付黄兴之款。"设曰为国出力,尽人可予,则同是革命,其因此而倾家荡产者何限,其又焉得人人而济?"作者认为,其事应取决于国会的意见,"此则立宪国财用之公例"。(《论孙、唐为黄兴请款案》,《香港华字日报》1917年1月3日,"论说")

△ 甘肃督军张广建就中山索款问题发出通电,建议交与各省公决,共同承担此款项,实则暗中抵制。

略谓:"政府何妨以此款分摊于各省,汇请孙大勋位,将借款用途详确开列,送由政府分行各省区官民士绅,公同稽核。倘堪共信,即裁兵减政,亦当黾勉挪移;如或致疑,则取与双方未便以数百万巨资含糊从事。"(《甘肃督军对于伟人索款之通电》,《时报》1917年1月14日,"要闻二")

△ 铁道协会在江西会馆召开改组大会,总结交通总长许世英任事以来之情形,并选举正副会长等职务。与黎元洪被同推举为名誉会长。(《铁道协会之改组大会》,《时报》1917年1月11日,"要闻")

△ 美洲加士华利埠分部简崇光、阮谨年来函,报告吕南、陈达三在党办事甚为卖力,黄伯耀仗义在债券处津贴百元,以治达三之病。然李培芬、汤汉弼、赵鼎荣、唐瑞年、刘惠略等人竟挟私嫌,极力反对,以为滥支违法。请修函总支部,将伯耀所谓违法情形详细解释,并电汇应支吕、陈之回国川资,及将李等晓以大义,申诫一番。(环龙路档案第07350号)

△ 报载,由孙中山资助而在美国学成飞行的刘恢汉,经孙氏电召回国效力,拟保送浙江政府效用。日前在台山青年会演说,到者人山人海,掌声不绝。(《飞行家回国》,《香港华字日报》1917年1月3日)

1月5日 成都《民新报》馆来电,"希赐祝词宏论,鞭策进行"。(《〈民新报〉致孙中山、岑春煊等电》,桑兵主编:《各方致孙中山函电汇编》第3卷,第21页)

△ 中华革命党吧城支部李逊三来函,报告现已组织成立民仪书报社,有社员三百余名,然品类不齐,如有秘密要件,不可直接寄社,而应寄本人,"邀集真正党员筹谋一切可也"。"譬如此番之冯君自由之筹办选举华侨事,亦系此办法,则无不妥善。敝社已派刘君德初北上作代表矣。"(环龙路档案第04897号)

△ 归国华侨杨星辉、高汉来函,以谋生无术,请准参加开垦。

(环龙路档案第01143号)

1月6日　报载:众议员郭章鋆等人质问索要护国运动经费一事。"孙氏在沪闻此消息,颇为盛怒。已函复议院,谓鄙人曾任总统,区区之款绝非重视,议员等未免看人太轻,并历述此次云南起义,己实与闻,故有种种用款。"质疑者得讯后,"正拟驳斥之文字,力言滇事与孙氏无涉,不能贪天之功,以为己力"。身属民党的财政总长陈锦涛欲照拨请款,"近数日来国会中一般顾全大局之议员"对此"大为愤激","日日面谒段总理,力陈陈氏之徇私误公",甚至波及段祺瑞,"谓其手腕软弱,不能使阁员动心国事,而致有曲庇私人之事"。"每次谒见者约三人五人不等,日必数起,而且无一日之间隔,亦足见国人对于孙氏索款之观念矣。"(《杂事》,《北京日报》1917年1月6日,"群报汇选")不过,亦有谭人凤、钮永建、吴大洲、李烈钧等革命党人赞同政府偿款。(《杂事》,《北京日报》1917年1月8日,"群报汇选")

△　小吕宋埠薛汉英来函,报告因票水大涨四五成,故暂缓汇款,并有林葆恒叛党之事。(环龙路档案第07307号)

△　刘文贞来函,告以现在宁雷马屏屯殖使张午岚手下,主持矿务,请代为呼吁华侨大资本家到来投资。(环龙路档案第00610号)

1月7日　致函□瑞石,勖其尽力于储金救国,并言及偿还军债一事的进展。

略谓:"储金救国一节,已蒙同志赞成,极为欣慰。仍望尽力做去,将来无论变局如何,皆可应之设法。国家之发达,端赖此举矣。现在交涉偿还军债之件,已经阁议许可,而外间不察者,每有反对,尚未决定妥当,尽力与政府磋商。"(《致□瑞石函》,《孙中山全集》第4卷,第3页)

△　复信邓泽如,"极赞成"华侨有举办报馆、会馆之意,并谓"华侨会馆自不能专设一处,广州、汕头、厦门等处,当然应设分馆,以利进行。章程当于日间草定,分发各埠,请求同意"。(《致邓泽如函》,《孙中山全集》第4卷,第2页)

△　古汉光来函,报告泗水债券存根未有寄呈之原因,及泗水为办理解散港澳同志善后之款尚未汇到。(环龙路档案第 08342 号)

△　议员质问索款事,引起菲律宾书报社戴金华等人的电责。该社为国民党人所设立。电文略谓:"议员提出质问,侨等殊深骇异。经营革命,军械饷糈在在需款。革军首领点金乏术,非行借募,资从何来? 以菲岛论,军债实认数十万。帝制经费,议院不闻否认,独于革命军债提案驳诘,民意机关颠倒,是将何以对国人? 况复诬谤革军领袖,究竟系何用心?""请即收回质问书,以从侨情。"(《南洋书报社电责议员质问孙氏索款》,《北京日报》1917 年 1 月 9 日,"紧要新闻")

△　日本青木中将自中国考察归来,谈及对于中国政界的认知,语及孙中山之近况。

略谓:"中国政界仍在混沌状态,官僚派以段总理执其牛耳,民党则以唐绍仪为首领与其对抗,黎总统夙夜忧劳,惟治平之是期,人格殊高。外间所传总统、总理意见冲突,实皆左右所为。段氏安贫不贪,意志极坚,此其所长。孙中山似已断其政界之念,欲于实业界谋立脚地。唐绍仪为头脑明敏、坚守主义之人,而亦热心奔走国事。至世间有第四革命之传,现在人心厌乱,决不至实现。"(《东京电》,《申报》1917 年 1 月 8 日,"外电")

时孙氏无意入政界,"注重开发实业一途,拟将从前党员全数改为华侨实业团,以经营前函所述银行、会馆等事,所有旧中华革命党员,均有优先权利以示优异,其章程俟还债问题决定后,乃能发表"。"恢复国民党名称,先办实业团一节,已经拟定章程,俟商诸各同志,征求各方面同意,再为发表。"(《中华革命党总务部第一号通讯》《中华革命党第二号通讯》,黄季陆主编:《革命文献》第 49 辑,第 1、5 页)另在批答美国《民气周报》函中表示:"组织政党,现在实有不宜。吾党海外同志,当结合为一华侨实业,专从事于实业,则更能收好效果也。俟政府还债事如何,乃能从事进行也。"(《批美国〈民气周报〉函》,《孙中山全集》第 4 卷,第 281 页)另外批语谓:"此间现所欲者,首为银行,次及他业,亦即此一劳永逸之意也。今已从事于调查，俟调查的确，乃能从事于计划，而其第一要着手在推广党势，固结党力。"（《批某某函四件》，《孙中山全集》第 4 卷，第 282 页）

1 月 8 日　报载安徽督军张勋反对索款的第二份通电，质疑孙中山在历次革命中的贡献。

略谓："查孙文本一逋亡，绝无道德。辛亥革命贸然自海外来归，诡称携有巨款，遂有十七票之选举，攘得临时大总统一席。贪天功以为己力，论者多已鄙之。及至癸丑赣宁之乱，孙文实主其谋，殃民病国，罪状尤昭。去岁滇黔独立，孙文潜居海上，殊未闻兴一旅之师与建尺之功。讵知今日大难甫夷，邦基未定，财政困难达于极点，而彼忽有索偿军费之请，不知果持何等理由，竟敢作此奢望。""为国务院计，必须根据正理，完全拒绝，始为正当办法。即非然者，亦当严核用途。若仅调查凭证，是已认其索偿军费为有效矣。且凭证出自彼方，焉知不可伪造？即使有之，亦系私人债务，与国家曾何关系之有？"（《杂事》，《北京日报》1917 年 1 月 8 日，"群报汇选"）另有消息称，各省军民长官趁为冯国璋贺寿之机，曾会商一通电，中有"孙中山请款绝对拒绝"之语。后因国务院劝阻而未发。（《二十二省军民长官通电之真因》，《中华新报》1917 年 1 月 14 日，"紧要新闻"）

△　新加坡华侨石扶持来函，请赐墨宝，赠与该埠同志。（环龙路档案第 01144 号）

1 月 9 日　就偿款一事，众议院议员王谢家、张坤、郭章鋈等人质问政府。国务院于本日答复议员质问书，略称："至孙文、钮永建所请之款，其总额一为二百七十万元，一为四十八万二千余元，称为此次恢复共和之用，中多内外债项，请政府归还。前经国务会议议决，查明凭据，再议办法，当由财政部分别函达，请将借款凭证及支出用途单据一并检送，以凭核办，并无给付之事。"（《政府答复孙文等请款案》，《申报》1917 年 1 月 10 日，"要闻二"；《借款合同已通过矣》，《香港华字日报》1917 年 1 月 9 日，"粤闻二"）

△　批《崇德公报》社函,"此间同志所办之《民意报》尚无力维持,对于贵报更爱莫能助矣"。(《批崇德公报社函》,《孙中山全集》第4卷,第3页)

△　署名"淮滨"来函,报告泗水明新书报社为本党团体机关,所有职员皆为当中健全分子,照章选派代表赖文齐参选华侨参议院议员,即将返国,请代为通知各同志照料一切。(环龙路档案第07895号)

△　许直臣来函,报告檀埠党事如常,乞代恳胡汉民赠序。

略谓:"敌党虽炽,我辈勇往直前,照公办事,彼辈虽狡,亦奈之何! 但党人多数未善涵养其气,即与党人亦常相冲突,以致离叛。然以弟居其间,亦可以和平解决。现在自由储蓄,弟已如来函大意,疏通党人,均蒙允纳,储蓄甚多。"(环龙路档案第07755号)

△　欧汀贺、汉雨翘、熊明兴等来函,一致赞成组织机关报及办银行诸计划,并开会追悼黄、蔡二公仙游。(环龙路档案第04757号)

△　寺内正毅内阁决定对华方针,"对中国的任何政党或派系,均保持不偏不倚的态度,对其一切内政分歧不加干涉"。([日]外务省编:《日本外交年表并主要文书》上卷,第424—427页)此为孙中山积极开展对日外交,寻求日本帮助提供了前提条件。

△　张勋、倪嗣冲、靳云鹏、徐树铮等,在徐州开省区联合会,谋对付总统及国会。议决五项:一、请总统罢斥"佞人";二、取缔国会;三、拥护总理;四、淘汰阁员;五、促成宪法。(《中华民国史事纪要(初稿)——中华民国六年(一九一七)一至十二月份》,第30、35页)

1月10日　郑占南来函报告美洲葛仑分部遽生风潮事,认为黄伯耀据指示支给吕南、陈达三川资并无不妥,评议部所为过于暴戾。批答:"复函奖励,并着他主持公道,竭力维持。并抄前复驳评议部之函,与之一观。"(环龙路档案第08343号;《批郑占南函》,《孙中山全集》第4卷,第4页)

△　与王奕友会面,同日王氏来信告知神户通信地址。(环龙路档案第01281号)

△　广州梁维平来函,请褒扬在高州起事讨袁而死难之同志。(环龙路档案第01825号)

1月12日　批答某某,表示目前不宜周访欧洲。

某等来函,建议组织周访欧洲各国团。是日,孙中山命朱执信代答:"适欧洲大战乱,道途多有未通,而在战之十余国,生死俄顷,其朝野自无暇注意于我之周访也"。"而先〔生〕现在注意于实业,并不暇其他。在北京无可介见之机关及人物。"(《批某某函》,《孙中山全集》第4卷,第5页)

△　批答淞沪护军使卢永祥来函:"循例复云:函悉等等。并抄录二分加以数言,寄往岑西林、李协和。"(《批卢永祥函》,《孙中山全集》第4卷,第4页)

△　广州岭南学校某君来函,答以:"令郎尚未见着。所属之事,现尚无法应命,倘他有可设法,当必尽力也。"(《批广州岭南学校某君函》,《孙中山全集》第4卷,第4页)

△　郑成章来函,欲在石岐办厂,请代写介绍信予广东督军、省长,予以支持。(环龙路档案第01598号)

△　商请政府归还革命经费二百七十万元,舆论对此众说纷纭。国会议员再次向政府提出质问。总统黎元洪、总理段祺瑞、财政总长陈锦涛和中国银行总裁徐恩元,皆否认有先行拨款六十万之事。有传媒指出:"或者拨款一层尚未即成事实也,惟是孙氏请款之举,政府方面意在调取证券,议员方面以政府前此咨答尚未尽得要领,颇有再行质问之传说。"(《孙文请款事之各方态度》,《申报》1917年1月12日,"要闻二")

此次议员质问,由曾有翼发起,连署者有孟昭汉、王荫棠、陈光谱、关文铎、张嗣良、王多辅、李文熙、萧湘、刘纬、葛庄、许植材、翁恩裕、李振钧、罗纶、刘恩格、杜成镕、方贞、方镇东、范殿栋、刘鸿庆、王广瀚、王之籙、莫德惠、叶成玉等二十四人。略谓:"以孙文索款只问其应索不应索,与政府应给不应给,非问孙文之有无凭证也。"并列举七条质问之理由。(《财政》,《北京日报》1917年1月12日,"群报汇选")

1月13日　上海自由党总部开会。该党在民元发起,在二次革命时被袁世凯取消,去年经王树谷等竭力奔走,予以恢复。孙中山本为该党总裁,然此时"以公冗不可兼顾",故有改选之举。会议推举夏芷芳、王树谷为正副理事。(《自由党开会纪事》,《时报》1917年1月14日,"本埠新闻")

△　陈伯豪来函,接冯自由函悉敝社戴愧生为选举参议员代表,径通知五处报社照选。(环龙路档案第07896号)

△　报载:孙洪伊、谢远涵亏挪公款六十万以上。之所以敢如此,"以孙中山前之向政府索款二百余万,本系某派之计划。此款若能领下,除各伟人自用二三成外,余均交与孙氏(指孙洪伊)作为在京中组织政党之用。而孙氏即可以此款之一部分暂填在部时亏垫公款之用,则马脚可以不至露出。初不料向政府所索之款,国务会议未能通过,旋经多数稳健派议员连番质问,词义严正,遂将此议打消。仅由陈锦涛以同派关系之故,秘密在沪拨给六十万元,自不能分润于他人"。(《杂事》,《北京日报》1917年1月13日,"群报汇选")然此说当系造谣。孙中山请政府偿款难度极大,传闻中已拨六十万元亦是子虚乌有。据中华革命党总务部第1号通讯称:"此事早经政府发表,反对党在议会提出质问,又有一部分督军、省长发电反对,故政府之态度现在尚难推测。而反对者又造为谣言,谓政府已拨过六十万元,以图淆乱党人耳目,其实政府并未拨过一钱,但在总理必尽力以求达到偿还之目的也。"(《中华革命党总务部第一号通讯》,黄季陆主编:《革命文献》第49辑,第1页)

1月14日　复函菲律宾中华革命党宿务埠正支部长叶独醒,赞同其在去年12月20日函中条陈的实业办法,"望与诸同志协力进行,以发挥民生主义,实不容缓之举也"。但关于该支部"筹存之款及党金",并不同意叶氏办法,而主张"款既属党金,已交本部,则不能再挪为做生意之需","如众意金同,将款作党中做股,该款若干,报告本

部,本部当照诸同志之请,承认该款,给回收条"。(《复叶独醒函》,《孙中山全集》第4卷,第5页)

△　邓泽如来函,报告张志升、彭泽文赴沪,托其带上各种股票存根,请"推情指导"。批示:"统答。"(环龙路档案第08719号)

△　网甲埠华侨召开黄兴、蔡锷、陈其美追悼会,事后郭福梅等人来函报告详情,并请代为转邀海内文豪,为黄兴墓侧铜铭拟稿。(环龙路档案第06928号)

△　俄国驻沪新领事馆举行开幕式,由俄国公使库达摄福王爵主持。与唐绍仪等"多数重要中国人物及外国商家"均到会致贺。(《路透电》,《北京日报》1917年1月17日,"电报")

△　加属点问顿埠分部长方卓云等来函,已遵命函慰由义勇团遣散归农之党员。(环龙路档案第08852.2号)

△　王雨农等来函,报告在成都组织民生俱乐部,在渝设立重庆交通部及分部之情形,并附本部简章一份。(环龙路档案第00468号)

1月15日　上海交涉使署开宴款待俄国公使库达摄福王爵。来宾计五十二人,包括孙中山、唐绍仪以及比、丹、日、英、俄、意、葡、法等国领事等。孙氏在席间发表演说。(《路透电》,《北京日报》1917年1月17日,"电报")

△　报载,孙中山因将晋京,"托人顺携贵重礼物回粤,分赠督军、省长及各挚友惠存,以资观念。闻胡统领汉卿亦得赠有礼服两袭,其制造工料甚为精美"。(《孙中山赠送礼物》,《香港华字日报》1917年1月15日,"粤闻一")

1月16日　在上海寓所举行接受大勋位仪式。

上年10月9日,黎元洪特授大勋位(同时授予岑春煊和李烈钧),孙中山勉予接受,以示合作。中华革命党内部通讯称:"中山先生本以勋位于民国性质上有不适宜,不愿受。嗣以元年袁世凯曾授中山先生以大勋位,中山先生辞退,现若再辞,似含反对政府之意,反不相宜,故勉受之。"(中华革命党总务部第一号通讯》,黄季陆主编:《革命文献》第49辑,第2页)大勋位证书由黎元洪在去年10月9日盖印,略谓:"前临时大总统孙文,气禀珠光,灵钟正秀,卅年奔走,志无阻于艰危,万众推崇。"(《孙中山先生授大勋位》,《时报》1917年1月18日,"本埠新闻")

是日,黎所派代表陆军中将高佐国来沪,在孙氏寓所举行大勋位授予式。仪式简单,观礼者有居正、杨庶堪、朱执信、邓仲元、黄伯耀等十余人。孙氏曾慨言:"文素不自伐其功叙,此次总统叙勋,乃予以大勋位,文不敢遽辞,亦不敢遽受,何则? 共和政府,孰先创之? 袁氏帝制,孰先讨之? 世所指为有功者,而文则始终赖华侨有志之士,毁家倾产,以为之助。若曰无功,是以一人谦让而没之也。"(罗家伦主编,黄季陆、秦孝仪增订:《国父年谱(增订本)》下册,第746页)另有消息指,孙氏以寓居租界,提议省略授勋所用之军乐、仪仗、兵队等。授勋时,高佐国服陆军礼服,代表总统,在预定之礼堂捧授证书及徽章,孙氏行礼如仪。随后接受来宾道喜,其后开茶会聚谈,并请高氏晚宴。(《孙中山先生接受大勋位之盛典》,《中华新报》1917年1月17日,"要闻")

△　邑人黄英、杨汉魂、陈珍芳等来函,报告刘汉华讨袁有功,请代向政府叙勋,并委军职。(环龙路档案第02686号)

△　杨华声来函,为讨袁入狱,袁死脱险,请助款还债。(环龙路档案第00612号)

1月17日　张永森来函,再恳早为取销通缉令。(环龙路档案第09393.2号)

△　日本驻华高尾总领事致电本野外务大臣,透露上海民党分裂之象,冯国璋趁机渔利。

略谓:"近来盛传上海民党首领唐绍仪、孙逸仙、谭人凤等的关系日益不睦,彼此间的矛盾日益增长,冯近日有乘机派亲信到上海进行拉拢的迹象。有如下事实可以证明:日前多贺中佐和冯见面时,中佐坦率地以今后对付民党的政策相问,冯氏无意中透露出他与民党方面的主要人物,近来已取得联系。他说:现在张继、吴景濂、孙洪伊、刘炎、褚辅成等五人,每月各津贴二百元,其他四人每月各津贴一百元,故决不致有何麻烦(据说与吴景濂专门有书信联络)。由此可见,冯对民党的拉拢已部分成功,故而又恢复其过去的态度,专门驾驭各方面不平分子,以谋收拾时局。"(章伯锋主编:《北洋军阀(1912—1928)》第3卷,第53页)

1月19日　报载,为江阴军士请销通缉,致函大总统。略谓:"去年江阴起义,军士张永森等十五人心实爱国,迹尤可悯,宜稍从宽典,准予销去通缉,复回原官。"(《孙文为江阴军士请销通缉》,《北京日报》1917年1月19日,"紧要新闻")

△　高云山来函,报告将辛亥革命时筹募之款,移办《新民国报》,并询在国内办报是否适宜。(环龙路档案第08622号)

1月20日　黄甲元来函,报告被荷兰苛待,以致亏本,叩望祖国富强,并将回国面陈诸事。(环龙路档案第07417号)

△　庇能埠支部长何云皋等来函,报告闽籍南洋同志返乡,常被匪首陈宗宜掳掠勒赎,请设法究办。(环龙路档案第13403号)

1月24日　谢保轩来函,告以讨袁事迹,现已奉令编为巡防第二路步队,所统第一营现开赴金岭镇驻防。(环龙路档案第03433号)

△　云高华支部来函,报告驻云埠领事林轼垣罪状,并运动排斥之经过。(环龙路档案第07897号)

1月25日　杨某来函,批答:"存款寄回,定购飞机着查明原委复他。废约前,有一人来信欲接受,可否与之,着寿彭酌夺。"(《批杨某函》,《孙中山全集》第4卷,第6页)

1月26日　某等来函,批答:"现与政府交涉还债,故未暇筹改组之事,俟债务交涉妥当再进行。"(《批某某函》,《孙中山全集》第4卷,第6页)所谓改组,应系将中华革命党改为实业团事。

1月27日　复函宋元恺,谈组织政党事,赞成唐绍仪将旧国民党力量整合为新的大政党。

时北京又复成立各种政团,并就宪法等问题展开讨论。唐绍仪、居正等活动成立一新大政党。中华革命党陕西支部长宋元恺以此询问。复函略谓："关于改党之组织，弟并非不赞成此。共和国运用宪法，非有政党万不为功，代议政治，决不能以散漫之议员活用之也。然弟以自身不欲入政界，故虽甚赞成组织政党，而决不加入，所有办党之事，悉以委之唐少川君。唐少川君本拟将旧国民党重行收集，立一新大政党，现尚未至可以发表之地位。然旧日党员赞成者不少，谅可有成。尊处同志，将来宜加入该派，以收指臂之效。"（《复宋元恺函》，《孙中山全集》第4卷，第6页）另在批答徐某函中亦表示："先生现无暇顾及党事，各事皆听之在京党员酌量施行。地方上之〔事〕，可据实禀于内务总长便可，先生不便干预也。"（《批徐某函》，《孙中山全集》第4卷，第279页）

但重新组党困难之处亦复不少。中华革命党之内部通讯指出："现在内阁中自孙伯澜退职以后，对于我党均甚疏隔，谷、张二人虽名为国民党，而对于我党实无诚意之帮助，且有暗中倾轧我党之说。前此屡次有人提议组织大政党，皆不成功，据主持者之报告，谓皆因谷、张二人暗中破坏之故。"（《中华革命党总务部第一号通讯》，黄季陆主编：《革命文献》第49辑，第2页）谭人凤复函冷公剑时，也提到民党内部对于组党的纷歧。略谓："组党之说，孙、岑、唐、章诸伟人，前本有函劝各小团体合并，探其意向，系表面周旋，均未负完全责任。而太炎先生则主张恢复同盟会，为纯粹之民党，不愿与政党标名，为政客利用。"（《谭人凤覆冷公剑述国内政情函》，黄季陆主编：《革命文献》第49辑，第12页）

△　卢耀堂来函，报告经手收入党金年捐情形。（环龙路档案第08624号）

1月28日　致信邓泽如，商议筹措营葬陈其美的近万元费用。（《致邓泽如函》，《孙中山全集》第4卷，第7页）

△　古巴云丹拿务分部来函，"顷接传谕，知公爱国精神，振刷在乎政党，况际兹国本复建，同人等应尽国民一份。还期我公策划完全"。（环龙路档案第07756号）

1月30日　泗水中国工商侨民在两日前致电北京政府,就政府偿还革命经费一事,略称:"前总统孙逸仙并无借款二百万之事,商民等前所协助政府之款,系出于乐输,并不希望赔偿,务请拒绝孙逸仙之请。"(《泗水中国工商侨民来电》,《政府公报》第382号,1917年2月2日,第50页)孙中山于本日作出回应,驳斥其说,称从未收到过泗水中华商会二百二十万的汇款。

略谓:"文虽收过泗水一万八千余元,并非贵商会经手,贵会所称二百二十万,文未收过一钱。文所经手借债二百七十余万元,均经约定国体巩固即予偿还,故以实情声之政府。贵会未经借过一钱,于此事无须容喙。若贵会果有此二百二十万曾经拨汇,则文并未收到,显系贵会办事人从中侵蚀虚报,图损他人名誉,必应控追。如贵会未尝经手有此二百二十万元,即系贵会滥用商会名义,虚构事实,诬捏他人,尤不可容。法律具存,公等应知自惕。若谓电文非由贵会所发,则假冒商会名义发电,必有其人,若不从速电部更正,澈查冒名主谋,依法控告,则责任有在,亦难为公等曲恕。尚望审思电复。"(《致泗水中华商会电》,《孙中山全集》第4卷,第8—9页)

其后,泗水华侨徐瑞霖去函《中华新报》以辟泗水商会之谣。略谓该会对于革命事业"向持反对主义,不肯为丝毫之助","往者镇南关之役、黄花岗之役、辛亥癸丑之役,贵会均未与闻"。因系巨款,要求将捐款、汇款者"明白宣布,勿得含糊"。另对于原电有"系助政府之用"一语大为质疑,既然中山反袁并无组织政府之事,可见"此电甚属离奇,诚难索解"。并猜测"贵会总理李君人甚忠厚,不肯冒昧从事,然则此电或为旁人假托,或受他人指使,以为利用之具,尚难预知"。(《徐瑞霖致泗水中华商会书》,《中华新报》1917年2月7日,"紧要新闻")

上海法界环龙路六十三号(前反对帝制党)书记孙君亦投函《大陆报》,辩驳泗水商会之说。略称:"该商会所指之款,与孙君或孙君之党毫无关系。该商会所出二百二十万元,系供一种主义之用(断然非孙君之主义)。今该会致政府电,将此主义隐而不言,足见其智。中华革命党从泗水收到之款只有一万八千元。而此一万八千元系孙君同志所捐,并非该处商会所助。现即使此款为该商会所出,供革命之用,然视借款全额,尚不满其百分之一。乃该会出而代表全体华侨,宣言不欲收回该款,政府无须照偿此项国债,岂非笑谈!"(《反对偿还借款之辩驳》,《时报》1917年2月1日,"本埠新闻")

　　△　某等来函,答以:"承办粤汉车路一事,如顺手得之,当甚乐为。如要多费手续,则不必也。"(《批某某函》,《孙中山全集》第4卷,第8页)

　　1月31日　翁飞龙来函,报告陈鸿猷被陈炯明推荐任国会议员,然被政府诬以罪状,惨被拘留,请仗义出手,取销诬案。(环龙路档案第07418号)

　　是月　黄桂芬来函,为被宣平县知事诬指为匪事,请嘱浙江督军取销通缉令。批示"不能理"。(环龙路档案第03835号)

　　△　欧阳钧、康世宗、杨瑜庆等来函,报告组织中华正风育化社之旨趣,请予赞助。(环龙路档案第09046.1号)

　　是年初　复信夫人卢慕贞,表示"所问再做永安公司股份事,此可不必,你现有之款,当留作家费日用便可。若做了股份,恐到用时取不得,反为不便也"。(《复卢慕贞函》,郝盛潮主编、王耿雄等编:《孙中山集外集补编》,第198页)

2月

　　2月1日　复函澳洲悉尼华侨郭标,除感谢革命捐款外,并赞赏其党务成绩。

　　略谓:"自收束以来,办理党务,当以贵处为最高成绩,此皆阁下与办事各人热心之结果也,甚佩,甚佩。"此外,还通融发给革命党证,并嘉慰其提倡救国储蓄,"此为我党厚蓄势力,以待不虞之事变,实系

最要之着,望着着进行"。(《复郭标函》,《孙中山全集》第4卷,第9—10页)

2月2日　周瑞述、司徒日月来函,报告黄伯耀经手支出汇寄总理银万元,陈达三、吕南川资等费六百元未经评议部通过,以及关于债券、飞机等支数多无收据,已开全体大会表明伯耀违法滥支公款,并询处置意见。(环龙路档案第08345号)

2月3日　复函新加坡华侨、中华革命党人徐统雄,"拟办各事,蒙为赞同,心所感佩。俟还债案稍有端倪,当将章程印寄,彼时务希照办"。并允代置黄兴、蔡锷葬礼之挽联。(《复徐统雄函》,《孙中山全集》第4卷,第10页)

△　湖北党人詹大悲来函,报告组织政党事已由唐绍仪负责,另请设法救汤士龙出狱。

略谓:"一切关于政党之件,既由少川先生主持,当即遵命,用政治商榷会名义,径函少川先生处交涉。惟组党除由少川先生出面,精神主宰仍在先生,匡迪扶翊,同人终不能不厚有望焉。"(环龙路档案第13968号)

△　报载,张继由日回京后,发表对于中日关系的看法,语及孙中山正忙于撰写《议事细则》。

张继自称此行"纯为个人之漫游,无丝毫公私任务",但其在日本人脉甚广,"凡旧知之士,多曾晤谈"。其目的在于打消日人对于中国共和政体的疑虑,以及澄清日人对于中国政情的误解。张继观察到,"日本朝野要人俱切望中日两国真正亲善,深恐中国之疑其侵略。盖日本人多知欧战一了,东洋形势将有一大变化,而知与中国提携之有利也"。"据余所知,日本对中国目下确非持侵略主义。"

又言及上海政界情形,"上海名流对中国时局皆持冷静主义:孙中山日忙于著书,有一种《议事细则》将已完成,岑西林赴日养疴,唐少川经商,李协和亦抱病,政治上无他种新活动"。并否认可能发生四次革命之说:"余此次过宁,闻冯副总统云,此事闻因有一外国人报告国务院,而国务院一秘书据之转电各省,此事可谓至奇矣。""凡民党人士对政治上俱主张持冷静态度,务期使一般国民承认民党未失牺牲之美德，且无权利之野心。"(《张继回京后之主张》，《申报》1917年2月3日，"要闻二")

2月4日　复函邓泽如，感谢此前筹饷之成绩，"此次筹饷，独任艰巨，为国为党，皆不能不致谢于我兄。又以十馀年心腹之交，殆已忘形，欲以言达此忱，殆亦不可得达"。关于建设海外会馆一事，主张"其计划自不能不博采众意"，"但于此际偿债问题未经决定，则提出此问题恐亦非宜"，而存款留办会馆一层，"自属可行，请暂为存贮"。并告以"从军华侨合给纪念功章，已托人铸造"，但要两月后才能完成，已托陈肄生带去债券功章八十枚。(《致邓泽如函》，《孙中山全集》第4卷，第11页)

△　报载，孙中山现已约集上海有名人物，如虞洽卿、张静江等多人，创办上海交易所股份有限公司，专营各项中外企业。闻已推定戴季陶赴京向农商部呈请立案。(《孙中山经营事业请立案》，《北京日报》1917年2月4日，"紧要新闻")

后来传媒对此交易所详请有所揭露。孙之秘书戴季陶"日前抵东京，为创办上海交易所从事奔走。近与东京、大阪著名股票经纪会商，决定进行之方，已在日本桥区兜町东京株式取引所①经纪事务所内，设筹办处矣。该交易所现由中国政府批准者，为证券交易，将以次取得绵〔棉〕纱、棉花、金银交易之特权。其资本额为五百万元，交齐二分之一，即行开办。此数均由日商担任"。

该报又谓，戴季陶等人，与日人三上丰夷代理人中岛行一订有密约，要点有如下内容："在担保期中之股份，所应得股分〔份〕之红利，日本资本团得十分之八，创立人得十分之二。""关于业务经营，以日本资本团所推选精通经营本业之人为顾问，以合议处理一切。中华民国五年十二月五日，订于上海霞飞路渔阳里北衖六号戴季陶公馆。"中日双方的签约者有：中岛行一、孙中山、赵家艺、虞和德、唐仲暄、张静江、戴丕谟、张德、洪承初、戴季陶、周佩箴、赵宗香。(《杂事》，《北京日

---

①　株式：日语"股份"之意；取引所：日语"交易所"之意。

报》1917年4月7日,"群报汇选")

△ 报载,孙中山应北京政府要求,补充开列索款清单和证据。略谓:"总数较前又增七八十万,总共为三百四十五万。其间款目如黄克强死后之遗债、陈其美生前之亏空、李鼎新之海军独立经费、朱执信在粤之用款、吴大洲祸鲁之花销,一一胪列,其中包一切扫一切,真不愧首领气魄。惟其所谓债主,则尚未详悉。未知误被列入者,果仅一侨商否也。"(《财政》,《北京日报》1917年2月4日,"群报汇选")

稍后又将收支清册摘要刊出。"孙文于是将收支清册一件、收条存根六本、领款收据六包,寄呈政府。其中所报支出之款,计共日金一百八十九万八千四百零五元二角一分、英洋一百五十九万四千九百五十八元九角一分,总计日金、英洋合算,已达三百四十九万余元。""又闻所借日人款项三宗,共日金一百万元(据孙文报称久原房之助八十万元、犬塚信太郎十五万元、山田纯三郎经手五万元),则谓事关外债,另纸别立收条,不在普通收条之内。""又谓肇和起义之日,上海机关部被法捕包围搜索,一切簿据悉付焚毁,所有总机关汇沪陈其美款项已无收据,而有陈其美共事诸人立单证明。"

"兹将孙文所报之收支总数列左,以供众览。至支出各项之下,某伟人若干万、某志士若干万,芳名贵姓累累如贯珠,皆今世所谓伟大人物者。记者不愿表襮其多金之美名,故从略也。"(《杂事》,《北京日报》1917年2月23日,"群报汇选")

收入之部		支出之部	
项目	数额	项目	数额
美洲领袖支部项下	691602.15	财政部直接支出(主任张仁杰,廖仲恺代)	日金1386152.08、英洋483903.03

（续）

收入之部		支出之部	
项目	数额	项目	数额
南洋英荷属各埠支分部项下	469807.23	总务部直接支出（主任陈其美、谢持）	日金 321085.86
菲律滨群岛各埠支分部项下	279283.81	党务部直接支出（主任居正）	日金 15267.27
暹越各埠支分部项下	107436.81	上海总机关直接支出（其一，主任陈其美）	日金英洋总数 1036731.89
英领澳洲纽丝纶等部支分部项下	129873.20	上海总机关直接支出（其二，主任廖仲恺、朱执信）	日金英洋总数 250223.99
英领南非洲各埠支分部项下	29985.96		
日本各埠支分部项下	36325.23		
日本人项下（日金）	1000000		
孙文垫款	123477.56		
总收入	日金 1748405.21、英洋 1119390.47	总支出	以上五项日金 1898405.21、以上五项英洋 1594858.91
纯支出：除上海陈其美收财政部日金 15 万元外，实支日金 1748405.21 元；除上海陈其美收财政部英洋 483934.58 元外，实支英洋 1111024.33 元。			

△　林照英来函,责问此前电请释放琼州匪首陈侠侬之事。批以:"不答。"(环龙路档案第07417号)

2月5日　中华革命党列必珠分部来函,答以:"写字祝词,可照办寄去。所谋营业,亦极赞成。"(《批中华革命党列必珠分部函》,《孙中山全集》第4卷,第12页)

△　邓慕韩来函,报告粤汉铁路收支情况,以及出租程序。时孙中山有意租办粤汉铁路,故要朱执信先向邓慕韩探明情况。(环龙路档案第02309号)

2月7日　上海《中华新报》发表文章,支持向政府索还用于革命之款。

略谓:"今日之请款问题,已由某派所搬弄,入于帝制与非帝制之争。"帝制派又从中造谣,"更挟政府以赖债","于是反对索款之电,乃连续发现"。无非希冀从政府得到五百万酬劳。其实孙氏等人之"革命运动,及其借款度日,以求恢复共和之事实,能言之者甚多。且其请款于中央政府时,无一不有详核之报销及借款时之收据"。"孙中山先生此次所借各款,实用自光复事业者,为海上肇和之役、江阴之役、罗县之役,而长江南江左右,卢石之军、邓朱之师,所统各在万人以上,军需器械未尝劫一矢一粟,而转战数百里,不亏公家一纸。及袁氏既死,次第收束。若网在纲,有条不紊,固从何处得来此训练之费、养育之费、配备之费、收束之费者?"(《徐瑞霖致泗水中华商会书》,《中华新报》1917年2月7日,"紧要新闻")

△　黄汉兴来函,报告筹饷经过,并请在东速印军债券寄来应用。(环龙路档案第08252号)

△　马乙垣来函,报告此前回国讨贼,袁贼自毙,返乡生计无着,欲返加拿大,请设法与英国领事交涉,讨出口纸三张。(环龙路档案第08957号)

△　黎元洪为李根源出任陕西省长,设宴送行。席间询问对德宣战案,李认为:"当兹大势所趋,为自身国际地位计,惟有断然宣战。

拘守中立，一旦欧战终局，列强视我居于何等？此不能不下决心，但须府院、国会一致。"再问及孙中山有反对宣战通电，应如何处置。答称："孙先生此举未免昧于时势，不可从，宜派人赴沪疏解。"（李根源：《雪生年录》，存萃学社编集：《政学系与李根源》，第112页）

2月8日　报载，湖北督军王占元通电反对孙中山索款。略谓："史称汉文帝知张武之贪，而更多所赐予，使之内愧。今日之事，胡乃类是？不知张武不过一人之贪，而今伟人之下，尚有无数党徒，上下相争，宁知引愧？""此端一开，恐将竭天下之财，不足以供诸伟人之用。"（《王督军反对伟人索款之来电》，《北京日报》1917年2月8日，"紧要新闻"）

△　洪兆麟来函，报告整顿去年讨袁部队，留有十四营，加意整顿，"又以所部官长多半出自绿林，特设惠属警卫军军官讲习所，以宏军事教育"。另告以请假二月，返乡省亲，欲取道上海，面聆教诲。（环龙路档案第02394、01881号）

2月9日　前湖口参议曹荣汉来函，因讨袁之役代垫款二百元，现为人催债，请代为偿还。（环龙路档案第00184号）

△　北京政府向德驻华公使辛慈（Paul Von Hintze）抗议德人之无限制潜艇政策。（《中华民国史事纪要（初稿）——中华民国六年（一九一七）一至十二月份》，第79页）

2月10日　朱执信致函古应芬，可见孙中山反对参与欧战的决策过程，并颇为注重日本之态度。略谓："精卫归京，适有美劝加入战团之事发生，彼与亮俦①明日由京来此，拟商定吾辈态度。先生则谓，此事当视日本之意向为转移。现尚未发表意见。以弟之意，俄既反对，日必同之，此时正恐俄日有'单'记举动，而美之此举，或反刺激，长此动机。如此则我不加入为最得策。先生亦首肯此议也。"（李穗梅主编、李兴国等整理：《古应芬家藏未刊函电文稿辑释》，第202页）

————————

①　指王宠惠。

2月11日　复函李天如等新加坡华侨，表示"现偿债交涉，为反对党所阻，一时未能决定"，故"偿债之款移办银行"之议"须稍待，始可实行"。(《复李天如等函》，《孙中山全集》第4卷，第12页) 当时此议已被报章揭载。英文《广知报》谓："孙逸仙博士拟在上海设一银行，资本金日金三百万元，正在计划中。此系孙君与日本最大矿业机关库哈拉(译音)会社之库哈拉氏间之一种合办事业。孙君将投资日金二百五十万元。此款即北京政府将归还孙君与其同志之革命经费。其余五十万元，由库哈拉氏承担。此新银行将设总行于上海，设分行于中国他处及日本。"(《孙逸仙拟设银行》，《时报》1917年3月9日，"本埠新闻")

△　林定一来函，自称系旅缅同盟会员，因募捐事为英国当局控为"欲取缅甸"，行文通缉，故祈设法营救，并转请政府向英国当局解释"无取缅情事"。批答："不知其人"，"既在上海，则已无事，何必设法。而此间亦无法可设"。(《批林定一函》，《孙中山全集》第4卷，第17页；环龙路档案第01266号)

△　鉴于美、德交战，政府以是否加入欧战，需要征求各方意见。黎元洪派前南京总统府侍从长黄大伟赴沪迎孙中山来京①。黄氏今晨乘津浦铁路火车南下，次日早上抵沪。(《北京电》，《申报》1917年2月12日；《交涉员返沪后之近讯》，《中华新报》1917年2月13日，"本埠新闻")后有消息说，孙氏"拟待病愈后即启程北上"。(《孙中山来京说》，《北京日报》1917年2月25日，"紧要新闻")中华革命党之内部通讯亦谓："中山先生前以黎总统专员劝驾，本拟入京一行，嗣以胃病骤发，未能成行，先遣黎总统所派侍从武官黄少将大伟回京复命。但现在病已就痊，可纾各同志之念。"(《中华革命党总务部第二号通讯》，黄季陆主编：《革命文献》第49辑，第5页)但终未入京。

---

①　另有消息指，国民党员王宠惠、汪精卫亦与黄大伟同行劝驾。(《时报》1917年2月12日)北京政府之邀孙中山北上，除了参与欧战问题外，还准备商讨孙中山索还革命经费问题。(《时报》1917年2月17日)

稍后,皖系也派出陆军上将王芝祥南下,"宣慰苏省军队,并声明绝交理由"。王受命后表示,须先行到沪,与孙中山、唐绍仪、章太炎、谭人凤等民党领袖,"接洽疏通政府意见",然后再赴各处宣慰军队。(《与德绝交后之沪讯种种》,《中华新报》1917年3月17日,"本埠新闻")

△　朱执信致函古应芬,言及朱伯元问题,为中山之累。略谓:"伯元之款实难再对先生说,只可俟将来由弟填还可也(自从到上海已赔却六百元矣)。招股之事,现亦拟另派别人往。俟仲恺兄回,商定小吕宋处办法后,伯元可一往小吕宋,再自回美洲为宜。""伯元在美洲俟〔似〕稍有荒唐之举。观各埠来信,每以中山、伯元并列可知。先生亦绝非偏袒伯耀①,但伯元亦殊不足助,取敬远主义可也。小吕宋方面事本不多,稍敷衍之,未为不可。彼无他希望,只可回美而已。"

又及:"先生或入京,弟仍拟不随行,不知能摆脱否。""先生对于两广之事,仍采旁观待变主义,以此时リク②尚未决心。我若促之,成不任德,败必任怨。俟其时机熟,然后决之可耳。オサン③归,专谋助协商,此亦一大バカ④事也。国何必自我亡? 思之殊觉无味。"(李穗梅主编、李兴国等整理:《古应芬家藏未刊函电文稿辑释》,第202页)

△　吉隆坡中国青年赛会书报社代表彭泽民来函,请介绍予农工商部部长谷钟秀。(环龙路档案第08773号)

2月12日　旧属唐荣阳来函,报告谭延闿当政,湖南警察厅俟预算核准,即行组织。(环龙路档案第04346号)

2月13日　午后,万国改良会全权代表丁义华(Edward Waite Thwing)⑤,在四川路中国青年会开禁烟大会,到会者五百余人。丁义华发言,提及与孙中山之往事,称:"昔年予受袁托,来沪向孙文声

---

①　指黄伯耀。
②　指陆荣廷。
③　疑指汪精卫。
④　日文"愚蠢"之意。
⑤　丁氏为美国基督教北长老会的牧师,1887年来华传教,曾参加同盟会。

言决无帝制自为之心,孙文不信,且讥予受愚。"(《禁烟大会开会纪事》,《申报》1917 年 2 月 14 日,"本埠新闻")

2 月 14 日　域多利致公总堂会长林立荣致电北京政府,反对孙中山索款。略谓:"孙文索款,侨情愤激,请与拒绝。本堂同人前输革饷,纯出义举,无意取偿。"(《杂事》,《北京日报》1917 年 2 月 23 日,"群报汇选")

2 月 15 日　报载,孙中山已答应黎元洪之邀,将即日北上进京,同时政府愿意解决孙之要求,偿还革命经费二百余万。(《北京电》,《申报》1917 年 2 月 17 日,"专电")此事虽非事实,然亦表明北上与偿款之间或有着某种联系。

△鲁市仓埠党员黄树簪等六人来函,报告因战事关系,加属之侨胞生计日困,前归国效力之同志已予劝慰。(环龙路档案第 07419 号)

△　三藩市党员刘裔棠等七十六人来函,告以评议部通过弹劾支部长黄伯耀滥支公款。然 1 月 3 日、6 日孙中山来电着即解散评议部,颇觉不解,故联名申述。批示:"看着伯耀、伯元两人酌答。"(环龙路档案第 07308 号)

2 月 17 日　某等来函,嘱代答:"现拟不问外事,前所列名,请为删去可也。"(《批某某函》,《孙中山全集》第 4 卷,第 12 页)

△　美国飞行家史天逊女士从日本来沪,首日在江湾万国体育会赛马场试演飞机。中外男女各界前往观演者约有二万余人,以学界居多。孙中山和唐绍仪等均携眷前往观看。(《女飞行家第一日献技记》,《申报》1917 年 2 月 18 日,"本埠新闻")

2 月 18 日　杨伯英、宋卿、阮渭樵来函,告以在香山东镇石门坑里荒地觅得方铅矿一所,矿苗甚旺,已禀请政府立案,集资开采。若沪上同志有愿入股者,请鼎力吹嘘。(环龙路档案第 01601 号)

2 月 19 日　日本横滨华侨刘季谋,系中华革命党人,曾呈书参谋本部,请求入南苑航空学校肄业,为此函请予以介绍。指示代答:"先生向不荐人。此事则早知无效,已劝同志另作别图。"(《批刘季谋

函》,《孙中山全集》第4卷,第13页)

孙中山不仅不荐人,而且对于党人之要求接济,往往亦婉拒之。从其批答某函件之语可知。略谓:"中华革命党并未成功,故无从长顾党长。且自袁〔死〕之后,本党已将余款解散党人,并取消本党名义,此后已无共同之约束,自不能再以党名而要求党魁之接济也。且先生为党务而负债二百七十〔万〕,尚无归还之地,不得〔已〕而请于政府,尚受国人之攻击,此债不还,断无借筹之地,万难接济党人也。且党之义,当以党人而接济党魁,断无以党魁一人而接百千万之党人也。此万国党例之通义也。"(《批某某函二件》,《孙中山全集》第4卷,第284页)

△ 李信来函,函谢赐赠玉照一张及有功章牌一只。此为奖赏其赞成沙省女佣案存款拨与国民党军需之用。(环龙路档案第08831号)

△ 傅玉光、林文彬来函,报告此间党员争取党证,留为革命纪念品,恳指示办法,另请将敝支部将来续组办法见示。(环龙路档案第04900号)

2月20日 批答陈树人函,论述无政府主义不能行于今日。

是日,接中华革命党加拿大总支部部长陈树人函,于函上批答关于无政府主义问题。略谓:"无政府主义之说,乃发生于最黑暗之专制国。在欧洲往日之俄国、以国、西班牙等。其人民多受政府之暴虐无道,故忿而为此过激之论。但今日各国陆续行宪政之制,而此等过激之论亦渐消灭矣。乃有少年之辈,矜奇立异,奉为神圣,不过一知半解,实无所谓也。对付之法,最好与他辩论,明白指明在今日世界,国家之界限既不可破,则政府为代国家执行律法,以限制恶人而保卫良善,为不可少,故无政府主义实不能行于今日。而使之化为平和,或可为吾党之助,较胜于用他种手段也。"(《批陈树人函》,《孙中山全集》第4卷,第13页)

△ 致函南洋同志,介绍谭根、伍平一往南洋各埠飞演,筹款开

办飞行学校,招收学生。略谓:"飞行机为近世军用之最大利器,谭君既有此志,于国家前途、吾党前途,均至有裨益。"故希望南洋同志"费神招待","代为设法开场试演,劝销入场票位"。(《致南洋同志函》,《孙中山全集》第4卷,第14页)

2月21日　写成《会议通则》。

上年,即着手撰写《会议通则》,是日写成。本年4月由上海中华书局出版单行本。后改名《民权初步》,并编为《建国方略》之三(社会建设)。该书有序言,分五卷。序言称:"民权何由而发达? 则从固结人心、纠合群力始。而欲固结人心、纠合群力,又非从集会不为功。是集会者,实为民权发达之第一步。""此书即教吾国人行民权第一步之方法也。""苟人人熟习此书,则人心自结,民心自固。如是,以我四万万众、优秀文明之民族,而握有世界最良美之土地、最博大之富源,若一心一德,以图富强,吾决十年之后,必能驾欧美而上之也。"(《建国方略之三》,《孙中山全集》第6卷,第412—414页)

章太炎为《会议通则》作序,称:"世人之议公者,皆云好持高论,而不剀切近事。今公之为是书,盖仪注之流耳。不烦采究,而期于操习,其道至常,乃为造次酬对所不能离,御于家邦,则议官循轨,而政事得以不扰,斯岂所谓不切近事者哉! ……公之为此,所谓有忧患而作者欤?"(汤志钧编:《章太炎年谱长编》上册,第553页)

随侍孙氏十余年的朱执信,亦作序言,言该书之意义。略称:"先生顾亦以事革命久,未尝箸〔著〕书。自去岁来居上海,始以余力纂此册,中更事故,迄今岁始成。盖笔削前典,勒为世法,期妇孺皆可晓,非如向者之论,理深而几微也。方望众人持是以为轨则,诚去其怠与偷,习而通之,因而施之,其效见于年月之间。"(《中华民国史事纪要(初稿)——中华民国六年(一九一七)一至十二月份》,第114页)

邓家彦之序文言及孙氏作此书之背景。略谓:去年冬"访中山先生沪滨,叩其志,于时先生不问世事,亦既数月矣。衣敝缊袍,围炉斗室中,从容谭笑而道曰:居,吾语汝,吾方创一学说,愿闻之耶? 余曰,敢问何谓也？先生曰：古人有言曰：'知之匪艰，行之维艰。'吾易其辞，更审其旨，曰：'行之匪艰，知之维艰。'盖不行者，坐不知耳。遂为繁征博引以诠释之，其言率精核绝伦。继而曰：他日当著书问世也。逾旬，余又谒先生，则以《会议通则》相示，谓余曰：集会自由者，民权之至尊贵者也。虽然，吾民罔识会议之道，兹书盖其模范耳，子盍为我序之"。邓氏评价此书："凡为书五卷，二十章，百有五十七节，大抵于讨论之会綦详。析辞比事，批卻导窾，虽乡愚村妪，苟识之无，不难迎刃而解。由是身体力行，触类旁通，庶几哉民治之盛，指日俟之矣。"另一位作序者杨庶堪则谓"此乃当世所谓理想大言者之所为也"。（《中华民国史事纪要（初稿）——中华民国六年（一九一七）一至十二月份》，第112—113页）

上海《民国日报》于是年3月5日为此书之作，发表《孙先生牖民之作》的评论。略曰："民国成立以来，共和虚有其表，国人多责备政府之溺职，然多数人未能运用共和政治，亦无可为讳，孙中山先生有慨于是，乃以革命之先党为共和之导师，近日锐意著述，思举共和政治必不可缺之要则，以为国民准绳。"中华革命党内部通讯则称该书"专为各国团体议事时之用，各支分部议事将来可以照行"。（《中华革命党总务部第二号通讯》，黄季陆主编：《革命文献》第49辑，第6页）

蒋介石后来颇为重视此书，评论道："总理著《民权初步》这部书的动机，是因为看见民国初年一般人无秩序，无纪律，言语举止，很多不合现代的社会生活。而这种散漫纷乱的习性，在开会议事的时候特别可以看得出来。认为民权训练太不够，因此特地著这部书来教导一般人。小而言之，是讲开会的时候应如何重秩序、守纪律；大而言之，就可以推广到社会国家，应如何来创造、来建设。"（《中华民国史事纪要（初稿）——中华民国六年（一九一七）一至十二月份》，第115页）

孙中山之用心良苦，期以启迪普通民众，效果却未必明显。当时在复旦公学就读的中学生黄季陆初看此书，便感觉失望：开会议事很平常，不明白中山先生"为何尚有闲暇从事此一无关重要的写作"，而且"读起来干燥无味,有如嚼蜡,我费了许多心思时间去读,结果一无领悟!"后来黄氏看法转变,并几经周折,发现书中取材最多的"沙德"之书,原来是美国女作家露西夏德克 Lucy Shattuck 写的《妇女参政的议事手册》(*Women's manual of Parliamentary Law*)。该书出版于 1891 年。(《中华民国史事纪要(初稿)——中华民国六年(一九一七)一至十二月份》,第 122-125 页)

△　马伯麟来函,愿追随返京,一睹新华宫旧址,请示可否随行。(环龙路档案第 01145 号)

2 月 22 日　吴斌、罗蔚南来函,报告成立南洋荷属三发埠支部,请批准存案,并发委任状及誓约。(环龙路档案第 04901 号)

2 月 23 日　报载:"黎总统命熊希龄南下,与孙文、康有为商议某项重要外交问题。"(《北京电》,《申报》1917 年 2 月 23 日,"外电")

△　副总统冯国璋入京,调停黎、段之争。(凤冈及门弟子编:《梁士诒年谱》上册,第 358 页)

2 月 24 日　中华国民禁烟大会正副主任于右任、韩复炎,在长浜路新民里事务所,齐集各会员,决定次日于法租界霞飞路尚贤堂举行大会,并公议开会秩序,推举各项临时职员,经众决定,请孙中山、章太炎、汪精卫、谭人凤诸人到场演说。所定会议秩序如下:一摇铃开会;二推举临时主席;三报告开会宗旨;四报告经过手续;五讨论进行办法;六推举请愿代表;七推举请愿书起草员;八推举职员九演说;十摇铃散会。(《国民禁烟大会今日开会》,《申报》1917 年 2 月 25 日,"本埠新闻")

△　刘汉华复函,报告美檀华侨欲于香山建殉难烈士公园,请将东京孙氏石像移存,以留纪念。并欲来沪随侍左右。(环龙路档案第 08990 号)

△　报载,参与为赵伯先建专祠之事。

略谓:"赵烈士伯先殉义黄冈。民国元年返葬丹徒,即由中山、克强、烈武诸先生发起,醵资为烈士建祠铸像,已集款万余金,存留守府。嗣黄公交卸留守，此款即交洪君承点存收。适值二次兵兴，此事遂搁未举，故人多疑此款为其弟赵念伯等所用，置其兄事于不顾。刻其弟赵念伯已分函孙中山、柏烈武、李协和、许崇智、朱执信、邓铿、胡汉民诸公等，辩明此款系存洪君处，分文未动。闻中山、烈武诸公皆欲出为维持，先为烈士建设专祠。"(《为赵烈士建专祠》，《中华新报》1917年2月24日，"本埠新闻")

2月25日　署名"淮滨"来函，以前寄各函未见回示，恐有意外之虞，故而问询，并称接到财政部长发来一函并筹饷总数一份。(环龙路档案第01499号)

△　黄应忠来函，以王棠传来钧命，嘱前来供差，故而询问详情。批以："并未寄声王棠之事，此间亦无事可办。"(环龙路档案第03149号)

2月27日　某等来函，嘱代答："先生决不能荐人，若自己谋得，先生断无反对。"(《批某某函》，《孙中山全集》第4卷，第15页)

△　檀香山支部长杨广达来函，曾经手发行广东公债，包括向同盟会同志募得银二万余元，向全埠募得银十余万元，其债票俱系用中华民国粤军政府胡、陈二公发出，由广东财政司长廖仲恺签押。望借助大力，早令粤政府偿还。(环龙路档案第08628号)

是月　批答吉隆坡同志函，谓："此间已不遗余力以争，更海外各琼州会馆更发公电至北京总统、总理并国会力争。先当查明其案现情形如何，乃答。"(《批吉隆坡同志函》，《孙中山全集》第4卷，第15页)

△　加拿大亚伯达省粒必珠埠余焞凡来函，报告党务进展。

略谓："余警民、关天民诸君由祖国回来，述及先生所嘱及情形，及将来本党维持一切诸情洞鉴。弟与黄君丛□现下竭力鼓吹，观粒必珠埠分部诸同志□前党务，更兼近日赖陈君树人到加维持各□，各处同志十分满意。对于救国储金，将来各分部相继开办。"(环龙路档案08346)

△　与朱执信、胡汉民、廖仲恺等募助反袁烈士李萁归葬费。李萁本华侨，为同盟会员，曾参与黄花岗之役，后于1915年秋起讨袁

之兵,殉于新宁、阳江交界之紫萝山。"是役也,殉者数人,而君之死事尤惨",而妻儿无依,故提倡捐助。(《募助李其归葬费引》,《孙中山全集》第4卷,第15—16页)

△　洪兆麟等呈文,请江西政府发还烈士邓承昉余款于其亲属。邓为前广东陆军第五旅第九团团长,因反袁被江西都督李纯所害,存款大部为江西当局没收。批答:"此等事甚难追办,只得由吾党同志各人量力助之而已。文助二百元。"(《洪兆麟等为请江西政府发还邓承昉余款呈孙中山文》,桑兵主编:《各方致孙中山函电汇编》第3卷,第22—23页)

是月下旬　与日本驻沪代总领事原田万治谈话。原田就听到各地关于复辟的评论,来询意见。孙中山预测:"复辟必可实现,其时间当在日内,而本人对其可能实现,出自衷心盼望。"

这是因为:"原来之帝制问题虽由于袁之死去而一旦消灭,但当时拥护帝制之余党仍然残存,且对议会憎恶之横暴者,又岂只张勋、倪嗣冲,各省督军莫不皆然。尤以官僚派之首要人物,认为处于中国目前之国势,若非实行专制,运用充分实力,则难以维持。苟一旦时机成熟,则彼等均切望破坏现状。且此时机正在逐渐成熟,如陆宗舆之渡日,亦正出于此一目的。今年之内,不管如何,此方面之策划,当可见其有巨大进展。而此运动,如上所述,由于乃是目前具有实力的官僚派之所最盼望者,故必能成功。即如冯国璋,虽然最初或不赞成亦未可知,及至形势逐渐有望,必至于赞成,而一旦果然如此,则复辟定必成功。"

孙氏认为复辟虽发动,但其"维持之时间则颇短"。"盖作为中国根基之真正民情,终究不能容忍,因此必倾覆之而后止。如此则今日之所谓官僚派等其他帝制余党,必至于全部消灭,世上可能出现真正的理想的共和时代,此所以欢迎一时复辟之成功也。"原田询问为何不马上行动,孙氏解释说:"帝制之拥护者目前不少在表面上系共和之拥护者,正与本人同一方向前进,现时缺乏特别攻击彼等之适当口实,且彼等均拥有具有实力之私党,而本人仅有二三督军之援助,在实力上不可同日而语,将徒使彼等反抗,只有无谓牺牲而已。"同时,认为力主复辟的升允等人与官僚派不同,"但有牢固之信条,比之无主义、无节操如冯国璋等者,相去何止霄壤,只因欠缺实力,故难于采取行动耳"。(《与日本驻沪代总领事原田万治的谈话》,郝盛潮主编、王耿雄等编:《孙中山集外集补编》,第199—200页)

因此对于复辟预谋虽有所闻,但不甚措意,大有养寇自重的心理。另据《章太炎自定年谱》载:是年初,康有为、劳乃宣、刘廷琛、郑孝胥等在上海公开散布复辟揭帖,熊希龄、章太炎曾以此情为先生道之。"孙公曰:'复辟果成,则聚而歼旃耳,养寇可也。'余曰:'不然,冯国璋方欲倾黎公,必怂恿张勋为此,而己不与焉。勋事成,则己又出师讨勋,然后以副总统继任。公何不了也。'孙公曰:'不然,冯国璋北洋老军,清主果立,彼得一王封足矣,安敢望继任。'余曰:'不然,冯平日固非有大志者,今为副总统,则觊觎之心自起,岂以王封自满乎?'孙公终不悟,余数腾书公府儆之。"(汤志钧编:《章太炎年谱长编》上册,第547页)

3月

3月1日　中华革命党南洋烈港支部长黄甲元来函,答以:"上海有圣约翰书院,培育人才甚多,□□令郎求学之地,但非一二年可以成功,至四五年方能卒业。"(《批黄甲元函》,《孙中山全集》第4卷,第17页)

3月2日　江西同志任寿祺来函,请示加入交战国的意见,及报告组织群治社与外交后援会之事。最后表示:"惟吾党方针何去何从,当须取决先生之英断。"(环龙路档案第00085.1号)

任寿祺另函致朱执信,告知江西群治社成立情形,并请向中山陈明,接济经费。略谓:"弟发起群治社,第一次开发起人成立会,苍止者五百人,票举弟为社长,王有兰、欧阳莘副之。现在各地分社自由成立者，旬日之间，已有千处，足见人心向背，而我中山先生之学术政策将可大行矣。惟开办伊始，经济奇绌。现由弟个人筹出小款，以为创办，嗣无接济，恐难持久。"（环龙路档案第 00085.2 号）

△　卢耀堂来函，报告前所介绍之王廷杨已来叙谈，欲调查矿务，并拟周游吉隆坡等地，再回祖国。到时再行报告具体情况。（环龙路档案第 07423 号）

3 月 4 日　国务总理段祺瑞提出辞职。是日段进谒总统黎元洪，请电令驻协约国公使，向驻在国政府磋商与德绝交后条件。黎以此事须得国会同意，未允照发。段遂即日提出辞职书，赴津。后经黎派员挽留，并由副总统冯国璋赴津往邀，始于六日回京供职，致驻外各公使电旋即照发。（凤冈及门弟子编：《梁士诒年谱》上册，第 358 页）

2 月以来，美、日、英等国积极劝诱中国加入协约国，对德绝交并参战。2 月 5 日，驻京美公使芮恩施要求中国政府与美采取一致行动，宣布对德绝交。2 月 9 日，日本阁议决定支持美国要求。同日，北京政府外交部复照美国，赞同美 4 日对德通牒；段祺瑞迫使参、众两院支持政府对德方针。随后，日本政府派西原龟三来华，以财政援助劝诱中国对德绝交，日本外务相本野亦通过外交途径对中国政府频施压力。段氏也想藉着参战，扩张己势，故积极推动对德绝交、参战之事。

3 月 5 日　丁怀瑾来函，请示开浚小金沙江腹案，希荐为重庆关监督，以便指挥英国技师测量，附呈航路问题一份。批以："荐事难以办到。江之深浅，甚欲详知。"（环龙路档案第 00441 号）

△　唐云山等来函，告以父唐凤起、黄建寅、夏愚僧在九江讨袁殉难，尸体尚未运回原籍，请助款千元。（环龙路档案第 00839 号）

3 月 6 日　李心镜来函，请为明新书报社向政府立案。（环龙路档案第 04903 号）

3 月 9 日　报载，分电北京参、众两院和英国首相劳合·乔治（David Lloyd George），反对中国参战。

致北京参议院、众议院之电文指出："加入之结果,于国中有纷乱之虞,无改善之效。""回教徒在中国势力不可侮,若与土战,彼必循其宗教之热狂,起而反抗。中国从此大乱,危亡指日而见,此岂徒中国之不利而已。协商诸国引入中国以图强助,殊不可得,而团匪之祸先被之。"(《孙先生忠告两院电·阐发加入之危机》,上海《民国日报》1917 年 3 月 9 日,"要闻")

孙氏再电英国首相劳合·乔治,望勿劝诱中国参战。认为:"兹有贵国在华官吏,运动中国加入欧洲战局,此举之结果于中国及英国均有损害。"在中国方面,"共和肇造,尚在幼稚时代","故今之中国,不能视为一有组织之国家"。战乱一起,"排外愚民"和回教徒将作乱事。若中国参战,"倘中国加入战局,势将危害中国之国家生活,损伤英国在远东之威望。……而英国在东方利益较大,其损失亦势必较重明矣"。因此,"中国处此地位,值此时势,自不能望其于严守中立之范围外,别有所行动"。(《孙先生忠告两院电·附译录孙先生致英首相电》,上海《民国日报》1917 年 3 月 9 日,"要闻")

外人对于孙氏意见之评论颇有不同。其赞同者,如英文《大陆报》谓:"中国大局今日专赖冯副总统为之安存,其素性之威静,足以震慑国家之紊乱。今也风潮未能大定,而孙氏之电实亦国民心理之至诚也。"反对者,如《字林西报》则称:"孙氏电文必难收效,反足以自危。据云彼曾与英国重要人物论及中国加入问题者,实未尝有何等英人曾与孙氏晤面。彼言段总理之事,则更虚诳。至于威迫,则全系捏造。回回倡乱,实乃自欺。此电必为联军政府所不直,反之可谓为扰乱中国治安。"(《西报评论孙中山主张中立电》,天津《益世报》1917 年 3 月 10 日,"特别纪事二")

另外,就孙氏致英国首相电的行为,都中某外国人评价称:"外交问题以个人之资格通电外国首相,未免稍欠斟酌,且将己国之内情暴露外人而求援助,颇嫌毁损国家之体面。"又北京英文《京报》亦作如是评论者。(《北京电》,《申报》1917 年 3 月 11 日,"外电")

寓沪英人李德立投书《字林西报》，并与孙中山作当面之谈论，"历时颇久"。孙力言："彼发该电，绝非受任何德人之运动。彼于德人之野蛮残酷，极表憎恨之意。彼深信英国及其同盟国将得战胜，又极希望中国得受公平之待遇。""彼以为中国若入战局，必与其最后之利益相抵触。彼此项感想极为强固，此即其所以发电之惟一理由也。"李德立则认为，孙之电文中有许多要点，"系完全错误"，"彼对于全体华人之智慧及华人、回教徒之态度，似尤未加以相当之考量"。李德立注意到，"孙君谈话时，对于协约国显然无丝毫敌意，反之，且极赞助协约国所奋斗之主义。中国政府反抗德国之潜艇政策，孙君深为赞同，惟谓中国之地位断不宜再进一步"。并表示"断然应许孙君有此项权利，无论彼之意见是否错误"。(《英人对于孙中山致电英相之评论》,《时报》1917 年 3 月 11 日)

英文《华字日报》对孙氏意见持批评态度，辩解北京政府参战实未受协约国之压迫，而是出于主动。略谓："孙中山先生致英首相乔治君之电文传至此间后，中外人士纷加评驳，有非笑之者，有怒斥之者，且有少数华人踧踖不安。以孙为民党巨子，今仍占势力于南方，其一纸电文恐或为事变之先声也。"并断言"必谓为协约国徇中国之请而允许之者，不可谓为协约国强加诸中国之条件"。(《字林报论孙中山通电》,《申报》1917 年 3 月 15 日,"要闻一")

当时党内对于德国问题亦意见纷歧。邓泽如在 4 月 21 日致饶潜川、黄馥生函中透露："我国与德绝交，中山、唐（绍仪）、温（宗尧）等均表示反对，而汪精卫、王宠惠、梁启超则赞成。商民之意，则反对者几于一致。据汪精卫称：德人久已视我国为破坏中立，以日攻青岛。袁（世凯）曾许日兵由龙口登岸，德使即照会外交部，从青岛陷落日起，每日须赔偿五十万镑。彼时即欲入协约国，因日本不欲，故不能行。现得日人之同意，故有此举。至惧日之监督我军事财政，则日政府曾声明并无此意云云。汪在省城盘划数日，不日到南洋一行。传闻北方军人亦有反对此举者，且认此事为梁启超所主动。"(罗家伦主编,黄季陆、秦孝仪增订:《国父年谱(增订本)》下册,第749页)特别是汪精卫尤为积极,于12日表示:"彼始终赞成抗德或至绝交。"(《北京特别通讯》,《中华新报》1917年3月13日,"要闻二")

居正后来指出:"国会议员有附和府者,有为院张目者。因对德宣战之案,提出国会,本党反对,以丙辰俱乐部马君武为最力,政学会谷钟秀、李根源、张耀曾以与段祺瑞同僚,赞成其主张,在国会说话。故投蓝票占多数。尔时在国会党团,属于民党者,有益友社,吴景濂主之;有民友社,孙伯兰主之;有丙辰俱乐部,白逾桓、马君武主之;以中华革命党出头者,惟余与谢慧生(持)耳。"(居蜜编著:《居正与近代中国:居氏家藏手稿释读》,第162—163页)

△ 在此前后,田桐就对德绝交问题来书,反对参战,但不愿因外交问题将段氏打倒,否则将起政争,不利民党。

略谓:"惟目下政界状态,不如从前,段总理力量较薄,欲自维持而复艰于维持,而各大小政群起逐鹿之观念。桐以为外交还外交,内政还内政,不必因外交问题,将段击毙。如其然也,挂民党招牌者起而逐鹿,必将民党局面弄坏。吾党正当目的,不但不能达到,先生与少川信用地位,两有损失,将来着手殊难,不如听当局之自为处置,随图将来。"(《田桐为对德绝交问题上孙中山书》,桑兵主编:《各方致孙中山函电汇编》第3卷,第199页)

△ 汪祖铨来函,此前上书国会,请其慎重讨论对德、日外交,现将大意抄送,俾见民意之一端。(环龙路档案第13991号)

△ 三藩市民国维持总会李培芬来函,报告该会征信录已完全出版,且已分寄各募捐者,所存之款二千余元一俟各地查核无误后,续为寄上,以清手续。(环龙路档案第08722号)

3月10日 吴汉舜来函,请设法安置居粤之无产同志。(环龙路档案第01353号)

△ 加拿大云高华支部长陈树人来函,承询加属总支部究以云、域两埠孰宜,答以应设于云埠,同时另立一分部,专门办理云埠党务,

而总支部则只掌理统辖加属诸分部之事。并请委任其专理储金事宜。(环龙路档案第07757号)

△　国会通过对德绝交案,以段祺瑞偕阁员极力疏通之故。
(《中华民国史事纪要(初稿)——中华民国六年(一九一七)一至十二月份》,第165页)

3月11日　李心镜来函,报告处理泗水商会反对政府偿还革命借款一事。经过往返施压,终得和平解决,并附当地《泗滨日报》剪报一份。

略谓:"自敝埠商会发电财政部拒还公之情况,敝社曾派代表与他质问磋商至再,始允平和答复。阅《公言报》与张人杰君报告,知公须以和平解决,不欲诉诸法庭,以生种种恶感。弟体上意,谋平和息争之法,恩威并用,方肯平反前电之言,而登诸《泗滨日报》,割示奉呈。"该剪报题为"泗水商会答复孙中山先生质问书",指出致财政部原电只言政府应拒绝偿还孙款,"不料财政部译出该电,乃谓敝会有借与款项二百二十万云云,核与敝会原电,其语意实背持太甚。不知系翻译员错误,抑故意颠倒,以挑动恶感耶"?(环龙路档案第08629号)

3月13日　吴世荣来函,报告足疾未愈,介绍邵君来沪面述详情,并及前年在沪承命向泉漳会馆筹集军用之款,现须偿还,请早日结束。(环龙路档案第08991号)

△　大阪《每日新闻》论中德绝交,提到孙中山为反对绝交、宣战之重要力量。该报对中国参战表示反对,关于国际形势亦有重要的分析。

略谓:"中德绝交虽不直接影响及于欧战,然德国精神上所受损失已足观矣。即自物质方面观之,自今而后,联合国得公然在中国招募华工,受军需之供给,根本破坏德国在华势力,则联合军所受利益良匪鲜浅,无待论矣。绝交后,中国外交界另开振古未有之新局面。然可忧之事亦随与俱来。若黎、段龃龉其一例耳,次乎绝交尚有加入联合军之一步。事虽未定,然已成不可或免之径途。虽然,中国与联合国及日本议定加入条件之后,中政府如以宣战案提交国会,国会是否以多数通过之,不无疑问。窃恐反对派之反对宣战案,必较反对绝交案为尤烈,国会之外,孙文亦倡异议。更自外国观之,反对绝交仅德而已,反对宣战者犹有美焉。由是有不容乐观者矣。与加入问题相应而生者,为加入之条件。传闻条件中有停付庚子赔款及受联合国之经济的援助。凡此皆细小事项,可在顷刻间谈笑解决。独于改正税率,将与日本以莫大之打击,故日本之不肯轻诺,亦复无疑。然推想中国之不自量,而提出此种条件者,自以为加入之举与联合国以大利也。兹不问究竟利益几何,然日本绝无所利,反受大害。是则日本所以最不乐闻此也。今者修改关税一端,中国尚未向日本正式提议,将来无论寺内内阁对此如何处置,但日本民间反对甚烈,中政府不可不注意及此。"(《东报论中德绝交问题》,《申报》1917年3月16日,"要闻一")

3月14日　北京政府宣布对德绝交。

北京舆论称:德人对于绝交案此前已想方设法"拟以金钱运动破坏之"。"据闻当时德人允议员投票反对,每人酬二千元。不意事为当轴闻悉,即宣告事关重要,用不记名投票以阻止之。已允受贿各议员至是乃无凭据向德收款。未几又发现北京某德国银行藉中国各银行之转手,向上海某德国银行提取大宗款项。闻其数至少有一百万元。此项巨款运京后,吾人确知并未入该处德国银行之存库。最可异者,适在德人用此巨款之时,从前赞助段祺瑞诸议员至是忽均倒戈攻击,谓段氏有武人专制之意向,则其事岂可谓之偶然相合耶?"(《杂事》,《北京日报》1917年7月19日,"群报汇选")

3月15日　批答某等来函:"长江流域南京附近之地,荒地甚多,若有二十万资本,则可得数万亩之地,且为平原沃壤,较之新宁山地必胜万倍也。如有资本,回来此间,可代设法。"(《批某某函》,《孙中山全集》第4卷,第22页)

△　汤寿煊来函,为政府处理外交,掉以轻心,加入协约国,请求

晋谒，陈述己见。批以："不答，存案。"（环龙路档案第 14097 号）

3 月 17 日　批询北朱家桥发信人。（《批询北朱家桥发信人》，《孙中山全集》第 4 卷，第 22 页）

△　汤寿煊来函，盛传协约国贿买政府加入，殊堪愤恨，欲遍发传单以告国人，请示意见。另闻日本政府派头山满往见，恫吓加入，不知此说真否。批以："不理，存案。"（环龙路档案第 13950 号）

3 月 18 日　参议院华侨议员在北京改选。"此项事宜由中山先生委任冯自由君主持，所有各埠选举应用如何手续始合法律，请一切依冯君所指示办理。"另外，"本届改选参议员，旧国民党多仍当选，其中新选者如胡汉民君等，续选者如张继君、王正廷君等，皆各尽力以推行民政"。（《中华革命党总务部第一号通讯》，黄季陆主编：《革命文献》第 49 辑，第 2 页）

事前，朱执信致函陈融，显示孙中山方面已部署参议员之改选。略谓："寄上银二千元，请收交湘翁①，用于参议员选举方面。如湘翁已来，则依湘翁临行指定之办法处分；如未有办法，请兄主持，并与贡石、拯民、梁百爷公商量办妥。"（李穗梅主编、李兴国等整理：《古应芬家藏未刊函电文稿辑释》，第 203 页）

△　雪梨支部黄厚来函，报告党员黄公汉好名重利，行事为私不为党，请加处罚。（环龙路档案第 07309 号）

3 月 19 日　报载："政府拟派专员赴南，以政局真相详告孙中山、唐少川、岑西林、李烈钧，并请即速入京。"（《北京电》，《申报》1917 年 3 月 20 日，"外电"）

△　东京本日电，称"近有孙文氏，与久原矿业公司计划在上海设立银行之说，其资本闻为三百万元"。（《东京电》，《申报》1917 年 3 月 20 日，"外电"）

△　曾甦汉来函，告以归乡后欲求家父取款别往，父不以应，至

---

①　指古应芬。

亲反目,谨布苦衷,恳予救济。(环龙路档案第 01147 号)

3 月中旬　致函圣彼德堡,祝贺俄国二月革命胜利。

是月 11 日,俄国二月革命爆发,推翻沙皇。16 日,社会革命党领袖克伦斯基(Kerensky)组织临时政府。孙中山闻讯后,致函圣彼德堡,表示祝贺,认定"俄国革命必定成功,欧战中的同盟、协约国都一定失败"。(《中国国民党第二次全国代表大会政治报告》,《中国国民党第二次全国代表大会刊》第 12 号)

3 月 20 日　陆爱群来函,报告湘省唐支厦恢复《国民日报》,陆爱群任总编,恳予赐教。

略谓:"冬间唐支厦等恢复《国民日报》,自任经理,属群总编辑事,所持宗旨,一准国民党旧日党纲。惟迩来外交风云日恶一日,京津沪汉各报向日论调一致者,今则步骤各异,无正式政党之弊有如此者。犹幸驻沪访员尝以先生名论见示,敝报得奉以为鹄。然韩侂胄再见中国,竟徒劳国民唇焦舌敝,良可痛矣。尚恳公暇赐教,俾有遵循。"(环龙路档案第 04314 号)

3 月 22 日　张鹏程来函,自述戊申以来之革命事迹,自客腊以来,贫病交加,望加救济。(环龙路档案第 13087 号)

3 月 23 日　林义顺来函,藉邵甘棠回国之便,奉赠礼物,并请赐墨宝。(环龙路档案第 01148 号)

3 月 25 日　驻京德使辛慈起程归国。(凤冈及门弟子编:《梁士诒年谱》上册,第 360 页)

3 月 26 日　广东督军陆荣廷为军事、财政事,本日到京。(《中华民国史事纪要(初编)——中华民国六年(一九一七)一至十二月份》,第 205 页)

3 月 27 日　批朱和中函,关注俄国革命,又言及借款事。

是日收到旅欧老同盟会员朱和中自北京来函,批答以"前函俄京电报已发去,但未见回音。想俄政局一时未能安静,来日狂澜正难料也。又:借款一节,尚难觅得相当之抵押品,未开之矿山可否作抵,请一询前途。再三月十九之函亦收,所言之人未有来见,想有阻碍也。

以后来函可不必明说也"。(《批朱某函》,《孙中山全集》第4卷,第22—23页)时孙中山仍寓上海法租界环龙路63号。俄国经历二月革命,由社会民主党领袖克伦斯基(Kerensky)掌政,俄共之苏维埃革命此时尚无迹象。然已预见俄国此次政变将关系亚洲及世界安危。(罗家伦主编,黄季陆、秦孝仪增订:《国父年谱(增订本)》下册,第748页)

△ 包某自北京来函,批答:"来函收悉。政府既欲以国为□□之牺牲,此间亦无良法以挽救,徒唤奈何耳。京中有何消息,望时时见示为荷。"(《批包某函》,《孙中山全集》第4卷,第23页)

3月29日 朱□□来函,报告梁士诒已派人到南洋各埠运动,反对偿还债款。(环龙路档案第08631号)

3月30日 中华革命党通告海内外各支分部,准备改用"中国国民党"名称。然至1918年始见诸实行。(邹鲁:《中国国民党史稿》第1篇,第390页)中华革命党于讨袁革命贡献不小。但国外因居留政府立案关系,仍多沿用国民党名义。国内未明白组党,原有国民党员,不少在中华革命党旗帜下奋斗。是国外有名实不符之病,国内有实至而名未归之嫌。袁氏暴毙后,中华革命党总部由东京迁上海,复因国内外大势及环境边境,始有此举。(罗家伦主编,黄季陆、秦孝仪增订:《国父年谱(增订本)》下册,第749页)

△ 黄甲元来函,阅报载中国加入战团,令人焦灼,并述侨民之观感。(环龙路档案第07905号)

是月 是月发表反对参加欧战的谈话。略谓:"欧战实一争商场之战争,争殖民地之战争,中国不当参加,对于列强之间而有所好恶者尤为可笑可耻。中国民众非善忘,不应仅记忆侵掠胶州之德国而忘其他,在中国此时立场,何不向列强收回一切侵占地与一切权利。"(《反对参加欧战的谈话》,郝盛潮主编、王耿雄等编:《孙中山集外集补编》,第201页)

是月底至次月初 与德驻上海总领事柯南平(Herr Knipping)

和译员雪麦(Schimer)接触①。

中德绝交后,德驻华公使辛兹于3月25日下旗回国,临行前除将德国在华情报活动交由美籍教士吉伯特(Gilbert Reed)及德人克雷格博士(Dr Krieger)与多布里柯(Dobrikow)外,并于过上海时,命令德驻上海总领事柯南平竭力联络孙中山,洽谈有关"段祺瑞总理下台和用金钱收买军队"事宜,拟以金钱(最多至二百万元),支持国民党倒段运动。柯南平奉命后,立即电召孙中山之友,时为德方工作之Aber Tssao(曹亚伯)自北京返沪。

当时联络的情形,《革命逸史》颇有传奇之记载:"孙总理在沪力图起兵护法,而绌于经费。会有素与亚伯相识之美籍某国医士告亚伯曰:'如孙公有起兵护法之心,某国愿助资百万。'亚伯以告总理。总理大悦,惟嘱亚伯坚守秘密。亚伯曰:'吾乃基督教徒,当指天为誓。'自是每当夕阳西下,亚伯恒偕女友吴□□乘马车游行各马路兜风,顺道至虹口某医士寓所,携去大皮箧一具,其中累累皆各国钞票,外人虽侦伺严密,无疑之者。"(冯自由:《革命逸史》第2集,第53页)冯自由后来指出:"此某国也,其时欧战方酣,某国实行远交近攻政策,欲与我方修好,知国父反对参战,故愿助其组织护法政府以对抗北廷。"(《湖北文献》第16期,1970年7月,转引自李守孔:《国父护法与广州军政府之成立》,《中国近代现代史论集》第27册,第17页)

而在曹亚伯未返沪前,柯南平已全力进行与此相关之活动,如鼓动报纸倒段与反对参战。曹亚伯抵沪后,柯南平即派雪麦与曹秘谒孙中山②,商谈倒段。据柯南平报告,孙氏对共同倒段一事甚为赞

① 关于柯南平、雪麦、曹亚伯晤谈时间,据《孙中山——壮志未酬的爱国者》第101页载:辛兹电召到沪的德国公使馆人员和曹亚伯到沪时间,"也许是在4月初"。但亦有称孙中山、柯南平于3月会晤。(孙中山研究学会编:《回顾与展望——国内外孙中山研究述评》,第704页)

② 与孙中山晤谈人员,李国祁的文章和《孙中山——壮志未酬的爱国者》第101页均载明系雪麦与Tssao,而罗梅君文则说系柯南平会晤孙中山。(孙中山研究学会编:《回顾与展望——国内外孙中山研究述评》,第704页)

同，唯为影响海陆军，盼德方予二百万元款项支援。孙一再表示，他对日本政府的部分要员有影响力，而日本对德的态度可分为两派，外务省反德，而大部分海陆军将领则亲德。另言及，为了确切了解日本对华的实情，最初曾欲亲自赴日，后因如此惹人注目，故为友人劝阻。而日方则派高级军官田中来华，与孙氏交换意见。据柯南平日后的报告，孙氏与田中的商谈曾得到预期的效果。孙氏明白告知田中，将倒段。田中表示，日本无意干预中国内政，允将孙氏之意电告日政府。

孙中山与德方的倒段洽商，据柯南平在文件中称，曾专案报告德政府，并获得德首相同意。惜此一专案文件未能得见。仅据柯南平报告，日后唐绍仪与海军的南下，以及组织护法军政府均与德人活动有关。柯南平还称孙氏当时邀德人同往广州，而柯南平与雪麦均认为，如此将对双方均为不利，故未前往。（李国祁《德国档案中有关中国参加第一次世界大战的几项记载》，《中国现代史专题研究报告》第 4 辑，第 326 页）

关于这次秘密合作，记载不一。是年 7 月孙中山抵达广州之后，广东督军陈炳焜告诉美国驻广州总领事 P. S. 海因策尔曼，"他得到了确凿的消息，在上海的德国人补给了孙中山一百五十万马克，其中以五十万元送给海军，三十万元送给国会议员，剩余部分通过荷兰银行和台湾银行汇来了广州"，陈督军要求了解这些钱存放在什么地方。7 月 14 日，英国外交部收到的一份报告亦称："一个'特别可靠'的资料说明，孙中山已于五月初从德国方面获得二百万元的借款。"然到 8 月 5 日又说："在大不列颠英国有着关于德国接近孙中山的确凿证据的同时，外交部并没有关于那种接触达到什么结果的证据。"孙氏于 1918 年 3 月 18 日致海因策尔曼的信则否认接受德援之事。（[美]韦慕廷著、杨慎之译《孙中山——壮志未酬的爱国者》第 102、343 页；陈锡祺主编《孙中山年谱长编》上册，第 1021—1023 页）

根据费思（Josef Fass）的研究，在三月会谈的一个月后，孙宣称已准备好推翻段祺瑞，并"要求两百万美元来运动陆军和海军"。德国官员如数支付了这笔款项，以作为孙建立独立政府和煽动"全国对北京政府不满"的费用。(Josef Fas, "Sun Yat－sen and the World War One", *Archiv Orientalni*, No. 35, 1967. 转引自柯伟林:《德国与中华民国》,第31页)另据林能士的研究,德国最终援助了一百万元左右。(林能士:《护法运动经费的探讨——联盟者的资助》,中华民国历史与文化讨论集编辑委员会编:《中华民国历史与文化讨论集》第1册,第253—279页)

　　根据柯伟林(W. C. Kirby)的研究:孙在年底以前制定了一项中德军事、经济合作计划。该计划包括:十万名德国军队将在俄国人协助下攻击他在北京的政敌,进而与在华南的中国领导人进行广泛的经济合作。德国将因此获得食品和原材料,通过俄国的铁路运回,来补充其日渐衰微的战争能力。战后,德国将在中国修筑铁路,加速教育现代化,财政援助那些用于对德出口的原材料开发项目。([美]柯伟林著,陈谦平等译:《德国与中华民国》,第31页)

　　△　舆论对于德国资助一事颇有察觉。《北京日报》引用《字林西报》的消息,指出孙中山试图推翻段、冯,这与德国用巨资捣乱中国政局"必有关系"。"吾人作此说,非谓孙氏受德人之贿而入私蠹,第孙氏之秉性太为奇特,既不肯容富于才能者出当大事,而其一己又因自知无此能力,不愿担认,于是或接受德人援助以供党中之用,而行其捣乱,亦未可知。"(《杂事》,《北京日报》1917年7月19日,"群报汇选")

　　《大阪朝日新闻》也指出:"据汉口某民党要人所言,近顷南方党人日与德人接近。盖德人欲唆使党人举兵,使我国国内大乱。日前孙文赴粤时,曾与驻沪德国领事约定,由德国通融军费五百万元,成功后实行中德提携。现在德人之赴粤者甚多,旅居汉口之德人亦拟移居广东。"(《东报纪孙文与德人之密约》,《北京日报》1917年8月23日,"紧要新闻")

4 月

4月2日　冯炎公寄呈各项名单,包括"驻澳门华侨交通处办事员名列"以及参与革命诸役之同志名单。批答"着照办"。(《批冯炎寄呈文件》,《孙中山全集》第4卷,第23页;环龙路档案第07936号)

△　复徐统雄函,表示"(寄呈)总统、总理、参众院呈文一件,均已收到。如此办法,于还债前途,或少有裨益",廖仲恺"现仍在京守候,若稍有眉目,当即布闻"。(《复徐统雄函》,《孙中山全集》第4卷,第23—24页)

4月3日　欧汀贺、杨重权来函,称赞公电两院议员维持中立,实为万全之策,而两院通过参战,无异以国家为孤注一掷。批以:"看过酌答。"(环龙路档案第07907号)

4月5日　越南党员邓景新、黄志愉、梁复光来函,阅报悉中国对德绝交及主张加入协约国集团,此间同志多不赞成。又不解胡汉民、王宠惠两同志为何主张参战,请示内情。(环龙路档案第07906号)

4月10日　黎元洪任命陆荣廷为两广巡阅使,陈炳焜署广东督军,谭浩明署广西督军。(《中华民国史事纪要(初稿)——中华民国六年(一九一七)一至十二月份》,第243页)

4月11日　接见卸任制造局总办的李钟岳以及国会议员彭养光、潘仲荫,谈及参战问题,表示中国不宜加入战团,请后者入京后转告政府,务须审慎。(《孙中山不愿中国加入战团》,《申报》1917年4月14日,"本埠新闻")

△　溧阳唐子良来函,报告因公亏负二千余元,已详报沪军使,希由政府津贴解决,并请裁示。(环龙路档案第11563号)

△　刘若挚来函,报告去年与萧美成等人策划炸毁《亚细亚报》报馆,现因公亏累一千五百元,请怜恤接济。(环龙路档案第10596号)

4月12日　加拿大域多利埠《新民国报》司理李子敬等来函,告以此间两领事主动诋毁本报,并将报馆总理、司理、编辑逮诸囹圄,为一网打尽之计,请商外交部伍公俯顺舆情,迅即撤换两领事,举贤以代。(环龙路档案第04784号)

△　李血生来函,报告筹捐驳例局案,未始非我外交官庸劣所

致,现侨胞拟再进呈当地政府。(环龙路档案第 07908 号)

4 月 13 日　美洲所力埠陈蕙堂、余超平来函,同人等欲回国组织实业公司,从事殖牧,请求指示一切关于内地实业情形,俾得遵从。(环龙路档案第 04785 号)

△　传媒报道,孙中山等反对意见为黎元洪所用,送交国务院参看。

略谓:"《北京日报》所传中国即将对德宣战一说,未免言之过早,盖此事先须由军事会议解决,再由国会通过,然后始可宣战也。各省代表之军事会议,下星期可望开幕,黎总统以孙逸仙、唐绍仪、康有为、岑春煊反对中国加入战局之二次来电,送交国务院阅看。"(《北京电》,《申报》1917 年 4 月 13 日,"外电")

4 月 14 日　再次公祭黄兴,谓"公殚一生之心血,历二十余载之艰辛,身涉万险,政经三变,国势犹如此,将来或更不止如是也"。(《黄先生国葬详记》,上海《民国日报》1917 年 4 月 22 日,"要闻")并向蔡元培电索黄公碑文。(《致蔡元培电》,《孙中山全集》第 4 卷,第 25 页)蔡元培复电:"以未有行状,恐叙事多所挂漏,曾托章行严①兄代为觅取,至今未得,遂尚不能报命,已托人向湘省觅寄。顷又奉电催,而湘友尚未寄来。如尊处有克强先生行述(家传、哀启或墓志铭稿均可),请赐寄一份,当即属草。"(《蔡元培复孙中山函》,桑兵主编:《各方致孙中山函电汇编》第 3 卷,第 24 页)

△　晋北镇守使孔庚来函,闻黄、蔡二公卜葬,特派张华辅赴沪代祭。(环龙路档案第 00233 号)

△　圣约翰大学同学会上海支部执事李墨西等来函,为欢迎该校学董会总干事美籍吴德来华游历,拟于五月三日举行西餐欢迎会,请驾临指导。批答:表示感谢,但"是日适有他事"。(《批李墨西函》,《孙中山全集》第 4 卷,第 24 页;环龙路档案第 09410 号)

---

①　指章士钊。

4月15日 美洲所力埠分部长陈蕙堂来函,寄陈其美安葬奠仪洋银四十元。(环龙路档案第08350.1号)

△ 陆荣廷以不愿参加段祺瑞召集之军事会议,出京回广东。(《中华民国史事纪要(初稿)——中华民国六年(一九一七)一至十二月份》,第255页)

4月16日 乐群书报社来函,报告该社选举职员详情,并筹商回击泗水商会反对偿债之事。

略谓:"泗水商会自行电北京财政部反对吾党债款一事,言之殊堪痛恨。本社长目下正在筹一相当办法,意欲联络外洋各团体为一气,由本社行电北京财政部,表明债款宜还,以昭信用。俟各社会复函到日,自当迅速举行。"批以:"酌答"。(环龙路档案第05142号)

4月19日 唐继尧来电,为刘存厚攻击督署事,求主持公道。

电称:"查川省预算不敷,不得已而陈中央,实行裁兵,原属正办,乃刘师长竟令所部咸攻督署,实属不顾大义,应请主持公道,迅予解决,以免偏于一方,不胜盼祷。"(《唐继尧致孙中山等电》,桑兵主编:《各方致孙中山函电汇编》第3卷,第25页)

4月20日 唐继尧再次来电,称已电请中央查办刘存厚,"诸公忧国同深,袍泽谊重,并请合词陈请,并力为劝阻,以期息事宁人,无任佩仰"。(《蜀事危急之电讯》,《申报》1917年4月24日,"要闻一")

△ 智利达打埠分部临时部长马德明等来函,报告此间已开会商讨偿债问题,表示支持讨债,因捐款时曾有功成由政府偿还之约,且捐款人不少为党外群众。(环龙路档案第08632号)

△ 粤省业佃全体来电,反对粤省沙田苛捐,表示将派易学清、梁广照等代表入京情愿,希望接电诸人能"关怀桑梓","接洽维持"。(《粤人反对沙田捐》,《申报》1917年4月20日,"本埠新闻")

4月23日 加拿大陈树人来函,呈交加属各部已收陈其美奠仪英镑七百五十元,并报告党务大有进展。

略谓:"迩者加属党务极形发达,有日起千丈之概。即平日裹足

不前者,今亦望风归从。尤喜各分部诸事皆能鼎力协助,各埠党员名册亦已陆续寄到。"(环龙路档案第08351号)

△ 加拿大都朗度埠分部长吴瑞石来函,由银行汇上陈其美奠仪日本银一百元。(环龙路档案第08352.1号)

△ 大约同时,域多利埠国民党交通部部长黄夏声来函,寄上筹助之陈其美葬费银八十一元。(环龙路档案第08354.1号)

△ 大约同时,西堤兴仁书报社谢松楠等来函,报告筹助陈其美奠仪银四百三十六元,附捐助名单及数目。(环龙路档案第08381号)

4月24日 加拿大陈树人来函,报告汇上筹助陈其美奠仪及开云埠党员恳亲会情况,并请设法换去林领事。(环龙路档案第08353.1号)

4月25日 致函邓泽如,告知债券、征信录各事均已办妥,感谢招待王孚川,并请查问缅甸华侨陈肆生的行踪。事前,曾专函介绍浙江特派调查南洋实业专员王孚川、丁心耕,请邓"妥为招待,并导观一切,且绍介之于贵埠暨临近各埠实业家,俾得详细调查","将来归国报告,鼓舞政府,振兴实业,保护华侨之心,必大有所助也"。(《致邓泽如函》,《孙中山全集》第4卷,第25、282页)

△ 小吕宋埠《公理报》吴宗明来函,请推荐一兼通华英文字之记者担任撰述及翻译,尤以本党党员为佳,并报告讼案失利,已经上控,又痛愤政府之不肯偿债。(环龙路档案第08633号)

△ 督军团军事会议开会,一致主张对德宣战。段祺瑞以对德绝交之主张既见诸实行,欲再进一步对德宣战。而大总统黎元洪扼之于内,国会议员与中山等在野人士阻挠于外。段乃电召各省区督军赴京开军事会议,解决宣战问题。是日开会,到京者:山西督军阎锡山、河南督军赵倜、山东督军张怀芝、江西督军李纯、湖北督军王占元、福建督军李厚基、吉林督军孟恩远、直隶督军曹锟、安徽省长倪嗣冲、察哈尔都统田中玉、绥远都统蒋雁行、晋北镇守使孔庚等人。(凤冈及门弟子编:《梁士诒年谱》上册,第360—361页)

4 月 26 日　驻川滇军何海清旅长通电黎元洪、孙中山等人,指责刘存厚的反叛行为,表示服从中央,"但川人既抱排外主义,而滇军亦系有功民国。如何处置一切欠饷,及存亡实恤尚无着落,惟有仰恳我大总统俯赐垂怜"。(《驻川滇军之呼吁》,《北京日报》1917 年 5 月 17 日,"紧要新闻")

4 月 27 日　陈伯豪来函,报告辞去宿务支部部长职,并公推副部长叶独醒接任,印信、文件及筹饷局关防俱已移交完毕。(环龙路档案第 05143 号)

4 月 28 日　致函邓泽如,收讫陈其美营葬费沪洋三千六百余元。(《致邓泽如函》,《孙中山全集》第 4 卷,第 26 页)

4 月 29 日　午后三时,邀集柏文蔚等二十余人,在寓所集议对付刺宋案罪犯。该犯洪述祖改名"恒如初""张皎厂",因他事已被上海公共公廨逮捕,众人讨论良久,议有办法五条:(一)延费信惇律师为代表,先行函致公共公廨检察处,请将德商呈控抵款案内之被告恒如初扣留;(二)要求公廨转致总巡捕房 50 号西探总目安姆斯脱郎,将谋刺宋教仁案内之应桂馨、武士英口供证据检齐,预备质证;(三)准于即日由代表律师,偕宋君之子及见证等赴廨辨认,如张皎厂确系洪述祖化名,即请公堂将洪引渡归内地官厅讯办;(四)禀请驻沪朱交涉员转致公廨,如见证到堂证实被告即是洪述祖,请磋商陪审西官,即日引渡;(五)如认明确系洪述祖,即请中国律师赶紧预备赴上海地方检察厅起诉。次日洪述祖被开释之际,宋教仁之子宋振昌等人将之扭送法办,并通知孙中山,商请唐绍仪乘坐汽车赶至汇司捕房声明一切,始得将洪收押。(《洪述祖在沪被控三志》,《申报》1917 年 5 月 1 日,"本埠新闻")

4 月 30 日　为赵公璧所著《同盟演义》作序,实际为朱执信所拟。

赵公璧,字士觊,早年参加孙中山领导的革命活动,写成《同盟演义》。孙氏为之作序,对其改同盟会为国民党作了说明,对其称述华侨之贡献较详深为嘉许。略谓："同盟会之成,多赖海外华侨之力,军饷胥出焉。及满清既覆,人人皆自以为有不世之功,而华侨类不自伐,惟吾深知同盟会中非有华侨一部分者,清室无由而覆,民国无由而建也。华侨不自言功者,盖知救国真为天职,不事矜举,抑亦知夫四纲之未具,责有未尽而然者乎? 五六年来,始于义而终于利者,亦数见矣。而华侨与之者独希,此亦殆由其经历熏习与诸政客有异欤! 赵君公璧作《同盟演义》,以俳体写当时信史,而于华侨之义概,尤致意焉。庶乎其可以劝于今而信于来兹矣,兹又使人惕然于四纲之未具,民国犹危也。"(《〈同盟演义〉序》,《孙中山全集》第4卷,第26—27页)

是月　通告中华革命党各支分部,筹资安葬陈其美。略谓:陈其美"去岁为凶人谋害,冤痛未伸;现拟由党中醵资,妥为安葬。预计所费,尚需万元,务望同志尽力募集,汇交原日筹饷局长汇沪供用,葬期拟定五月十八日"。并与唐绍仪联名致函北京各总长、议员,请援黄兴、蔡锷先例,予陈其美以国葬。(中国国民党中央委员会党史委员会编:《国父全集》第3册,第441—442页;罗家伦主编,黄季陆、秦孝仪增订:《国父年谱(增订本)》下册,第750页)

是年春　批答某等来函:"本党①既经一次解散,发款于所属之各领,分发以后,尚有源源而来以请餬恤,前后皆尽力应付,至今已力尽款缺。先生担负海外华侨借款二百〔万〕余尚未□,更难再行筹借,实在困难之中,无从为力。□既非贫士,家自有资,请由家中自行设法,此亦间接助党之一臂也。"(《批某某函》,《孙中山全集》第4卷,第28页)

5月

5月1日　作为陈其美友人,与唐绍仪、章太炎、谭人凤、孙洪

---

① 指中华革命党。

伊、李烈钧、胡汉民、朱佩珍、张人杰、王震等联名，为陈其美举殡讣告。陈氏将于本月 12 日在沪开吊，13 日举殡赴湖州，18 日归葬碧浪湖茔地。（《为陈其美举殡讣告》，《孙中山全集》第 4 卷，第 28 页）

△　荷属日里埠梁瑞祥、欧水印来函，汇寄该埠同志捐助陈其美奠仪和银四百四十七盾，并附捐助明细。（环龙路档案第 08360 号）

5 月 2 日　除为刺宋案聘请律师外，还请律师致函公共公廨，请将洪述祖引渡回内地法庭究办。（《北京电》，《申报》1917 年 5 月 3 日，"专电"）至 1919 年 3 月，洪述祖经大理院宣告死刑，旋执行绞决。（《中华民国史事纪要（初稿）——中华民国六年（一九一七）一至十二月份》，第 292页）

△　报载，政府近将派遣参议院议员章士钊及郑某，赴沪向唐绍仪、孙文、康有为等陈说政府决定对德宣战，"实出不得已之故"。（《北京电》，《申报》1917 年 5 月 3 日，"外电"；《政府派人来沪疏通》，《中华新报》1917 年 5 月 3 日，"紧要新闻"）

△　马乙垣来函，请致信云高华埠叶剑胆君，着代做口供纸，俾得回加拿大，以便谋生。批以："此间无从设法。"（环龙路档案第 01150号）

5 月 3 日　段祺瑞致信王宠惠，"托转致孙、唐二先生之意，尤注重敦请来京一行，共商大计。务希极力劝驾为要"。（《杂事》，《北京日报》1917 年 5 月 18 日，"群报汇选"）

当时段祺瑞政府正努力疏通各方面势力，使得宣战案能顺利通过，然遇到不少阻力。总统黎元洪方面，"对于战事始终坚持疑义，惟声明决无成见，如果国会通过，亦即赞同"。国会议员则"各有成见。若盲从附和政府者，实居少数"。而且冯国璋、张勋和陆荣廷均来电反对。全国各商会也"几无不居反对地位"。（《各方面对于实行宣战之态度》，《中华新报》1917 年 5 月 3 日，"紧要新闻"）

△　南洋鲁乃坡益民阅书报社孙厘合、张文史来函，报告已交邓泽如转汇筹助陈其美葬费二十元英洋。（环龙路档案第 08356 号）

5月4日　致函北京民友会同志,勖其坚持斗争。

民友会即民友社,为原国民党人于国会恢复后所组织的议员派别,政治上属于孙派,时正反对段祺瑞的参战案。是日,特致函赞其"沈勇远识,不畏压迫";同时指出"惟前途尚属辽远,我辈无武力、金钱之可恃,所恃者国民之同意与爱国之精神而已。愿以百折不回之至诚,处此千钧一发之危局"。(《孙章两先生请民友会否决宣战》,上海《民国日报》1917年5月12日,"要闻";《孙文因外交问题致民友会书》,《北京日报》1917年5月10日,"紧要新闻")

5月5日　段祺瑞邀请各政团代表,开茶会话以解释政府对德宣战之理由,同时派赴沪与孙、唐等人接洽,以期疏通。(《对德宣战问题之各方疏通》,《申报》1917年5月5日,"要闻一")然段对孙氏实际上极不信任,曾对美国驻华公使芮恩施说:"我有证据表明,孙中山和岑两广①两个人都曾向日本驻沪总领事提出过书面保证,如果他们当中的随便哪个当上中国的大总统,就一定跟日本缔结条约,给予日本以较二十一条第五号更广泛的军事和行政方面的监督权。"([美]保罗.S. 芮恩施著,李抱宏、盛震溯译:《一个美国外交官使华记——1913年—1919年美国驻华公使回忆录》,第236页)

5月6日　刘恢汉来函,以公费游历奉天,见日人势力扩张,忧东北之危在旦夕,请保荐从事飞行工作,为国一死。(环龙路档案第01149.1号)

5月7日　山口洋民生书报社来函,报告筹集陈其美葬费情形,又言当地商会总会理唐文材破坏革命之种种行为,倘其到上海,请予惩戒。(环龙路档案第08358号)

5月10日　所谓"公民请愿团"在陆军部人员指挥下,包围众议院,强迫议员通过政府宣战案,反对宣战之议员十余人被暴徒殴伤,议员被围困达十小时之久。同日,谷钟秀愤而辞农商总长职。国务

---

①　即岑春煊。

院秘书长张国淦指出:"事后方知所谓公民团者,乃受雇于傅良佐也。"(章伯锋主编:《北洋军阀(1912-1928)》第3卷,第89页)另有资料指出:"在场指挥者,多国务院及陆军部段系职员,段氏受有绝大主动嫌疑。"(莫汝非:《程璧光殉国记》第3章,第2页)然皖系策划"公民请愿团"实为多此一举,反而事与愿违。参议院副议长王正廷后来说:"与德绝交案曾由多数议员赞成,宣战案若非由各省督军干涉,则亦必由多数通过。督军干涉之结果,使赞助者多持绝对反对态度。"(《伍王两氏在卡尔登之演说》,《申报》1917年7月15日,"本埠新闻")

△　伍泽霖来函,汇上筹助陈其美奠仪沪银七十五两。批以:"酌答收谢。"(环龙路档案第08359号)

5月11日　与岑春煊、唐绍仪、章太炎、温宗尧等人联电黎元洪,请惩办滋扰国会之伪公民团。

略谓:"法治之下,而有此象,我公不严加惩办,是推危难于议员,而付国论于群小,何以对全国人民?应请迅发严令,将伪公民犯法乱纪之人,捕获锄治,庶保国会尊严,而杜宵人之指嗾。"(《孙岑唐诸公请严办伪公民电》,上海《民国日报》1917年5月12日,"公电")

△　民友会来电,通告众议院被扰情形。

电文略谓:"昨日事起仓卒,而在外指挥、自称代表者,乃陆军部谘议差遣刘世均、刘文锦、张尧卿、赵春霆、吴光宪、赵鹏图等,国务院参议陈绍唐,众议院技士白亮,中华大学校长孙熙泽等,并有人见段芝贵、靳云鹏等往来其间,其余多系临时招雇车夫、乞丐充数,都中士人有目皆见。查民国成立以来,北京公民团凡三见,一见于癸丑选举总统,再见于乙卯请愿劝进,皆系当局主使,通国皆知,此次于政府所在地聚众数千,威迫议会,殴打议员,为时至十二点钟之久,政府既不防范于先,又不即行驱散于后,巡警、陆军雁行鹄立,对于现行犯罪之暴徒,任其肆行无忌,毫不过问。暴徒之执重要职务者,皆系军人,此中究竟何人主使,当为国人所共见。"(《民友会通告众议院被扰情形电》,桑兵主编:《各方致孙中山函电汇编》第3卷,第27—28页)

△ 《字林西报》否认公民团由段氏主谋,"敢谓此举实为段氏力主宣战之反动,故后来查出公民团之首领三人皆属国民党,可知其间显又有德人之运动"。(《杂事》,《北京日报》1917年7月19日,"群报汇选")

△ 外交总长伍廷芳、司法总长张耀曾、农商总长谷钟秀、海军总长程璧光因议员被辱事提出辞职。(《中华民国史事纪要(初稿)——中华民国六年(一九一七)一至十二月份》,第356—357页)

5月12日　复段祺瑞书,重申反对参战理由。

上月来,段祺瑞加紧策划通过参战案,谋取外援,实行武力统一。段派赞同参战之国民党员王宠惠持函到沪,希图诱劝孙中山赞成参战,并邀赴京商谈。(《政府将迎孙唐入京》,《中华新报》1917年5月5日,"本馆专电")王氏还负有疏通唐绍仪、岑春煊、章太炎等人之任务,然均告失败。其致电北京政府称:"现已与孙、唐、岑、章诸君分头接洽。在诸君均有特抱之政见,与政府政见适成反比例,疏通恐归无效。"(《王宠惠疏通无效之电报》,天津《益世报》1917年5月12日,"要闻")对于民党群起反对,有传媒分析,"实南方派因其地盘上之关系,欲乘此时机,解决川督问题。闻民党视内阁改组问题比于川督问题不甚措意,盖民党现颇以川省问题为民党休戚之重大问题也"。(《收拾政局根本问题之索隐》,天津《益世报》1917年5月16日,"特别纪事一")

政学会的报纸《中华新报》发文赞成孙中山等人北上。略谓:"今当局既知此等重大问题,不可专执一面之意见以行,而愿得野党之领袖参与商酌,邀请孙、唐二先生入京。在孙、唐二先生即不宜以避远政争之故,却而不往,或赞或否,一与当局切近晤商之,双方利害之真迹自明,于二公个人之去取自由,亦仍无所羁束。若虑一入京师,将惹政治竞争之嫌疑,为流言所中伤,则为独善其身计,固甚得之,然岂大政家之所宜出此哉!"(《敬告孙唐二先生》,《中华新报》1917年5月6日,"社论二")

是日,孙中山复书段祺瑞,坚拒所请,重申反对参战立场。函称:"中国积弱,无可讳言,既为弱国,自有弱国应守之分。比之乡邻有斗,岂可不自量力,强欲参加。"同时批驳了通过参战解决国家困难之说,指出:"欲免今之困难,只有悬崖勒马,徐求补救之途。"并表示:"若蒙采纳愚见,必当束装北迈,敬献其所怀。否则,望有以释其所疑,亦自当翕然。若两有未能,贸然命驾,恐反形未臻融洽而已。"(《孙中山先生复段总理书》,上海《民国日报》1917 年 5 月 12 日,"要件")

孙氏后来回忆,日本劝诱中国参战,不过是从外交转向军事手段来控制中国。"北京政府决定了跟随美国之后,不多几天,上海的日本总领事跑来找我,传一个消息给我说:'他的政府要要求中国和日本连起来,而且对德宣战。'我问他日本政府为什么忽然间在这件事上变更政策? 他不能够满足答复我。我就立刻十分耽心,晓得日本这种新动作,是有一个阴险的事情藏在里头。我告诉日本总领事说:'我赞成日本维持中国中立的老政策,但是要用我的十二分力量,来反对日本把中国放在日本保护底下来参战的新计划。'"(《在上海欢迎美国议员团时的演说》,《孙中山全集》第 5 卷,第 298 页)

△　陈树人来函,报告捐助陈其美葬费事,以前登报共收捐款九百九十三元,已电汇八百元,后又收到顷士顿、满地好分部之款,拟定下次船期汇总再寄。(环龙路档案 08587)

△　上午十一点,上海苏州集义会举行已故沪军都督陈其美葬仪。孙中山出席,并致祭文,有"生为人杰,死为鬼雄"之语[1]。时参与者中外来宾数千人,包括大总统代表、胡汉民、唐绍仪、章太炎、谭延闿等人。(《陈英士开吊纪》,《申报》1917 年 5 月 13 日,"本埠新闻";《陈其美之葬仪》,《北京日报》1917 年 5 月 13 日,"紧要新闻")另有悼陈其美挽额"成仁取义"。(《悼陈其美挽额》,陈旭麓、郝盛潮主编,王耿雄等编:《孙中山集外集》,第 625 页)

△　黎元洪复电,称"维持法治,热诚深佩。公民团滋事之人,已有明令究办矣"。(《黎元洪复孙中山、岑春煊电》,桑兵主编:《各方致孙中山

---

[1]　中华书局本《孙中山全集》未收此祭文。

函电汇编》第3卷,第29页)

5月13日　陈其美出殡,灵柩运回浙江安葬。到场为其送行。(《陈英士出殡之盛况》,《申报》1917年5月14日,"本埠新闻")

△　荷属三发坡分部同人来函,汇上筹助陈其美葬费荷币五十盾。(环龙路档案第08362号)

5月14日　再次与岑春煊等联电黎元洪,望严惩创谋乱法者。

电中指出:"张尧卿等六人系陆军部咨议差遣人员,陈绍唐亦充国务院参议,联名扰乱,谁实尸之。但问现行犯事之凶徒,而为首造意者得以逍遥事外,将来奸宄纵臾,伊于何底?应请我公奋断,勿令势要从旁掣肘,以为创谋乱法者戒。"(《孙岑唐诸公请严惩暴徒主名电》,上海《民国日报》1917年5月15日,"公电")

5月15日　朝鲜遗民姜鹤川来函,在沪生活困顿,请求设法救济。(环龙路档案第08565号)

5月16日　电促北京民友会等政团及两院议员,否决对德宣战。

是日,再电北京民友会、政学会、政余俱乐部暨国会两院议员,促否决对德宣战案。略谓:"此案关系国家存亡,现在外人不待我国之意见,已自行开议宣战后对付德人之方法,将来百事能否由我自主,可以推知。且自绝交之后,米价骤增,沿江贫民已有枵腹仰屋窃叹者。……亡国之险,既在目前,否决即救亡之道,其他政争,可暂不论。外交决后,乃可以政见之异同,定赞助政府与否。倘内阁能从国会之主张,变其宣战之政策,即应力与维持。否则,政策分歧,内阁亦必应引责。若未议宣战可否,先以倒阁为言,则是本末倒置,轻重失伦,非所望也。"(《致北京民友会等电》,《孙中山全集》第4卷,第33页)

△黎元洪就公民团事件再次回电:"此案既交部院严办,当能查究。数年以来,逾闲越轨相习成风,倘从此知有法纪,亦国家之幸也。"(《黎总统再复孙岑唐诸公电》,《中华新报》1917年5月17日,"公电")

△　薛汉英来函,报告电汇筹助陈其美葬费事,又言现政府不肯认偿债券款项,并无妨碍,而汇水大涨,手头债券余款是否汇上,则请

告知。(环龙路档案第08363.1号)

5月18日　与卢永祥等人迎接抵达上海的日本参谋本部次长田中义一。(李吉奎:《孙中山与日本》,第466页)

△　孟恩远、倪嗣冲、曹锟等督军团向总统黎元洪呈文,以国会制宪不当为由,要求解散国会。(李良玉、陈雷主编:《倪嗣冲函电集》,第302—304页)

5月19日　致函参议院、众议院议员,重申不必注重倒阁或干扰议院议事秩序之事,而应重在否决中国参战议案。

函件略谓:"须知倒阁为不得已之事。吾民反对宣战,并非单反对内阁。内阁既从民意,便可存留。若如外间所传,先组联立内阁,或推去现总理,始议宣战案,则是议会未自决其主张,而先问人之责,于理不顺。不问主张如何,而惟以分得政权为务,则尤义所不容。故先倒阁后议战者,轻重失宜。留总理改阁员以为交换者,尤为误国。宣战案之可否,当视国利民福如何,岂有内阁改组,即能变害为利,移否决为赞成。从此可知,当〔先〕决宣战问题,以决内阁存否;不当先决内阁存否,而后议宣战同意案矣。至若乱人围院迫胁,更为较轻之事,万不可以此延搁宣战案,自令国际态度不明也。"(《致参议院众议院议员函》,《孙中山全集》第4卷,第33—34页)①

△　众议院议决缓议对德宣战案。(罗家伦主编,黄季陆、秦孝仪增订:《国父年谱(增订本)》下册,第753页)

△　吉林督军孟恩远、湖北督军王占元、山东督军张怀芝、河南督军赵倜、山西督军阎锡山、江西督军李纯、安徽省长倪嗣冲、察哈尔都统田中玉、绥远都统蒋雁行及奉天督军张作霖代表杨宇霆等二十余人,正式呈请总统、总理解散国会,改制宪法。黎元洪答复孟恩远、王占元,总统无权解散国会。次日,段祺瑞对此呈文,决定不退亦不批。(《中华民国史事纪要(初稿)——中华民国六年(一九一七)一至十二月

---

①　《孙中山全集》将此函时间定为5月20日;今据《北京日报》发表的全文,署名时间为5月19日。

份》,第369页)

5月21日　黎元洪邀请段祺瑞及各顾问入总统府开秘密会议,讨论维持国会前途及疏通督军与国会间之意见。议毕,另发出密电,分致冯国璋、张勋、唐绍仪、岑春煊以及孙中山等人。(《新政潮中政界近况》,天津《益世报》1917年5月23日,"要闻")

5月22日　与岑春煊、章太炎、唐绍仪分电参、众两院议员以及段祺瑞。前电表示:"旬日以来,有改组内阁之说,文等身在山林,唯知救国,权利竞争,非所敢知。务望诸公为良心上之主张,速予解决外交问题,在国家不陷于危亡,国会不失尊严资格。"后电表示:"政府果能遵守大法,销弭战事,国民岂与个人为难。若与政客交换条件,使少数人得被擢用,而以国家为牺牲,无论官僚、民党,悉为国人之所不容。"(《致段祺瑞与参众两院议员电》,《孙中山全集》第4卷,第35页)

△　雪梨埠支部余荣来函,为汇款资助陈其美营葬费,及请发党证事,附汇款明细表一张。(环龙路档案第06663号)

△　旅沪浙民陈志渭、程铁民等人通电孙中山等人,要求惩办段祺瑞,"挟爪牙以陵总统,使匪徒以围议院,犯罪行为昭然若揭"。(《陈志渭等致北京各省电》,天津《益世报》1917年5月22日,"公电补遗")

5月23日　复函李宗黄,谈时局,并请分送《会议通则》和翻印《中国存亡问题》。

日前,云南都督府参谋长李宗黄来函,拟邀访滇。孙氏于22日接到该函后,于是日复函,指出督军团"近且显悖民意,其军事会议竟有脱出范围,谋解散国会、破坏约法,大局前途,仍未许乐观"。"文初拟周行各省,一察实业状况,现以时局未定,未克远行。贵省之游,应俟之异日。""寄呈敝著《会议通则》百册,请代为分致当道暨各同志,并朱君执信所著《中国存亡问题》一册。此书于中德事件之危险,言之颇详尽。因沪中存书无多,未及多寄,能于贵省翻印,代为致送,俾贵省人士咸知此次加入之真相为佳。"(《复李宗黄函》,《孙中山全集》第4

卷,第 36 页)

　　△　黎元洪免段祺瑞国务总理职,外交总长伍廷芳代署国务总理。段被免职后,通电不承认,并表示该免职令,"未经祺瑞副署,将来地方、国家因此发生何等影响,祺瑞概不负责"。(《中华民国史事纪要(初稿)——中华民国六年(一九一七)一至十二月份》,第 375 页;李剑农:《戊戌以后三十年中国政治史》,第 266 页)

　　△　滇督唐继尧、湘督谭延闿及湘议会通电反对督军团,主张维持国会。(《中华民国史事纪要(初稿)——中华民国六年(一九一七)一至十二月份》,第 376—377 页)

　　5 月 24 日　菲律宾筹饷局薛汉荣呈报,菲属同人捐助陈其美奠仪银五百三十六元,附诸人捐助明细。(环龙路档案第 08363.2 号)

　　△　大约同时,巴城支部副支部长温君文等来函,汇上筹助陈其美葬费银三百元。(环龙路档案第 08361 号)

　　△　张勋电黎元洪,谓各军以中央破坏法律,群情愤激,惟有自由行动。(《中华民国史事纪要(初稿)——中华民国六年(一九一七)一至十二月份》,第 378 页)

　　5 月 25 日　与田中义一会谈,表示赞成黎元洪免去段总理之职,自己将专心为国家培植力量;若黎真心诚意担当国事,本人可以改变初衷,到北京协商国事。(《歷代総理大臣伝記叢書(第 18 卷)·田中義一(下)》,第 660 页;李吉奎:《孙中山与日本》,第 466 页)

　　△　下午外交总长伍廷芳谒见黎元洪,举行紧急密会,讨论是日政府收到的三项紧急要电:其一为孙中山与岑春煊、唐绍仪所发,"略为条陈救济大局诸要意见,并有某项之报告"。(《大总统进筹政局之密议》,天津《益世报》1917 年 5 月 27 日,"要闻")

　　5 月 26 日　黎元洪任命李经羲为国务总理。黎初拟请徐世昌继任,徐不允;再请王士珍,王亦谢绝。最后找到李经羲,并于 25 日获得国会的通过。(罗家伦主编,黄季陆、秦孝仪增订:《国父年谱(增订本)》下册,第 754 页)

△　云南督军唐继尧电北京政府,反对督军团。(《中华民国史事纪要(初稿)——中华民国六年(一九一七)一至十二月份》,第381页)

5月27日　三发分部长吴斌来呈,报告因病辞职,所有职权事务交由李时若、罗蔚南处理。(环龙路档案第08364号)

5月29日　致函邓泽如,因湘省同志欲组织锡矿公司,于湖南全省所有锡矿,择其最佳,请求开采,并希望华人入股,故请其"商诸同志,推定妥人,迅速回国一行"。(《致邓泽如函》,《孙中山全集》第4卷,第37页)

△　督军团叛变。是日安徽省长倪嗣冲宣布独立,脱离中央。相继宣告独立者,有奉督张作霖、鲁督张怀芝、闽督李厚基、豫督赵倜、浙督杨善德、陕督陈树藩、直督曹锟。共计八省。然倪嗣冲为安徽省长,皖督则为张勋。张未有宣告独立之通电,而用十三省省区联合会名义,电请黎元洪退职。此外,吉林孟恩远、山西阎锡山、黑龙江毕桂芳亦先后响应。(罗家伦主编,黄季陆、秦孝仪增订:《国父年谱(增订本)》下册,第754页)

△　大约同时,以自己名义或与章太炎联名,两次致电黎元洪,并分电唐继尧、陆荣廷、陈炳焜、陈炯明,要求维护宪法和统一,反对让步。略谓:"乱党独立,要求元首退位,国会解散,此但威吓行为,断不可长其骄气。""愿大总统秉至公以待有功,严诛谴以惩有罪,信赏必罚,勿事调停,人心助顺,自无不克。两院诸公宜与宪法共死生,勿惶遽奔散,稍存让步,以保民国代表之尊严。若方针不定,进退失据,则贼焰愈张,而正人丧气矣。"(《致黎元洪及参众两院议员电》,《孙中山全集》第4卷,第100页)

5月31日　众议院议长汤化龙辞职,6月6日改选吴景濂继任。(罗家伦主编,黄季陆、秦孝仪增订:《国父年谱(增订本)》下册,第755页)汤之辞职,乃因其为研究系之祖段者,遭受攻击,故辞去议长之职。研究系议员均相率不出席,使国会开会不成,并有该系议员提出辞职书。计两院辞职者,至七十余人。(《中华民国史事纪要(初稿)——中华民国六

年(一九一七)一至十二月份》,第391页)

是月　口授朱执信撰成《中国存亡问题》,并印发各地。石青阳在《大英帝国之基础及其近百年来之外交政策》一书(北京民生周刊社1925年版)序文中指出:《中国存亡问题》所以"用朱执信先生撰述之名义发表",是由于孙中山"因国际障碍,有所顾忌"。邵元冲则谓孙氏"口授要义于朱执信,命其草成《中国存亡问题》一书,以执信之名义出版"。(邵元冲:《总理护法实录》,《广东党务》第29期,第3页)

朱执信对外有一短函,言及该书出版,可供参考。略谓:"全书脱稿(共十章),今先分两封寄上,请为付印。昨忘题书名,请为补之。著者名拟但用'朱大符'三字,将来尚拟作一自序,不知能赶及否? 若以此误出版之期,则可不必矣。""校对定烦及肥、八、拯、直诸兄①,先此为谢!"(李穗梅主编、李兴国等整理:《古应芬家藏未刊函电文稿辑释》,第203页)

全书约四万字,分十部分,从国家与战争的关系、战争的性质、参战的利害、中国自身的地位和实力、外交得失和帝国主义的对华政策诸方面,论述中国决不能参战。并且着重指出:"加入问题,即中国存亡问题也。"因为"中国加入惟英国有利,中国既加入,则英国可以中国为牺牲,故加入者召亡之道,中立者求存之术也",所以"吾不惮千百反复言之曰:以独立不挠之精神,维持严正之中立"。"我国若欲求利益,保持此中立态度,以经济上开发,补从前之亏损,开日后盛大之机。"但书中对美、日抱有幻想,认为:"中国今日欲求友邦,不可求之于日、美以外,……中国而无发展之望则已,苟有其机会,必当借资于美国与日本。无论人才、资本、材料,皆当求之于此两友邦,而日本以同种同文之故,其能助我开发之力几多。必使两国能相调和,中国始蒙其福,两国亦赖其安,即世界之文化亦将因以大昌。"(《中国存亡问

---

①　分别指陈融、李文范、林树巍、林直勉。

题》,《孙中山全集》第4卷,第92—99页)

△　批答保定军校学生函,勉以救国拯民,并嘱寄《会议通则》《中国存亡问题》供研习。

去函略谓:"努力学问,结交志士,抱持救国拯民为天职,至死不变,是先生久所望也。先生近专从事于提倡实业,以为国民谋生计,而暇时则从事于国民教育。近著有《会议通则》,兹寄□十本,请分送同志研习可也。保定校中之学生如何,同学之志气如何,先生甚欲详知,有暇请常常见告。《中国存亡问题》印起可多寄些。"(《批保定军校学生函》,《孙中山全集》第4卷,第38页)

3月至5月间　批答某等来函,示以鼓励之意,"时事日非,恐大乱将作,盖政府以加入协约国为回〔复〕辟之手段"。(《批某某函》,《孙中山全集》第4卷,第37—38页)

4月至5月间　陆望华来函请求抚恤陆皓东遗属,答以:"已电省城同时追悼,政府若有抚恤到时,当力言之。至其妻母,俟不日回乡时,当另设法妥恤之。"(《批陆望华函》,《孙中山全集》第4卷,第38页)

6月

6月1日　李烈钧来电,反对督军宣布独立,要求"护法卫民",然尚无武力从事之表示。

略谓:"辛亥以还,六年三革命,政治幸发达可期,元气亦损伤殆尽,漂摇国家,正待上下一心,同舟共济,何堪阋墙再扰,自促颠危? 政治本有恒规,竞争须由政轨,似不宜逾越也。诸公体国公忠,必能慎重将事。护法卫民,如钧之愚,敢云一得? 弟睹此局势,不禁戚戚耳! 扶病陈辞,尚祈容纳。"(《李烈钧致北京电》,《申报》1917年6月2日,"公电")

△　黎元洪召安徽督军张勋来京。以其并非真正段派,彼又为省区联合会之首领,如能出而阻止各省独立之势,必能有效。于是想

倚张以自保,即请张来京,并令李盛铎赴徐往迎。(《中华民国史事纪要(初稿)——中华民国六年(一九一七)一至十二月份》,第393页)

△ 脱离中央各省在天津成立总参谋处。自倪嗣冲通电脱离中央后,奉督兼署省长张作霖、陕督陈树藩、豫督赵倜、省长田文烈、浙督杨善德、省长齐耀珊、鲁督张怀芝、黑督兼省长毕桂芳、直督曹锟、省长朱家宝、闽督李厚基、绥远旅长王丕焕、晋督阎锡山等皆响应之;复于是日设立各省军务总参谋处,以雷震春为总参谋,并由雷通电,声称出师各省意在巩固共和国体,另订根本大法,设立临时政府、临时议会等。(凤冈及门弟子编:《梁士诒年谱》上册,第364-365页;黄季陆主编:《革命文献》第49辑,第9页)

6月2日　山西省长孙发绪来电,要求取消《临时约法》,重新组织临时政府,由各省选派代表重新议定宪法。

略谓:“宜乘此由〔次〕各地分裂之机,将民国以来不衷之制度,从约法起,一切取消,仍仿元年建国之初,由各省选派精通法律、明晓治理之代表若干人,将全国各派之势力意见镕铸于一炉,并依美国费拉德尔费亚会议方法,择稍僻远之地,避隔一切外界干涉,公平讨论,制定久大之宪典。”

“惟国家不可一日陷于无政府状态,体察目前大势,似宜即由大总统敦请东海(指徐世昌)出山,组织临时政府,暂行军政,并仿元年办法,制定临时政府大纲,维持现状。一俟新宪告成,再行依法选举总统,组织国会,则从前一切积困,可以铲除,目下一切葛藤,可以斩绝。窃以为定国弭乱之方,莫善于此。”

《申报》刊登全部电文,并评论说:“近来各省纷纷宣言脱离中央,其所借口皆不过至改正宪法、总理复职、解散国会、指斥公府左右而止。兹乃有山西省长孙发绪之冬电,则更进一步主张取消约法、组织临时政府、由各省选派代表重议宪法。是盖已与天津之特别机关作同一之声口矣,所不同者,尚自以法理为标帜,未即眦裂目张,显然以脱离关系相要挟耳。”(《孙发绪竟请改组临时政府》,《申报》1917年6月日,"要闻一")

△ 前皖北检查使徐清泰来电,表示愿讨伐倪嗣冲、杨善德诸逆。

略谓:"乃倪嗣冲、杨善德等,竟以段总理免职,藉口宪法不良,倡言解散国会,胆敢背叛独立,为国法所不容,神人所共愤。清泰家于皖北,民属共和,卫国扶乡,责所难谢,现已在粤,与滇粤各军联络一气,誓讨倪贼。"(《前皖北检查使徐清泰讨逆电》,上海《民国日报》1917 年 6 月 10 日,"公电")①

△ 日本共同通信社消息,上海民党首领发起组织拥护宪法军,以拥护宪政、打破军阀为名,与倪等对抗,已经准备完成,由李烈钧为司令。(《上海民党首领发起组织护法军》,天津《益世报》1917 年 6 月 2 日,"特别纪事一")

6 月 3 日 副总统冯国璋辞职。(凤冈及门弟子编:《梁士诒年谱》上册,第 365 页)实则对于府院之争,欲坐壁上观。

6 月 4 日 晨,程璧光谒见黎元洪,请离京避督军团之锋,免为要挟,愿护送其南下,召师讨逆。事前,程氏已电饬第一舰队司令林葆怿率舰队驻大沽,以备缓急。然黎犹豫不决,虽敦促再三,卒无行意。程惟有先行出京抵沪,集中舰队,相机行事。(莫汝非:《程璧光殉国记》第 3 章,第 4 页)

6 月 5 日 驻粤滇军第三师师长张开儒来电,支持黎元洪免除段祺瑞国务院总理、陆军总长职,质疑副总统冯国璋调和之说,表示愿意率义师讨伐宣布独立之督军、省长。(《张倪等称兵之反响》,《申报》1917 年 6 月 15 日,"要闻二")

△ 谕交给孙洪伊一万元经费。(《谕交孙洪伊经费令》,陈旭麓、郝盛潮主编,王耿雄等编:《孙中山集外集》,第 703 页)

△ 黄如筠来函,报告家道中落,请将其父 1907 年捐助之革命款项八千元退还。(环龙路档案第 08635 号)

---

① 《申报》同日亦载是电,但文字略有不同。

△　海军总长程璧光反对督军团干政,离京赴沪。9日抵沪。(《中华民国史事纪要(初稿)——中华民国六年(一九一七)一至十二月份》,第414、427页)秦、晋、闽各省长离职。(凤冈及门弟子编:《梁士诒年谱》上册,第365页)

6月6日　与章太炎致电陆荣廷、唐继尧等西南地方实力派,要求讨伐督军团叛变。

略称:"倪逆叛乱,附者八省,亦有意图规避宣告中立者。督军、省长受任命于元首,当服从教令,不得自言中立,进退失据。按中立者,即脱离中央关系之谓,其与独立,唯举兵不举兵之异,然为窃地拒命一也。"(《致陆荣廷唐继尧电》,《孙中山全集》第4卷,第101页)

△　致函谢无量,以"国家多难,全仗贤豪,群策群力,方能济事","请每日下午四时驾临敝寓,会议进行"。(《致谢无量函》,陈旭麓、郝盛潮主编,王耿雄等编:《孙中山集外集》第381页)

△　钟冰来函,述时局至此,痛不忍言,求先生速救手创之民国。(环龙路档案第09400号)

△　李天德来函,拟组织敢死队,以狙击倪嗣冲,请指示意见。(环龙路档案第00966号)

△　大约同时,郭庭芳、朱业庭来函,愿秣马厉兵,率皖北健儿,剪除倪嗣冲诸逆。(环龙路档案第00972号)

△　丰源兄弟矿务公司刘季谋来函,听闻有调用党员之说,表示愿供驱策。略谓:"季谋曾从军于潍,癸丑失败后,谋事于粤,牺牲生命财产,目的不达,深为抱歉。如后有调用之处,即当驱驰疾走,以期成事则幸矣。"(环龙路档案第01151号)

6月7日　澳门饶章甫来函,闻孙氏组织实业于上海,欲在暑假后顺道拜访。(环龙路档案第01456号)

△　萧玉润来函,听闻李烈钧赴粤东组织军队,自审"言语能通数省,且能与福音教接洽",恳请代为介绍入伍。(环龙路档案第01604号)

△　张勋应黎元洪"共商国是"之邀约,率辫子军五千人自徐州动身。次日行抵天津,随即向黎元洪要求在三天内解散国会。9日,辫子军开始进入北京。

△　美国劝告中国勿内讧。(凤冈及门弟子编:《梁士诒年谱》上册,第365页)

6月8日　发表护法通电。致电广东督军陈炳焜,并转陆荣廷及滇、黔、桂、湘各督军、省长、议会。电文指出:"国会为民国中心,宪法为立国大本,公等既忠诚爱国,拥护中央,即应以维护国会与宪法为惟一之任务。今日法律已失裁制之力,非以武力声罪致讨,歼灭群逆,不足以清乱源、定大局。""民国与叛逆不能两存,拥护民国与调和不可兼得。望公等主持大义,克日誓师,救此危局,作民保障。"(《致陈炳焜等电》,《孙中山全集》第4卷,第101—102页)

△　拍电报予美国总统威尔逊(Thomas Woodrow Wilson),希望其运用在协约国的影响力,阻止中国卷入战争。威尔逊要其国务卿蓝辛(Robert Lansing)处置此事。蓝辛本来就主张维持中国形式上的统一,不管毁法和护法的问题,并通知美国驻英、法、日等国大使,采取同一行动,于是拒绝了孙之要求。(李云汉:《中山先生护法时期的对美交涉(1917—1923)》,《中国近代现代史论集》第27册,第163页)

△　李烈钧抵粤,次日参加省长朱庆澜之欢迎宴。朱氏席间发表谈话,称:"今夕在座诸公系再造共和之巨子,今番再作拥护共和之大事,鄙人愿随诸君子之后,而竭力捍卫共和也。"李则表示:"鄙人以为经三次革命之后,可无容再对国内兴讨逆之师,以其帝制推翻,正式总统继任,有良总统,有良国会,将来必有良政治,如是则何讨伐之可言。不料此回竟有叛将谋国,本意欲推翻共和,此等贼心,神人共愤!鄙人到此,已知督军、省长已决定讨逆之谋。鄙人敢决吾辈必胜利也。"(《粤省公署之群英会》,上海《民国日报》1917年6月17日,"要闻")

其后李、朱联合,准备举兵。冯国璋在本月18日对日本多贺中佐的谈话指出:"根据各方情报,广东李烈钧和朱庆澜团结一致,在岑春煊、唐绍仪、孙文等支持之下,正在逐步推动举兵计划,只有陆荣廷目前仍属态度不明。自一般形势而论,两广早已不管陆的态度如何,继续对宣布独立的各省督军施加压力,云贵也予以响应,陆荣廷也只有追随而已。"(章伯锋主编:《北洋军阀(1912—1928)》第3卷,第135页)

△ 程天斗来函,为经营工商银行,请介绍与萧佛成联络进行。(环龙路档案第03011号)

6月9日 与南下抵沪之海军总长程璧光商谈护法事宜,此缘于伍廷芳之荐。

程璧光于6月5日出京,濒行,访伍廷芳问计。廷芳告曰:"国事至此,若图挽救,非一手一足之烈,孙中山、唐少川、岑云阶三君虽在野,未尝一日忘国事,现皆居沪。君抵沪,必与计议,国事可为也。"璧光于9日率舰莅沪,即来谒见孙中山。孙氏促其率师讨逆,并愿"担任筹款,属公勿以经费为虑"。璧光即召集林葆怿总司令及各舰长会议,决即首揭护法义帜。(莫汝非:《程璧光殉国记》第3章,第4—5页)

又据何香凝回忆:"孙先生深深觉得没有武装力量,不足以与北洋军阀对抗斗争,无由贯彻救国救民的宗旨。所以他几次与当时在上海的海军总长程璧光磋商,希望海军也参加护法的行列。仲恺协助孙先生运动北洋海军军官彭春源等南下护法,我则被分配做北洋海军的妇女家属工作。我在哈同路的寓所里接待一些海军家属,对他们讲解护法的必要,配合做些说服动员工作。"(何香凝:《我的回忆》,《辛亥革命回忆录》第1集,第27页)

△ 宿务支部长叶独醒来函,痛愤奸人弄权,致对德宣战,国会解散,询问未来方略。(环龙路档案第08366号)

△ 李烈钧、陈炳焜致电陆荣廷,推举其为西南六省讨逆盟主,以遵守约法、拥护共和为宗旨。略谓:"倪祸骤发","倘再缄默,则民国命脉与我辈人格皆沦胥以亡。烈钧、炳焜磋商结果,决定联合川、滇、湘、黔、桂、粤六省同盟举义,兴师讨逆,以遵约法,拥护共和为始终不渝之宗旨,并推举我公为盟主"。并请陆氏早日到粤主持大计。

（《李烈钧陈炳焜推举陆为盟主致陆荣廷电》，汤锐祥编：《护法运动史料汇编》第3册，第12页）在11日，两人再联合广西督军谭浩明，发表通电，请求冯国璋和黎元洪主持护法。略谓："烈钧系民国军人，且有旧部留粤，因兼程来粤与炳焜、浩明协商救国之策，决议联合同志，各省兴师讨逆，并公推陆巡阅使主持大计以遵守约法，拥护共和为始终不渝之宗旨。敢请我副总统贯彻国民推重之义，坚决护持约法之心，力赞元首，明辨纪纲。"（《陈炳焜谭浩明李烈钧讨逆通电》，汤锐祥编：《护法运动史料汇编》第3册，第19—20页）

△　唐继尧连发两则通电。前者反对督军团"以元首违法、宪法不良为词，宣布与中央脱离关系"，认为黎元洪免除段祺瑞总理职位，"无丝毫违法之处。至国会议决宪法之权本系法律所赋予，苟有不适，亦只应为学理之研究、意见之陈说，况未经公布，尽有商榷之余地"。并愿意兴兵讨逆。后者针对清廷复辟和督军团成立临时政府之传言，表示坚决反对。略谓："以法律为号召，而先已自陷于不法之地；以外交为口实，而已为内乱之嫌，此固智者所不为，亦岂爱国者所忍出。况欲矫正立法，亦自有可循之正轨，沉心静气以求之，未必无救济之道。"（《唐继尧宣言待命出师讨逆通电》《唐继尧宣言拥护元首维持共和通电》，汤锐祥编：《护法运动史料汇编》第3册，第13—15页）

△　驻粤滇军第四师师长方声涛致电黎元洪，主张联合西南讨逆，劝黎"以国家安危为前提"，不要引退。次日，驻粤滇军第三师师长张开儒通电全国，呼吁西南联合行动，"务使帝孽绝踪，共和巩固，法度修明，纳民轨物而后已"。（《方声涛主张联合西南讨逆致黎元洪电》《张开儒呼吁西南联合讨逆通电》，汤锐祥编：《护法运动史料汇编》第3册，第15—17页）

6月10日　致电陆荣廷、唐继尧、刘显世等人，力劝反对天津伪政府。该电酌改称谓后，亦发往黎元洪、伍廷芳。

略谓："近知天津伪政府不得列国承认，形见势绌，不得已复求荫庇于黎公。张勋、熊希龄身任调和，倪嗣冲、汤化龙复称翊戴，调停战事之人,即主张复辟之人,护拥元首之人,即主张废立之人,诬张为幻,至于此极。""伪政府首领徐世昌及各省倡乱督军、省长、护军使辈,以及去岁帝制罪犯,指嗾叛乱之段祺瑞、冯国璋、张勋,身为谋主之梁启超、汤化龙、熊希龄等,有一不诛,兵必不罢。若总统宣布赦令,亦以矫诏视之,种种维持统一之迂言,列强干涉之危语,并宜绝止勿听。"(《致陆荣廷等电》,《孙中山全集》第4卷,第102—103页)

　　△　鉴于黎元洪为自保而倾向调和,与章太炎致电陈炯明,建议宣言拥护国会,不宜宣言拥护总统黎元洪,并以歼灭诸民国叛徒为底线。

　　略谓:"目前伪政府鼠伏天津,哀求外国承认,悉被却回。而复辟、推冯两说,自相竞斗,团体涣散,至于攘臂。不得已又有拥护总统、解散国会之议,彼势既穷,则取乱侮亡,正其时也。乃黄陂不察实情,求与调和,以损元首之尊严,国会亦或自议解散,冀为黄陂解围,免于废立。不知国会一散,去中坚而存守府,叛党得挟元首以令全国,反客为主,其祸更甚于反侧跳梁。君在今日,宜宣言拥护国会,不应宣言拥护总统。拥护总统之说一出,适使叛贼占据上游,而我堕其术中。"(《致陈炯明电》,《孙中山全集》第4卷,第103—104页)

　　△　复陈蕙堂函,已收陈其美赙仪四十元,表示已放弃筹办实业建设,投身护法,维护共和。函称:"民生主义本在筹办中,现值时局已非,共和国家被倪逆等推倒,刻以挽救为重,须俟共和恢复,当继办民生。"(《复陈蕙堂函》,《孙中山全集》第4卷,第105页)

　　△　唐绍仪致电李经羲,否认李氏内阁的合法性,并反对武人当政。略谓:"得任总理本由国会同意,今国会既非法解散,组织内阁何所依据?法既不存,政何自出?况武人跋扈,纲纪荡然,即使国会恢复,尚难言治。公乃假武力以自卫,藉调停以取容,大权旁落,统一何从?公自谓恃公理为后盾,然法律、事实两无所可,公理苟存,何致酿成此紊乱之时局?"(《唐绍仪否认内阁合法性复李经羲电》,汤锐祥编:《护法运动史料汇编》第3册,第16页)

6月11日 缔结《中日组合规约》。该约"以开发中国富源为目的","办理中国各省之矿业及主要物产",资本定为上海规银二十万两,本部置于上海,支部置于东京。该约颇为秘密,规定"不得以关于组合之事项漏泄于组合以外之第三者,或与之为交涉商谈",且不得将组合员权利让与他人。该约仅为意向书,具体出资额和人员数未定。时签约者除孙中山外,还有张人杰、朱执信、廖仲恺、杨丙(廖仲恺代署)、丁仁杰(朱执信代署)、戴季陶、余建光(戴季陶代署)、蒋介石、周日宣、犬塚信太郎、协乐嘉一郎、菊池良一、芳川宪治、山田纯三郎。(《中日组合规约》,郝盛潮主编、王耿雄等编:《孙中山集外集补编》,第201—203页)

△ 代理国务总理伍廷芳发表反对解散国会通电。

略谓:"有主张解决国会为调停办法,并谓此外亦别无善策。惟兹事体大,不厌求详,且约法无解散国会明文,倘非全国意见相同,未可遽然从事。如果非依此解决大局,恐至糜烂,则法律与事实仍难兼顾。诸公深明大义,以国家为前提,务希克日电示卓见,以期有所取舍。"(丁贤俊、喻作凤编:《伍廷芳集》下册,第802—803页)

6月12日 桂林公民彭榕等代表一千五百三十九人来电,要求严惩督军团倪嗣冲等人的违法之举。略谓:"乃倪嗣冲辈竟敢恃其武力反抗中央。窃思共和国家以人民为主体,何物妖孽,竟敢违反民意,称兵作乱。榕等属国民一分子,兴亡有责,睹兹狂流,未便缄默。伏乞政府、国会坚守约法,力张公道,各军民长官迅集大兵,共殛叛贼。榕等誓以身家性命为国法后盾。"(《桂公民彭榕等请殛叛贼电》,《中华新报》1917年6月24日,"公电")

△ 广东督军署召开紧急会议。督军陈炳焜提出扩充兵械,筹集军饷,以应对北方危局,故须设筹饷局。李烈钧表示支持,"鄙人亦以为应有之事,惟望粤人尽力以得巨款云集"。议长谢已原也无奈同意,"省议会对于筹款必须依法而行,现在戒严期内,尽可由督军对于筹饷局得以全权行动"。(《南六省联合举兵之电商》,天津《益世报》1917年

6 月 20 日,"要闻")

　　陈炳焜另与省长朱庆澜商谈出师讨逆之事,"由江西、湖南、福建三路出兵,张开儒率滇军十营向江西前进,莫荣新率桂军十营向福建前进,方声涛镇守赣南,以为策应",然"议定未发"。(邵元冲:《总理护法实录》,《广东党务》第 29 期,第 4 页)

　　△　黎元洪屈从于张勋"三天内解散国会"之要挟,宣布解散国会。然总统下令,例须国务总理副署,而伍廷芳不允。黎无奈,免伍职,特任步军统领江朝宗暂行代理国务总理,副署该命令。

　　解散令以国会制宪不力为由,并引据吉林督军孟恩远等解散国会之要求。同日复通电各省,申明不得已之苦衷。电文略称:"国会再开,成绩鲜尠,宪法会议于行政、法〔律〕两方权力畸轻畸重,未剂〔跻〕于平,致滋口实。皖、奉发难、海内骚然,众矢所集,皆在国会。请求解散者,呈电络绎,异口同声。""法律、事实势难兼顾,实不忍为一己博守法之虚名,而使兆民受亡国之惨痛。为保存共和国体,保全京畿人民,保持南北统一计,迫不获已,始有本日国会改选之令。"可见黎元洪已知此举违法。(《黎元洪解散国会的通电》,汤锐祥编:《护法运动史料汇编》第 2 册,第 25、26 页)

　　6 月 14 日　为讨逆护法,胡汉民奉命抵粤。

　　为与桂系陆荣廷、陈炳焜商讨逆护法,奉命来粤之胡汉民于是日抵达广州,旋与粤督陈炳焜等晤商。汉民在 5 月 21 日致函李宗黄称,会葬陈其美后,"在京在沪,俱无所事,拟一返粤宁家。陆幹公约见于武鸣,或可于是时观光滇省,藉聆冀公①与诸先生之矩海"。(《胡汉民为拟返粤致李宗黄函》,黄季陆主编:《革命文献》第 49 辑,第 10 页)

　　△　西南各省决定出师,经赣、湘,攻皖、鄂、闽之计划,经李纯密电北京政府。内容虽未必全部确实,然亦大致可见当时护法运动开展之形势。

---

　　①　指唐继尧。

略谓:"据报:张开儒等联合粤、桂、黔、滇、川、湘六省,决定出师,拥护约法,进窥武汉,分出赣、湘,直冲扬子江要隘。陈炯明、冯自由、李烈钧等担任筹饷,举陆为盟主。粤陈督已宣布戒严。又报滇军将经赣攻皖。又报李烈钧电告彭程万军队,将次向江西进发,粤军分途入闽,川军由湘攻鄂。又报张开儒调重兵赴南雄及与赣南毗连之万山、仙村等处,梅岭亦驻重兵。"(中国第二历史档案馆、云南省档案馆合编:《护法运动》,第1页)

△ 安徽督军张勋、国务总理李经羲由津入京。(凤冈及门弟子编:《梁士诒年谱》上册,第367页)大约同时,孙氏与章太炎致电唐继尧,略称:"黄陂(指黎元洪)已属张勋、李经羲调和,是即降于叛党。陆公(指陆荣廷)持重如陶侃,怠于勤王。公护国首功,有殊余子,若不投袂急起,与川和好,联合出师,非独民国沦亡,将来蚕食所及,西南亦无以自保。及今早图,庶无后悔。一不应中央乱命,二不必与陆公先商。"(《致唐继尧电》,《孙中山全集》第4卷,第100页)

6月15日 驻粤滇军第三师师长张开儒、第四师师长方声涛等通电,准备出师讨逆。(《中华民国史事纪要(初稿)——中华民国六年(一九一七)一至十二月份》,第446—447页)

△ 广东省议会开会欢迎胡汉民。胡氏即席痛斥北方军阀干政、解散国会之罪,并云将有复辟之举。略谓:"今次回粤,在皖变既起之后,北京所见情形,报章多有登载,为诸君所共知。此次事变,并非起于仓猝,不过为帝制之余毒耳。去年帝制派已派某要人赴某国,以复辟说求某国之意见。""其祸机所伏已久,随处皆可触发,今日之事,特借此为题而已。鄙人曾晤黎总统,总统言彼辈非欲解散国会,不过欲解散总统,并非欲解散总统,直欲解散民国耳。所见非常透澈。但今日所最不可救药者,为姑息苟安之一念。""民国以国会为最高机关,今解散国会,直蔑视法律,国家与法律并存,无法律即无国家。吾粤长官议员,固皆负有责任。"(《中华民国史事纪要(初稿)——中华民国六年(一九一七)一至十二月份》,第448页)

6月16日　与国会议员吴宗慈交换讨逆护法意见。

国会议员于国会被解散后纷纷来沪，寓法租界恺自迩路惟善里国会议员通讯处。是日，议员吴宗慈来访，共商讨逆护法事宜。（吴宗慈：《护法计程》，第1页）

△　派戴季陶赴日调查复辟运动。

日本参谋次长田中义一，于四五月间曾往徐州与张勋会谈，过沪时亦曾与孙中山晤谈。后盛传中国复辟党在日大肆活动。故派戴季陶赴日调查，并致函日本前海军省军务局长秋山真知中将及田中义一中将，托季陶转达。季陶于是日自沪启程，21日抵达东京，数日后即返沪复命。（戴季陶：《日本论》，第71—72页）

△　致函旧金山《少年中国报》股东，请勿将党务牵入报务，可独立行事。

略谓："迭接各同志来函，言报事与党事时有风潮发生，深以为念。推原其故，皆缘报务与党务权限不分，是以纷乱日甚。兹特函达贵报股东先生，如关于少年报事，用人行政应由股东主持，不得牵入党中事务。如有党员无理取闹，将股东资本收归党办，务请拒绝，或诉之法律可也。"（《致旧金山〈少年中国报〉股东函》，《孙中山全集》第4卷，第105页）

6月17日　日本共同通信社消息指，广东民党于是日派胡汉民赴桂"恳请陆巡阅使为盟主"。据悉"陆氏之态度业已明了"，前由北京南下时路过徐州，与张勋"意见颇为疏通"，"两人似有默契"。"张一见即呼予（陆氏）为老大哥，予闻呼甚喜，虽其鲁莽，性怀足令文人不耐烦，然绝少机心客气。其一种豪爽诚朴之概，殊为可爱。"（《陆巡阅使回粤之雄谈》，《中华新报》5月6日，"紧要新闻"）陆氏派使者日前来京向张勋传达己意，并向众声言："陆氏对于定武①之行动均表赞成，决不反对。"（《陆巡阅使态度已明了》，《北京日报》1917年6月21日，"紧要新

_____

①　即张勋。

闻")或许陆荣廷对于张勋复辟清室表示过支持态度。

汉民南宁之行,拟邀陆来粤共商讨逆大计,惟陆另有计划,托足疾不行,但仍图藉护法以向北京政府讨价还价。(邵元冲:《总理护法实录》,《广东党务》第 29 期,第 5 页)

△　参与筹建之史坚如烈士石像在广州揭幕。广东督军、省长、家族代表和各界来宾到者甚多,并各有演说。(《史烈士石像开幕之盛况》,《中华新报》1917 年 6 月 23 日,"紧要新闻")

6月18日　致函加藤高明男爵。加藤时为贵族院议员、宪政会总裁。信函大意谓:"我即将在中国展开的工作,其成败主要靠您的协助。我确信,只要有您的协助,我一定会成功。我们现在准备清除这些无用而制造麻烦的人。他们造成了这么多的不幸,他们也阻碍了中国的进步。"(《致加藤高明男爵函》,郝盛潮主编、王耿雄等编:《孙中山集外集补编》,第 203 页)

△　致函日本立宪政友会总裁、临时外交调查委员会成员原敬,介绍戴季陶与之接洽。

略谓:"久慕令名,未亲雅教。""今者,欧战未终,东方多事。阁下出参密勿,定能发扬东亚之威光","兹乘戴君传贤东渡之便,特嘱其面谒,希开东阁,锡以南针"。(《致原敬函》,郝盛潮主编、王耿雄等编:《孙中山集外集补编》,第 204 页)

△　广东各界人士在广府学宫明伦堂,开公民大会,"到者数万人",以黎镛为主席,决以"拥护国会,催促出师"为宗旨。会毕,派代表谒见陈炳焜、朱庆澜和李烈钧。"陈督军之意谓,出师讨逆,本所主张,但非法行动则不敢附和云云。代表等退至头门,复由容伯挺申述陈督军明了态度及坚确决心。代表既退,数千人又同至省长公署,举代表入见朱省长。朱云:讨逆必见诸实行,但广东军实不丰,不免稍形棘手,然予身本为军人,则带兵亦所甚愿云云。后李协和军长亲自演说,谓自有公民请愿以来,以此次广东公民请愿为最有价值。"

随后发表通电,提出解决时局问题的四项主张:"(一)不承认解散国会为有效，对于叛徒应即出师讨伐；（二）要求国会议员速择相当地点，开非常国会；（三）速催西南及未附逆各省长官，火速出师讨贼；（四）布告全国人民及海外华侨，令担任饷糈。"（《粤公民大会与桂省会》，《申报》1917年6月26日，"要闻二"）

△ 日本背景的《天津日日新闻》报道："孙文、唐绍仪、岑春煊等民党首领对于此次中央下令解散国会一事，极力反对，且宣言无论到若何境地，必竭力抵抗，且希望日本之援助。"（《民党首领反对解散国会》，《北京日报》1917年6月18日，"紧要新闻"）

6月19日 通告中华革命党雪梨①支部同志，筹款讨逆。

通告称："近日群逆倡乱，救国须赖义师，已饬总务部通信，汇述情形。各同志爱国爱党，希迅速筹备款项，以便协助本党维持共和之用。所有各地筹饷局长及委员，应即照旧执行职务。其他章程，均照革命党筹款章程。该款齐集后，由弟电知汇交何处。至各处同志现欲回国者，可暂从缓，俟有必要，再行分别通知。"（中国国民党中央委员会党史委员会编：《国父全集》第3册，第455页）同日发布的中华革命党第3号通讯则谓："京中外交团，对于此次各省宣告独立，认为叛乱行为，请政府立予严惩声讨。今总统既不能执行职务，以惩叛督，我国人当立起义师，联同征伐，以图恢复。"（《中华革命党总务部第三号通讯》，黄季陆主编：《革命文献》第49辑，第9页）

△ 国会被解散后，不少参众两院议员出京南下，在上海成立通讯处。本日以旅沪两院议员名义，致电湘、粤、桂、滇、黔、川各省，说明根据约法，大总统无解散国会之权；且副署解散命令之江朝宗，为步军统领而非国务员，不能代理国务总理。且认为大总统受武力胁迫，已失自由。约法载命令不得与法律抵触，此次解散国会之命令，既经总统、总理自认违法，当然无效。（《中华民国史事纪要（初稿）——中华民国六年（一九一七）一至十二月份》，第454-455页）

---

① 即澳洲之悉尼。

△　脱离中央各省通电取消脱离中央宣言。21日天津总参谋处宣告解散。(凤冈及门弟子编:《梁士诒年谱》上册,第367页)

6月20日　两广督军陈炳焜、谭浩明通电,宣告两广自主。

电称:"为今之计,惟有切恳我大总统始终不背共和立国之精神,速筹适合国民心理之正当救济方法,或即恢复旧国会,或克期重组新国会,俾全国民意有所攸托,不至危及国本,此后善后事宜,自不难徐图解决。"

"炳焜、浩明并敢宣告全国:于国会未经恢复以前,法律既失效用,即无责任可言,虽有贤达出组内阁,炳焜、浩明决不敢以非法误人,且以自误。所有两广地方军民政务暂由两省自主,遇有重大事件,径行秉承大总统训示,不受非法内阁干涉,俟将上项问题完全依法解决,再行听命。"(《陈炳焜谭浩明宣告两广自主通电》,汤锐祥编:《护法运动史料汇编》第4册,第22—23页)而陆荣廷则故作调人,致电冯国璋称:"西南六省联盟易招分裂之虞,予誓必反对。至大总统维持大局之苦衷,深所谅悉。"(《公府接各方面来电汇录》,《北京日报》1917年6月21日,"紧要新闻")

宣布自主后,中央任命的广东原财政厅长去职,换上陈炳焜属意的田成斌,随后截留盐税,接收烟酒公卖局及清理官产处、广三铁路局等,并加增各种杂税附加税,甚至开放赌禁。(张淑娟:《国会议员与民国宪政(1916—1923)——以吴景濂的政治活动为中心》,第49页)邵元冲讽称:"自此而烟赌各禁,次第解除,桂系聚敛之行日著矣。"(邵元冲:《总理护法实录》,《广东党务》第29期,第5页)

△　报载旅京粤人林坚来电,认为解散国会无效,请求南下召集国会,并早定宪法。略谓:"总统早已失其自由,命令自必归于无效。所希护法诸公,奋迅起图,声罪致讨,继续护国之宣言,矢清群孽,恢张总统威信,还彼自由。国会已迫于暴力,召集宜在南方,宪法已底于垂成,续议亟宜急速,否则本实先拔,扶植无期,内外交煎,危亡立至。"(《旅京粤人致孙中山先生电》,《中华新报》1917年6月20

日，"公电"）

6月21日　张开儒发表讨逆护法通电。略谓："凡自解散国会之日起，所有由总统名义发出命令，概不承认。先立军府，郑戴元首，以代执行统治权，必至救出总统于能行自由意志之地位，始得以总统名义传行中外。"（《张开儒发表讨逆护法通电》，中国第二历史档案馆、云南省档案馆合编：《护法运动》，第2—3页）

6月22日　李经羲来电，解释自己任国务总理之缘由，乃是因为段祺瑞去职后，徐世昌、熊希龄均推辞不就，而时局艰难，遂勉为其难就职，且以三个月为期，强调执政将超越南北派系之争。（《李经羲致孙中山等电》，桑兵主编：《各方致孙中山函电汇编》第3卷，第40—42页）

6月23日　与岑春煊、唐绍仪联名致函南下上海的海军总长程璧光，劝其勿因护法各派间有政见分歧的传闻而心存疑虑，请他到哈同花园共商大计。略谓："此次海军拥护共和，义声久著于全国，微闻将士有以弟等办事未能统一，转觉迟回。实则弟等同以救国为志，断无自相睽牾之理。如执事果以弟等不统一为疑者，请释廑怀，并于二十三日下午六时在静安寺哈同花园略备晚餐，敦恳驾临，俾得面商一切。"（《致程璧光函》，《孙中山全集》第4册，第106—107页）程氏得书，"以三君老成谋国，一本公忠，不含丝毫私见，为之喜形于色"。（莫汝非：《程璧光殉国记》，黄季陆主编：《革命文献》第49辑，第372页）

△　复余荣函，收到汇款一百○七镑汇单，但缺副票，无法取款，并谢其致陈其美赙仪十五镑。（《复余荣函》，《孙中山全集》第4卷，第107页）

6月24日　道路传闻，近日政界有发起元老院之讯。此缘于日本顾问有贺长雄条陈，以及冯国璋与贵州督军刘显世电请召集各省代表共同解决时局问题。原拟由冯国璋、张勋、王上珍、陆荣廷、徐世昌、段祺瑞六人成立元老院，后扩充改组为政治会议，增加孙中山、岑春煊、唐绍仪、章太炎、康有为、梁启超、吴景濂、王家襄、王正廷、汤化龙等名流，以及各省区各派代表二人。组织略仿日本枢密院和袁政府之政治会议前例,商讨成立正式内阁、制订宪法等重要问题。(《元老院与政治会议之汇闻》,天津《益世报》1917 年 6 月 24 日,"要闻")

　　△　与朱庆澜一直暗斗的广东督军陈炳焜以"自主"时期全省军事必须统一为由,下令接管省长公署所属的警卫军。当天下午,陈炳焜即派林虎见朱氏,要求移交全省警卫军一百○四营(另说四十营)。朱以准备出师讨逆为由,据理力争,才获准从警卫军中抽出二十个营作为省长亲军,仍归自己统率。朱氏随即委任陈炯明为亲军司令。(汤锐祥:《护法舰队史(增订本)》,第 39 页)

　　此粤军二十营基本上是护国之役中的陈炯明旧部。陈在 1916年收束军事时,对朱全力支持合作,彼此感情融洽。故朱此时急邀陈回粤,假以亲军司令之名,奉还旧部,藉为己助;而陈亦深知其意,不以为忤,欣然就任。(赵立人:《程璧光与护法运动》,《历史研究》1999 年第3 期)

　　6 月 25 日　粤桂督军陈炳焜、谭浩明不理会黎元洪来电,重申自主之意,并主张恢复国会。

　　略谓:"顷奉大总统漾(23 日)电开:号、简电均悉云云,必能谅我苦衷也,等因,奉此。查文电经已奉到,我大总统忍辱负重,委曲求全,孤诣苦心,天下共谅。唯炳焜、浩明号电宣告全国,系属依法立言,以求正当之救济方法,免危国本。""炳焜、浩明之所主张,本极明了。兹奉大总统漾电训示,实与炳焜、浩明号电本旨,未尽切合。"(《中华民国史事纪要(初稿)——中华民国六年(一九一七)一至十二月份》,第462 页)

　　△　广西省议会来电,从法理上反对解散国会,吁请护法讨逆。

　　略谓:"今约法向无解散权之规定,则元首当然不能行使此权。况制宪机关与立法机关不同,其地位其权力,实轶出于立法、行政、司法各机关之上。立法机关尚依法解散,而制宪机关则绝对不容解散。群以宪法为国家之生命所由寄,须于制宪者以绝对之自由,此微独法家学说惟然,即商之各国亦无解散制法之先例。今以制宪法机关不良为名,解散国会,是所解散者为制宪机关之宪法会议,而变立法机关明甚。此令一下,直不啻将民宪制定根本取消共和也,国于何托命。"（《广西省议会吁请护法讨逆通电》,中国第二历史档案馆、云南省档案馆合编:《护法运动》,第 392—393 页）

6 月 26 日　陈炯明来电,报告胡汉民劝说陆荣廷无效,其已运动滇、粤军和李烈钧欢迎孙公返粤。

略谓:"展说陆尚无消息,此恐画饼。炯近运动滇、粤军及李欢迎公回,均晚效。拟□乘新宁轮来详,计划邀同返粤主持,请准备起装。"（环龙路档案第 02396 号）

6 月 27 日　报载,陆荣廷、唐继尧来电,请就近敦促"独持冷静态度"的岑春煊来粤共商大计。略谓:"闻昨特发一电与孙中山、温钦甫、唐少川诸人,请就近敦速岑氏,无论如何总须克日来粤,赞襄大计,并与本省当道电商,拟于在粤各民党中遴择一员,派遣赴沪谒见岑氏,面为促驾。"（《出兵声中之粤省杂讯》,《申报》1917 年 6 月 28 日,"要闻二"）另说,岑春煊曾拟乘海容舰,先于孙中山南下,与桂系重组军务院,但因为孙派人阻挠,而未成功。（《孙中山三次在广东建立政权》,第 40 页）

△　饬人向程璧光送交军费三十万元。"时公以海军既与北京政府脱离关系,军费无所出,而护法进行不容缓,又不可一日缺饷糈,遂受焉。"（莫汝非:《程璧光殉国记》,黄季陆主编:《革命文献》第 49 辑,第 372 页）后来鉴于报章诬枉程氏受贿护法之事,军政府海军司令部曾发言辩诬:"舰队出发以煤饷为先,当时系中山先生筹得三十万元以备应用,原系乐输,并非逼勒。此项款目,为陆续供给军用,并购买煤斤料件等,并有帐据可稽,何得无端诬捏。"（《诬程故总长者可以休息矣》,上海《民国日报》1918 年 3 月 12 日,"要闻"）

△　香港林来来函,报告收悉第 3 号通告,并述英政府检查、限制党人文电,以后来往书函均由经过上海之船员携带。（环龙路档案第 01883 号）

△　李烈钧、张开儒、方声涛在粤布置军事，准备出兵北伐。
（《中华民国史事纪要（初稿）——中华民国六年（一九一七）一至十二月份》，第468页）当时，朱庆澜已赞成出师讨逆，并与李烈钧、张开儒等组织滇粤联军，以朱为总司令，李为总参谋，张、方为前方司令，聘胡汉民为秘书，北伐的首要目标是福建。然"碍于桂系，事不果行"。（蒋永敬：《民国胡展堂先生汉民年谱》，第209—210页）

6月29日　戴季陶经犬养毅介绍，会见日本立宪政友会总裁原敬，并转交孙中山在18日写的介绍信。原敬出任"临时外交调查委员会"成员，孙氏希望藉此联络，改变寺内内阁的援段政策。原敬虽然在与戴氏面谈时不置可否，但在外交调查委员会讨论时，却直接批评援段政策："从中国的现状看来，将来如何？ 完全不知道。是南北相妥协呢？ 还是有力者将它统一呢？ 总之，视其结果再援助之，这是得策。"（彭泽周：《近代中国之革命与日本》，第279—283页）

是月　致函日本首相寺内正毅，盼其了解东亚情势，举亲善之实。但未见寺内对此作任何答复。

函中批评日本："贵国政治家之诚意又为其所采手段所累，不能见信于中国之民，每有国际问题兴起，中国人每疑贵国之亲善为有野心"，日本"于新旧冲突之际，于表面标榜中立，而实际则不问正义之所在，惟与武力优者为友，人民因之信贵国之言亲善为以图利为旨，非出义侠之情矣"。"今者北洋军人虽以武力破约法，毁国会，囚总统，有似优势矣，而其非能统一长久，亦已炳然。纵使贵国加以援助，终难使民心悦服，此贵国政治家所最宜注意之时机也。""为贵国计，惟以正义定所当助者，即助之于无力之时，使其成功，必感激于真正之援助，信其非出私图，亲善之感情可结，东亚之和平可期也。"（《致日本首相寺内正毅函》，《孙中山全集》第4卷，108—109页）

△　复函夫人卢慕贞，指示接济乡里和孙科建屋费用安排。

略谓："乡中学堂今年之费，并所开列接济穷亲之费，每年自当如数寄回，所应赒恤之人，由夫人酌量便是。兹汇来沪银三千元，申港银三千余元,照单察收可也。阿科建屋所借孙智兴先生之二千元,不必由此归还,待阿科一两月后收得朱卓文先生之款,然后还之也。"(《复卢慕贞函》,陈旭麓、郝盛潮主编,王耿雄等编:《孙中山集外集》,第382页)

7月

7月1日　安徽督军张勋、康有为等进入清宫,拥立废帝溥仪复辟,改元并颁布"大权统归朝廷,定为大清帝国"等九项施政方针。故在晚上,与来沪的国会议员吴宗慈等人共商讨伐复辟事宜。(吴宗慈:《护法计程》,第1页)

△　黎元洪来电,反对清室复辟,望出师讨贼,并述事变经过。

略谓:"昨晚十二点钟,突接报告,张勋主张复辟,先将电报局派兵占领,今晨梁鼎芬等入府面称,先朝旧物应即归还等语。当经痛加责斥,逐出府外。风闻彼等业已发出通电数道,何人名义,内容如何,概不得知。元洪负国民付托之重,本拟一俟内阁成立,秩序稍复,即行辞职,以谢国民。今既枝节横生,张勋胆敢以一人之野心,破坏群力建造之邦基,及世界各国公认之国体,是果何事,敢卸仔肩。时局至此,诸公夙怀爱国,远过元洪,佇望迅即出师,共图讨贼,以期复我共和,而救危亡。"(《黎元洪通电》,桑兵主编:《各方致孙中山函电汇编》第3卷,第44—45页)

△　复辟失败后,有在华外媒指出,张勋有收受德人贿赂之嫌,"复辟黑幕中有德人为之指挥,则大约可无疑义"。并暗指孙中山等人听受德人之指挥,称:"此次复辟确已失败,然犹有一百五十万元之巨款在忠于德人者之手,则彼等仍必极力捣乱,以阻中国参预欧战之一举。"(《杂事》,《北京日报》1917年7月19日,"群报汇选")

△　中华银行召开股东会,当选为中华银行监察人。(《中华银行股东会纪事》,《申报》1917年7月2日,"本埠新闻")

7月2日 致电天津吴景濂,嘱速来沪,将津事交予蔡元培、张继办理。其时段祺瑞本有联合民党、共同反对复辟之意,然惑于梁启超、汤化龙的极力反对,遂未能合作。(《吴景濂自述年谱(下)》,中国社会科学院近代史研究所近代史资料编辑组编:《近代史资料》总107号,第54页)

邀约吴氏南下,乃是为了解决与海军在政治主张上的分歧。海军坚决拥护黎元洪复位,即便另组政府,总统之位也必属黎元洪。而孙的政治诉求是另组政府,自为总统。正如唐绍仪所言:"电兄速来申原因,乃与海军定约事件。此次国会解散后,海军由各方面接洽,第一舰及其他各军舰已有十数只,愿同合作。惟海军主张有三事:(1)护约法,(2)护国会,(3)拥护合法总统。与中山意见不合,调停结果,此事取决于国会。而国会现在又不能开会,惟与两院议长协商妥协后,方能签字去粤。现在沪仅有参议院副议长,故望先生早来,解决此事。"(《吴景濂自述年谱(下)》,中国社会科学院近代史研究所近代史资料编辑组编:《近代史资料》总107号,第55页)

△ 两粤国会议员龚政、覃超等人赴粤,请国会议员来粤会商国事,陈炳焜表示赞同,并布告拥护共和,维持治安,以定人心。(邵元冲:《总理护法实录》,《广东党务》第29期,第5页)

△ 黎元洪以"不能执行职权",电请副总统冯国璋代行大总统职务。另外任命段祺瑞为国务总理。(《中华民国史事纪要(初稿)——中华民国六年(一九一七)一至十二月份》,第520页)

7月3日 就张勋复辟事,与章太炎、唐绍仪、程璧光、汪精卫及海陆军各军官在上海寓所会商。(莫汝非:《程璧光殉国记》,黄季陆主编:《革命文献》第49辑,第354页)

据章太炎之忆述:"复辟祸起,国命已断,黎公避居日本使馆,孙公欲复称临时大总统,余亦谓可行也。七月三日,集议孙公邸中,玉堂(即程璧光)起言奉大总统命,国家危急,属孙先生维持国事。孙公答曰:'当复设临时政府。'唐绍仪起持驳议。玉堂曰:'所谓维持国事者,谓起兵讨贼,其他非所敢知也。'议不决。余就语玉堂曰:'国无元首。闻黎公避居日本使馆,君统帅海军,当以军舰奉迎。可先电日本公使,护黎公至海军泊所。不然,南方无主,何以自立。'玉堂曰:'本有军舰两艘,在秦皇岛,即传无线电语之。'少顷,余为拟电致日本公使。明日,日本公使辞以难。于是决策以军舰护孙公至番禺,冀有所建设矣。"(汤志钧编:《章太炎年谱长编》上册,第 548 页)

英文《大陆报》有更为详细的报道。参与会议者包括:海军总长程璧光、海军总司令萨镇冰、第一舰队司令林葆怿、上海护军使卢永祥之代表马鸿烈(军署参谋)、唐绍仪、孙中山、孙洪伊、章炳麟、汪精卫及前总统府秘书郭泰祺、英文《京报》记者陈友仁。诸人一致反对复辟帝制。然关于孙中山提议成立临时政府,唐绍仪极力反对:"复辟既未经友邦承认,中华民国依然存在,民国政府为惟一之合法政府。若设临时政府是与北京伪政府相等,反将与伪政府争列国之承认。故最善之法为将合法之中央政府迁至上海,继续执行合法之职务。"最终定下迎黎南下之计划(传闻黎由日兵保护即行出京),拟将(一)出师讨逆;(一)设立陆海军总机关于上海;(一)在沪择一地点为拥护民国之人士合聚之所。"一俟政府设置于上海后,即将旧国会重行召集。"(《外报之记载》,《中华新报》1917 年 7 月 5 日,"本埠新闻";《上海反对复辟之大计划》,《时报》1917 年 7 月 5 日,"本埠新闻")

孙中山于会上发表激烈谈话:"此不但共和与帝制之争,实为全体国民反抗武人专制之争。试思今之断行复辟者,既非拿破仑,亦非亚历山大,乃一蕞尔之张勋耳。答〔苟〕中国人民于此竟贴耳驯服,则中国不独当然受各大国之侮辱,亦且当受各小邦如暹罗者之欺凌矣!"(《西报纪海陆军及民党大会议》,上海《民国日报》1917 年 7 月 5 日,"本埠新闻")又据《时报》载:"本埠自复辟之事实现以来,人心愤激,兹闻孙中山先生以奔走革命数十年,共和告成六稔,今一旦破坏,且有种族关系,闻讯之下,愤不欲生,昨特就环龙路本宅召集各要人、各同志会议,誓不与共天日,协议扫穴犁庭计划,并闻孙先生会议之后,不觉放声痛哭云。"(《复辟声中之上海》,《时报》1917 年 7 月 4 日,"本埠新闻")

△　唐继尧在云南通电全国,宣布讨逆,"命将出师,声罪致讨"。(《唐继尧驰檄讨逆通告全国电》,第二历史档案馆、云南省档案馆合编:《护法运动》,第5页)实际仍是注意滇系势力之发展,特别是向四川方面之扩张。其致李曰垓密电指出:"日来复辟实现,刘存厚叛受伪命,围攻成都,情势与前不同。此间除通电讨逆外,并切筹对川办法,大局幻扰如是,恐由割据促成联邦,将演成事实,然须视结合之分子如何。分子良则可即此以图富强,否则将蹈亡国之惨,故滇人势力务须注意保持,徐图发展。驻粤军队切不宜轻于开动,俟此间妥筹一致动作,望与藻林①切言之。"(云南省档案馆藏唐继尧档案106—3—1337)

△　报载岑春煊反对宣统复辟的通电。(《岑西林先生讨逆电》,《中华新报》1917年7月5日,"公电")其时,孙中山与岑春煊宗旨方针有异,岑在恢复国会的前提下,愿与段祺瑞合作,而不满孙氏继黎之后为总统。据张君劢称:"西林于合肥②之举义,颇示倾心。有毁合肥者,曰合即辞矣,亦应视国会之准否,以孙文辞职,曾经参议院许可也。至国会则主张恢复,但云此次国会之开,应但议宪法,事前逐条协商,商妥后再开,故开会之期以三四日为限,如是不至干涉行政,激成意气也。问其有无把握,则曰视各党如何协商而已。至参议院之说反对颇烈,孙派之言曰:昔孙之辞职,以宣统退位为条件,今宣统复辟,则孙当然复取得总统之资格,张熔西③告我曰:此之谓双复辟也。岑派则于河间④代行职权,并无间言,曾派行严⑤来此道贺,并述恢复国会之希望。森十日至申与熔西谈甚久,大旨告我曰:总统而不辞,则黄陂总统资格当然存在,肥之复职之害,视宣统复辟为尤烈。西林答以私人感情为一事,公论究不可没。合肥本有月给其津贴二千元之说,

---

①　指张开儒。
②　指段祺瑞。
③　指张耀曾。
④　指冯国璋。
⑤　指章士钊。

望速图之,孝怀①曾以此相属也。"(丁文江、赵丰田编:《梁启超年谱长编》,第533页)

△ 杨度来电,揭载致张勋、康有为的电文内容,表示自己平生信仰君主立宪,而此次复辟种种措施却是倒行逆施,祸乱国家,因此主张及早取消,并请黎元洪复位。

略谓:"由共和改为君主,势本等于逆流,必宜以革新之形式、进化之精神行之,始可吸中外之同情,求国人之共谅。且宜使举世皆知为一国策治安,不为一族图恢复。至于个人利害问题,尤宜牺牲罄尽。有此精神识力,庶几事可望成。""凡所设施,皆前清末叶所不敢为,而乃行于今日共和之后,大悖人情,至此而极。度认公等所为,与君主立宪精神完全相反。如此倒行逆施,徒祸国家,并祸清室,实为义不敢为。"(《杨度致〈时报〉及孙中山等电》,桑兵主编:《各方致孙中山函电汇编》第3卷,第45—46页)

△ 护国第二军(驻粤滇军)将领李烈钧、张开儒、方声涛来电,激烈反对张勋复辟,表示要率师讨逆。

略谓:张勋"竟敢以中华民国安徽督军之职,渔政变之利,假作调人,僭兵京邑,凌胁我总统,弑害我国会,奉其异族螟蛉之幼主,叛我民国,窃我神器,以奴隶臣妾之旧制,重污我四万万华国之官民,是可忍,孰不可忍? 钧等忝为民国军人,于役共和,一再而之,闻变怆神,悲愤填胸。一军将士,横剑暴怒,敢率我护国第二军,申讨叛贼,为天下先"。(《李烈钧、张开儒等致黎元洪、孙中山等电》,桑兵主编:《各方致孙中山函电汇编》第3卷,第46—47页)

△ 重庆熊克武来电,与周道刚一致反对复辟,主张讨逆。

略谓:"诸公手创民国,艰难缔造,数年以来,虽忍痛未发,乃义务所在,宜准备有素。克武锋镝余生,惟知拥护共和,现已与周凤池②

---

① 指周善培。
② 即周道刚。

师长一致主张,其他蜀事,受兹刺激,当可转圜。惟鄙见所及,似宜划除南北,□□清室。唯当申讨诸逆,以示大公。"(《熊克武讨逆电》,桑兵主编:《各方致孙中山函电汇编》第3卷,第47页)

△　黎元洪因公府卫队被撤换,被催交三海,遂带侍卫武官唐仲寅、秘书刘钟秀,迁出公府。本拟移居法国医院,旋复折入驻京日本使馆域内之使馆武随员斋藤少将官舍。(凤冈及门弟子编:《梁士诒年谱》上册,第372页)

△　段祺瑞及北洋派军事将领冯国璋、曹锟等通电讨伐张勋。(《中华民国史事纪要(初稿)——中华民国六年(一九一七)一至十二月份》,第524页)

△　程璧光与淞沪护军使卢永祥于本日联合通电,宣布愿率驻沪海陆军将士讨逆。(莫汝非:《程璧光殉国记》第3章,第5—6页)

△　国会议员以非常会议之议决,电请总统黎元洪南下护法。略谓:"现国会以非常会议之议决,暂设军事上统一之机关,以达到恢复约法之效力,国会及大总统完全行使其职权为止。谨电速驾,即日南来。"(《中华民国史事纪要(初稿)——中华民国六年(一九一七)一至十二月份》,第530页)

7月4日　致电西南六省各界,认为冯国璋无权代理总统职权,应火速协商建设临时政府。

电文指出:"依法:大总统不能行使职权,副总统应行代理。惟副总统冯国璋当倪逆反侧之时,力能申讨而佯守中立,阴与周旋,兼为从中游说,迫胁元首,申请解散国会,实属通同谋叛,觊觎非望,叛迹既彰,即为内乱罪犯,代理之法已属无效。"而"唯西南六省,为民国干净土,应请火速协商,建设临时政府,公推临时总统,以图恢复。一面先行通电拒绝冯氏代理,以免人心淆惑。非常之事,不容拘牵法律,静待国会选举,数省公认,即为有效"。(《致西南六省各界电》,《孙中山全集》第4卷,第110—111页)

△　致电参众两院议员,盼其毅然南下护法。其时国会召集地

点拟在上海。

电称："艰苦备尝,始终不渝,民党精神,惟寄全国。此次时局陡变,暴力之下,已无国会行使职权之余地,亟应全体南下,自由集会,以存正气,以振国纪。兹特派汪君精卫驻沪招待,刘君成禺、符君梦松北上欢迎,请毅然就道,联袂出京,无任盼切。"(《孙中山致参众两院议员盼毅然南下护法电》,汤锐祥编:《护法运动史料汇编》第2册,第35页)

△ 乘应瑞舰至舟山,访镇守使顾乃斌,促其讨逆。顾不敢,孙即返沪。(罗家伦主编、黄季陆增订:《国父年谱(增订本)》下册,第760页)

△ 大约在此前后,运动浙省张、童两师长①,允助攻闽;鄂省黎、石两师长②允助攻赣。(《马凤池密报》,中国社会科学院近代史研究所近代史资料编辑组编:《近代史资料》总36号,第41—42页)

△ 驻粤滇军第三师师长张开儒通电,请迁都广州。(《中华民国史事纪要(初稿)——中华民国六年(一九一七)一至十二月份》,第540—541页)略称:"国都既陷,政无所出,维今大计,速迁政府,设置地点,广州为宜,组织内阁,遥戴黎公。"(《张开儒主张迁府广州遥戴黎元洪电》,汤锐祥编:《护法运动史料汇编》第3册,第40页)滇督唐继尧密电告诫:"该师通电,言太激烈,有损无益,以后应特别注意,用人尤宜慎择。我军远驻,主客易势,投鼠忌器,不可不知。即使意有未惬,不妨虚与委蛇,慎勿偏激为也。"(云南省档案馆藏唐继尧档案106—3—1337)其时滇军驻粤,与桂系矛盾颇多,故唐继尧嘱张开儒小心从事。

7月5日 唐继尧密电徐之琛,拟暂不宣布护法,并令探陆荣廷之态度。电文略谓:"中山等计划,深佩伟略。滇中宗旨相同,惟因川事未决,急切不便宣布,以致多于树敌,故暂时虚与委蛇,以敷衍中央。一俟川事得手,即当明白宣布,与粤、沪一致进行,以达护法救国之目的。闻粤、桂内幕不明,究竟所言计划,能趋向一致否?陆公系

① 张载阳字暄初,曾任浙江台州镇守使;童保暄字伯吹,任暂编浙江第一师师长。
② 黎天才为湖北襄阳镇守使,石星川为湖北第一师师长,两人于本年12月宣布独立反段。

西南重望,尤宜早决,庶足以号召团结,其态度确系如何,希探以告。香石(即叶荃)不日即启行赴粤矣。"(《唐继尧拟暂不宣布护法并令探陆荣廷态度密电》,中国第二历史档案馆、云南省档案馆合编:《护法运动》,第408—409页)

△ 黎元洪之代表、总统府军事幕僚长金永炎抵沪谒见,表示黎氏决意辞职,将印信交与冯国璋代理总统职权。(李守孔:《国父护法与广州军政府之成立》,《中国近代现代史论集》第27册,第18页)金永炎亦向程璧光道及此意。程即致电副总统冯国璋,表达拥黎之意。略谓:"海军直隶于大总统。本总长奉大总统命而来。大总统尚在,即大总统之号令未绝,不能认为自由全失,已派军舰奉迎矣。"(莫汝非:《程璧光殉国记》第3章,第7页)

7月6日 与章太炎、朱执信、陈炯明、许崇智等由上海启程赴广州①。

孙中山起初与唐绍仪等人议定移设民国政府于上海,"嗣鉴于上海方面外交之牵制过多,且海军方面亦表示,如能饷项有着,而西南能表示欢迎者,亦可将海军移驻广州,以两粤为护法根据。总理因此决先行赴粤接洽,乃乘应瑞、海琛两舰南下"。(《总理护法实录》,《广东党务》第29期,第6页)

关于陈炯明随行,据罗翼群回忆:该舰到汕头后,"我在舰上以此私向许崇智询问究竟,许告我说:竞存(炯明字)此次到沪,已幡然觉悟,认识到革命唯有服从中山先生领导才是正确的道路,经向先生表示竭诚拥护,故先生邀之同行,将来抵粤,当有用处"。(罗翼群:《记孙中山南下护法十年间粤局之演变》,《广东文史资料》第25辑,第107页)

---

① 关于孙中山离沪赴粤时间,吴宗慈《护法计程》记载为7月8日,但据廖仲恺于是月11日《致饶潜川等函》载:"中山先生于鱼日(按即6日)乘兵舰归粤。"(廖仲恺、何香凝著,尚明轩、余炎光编:《双清文集》上卷,第82页)吴景濂引唐绍仪之语,亦谓"中山先生已于六号乘海琛赴粤,留汪精卫在沪接洽"。(《吴景濂自述年谱(下)》,中国社会科学院近代史研究所近代史资料编辑组编:《近代史资料》总107号,第55页)《北京日报》7月8日引用共同通信社消息亦指孙中山"已于六日搭乘军舰应瑞号由沪赴粤"。后者当可靠。

　　此讯恐不确,自上月陈氏与朱庆澜结盟,得其省长亲军二十营,即赴沪劝说孙中山来粤。"时陈炳焜督粤,炯明与联宗谊,得居其公署,充高等顾问,复时与省长朱庆澜往还。未几,督军团叛变,张勋复辟,炯明适赴沪,至则闻孙公倡言护法,联海军舰队谋取江浙沿海地方为根据,始谋上海不果;继谋宁波,亦不果。炯明乃诣孙公献议赴粤。孙公云,吾正欲赴粤耳。会驻粤滇军第三师长张开儒率先来电赞成护法,并致欢迎之意,李烈钧在沪,闻电亦遄返粤。于是孙公决赴粤东。"(鲁直之、谢盛之、李睡仙:《陈炯明叛国史》,第 14 页)有学者甚至认为:"陈之拥有实力并亲自北上劝驾,对孙中山及舰队南下实有决定性影响。"(赵立人:《程璧光与护法运动》,《历史研究》1999 年第 3 期,第 183 页)

　　然孙、陈二人的护法主张实有不同。据"六一六"兵变后粤军将领发表的关于粤军略历的叙述中称:"竞公①计划,本拟拥护孙中山联合滇粤诸将组织讨贼军,而不欲中山在粤遽组政府,招人疑忌。……故竞公志在北伐,所急欲得者兵,有兵则进行自易。孙中山则志在称尊,所急欲得者总统,得总统则可以偿其欲望,而不知无实力无地盘而妄欲以空名虚位臣服他人,宰制天下。"(段云章、沈晓敏编著:《孙文与陈炯明史事编年(增订本)》,第 185—186 页)

　　△　报载,上海女子同义学校各职员拟择期开救亡大会,并致电孙中山,请其"领袖南方,号召各省,誓师北伐"。(《各界公电通函汇录》,《申报》1917 年 7 月 6 日,"本埠新闻")

　　△　江苏省议员季通、张援等人来电,主张依据《临时约法》,请冯国璋副总统代行总统职权。

　　略谓:"民国一日未亡,即不能一日无政府。报载诸先生会议,将迎总统南下,设政府于上海,谋国之忠,至为钦佩。惟总统尚在日使馆,南下未知何日,全国汹汹,陷于无政府之地位,军政民政不可失统治之人,行兵无系统,善后无计划,一盘散沙,危险万状。诸先生平昔

———————
　　①　指陈炯明。

主张,莫不拥护约法,则极宜通电各省,按照约法,请副总统代行职权,有敢弁髦约法者,天下共击之,庶几讨逆军队统率有人,民国根本无忧摇动,不至以'无政府'三字予兆姓以恐慌,为万邦所僇笑。"(《苏省议员通电》,《申报》1917年7月7日,"公电")

△　国际仁会陈允中、史泽阄、易宗夔等人来电,主张由冯国璋"克日就任组织临时政府"。(《各界电函摘录》,《申报》1917年7月8日)

△　冯国璋发表代理大总统就职布告:"黎大总统因不能执行职务,国璋依大总统选举法第五条第二项,谨行代理,兹于七月六日就职。"(《冯国璋代理大总统就职布告》,黄季陆主编:《革命文献》第49辑,第93页)段祺瑞亦于是日在天津设国务院办公处,并发布惩办祸首令。(《中华民国史事纪要(初稿)——中华民国六年(一九一七)一至十二月份》,第551页)

△　"筹安六君子"胡瑛来电,反对复辟,"瑛自乙卯以来,引罪负谤,废弃人事,虽有隐痛,耻于自陈,际斯危难,敢忘素志? 苟利于国,虽死不辞"。(《各界电函摘录》,《申报》1917年7月8日,"本埠新闻")

△　李烈钧密电唐继尧,建议先组织滇、黔、川三省军事联合机关,再图西南六省一致。略谓:"观察两粤情形,西南统一机关一时尚难成立。二公似宜先从联合黔川,组织三省军事联合机关,推冀公①任总司令,监察事宜,再图西南六省一致。联合海军,已由西林接洽,与南方一致。"唐批语:"组织三省联合机关亦是好办法,惟由此间发动,殊难开口耳。"(云南省档案馆藏唐继尧档案106-3-763)

7月7日　丙辰杂志社郑立三、夏雷、邢绍基等人来电,主张讨伐倪嗣冲、张勋等逆,重定首都,拥护国会。

略谓:"今日倪、张造反,群起讨伐,张兽势已投阱,倪禽尚在回翔。然飞鸷狡于走狼,走者易逐,飞者易逝。诸公权理法刑,首祸如倪,万不可再留,以为后患。此其一。政治恶氛,寋成燕北,纵有贤

---

① 指唐继尧。

才,一入其内,变节无形。袁贼利用旧部,亦终失败,且外患之迫,左辽前鲁,隔绝中南,此次诸公应时易治,首宜改定策原之地,不可再惑于都北之旧说。此其二。国会为共和国之命根,产出自有法母。诸公勿因好恶所存,各自支离条议,恐平衡稍过,而借名为争者,又在于后矣。此法律问题,不可不慎重者,其三焉。"（《丙辰杂志社致孙中山等电》,桑兵主编:《各方致孙中山函电汇编》第3卷,第50—51页）

△　旅津国会议员吕志伊等二百三十七人联名来电,支持冯国璋代行总统职权,勿组织临时政府。

略谓:"今日救亡大计,必当根据约法解决一切问题。苟或以私意为从违,于约法有所出入,甚且流为约法外之行动,则是自肇分裂,后患何穷。且法律恃武力为后援,可以武力保障约法,不可以武力破坏约法。刻闻副总统业经依法执行大总统职务,法律解决会当不远。同人不敏,誓当于宪法未颁布以前,以全力拥护约法,使完全有效,大义所在,死生以之。"（《旅津国会议员通电》,《中华新报》1917年7月12日,"紧要新闻"）另有旅津国会议员吴景濂等六十五人通电护法及表明解决时局之主张。（《中华民国史事纪要(初稿)——中华民国六年(一九一七)一至十二月份》,第556—558页）

△　伍廷芳抵沪,携来外交部印信,在上海交涉使署照常行使外交总长职权。（罗家伦主编,黄季陆增订:《国父年谱(增订本)》下册,第761页）

△　段祺瑞讨逆军东路进攻丰台,西路及新加入之第十二师陈光远部、倒戈之近畿第二旅吴长植部,从后夹击。张勋军向西北方向溃窜,讨逆军遂占丰台。废帝溥仪自行取消复辟。（韩信夫、姜克夫主编:《中华民国史·大事记》第2卷,第857页）

7月8日　众议院议长吴景濂、参议院副议长王正廷、孙中山代表汪精卫、唐绍仪、海军代表在孙氏沪上寓所开会协商。海军代表强调:"海军所主张三事,为此次护法之根本条件,不能修改。中山先生在沪时,所主张的一切办法,与海军所主张不同。"汪精卫表示:"孙先生临行时,嘱吾为代表陈述意见。孙先生此次出来护法,以国会意见为意见,绝无自己主张在内。"于是最终的决定权落在吴、王二人身上。吴、王表示护法要在法律范围内进行,不合法者,不敢为之:"予之意思,以护法为主点,凡在法律范围内者,国会愿与诸公共同进行。不合法律者,则不敢为之。国家多难如此,诸公皆首造民国之人,能发起护法,吾等实为感谢。而护法非有实力不可,海军创此伟图,尤为公正合法,吾等对海军诸公表明态度,景濂绝以法律追随诸公之后,违法之事则不敢作。"并担保"予为议会代表,只知守法,法以外不敢闻命,虽有强迫,决不服从"。

这实际上支持了海军的主张。吴景濂等国会议员亦主张护法,但其态度比较稳健,主张在法律范围内护法。海军对这样的结果表示满意,称:"吴议长之说,吾等极为佩服,若依所说,极愿签字。"汪精卫亦表示没有异议,并承诺孙中山必会尊重会议结果:"吴议长之说,孙先生决能尊重,请诸公不要再为迟疑。"在国会议长的担保下,海军代表遂决定签字赴粤。(《吴景濂自述年谱(下)》,中国社会科学院近代史研究所近代史资料编辑组编:《近代史资料》总107号,第55—56页)

△　报载,南京张光祖通函孙中山等人,主张由伍廷芳来沪组织政府,并确定国会集会之时间和规则。

略谓:"政府组织不宜法外他求。江贼副署,众认违法。秩老①资格依然存在,一面电请秩老南下,着手组织;一面复电请江、李副署免职之各部众、次长集沪任事。间有心怀叵测,匿不敢来者,则任命相当者以署理之。统俟国会追认,庶于法理有所根据,訾议无自横生。国会集会虽已通告,未定地点,并无日期,仍系空空洞洞,不足以救非常。现在地点已定,当再发布有定期之集会通告,并须附有报到截止之适当期限,俾观望者有所戒惧。逾期不到,即行传补。"(《各界电函摘录》,《申报》1917年7月8日,"本埠新闻")

7月10日　乘舰抵汕头。

---

①　指伍廷芳。

晨,抵达汕头①。潮州镇守使莫擎宇、道尹黄孝觉派代表到码头迎接,并安排在镇守使署安宿。(《孙章陈诸先生抵汕记》,上海《民国日报》1917年7月17日,"要闻")之所以先赴汕头,盖有意以潮汕为护法根据地,此从陈炯明之意。"炯明又力主先赴汕头,谓镇守使莫擎宇惟其命是听,孙公从之,乃抵汕而莫擎宇反致欢送之词。"(鲁直之、谢盛之、李睡仙:《陈炯明叛国史》,第50页)

孙氏会见莫擎宇时,略谓:"在粤组织政府一节,在沪时商诸各巨公,均认为正当,海军全体亦已赞同,金举渠为总司令。"并云:"粤督陈炳焜当督军团之事发生日,以筹备出师之空言哄骗吾辈。其实则与段氏暗通。此次举事自须首先去陈,免为腹心之患。将来督军一缺,须以君乘乏。"(《各省状态》,《北京日报》1917年8月3日,"群报汇选")可见对于桂系实存戒心。

时莫擎宇、黄孝觉实则附北,在孙氏抵汕后,即通过梁启超向冯国璋密报其动态并请示对付办法。略云:"惟孙中山、章太炎、竞存(即陈炯明)等青日乘应瑞舰赴粤过汕。据云,已联络海军第一舰队实行反叛,且拟在粤另立名目,组织机关,并联驻粤滇军进取福建,如何对付,请芝帅电示办法,一面电闽防备,一面电陆、陈抵拒,以免别生枝节。现孙等仍留汕头。"(《梁启超关于孙文等拟在粤进取福建请示对付办法致大总统电》,《北洋政府大总统档案》,转引自陈锡祺主编:《孙中山年谱长编》上册,第1036页)

《申报》载有一时评关于潮汕政局,可供参考。略称:"民党政策主在粤组织南方政府,其策划久经宣布矣。自海军抵粤后,民党略有实力。以形势而言,便于屯泊军舰者,莫如潮海。若由潮进行,必先图闽。……孙中山初到粤时,曾在潮州盘桓数天。当时潮循道尹黄孝觉提起辞职,朱省长即委钦廉道尹成桃继任(成为滇军参谋)。此举实为一大要着。乃未几而潮梅镇守使莫擎宇及内阁均有电挽留黄

----

① 据下述莫擎宇等致梁启超电,系青日即9日抵汕,当系9日夜至10日晨之间。

孝觉,而商民亦纷纷致电留黄拒成,卒将成桄到任之事打消。识者早知此事于时局有关系,盖莫擎宇为段内阁之门生,黄孝觉为梁任公之弟子,彼二人各有亲密之关系,决不肯趋向于民党方面。"(《广东最近之时局观(平生通信)》,《申报》1917年9月1日,"要闻二")

△　嘱陈炯明由汕头致电广东省议会,电曰:"海军全体拥护共和,孙中山先生率海琛、应瑞两舰,拟明日由汕头来省,会商大计,余舰续来。"(莫汝非:《程璧光殉国记》第4章,第1页[发电日期据《申报》7月17日记载改订。])

△　路透社本日电:广东政府商讨通过变卖公产、"自办番滩〔摊〕"等办法筹得军费,但陆荣廷未到广州,出师讨逆亦未见行动,这使粤省"民情渐觉躁急",质疑此议是否适当,并希望孙中山、唐绍仪、陈炯明等人回粤,以保障粤省民众利益。(《广州电》,《申报》1917年7月13日,"外电")

△　南洋槟榔屿书报社通电孙中山等人,"极端反对"复辟,"同保共和"。(《中华民国史事纪要(初稿)——中华民国六年(一九一七)一至十二月份》,第564页)

7月11日　暂在汕头停留,与章太炎联名致电陆荣廷,请其来粤护法。

电云:"昨已由沪抵汕,将速赴粤。闻公足疾已愈,堪以首途,幸即鼓轮珠江,俾得聆海,至深盼祷。"(《孙章陆三公将会于粤》,上海《民国日报》1917年7月18日,"要闻")

△　复电陈炳焜,告以行期未定,并派章太炎、陈炯明、朱执信先行赴穗。

陈炳焜于是日来电,告以已派人至港欢迎。孙即日复电云:"承派龚、覃二君至港欢迎,愧不敢当,且行期未定,更不敢留二君久候也。今日竞存偕太炎、执信回省趋谒,已嘱面陈一切。至何日启程,当再电告。"(《孙中山莅粤之先声》,《申报》1917年7月21日,"要闻二")据报,孙氏派章太炎、陈炯明、朱执信晋省,乃申述己意:"以叛督称兵后一切均逸出常轨,无约法上根据,西南诸省宜切实联络。"(《外电》,《申报》1917年7月17日,"要闻二")

△　旅沪国会议员通电,强调尊重《临时约法》的宪法地位,重申解散国会命令无效及决定自行集会等五项护法主张。

略谓:"一、解散国会命令违背《约法》,当然无效。厥后黎大总统既失自由,且无合法国务员之副署(江朝宗等在法律上无国务员之资格),所有任免国务员及一切命令均属无效,嗣后国务员之任免及一切命令非依《约法》不能承认。二、优待条件系因清室退位,表示民国宽大之意,且经前参议院议决;今清室既敢僭位叛国,当然失其被优待资格,其应如何办理之处,当由国会议决。三、凡主张召集各省代表再开临时参议院,另组宪法会议等议,均属根本破坏《约法》,绝对不能承认。四、国会克日自行集会。五、复辟叛国及前此倡乱毁法之祸首一律依法严办。"(《旅沪国会议员五项护法主张的通电》,汤锐祥编:《护法运动史料汇编》第2册,第40—41页)

△　指示廖仲恺致函仰光华侨饶潜川等。说明南下护法目的"不仅反对复辟,且图建设真正之共和国家",希望"速筹款项,以济军用"。(廖仲恺、何香凝著,尚明轩、余炎光编:《双清文集》上卷,第82页)

△　致电程璧光,促其速领舰队来粤。(莫汝非:《程璧光殉国记》第4章,第2页)

△　是日或稍后,上海《民国日报》记者前往镇守使署,访问孙中山、章太炎和陈炯明三人。先见陈氏,后者以北京政治为"假共和",绝不承认段祺瑞内阁,对于冯国璋之总统地位亦有疑虑。旋由陈氏介绍谒见孙、章。"两先生均和蔼可亲。记者叩问意见。孙先生谓总之大家还要出力,再造真正共和。余略谈他事,即辞出。"(《孙章陈诸先生抵汕记》,上海《民国日报》1917年7月17日,"要闻")

△　路透社本日电:粤省截留国税一百八十万元,粤人因官场仅筹军费,而不出师讨逆,颇有责言。陆荣廷虽无解决,朱省长刻已准备北伐,岑春煊、孙中山、陈炯明不日可抵省。(《广州电》,《申报》1917

年7月13日,"外电")另有消息指,省长朱庆澜为筹备北伐军饷,特发行爱国债券,请国人出资相助。(《粤东军事之要讯》,天津《益世报》1917年7月15日,"要闻")

△ 南路副司令、第七师师长张敬尧自开封通电孙中山等人,布告处置徐州张勋部之军事行动。略谓:"如将来逆军万一有不受编遣,或窜为盗匪等情,敝师定当竭力征剿。"(《张师长对于处置徐州定武军之来电》,《北京日报》1917年7月15日,"紧要新闻")

△ 吴宗慈本拟先行赴粤,商诸省长朱庆澜,欢迎孙中山来粤主持大计,但临行迟缓,竟后于孙之出发,本日始乘日本邮船三岛丸由沪赴粤,同行者有王季文、邹鲁、俞荫麓等人。(《护法计程》,黄季陆主编:《革命文献》第49辑,第415—416页)

△ 李烈钧密电唐继尧,建议联冯制段,并谓:"陆氏态度不明,两粤恐不足恃。公宜□中山□法组织滇、黔、川三省统驭机关,蓄养势力,以为后图。""孙中山乘军舰南来,本日可到粤,宗旨所在,尚未明了,容续电闻。"唐之批语:"本省尚无否认段电。酌复。"(云南省档案馆藏唐继尧档案106—3—763)

△ 唐继尧密电张开儒、方声涛,以傅良佐督湘系北方破坏西南局势,决定调兵援湘。略谓:"段氏欲破坏西南局势,此其发端,湘督已决计不承认,惟实力不足,须恃同气为之厚援。顷已切电陆、陈两公请酌拨粤军,协同在粤滇军,由粤补充械弹,届时开往,相机援助。"(云南省档案馆藏唐继尧档案106—3—1337)

7月12日 在汕头各界欢迎会上发表护法演说。

是日,汕头绅、商、学、报各界假座陶陶戏院开会,欢迎孙氏一行,前来欢迎者"人山人海,座满不能容"。孙中山发表护法演说,历时一小时。

略谓:"今日国民最要者,是看定新潮流可以救国,抑旧潮流可以救国? 国民要有是非心,有是非心又要有坚决心,着实做去国民才有进步。""今天北方起兵讨贼之人,又都是昔日赞成复辟之人,是非混乱,目耳淆惑,是为目今最困难最危险时代。官僚知国民爱共和,又不能不口说共和。今日反对复辟是假的,争后来之势力是真的,势力在手,又主张帝制,主张复辟的。""现在要解决此困难,要认定真共和与假共和","要除尽假共和,才有真共和出现,才有幸福可享,国家才得永远太平"。(《孙先生演说》,上海《民国日报》1917 年 7 月 20 日,"要闻")

孙氏一行在汕头逗留数日,获得人民的广泛欢迎。据西报称,在此期间,"市民无一不踊跃欢迎,所有绅士均往其寓所衙门访问;孙君偶出市街,市民争以望见颜色为快","可见孙逸仙乃为汕头人民之崇拜人物,彼在汕人间势力甚大;彼之命令,汕人有遵从惟谨之慨。"(《西报之汕头通信》,上海《民国日报》1917 年 7 月 25 日,"要闻")文中所述难免夸张之处,然已可见孙中山和革命党在粤东颇具潜在之影响力。

△　报载新加坡中华书报社华侨致电孙中山等人,表示"扫除帝制,拥护共和,一致主张,愿为后援"。(《新嘉坡来电》,《申报》1917 年 7 月 12 日,"公电")

△　张澜、钟体道致电孙中山等人,指出川省戴戡与刘存厚之争乃是"挟怨私图"。(《顺庆张澜钟体道通电》,《申报》1917 年 7 月 15 日,"公电")

△　南昌公民叶鹏、蔡雁等 1587 人联电孙中山等人,要求讨伐张勋、康有为等拥戴宣统复辟之人。(《南昌公民叶鹏等致孙中山、唐绍仪等电》,桑兵主编:《各方致孙中山函电汇编》第 3 卷,第 53 页)

△　字林西报引用日本《日日新闻》之说,认为"清廷之再覆几为已成之局",对于未来政局走向,认为孙中山上台可期。

略谓:"今所欲问者,此后将重建如何性质之政府耳。中国各种势力本不团结,经此变局,将大受激刺,各省或又有宣告独立之举,而孙逸仙之复上舞台,亦为一种有趣味之征状。彼前此之去国,大半由于袁世凯之个人仇恨,今则无物足以阻其完全恢复原状。质言之,黎、冯、段、萨(镇冰)、程(璧光)及孙逸仙、康有为、唐绍仪诸人,皆为可以施行有效政治之材料。彼等若能联合,似尚能平息此惊涛骇浪之政局,然而苦酷之战斗,似已在酝酿中矣。"(《字林报之伦敦通信》,《中华新报》1917 年 9 月 1 日,"紧要新闻")

△ 路透社广州本日电:报道粤省各要人之近况,语及孙中山。

略谓:"陈炳焜与李烈钧互相往来,以示嫌疑已释。粤人虽虑滇、桂军队或起冲突,然闻桂军尚陆续而来,而韶州滇军则由粤人请其勿赴省。孙中山由汕头来电,谓不日抵省,并请陆荣廷前来会商。朱省长刻发爱国公债券,筹措北伐军费,请南方华人资助。驻于阳山县之滇军有哗变之意,幸事前发觉,得以镇止。陆荣廷拟驻肇庆,其卫队已行抵该处。"(《广州电》,《申报》1917 年 7 月 15 日,"外电")

△ 讨逆军收复京师,张勋奔驻京荷兰使馆。(凤冈及门弟子编:《梁士诒年谱》上册,第 379 页)

△ 唐继尧密电张开儒、李曰垓,表示南方组织政府可以稍缓。略谓:"组织政府一节,湘、黔均已推冯,鄙意目前以讨逆为第一要义,组织政府似可稍缓。刻闻段已驰入马厂提师攻勋,果成功则局势又变。权其轻重,又不如以推冯为宜矣。此事稍延数日再办。……两粤内容复杂,不易明晰,我军行动,务先禀明此间,勿轻率贻误也。"(云南省档案馆藏唐继尧档案 106—3—1337)

7 月 13 日 派章太炎、朱执信、陈炯明先行抵达广州,与广东省议会及陈炳焜商谈护法事宜。除行拜会省长和督军的礼节外,并告知他们:拒绝承认国会解散和重组内阁;拒绝承认段祺瑞复职和冯国璋代行总统职务,所有这些都是非法行为;孙对两广宣布自主十分赞成,但他劝西南各省应团结一致反对北方。(广东省档案馆编译:《孙中山与广东——广东省档案馆库藏海关档案选译》,第 79—80 页)

另有报道称,章、朱、陈三人晨早抵穗,"往欢迎者颇众",随后入住西濠酒店,出而拜谒陈炳焜、朱庆澜、李烈钧等人,磋商西南诸省之"进行办法";同时传达孙氏之意,"自叛督称兵以来,如国会之解散,内阁之改组,与复辟后段之再出,冯之继位,均轶出常轨,无约法上之根据,断难承认。两广自主,不受非法政府干涉之举,彼深表赞同,惟西南诸省不可无切实联络之计划"。(《民党要人联袂抵省》,《中华新报》1917年7月20日,"紧要新闻";《孙中山莅粤之先声》,《申报》1917年7月21日,"要闻二")

△　有消息说,李烈钧和其他滇军将领对陈炳焜不积极派军北伐十分不满。这被看成是陈赞成复辟的迹象。留驻此地的滇军(约五千人)准备发兵讨陈,据说朱庆澜站在李烈钧一边。(广东省档案馆编译:《孙中山与广东——广东省档案馆库藏海关档案选译》,第79页)此前,陈炳焜以"自主"和北伐为由,要求统一粤省军权,李烈钧成功劝说朱庆澜将八十余营警卫军交与陈氏管辖,然陈却以军费无着为辞,拖延北伐。(《东报记南方独立之始末》,《时报》1917年9月17日,"要闻")

其中亦有滇、桂军分配粤省利益的矛盾因素在。"近因争得〔夺〕赌饷,忽有滇军数千名由各属齐集广州。且晚间恐有冲突情事,人民大起恐慌。广东因筹饷大弛赌禁,复开番摊,已由源源公司投标承充。不料到期不能缴饷,因而潜逃。滇督军唐继尧来电调停,略谓番摊投充者既逃,他人又不愿承办,可由各地镇守使自行办理,毋庸设总公司承充。"(《粤省徒兹多事矣》,《北京日报》1917年7月20日,"紧要新闻")

7月14日　李烈钧在上午离穗赴汕头,前来拜访,共商国政大事。(广东省档案馆编译:《孙中山与广东——广东省档案馆库藏海关档案选译》,第80页)李烈钧此后至上海。对于李氏此行,有消息指,民党公言"于粤局有绝大关系","实则因滇军内哄,李氏几至被戕,实难再留粤省。即能留粤,亦无希望,乃欲赴沪入滇,另作计较"。其事起因于方声涛误称陈炳焜扣留驻粤滇军粮饷,引发张开儒和李烈钧的责备。"方氏老成羞怒,拔枪欲击张、李,张、李急逃始脱。"(《各省状态》,《北京日报》1917年8月14日,"群报汇选")此说似不确。另说李烈钧赴沪,"原拟由长江入蜀,调和川、滇之争,兹因川事已有解决端绪,故改变计划。昨日由沪电告孙中山,谓决于日内启程回粤,面商大计。"(《海军到后之广东形势》,《时报》1917年7月31日,"要闻一")日本大阪《朝日新闻》则认为李氏离粤,乃为陈炳焜之"自主"实为集权起见,出师北方无望。(《东报记南方独立之始末》,《时报》1917 年 9 月 17 日,"要闻")

△　张开儒发表护法通电,指斥冯国璋违法,不能承认其总统职权。建议:"招集两院议员来粤开紧急会议,组织责任内阁,并组织高级军事机关,推选讨逆大元帅,执行最高权。"唐继尧廿四日批语:"应电饬勿再乱说。"李烈钧于本月 21 日致唐之密电,也指出:"藻林连日连电颇欠斟酌,致滇误事殊甚。渠处有崔秘书者,性极激烈,请公电藻林慎事谨言。我军在粤见嫉,亦非仅他人不是也。"(云南省档案馆藏唐继尧档案 106-3-763)

△　徐绍桢致函张开儒,称赞其"保护约法,首举义师,风声所树,国人响往。"还指出"现与中山先生筹议一切,乘赵立夫君南行之便,托介一笺,藉通积愫。尚希我公不弃,示我周行,曷胜翘盼之至!"(《徐绍桢致张开儒函》,汤锐祥编:《护法运动史料汇编》第 3 册,第 49 页)

△　黎元洪通电孙中山等人,"赖冯总统、段总理及前敌将士之力,奠定京畿","已于本日移居东厂胡同",并即将"赴津宅养疴","以后息影家园,不闻政治"。(《黎元洪通电》,桑兵主编:《各方致孙中山函电汇编》第 3 卷,第 54 页)

同日,黎氏另有一则通电,推戴冯国璋为总统、段祺瑞为总理,略谓:"顷闻道路流言,颇有于总统复职之说窃加揣拟者,惊骇何极!""元洪引咎辞职,久有成言","此次因故去职,付托有人,按法既无复位之文,揆情岂有还辕之理?"(《黎黄陂通电推戴冯河间》,《北京日报》1917 年 7 月 15 日,"紧要新闻")冯于是日亦辞代理总统职位:"现在京师收复,应向日本使馆表示谢忱,迎还黎大总统,即日入居旧府,以国璋代理之职权,奉还黎大总统。法律、事实,均宜如此,方为名正言顺。"然此不过表面文章,在各方劝进和黎氏力辞下,冯氏于本月 31 日入京继任总统。(《冯国璋辞代总统职电》,黄季陆主编:《革命文献》第 49 辑,第 94 页)

△　旅沪国会议员致外交团宣言,述段任国务总理及冯任总统之非法。略谓:"段祺瑞以把持政权之故,始则伪造公民团攻议院,及

至罢官,复唆使叛军入寇京师,胁制元首,迫散国会,酿成复辟,遂因利乘便,凭依武力,自称总理,既未有大总统合法之任命,又未经国会之同意。黎大总统前以张勋武力丧失自由,现应恢复,及又被胁于段氏,虽电称辞职,但未经约法上国会之许可,则大总统之资格当然存在。既有合法之大总统,则冯副总统断无继任之理。若谓黎大总统因辞职即失其资格,则冯副总统一月前亦电称辞职,则又何解。"(《中华民国史事纪要(初稿)——中华民国六年(一九一七)一至十二月份》,第580—581页)

7月15日 陆荣廷敦请孙中山、岑春煊、唐绍仪、章太炎等人赴粤。

电称:"惟我南方责应负重,荣廷虽已衰朽,不敢遽卸仔肩,但自愧相疏,时虞颠蹶,一切进行大计实赖协商,必须集合高明,共筹全策。公等夙称共和臣子,素钦硕画茇筹,际此艰危,亟同挽救,乞即驾□来粤,组织军事机关,定进攻防守之方针,充财政、军备之实力,庶事克有济,贼可歼除。"(《陆荣廷敦请岑春煊孙中山等赴粤电》,汤锐祥编:《护法运动史料汇编》第3册,第55页)

△ 据路透社广州16日电,孙中山等人于今日抵达广州[①],另有粤籍国会议员数人由沪回粤。省长朱庆澜任命魏邦平为警厅长,并宣告苟有传布战事将作之谣言者定予惩办。(《广州电》,《申报》1917年7月18日,"外电")

△ 唐继尧密电徐之琛,告诫驻粤滇军切不可妄动离粤,阻挠北伐计划。略谓:"滇军离粤,无论出闽、出赣、出湘,均不合计,曾迭电该师长等,力持镇定,一面与龙联络[②],静候本督军命令行事,何以并不遵行,徒断断于饷械之争,纵使要求得遂,我军率尔离粤,必致就此逐客,陷于进退两难。该师长辜不加察,必为人所暗算。"(云南省档案馆藏唐继尧档案106—3—1337)

---

① 此消息未确,孙中山到广州的日期应为17日。

② 时唐继尧正暗中与盘踞海南岛的龙济光往来,商讨合作事宜。

7月16日 刘存厚围攻成都,赶走四川代理督军戴戡。唐继尧来电表示,因滇、川唇寒齿亡之密切关系,要起兵讨伐刘存厚。(《唐继尧率师救川电》,桑兵主编:《各方致孙中山函电汇编》第3卷,第56—57页)

有消息指:"李烈钧前因四川刘、戴交哄一事,曾电滇督唐继尧,请其就近排解,以免川事纠纷,牵动西南大局。惟月余以来,川滇局面日趋险恶,实于军政府进行大计,极端阻碍。昨与孙中山等会商,多以调和为主,并拟派委章太炎、钮永建,前赴滇黔,谒见唐、刘两督军,协商妥善办法,务获解决,并拟同时派委入川,谒刘存厚,激以大义,使赞助军政府,速与滇黔携手一致行动。"(《调停川滇计划》,《中华新报》1917年9月20日,"紧要新闻")

△ 广东当局对于孙中山返粤甚为关注。陈炳焜特派国会议员龚政、覃超为代表,乘坐江大炮舰,驰往前途欢迎,并令查探一切。是日午前,陈炳焜、朱庆澜为迎接孙氏,赶赴黄埔迎候。(《东方通信社电》,《中华新报》1917年7月24日,"东西要电")

△ 李宗黄密电唐继尧,指出陆、冯联合,粤人排陈,主张静观粤中局势之演变。略谓:"粤人排陈颇烈,孙文等业已到省,或将有激烈举动。我军势非得已,惟有乘机观变,坐收渔利。协和于寒日往澳门,前途盼叶速来,值此无政府时代,奠定川粤,实为唯一无二之要图。"(云南省档案馆藏唐继尧档案106—3—763)

△ 黎元洪住宅之护卫队有人发疯,连杀三人、伤二人,黎即移往东交民巷法国医院。(《中华民国史事纪要(初稿)——中华民国六年(一九一七)一至十二月份》,第583页)

7月17日 乘"海琛"号抵达广州黄埔。

离汕头前,原乘之"应瑞"舰因奉冯国璋电令回航南京,孙中山乃与许崇智(前福建军事指挥官)、胡毅生(1913年统率广州海军)、马伯麟(留美海军学生)等乘海琛号南行。是日下午4时抵达虎门,旋改乘"江固"舰抵黄埔。广东省督军陈炳焜、省长朱庆澜、部分国会议员及省议员、邹鲁、冯自由、王乃昌、简琴石、谢已原、李杞堂、古应芬等人,均到黄埔迎接。登岸后,与各人握手为礼,同进公园欢叙。五时大奏军乐开会。(《孙中山抵粤后之主旨》,《申报》1917年7月25日,"要闻二")

孙氏对来迎者表示:"此行主要目标是保持广东作为军事基地,邀请整个舰队到广东来;组织国会,建立政府,然后邀请黎元洪总统南来广州,执行总统职权,清除复辟派。"(广东省档案馆编译:《孙中山与广东——广东省档案馆库藏海关档案选译》,第80页)

当时有人询章太炎,关于孙中山诸人"来粤之宗旨及讨逆之计划"。章答称:"今日救亡之策,即在护法,护法即先讨逆。余此次与孙中山来粤,即欲切实结合多数有力者,大起护法之师,扫荡群逆,凡乱法者必逐,然后真正共和之国家,始得成立。"(《章太炎之讨逆解》,《时报》1917年7月28日)

是晚,陈炳焜、朱庆澜等在黄埔设宴欢迎。7时开西餐,直至10时许,始行散会。席间陈炳焜讲话,称:"十五年前已闻孙名,及民国对孙如严师畏友,此次变乱发生后,前后发电请孙指示南针,经已数次。今幸莅止,尤望赐教。"朱庆澜亦发表讲话,称:"过沪时聆孙教言,抵粤后着意振兴教育、实业诸端,但所就无几,实对孙赧颜,以后望孙勿见弃。"(《陈炳焜在广东各界欢迎孙中山莅粤大会上的讲话》,汤锐祥编:《护法运动史料汇编》第3册,第56页)

孙中山随后发表演说,回顾并肯定此前共和革命之成果,认为"此俄罗斯之政变,为世界之一大事件,人人所知也。俄罗斯之变专制而为共和,全由中国之影响也。"同时指出:"今日变乱,非帝政与民政之争,非新旧潮流之争,非南北意见之争,实真共和与假共和之争。欲争回真共和以求福利者,必须有二大伟力,其一为陆军,其二为海军。""惟是海军必须有根据地,现今上海已为一般称兵谋叛者所割据,浙江、福建亦然;只有以广东为海军根据,然后一切大计划可以发展。""鄙人今日所望于诸公者,即日联电,请海军全体舰队来粤,然后即在粤召集国会,请黎大总统来粤执行职务。"最后表示:"共和国家之总枢,全在国会,国会所在之地,即为国家政府所在之地也。"(《在广州黄埔欢迎会上的演说》,《孙中山全集》第4卷,第114—115页)

散会后,即以公园为行馆,同往者为陈炯明、章太炎、朱执信、马伯良等。(《孙中山抵粤后之主旨》,《申报》1917年7月25日,"要闻二")

△ 路透社广州电颇能反映孙中山到粤后的南方政局:"广州省议会要求立即召集非法解散之国会。今各省省议会之赞成此议者已有六省。韶州镇守使张嘉禄近宣言不承认冯代总统与段总理,谓冯、段不忠于民国。国民党政府刻借五十万元,以充滇军饷银,而以值八十万元之印花票为抵押品。闻孙中山来省之目的,系在联合西南诸省。孙近在汕头演说,有必须清除旧官僚之意。陆荣廷刻派桂军,驻扎西江、北江。"(《广州电》,《申报》1917年7月19日,"外电")

△ 英文《大陆报》是日有一则关于驻粤滇军与桂系矛盾的通讯,可供参考。

略谓:"陈督军与朱省长均否认驻粤滇、桂军之意见不洽之说,且谓双方决不致起何冲突。陈督军现正设法募债洋五十万元,以付所欠滇军饷银二百八十万元之一部分。滇军因饷银延久未发,他军饷银从未愆期,似颇不平。陆巡阅使现复由桂派兵六千人来粤,助防省垣,是足征滇军苟联合粤军,排逐陈督,则陆将起而助陈也。惟至今日,尚未有人公然言及逐陈者。粤省时局气象殊为不佳,当局彼此猜疑,全无诚心。粤、桂官员多欲使李烈钧率师北伐,因以调离驻粤滇军,赌徒之求恢复番摊者,犇金运动报馆等,要求派兵北伐盖如是,则若辈即可向当道建议,报效赌捐黑钱矣。滇军虽恨当道用计去之,然亦甘心北上也。此间旧官僚之主张共和者口是心非,盖恐新党一旦得志,则彼等将在南方失势,故一再设计破坏北伐之谋。日者,陈督军亦出示,谓各军队非得陆巡阅使之命令,不准擅自行动。陆巡阅使托故足疾未愈,仍居故里,迟未东下。今唯陆足艰于行动之故,而余人之足亦不得进退矣。陆谓彼拟赞助中央政府,中央政府既由冯代总统与段总理主持,今无派兵北伐之必要。李烈钧因以大为失望,已有他适之志,大约将赴上海或赴汕头,另有所图。孙中山今方来粤,以图发展其计划,特未知能否成功耳。"(《广东时局严重之西讯》,《申报》1917年7月23日,"要闻二")孙中山后来正是利用桂系和驻粤滇军的矛盾,争取到后者的支持。

△　报载:段祺瑞"以此次复辟,外间多谓系德人从中播弄,又谓德华银行以巨款助孙洪伊、孙文、程璧光及其他诸人,使反对段总理之外交政策,故对于此点甚为注意"。梁启超、汤化龙"已得有确凿凭证",谓"前星期间张勋于德人手中收得现洋一百万元,故德人之参与复辟,其间蛛丝马迹不无可寻"。(《外交》,《北京日报》1917年7月17日,"群报汇选")

△　段内阁下令严缉康有为、刘廷琛、万绳栻、梁敦彦、胡嗣瑗等复辟帝制祸首。(凤冈及门弟子编:《梁士诒年谱》上册,第382页)

△　唐继尧通电不承认段祺瑞之国务总理。(《中华民国史事纪要(初稿)——中华民国六年(一九一七)一至十二月份》,第595页)

7月18日　致电陆荣廷,敦促来粤护法。(《本社专电》,上海《民国日报》1917年7月29日,"本社专电")

电文略谓:"此次政变,纷谍万端,推其本根,要皆西南诸省联结未周,而北方窃权怙兵之徒,乘机抑压护国各省,推倒民国,遂彼私图。今者复辟虽败,叛者尚存,将来变端,可以预决。文等以为吾侪当此艰危之局,必当共同负责。近闻台端疾已稍瘥,务乞扶舆东下,公商要政。"(《孙中山全集》第4卷,第116页)陆复电谓:"尊旨极表赞同,惟足疾小瘳,仍难强步,稍俟痊可,必当摒挡东来,赞襄大计,谨此奉复。详请已挽胡汉民君代陈。"又电云:"台驾返粤,至为欣慰。国家粗安,望治方殷。我公建造共和,忠诚爱国,风雨漏舟,安危共济,愿闻荩画,幸赐教言。"(《中华民国史事纪要(初稿)——中华民国六年(一九一七)一至十二月份》,第596页)有消息指,孙中山对于陆氏迟迟不来,颇为焦急,欲亲往武鸣劝驾。并陈说护法运动"只系政治行为,非必以武力从事","断不虞广东有糜烂之事发现"。(《孙中山在粤之最近主张》,天津《益世报》1917 年 8 月 2 日,"特别纪事一")

△　致电岑春煊、伍廷芳、唐绍仪,告以"省会已电请议员来粤开会,人心时势,两属难得",望早日南来护法。(《孙中山电催各要人来粤》,《中华新报》1917 年 7 月 29 日,"紧要新闻")

△　李烈钧赴滇,与滇督唐继尧面商,拟从粤、桂、滇、黔、湘五省调派二十万军队集结汉口,准备北伐。此与国民党希望五省联合,组织南方政府的目标一致。(广东省档案馆编译:《孙中山与广东——广东省档案馆库藏海关档案选译》,第 81 页)

孙中山离沪前,曾派同志持书赴滇,敦劝唐继尧护法讨逆,出师北上。得唐复函表示"决心亲督三军,长驱北上"。但他意在图川,称霸西南,故又提出"第川事于中作梗,不先戡定,终难免内顾之忧。思惟北征,宜先靖蜀。靖蜀所以固西南团体;西南局势巩固,乃能以提挈进行,此实一定之办法"。并且希望孙中山为之疏通,以便"川事早定","并驱中原"。(《云南档案史料》第 1 期,第 93 页)

△　通告乘"海琛"舰于十七日抵粤,"如有电示,请由粤督军转赐"。(《孙中山通告抵粤电》,汤锐祥编:《护法运动史料汇编》第 1 册,第 22 页)

△　是日进广州城①,并发表演说,其要旨为"以粤为根据地,请海军全体舰队来粤,在粤招集国会,组织政府,请黎来执行职务"。(《广东电》,《申报》1917 年 7 月 20 日,"专电")

△　因外间盛传国民党被德收买,故张继、王正廷、汪精卫、吴景濂等极力剖白其事,并宣言对于现政府之态度。略谓:"民党主义上赞成宣战案,惟现政府力行武断政治,毫不容纳民意,则对德宣战定必反对。换言之,即为不信任现政府。"(《旅沪民党之宣言》,《北京日报》1917 年 7 月 20 日,"紧要新闻")

△　北洋密探马凤池报告称:"查孙文定计在粤另立政府,所恃陆军势力,只有张开儒、方声涛及林虎一旅。林逆远驻雷州,形势隔

---

①　英文《大陆报》谓孙中山是日"暂寓朱省长寓中"。(《时报》1917 年 7 月 26 日)

禁,实仅张、方两师可资号召,他则魏邦平之警察兵可凑数耳。陆使(荣廷)、陈督(炳焜)均未附和。朱省长(庆澜)亦但利用彼党巩自己地位,决非乐从其诡谋。实力单薄,乌能成事。即幸而成焉,亦断断不能持久。"(《马凤池密报》,中国社会科学院近代史研究所近代史资料编辑组编:《近代史资料》总 36 号,第 41—42 页)

△ 李宗黄、徐之琛、张开儒、方声涛、朱培德商定驻粤滇军自存之道,并密电唐继尧。略谓:"决定数事如下:(一)力持镇静,自作主张,不为他人所利用;(二)力顾西南大局,不自分裂;(三)表明心迹,并解释嫌□,期与陆、陈交欢;(四)方师部队,量移东江石桥、增城、花县等处,与张师为犄角势;(五)两师兵额薪饷,仍照改编成案办理,日来抱定主旨,积极进行,颇有把握,仍切实与我联络,遥为声援,牵制两粤,俾滇得全力对川。然滇军在粤之力甚少,后患定多,非急图变更,决难自存。现决定提印花票拾万元,由黄等分运回滇,为募兵旅费。"(云南省档案馆藏唐继尧档案 106—3—763)

7 月 19 日 出席广东省议会欢迎会,并发表演说。会上对于重召国会的地点问题颇有争议。

是日,广东省议会举行全体会议,欢迎中山莅粤。陈炳焜、朱庆澜与各界代表亦参会。正午,孙氏偕章太炎、胡毅生等到省议会。广东省议会罗晓峰议长起述欢迎词,略谓:"先生奔走国事三十年,纯出于爱国之心,而或者讥为争夺权力,迨辞退总统以后,人咸知其高洁之思想,可为国人之模范。癸丑之后,其拥护共和之心未尝稍懈,毅力勇气尤为不可多得,崇信先生者益多。今次返粤,亦因筹商国事而来,故本会同人竭诚欢迎之也。"(《粤省议会欢迎孙先生纪》,上海《民国日报》1917 年 7 月 25 日,"要闻")

孙氏随即发表演说,讲述此次国变之缘起与护法之计划。略谓:"现中国为混乱时代,旬日之间,变幻已多。故兄弟在沪时,原定之计划亦因而微有更改也。"此次张勋复辟,"一年之前早有所闻。兄弟亦久已密筹对付之策,惟多数人士,皆不疑有复辟之事出现,以至不能防止于未然,亦可惜矣"。演说中,孙把复辟派分为急激和缓进两派。指出徐世昌、段祺瑞实为缓进派的代表,"盖欲疏通全国有势位之人,然后举事"。故"急激派之张勋乘机上场,徐、段皆反对之,乃生内讧"。而革命党人亦应对此负有责任。"汪精卫、蔡元培初不察其诡谋,亦主张与德绝交,国会议员之旗帜亦乱。使得段祺瑞于众论庞杂之时,乘乱攫权。现部分陆海军已有觉悟,冯国璋欲设政府于南京,海军全体反对,因知冯国璋原非忠于共和。今之宣言讨逆,不过是复辟党中急缓两派内讧之结果,故海军不受欺也。"(《孙中山在省议会演说词》,《中华新报》1917 年 7 月 25 日,"紧要新闻")孙氏还提出国会在粤开会以行护法之主张。(《粤省议会欢迎孙先生纪》,上海《民国日报》1917 年 7 月 25 日,"要闻")

　　演说毕,陆孟飞、伍于簪各议员,均演说表示赞成之意。但督军陈炳焜表示异议:"国会地点宜慎讨论,免有敌者侵入广东之虑,鄙人担负保护全省治安之责,不得不言,请诸君详细讨论。"陈的发言,遭到在座的多人反对。议员谭民三认为:"北方民穷财尽,道路阻隔,叛将何能侵犯广东,必可无虑。愿诸君努力维持共和可也。"省长朱庆澜则谓:"三日以来,得闻孙先生之伟论之政策,非常佩服。今日所论国会在粤开会,尤极赞成。鄙人前曾通电,主张速恢复国会,与孙先生之政见相合,至于粤省出兵讨贼,鄙人主张甚力,但后因道路阻隔,航运不便,故延迟至今。今宜乘北方纷乱之际,速即恢复国会,则共和可以维持。"国会议员邹鲁亦赞同在粤速集国会:"国会依法可自行召集,地点亦无限制,故若在粤开会,于法律绝无不适合,且外国之承认我中华民国者,亦因有国会之故。美国于我国会正式成立时,即已承认,可谓实证,又何虑国际上之不得良好结果哉。……至如国会不恢复,则北方假共和之徒,必将设立临时参议院,或以旧国会供其利用,俱为至危险之事,故国会在粤开会,当为国会议员多数所赞同也。"(《粤省议会欢迎孙先生纪》,上海《民国日报》1917 年 7 月 25 日,"要闻")

　　△　随后,出席民国医院欢迎会。(陈锡祺主编:《孙中山年谱长编》

上册，第 1040 页）

　　△　会后，广东省议会致电诸国会议员，欢迎来粤集会护法。

　　略谓："此次变乱根源，首在解散国会，无国会即无民国，今欲恢复共和，宜先恢复国会。前经电商各省，一致主张召集。近闻黎、冯两公相继辞职，国家陷于无政府之地位，应请诸君根据《约法》，自行召集以定大计，开会地点究以何处为善，未悉有无指定，粤虽边僻，如公意以为可用，当表欢迎。"（《粤省组织政府之大问题》，《申报》1917 年 7 月 25 日，"要闻一"）

　　共同通信社消息指，国会前有在沪开会之消息，但接到广东省议会之邀电后，吴景濂、王正廷等代表在沪议员，复电赞成在广州开会，并闻在天津之议员全部定于八月一日以前集合于上海，再与沪上议员偕同前往广州。又闻国会自解散后，议员多迁回上海、广东等处，民党孙、唐诸首领因而促其往广州开会，且有小许川资津贴。现在北京者约有数十人。（《旧议员决定在广州开会》，《北京日报》1917 年 7 月 28 日，"紧要新闻"）

　　△　晚，赴督军陈炳焜之宴。

　　在宴会上，陈炳焜表示"南方仍未能强大，且财政非常困难，不易在南方组织政府"。孙答称："组织南方政府非常相宜，整个海军舰队会支持南方，故平定叛乱并非困难之举。回想 1913 年之起义，也是在海军帮助下镇压下去。至于财政方面，一俟黎总统到达南方，不难与外国及他人洽商借贷。"陈虽不置可否，但会后向人表示："孙中山当然能说会道，但我重任在身，要维持治安。在这个问题上要采取任何行动，都必须十分谨慎。"（粤海关档案《各项时事传闻录》，1917 年 7 月 20 日条）另据报道，对于孙中山"欲就粤地建设政府，迎黎总统来粤就职，并致电欢迎海军全体舰队来粤，召集全体国会议员到粤开设国会"的主张，陈炳焜曾表示"孙中山是言论家，当不负何等责任，某则有职守，且要负责任者，故办事手段实各有不同"。（《孙中山在粤之时局主张》，《申报》1917 年 7 月 29 日，"要闻二"）又据日本驻昆明领事给唐继尧的广州消息称："陈督军虽反对段祺瑞任国务总理,但对冯国璋任大总统并未违背约法,而予承认。对国会集于广州,设立南方政府,乃为南北分裂之开端,对此则不同意。"(《日本驻昆领事给唐继尧的广东消息》,云南省档案馆编:《云南档案史料》第2期,第24页)

△　电请国会议员于西南诸省择地尽速开会,进行护法之业,人数不足亦可开紧急会议。

略谓:"文尝默观时势,江河流域,已为荆棘之区,唯西南诸省,拥护共和,欢迎国会。诸君宜自行集会于粤、滇、湘各省,择其适当之地以开议会,而行民国统治之权。如人数不足,开紧急会议亦可。"(《孙中山先生致津沪议员电》,上海《民国日报》1917年7月25日,"民国真假关头")

△　致电段祺瑞,指其与复辟势力勾结,而成立之政府实为非法。

电文谴责段祺瑞于张勋等人酝酿复辟之时,身任首揆,却"拱手处中,不能锄治,而复奖以勋权,启其骄悍,是以伏戎遍国以有今日"。讨逆又一味依靠"洪宪元凶"段芝贵和"叛督首领"倪嗣冲,"得冒天功以为己力,沮忠正倡义之气,开叛人狡诈之端,……乃又抑止诸军,不容兴师致讨,欲以易成之续,专与倡乱之人。"自言其以"国务总理为号","实为非法任命",实不合法。(《孙中山忠告段祺瑞电》,上海《民国日报》1917年7月29日,"民国真假关头")

△　章太炎、陈炯明和朱执信联名电邀伍廷芳、唐绍仪和程璧光立即南下,共商大计。(广东省档案馆编译:《孙中山与广东——广东省档案馆库藏海关档案选译》,第81页)

△　朱执信致函古应芬,谈联合桂系之难点在于究以何人为主;如北京政府对德宣战,孙中山惟有默认结果。

内称:"陈事如可联结,尚以与联为宜,总须查明何人可为主持之人。所谓国民党者,持何理由以以反对,如何始可缓颊? 函电兼复先生,自可照办也。加入之件,先生大不谓然,报载先生赞成,非也。但以此为政府对外已行之事,不便反对耳!"(段云章、沈晓敏编著:《孙文与

陈炯明史事编年（增订本）》，第 187 页）

△　徐之琛密电唐继尧，认为中山之主张"颇有至理"。"琛密询陈督，殊不赞成，仍属私利作用，将来如何解决，尤难预料。琛又询对段持何态度，彼言始终照自主宣言，不认非法内阁，惟内幕非所知耳。"（云南省档案馆藏唐继尧档案 106－3－763）

△　路透社广州电：孙中山"主张以广州为中国临时都城，请总统、国会及海军来粤，组织共和政府"，对此主张，广东"督军、省长等刻正讨论"。孙氏来粤后，粤人"连日开欢迎会"招待之。此外，广东省议会"决定出师北伐"。同时"国民党重要领袖多已抵省，连日开非正式之会议"。而粤人"亟盼冯代总统速召集旧国会，组织共和内阁，以免南北分裂"，但若到万不得已之境地，粤人"惟有赞成组织南方政府"，同时也"甚愿黎总统复职"。（《广州电》，《申报》1917 年 7 月 22 日，"外电"）

△　据《申报》载，对于粤省出师问题，孙中山认为"非目前之必要，故不积极主张，惟最希望陈、朱两大吏者，则在欢迎海军及国会议员来粤开会，至财政问题，谓如能支持至六个月以后，自必有法可想"。（《孙中山抵粤后之主旨》，《申报》1917 年 7 月 25 日，"要闻二"）

△　是日《时报》登载越南东京华侨梁汉彰等人致孙中山等人的通电。略谓："逆贼造反，捣乱国本，请速会师，歼除群凶，奠定民国。侨等愿筹军饷，赞助义师，以巩约法。"（《越南东京华侨电》，《时报》1917 年 7 月 19 日，"公电"）

△　《申报》登载"平生通信"的时评，论述粤省政局最新情况，可供参考。

一、陈炳焜向陆荣廷请示机宜，陆未有决定。略谓："陈督军以各方面人物主张不一，应须陆使主持，尤须得滇、黔、湘诸省之同意，故连日已密电武鸣陆使，请表示对付时局方针，并请由陆使一面电商西南各省共同进行，昨又连发两电，敦请陆使力疾东下。据官场传说，则陆使暂决不来，或由谭督军代表来粤一行，则陆使尚未有态度表示也。"

二、粤省当局与北京政府犹有联系,故后者欲加以运动。略谓:"以目前粤局言之,在省会方面,其意见固与民党联合一致,然在执政者方面,则犹在中立之间。前日虽宣言两粤自主,一切款项暂停解交,然一面停解北京款项,而朱省长又一面致电北京,索增省长办公费,其警察厅长王顺存之辞职、魏邦平之新任,皆呈请中央明令任免,则仍非实际自主也。陈督军与章太炎言:段内阁复职,湘省既有电文反对,本省既宣言自主,自主以后,无论如何电文,不赞成亦不反对,盖实行自主当然如此也。是论极隽妙,故中央来电仍未断绝。""闻当道昨据津电,段祺瑞以两广宣布自主,特商请王上将芝祥请其再行来粤,担负疏通,俾双方意见得以泯释。王已允所请,不日将再启程来粤云云。未知王芝祥将来抵粤后,疏通之功用何如也。"

三、北伐事宜未有成议,仍在筹备当中。略谓:"至于出师之事,目前仍在半明半暗之间。省议会于十八号又经开会,咨行督军,催请实行出师案矣。朱省长则以粤省义师出发未定确期,所部亲军久驻省垣,殊属无谓。闻昨特发手谕,着令魏邦平所辖两营出防东莞,帮统关国雄回防东江,王铸人、王德庆等部三营,仍分别回驻南番防地,以重职守,出师之事已作寝息。而惟滇军预备出师讨逆,现仍着着进行。连日北路仍有队伍抵省,已由当道饬觅公共地点,俾暂驻扎。十八午后,又有步兵第二十五团三营全营兵员,分乘河头船数艘,在东堤广舞台前登岸,旋在东堤二马路之空铺驻扎,是出师之预备仍未罢也。惟陈督以治安为重,近又于军署特设卫戍司令部。"

四、革命党人已有招抚绿林之行动,桂系力禁之。略谓:"近又谣传东江一带及西江、三罗、两阳等处,有标示讨逆军陈司令炯明旗号,招抚绿林入伍者,某当道以此举恐系歹人假冒藉端招摇,闻已密令地方营县严行禁止。"(《粤省组织政府之大问题》,《申报》1917 年 7 月 25 日,"要闻一")

△ 《字林西报》发表广州通讯一则,关于孙中山近日在粤之行

动,粤省当局及粤人对段祺瑞、冯国璋的态度,在粤滇军与桂军的关系等,对于护法形势颇为乐观。

略谓:"孙中山刻住于黄埔海军办公处,各机关皆预备开会欢迎。陈督前后共接段祺瑞来电约二十通,陈俱置之不理。盖粤省承认旧国会为唯一立法机关,在旧国会未恢复之前,广东为自治省分,不受中央节制,且以段祺瑞在法律上无权组织内阁也。冯副总统极不为粤人所爱戴,如重用叛督、罢免伍廷芳等事,尤启人疑,愈信张勋所称'冯本赞成复辟'一语为不诬也。组织南方同盟之活动计划,不久将见诸实行。民党领袖今方逐日会议,惟进行内容暂时未便公布。胡汉民前赴桂省见陆荣廷,本星期内可望回省。孙中山等既至广州,海军亦将继至,故日前所虑粤省滇、桂军队间之冲突,今将不致发生,粤、桂两省督军及陆荣廷,似皆愿依从民党领袖之议决。李烈钧刻在澳门,暂时似未必即有重要行动。"(《粤东议组政府之西讯》,《申报》1917年7月27日,"要闻二")

△　东方通信社东京电:因孙中山曾公言"张勋此次复辟,暗中有日本之援助"等语。"日本朝野,闻此颇滋不悦。所谓日本援助张勋,既实之事全然无根,其后却明德国方面援助张勋之事实。至是愈足证实孙氏公言之误。说者多以孙氏对于事实不加探究,出言如斯轻卒,甚为遗憾。"(《东京电》,《申报》1917年7月20日,"外电")

7月20日　出席驻粤滇军欢迎会,并发表演说,述护法之必要。

孙氏在演说中,再次指出段祺瑞、冯国璋与张勋之争,"直可谓稳健复辟派与激烈复辟派战争"。而自己与段祺瑞之流的斗争,"可谓真共和与假共和之争"。(《驻粤滇军欢迎孙先生记》,上海《民国日报》1917年7月29日,"民国真假关头")

演说后,外间传闻孙氏主张南北分裂,故丁会见某人时有所剖白:"自余平日心理,实无南北之见存。惟以南方之帝制派往往与北方之帝制派同流合污,而以北方为其根据,若北方之共和派亦往往附合南方之共和派,而以南方为其根据,故表面形分南北。实本无南北之争,只有共和与帝制之争。"(《孙中山在粤之时局主张》,《申报》1917 年 7 月 29 日,"要闻二")

关于南北关系,其时日本报纸有如下评论:"南方镇定问题为目今最困难之问题。若云武力解决,则陆军或有不足之虞,而海军之谁去谁从,尚未有一定之把握,势或难致成效。若云和平解决,则双方意见疏隔太远,观于段祺瑞讨伐张勋,以恢复其所谓中华民国之时,而南方派已极力攻击段氏,无拥护共和之资格。而孙中山且乘军舰,至广东联络南方各省,以抵抗段氏,即可知南北真有冰炭不容之慨。故段氏当此之际,或取放任主义,见机行事亦未可知也。"(《东京通信》,《申报》1917 年 7 月 26 日,"要闻一")

△ 粤省舆论对于孙中山在广东组织独立政府以北伐,颇有质疑之声。粤海关引用广州报纸《国报》编辑的说法,孙中山现在希望在南方建立一个独立的政府,重开旧国会,把海军调来南方,邀请黎总统来穗。孙认为以广东为海军基地,可以征服北方督军,剥夺其权力。然试问广东的军队有多强大?地方财政状况如何?即使海军同意,要征服北方督军需要多长时间?如何避免外国干涉?此举不过使南北分离,对广东民众实无幸福可言!(广东省档案馆编译:《孙中山与广东——广东省档案馆库藏海关档案选译》,第 82 页)

△ 唐继尧来电,表示由于川变,需要"暂顾川局",因此延迟出师北上。(《唐继尧通告率师赴川电》,桑兵主编:《各方致孙中山函电汇编》第 3 卷,第 57—58 页)

△ 唐继尧密电徐之琛,强调驻粤两师应行团结,联络龙济光以对付陈炳焜,若出湘须索足饷械,集中于韶州一带观望。略谓:"详审情势,终不能轻听人言,致中调虎离山之计,望切告张、方两君,务须将两师实行团结坚固,一面与龙设法联络,但使团体尚坚,内部无扰,陈督亦断不敢遽有何等迫胁行为。若两师十分困难,不能在粤相处,惟有暂先出湘,收饷械,如议索足,先于韶州一带集中观变,是为至要。"(云南省档案馆藏唐继尧档案 106—3—1337)

△　蓝天蔚通电孙中山等人,认为国事纷乱"皆由约法失效,强迫解散国会之故",因此主张"尊崇约法,恢复国会"。(《蓝天蔚通电》,桑兵主编:《各方致孙中山函电汇编》第 3 卷,第 58 页)

△　《时报》刊载英文专电:"孙文抵粤垣,不赞成粤省出师[①],但赞成欢迎海军及国会议员来粤,组织南方政府。"(《广东之态度与其动作》,《时报》1917 年 7 月 21 日,"要闻一")

△　日本寺内内阁决议:"给予段政府以友好的援助,以期中国时局的稳定,同时设法解决日中两国间的若干悬案,方为得策。"但同时对于南方势力也不过分压迫。"南方派倡导的自由民权思想,实与世界大势相适应,已逐渐深入中国人心,即使北洋派能够用实力一时挫其锋芒,但不可能从根本上予以消灭。为此,帝国政府若露骨地援助段内阁,压制南方派而与南方派结成深怨,也不符合帝国的长远利益。"日本驻华公使林权助亦支持援段政策,"盖信国民党只有议论,毫无实力"。而实际推行则由"朝鲜帮"在起主要作用,以资本输出为援段的重要手段,其中西原借款高达 1.4 亿日元。(李吉奎:《孙中山与日本》,第 462—463 页)

7 月 21 日　在广东省学界欢迎会上演讲巩固共和与富强之策,以及知难行易学说。

略谓:"兄弟谓我国人心,崇尚帝制少,崇尚共和人多。何以征之? 帝制时期发现期短,共和时期经过期多,可见帝制实不能与共和竞争。""自今以后,帝制与共和永无竞争之期,所患者真共和与假共和之竞争耳。欲拥护共和,当先图强富,为今日中国第一要义。"继以日本为例,认为日本之所以强,是"不知有一难字,冥行直逐而得今日之成功也"。因此提出知难行易说,强调"国强在于行"。又曰:"今日欲著一书,言中国建设新方略。其大意:一精神上之建设,一实际上之建设。精神上之建设,不外政治修明;实际上之建设,不外实业发

---

①　确切地说,孙中山非不赞成出师,而是认为"非目前之必要,故不积极主张"。(《时报》1917 年 7 月 25 日)

达"。希望"实力肩任,勉为其难,实力造去"。(《孙中山对学界演说词》,
《中华新报》1917 年 7 月 29 日,"紧要新闻")

日本《朝日新闻》记此演说之观感:"孙演说时,口若悬河,滔滔不
绝,气概不可一世。自是日有数人,以此意游说于陈督军之前。然督
军依然绝不为动,尝曰:'余决不言不能行之事,言则必行。'"(《东报记
南方独立之始末(续)》,《时报》1917 年 9 月 18 日,"要闻")

△ 赵端通电孙中山等人,建言讨伐段、梁,否定黎元洪、冯国璋
继任大总统,在粤设临时政府亦不相宜,力主"平贼为先,建设政府宜
乎暂缓"。(云南省档案馆藏唐继尧档案 106-3-763)

△ 陆荣廷电冯国璋,请速恢复国会,否则西南各省无从调停。
(《中华民国史事纪要(初稿)——中华民国六年(一九一七)一至十二月份》,第
612 页)

7 月 22 日 程璧光、林葆怿等率舰队南下,并发表海军护法
宣言。

时广东护法形势趋于成熟,"程璧光在沪,既接受总理电称:西南
欢迎海军南下,又电唐少川、汪精卫与海军同行,又接粤省长朱庆澜
来电欢迎,乃决与林葆怿率第一舰队赴粤"。(《总理护法实录》,《广东党
务》第 29 期,第 6 页)本拟 21 日启行[1],后因雾重,至 22 日黎明全舰队
始启碇赴粤。(《程林率舰赴粤之宣言》,《申报》1917 年 7 月 23 日,"本埠新
闻")

是日,汪精卫受程璧光委托,在沪发表海军护法宣言,痛斥北洋
政府毁弃国会、约法。略谓:"必使已毁之约法,回其效力;已散之国
会,复其原状;元恶大憝,为国蟊贼者,无所逃罪,然后解甲。自约法
失效、解散之日起,一切命令皆无根据,当然认为无效,发此命令之政
府,当然否认。"(莫汝非:《程璧光殉国记》第 3 章,第 10-11 页)应该注意
到,此时提出的护法三条件:"拥护约法""恢复国会"和"惩办祸首"与

---

① 《程璧光殉国记》第 3 章第 8 页持 21 日起行之说。

之前的三条件有所不同。

程璧光、林葆怿偕唐绍仪,率第一舰队"海圻"(旗舰)、"飞鹰""永丰""舞凤""同安"等五舰于是日从龙华首途,过象山时,遇"福安""豫章"两舰,挈之偕行。

檄文宣布后,北京政府多方阻挠,首由萨镇冰电调"飞鹰"等舰回宁;23日,过浙江洋面,萨镇冰复来电劝阻。24日,北京政府免程璧光海军总长职,并饬诸舰回宁;25日,过羊山,刘冠雄又电告林葆怿勿轻听人指使。26日,抵沥港,北京政府免林葆怿职;28日,林葆怿弟林葆纶复来电劝阻。31日,海军部来电,告以海军宣言要求三事已抄交国务会议。计由沪鼓轮而下,航行十日,前后接海军部暨刘、萨等电共五六次,初时劝诱,继以威迫,程璧光、林葆怿均置不理。
(莫汝非:《程璧光殉国记》第4章,第2页)

程璧光在家书中盛赞林葆怿坚决南下之行为:"此次各船随同赴粤,全系林司令一人之力,实与我无甚关系。将来倘得真正共和复活,当以一切功劳全让与林及各舰长士官,余决不占分毫,以明我非为利禄而来也。……刘冠雄及海军部各参、司来公电力谏,他亦不听,且置若罔闻,此真料想不到之事。既林君如此坚毅,拟将来饷款交他经营,一俟交代清楚,再行设法脱身,再不入政界混闹矣。"(《程璧光谈舰队驶粤并盛赞林葆怿的家书》,汤锐祥编:《护法运动史料汇编》第1册,第49页)

另有消息指:"刘冠雄本已挟款南下运动海军,昨午(23日)忽得第一舰队驶粤脱离政府之电,段等大惊诧,今日(24日)特开临时紧急密议,并无结果,惟仍嘱刘冠雄设法收买。"此外刘冠雄于25日致电海军第一舰队司令林葆怿及各舰舰长,反对其驶粤护法。

27日,第一舰队复电反驳刘冠雄,坚持护法惩逆。电称:"夫共和政体,岂有无国会之理?今日之行政者,恐国会束缚太甚,以国会不良为词,极力破坏。试问他机关行政诸公,则在在皆优秀之分子乎?诸公以为某等受人之愚者,必有利可图也。某苟阿附中央,良心尽丧,则安富尊荣,垂手可得,今竟驰驱海上,饱受风涛,为利为义,谅能共白。""今所要求者,拥护约法,恢复国会,惩办逆首三者而已矣。"
(《第一舰队为坚持护法惩逆复刘冠雄等电》,汤锐祥:《护法运动史料汇编》第1册,第38—39页)东方通讯社的消息则谓:"政府以此次海军之独立不过其一部分,不足视为重大之事。"(《北京电》,上海《民国日报》1917年7月25日,"东方通信社电")然从护法舰队所属军舰的综合实力看,其战斗力要比北京政府控制的北方舰队强。(汤锐祥:《孙中山与海军护法研究》,第23页)

另有北方报刊持不同看法,根据"程璧光收受德华银行三十万之款"的传闻,而有批评之声:"军纪荡然,自由行动,不知国家为何物?不知服从为何事? 视金钱之有无、多寡决其向背。……如最近风传海军第一舰队之一小部分受某国若干万元而附和党人宣言独立是也。"(《海军事件之昨讯》,北京《晨钟报》1917年7月25日,"紧要新闻")

天津日本报纸称,此次民党得到德国三百万的助款,遂以六十万元收买第一舰队,由唐绍仪等率领向汕头进发,并谓近来又与第二舰队交涉,亦欲将其收买。(《日报谓党人借德款收买舰队》,《北京日报》1917年7月26日,"紧要新闻")另据廖仲恺在结算革命经费数目时称:"中华民国六年六月,京津政变以后,军政府成立以前,用于海军方面四拾万元。"(《廖仲恺为结算革命经费数目致唐总代表绍仪文》,黄季陆主编:《革命文献》第49辑,第300页)

第一舰队南下护法,对于未来政局影响甚大。北洋密探马凤池观察到:"程璧光近以接中央汇拨海军费银,即自由行动,将第一舰队拔碇赴广东,并偕唐绍仪前往。……得第一舰队开往助劲,则一面可协助张开儒由潮、汕寇闽;一面可掩护李烈钧出兵窥赣,进可以战,退可以守。烟台舰队亦跃跃欲试,为其援应。而广东政府或将因是出现,殆意中事。"(《马凤池密报》,中国社会科学院近代史研究所近代史资料编辑组编:《近代史资料》总36号,第41—42页)

△ 下午,由黄埔乘电轮至省城,凭吊黄花岗,表示"无论如何,

必将先烈坟墓整理"。(《陈督军大宴要人》,上海《民国日报》1917年7月31日,"民国真假关头")此行主要商议修筑事宜。"现以该地杂坟甚多,且有模范监狱逼近。此间拟将七十二烈士坟墓略移山傍,以期划一整齐,然后筑设坟围,勒碑竖表。各人徘徊凭吊,至四时后始回。"其后赴陈炳焜在陶陶居所设之晚宴,章太炎和陈炯明亦至。(《孙中山凭吊黄花》,《中华新报》1917年7月29日,"紧要新闻")

　　△　徐之琛密电唐继尧,报告孙中山的护法主张,并表赞同之意。略谓:"顷晤中山先生,据云前对江浙计划,曾电商钧处,嗣复辟发生,海军不愿以武力对沪因而中变。现拟在粤召集国会,迎总统南下,组织政府,调海军全体舰队来粤以为根据。惟政府及国会所在地,须有精锐可靠陆军,方足以资拱卫。将来政府北迁,亦须率海陆军同往。拟请钧座准备出兵两师,由桂来粤。俟计划周妥,再由各方面专电请求两粤当道,虽非所愿,然迫于大义,亦无可如何。至收拾川局,固应急进,惟当保持精锐,以规中原。""近来沪粤各要人多指〔持〕此主张,舆论亦甚谓然。以国会解决时局,原属正当行动。"(云南省档案馆藏唐继尧档案106-3-763)

　　△　报载,广州市面和政局颇为平稳。"粤省官军两途,皆准备为民党首领返粤之招待,而商界则专心致志于其操守之业。朱省长辞职一说,虽尚有所闻,惟日前政界领袖冲突之谣传,已如烟消云散,不复触于耳鼓矣。"(《西报之广州近讯》,《中华新报》1917年7月30日,"紧要新闻")

　　△　西报《大陆报》消息:"陆巡使、刘省长、陈、谭两督军①皆联电北京,请黎总统从速复位。此四人者实混合为一体,而集权于陆公。陆之意盖欲求免南方联合省之建设政府于广州,若至于事机之必要时,则亦必不稍加反对。"(《西报之广州近讯》,《中华新报》1917年7月30日,"紧要新闻")

————————

　　①　分指陆荣廷、刘承恩、陈炳焜、谭浩明。

△　唐继尧以在粤滇军受桂系排斥,密电龙济光嘱互相提携。

(云南省档案馆藏唐继尧档案 106－3－1337)

7月23日　鉴于被解散之国会议员从上海来电,称其正准备赴穗以共商大计,遂藉机要求陈炳焜在长堤设置一官舍,作为议员来粤膳宿之用。(广东省档案馆编译:《孙中山与广东——广东省档案馆库藏海关档案选译》,第83页)

△　东方通信社广东电:孙中山到粤后,"即与陈督军等交换意见,至近并与陆荣廷疏通意见,殆已一致",此外"两广舆论决不承认北京现政府"。(《广东电》,《申报》1917年7月24日,"外电")

△　英文《大陆报》本日广州通信云:"数日以来,孙中山先生皆为人士所开会欢迎,日不暇给。诸如省议会也,官僚领袖也,驻粤滇军也,各公私机关也,皆以瞻仰颜色为幸。而先生所之之地,又能抵掌面谈,风生满座,往往历一二小时之久而不已者,亦可谓雄于言矣。"(《西报之广州近讯》,《中华新报》1917年7月30日,"紧要新闻")

△　英文《大陆报》发表一则广州通讯,对于孙中山行踪及当时政情颇有重要的报导,可供参考。

略谓:"孙中山抵此已数日矣,政界要员、省议会、驻粤滇军、学生会及公私团体先后开会欢迎。孙氏每至一处,辄演说一二时之久。军界、政界刻方忙碌行事,欢迎抵粤民党诸领袖,而商民则仍照常营业。粤省政界要员互起冲突之谣言,今已消灭。惟素孚众望之朱省长,仍有辞职之说。"

"陆巡阅使、陈督军及广西谭督军、刘省长近曾致电黎总统,请即复任。陈等显皆听命于陆。陆意盖欲免于南方建设政府,苟时局有行此之必要,则亦不欲反对。广州诸人之意多与陆同,盖深知南北分裂,则外患足虞也。国民党似信民国政府非冯国璋等之旧官僚所能主持,如不于今日逐出政界,则目下之军人党他日复,将梗阻共和主义之进步。孙中山等以为,民国政府不宜设于北方,如能运动国会议员与海军来粤,则即可于粤建设政府。至于总统一席,无庸为虑,如黎总统辞职,则可另选他人。国民党依此行事,则可排除冯国璋。南方民党皆称,复辟之主要犯,固为张勋与康有为,而冯、段亦与闻此事。广东督军、省长,迄今尚未正式宣布以广州为中国临时都城,盖须先得其他南方各省当道之同意也。"

"陆巡阅使两月以来,常居武鸣,闻将于一星期内来粤,与孙中山等会商诸事,今并拟恳请伍廷芳与唐绍仪来粤匡助一切。桂军、滇军现均聚集粤城,以待命令,莫擎宇、陈炳焜、张开儒、方声涛诸武员,现均否认各军司令彼此龃龉之说。""省议会业已休议,闻不日将召集特别会议,赞助广东政府。"(《粤东时局之西讯》,《申报》1917年7月30日,"要闻一")

△　徐之琛密电唐继尧,告以目前桂系排滇,而中山一派到粤,欲联滇以自重。略谓:"某当道态度暧昧,急于布置势力,粤人多反对之。开赌敛财,尤所深恶。粤、桂军大生暗潮。"中山一派"到后情形,探确密报。此派急欲借重钧座以抗北系,故太炎有举公为总统之电。凡属助我张目,便宜引为同志,藉厚声援,拟请专电联络"。(云南省档案馆藏唐继尧档案106—3—763)

△　旅沪国会议员发表公告,宣布不承认段祺瑞非法政府。略称:"我中国抱民治主义之人民,与此有矢志坚持之事二:一曰维护约法;二曰恢复国会",决不承认段祺瑞非法政府。(《旅沪国会议员对外之公告》,上海《民国日报》1917年7月28日,"民国真假关头")

7月24日　致电西南各省将领,望协力支持在粤召集国会。

略称:"今虽号复共和,祸乱之源未塞,将来必且以伪共和亡中国。"因此,"必以反对复辟者反对伪共和,始可救国"。而"国法之所以荡然,由国会之不存在。不复国会,无由合法之行焉。故文于日前请国会议员来粤,自行集会,将来一切措施皆当本此而出,基础既立,是非自明,庶几真共和可以跻致"。(《孙中山致各省电》,上海《民国日报》1917年8月4日,"公电")

△　复电陆荣廷,说明护法计划,望支持护法主张。

电中对于张勋复辟颇有恕词："清室逊位,本因时势。张勋强求复逆〔辟〕,亦属愚忠,叛国之罪当诛,恋主之情自可悯。文对于真复辟者,虽以为敌,未尝不敬之也。"但对于段祺瑞"以伪共和易真复辟",却大加挞伐。"民国之号虽复,而祸乱之机方始,与公倡义护国之旨,相戾已甚。国会者,民国命脉所存,托名民国,独去国会,则凡百措施皆为背法。彼叛人既不利有〔于〕国会,我护法者必当拥护之。是以文到粤后,即电请国会议员来粤,自由集会,将来再由国会以决。凡百措施,布置既周,乃以海陆军护送国会至国都,然后可使基础不摇,成一劳永逸之计。不然,则今日外人已认民国为未有合法之政府,将来危险更不堪言。""既承勉以共济,尚乞协力主持。"(《孙中山请电邀国会议员来粤开会复陆荣廷电》,汤锐祥编:《护法运动史料汇编》第2册,第48—49页)

1918年戴季陶访日时,谈及孙、陆暌违不睦的情况,可供参考。"孙与陆荣廷间从未亲自见面会谈过,以前意见一致与否,无从了解。虽然,恐其意见完全相反。而两者意见不能疏通之原因,不在孙、陆二人而在下僚。据本人看法,陆的僚佐比孙的僚佐政治的智识经验不见得优越。故两者接近,进行政治协作中,夺我僚佐于枢要地位,陆之僚佐不断有此忧虑,造成两者疏隔。"(《日本外交文书》大正7年第2册上卷,第19—23页)

△　道路传闻,拟到广西晤陆荣廷共商大计,陈炳焜已指示广州海军部安排一艘炮舰以供调遣。(广东省档案馆编译:《孙中山与广东——广东省档案馆库藏海关档案选译》,第84页)此说并不确。

△　北京政府国务院通电各省,首言恢复旧国会之不可,特引唐继尧"破甑之说",言国会威信已失;再言改选迟重,非计久远;最后言改组,称引陆荣廷之主张,欲改组则非先有临时参议院不可。"人数无多,选派由地方自定,依据约法,可以迅速成立。救时之图,计无逾于此者。"职权"以解决制宪、修正国会组织各问题"。并就其成立之程序,征求各省之意见。(《东方杂志》第14卷第9号)此电由梁启超拟

订，本其一贯之主张，引起当日舆论的颇多不满。（丁文江、赵丰田编：《梁启超年谱长编》，第 535—536 页）然北洋派张作霖、倪嗣冲、王占元、杨善德、齐耀珊、李厚基、陈树藩、曹锟、齐耀琳、赵倜、阎锡山、田中玉、孟恩远等督军省长均发电赞成。（章伯锋主编：《北洋军阀（1912—1928）》第 3 卷，第 297—301 页）

△　亲北方的传媒引用共同通信社消息，陈炳焜、朱庆澜"自孙文抵粤后，似颇不慊其态度。此外一般人士亦以孙文之来粤，有如平地兴波，亦不满意"。"孙文之主张系不承认冯河间为大总统，并主张反对段合肥为国务总理，更主张恢复违法解散之国会，要求违法现内阁员辞职。其计划拟推戴黎黄陂为大总统，并邀其赴粤。若黎氏不南下，则别选总统，组织政府，并在上海开国会，将舰队调集粤省。其结果拟联合粤、桂、滇、黔、川、湘六省以抗北方。其尽力此等计划者，为孙文、张继、唐绍仪、汪兆铭、陈炯明、程璧光、马君武及其他民党。"（《政府接到粤省陈李交绥之电》，《北京日报》1917 年 7 月 24 日，"紧要新闻"）

7 月 25 日　报载，答广州某报记者问，表示要倚重南方以行护法。

记者来询时局意见，孙氏表示国体问题虽已解决，然政体问题尚有争执。"此次变乱，可分两种问题，倪、杨之变，关于政体问题；张、康之变，关于国体问题。复辟取消，国体问题虽已解决，国会仍未恢复，政体问题尚须争执。若共和政体任其蹂躏，则共和国体已丧灵魂，民国何以生活。我国人不欲谋巩固共和则已，欲谋巩固共和，即不能以张、康之败亡，即谓晏然无事也。"

当记者问及解决当前时局，"究属谁之仔肩"时，答言："君主专制之气在北，共和立宪之风在南"，"故南人有慕君主专制之风者，必趋附于北方；北方人有慕共和立宪之风者，必趋附于南方，自然之势也。今日欲图巩固共和，而为扫污荡垢，拔本塞源之事，则不能不倚重于南方。""兄弟主张在粤省聚集国会议员，组织统一机关，请陆幹卿速出主持大计,电邀全国要人莅临,以共筹大局。"(《孙中山先生之伟论》,上海《民国日报》1917 年 7 月 25 日,"民国真假关头")

△　李烈钧对旅沪国会议员发表谈话,力主国会议员即日赴粤自行集会,并否认彼与广东督军陈炳焜有意见之说,所谓桂、滇军队冲突之说,亦全无其事。(《两院议员决定往粤》,《时报》1917 年 7 月 29 日,"本埠新闻")

△　程璧光、伍廷芳、唐绍仪、廖仲恺等致电海外同志,为讨逆护法筹饷:"先是孙总理已于本月六日乘军舰经汕归粤,约同驻粤军舰,有所布置。海军宣言之后,即由程总长璧光、林司令葆怿率领舰队,艟艨南下,归依粤东,惟大兵斯兴,饷糈待募,侨胞诸公热心爱国,自能踊跃输将,急望早日筹得巨资,汇归祖国,以备策应。本部现仍寓沪上,所有募得款项,请径汇孙先生原寓所,便妥收矣。"(《程璧光等为讨逆护法致海外同志请筹饷函》,汤锐祥编:《护法运动史料汇编》第 1 册,第 33 页)

△　广东省议会、省长朱庆澜在得到海军护法宣言后,于本日去电欢迎海军。朱电云:"贵军养日宣言,传达粤省,于举国阴霾沉雾之中,忽睹霹雳青天之象,群情欢跃,莫可明言。中山先生莅粤,连日所表政见与进行手续,均与诸公宗旨相同。粤省陈督军暨庆澜以及各界,无不悉心倾服,现正积极筹备,期见实行。"(莫汝非:《程璧光殉国记》第 4 章,第 2 页)

△　胡汉民自南宁返抵广州后,即来黄埔,报告邀陆荣廷来粤之经过。复至省议会,向外界宣称:陆荣廷曾于同日由邕乘轮东来,因事驻桂平镇守使署,三数日即可到粤。(《中华民国史事纪要(初稿)——中华民国六年(一九一七)一至十二月份》,第 619 页)然陆氏始终未至广州。

△　徐之琛密电唐继尧,报告海军宣布独立护法,国会将召开,促唐一致行动,对抗冯、段。唐之批语称:"此间极欲宣布自主,惟川乱未平,不能树敌太多,是以虚与委蛇,令向民党疏通此意。"(云南省档案馆藏唐继尧档案 106-3-763)

7月26日　张开儒致电旅沪国会议员,表示自己赞同孙中山"招集两院议员于广州开非常紧急会议,组织政府,以拥护真正之共和国家"的主张,请国会议员早日来粤开会。(《张开儒电请议员往粤》,《申报》1917年7月28日,"本埠新闻")

△　北京政府发布大总统令:将广西省长刘承恩与广东省长朱庆澜对调,刘氏未到任以前,广东省长着陈炳焜暂行兼署。此令引发粤中新一轮的权势争夺。缺乏实力和背景的朱庆澜受到的冲击尤大,以之为非法命令加以拒绝。为此咨复省议会,略称:"今黎大总统未经复任,国会未经回复,中央政府未经依法正式成立,陈督军暨贵议会未经协议变更自主主义以前,虽有非法内阁之命令,当然认为无效。"(《北京政府调动两广省长职务令》,汤锐祥编:《护法运动史料汇编》第4册,第25页)

民党中人以命令中有陈炳焜兼理省长字样,"遂疑此举为陈氏暗中运动,皆大愤恨"。孙中山在黄埔公园集合民党诸人及国会议员,议定对付办法:(一)此项伪令必不承认;(二)朱省长必须挽留;(三)朱省长如必自行辞职,则以胡汉民暂代,刘承恩必须抵制。其进行之手续,第一条由省议会以会议形式发表,第二条则以省议员及学界(因朱素为学界所拥戴)担任,第三条则以警卫军各统领署名之书函发表。(《粤省长更调之民党》,天津《益世报》1917年8月9日,"各省近事")

△　徐之琛密电唐继尧,报告孙中山与桂系关系好转,桂系拟以陆为统帅,及应召开国会,组织政府等事。略谓:"粤自海军独立,情势大变。中山诸公共两粤当道近愈融洽。陆已抵邕,与谭计划出师,两粤对外将趋一致。"(云南省档案馆藏唐继尧档案106-3-763)

△　传媒报道湖南独立之风闻。共同通信社消息指,日前东京某要人接湖南电,谓湖南督军谭延闿反对中央政府,现已宣言独立。该社因向各方面探询,俱未接有此项电报,确否尚难断言。(《湖南独立之风闻》,《北京日报》1917年7月26日,"紧要新闻")

7月27日　参加广东全省军警欢迎会,并发表演讲"恢复民气"①。

广东全省警卫军、海军、警察全体,假座东园,开会欢迎孙氏来粤。先期将全场用鲜花、国旗点缀一新。各军队由天字码头起,一直列队到东园门口,人山人海。开会前,陈炳焜、朱庆澜暨各高级军警长官,陆续到场。一点半钟,孙氏乘马车,偕同章太炎、胡汉民、汪精卫、陈炯明诸君莅会。全场军队行举枪礼,奏军乐,由警察厅长魏邦平宣布开会理由,警卫军统领谢昭代表全体,宣读欢迎词。李继衡代表海军,何洪钧代表警界,各致颂词。

孙氏在会上演说,谓:"救国不论成败,只论是非。譬如列强有以雄大之兵力来侵我国,若论成败,彼必得手,是否吾人亦甘心被其征服? 吾人立志,当国存与存,国亡与国〔亡〕,如宋代之文天祥,仍可留天地一点之正气,故欲恢复民国,非先恢复辛亥革命时代之民气不可。"(《广东海陆军警欢迎大会》,《申报》1917年8月3日,"要闻二")

并因汪精卫"新自北还",特地在会上介绍汪精卫。汪氏讲述了自己在北京、天津、上海等地的见闻,谓:"冯国璋之不愿为总统,实有两原因:一因江苏督军一时未得亲信人代理,又以段祺瑞拟以倪嗣冲代理,雅不愿意;二因江苏任内,每年所得甚多,若为大总统,每年仅得百余万,不合算。""年前入京见宣统,不过私人旧谊。若实行复辟,破我共和,誓必本我素志而行。至如冯国璋本为拜把兄弟,若破我共和,亦不能曲从之也。"胡汉民新从广西归来,"谓见陆巡阅使,其态度甚为明了。足疾每年必发一次,此次足疾益剧,起居亦须有人扶掖。其在南宁时,适传复辟噩耗,陆闻后,竟将该电文掷地,声明誓必拥护共和"。"旋谒谭月波督军②,见其集全体上级军官,征求意见,亦皆慷慨激昂,必拥护共和。"(《恢复国会声中之粤要人观察》,《申报》1917年8

---

①　会议时间据上海《民国日报》1917年8月4日的报道。

②　指广西督军谭浩明。

月3日,"要闻二")

继由朱庆澜演说,谓:"凡开欢迎会一般,欢迎的人,其宗旨当与被欢迎的人同一趋向,故今日欢迎孙先生,自当竭诚以欢迎真共和。"最后由黑龙江国会议员秦广礼演说,谓:"民国命脉,端在拥护共和,当以恢复国会为先,此吾人所最希望于西南各省者也。"

众演说毕,复奏军乐,宣布茶会拍照而散。是日到会者"凡数万人",国会议员中如马君武、季茂之、王斧军、邹鲁等均在座。散会后,孙氏复偕同简琴石,到实业团小憩,然后赴朱省长晚餐。各界人士本拟于周日开全省欢迎大会,嗣闻程璧光率领海军舰队来粤,数日内即可抵省,拟到时一并开大会欢迎,故日期、地点未能实时决定。(《广东海陆军警欢迎大会》,《申报》1917年8月3日,"要闻二")

孙中山于实业园小憩时,指出办公地点"以实业园地点甚适应用,即经商准省长朱庆澜,商借为驻省办公处所"。(《孙中山办公地点》,《中华新报》1917年8月4日,"紧要新闻")

△　旅沪国会议员吴景濂、王正廷举行茶会,商定赴粤。

是日莅会旅沪国会议员二百余人,决定日内赴粤。次日,首批五十余人启程。(《国会议员决定赴粤》,上海《民国日报》1917年7月28日,"本埠新闻";中国社会科学院近代史研究所中华民国史组编:《中华民国史资料丛稿·大事记》第4辑,第45页)另有传媒消息指,是日旅沪国会议员在一品香旅馆开茶话会,到者约一百五十名,协议国会开设地点,决定在粤开会。之所以用茶话会方式而非正式会议,系因法租界当局禁止中国人政治的集会结社。(《旅沪议员决在广州开会》,《北京日报》1917年7月29日,"紧要新闻")

关于议员动向,28日的英文《大陆报》亦有报道:"有议员四十人业已离沪南行,尚有在沪一百四十人正在候船出发。""据天津消息,寓津议员已有四十人动身来沪,其余二百余人月初可到,再换船赴广州。"(《两院议员决定往粤》,《时报》1917年7月29日,"本埠新闻")

△　驻粤滇军参谋长崔文藻密电唐继尧,报告与孙中山等三四

要人秘密筹建大元帅府等事:"(一)于广州组织海陆军统帅府,内设正统帅一员,陆军统帅二员即推我公①及幹老任之,海军统帅一员推程璧光任之。原议设正副统帅各一员。中山为正,我公副之,因地势上及军事上之故,增设副统帅二员,此种办法纯为敷衍幹老而设,此系第一步,其势不得不然。(二)设经略三员,西路经略推我公任之,中路经略推翰〔幹〕老兼任之,东路经略推〔玉堂〕兼任之。每省设参赞军务一员,即以督军或以若干军队以上者,得以充之。俟后再为相机规定。一俟统帅府成立之后,海陆军有一定之统系,即由国会选举正式大总统及副总统,中山为正,我公副之,待与议员商定,将来发表,决不致生他项枝节。"崔文藻对于护法态度颇为积极,"务恳我公鼎力赞成,通电提倡,则民国根本从此可以巩固","论列是非,均当以最坚决剀切之心出之,万不可游〔犹〕豫之词"。并表示此前唐氏通电承认李经羲内阁一事,经其澄清,"舆论始息"。(《崔文藻报告海军抵粤及孙中山筹建大元帅府等事致唐继尧密电》,汤锐祥编:《护法运动史料汇编》第1册,第40页)

△　报纸报道,陆荣廷已起程来粤,于二十三日"扶疾出邕",二十四日"由邕下轮"。本日广东督军署接其自浔州来电,至粤之日可以立待。陆之态度使得陈炳焜"前之顾虑遂尽冰消",并当众宣布"今后实行赞助孙中山先生之大计划"。(《陆使已启程来粤》,《中华新报》1917年8月4日,"紧要新闻")此事似不确。

7月28日　各省国会议员来粤之费用,由孙派承担。黑龙江、江西、两广国会议员已抵广州。广东督军、省长公署,各派代表一员,会同本省国会议员之代表,组织筹备欢迎国会议员之委员会。此外,亦致电东南各省督军,请其派委员来粤,共商要事,滇、黔两省代表今已抵省。(《广州电》,《申报》1917年7月30日,"外电")

山东议员到粤者,包括刘冠三、丁惟汾、张瑞萱、于恩波、于洪起、

---

① 即唐继尧。

邓天乙等人。（《山东护法之师》，黄季陆主编：《革命文献》第 50 辑，第 254 页）

△　张开儒密电唐继尧，提出应付时局的八条主张，其中颇赞成孙中山之意见。略谓："孙中山先生来主张联络西南各省，在广州招集国会，组织内阁，并组织最高级海陆军统一机关，与冯、段成鼎足之势，以图根本解决、一劳永逸之计。此种主张与开儒所主张者若合符节，应请我公鼎力主持。"又言及李烈钧"道德全无，我军吃此人之亏不浅"。唐于 28 日批示："八条尚稳健，兵已征，俟到即陆续送粤。该师通电言太激烈，有损无益，以后应特别注意，用人尤宜小心。"（云南省档案馆藏唐继尧档案 106－3－763）

△　陈炳焜密电唐继尧，指责驻粤滇军受奸人暗煽，请加以约束。略谓："所虑者奸人暗煽，欲使我同室操戈，军纪稍宽，难保无越轨之事。人言可畏，宜明是非，窃本爱人以德之义，不敢不为正告。还请冀公电嘱张、方师长约束所部，勿堕奸谋。"（云南省档案馆藏唐继尧档案 106－3－763）

7 月 29 日　在黄埔宴请侨粤之日本重要人物，并在席间演说该党之地位及关于政局之意见。（《孙中山宴请日人》，《北京日报》1917 年 8 月 1 日，"紧要新闻"）

△　传媒报道在津国民党议员纷纷南下之讯。略谓："民党议员白逾桓等日前尚留滞津门，近闻南方组织政府、召集国会之说，乃定于日内结合该党同志十数人一齐南下。"（《在津民党议员纷纷南下》，《北京日报》1917 年 7 月 29 日，"紧要新闻"）

△　段祺瑞致电陆荣廷，请疏通西南各省意见。（《中华民国史事纪要（初稿）——中华民国六年（一九一七）一至十二月份》，第 626 页）

7 月 30 日　与黎元洪代表黄大伟会面。

原黎元洪总统府侍从武官陆军中将黄大伟，奉黎密令，谋与孙中山等晤商。黄到沪时，孙已南下。日前赶到广州，是日谒见，详述黎之近况，并恳孙氏极力斡旋大局，打破伪共和。（《黎总统代表到粤》，上

海《民国日报》1917 年 7 月 31 日,"民国真假关头")稍后有消息指,孙氏去
电请黎赴粤组织政府,召集旧国会,但黎复电拒绝之。(《黎总统电拒孙
文之请》,《北京日报》1917 年 8 月 2 日,"紧要新闻")

　　黎氏行动不自由,可能也是原因之一。《字林西报》广州通信指
出:"孙逸仙曾致一长电于黎元洪,劝其南下反对段内阁。黎氏是否
愿从孙之言而行动,乃一问题,然就日下而言,彼不但无允从之权,亦
且无答复之自由。盖黎氏目下一举一动,皆有人暗中监察,与在日使
馆时及在袁世凯软禁之下时无异。质言之,黎氏自显露头角于政界
以来,无日不受他人意志之拘束。即彼武昌起义时,固亦被党人迫而
为之也。彼在今年春间,曾有一伸其个人独性之机会,然据彼之至友
言,当时观彼之行动,可见彼实缺乏独立性。"(《大局颠簸中之黎黄陂近
状》,《中华新报》1917 年 11 月 13 日,"要闻")

　　△　发电攻击北京政府为伪共和,因此不能承认。北京政府接
电后即通令各电局一律禁代孙中山发电。(《各省状态》,《北京日报》
1917 年 8 月 1 日,"群报汇选")稍后又有消息称:"近闻有借用孙文名义
散布各种电文,京中亦时有发现,政府特令京师警察总监严行查禁,
以安人心。"(《查禁孙文名义电文》,《北京日报》1917 年 8 月 11 日,"紧要新
闻")

　　△　湖南督军谭延闿所派专员、陆军中将张其锽抵广州,前来谒
见。另见陈炳焜。"闻张氏此行系有重要公务,与当道面商,并携有
谭督军密函。"(《广州消息》,《时报》1917 年 8 月 7 日,"要闻二")

　　△　广东当局派出众议员贺赞元为代表,于二十七日赴沪,今晚
抵达,以欢迎国会议员南下赴粤开会。到埠后,即刊发致沪国会议员
函,谓广东方面已派覃超、邹鲁担任招待国会议员事务,并指定陆军
学堂、测绘学堂为招待所。"军民两长、议会及地方各界对于议员来
粤均极欢迎。"(《欢迎议员赴粤之代表》,《时报》1917 年 8 月 1 日,"本埠新
闻")省长朱庆澜亦派政务厅长冷遹到上海欢迎国会议员。(《东报记南
方独立之始末(续)》,《时报》1917 年 9 月 18 日,"要闻二")

在沪期间，贺赞元向传媒说明粤局之稳定和各方势力之合作无间，颇有乐观之表示。

略谓："广东陈督军对于大局之主张，始终与滇军一致，其所不同者，惟实行之手续而已。孙中山到后，将大局紧要关头一一解释，并电陆、唐诸公陈说一切，俱得同意。陈督军得陆使之训令，对各方面着着筹备，加以民党人物龚政、覃超现驻军署，襄理一切，目下水乳交融，如反对党所传意见不合者，殆无十分之一。最近陈、孙诸要人议决之结果，专盼议员速来粤集会，解决一切。关于国会开会及招待议员事，着着准备。国会议员招待所地点，已经指定陆军学校及测绘学校。两校之大，可容千余人。该招待所派定二人办理，一由陈督军派出，为覃超君；一由广东方面举出邹鲁君。至于陆干卿迟迟〔未〕到粤故，实因脚气过重，由房里出房外且不能行，必须四人扶持方可举步。陆最近语人云，我只实行，不必多说。我已将大兵携往湖南界上去。一方嘱陈炳焜如法进行。至西南联络之事，非一省所能办到，我则听从大众意思云云。又林虎君已辞高雷镇守使，来省招足一师人，逐日训练，准备北伐。至财政情形，广东足可供给三省以上，战局发展无论，已即立于坚守地位，无外洋华侨接济，亦可支持半年以上。"（《广东代表之粤事谈》，《中华新报》1917 年 7 月 31 日，"紧要新闻"）

先行来粤的马君武、秦广礼也致函旅沪议员，略称："武于二十四日抵粤东。此间人心一致，保护约法，要求提挈共和，不认段内阁。海军宣言后，局势既佳，可望立即发展。惟须国会议员来此开会，一切自有办法，望速集同志南来。粤人望公等如岁，不可迟也。"（《旧国会议员赴粤开会之近状》，天津《益世报》1917 年 8 月 7 日，"特别纪事"）

粤籍国会议员马小进也发表劝告两院同人速即赴粤书。略谓："或犹恐粤中不宁，无济于事，怀疑弗行，此则适中奸人之诡计。进本粤人，深知粤事。粤中当局皆同心同德，拥护共和，赞助国会，绝无意见。且海军舰队亦已相继抵粤，以固疆防。"（《马小进劝告议员克期赴粤》，天津《益世报》1917 年 8 月 12 日，"要闻"）

△ 旅沪国会议员通讯处来电,称:"同人沁日(二十七日)决议在粤集会,在沪者即分期启程,在津者已委人携款北上□来。濂、廷陷日(三十日)诹访丸〔号〕来粤。"(《旅沪国会议员通讯处致孙中山电》,汤锐祥编:《护法运动史料汇编》第 2 册,第 50 页)另有消息称,租界禁止结社集会,于是党人之活动大受打击,刻党人首领王正廷、吴景濂、戴季陶等于今日晨由沪赴粤。(《党人首领赴粤》,《北京日报》1917 年 8 月 1 日,"紧要新闻")

△ 吴景濂、王正廷赴粤以前,发出通知,特备川资发给欲赴粤之议员。略谓:"在粤召集议会,日昨已经同人认可,时机危迫,尚望从速启程。兹特筹备川资每人五十元,自七月三十日起,每日上午十时至下午四时,在法界恺自迩路二百八十二号恭候台驾。"(《各省状态》,《北京日报》1917 年 8 月 4 日,"群报汇选")

△ 接到廖仲恺自上海来电,称"寓沪两院议员,曾接粤议员电,全体南来"。陈炳焜、朱庆澜得知后,面谕警厅"即将回龙社旧烟酒公卖局(系康有为物业),交由简琴石管守,以便布置,为招待国会议员之用"。之后警厅亦加派特务警察十名,前往保护,以促进行。同时,陈炳焜因议员人数多,"恐旧烟酒公卖局地狭,不敷应用,现将派人商租旧海珠酒店"。(《最近粤东时局之要题》,《申报》1917 年 8 月 6 日,"要闻二")

另据朱执信致简琴石函显示,国会议员招待费源源不断由孙中山一方拨付。略谓:"国会议员招待费据云已用尽,急须支出。请由南洋公司款下即拨五千,交国会非常会议会计欧阳君手。"(李穗梅主编、李兴国等整理:《古应芬家藏未刊函电文稿辑释》,第 203 页)

△ 六安州吴宝箴通过《申报》馆来电,反对另立政府。略称:"不闻先生之声息久矣。迩者大难甫平,国民望治,粤省建设政府乃自杀政策,宜非先生所主张也。"(《六安州吴宝箴来电》,《申报》1917 年 7 月 31 日,"公电")

△ 陈炳焜、谭浩明致电湘、滇、黔三省督军,告以两广秉承陆荣

廷意旨,以黎元洪复任为先求解决之问题,"此问题未决以前,他事均缓置议"。(中国社会科学院近代史研究所中华民国史组编:《中华民国史资料丛稿·大事记》第 4 辑,第 45 页)同时,致电北京政府,谓"孙文、唐绍仪到粤欲有所组织,经煜劝抑,望中央开诚,并迅复国会,否则,粤之危,断非煜所能支"。(《陈炳煜电孙文唐绍仪》,上海《民国日报》1917 年 7 月 31 日,"中华通信社电")

　　△　滇督唐继尧致电岑春煊、唐绍仪等,表示赞同孙中山的主张,电称:"复辟事实虽已取消,统一机关尚无确定,冯河间未肯代理总统,别具苦心,段芝泉一旦盗取政权,其谁承认? 南京政府不能组织,北京政府万难有效,非我西南各省另立基础,不足以救覆亡而图巩固。顷闻孙中山诸公已经抵省,并主张在粤恢复国会,迎迓黎总统以建设政府,理由正当,时机勿失,继尧固有是志,孙公先得我心。""公等共和再造,大局关怀,恳请旌旗速抵粤省,共筹大计,以拯救垂危,继尧将派代表东行,以领诸公明教。"(《唐继尧赞同孙中山主张致岑春煊唐绍仪等电》,汤锐祥编:《护法运动史料汇编》第 3 册,第 62 页)

7 月 31 日　召开中外记者茶话会,答复记者所提的各种问题,强调"以为今日救国之第一步,即当恢复国会,尤宜在粤开会"。

　　一、有人询以如照民党计划,国会、总统及海军聚集于广州,其经费若何筹措? 答曰:"国会暂时用途,已由海外华侨担任,惟将来终须借内债或外债。""以中国之天□及国债额与各国较,中国仍为一极富之国。倘将富源及税则正当整理,则此时虽不免借债,将来偿还,诚易易耳。盖只须有一良好之政府,国内外之人民皆将信任官吏,则归还国债,人民自乐于解囊也。至于借款一层,孙君确信不难借到。"

　　二、有记者认为,临时政府一成立,南北势必分裂,人民厌倦战乱,且南方实力上未必能与北抗,再则外交上不免棘手。孙对此答复:"国会系代表全国人民,今召集于此,即系为免分裂起见。但分裂果佳事者,如病者之解腕,亦当为之。南北各得其所欲之政治,国家反因而强盛,未可知也。""人民固甚厌乱,然恶政府之造乱无穷,今共和派人为自由及良政治之故,举兵与帝制派人争,骚乱不过一时。□如人家失火,其家之人乃不愿受救火之扰,则必病狂矣。今中华民国乃在失火之际,此国民所不可不知也。"

三、关于南北军事实力问题。孙氏认为:"海军在实际上已全部赞助南方,海军对外虽不足,对内则有余。以一万陆军,助以海军,即足使北京、南京、汉口长虑而却顾。现广州既已在共和派势力之下,而北方军界及人民亦不乏共和派人,故共和派之势力只须妥为组织,则武力上占有优势,可断言也。"

四、关于外交承认问题。答称:"此层未必有重大问题。查民国成立,国会一经开会,美国即首先承认。今召集于广州之国会,犹见第一次在北京召集之国会。在共和国,国会具最高权,而今召集之国会,又即各国数年前所公认之旧国会,则外交方面如何能发生困难乎?"

五、至于加入协约国集团、对德宣战问题,孙中山相信"列强惟于中国能全国一致对外时,始欢迎其加入战团,否则美及他国宁愿见中国之和平与统一,而不愿其率尔参战也"。

六、关于陆荣廷、陈炳焜、朱庆澜等两广官员的态度。答曰:"彼等赞助共和派人计划,毫无疑义,督军、省长等均曾拍电请议员来此,一面准备招待,种种计划非常周到。(吾人对于当局岂能更有所奢望乎?)又谓在共和国家,民意为重,官意如何,固可以不问。然使现在之当局而如一年前之龙济光,则彼必不能在广州与官场杂处,而发表此等言论。此可为当局诚意赞助之明证也。"

七、至于国会在粤开会问题,孙"希望议员集会可满法定人数,若万一不足,可行非常集会。盖在非常事变之时,本可行非常集会,平时法定人数可以不拘。试思督军团称兵,非法毁坏国会,危害民国,甚至暴行复辟。此等非常变故,自应予以非常之处置也"。

八、对于冯国璋继位大总统的问题,认为其"于国会未解散之前,业经辞副总统职,印信、证书均经交还,后来又辞职一次。冯之为帝制派人,毫无疑义,盖复辟若成,即彼可以不居副总统之位而不负责任也。据民党之意,冯虽未公然赞以帝制,然若表示反对旧国会之意思,即不能逃惩罚及褫职。即以江苏督军而论,上海、浦口、徐州之军官纷纷造反,岂能不举兵讨伐? 彼之不讨,即应受军事裁判。至于关涉复辟之叛逆罪无论矣"。令记者诧异的是,孙中山"对于张勋反无大恶感","张忠于其满清故主,到底不变,亦属可敬。至段祺瑞若公然赞成复辟,使两方争点更为明白,当为民党所喜"。(《孙中山与报界谈话之西讯》,上海《民国日报》1917年8月8日,"要闻";《孙中山最近之演说》,《中华新报》1917年8月8日,"紧要新闻")

△　犒赏福军、滇军,以提振军心。

抵粤后,驻节黄埔公园,有赖粤军之李福林所率福军保护。是日,以二百元给卫队,以酬其劳;又以五百元给滇军第三、四师购买酒肉。"一时各军受饷,罔不欢声雷动。"(粤海关档案《各项时事传闻录》,1917年8月1日条;《孙中山犒赏福军》,《中华新报》1917年8月1日,"紧要新闻")

△　程璧光、林葆怿率舰队抵达汕头,来电解释其迟至原因:"七舰本日抵汕,拟明日开粤,璧光、葆怿三十一至。其前此所以耽搁,一因在汕头上足煤斤;二因福安舰中途因机械微有损坏,率力不足,同行军舰需待一齐来粤,故稍迟。"次日的家书称:"七月三十一号午时各舰均到汕头,一俟添足煤水即开黄埔,大约八月二、三号当可到埔。"(《程璧光论海军亟须整顿的家书》,汤锐祥编:《护法运动史料汇编》第1册,第43、44页)

另据传媒报道:"因中途遇风,故各舰队已在汕头海面暂时逗留,惟飞鹰等驱逐舰三艘,则抵汕之后,即已刻日来省。昨陈督军已派出海防帮办黄伦苏,乘坐广玉兵舰,往汕迎迓,日内即当联同程总长所率之舰队,驶赴黄埔,与孙中山筹商一切。"(《海军舰队抵粤志闻》,《中华新报》1917年7月31日,"紧要新闻")

程璧光率海军到粤,于护法运动之开展,关系甚大。《时报》的

"菊庄通信"指出："民党中恃为最可靠之实力,粤人之所喁喁向望者在此。粤中当道其对于时局之态度如何,亦当以海军态度为标准。而海军之中主持其事者,则专赖程璧光。"(《海军到后之广东形势》,《时报》1917年7月31日,"要闻一")

△ 本日,《申报》载"平生"撰写的关于孙中山抵粤后之时评,谈到其"所宣布政策":"一为在粤组织政府,奉迎黎黄陂到粤就职;二为召集国会议员到粤,恢复国会;三为欢迎海军全体舰队来粤,以厚南军之势力。"对此,粤当道者尚无切实表示,而"视沪上舰队态度以为标准"。同时陈炳焜表示"推戴黄陂复位,本属我辈所绝对主张",但"粤省财政万分支绌",并不同意孙氏在粤建都之主张。"现既宣布自主,不受干涉,以静待解决为妙算,何必为人傀儡?"(《孙中山抵粤后之粤讯》,《申报》1917年7月31日,"要闻二";《陈炳焜不赞同孙中山设府广州的谈话》,汤锐祥编:《护法运动史料汇编》第3册,第64—65页)

"平生"对于陆荣廷之态度亦有详细之分析:"至于陆巡阅使为西南领袖,本为中外所瞩目。闻其延不来粤之故,因返宁后足疾复发,久不接见外客。其有不得不接见者,延入寝室中晤谈。饮食颜色如常,但苦步履不健。至叩其对于时局政见,则云:余膺两粤重寄,一方面顾存全国大局,一方面尤当顾存两粤大局。粤省连年迭遭兵燹凶灾,民穷财尽,尤不能不长虑审慎。至现时粤局,陈督军当能应付裕如,余正可藉此稍息仔肩,调治足疾等语。"并谓陆氏于段祺瑞实不满意:"段氏祸国,讵为浅鲜。迨马厂起师,京都克复,似足赎罪。而其所以反对复辟者,非有意于拥护共和,实因不得居大臣之位,以握政权,不过妒张勋之功,忌张勋之能耳。""非组织南方政府,速复国会,谋充军备实力,先图西南自主,以谋将来讨伐,别无对付方法。"同时桂军亦向粤省增兵,引起各种猜测。(《孙中山抵粤后之粤讯》,《申报》1917年7月31日,"要闻二")

△ 南京快信,称"冯代总统接崔凤舞电,称孙文允民党在粤组织政府。此间闻南方党人有拟于冯河间晋京时乘机发动之说"。

（《南京快信》，《申报》1917 年 7 月 31 日，"要闻一"）

△　李烈钧于是日再次从沪返粤。（《李烈钧赴粤》，《北京日报》1917 年 8 月 2 日，"紧要新闻"）当时传闻，李此前与陈炳焜不合而离粤，此次返粤意在破除滇、桂不和之说。

是月　唐继尧请孙中山向各界疏通支持戡定川局。函谓："第川事于中作梗，不先戡定，终难免内顾之忧。思惟北征，宜先靖蜀。靖蜀所以固西南团体；西南局势巩固，乃能以提挈进行，此实一定之办法。弟虑各界不明内容，妄相猜疑，致生障碍。甚盼有以疏通之，救国存种，夙志旨同。诚如尊示，身名不足惜，如国亡何也。北事闻尚抢攘，正费收拾。所冀川事早定，便即并驱中原，扫荡廓清。尧不敏，愿从执事之后。"（《唐继尧请孙文向各界疏通支持戡定川局函》，中国第二历史档案馆、云南省档案馆合编：《护法运动》，第 37 页）

8 月

8 月 1 日　唐继尧拟托孙中山促熊克武等与滇黔一致，拒绝吴光新入川。其致电上海兴华银行张熔西："昨熊、周有电谓孙中山派人如川，彼辈深表同意，似可利用此机，与之联络。乞兄重托中山或其他可博熊、周信用之人，切实动以北军入川之害，促其与滇黔一致，共御吴军。"（《唐继尧拟托孙文促熊克武等与滇黔一致拒吴入川密电》，中国第二历史档案馆、云南省档案馆合编：《护法运动》，第 38 页）唐致广东徐之琛等电亦称："中山、太炎诸公所主张，此间备极敬佩，惟川事纠纷极甚，非先解决，则后顾多忧，何能进图发展，望转请中山向熊克武处疏通，务实与滇黔一致，以早定川事，而共图大局。"（云南省档案馆藏唐继尧档案 106－3－1337）

△　路透社广州电："国民党领袖已得西南诸省之同意"筹建新政府，正商议将来南方军政府之组成人物。国会议员张继等，近日已

抵达广州。省长朱庆澜不承认北京所发粤、桂省长对调的命令。孙中山对路透访员表示,召集国会是"统一南北之要着",黎元洪若辞职,可选举新总统,但仍相信可将其救出。(《外电》,《申报》1917年8月3日)另有报道透露更多此次会面的内容:"孙君极以南北分裂为遗憾,谓请国会来粤,重行召集,足以统一全国。因国会乃代表全国人民也,并言国会可制造法律,可创造政府。倘黎总统必辞职,国会亦可另举。孙君仍信可以救黎黄陂出京。"(《路透社译电》,《中华新报》1917年8月3日,"东西要电")

△　冯国璋至北京代理大总统职。(凤冈及门弟子编:《梁士诒年谱》上册,第382页)

8月2日　日本驻广州总领事太田尧平和台湾银行地方支行的日人来访,提议玉成一笔借款。([美]韦慕廷著、杨慎之译:《孙中山——壮志未酬的爱国者》,第344页)

△　收到程璧光、林葆怿来电,率海军舰队已抵汕头。

略谓"七舰本日[①]抵汕,拟明日开粤"。(莫汝非:《程璧光殉国记》第4章,第4页)舰队过汕头海面时,潮梅镇守使莫擎宇往迎,并请入署稍释征尘,但程等恐有耽搁,未登岸。(《广州电》,上海《民国日报》1917年8月9日,"西报译电")

海军南下后,孙中山在粤积极准备,广州舰队司令部已为南来舰只准备驻地。并与陈炳焜商定,以榆林港和汕头为海军基地,并在海口和汕尾筹建两个煤炭补给港。据说孙氏已与日本三井物产会社签订购买煤炭合同。若煤供不应求,则由广东曲江和开平煤矿公司补充供给。(粤海关档案《各项时事传闻录》,1917年8月3日条)

传媒也有不少近似的报道,可供参考。"俟第一舰队抵粤后,先以榆林港及潮汕两地为海军根据地,并于琼州、海口、汕尾等处设局屯煤。昨经先向三井洋行定购石灰煤油,以资开办。如有不足,则由

①　即7月31日。

曲江、开平两矿局担任接济。"(《各省状态》,《北京日报》1917年8月8日,"群报汇选")

"孙中山自海军第一舰队抵汕后,拟于榆林、甲子、象山等港择地点,为海军根据之所,并于潮汕、崎碌等处设局屯煤,为各舰燃料之用。昨自程总长抵粤后,当将此意与之商榷。惟程总长以海圻、海琛吃水十余尺,军港水量浅者决不足以回旋,非率舰员亲往查勘,颇难指定。现定月之十日,乘坐飞鹰兵舰亲往查勘。"(《海军舰队抵粤后之大欢迎》,《中华新报》1917年8月12日)

另有消息指,榆林港水浅沙淤,难以容驻军舰,海军将以甲子港为根据地,以白浪沙为分驻所。拟以澄海口为屯煤总所,因为曲江煤不适军舰之用,开平煤来自天津,殊难济急,故陈炳焜电请桂督,饬行苍梧道尹,将富贺煤场煤厂即日停售,贮留运粤,以备军用。(《广州消息》,《时报》1917年8月7日,"要闻二")

闻海军即将来粤,广东省议会全体议员定于8月3日"联乘紫洞艇,同往黄埔,欢迎其余各省国会议员及海陆军要人","报、学、商各界亦定于是日前往迎候"。对此,广东全省各界欢迎海军公启曰:"此次程总长璧光、林司令葆怿率领海军各舰队保障共和,与孙中山、唐少川诸先生,后先抵粤,规画救国大计,于民国前途关系极巨。我粤人士爱护共和,对于莅省诸公皆有无穷之希望与信赖,兹特定期新历八月五日下午一时,假座东园开全省欢迎大会,届时务希官绅、军警、商学、慈善、男女各界踊跃早临,以襄盛会。"(《海军舰队抵粤纪》,《申报》1917年8月9日,"要闻二")

△　虽然孙中山意欲邀请海军全体舰队来粤,但部分海军力量还是倾向于北京政府。本日,新任海军第二舰队司令杜锡珪在南京表示拥护中央意见。海筹舰长林颂庄、海容舰长杜锡珪、建康舰长任光宇、永翔舰长陈鹏翔联名发表的宣言书也见诸报章,表示服从中央,矛头直指海军中"受人运动"的"一二高级长官",表明欲与之划清界限的态度。略称:"当督军团事起,第一舰队屡受南方人士激刺,其

初持平激烈各有主张，经叠次会议，始共趋于持平。复辟发生，海筹、海容二舰北来防护共和，迨复辟打销之后，方冀大局可平，南北人心渐归一致，讵料一二高级长官受人运动，劫持在沪数舰开赴象山，用一队全体名义宣告脱离中央，颂庄等仍抱息事宁人宗旨，断不盲从，特此布告以释君疑。"(《海军之又一宣言》,《神州日报》1917年8月2日)

　　△ 另有传媒报道："此次海军独立系第一舰队及练习舰队。第二舰队虽未表示态度，然我国海军力，第一舰队实占十分之八，第二舰队全系长江入河巡船，仅占海军力十分之二。故此次倡议，海军全体统计，实已占其八九，所微有憾者，第一舰队之中，如海容、海筹二舰，现尚在观望中①，然亦不过减去第一舰队势力十分之一二而已。各舰队在上海决定后，即由海圻、飞鹰等数舰满载煤斤，运往舟山港，分给全部各舰，令各配足火力，随即先后起锚启程来粤。其速力足者，已到汕头；其速力不足感〔或〕有特别任务者，则仍在途中。汪君精卫此次返粤，系搭商船，利其迅速行程。然起程时，已见各舰全数驶出舟山口外。连日虽因风雨阻滞，但各舰到省之期总不出三数日间也。"(《海军独立后之粤闻》,《中华新报》1917年8月3日,"紧要新闻")

　　△ 陆荣廷致电西南各省，主张"以解决总统问题为先务之急"，请黎元洪复位，此与孙中山重点维持国会之议有异。

　　电称："鄙意尤以解决总统问题为先务之急。顷已迭电呈请黄陂复位，盖总统位定则纷争自息，其他各事方能顺序措施。黄陂未复位以前，愚意诸事均缓议。"(《陆荣廷主张黎元洪复职电》,汤锐祥编：《护法运动史料汇编》第3册,第64—65页)

　　△ 唐继尧致电冯国璋、段祺瑞和孙中山等人，指出四川代督戴戡已被川军戕害，请冯代总统"迅发明令，饬滇黔各军，就近克日进剿，以伸法纪而清地方"，并请孙氏等人"主持公道"。电中显然承认

---

　　① "海容"(舰长杜锡珪)、"海筹"(舰长林颂庄)两舰被程氏派往北方迎黎，后为北京政府所控制，未参与护法运动。参阅汤锐祥：《孙中山与海军护法研究》,第17页。

冯、段之名位。(《唐继尧请攻川通电》,桑兵主编:《各方致孙中山函电汇编》第 3 卷,第 59 页)

△　广西省议会议长姚健生等人得悉孙中山三大计划之宣言,往见督军谭浩明,询其意见。谭氏"极表赞成"。后又致电陆荣廷,询问意见。陆复电称:"中山大计,救国良剂,拔树撼山,尽心努力。足下关怀大局,殊足拜嘉,所赐教言,敬即如命。"(《恢复国会声中之粤要人观察》,上海《申报》1917 年 8 月 3 日,"要闻二")此时陆氏尚未意识到孙中山欲为总统、主持护法之真意,故仍有表面附和之表示。

陆荣廷在军事会议中表明态度:"其所谓在粤欢迎海军、招集国会两项尚觉易行,至恭迎黎总统来粤一节,恐有不能如愿之处。"若黎元洪不来粤,主张另推盟主,继续护法。惟己之"病躯断不能肩此巨任",故推荐唐继尧、孙中山"分别正、副,以主持大计"。另"赞成民党要人计划指定区域,增募新兵,续备出师",并要求陈炳焜取消裁撤陆警各军的行动。(《恢复国会声中之粤要人观察》,《申报》1917 年 8 月 3 日,"要闻二")

△　江防司令马济到黄埔见章太炎,询问时局意见。章氏解释召集国会为解决法理困局之关键,总统问题或不重要,略可见孙中山之护法见解。

略谓:"今段氏一逐张勋,遂自居总理,收罗帝孽,私组内阁,国会问题则置之九霄云外。此次段氏内阁之成立,可谓阴谋家之成功。至冯国璋代行大总统职权,乃根据《约法》。若渠不恢复旧国会,亦是废弃《约法》。《约法》既无效,吾人不惟对冯由《约法》取得之代理大总统职不能承认,即冯之副总统职亦当然取消。盖无《约法》则无此种职权也。黎大总统辞职虽颇坚决,然总统由国会造出,辞职须得国会表决方能有效,今无国会将向何处辞职耶? 总之,今日无法则乱,真心拥护共和者速召集国会议员来粤开会,组织合法机关,然后民国始有政府可言。"(《恢复国会声中之粤要人观察》,《申报》1917 年 8 月 3 日,"要闻二")

8月3日 传媒据上海护军使之调查报告,谓北京某民党日前曾用孙某之名义,在德华银行存储二百万元,"以为异日捣乱之准备"。(《外交》,《北京日报》1917 年 8 月 3 日,"群报汇选")

△ 本日传媒报道,江苏警察厅长崔凤舞电称,"留沪议员已到粤者九十余人,第一舰队赴粤,唐绍仪、汪精卫均同往,徐固卿在沪招兵,旧部报效者已达千余人,吴大洲部下盐匪拟俟扰乱时抢掠商团及学校、枪械等情。请令行淞沪军队注意严防"。(《各省状态》,《北京日报》1917 年 8 月 3 日,"群报汇选")另有报载,晚间三十余名国会议员从上海出发赴粤,"褚慧僧、吕复等三十余人及马骧、刘奇瑶等偕行","因该船乘客已满,苦无舱位,未及成行,拟俟出口有船,再行分组起行"。(《旧国会议员赴粤开会之近状》,天津《益世报》1917 年 8 月 7 日,"特别纪事")

△ 程璧光乘搭第一舰队之旗舰"海圻"号,于是日由汕头启碇,驶往广州,"永丰"号随行。李烈钧、王正廷、吴景濂、戴季陶及民党七八人搭乘谘访丸轮船,亦于本日驶抵香港。(《海圻由汕头启碇赴粤》,《北京日报》1917 年 8 月 4 日,"紧要新闻";《党人领袖已抵达香港》,《北京日报》1917 年 8 月 5 日,"紧要新闻")

△ 粤省某当道与客谈论未来政局,言及孙中山之三大计划已然实现大半,未来当联合西南各省,会商军事进展。

略谓:"昨有某客谒见当道,谈论之间偶及军事计划。某当道谓,孙中山先生三大计,欢迎海军来粤,业已实见;而现沪上国会议员亦闻开会议决来粤,则召集国会、产出政府目的不难达到,惟手续进行颇多曲折。政府成立之时期,尚难预定,若军事大计,仍俟政府成立,始行决定,则停顿太久,恐不免于废时失事。若遽尔决计进行,则各省声气仍未绝对相通,终恐有呼应不灵之患。今日之粤省与昔日之粤省不同。前日之粤省只图本省之自主,今日之粤省则欲合各省而图西南之自主,则军事之计划不能不向各省征求同意。即不能不合各省而共同商议。商议若仅以电文来往,殊欠周详。鄙人将致电西南督军,各派代表数员来粤会议,统筹西南军事计划,庶能战攻防守进行一致,而鞭长马腹,拒虎进狼,不足虑矣。且他日政府成立,必需人才。各代表亦得同执政务,于国体上联络益固,于权位上公道益彰也。子为何如?客称善善。"(《粤中护法之要讯》,《中华新报》1917 年 8 月 4 日,"紧要新闻")

△　广东派员欢迎陆荣廷来粤。陆荣廷"前曾托胡汉民代宣意旨,嗣又托桂籍议员曾君代达一切。谓已电陈、谭两督军竭力筹备军饷,布置军队,不日动身东来。省议会于二日开会,议决派罗、陆两副议长,国会议员亦派四人,孙中山处派黄大伟、邓家彦二人,前往迎接,于三日首途矣。"(《派员欢迎幹老》,《中华新报》1917 年 8 月 10 日,"紧要新闻")

8 月 4 日　宴请陈炳焜、朱庆澜、林虎及省议会议长谢已原、国会议员张继等数十人。席间讨论时局,陈氏述去年进兵湖南,逐走汤芗铭等种种计划,孙氏应之曰:"吾人甚愿督军以去年护国讨袁之精神对付今日之北方。"陈回应曰:"吾辈军人,言必行,前之宣布自主,即系表示拥护共和之态度,此后亦极愿赞襄孙先生之救国大计,务以扫除伪共和之遗毒而后已。"(《广东黄埔公园之宴会》,《申报》1917 年 8 月 5 日,"要闻二")

陈氏又以财政支绌反对孙氏在粤组织政府。孙氏反问:"贵督军究竟真拥护共和,抑假拥护共和?"炳焜以此问突如其来,遂指天而誓曰:"我之拥护共和,天日可表。"孙继言:"既真心拥护共和,何以不赞成建设真正共和之政府?"再三讨论,陈氏只允电商陆荣廷,然后定夺,竟不欢而散。(《孙中山与莫擎宇》,长沙《大公报》1917 年 8 月 5 日,"紧要新闻")另报载,孙中山曾请陈炳焜提供海军和国会议员经费,陈表示"安有余力任此巨款?"孙曰:"粤自宣布自主后,截留中央之款每月不下二百万,又增赌饷六百万,况省〔议〕会通过赌案原以出师讨逆为条件,今此举无非为讨逆起见,拨给应用最为适宜。"辩论半小时终不欢而散。(《孙中山与陈督军算账》,天津《大公报》1917 年 8 月 8 日,"紧要新闻")

席间,督军、省长面谕警察厅长魏邦平,将回龙烟酒公卖局旧址,收拾完整,以之为国会议员南来驻扎之所,并恐地不敷用,又整顿长堤一带相定公地,以备拨用。至于国会议员经费,亦提前筹备,指定款项开支。(《各省状态》,《北京日报》1917年8月8日,"群报汇选")

席散后,林虎言及,数日前冯国璋曾有一电致陈炳焜,首言"滇军嚣张跋扈,宜设法阻遏之",继言"中山之计划,徒害广东,不可听从"。林虎称,陈炳焜阅电后,立命秘书拟一复电,大意谓:"北京政府非法成立,不独滇军愤激,两广军人亦莫不誓死反对。孙中山主张恢复国会种种计划,西南各省共表同情,今日之事固非空言所能调停。"(《广东黄埔公园之宴会》,《申报》1917年8月5日,"要闻二")

△ 与华侨俱乐部商榷,国会议员来粤之经费统在华侨捐款项下拨支,毋庸由粤省政府担任。随后陈炳焜、朱庆澜将此讯致函省议会,并请派员招待国会议员。

略称:"接准孙中山函开:国会议员来粤集议,本应由省会派人招待,以表我粤拥护共和之诚意,惟现在库款既绌,不欲重以此累政府,所有招待费用,拟代行筹集。请即咨行省会妥派专员办理此件,其应颁款项,即请该员亲来接洽可也。"(《粤省招待议员筹备记》,《申报》1917年8月15、16日,"要闻二")

由此可见华侨对于护法经费颇多助力。港侨代表郑炳堂等来电表示:"帝制段逆,窃弄国权,共和前途,倾亡可虑。闻孙中山先生回粤,极力筹策护法。侨等愿捐助巨饷,并望两公协助进行,以维大局。"(《港侨之助饷热》,《中华新报》1917年8月10日,"紧要新闻")

△ 唐继尧代表徐之琛赴武鸣谒见陆荣廷,探知陆坚持拥黎元洪,不支持孙中山,并要求滇军离粤等情况。次日即密电唐氏。略谓:陆荣廷"对于大局以黄陂复位为前提,业经通电主张。前提解决,则国会、内阁或有协商余地。如冯、段以暗昧手段推翻黄陂,各争权利,绝对反对,西南各省尤应一致坚持。如黄陂南下,即当电商各省,出为主持"。"中山拟在粤召集国会,恐难办到,不敢与闻。""滇军在

粤,幹帅深虞滋事,致伤滇桂感情。琛多方解说,力辩无力,竟未释然。盖张、方近来举动贻人口实。"唐之批语:"滇军一事,已派专员叶荃赴粤承商陆、陈办理。"(云南省档案馆藏唐继尧档案106-3-763)

　　△　传媒报道,自上海回京的西人述西南召集国会之不易。略谓:"赴会者尚属寥寥。就余观察各方面情形,恐难得议员过半之数。一则西南此次召集国会,名为护法,实则纯粹革命性质,一至溃败流亡,遂无立足余地。党人中之稳健分子不赞成此举,固不待言;即激烈派中,其能实持亡命决心者亦属少数。二则,国会经费每月需五十余万金,西南军费刻尚不可支持,更从何处得此巨款,豢养议员。……三则临时参议院及新国会俱可不久召集,旧议员之占有地方势力者,无不欲图占一席,又孰肯弃此而就彼。总此三因,西南虽然召集,恐难完全成立,况研究会中人断不肯附属。"(《西人述西南召集国会之不易》,《北京日报》1917年8月4日,"紧要新闻")

　　8月5日　程璧光率海军舰队抵粤,亲往迎接。

　　下午,"永丰""同安""豫章"三舰行抵黄埔,省议会、华侨俱乐部等团体均预备画舫专轮,舣于岸畔,国会议员张继、林伯和、王斧军暨章太炎亦附轮前往。抵黄埔后,由孙中山告知各团体,谓"永丰"等舰今日6时必能驶进。届时果见"永丰"自虎门至,中山先生亲乘小轮前往迎迓。(《海军抵粤之详情及粤人欢迎之状况》,《时报》1917年8月11日,"要闻一")

　　计程璧光所率七舰,即"海圻""飞鹰""永丰""福安""同安""豫章""舞凤"舰,合"海琛"及客岁留粤之"永丰""楚豫"两炮舰,共有十舰。

　　护法舰队到粤后,"海圻""海琛""飞鹰""福安"等较大舰驻泊黄埔;其余"永丰""永翔""楚豫""同安""豫章""舞凤"等分驻省城白鹅潭等处以保护城内重要据点。

　　传媒报道当时海军抵粤盛况,略谓:"海军总长程璧光、司令林葆怿于五日下午乘海圻舰到虎门,因水浅转乘飞鹰舰(此舰四烟通、浑身灰色)驶进黄埔。时已夜候八时许,程、林两公即偕同汤舰长廷光、魏舰长子浩登岸。其时陈督军、朱省长各要人全体立于码头迓迎,并一面□炮志庆,迎进公园,后随即开西餐庆叙。两院议长吴景濂、王正廷、张继及孙中山、章炳麟、汪精卫、胡汉民、陈炯明、谢已原、魏邦平各要人亦均列席。当由陈督军、朱省长等先后上欢迎词。程、林二公报以答词。程公起立演说,略言吾侪军人,惟知服从命令,拥护约法。此次伪政府违背约法,破坏共和,非法解散国会。种种违法,吾侪决不公认,故为护法起见,率舰南下,要求恢复国会,以便保全约法,造成强有力之真共和政府。此则吾侪海军之志愿也。今叨蒙诸公欢迎,吾侪实至感激,忻幸莫名,敬先为诸公浮一大白,以作凯旋之预祝。随举杯引满,与在座诸人共醉一杯。众大鼓掌,并奏国乐志庆。经由林司令葆怿与议长景濂先后起立演说,力言护法之必要,旋复拍照,始宣告散会。陈督军等返至省河时已钟鸣二旬,旋即回署。"(《海军舰队抵粤后之大欢迎》,《中华新报》1917 年 8 月 12 日,"紧要新闻")

△　接两院议员通讯处上海来电称:"驻沪议员决定全体即日分投南下。"于是,与陈炳焜、钮永建、胡汉民、汪精卫、陈炯明及军界各政要,"昼夜磋商,拟照去年办法,先组织军务院为统一军事机关,大兵分三路出发,并拟定第一军总司令为钮永建,第二军总司令为李烈钧,第三军总司令为林虎,一俟上海国会议员到粤齐集,会议通过,即实行动员出发"。(《最近粤东时局之要题》,《申报》1917 年 8 月 6 日,"要闻二")

△　参议院议长王正廷、众议院议长吴景濂抵粤。(《吴景濂王正廷致上海国会议员通讯处同人电》,汤锐祥编:《护法运动史料汇编》第 2 册,第 58 页;《粤省招待议员筹备记》,《申报》1917 年 8 月 15 日,"要闻二")即到黄埔晤孙中山。(《中华民国史事纪要(初稿)——中华民国六年(一九一七)一至十二月份》,第 649 页)吴氏"抵省后,即电旅沪各议员,敦促早来共筹大计"。各议员闻此,"业有多数联袂南来",并有电云,日内将有国会议员 180 人搭乘招商局轮船来粤。此外,广东省各政要,"因日内将有大帮国会议员来粤,除令招待所整备一切外,并派专员,附搭广

九末次直通快车,赶赴香港迎候"。王正廷、吴景濂二人亦因议员将到,已通函两院议员,云:"两院同人来粤,已设第一招待所,备同人居停,刻再借长堤海珠酒店为第二招待所,两处均屋宇宽广,足容数百人,一切食宿均已筹备妥当,省议会暨督军、省长,亦经派员招待同人到粤,请先到长堤广东实业团报知可也。"(《粤省招待议员筹备记》,《申报》1917 年 8 月 15 日,"要闻二")对于议员迟迟未能来粤之原因,《中华新报》分析道:"由于各员之抵津沪时,多属跟跄而来,资斧不甚充足,多为省节经费起见,购买二等船票,但邮船客位以二等为最稀罕,故须候船。"(《议员之抵粤数》,《中华新报》1917 年 8 月 14 日,"紧要新闻")

　　△ 唐继尧来电,请劝告熊克武约周道刚与滇黔一致,力拒北军。电文曰:"我公救国苦心,曷胜敬佩。惟粤中内容复杂,究能一致进行否? 滇因川事未决,不免进行稍滞。熊锦帆处务恳切实谆告,约周道刚[①]与滇、黔协同动作,力拒北军,以固西南局势。若果能办到,则助公大举,亦自易也。"(《唐继尧请劝告熊克武约周道刚与滇黔一致力拒北军密电》,中国第二历史档案馆、云南省档案馆合编:《护法运动》,第 39 页)

　　8 月 6 日 出席广东省各界欢迎海军大会。

　　先是,广东各界闻海军日内来粤,即发起欢迎海军大会,于 4 日电告孙中山并转程璧光、林葆怿、唐绍仪暨各舰长官。略谓"诸公莅粤,拥护共和。百粤人士,同心钦慕,确定本月六日下午一时,在省城长堤东园,开全省各界欢迎大会。万人穿巷,敬迓宠临"。

　　当日会场布置颇为隆重,可见广东地方当局对于海军来粤之重视。"各干事员即在东园布置一切,规模非常宏伟。园前搭有演说坛一大座,上悬生花横额,中写欢迎二字,旁有联云:声讨伪政府,拥护真共和。坛之四围,密布各种旗帜及生花盆景。演说坛上以生花扎成国旗、海军旗,其下悬有生花联云:欢腾海陆,气壮西南。坛之左右则有军乐亭,坛前塔有横阔十余丈大彩棚一座,以作

---

　　① 时周道刚为川军第一师师长,是日被冯国璋特任为暂代四川督军。8 月 10 日,周在重庆就职。

来宾驻地。又在天字码头搭盖牌楼一座，其上以五色电灯经扎成欢迎二字。码头内外，洒扫洁净，密布生花盘景，非徒大观，抑且香气如海。"此外，东园中座楼上为欢迎海军各军官长暨本省高级军官、国会议员宴会之所，楼下为各界茶会之所。会场上，南洋烟草公司捐助烟枝，石泉汽水公司黄乾君捐助汽水，场中厅座布置由先施公司莫如德担任。"价廉物美，周到异常。"（《海军舰队抵粤后大之欢迎》《广东各界欢迎海军大会志详》，上海《中华新报》1917年8月12日、14日，"紧要新闻"）

　　是日，演说台前"坐者数千人，并两傍企立者人山人海，已无隙地，约有十万人之多"。开会时，忽然下雨如注，观者仍然站立，绝无退避之意，旋即放晴。（《广东各界欢迎海军大会志详》，《中华新报》1917年8月14日，"紧要新闻"）

　　十二时，滇军、警卫军、武卫军、福军、海军练营、警察游击队等由天字码头列队至东园。"程总长、林总司令、孙中山先生偕同舰队官长数十员[1]，由黄浦乘坐炮舰舞凤号，一时齐抵天字码头。谢议长、朱省长、李协和、各高级军官、国会议长、议员、各界团体代表百余人，第一师暨警察厅军乐队，俱到码头欢迎。程总长到后，与谢议长等握手致敬。旋即由军乐前行。谢议长引导程总长、孙中山等步行至东园。到时燃放串炮十万。程总长等在东园略休息，遂出欢迎台。由谢议长已原主席宣布开会理由，介绍孙中山、程总长、林总司令与各界相见。众起立拍掌欢迎。"（《广东各界欢迎海军大会志详》，《中华新报》1917年8月14日，"紧要新闻"）

　　到会者程璧光服海军上将军之制服，林葆怿诸将校尉穿寻常之海军衣，受众人起立欢迎后入座。正座右为孙中山，陈炳焜次之，陈炯明、冯自由、胡汉民、吴景濂、王正廷、张开儒、林虎、张继、魏邦平等皆次第位于左行。李烈钧后至，陈炯明让而坐之，汪精卫则次于左行

---

　　① "海圻"舰长汤廷光因该舰吃水较深，须待潮涨方能驶入，下午三时乃能抵黄埔，故未与会。（《中华新报》1917年8月14日）

之后,右为林葆怿,朱庆澜次之。海军诸将校皆列右行。(《粤东欢迎海军再志》,《申报》1917年8月13日,"要闻一")吴景濂观察到,陈炳焜席间对于孙中山之态度"非常冷淡"。(《吴景濂自述年谱(下)》,中国社会科学院近代史研究所近代史资料编辑组编:《近代史资料》总107号,第57—58页)

先是教育会、陆军学会、广东海军各团体致欢迎词。另外,"团体欢迎词太多,因限于时间,未能逐一宣读"。(《广东各界欢迎海军大会志详》,上海《中华新报》1917年8月14日,"紧要新闻")

程璧光在会上发表演说,谴责今北京政府,"藉共和之名,行专制之实",表示"我海军万难坐视,决计争回真共和,非至约法国会恢复,我海军将士不肯罢休"。(莫汝非:《程璧光殉国记》第4章,第5页)

孙中山亦发表演说,号召声讨段逆,拥护国会。略谓:"今诸君何事来欢迎海军,因海军拥护真共和,故今日观诸君之热诚欢迎,则诸君拥护真共和之心与海军之心皎皎可昭日月矣! 请诸君三呼共和万岁!"(《广东欢迎声中之要人演说》,《申报》1917年8月14日,"要闻二")另报则转述大意,"勉励各人协助海军,一致行动,以讨段逆,拥护国会,建设政府,以伸大义"。(《广东各界欢迎海军大会志详》,《中华新报》1917年8月14日,"紧要新闻")

谢已原、张继、朱庆澜、汪精卫、李烈钧、吴景濂亦在会上发表演说,欢迎海军来粤护法。惟陈炳焜之演说略有异同:"今日开欢迎会,乃为救国而来,不可视为儿戏,故请各界静立以听诸先生之言。海军来粤,适与我们两广自主之宗旨相同。外间之谣言不可听信,北洋派之间谍来动摇我们,但我们心中总有主义,不为其摇动,我们断不至以广东为孤注,各人静守秩序,我们之方针自然可一一进行,即或不幸失败亦是我们之事,断不至累及平民,我们自有文明对待之方法,地方治安总有我们完全负责,不必自生惊疑。"(《谢已原在广东各界欢迎海军莅粤大会上的开会词》,汤锐祥编:《护法运动史料汇编》第1册,第51—52页)"我辈始终同抱讨逆之宗旨,断无变更,而于广东治安亦必极力维持,断不使广东受害。吾辈只计是非,不问成败,虽牺牲性命,以为维持共和、拥护约法之代价,亦所不惜。望各人勿信奸徒离间之言,自主纷扰。总之,齐心协力,中国尚可救。"(《广东各界欢迎海军大会志详》,《中华新报》1917 年 8 月 14 日,"紧要新闻")

诸人演说之现场效果,以王正廷和李烈钧为最。"王议长之善操粤语,李军长之声浪雄厚,尤令听者动容也。"演说后,奏军乐散会。诸人由招待员导往宴会,并由先施公司拍照留念。(《广东各界欢迎海军大会志详》,《中华新报》1917 年 8 月 14 日,"紧要新闻")

△ 对于海军到粤,颇示抚慰之意。以"海琛""永丰""同安""豫章""飞鹰"等舰驶进黄埔者,各舰将校均有赏犒,而"海圻"军舰因吃水太深,暂在虎门寄碇,未便独付阙如,特于本日下午购备美酒、金猪等物,亲乘"江汉"兵舰,赍往赏犒。(《海军舰队抵粤后之大欢迎》,《中华新报》1917 年 8 月 12 日)至"海圻""飞鹰""永丰""同安"等舰时,与舰上将校亲为接洽,并由各该舰长导往弹药库。"闻程总长以各舰子弹异常充足,虽作战时,亦足供半年之用,无须粤省辅助。"(《孙中山巡视各舰》,《中华新报》1917 年 8 月 14 日,"紧要新闻")

△ 此次海军南来护法之舰有七艘,合孙中山乘坐南来之"海琛"及去年留粤之"永翔""楚豫"两炮舰,共为十舰。其基本情况列入下表(莫汝非:《程璧光殉国记》,黄季陆主编:《革命文献》第 49 辑,第 377—378 页):

舰名	舰长及其籍贯	舰量	所造厂名
海圻	汤廷光,广东花县	4300	英国阿蒙士厂
海琛	程燿垣,广东香山	2950	德国伏尔铿
飞鹰	前方佐生,现李国堂,广东梅县	850	德国
永丰	魏子浩,福建	780	日本
永翔	前陈鹏翔,现张曾存,福建	780	日本
楚豫	郑祖诒,江苏	750	日本
福安	前李国堂,现周思贤,福建	1700	福州船政局

同安	前温树德,山东;吴光宗,福建;现饶鸣銮,福建	400	奥国
豫章	前吴志馨,江苏;现潘文治,广东番禺	400	奥国
舞凤	邬宝祥,福建	200	青岛德国厂

△　冯国璋在北京宣布正式代理大总统职位。(《代理大总统冯国璋通告摄职电》,黄季陆主编:《革命文献》第 49 辑,第 95 页)

8 月 7 日　传媒报道岑春煊行踪,尚留沪而未定是否赴粤。略谓:"岑氏久在沪上杜门闲居,闻近日又有时出门,稍形活动。""沪上外国人多言岑西林已与李协和搭太古洋行轮船山东号赴广东。然与岑氏往来之前内阁员某等绝对否认此说,谓李氏南行固为事实,岑氏刻下尚在该埠,并未他适。"(《岑西林赴粤尚未定》,《北京日报》1917 年 8 月 7 日,"紧要新闻")岑之意见,"主张联冯打段,并谓暂缓回粤,待陆幹卿出担任乃往"。(《伍朝枢日记》,中国社会科学院近代史研究所近代史资料编辑组编:《近代史资料》总 69 号,第 207 页)

△　上海报载,孙中山由某国邮局寄来在粤起义宣言书,分送各界。(《国内杂电》,《时报》1917 年 8 月 7 日,"公电")

△　广州设立国会议员招待所。(《中华民国史事纪要(初稿)——中华民国六年(一九一七)一至十二月份》,第 647 页)

8 月 8 日　菲律宾华侨致电广东当局,对护法事业"深表同情,愿助捐军饷,以赞成孙先生之进行"。(《菲律宾华侨助饷》,上海《民国日报》1917 年 8 月 9 日,"民国真假关头")

△　是日,留日学生代表唐文治抵广州,向广东督军陈炳焜当面提出留日学生大会所议决的三不避主义:即"第一,不避暂时分裂,以求真正之统一;第二,不避一时之流血,以求永久之和平;第三,不避外人干涉,以求真正之共和"。并"不得不深望于西南各省"。陈炳焜表示赞同。(《陈督军与唐文治之谈话》,上海《民国日报》1917 年 8 月 9 日,"要闻")

△　传媒报道,日前陈炳焜特往司后街小东营访晤汪精卫、胡汉民,密谈良久,辞退后,转出堤岸,至西濠酒店会晤张继,嗣后再往东

亚酒店,与马君武、秦广礼等国会议员叙谈。闻均磋商要政,直至夕阳西坠,陈方返署。(《各省状态》,《北京日报》1917 年 8 月 8 日,"群报汇选")

　　8 月 9 日　拨款五千元,作为已到粤之四十余名国会议员的膳宿费。(粤海关档案《各项时事传闻录》,1917 年 8 月 10 日条)此外,"国会议员招待所成立后,所有筹办经费,均由孙中山等核定,暂行垫支。现以非常国会开会有期,各员俸给,应即酌量核发,俾资办公,闻拟于开会日起计,每月薪俸,暂照旧国会数目,折半支给,仍俟南方政府成立后,再定切实办法"。(《广东非常国会杂讯》,《申报》1917 年 8 月 31 日,"要闻二")

　　另有消息称,陈炳焜拟在集成公司第二次饷款项下,拨款十万元另行存贮,专为临时国会开会经费,暨供给海军燃料饷项等各项费用。如仍不足,再由财政厅随时垫支,待事定后,概准开列详细清单,以作报销。(《广东方面之国会集合声》,《时报》1917 年 8 月 5 日,"要闻二")

　　△　传媒报道,国民党要人于本月六日以前抵粤者,共有三十一人。其中重要人物为李烈钧、王正廷、吴景濂、胡汉民、马君武、张继、冯自由、戴季陶、郭同等,分别住在广州、黄埔两处。(《在粤党人之调查》,《北京日报》1917 年 8 月 9 日)另有报道指出到粤议员及其住址:冯自由(烟浒楼)、卢信(烟浒楼)、李茂之(烟浒楼)、王斧军(西濠酒店)、黄伯耀(西濠酒店)、邹鲁(西濠酒店)、张继(西濠酒店)、吴宗慈(西濠酒店)、马君武(东亚酒店)、秦广礼(东亚酒店)、邓家彦(东亚酒店)、王乃昌(东亚酒店)、龚政(督军署)、覃超(督军署)、潘乃德(青年会)、陈峻云(泰安栈)。(《广东方面之国会集合声》,上海《时报》1917 年 8 月 5 日,"要闻二")

　　△　孙中山之代表邓家彦、黄大伟在广西武鸣面谒陆荣廷,敦促陆荣廷赴粤护法,然未有结果。

　　邓氏回粤后报告会面情形:"余等偕崔君往晤陆使,随将孙中山先生函递呈。道远奉先生命，远来欢迎诚意。陆使唤侍者取出眼镜戴上，亲阅孙先生函。阅毕谓余等曰，余现仍患足病，谈次随以双足举置案上，以示余等。余等见其双足浮肿异常。"陆氏力主黎元洪复位，并不满意冯国璋之继位，"我辈现在南方起义，冯、段必联为一气，若西南亦能联为一气，自能抵抗，否则徒供敌人攻取而已。我们西南的省分只有云贵、四川、两广以及湖南，而云贵方有事于四川，湖南又危在旦夕，我知我好比林中高树，那北洋派不斫我，更斫谁来？所以我虽在病中，我却早有预备。至于湖南，乃与广西为唇齿。唇亡则齿寒，无湖南便无广西，无广西我辈便无退路。我宁拼我老命，不能不力援湖南。言罢复伸拳切齿曰，只有打而已，大有灭此朝食之慨"。可见湖南为其必要保存之地。

但陆荣廷对于国会议员能否全体南下不无疑问，"现在国会要在广东召集，只恐北方的议员不能来。若仅南方的诸员，何能代表国会全体？""最后言赞成孙中山先生计划，但眼前不能来粤，相与筹议，殊深歉仄耳。"

邓、黄并带回陆致孙氏之回信。略谓："黄、邓两君惠临，极为欢慰。惟是病体支离，未能远出，不获就教台端，殊深歉仄。所有沈愚，均托两君代为转达。"（《陆使接见孙中山代表之谈话》，《中华新报》1917 年 8 月 22 日，"紧要新闻"）另报有"前闻台从莅粤，甚为快慰"之语。（《出师声中之粤东各要人》，《申报》1917 年 8 月 29 日，"要闻二"）

△　传媒报道，广东目前形势，因与孙中山有联络的军队与督军所辖军队，势力颇相伯仲，故陈炳焜、朱庆澜态度尚不明了。然陈、朱心中似不甚赞成党人方面。（《陈炳焜已倾向南方》，《北京日报》1917 年 8 月 9 日，"紧要新闻"）

△　吴景濂、王正廷两议长电请国会议员赴粤。

略谓："弟等于歌日（5 日）抵粤，即到黄埔晤孙先生。适是日程总长、林司令率各舰队齐到黄埔，陈督军、朱省长、省议会及各团体代表乘轮艇出口，欢迎者数千人。各至□欢呼与爆竹之声达二时许。

即由督军、省长在黄埔设宴欢迎。督军、省长、总长、司令及各代表，合力拥护真共和，声讨非法政府。次日全省开欢迎大会于东园门首。督军、省长、各界要人均列席，到者万人。适风雨大来，全场鹄立，无少退避，尤足征粤省官吏民意拥护共和之热忱、毅力。现国会议员招待所已设二处，房室宽展，可容人数百。督军、省长、议会、孙先生均派员招待。全粤官民均盼同人之来，有如望岁。特将实情奉闻，请同人指日齐来。至同人有回籍者，尤盼诸公就所知，设法促驾。"（《中华民国史事纪要（初稿）——中华民国六年（一九一七）一至十二月份》，第650页）

8月10日 在黄埔公园召集会议，护法将领和议员参加。

到会者有程璧光、林葆怿、李烈钧、王正廷、吴景濂等。会上就选择海军基地、炮舰部署及必要的海军仓库等重要问题进行商议。（粤海关档案《各项时事传闻录》，1917年8月11日条）

△ 致函中华革命党分部同志。

函中报告护法进展顺利："月之五日，海军程总长、林司令已率舰队抵粤，各界备极欢迎。粤人趋向共和，群清〔情〕一致，堪为告慰。国会议员亦已陆续前来，日间齐集，当即开会，组设最高军事统一机关，出师讨逆。"惟饷项费用极大，需要海外同志筹措。（《致中华革命党南洋分部同志函》，《孙中山全集》第4卷，第131页）

△ 致信邓泽如，告以护法进展情况，促速筹款以应。

信中对海军莅粤深表欣慰，"向来革命之成败，视海军之向背。此次文实率海军主力舰队南来，其余未来之舰亦皆不为彼效命，我已操制海之权矣"。国会议员"现已陆续来粤，不日可足法定人数，组织合法政府，外人定相承认"。且"以西南六省发难，而西北、东北复有响应之约，扬子江流域本多民党军队，此真千载一时之会也"。而当前急需解决之问题实为饷款，望同志尽力筹措。谓："此际海军、国会两项费用固繁，将来连政府出师，所需尤夥，全赖我同志悉力相助，庶几有成。至政府成立后，南方局面略定，自可筹借大笔外债，先将前二次军债及此次助款照章偿还。"（《致邓泽如函》，《孙中山全集》第4卷，第

132页)

△　香港中文报纸《循环报》报道:孙中山、海军将领程璧光、林葆怿及他们的同党已决定,立即在广东成立南方政府并召开国会。他们将尽快派遣称作"护法军"的军队北伐。这次北伐,他们决心要完全消灭帝制分子,以及势力较大的北方军阀如段祺瑞、倪嗣冲、张怀芝和其他一些军阀后,才停止战斗。假如他们北伐胜利,他们将用军舰把议员们送到北京,然后取消南方政府,以此把南、北方最终统一起来,结束目前的分裂局面。(广东省档案馆编译:《孙中山与广东——广东省档案馆库藏海关档案选译》,第87~88页)

△　报载,广东当局正着力进行北伐之事。"孙中山及海军舰队各要人抵粤后,以南方政府成立在即,筹划讨逆事宜,尤应极力进行。闻经与陈督军迭次磋商,除将李烈钧及林虎总司令部军三师克日出发外拨,另募集精兵一师,概编为梯团,以资援应。""陆使现主张先行组织出师事宜,后听候国会议员抵粤,讨论进行大计。中山等亦颇以陆使主张为然,急电请陆使克日来粤,决定实行。"(《粤中护法之积极进行》,《中华新报》1917年8月18日,"紧要新闻")

△　上海国民党人闻日本银行家将以巨款贷与北京政府,"深滋不悦","盖恐得外人援助,政府财力充裕,足以压服党人也"。"惟国民党中之稳健者殊不以唐绍仪、孙文辈之行动为然,故伍廷芳、王正廷辈拟通告各省于对德宣战后,与段氏互相提携。"(《某国有压迫党人之说》《杂事》,《北京日报》1917年8月9日,"群报汇选")

△　张继、戴季陶于是日搭乘天津丸轮船前往日本。据闻李烈钧"以精力不胜,固辞加入广东会议,不日亦拟东游"。(《党人领袖陆续赴东》,《北京日报》1917年8月12日)

是月上旬　报载,唐绍仪由汕头返回香山唐家村,孙中山闻之,"以海军各舰陆续来粤,行将集齐,而国会参众各议员亦已纷纷抵粤,海军程总长今已到粤,国事早应从速决定",因此商定,由粤督陈炳焜"派舰前往香山,迎接唐氏来省,以便筹商一切"。对此"陈督军深以为然,即面着江防司令,派出江汉兵舰,驶赴黄埔,听候派员,同往迎接",于是孙氏"即请参、众院议长吴景濂、王正廷,及张继、汪精卫、胡汉民,并海军、督军、省议会各代表,乘坐该舰往迎"。(《广州消息》,《时报》1917年8月7日,"要闻二")此事似未变为事实。

8月11日　邀请广州各报记者参观"海圻"号巡洋舰,并发表护法谈话。

略称:"段祺瑞在支持共和政府的幌子下,无视宪法,获取了人民的政治权力。此外,段祺瑞目前正在和某些国家谈判巨额贷款问题。为了借这笔贷款,中国的所有兵工厂和海军基地将作为抵押。我们现在能够做的唯一事情,就是要在广东建立南方政府和成立国会,以便与段分庭抗礼。这是反段的唯一的和比较好的方式,应尽快付诸实施。"他希望各报记者能助他一臂之力,通过报纸,把他的观点告诉人民。次日,发给"海圻"号巡洋舰5万元伙食津贴。(粤海关档案《各项时事传闻录》,1917年8月12日、13日条)

△　云南督军唐继尧通电拥护约法。

电文表示"国会非法解散,不能认为有效,应即召集国会";"国务员非得国会同意,由总统任命,不能认为适法";"称兵抗命之祸首,应照内乱罪按律惩办,以彰国法"。并称:"国家不可一日无法,在宪法未成立以前,约法为民国惟一之根本法。本实先拨,则变本加厉,何所不至? 自今往后,愿悉索敝赋,勉从诸公之后以拥护约法者,保持民国初基于不坠。有非法藐视,横来相干,道不相谋,惟力是视而已。"(《唐继尧拥护约法通告京内外电》,中国第二历史档案馆、云南省档案馆合编:《护法运动》,第39—40页)

另报载通电语句略有不同:段祺瑞"既引起倪嗣冲之叛乱,复酿成张勋之复辟","苟能尽忠民国,允宜奉迎大总统复正大位,退归田里,静候明命,依法召集国会,组织正式内阁"。"乃乘大乱甫夷之后,出而盗窃政权,谓之自由行动,谁曰不宜?""一国政府,法令所从出也,若政府不依法组织,则有法与无法等。继尧等不敢枉己从人,自蹈违法之愆,敢告国人,自复辟祸起以后,合法内阁未立以前,凡非法内阁所发布之一切命令,概认为无效。"(《京讯中之云南独立电》,《申报》1917年8月19日,"要闻一";《滇南义声与段政府态度》,上海《民国日报》1917年8月20日,"要闻")

是日,唐还电请刘显世派兵援湘。13日,唐又致电陆荣廷与陈炳焜、谭浩明,宣布"与两粤取一致行动"。17日,唐再电请粤省派兵会同驻粤滇军援湘。

舆论对于云南唐继尧的政治动向议论纷纷。"连日京中喧载云南独立,均系根据外人所办之共同通信社、东方能信社访稿,惟公府及国务院尚未能征实。日昨,冯河间因关心滇事,特召见前国会云南议员由宗龙,咨商甚久,谓唐督军前日尚有辩诬之电,心迹已明,中央拟召其来京,畀以重任,当不致有越轨之行动云云。惟据共同通信社所得云南宣言独立之原文,则云:云南督军唐继尧日前布告反对段内阁一事,昨日据续电云,十四日《云南新报》发表唐督军部下军官联名于十一日通电宣言,与段内阁脱离关系。该电系致黎大总统、冯代行总统、各省督军、省长、广东民党首领者,略谓段内阁不依据约法,断不承认,且以后违法内阁之命令,概视为无效等语。至于中央之意,略以云南与段内阁脱离关系,已由唐督军布告及军官通电,但政府对此如何对付,虽尚未详,料既有冯大总统必务取和平手段,先以理诘责,促其反省,如仍无效,迫不得已,或用兵讨伐。"(《京讯中之云南独立电》,《申报》1917年8月19日,"要闻一")

△　报章揭载,日前唐继尧、陈炳焜与孙中山会衔致电北京政府,内容为三大质问:一、质问政府严阻黎元洪离京之理由;二、质问组织非法参议院之理由;三、质问延不重惩刘存厚祸川之理由。并限二十四小时答复。(《民党方面联电质问之内容》,天津《益世报》1917年8月11日,"要闻")

△　广州报纸说,孙文提议在广东建立南方政府,成立国会等计划推迟实行的原因有下面几个:(1)当两广的督军宣布自主时,他们

宣布过,在政治方面他们服从陆荣廷。由于陆荣廷对孙文的计划还未表态,因此,他们不会采取任何行动。(2)云南的督军因忙于调派军队攻打四川,无暇顾及这个问题。(3)贵州督军对这个问题的回答则是态度十分含糊。(4)湖南督军已被中央政府免职。新闻界认为,在上述障碍没有克服之前,孙文的计划能否实现实在令人怀疑。自从吴、王两位前议长在上海发出了有关舰队独立和在南方成立国会的通电后,北京的外交使团对此十分关注。英、美、日公使已指示各自驻广州的领事进行调查,并要经常把确切的情况电告他们。(广东省档案馆编译:《孙中山与广东——广东省档案馆库藏海关档案选译》,第88页)

8月12日 据悉,孙中山已决定下月1日成立南方政府。他已派两人到新加坡、马来亚等地去带回六百万元款额以供急用。(广东省档案馆编译:《孙中山与广东——广东省档案馆库藏海关档案选译》,第154页)

△ 北京传媒报道孙中山在粤状况,颇多歪曲之辞,然从反面亦可见护法运动之进展:"孙中山氏抵粤,日以护法欺人,权利诱众,于是一般无识之军人盲从附和,绿林丑类继亦狡然思逞,粤省风云日紧一日。幸粤人素以孙氏言论均系无而为有,虚而为盈,殊无价值,故秩序尚属相安。"

又言及孙氏获得德国金援之情况(据友人某君访问广州"某要人"所得),可供参考。"孙氏未来粤之前,由荷国公使介绍与德华银行借款百万,即以五十万为运动海军之资,余五十万带粤。到后即拨十五万至沙面台湾银行,现又续拨五万。此二十万有谓系散给与滇军者,有谓系续汇至海军者。所余三十万则交与陈炯明、朱执信二人分头前往广、惠、潮、嘉各属,招集绿林。"

"某要人"认为党人此举"省城决不至十分糜烂,而各属则必至鸡犬不宁"。"盖近查滇军方面,子弹异常缺乏,平均每兵只得二十七颗。该军日言武力护法,亦不过空言恫嚇,其实断不敢轻举妄动,且桂军由各处调回省城及由桂西下者，日有数营，粤垣益形巩固。第省外空虚，绿林蜂起，实可虑耳。""故省长日来亦有悔心，曾对人言，早知彼辈招集绿林，我则决不引渠来粤，为广东罪人。"（《各省状态》，《北京日报》1917 年 8 月 12 日，"群报汇选"）

△ 赴粤国会议员推举吴宗慈、王正廷、马君武、秦广礼赴南宁，欢迎陆荣廷来粤主持讨逆军事。张继本被推同往，嗣因孙中山遣之赴日而补推王正廷。另，湖南众议员李执中因湘南为段军所占，求援于陆，与众人同行。（《护法计程》，黄季陆主编：《革命文献》第 49 辑，第 417 页）

△ 吴景濂、王正廷等发表通电，揭发段祺瑞等对于德、奥宣战不战，反调重兵窥湘图川之阴谋。（云南省档案馆藏唐继尧档案 106－3－1311）

8 月 13 日 据说孙中山在上海的一家外国银行贷到一笔巨款。他现打算预付海军独立舰队的官兵六个月的薪水。（广东省档案馆编译：《孙中山与广东——广东省档案馆库藏海关档案选译》，第 154 页）

△ 日人评论孙中山等人到粤后，久未实行"迎黎总统，召集旧国会，以思组织新政府于广东"的主张，盖有两种原因，"一由段总理势力方盛，陈炳焜、陆荣廷等所以未允其出师也，一则以西南各省，自第三次革命以来，财政困乏，元气未复，北伐既不能出发，组织政府自非易事也。"南方组织政府，或因为德国在财政上的支持。"宣战既已决定，德人将悉以将为中政府没收之财产，献诸南方借为复仇之计。"（《东京通信》，《申报》1917 年 8 月 13 日）

△ 陈炳焜今日赴广西面见陆荣廷，顺道视察西江一带防务，需时约一周。期间督军署中公事，由参谋长秦一民代拆代行，防务治安诸事宜，则令陆军各师旅团营长暨各统领共同担任。（《陈督军突赴广西》，《中华新报》1917 年 8 月 20 日，"紧要新闻"）

陈炳焜十五日抵达梧州，"随将粤省近况详告一切。陆使亦殷殷垂问，后并解决要政多项"。议定"以援湘为第一要着"，广西方面已派兵出发,"粤省由陈督与孙中山、李协和等切商,先遣滇军出发,粤军继后分道入湘,务以保全湘省,而掌固西南门户"。"系念粤省治安",十七日晨匆忙返粤,下午即抵督署。(《陈督业已返省》,《中华新报》1917年8月25日,"紧要新闻")

另据东方通信社消息:"日前陈督军赴梧州,与陆巡阅使会见后,已略为协定:由广东极力准备,拟先将现驻韶州张开儒军队开住长沙,以救湖南;更将林虎部下军队集合韶州,以备形势之变。又以广西军队集中桂林,将现驻桂林兵三营进驻湖南永州。"(《日通信纪广东消息》,《北京日报》1917年8月22日,"紧要新闻")

值得注意的是,《北京日报》对于陆、陈之会多有报道,但不无夸张桂系与民党的矛盾之嫌。"据陆宣言,南北取舍,悉决于余(陆自谓)。北方于南方隔阂殊甚,南方一部分暴徒则志在分裂大好山河,今后如果转圜术穷,惟有退避贤路,不问世事而已。"(《杂事》,《北京日报》1917年8月31日,"群报汇选")"闻商议结果,决定与孙文派不取一致行动,而对于中央仍持最近之态度。"(《梧州会议之结果》,《北京日报》1917年8月21日)甚至说,陆、陈在表面上虽赞助国民党之行动,而实则设计遣开滇军,以遏止孙中山一派在广州之活动。(《各省状态》,《北京日报》1917年10月12日,"群报汇选")

8月14日 会见美国驻广州领事海因策尔曼(P. S. Heintgleman),并就参战和外交承认等问题进行商谈。

交谈中,向美国领事透露了向德国宣战的意向。还告诉他:"前参议院议长张继已被派遣赴日,说服日本人不要借款给北方政府;张继正在努力使一笔日本借款成功,以便用来为南方的舰队购买军火。"孙氏还说:"财政援助、军火装备以及外国政府(对南方政府)的承认,是他的经济十分拮据的政党的最迫切的需要。他断言,纽约的朋友正在资助革命运动,但是,由于在香港的英国检查制度,使得他不可能和这些朋友接触。"他"建议美国人在中国建立军火工厂并在改善内地的各个方面进行赞助,而且向海因策尔曼保证,新政府将给美国人以优惠的权利,使美国人能够得到工业天然资源开发利用的特让权利"。([美]韦慕廷著、杨慎之译:《孙中山——壮志未酬的爱国者》,第102—103、344页)

△ 传媒报道,"电报局员某君语人,孙中山昨欲冒陈炳焜名义,通电各省议员在粤组织政府,恢复两院"。某君"以事关重大,该电又无督军印信,即以电话请示陈督"。陈答:"并无此项电报,发出显系冒名拍发无疑,应即扣留。"此事"足征陈督实不赞成南方之计划"。陈氏秉承陆荣廷意旨,"对于民党各要人来粤则欢迎,对于国会议员来粤则欢迎,对于海军舰队来粤亦欢迎。然除欢迎而外,并未有何主张,可见其态度之沉着矣"。陈炳焜、朱庆澜虽号称"自主",但仍"事事请命中央,亦以招党人之疑"。如王顺存辞职、保荐魏邦平为警察厅长、王有蓉任知事"皆请部令而行",最近又遵部令欲迁移金库。(《各省状态》,《北京日报》1917年8月14日,"群报汇选")

△ 徐谦为建议从速组织临时军政府,委任孙中山为讨逆大元帅事,致函吴景濂、王正廷。其时有人主张由国会组织行政委员会,徐谦不以为然,"国会情形,议论多而成功少,无可讳言。倘军事行动尚复发言盈廷,则日久必滋诟病,而国会之信用日隳,不可不虑"。为今之计,国会"惟有议决一讨逆法,设立讨逆大元帅,并设副元帅二人,军政府之组织委之大元帅。此法议决后即行闭会,仅组织一财政委员会议,使借款或募债事项归将来提交国会追认。至大元帅当然请中山先生担任,各方皆可允服,而副元帅则唐、陆两人各任其一,亦各任军事之一路。"若政治需要,国会对于成立军政府之授权亦可有可无。"倘军政府之组织更急时,可不待国会开会,即可组织。盖讨逆救亡不得不便宜从事。而讨逆大元帅亦非必待国会议决始能发生。此等眼光须从创造国家上观之,决不似守成时代拘拘成法也。"(李家璘、郭鸿林、郑华编辑:《北洋军阀史料·吴景濂卷》第3册,第79—82页)

△ 上海《中华新报》总编辑吴稚晖因事南下,抵达广州,寓泰安旅馆。又参议院议员居正(湖北人)、众议院议员凌钺(河南人)亦同

船而来,今、明两日均与孙中山、国会议员及诸要人晤会,有所筹商。(《粤省招待议员筹备记》,《申报》1917 年 8 月 15 日,"要闻二")

△　冯国璋以北京政府总统名义布告对德、奥宣战。自段祺瑞重理国务,对于参战问题积极进行,复得代理总统冯国璋同意。本月六日在院开会,将前组之国际政务评议会,改为战时国际事务委员会。至是布告对德、奥宣战。(凤冈及门弟子编:《梁士诒年谱》上册,第 383 页)据报载,此布告系出梁启超之手。(丁文江、赵本田编:《梁启超年谱长编》,第 537 页)民党以未经国会批准,视为非法。(邵元冲:《总理护法实录》,《广东党务》第 29 期,第 5 页)

宣战文告略谓:"自绝交以后,历时五月,潜艇之攻击如故,非特德国而已,即与德国取同一政策之奥国,亦始终未改其度。既背公法,复伤害吾人民",宣布自"八月十四日上午十时起,对德国、奥国宣告立于战争地位",并声明废止与德、奥两国所订之一切条约。(韩信夫、姜克夫主编:《中华民国史·大事记》第 2 卷,第 869 页)

△　传媒报道来粤议员人数。"吴宗慈、邹鲁、王乃昌、龚政、覃超、曾彦、郭椿森、马君武、秦广礼、陈寿如、林伯和、李茂之、卢信、郭同、冯自由、张继、胡汉民、吴景濂、王正廷、黄伯耀、雷殷、潘乃德、王斧军、邱福均、曹振恩、傅诺、陆吕□、李执中、蒙经、叶夏声、梁培,共三十一人。计其省籍,则有赣、桂、黑、直、奉、浙、闽、湘、粤九省。"(《议员之抵粤数》,《中华新报》1917 年 8 月 14 日,"紧要新闻")

△　张继由粤回沪。海上通讯社记者特晤之于法界某处,纪其问答,其中颇有道出孙中山与护法运动之内情者。

关于陆荣廷之护法态度,张继称:"陆幹卿之态度始终未变,当初曾有表示。予友数人,前自南宁归者,述先生之言曰:我虽军人,对于用兵须十分慎重,非有两个条件,决不用兵。所谓两条件者何? 一则黎总统地位危险。二则北方加兵于湖南。二者有一,我即用兵。……使总统地位有危险,则人人认为无道,非至用兵不可解决,此予用兵之理由也。……徒曰北方排斥西南,不容真共和分子有立足地,是亦无标准之言也。府院竞争,不能视为标准;政府与国会冲突,亦不能视为标准。如使北方必收湖南而有之,乃真不欲西南势力之存留,而真共和分子无立足余地矣。"

关于广东兵力情况,张继指出:"广东兵力全国除江苏而外,无可与比者。云南留粤之兵,约有二万。广东警备队,约百四十营。每营只以三百人计,亦得四万二千人。其他尚有绿林投效者二万,余稍加弥补,即可得千〔十〕万人。且退伍兵士,所在皆是。他省兵士不过为衣食应募而来,广东兵士皆有爱国心,此其奋勇又加人一等。"另外,张继亦对广东的财政问题极表乐观:"广东之富,不下江浙,近年以龙济光剥削,元气稍亏。然稍一整理,可转五省以上之富力。且华侨近日输捐,络绎不绝。据各埠报告者,已达一千万元。然尚有未经报告者,大约二千万上下,自不难。夫以广东之富,又得三千万上下之款,为之活动,财政问题似已不必忧虑。"

对于广东民意的询问,张继则称:"广东民气之盛,较之辛亥革命有加无减。观于欢迎吴、王两议长等到会二万人,适大雨倾盆二小时,而立者不倦。又海军到黄埔时,岸上人为之塞,水上船为之塞,且有由省城载运鞭炮之船三十余只,妇孺亦狂,耳膜为之震动,江面红光与烟气掩敝水色,欢呼之声、鞭炮、炮声初不可辨,此可见一般民气之盛也。"

记者又问及省长朱庆澜问题,则可见孙派的矛盾心态。张继言:"朱庆澜问题在粤不能谓之好,亦不能谓之坏,惟前者与陆幹卿意见稍有不合,后者粤之自主时代,朱不能事事满人意。盖于平和时代,尚能有为,于变乱时代,则稍差耳。粤人欲与陆幹卿表示好意,及全其自主之目的,皆宜使朱氏离粤,但目下尚未成行。大约陆幹卿到粤时,朱当去也,继其任者,前有胡君汉民之说,惟胡君欲让之陈君炯明。朱之去也,于粤事,不但无损,且玉成之处甚多。"(《中华民国史事纪要(初稿)——中华民国六年(一九一七)一至十二月份》,第673—674页)

8月15日　徐之琛、李烈钧密电唐继尧,认为应支持孙中山护法大计,防桂系坐收渔利。略谓:"粤军重孙,桂军重陆,主帅问题犹待推举。因此设立机关,尚无确议。将连日日、米两国领事宴请中山,极表善意,及海军全部全然受命中山而论,应时势之要求,则暂推中山主持大计,在外交上既易收效,复可利用海军摇动长江下游,使贼无法顾川,并无力犯湘。""接沪电,因议员纷纷来粤,中外报章甚表同情于南方,人民望义师若云霓。张继、戴天仇已由中山派赴日本联络一切。"(云南省档案馆藏唐继尧档案106-3-763)

△　本日或稍后,各省公民联合会①致函国会议员,历数段祺瑞断送共和之恶,请于召开国会非常会议时,"承认南方组织军务院,通告孙中山先生为西南盟主,使主持大计。岑春煊先生为正抚军长,唐继尧督军为副抚军长,陆巡阅使荣廷为陆军大元帅,程海军总长为海军大元帅,俾得早日出师讨逆"。(李家璘、郭鸿林、郑华编辑:《北洋军阀史料·吴景濂卷》第3册,第83-86页)

8月16日　日本共同通信社消息,陆荣廷通电湘、粤、桂、黔四省。略谓:"云南唐督电称援湘,又谭督电请派兵援湘等语,故即请广东陈督命张开儒、方声涛两师长迅速出发赴援。"(《陆干卿通电援湘志闻》,《北京日报》1917年8月23日,"紧要新闻")

8月17日　拜会各国驻广州领事,并就目前形势进行会谈。(一说仅见到日本领事,随后邀请他到黄埔参加宴会。)(粤海关档案《各项时事传闻录》,1917年8月18日条;广东省档案馆编译:《孙中山与广东——广东省档案馆库藏海关档案选译》,第90页)

△　与程璧光、林葆怿等人,在黄埔开会,商议组织临时政府之事,决定"先将临时政府组织成立,一俟他日国会开,再请追认,以符手续"。远在唐家湾的唐绍仪却有先行组织军务院之意,"南方当先组织军务院,如去年护国军兴时代之成例。军务院组织手续较单简,故成立较速,各事便可进行"。(《西南组织政府之近况》,《申报》1917年8月19日,"要闻二")

---

①　该会代表何侠,自称代表二万万人,其意殆指可代表南方民意。

先是，诸人已就政府组织形式有所讨论。"昨日，程玉堂、汪精卫、陈炯明、胡汉民、李烈钧、谢已原、林悦卿、林隐青、督军代表龚政、覃起、雷渭南及议员邹海滨等，在农林试验场开议。决定刻日组织西南统一机关，联请孙中山为盟主，主持一切大事。其机关名目由孙中山自定。机关既成立，西南各省海陆军人由孙中山统帅，一切进行均奉孙中山命令。程总长首先赞成，各要人皆如议。即将此意□孙中山。"（《各要人筹定大计》，上海《中华新报》1917 年 8 月 20 日，"紧要新闻"）

关于组织军政府的人事与名义，也颇有异说。"顷闻此中消息，有恐贻误戎机，倡议先设军务院，以树风声者。惟多数主张，则虑军务院名目未能具体，究不如临时政府之为愈，对外对内均足以代表一切，且以海陆军人便可组织成立，无庸再藉别力。年前墨西哥民党反抗专制政府时，即系行斯政策。现拟援照成例，先设政府。此问题将于日内解决。兹闻所拟政府之人物，举岑云阶为领袖，唐继尧副之，并举陆荣廷为陆军元帅，程璧光为海军元帅。侯通电请滇、黔、湘、桂各省赞同后，即可于旬日内成立。据闻孙中山计划先行设立参谋、内务、外交、财政、陆军、海军六大股，拟以专责成而策运行。"（《筹设临时政府》，《中华新报》1917 年 8 月 25 日，"紧要新闻"）

另有报道说，孙中山是日招国会议员来议，颇有不同之议论。"有以此机关为完全恢复中华民国固有之正式政府，不当取临时名义。而国会议员未足法定人数，欲即以此机关为正式政府，恐于法律有所抵触，于是有以现在急于出师，此统一机关可袭用总司令部名义者。有谓总司令部名义只为军事上之利便，而不能用以对外者，不如改用行政委员会名义。然又有讥出此为近于一部之行政行为，又不足以统辖军事者。因此皆未决定。"（《旅粤议员召集非常国会之内幕》，天津《益世报》1917 年 8 月 27 日，"公电录要"）

此外有记者就组织南方政府问题发问："组织政府现在是否进行，国会议员来粤可否达法定人数？"答称："国会议员总数共七百余人，依附官僚者外，来粤人数至少可达五百人。连日接津、沪各处函电,均称陆续启程来粤,大抵两星期内即可齐集开会。至南方政府,鄙见主张提前成立,现与督军、省长等赶速筹备,务先成立,以为根据。吾敢信南方政府成立,各省风势当为之一变,譬如风扇一动,则室内空气尽为转移。至组织南方政府,固当以南方各省为要素,纵或南方诸省未能十分联络坚固,即以两广势力单纯组织之。"(《西南组织政府之近况》,《申报》1917 年 8 月 19 日,"要闻二";《孙中山就组织南方政府与记者的谈话》,汤锐祥编:《护法运动史料汇编》第 2 册,第 60—61 页)

△ 有消息指,孙中山等人已决定首先在广州成立军务院,待议会成立后,再行考虑建立南方政府的问题。他们联合推举陆荣廷为军务院院长。独立舰队将归陆指挥。他们就此问题已打电报给陆,待督军回穗后将立即行动。(广东省档案馆编译:《孙中山与广东——广东省档案馆库藏海关档案选译》,第 90 页)

△ 有消息指,张开儒决定于本月二十日左右把驻韶关的滇军开往湖南,并已邀请孙中山及其随员乘专列到韶关观看部队出发的盛况。(广东省档案馆编译:《孙中山与广东——广东省档案馆库藏海关档案选译》,第 90 页;《粤省援湘计划》,《申报》1917 年 8 月 25 日,"要闻二")

△ 报载,孙中山派钟惺可、简琴石、李杞堂、廖德山四名代表,及多名招待员,前往迎接来粤国会议员。此外孙氏"以召集参众两院议员,来粤恢复立法机关,现虽到者已有多人,惟急欲开会,以便着手一切进行之,故特商请程总长,于第一舰队中选派一艘赴沪,迎接各议员来粤"。程璧光以"现在吴淞要塞已有北军驻扎,危险堪虞",建议"改雇日本商轮往沪迎接",得到孙氏同意,"闻已派员往港,向大阪商船会社接洽一切"。(《国会议员抵粤之近讯》,《申报》1917 年 8 月 18 日,"要闻二")

△ 陈炳焜由梧州返粤,此后程璧光与之互动频繁,显示桂系与海军有接近之态。报载:"海军总长程玉堂昨复乘舞凤舰由黄浦来省,访晤陈督军、朱省长各大吏,畅谈甚久,始珍重握别。随赴堤岸东亚酒店,以应旅省香山同乡欢迎大会,后并置酒庆叙,共谈乡中近况,

不觉金岛西坠。程总长为众挽留,是夕下榻店中。翌晨早餐后,即乘马车,径赴东沙马路之农林试验场,会晤李军长烈钧,商议要政。下午二时许辞退,仍循东沙马路转出堤岸,惟甫出川龙口,即与陈督军邂逅于途。与陈督军偕行者,则为江防司令马济、军司令部总参谋林虎二君。是时,陈督军因有要政,正欲赴农林试验场与程总长面商,不期于此会合。寒暄既已,程总长遂请陈督军同返舞凤舰,畅谈历时句余钟之久。陈督军兴辞返署。俄而舞凤舰亦鸣笛,动轮驶回黄浦。各大员之交欢情形,于此可见一斑矣。"(《各大员和气一团》,《中华新报》1917 年 8 月 18 日,"紧要新闻")

△ 政学会领袖谷钟秀接受某日报记者采访,谈及南方形势,略谓:南方形势"不独陆、陈态度暧昧,即孙文与李烈钧意见亦未能一致。在粤议员不过五十余名,虽持强硬论调,并无实力,且款项缺乏,无论何事均难进行。旅沪议员约百余名,亦无实力"。并论及旧国民党之间的关系,称"除孙文一派外,益友社、民友会、政学会、政余俱乐部,皆不相联络。益友社与政学会亦意见纷歧"。"故南方势力甚为涣散,政府此际颇易与之妥协,无待用兵。"关于国会问题,"余以为旧国会纵难恢复,亦应依法改选新国会。若于正式国会解散后,复召集临时参议院,殆如猿已进化为人,而欲反为猿,余殊不敢赞成。惟余现既不愿干预政治,则对于此事亦决不出而反对也。"(《进步党与政学会》,《申报》1917 年 8 月 17 日,"要闻二")

其实谷氏虽然籍隶国民党,但与北京政府关系甚佳。13 日谒见冯国璋,"报告粤省民党对于中央政府所持之态度,异常详尽"。冯氏对于孙中山、李烈钧之行动尤为注意。鉴于谷之"拥护政府",冯欲聘谷为公府高等政治顾问。(《谷钟秀秘密晋京之索隐》,天津《益世报》1917 年 8 月 14 日,"要闻")

8 月 18 日 在黄埔宴请到粤国会议员,到者一百二十余人。"席间讨论京政府已宣布对德宣战,我西南自主各省应守何态度,须从速组织政府,使对外有所表示。先由吴议长□□辨论□时,后多数表决,从速成立非常国会,即产出非常政府,以解决一切问题。会议至夜深始散。"(《非常国会定期开会》,《中华新报》1917 年 8 月 26 日,"紧要新闻")

　　△　是日传媒报道,旅居上海之议员约三十名,今晨搭日本邮船佐渡丸号,奔赴广东。(《议员续赴广东》,《北京日报》1917 年 8 月 18 日,"紧要新闻")

　　△　传媒报道,两院议员到粤者不满五十人,已设招待所二处。先拨现款五千元布置一切。"现正缄电运动议员到粤。闻孙文之意,议员已到百人便可开非常会议,组织政府。先请黄陂南来。此事当然做不到,便主张遥戴黄陂,然黄陂自必谢绝,至是便逼出推选总统问题。"(《各省状态》,《北京日报》1917 年 8 月 18 日,"群报汇选")

　　△　国会议员在粤者,发给一月之津贴,每人百元大洋,次月即无。吴景濂来商,"中山先生允之,而其会计廖仲恺口惠而实不至"。吴遂向广州地方审判厅厅长陈英借其解中央之司法款,得三万元。再由会计科长欧阳荣之在市面上借洋两万余元。然并非现款,"为议员津贴事,予(吴氏)如坐针毡"。遂有扣留广东盐款之中英交涉。(《吴景濂自述年谱(下)》,中国社会科学院近代史研究所近代史资料编辑组编:《近代史资料》总 107 号,第 62 页)

　　△　报载,陈炯明即将担任省长亲军司令官。"省长公署向统辖警卫军八十营。自陈督军统一军权后,只留二十营作为省长亲军,其余皆拨归军署管辖。现朱省长以此二十营亲军不可无司令官以司其事,特商请陈君炯明出而担任此亲军司令官之职,一二日内即可将公事送去。此二十营兵数约有六千余人,其统领则粤人及各省人均有任用。"(《陈炯明将充司令》,《中华新报》1917 年 8 月 18 日,"紧要新闻")此报道有误,陈之出任亲军司令官早在六月,此时重提旧事,不过是为了确认这一任命。

　　8 月 19 日　在粤国会议员开会,讨论重开国会,组织政府事。

　　是日,在粤国会议员百余人,在广州回龙社第一招待所讨论护法进展。会议由议长吴景濂主持,邹鲁报告。昨日已将拟开非常国会事通知督军、省长,获其赞同。众议:开设国会,刻不容缓,当先开非常会议,而对此文明国家已有先例,法国此项成例尤多,大可援引。俟足法定人数,再开正式会议。并议决,于本月 25 日开非常会议。由议长派定议员吕志伊、王有兰等七人赶行起草非常会之条例①。吕、王等人均为政学会之重要干部,其时尚能尊重孙之意见,而赴粤国会议员中,政学会诸人大部分包括在内。(李云汉:《政学会与护法运动》,《中国近代现代史论集》第 27 册,第 130 页)

各议员随即举定代表,分赴督军、省长、程璧光、孙中山、李烈钧、省议会各处,通告一切,暂借省议会议场作开会地点②;并通电西南各省长官及天津、上海等处,宣告开会日期,号召各议员刻日南下。对于组立政府问题,众均认为必要,惟兹事体大,须策万全,应在此数日内解决。(《在粤议员第一次谈话会纪》,上海《民国日报》1917 年 8 月 26 日,"要闻";《议员在粤筹备非常会议》,《申报》1917 年 8 月 27 日,"要闻二")

"议决先设筹备非常国会事务处,举定陈寿如、居正、李茂之、傅偕四君为筹备员。由筹备员陈寿如持函面商督军、省长、省议会,假省会议场为开会地点。主席宣布郭同君所拟电稿,通电西南各省,决议用国会非常会议名称,印信决定用众议院之印。"(《非常国会定期开会》,《中华新报》1917 年 8 月 26 日,"紧要新闻")

另据,东方通信社之讯:"集合该处之国会议员,决定开特别会议,已规定组织法十四条。其职务如下:(一)表决对外宣战、讲和问题;(二)讨逆问题;(三)讨论实租借款。"(《在粤议员特别会议之议题》,《北京日报》1917 年 8 月 26 日,"紧要新闻")

---

①　《申报》1917 年 8 月 27 日、《北京日报》1917 年 8 月 31 日谓,举龚政、土湘、马骧、张伯烈、王有兰、吕志伊、吕复七人,为组织军政府起草员。

②　关于国会议员的开会地点,原拟将东堤广舞台招工建筑,以为会所。"近因该处地点附近娼寮喧哗杂踏,非所以珍重国会之道。且建筑工程需费时日,现特饬清查官产处,另行于别处公产从速选择,俾早为布置。"(《各省状态》,《北京日报》1917 年 8 月 8 日,"群报汇选")

△ 在粤国会议员联合发出通电,请陆荣廷、唐继尧、孙中山等人共同兴师护法。电称:"人数未满法定,本难遽行开会。惟念时局之急,间不容发。西南散处,意志辄殊。对外则冯、段宣战,我将何以处德奥;对内则黄陂尚陷,我将何以设政府?凡兹重要,亟待讨论。拥护主权,国民之义。用师法国变之例,特决定本月二十五日在广州开非常会议,以谋统一而图应变。"唐继尧批语:"最速要,交白秘书主办。抄录登报,并录转在川各将领后送请李参赞复。"(《在粤国会议员请陆荣廷等兴师护法电》,桑兵主编:《各方致孙中山函电汇编》第3卷,第62页)

△ 粤省虽经宣言自立,惟于国际交涉,与北京政府取同一态度。自北京政府对德宣战后,即由督军、省长抄录大总统布告,出示晓谕,并照会驻粤各国领事知照。(《中华民国史事纪要(初稿)——中华民国六年(一九一七)一至十二月份》,第685页)

△ 章杰来函,报告联络苏、鲁两省起事情形,请派员至沪协商军事。原信封有批示"交周参军审查",答以"查章杰确系同志之一,惟作事往往言过其实,请注意"。(环龙路档案第11338号)

8月20日 电促伍廷芳、唐绍仪迅速前来广州。(粤海关档案《各项时事传闻录》,1917年8月20日条)

各方对于唐绍仪的态度和行踪报道不一。有消息说,唐绍仪对来穗态度暧昧,既不肯确定来穗的具体日期,也不肯对时局发表任何意见,当有人问及这些问题时,只是笑而不答。后收到获委任财政总长的电报后,立即离开拱北,经香港去往上海。(广东省档案馆编译:《孙中山与广东——广东省档案馆库藏海关档案选译》,第91、100页)另有报道称:"昨孙文致电,请其就职,唐氏得电,立即赴港搭广大轮船往沪。据民党中人言,则谓唐此行,系对于外交上有所协商,恐未必然也。"(《广东最近之趋势(平生通信)》,《申报》1917年9月20日,"要闻二")唐氏赴沪之说,恐不准确。

△ 传闻称,南方政府在穗成立后,国民党打算推选岑春煊当总

统,唐继尧为副总统,陆荣廷为总司令,程璧光任舰队司令。(广东省档案馆编译:《孙中山与广东——广东省档案馆库藏海关档案选译》,第91页)

△　《申报》载日本报纸对中国政局的观察,称当前北京政府对西南的处置方略有二:一谓冯国璋之办法,即"宽猛并施,刚柔互用";二谓段祺瑞之方法,即"强硬手段对付西南,集其北洋军力于长江以南,意欲于根本上破坏南方之根源",然冯、段二人虽意见不同,但"冯、段之间极易疏通,而将来对南方略,必从冯法无疑矣"。此外,该报道谓孙中山之方略"以革命为能事","毫不顾念大局",岑春煊、王正廷、吴景濂诸人则"稳健有为"。(《东京通信》,《申报》1917年8月20日,"要闻一")

△　张继、戴季陶于本日到东京,"宣言欲向日本朝野传达中国政界之实状,并为表明民党心事,务期与当局会见,以披沥诚心"。(《张戴两氏入东京》,《北京日报》1917年8月21日,"紧要新闻")驻日章宗祥公使则谓:"日政府极为信任中央政府,党人东渡,希图运动,极无效果。"(《东渡党人运动无效》,《北京日报》1917年8月26日,"紧要新闻")"闻张继、戴天仇等前往日本,携有王正廷、吴景濂以前参众两院正、副议长名义,致函日本寺内首相,请日本承认南方政府,即以东三省领土为交换品。如寺内首相不允其请,即欲运动日本民党、浪人推翻寺内内阁。"(《杂事》,《北京日报》1917年8月29日,"群报汇选")

△　报载,舰队仍集中黄埔。"第一舰队抵粤后,程、林两司令即拟调拨四舰,分驻琼、钦及潮属汕头一带,以资游弋。嗣与孙中山等会商,金以重要事件尚未完全进行,诚恐各舰一经分驻,势力转形薄弱,且各属远隔重洋,于接济饷糈亦颇棘手,特拟决于各要事未解决以前,该部舰队仍旧集中黄埔,暂不他调,以厚势力。"(《舰队仍集中黄埔》,《中华新报》1917年8月20日,"紧要新闻")

△　赴桂国会议员代表与陆荣廷晤谈,可见陆氏对于援湘、护法和粤事的主张,与中山并不一致。亲与其事的吴宗慈记述:"(陆)对于援湘之举,已有决心,意极诚恳,但力持谭组庵(湘督军)须有决心,

并须湘省先宣布自主,然后桂军可径入湘境。此时桂军三千人已发桂林,抵湘边界。所须湘先自主者,陆恐骤入境,人将谓桂侵略湘地也。""对于大局,力主黄陂复位为合法,另举总统所不赞成。对于在粤组织政府,主由西南各省派全权代表,立一会议机关。以后进行各事,均由此机关发动。对于国会事,主暂缓开会。俟军事得手后,集会于武昌为当。并谓在粤集会,北省议员敢来耶? 意调秦君广礼。秦谓鄙人籍黑省,乃中国极北地,鄙人既敢来,则请从隗始,当无不敢来之理。陆笑颔之。""对于两粤之局,主先解决粤事。粤事为梗者,一为朱庆澜未去职,恐与北方暗结合;次则滇军不受粤督调遣,意谓粤事果完全解决者,则无后顾忧,驻粤桂军,可调作援湘之用。至来粤事,则以病躯未愈谢。意与孙先生不惬也。"(《护法计程》,黄季陆主编:《革命文献》第 49 辑,第 417—418 页)

△　报载,张开儒准备援湘。"闻韶关镇守使张开儒行将率师入湘。昨已遣派陆军少将盛永超为前队,率领五旅十一团长周永祚、参谋王德富、辎重营王哺所部一营炮兵、鲁子材所部一营工兵、刘明义所部一营骑兵、孙智所部一营,一律调回韶关。日内开赴平石,准备入湘。现驻清远办赌之第十一团第三营昨已拔队回韶,所遗防地职务以龚得胜分兵兼办。"(《张开儒准备援湘》,《中华新报》1917 年 8 月 20 日,"紧要新闻")

8 月 21 日　伍廷芳派其子伍朝枢到广州告知国民党,他由于年迈力衰不能来穗。(广东省档案馆编译:《孙中山与广东——广东省档案馆库藏海关档案选译》,第 91 页)

先是,孙中山因伍廷芳久未来粤,致电敦促。伍氏"接电后适以脑病未痊,不克定期出发,特派其子朝枢代表来粤,谒见军政府各人,面详一切,此伍氏来粤之先声也"。(《伍氏来粤之先声》,《中华新报》1917 年 9 月 29 日,"紧要新闻")

△　因湖南形势日益紧迫,且湖南与"西南局面关系极巨",而湖南实力又不足,需"仗粤、桂援助",因此密电陆荣廷,请其主持,此外,

还与陈炳焜商议派兵援湘之事,"闻已得陈督同意"。张开儒亦将率师入湘。(《陈督之迎陆与援湘》,《申报》1917 年 8 月 21 日,"要闻二")

△ 东方通信社登载"孙文谋湘"之讯。略谓:"孙中山等刻下声言,将以军队主力部队安置惠州,即由韶州攻入江西,更以广西军一师同时由永州攻入湖南。"(《孙文谋湘》,《北京日报》1917 年 8 月 21 日,"紧要新闻")

△ 报载冯国璋会见东方通信社记者,表示与段祺瑞相处融洽,并言及孙中山左右对于《临时约法》之制订,导致府院之争和国会问题频现,实与近日政局混乱大有关系。"其一,总统与总理之权限未清。此为前十二月中政局扰攘之原因。方南京订临时约法,孙文有极大之势力,以左右起草议员。彼恐总统职让于袁世凯,后无约法以缚之,或养专制政治,故总统、总理之权限相等。惟袁魄力伟大,无论何总理,对于各种问题皆不能之久持。及黎总统继任,与总理之权限问题乃始起冲突,遂有不幸之结果。""其二,乃国会问题。临时约法中所规定之国会,其议员定额太多,如欲使其确能办事,应大减其数。其三,乃议员选举法。今所行用之选举法,殊不足以得真正民意代表,而反足以生种种阻力。其四,乃临时约法其所规定者,足使政府各机关意见纷岐〔歧〕,而时生冲突,故应加修正,以便政府各机关得和衷其事,以保守民国也。"

然冯氏对于西南问题之解决,持乐观、和平之态度。"二十二省中十八省已宣告服从中央,其余处反对地位之四省则并不一致。广州虽集有激烈份子,然无何等势力,意料若辈必不能久持。"加上陆荣廷"必为调和时局之人",外国亦不会支持南北分裂,故易于解决。(《中央政府》,《北京日报》1917 年 9 月 2 日,"群报汇选")

∧ 报载,陆荣廷对于护法态度倾向积极。"唐绍仪、伍廷芳、唐继尧及南方党人拥为副总统,并请其于黎元洪未到之前,代理大总统职务。陆之态度已倾向南方。广东现筹得百余万元,为北伐之需。""两院议员已在广东会集二百余人,公举王正廷、马君武往请陆荣廷,至粤东主持政事。闻陆大有允许起行之意。"(《各省状态》,《北京日报》1917 年 8 月 21 日,"群报汇选")

　　△　李厚基致电北京政府,略谓"西南党人近已变计,舍湘而攻闽,拟举孙中山为海陆军大元帅,召集两院议员,组织临时政府,并派重兵进窥福建厦门。陈炯明率朱庆澜亲兵二十营,会合滇军集于惠州。惠州多陈之旧部,其军势甚雄厚",请政府速示办法。也有消息称"程璧光、林葆怿,已率其独立舰队,进窥厦门,而陈炯明复统朱庆澜之卫队,由惠攻潮,张开儒等之滇军,则留省监视"。而粤省"一经调动,后路可虞","故外传孙文、唐绍仪等,亦将以对外一致之名,暂息政争"。(《政府对于西南之策画》,《申报》1917 年 8 月 25 日,"要闻二")

8 月 22 日　《申报》载一则关于粤省局势的时评,谓"陆巡阅使即逗遛〔留〕粤西,久不东下,其态度令人难测"。陈炳焜赴梧州(8 月 15 日),面晤陆荣廷,"共商大计,然其中究竟有何深意,则非局外者所知矣","大约陈之回桂,殆有重要问题,急待解决乎"。粤省省长一事,亦颇耐人寻味。自北京政府下令粤桂省长对调后,"朱庆澜之地位大为摇动",朱"对于滇军极意联络,对于民党要人,亦向与周旋",因此得各方挽留。同时"肇罗镇守使李耀汉,手握重兵,大有欲起而代之之希望",省中亦有人推举陈炯明、胡汉民为省长者。(《粤省最近之时局观(平生通信)》,《申报》1917 年 8 月 22 日,"要闻二")

　　△　报载,来粤参与护法之国会议员人数遽减。"西南召集国会,通告日久,其到会议员能否足法定人数,极为留心时局者所注意。兹据昨晚新自广东来京之苏者议员某君,述及西南召集国会之情形云,八月初到广东议员有六七十人,至八月十号以后,不知何故,忽减至五十余人。"(《在粤议员定二十五日开特别会议》,《北京日报》1917 年 8 月 22 日,"紧要新闻")

　　△　东方通信社北京电,"自称孙文、孙洪伊之密使四人,二十二日为警察厅逮捕"。(《北京电》,《申报》1917 年 8 月 26 日,"专电")

　　△　北京政府传出消息,"昨得海圻舰员来电,历述到粤后备受

党人之牵制、炮台之监视,一切行动不得自由,恳请政府速为设法,俾得及早自拔。又独立某舰将近两月来报销表册,辗转递交政府察核"。(《独立舰员请设法自拔》,《北京日报》1917 年 8 月 22 日,"紧要新闻")

8 月 23 日 上午十时,两日本人到黄埔拜会孙中山、程璧光和前国会两议长,受到接见和宴请。据报道,两人向孙氏报告说北军不久将南犯,日本人希望孙派能尽早遣军队去抵抗北军。(广东省档案馆编译:《孙中山与广东——广东省档案馆库藏海关档案选译》,第 92 页)

8 月 24 日 邀请国会议员王正廷等人来黄埔,商谈组织政府之事。

是日下午二时,由天字码头出发,特派龙骧兵舰搭载王正廷、吕复、马骧、周震鳞、赵世钰、吴宗慈等人到黄埔,商谈组织政府事宜。谈至夜三时,吴等人方乘轮返省。时议员抵穗者已有八十余人。(吴宗慈:《护法计程》,第 3 页;《纪广东非常国会》,《申报》1917 年 9 月 1 日,"要闻二")并商定国会非常会议成立后,所有议员将领半薪。(粤海关档案《各项时事传闻录》,1917 年 8 月 24 日条;《广东非常国会开会之盛况》,天津《益世报》1917 年 9 月 3 日,"要闻")

△ 接沈佩贞来电,求调和南北,放弃在粤另立政府。

电称:"今非兄弟阋墙之日,乃同舟共济之时。宣战案为协约国所欢迎,虽策非万全,已势成骑虎,苟不同德同心,一致对外,则必致内部分裂,豆剖瓜分,将使强邻坐收渔人之利。值此兴亡绝续一发千钧,尚希放远大之眼光,消目前之意气。公为国宣劳,为民造福,昔时总统之尊尚然敝屣,况此区区之争,为全国安危所系,何难不一为让步乎?"(《沈佩贞通电调和南北致孙中山函》,桑兵主编:《各方致孙中山函电汇编》第 3 卷,第 62—63 页)

△ 汕头镇守使莫擎宇和汕头道尹黄孝觉发表了关于他们与广东政府暂时存在分歧的联合通告。汕头严密防范,不准任何未获汕头当局同意的部队进入,所有地方税收均截留使用。福建督军李厚基与之联系密切,派驻一师闽军支援莫氏。黄孝觉则收到中央政府

的密电,指示他到香港会见龙济光,并和龙一起策划对抗广州。(广东省档案馆编译:《孙中山与广东——广东省档案馆库藏海关档案选译》,第92页)

　　△　报载,与李烈钧、钮永建商定粤省援湘计划,檄调张开儒所部,先期出发,俾作援湘前锋。张开儒"定于二十日在韶誓师,大举入湘,盖闻已预备专车,通请孙中山等诸要人,届时赴韶视师,以资鼓舞"。另外,孙氏请陆荣廷由桂出师援湘,获其赞同。关于饷糈问题,孙氏等人与陈炳焜商榷,"指定本省防务经费暨杂捐项下,准先提拨,以资接济,若遇非常紧迫,则在华侨捐项下,暂拨前往,以为后盾"。此前,广东省议会副议长陆孟飞前往南宁促陆荣廷来粤主持大局,陆仍以"足疾未愈"为由婉拒。陆返粤后,在议会上宣布与陆之谈话及陆近状,略谓:"陆使对于段政府亦以为非法,并主张请黎总统复位,速召集旧国会。"宣布毕,陆孟飞又往谒孙中山,报告一切。(《粤省援湘计划》,《申报》1917年8月25日,"要闻二")

　　8月25日　出席国会非常会议,并致祝词。

　　国会非常会议在广东省议会举行开幕式,到会议员一百二十余人①,各省均有代表。其中有:奉天吴景濂等、直隶张继等、黑龙江秦广礼等、西藏傅谐等、浙江赵舒等、江西吴宗慈等、安徽陈策等、四川卢仲琳等、云南吕志伊等、湖北田桐等、陕西焦易堂等、江苏茅祖权等、河南刘奇瑶等、湖南彭允彝等、福建詹调元等、广东邹鲁等、广西覃超等。(《总理护法实录》,《广东党务》第29期,第7页)

　　程璧光、林葆怿、朱庆澜等均列席祝贺,广东督军陈炳焜仅派代表参加。孙氏在开幕式上致祝词,略曰:"今北部为叛党所据,遏绝民意,乃相率而会于粤东,举行非常会议,由此而扬谠论,纾嘉谟,建设真正民意政府,起既绝之国运,以发扬我华夏之光荣于世界。"(《非常国会开会之祝词汇录》,上海《民国日报》1917年9月3日,"要闻")

　　① 天津《益世报》亦称到会议员人数有一百二十余人。(天津《益世报》1917年5月12日)吴宗慈则谓到会议员八十余人。(《革命文献》第49辑,第418页)

《申报》另有报道称:"下午二时许,国会议员开非常会议于广东省议会。先期将会场用国旗、生花布置严整。两点钟开会,出席议员六十二人,全省文武各官员(陈督军派雷殷为代表),英国、意国、法国、日本各国正副领事暨各国海陆军官多人,程总长、孙中山、李烈钧等,俱到会观礼。此外各界男女来宾凡数千人。"(《粤省非常会议之开幕》,《申报》1917年9月2日,"要闻二")

《中华新报》则谓:"外宾到者,则有英国领事杰弥逊、日本领事力田喜平、意大利领事佛弼执礼等,并其他各国官商共十数人。此事为外人注意,于斯可见。下午二时,鸣炮,奏乐,开会。十七省议员排班联进议场。众均起立,鼓掌欢迎。次由省议会议长谢已原率同各议员,与国会议员行相见礼,各一鞠躬。谢议长代表全体,致欢迎词毕,各同本座。旋奏国乐。议长吴景濂乃郑重登坛,报告开会理由,表明纯为护法。是时场内肃然,鼓掌声迭起,气象壮严,有鬼泣神惊之概。报告既竟,旋又奏乐。吴议长下坛,率同各议员齐向国旗行三鞠躬礼。礼毕,宣告散会。中西来宾纷与吴议长握手,表示敬爱,然后共往拍照,以留纪念。嗣复茶会欢叙。计是日各界来宾共数千人,女界亦有数十人。省议会场而有女来宾,实以是日为始矣。至会场外聚观者,则已万头攒拥矣。"当晚由华侨俱乐部主办提灯大会,以庆祝非常国会召开。(《国会非常会议开会之盛况》,《中华新报》1917年9月1日,"紧要新闻")

非常国会开会前后,西南各实力派亦各派代表来粤参观。传媒报道:"滇督唐继尧现特派代表叶荃兼程来粤参观开会事宜,湘、黔两督亦有代表委派,日间即可抵粤。至陆使所派者为陈树勋,谭督所派者为陆杏林,亦将到省。"(《广东非常国会开会之盛况》,天津《益世报》1917年9月3日,"要闻")

△ 李烈钧密电唐继尧,主张支持孙中山组织临时政府。略谓:"中山偕同程司令等主张由国会组织临时政府,办法至善。因陆、陈昨与中央交换条件之媾和不成,复电适到,又一般议员之意见,障碍

滋多。欲提议组织元帅府于广东,推公与孙、程、陆、岑为元帅。由各元帅推举领袖,元帅主持其事。""滇南偏僻,为应付中外大势宜推孙。为消除两粤障碍,则宜推岑。盖孙、岑皆极钦佩公者。"(云南省档案馆藏唐继尧档案106-3-763)

　　△ 《字林西报》广州通信云:"参众两院议员现在此间开非常国会,借省议会为议场,昨日正式开会,礼节甚简。各议员入场时,广州当局所用乐队奏进行曲及国歌,旋向国旗行礼。所到参、众议员共代表十七省联合开会。众院议长吴景濂主席。吴君演说谓,欲阻段政府之继续违法,不得不开非常国会,并称谢粤当局之赞助。至讨论事件,须念〔廿〕七星期一日为始。彼时将发布反对段祺瑞之宣言,并决议临时军政府之组织方法。迄今到粤注册之议员已一百二十余人,分寓两处,由商界协助,供给一切用具,待遇极为周到,甚至轮船公司亦大减船价,以示优待。是日午后,广东军民两界长官(省长朱庆澜为领袖),与省议会议员多人同莅会场。黔、滇、湘、桂四省及陆巡阅使各派代表参列,表示祝意。来宾中有意国领事及英、日等国领署参谋员数人,暨孙逸仙博士、程璧光上将及海军人员等省城各界要人,亦多莅会。来宾及旁听席中几于容足之地。全体悬旗庆祝。晚间举行提灯会。闻北方各省议员之已回乡里者,南来颇不易易。现在上海待船者甚多,盖不敢乘华人航业公司之船,恐中途被阻也。军政府之人物大约须九月第一星期内始能发表,总统不另选举,大约仍戴黎黄陂为元首。海军经费由民党供给,其需用煤斤则归广州当局担任。现粤省正在派兵入湘,援助湘当局,以拒北军。有人以陆荣廷仅有赞助民党之言,犹嫌不足,望其更为积极行动。然人人空谈北伐,而陆将军则已实行,调动其军队。今日粤、湘二省均已有陆军之足迹矣。督军陈炳焜上星期下令,为在粤滇军供给军费,作援湘之用,到湘后如必要时,再行北上。顷滇军已从石仓兵工厂接得枪械八百杆,子弹数十万排。粤督军、省长曾合电政府,报告粤省赞成宣战,从前帝制派报纸金以为此系粤省取消自主之先声,其实不然,广东迄今仍不服

从北京之命令也。"（《西报纪广东政局》，《中华新报》1917 年 9 月 5 日，"紧要新闻"）

△　与程璧光等致电日本寺内首相等，冀其支持中国护法事业。

是日上海《中华新报》登载孙中山与程璧光、林葆怿、李烈钧、吴景濂、王正廷等联署之电报，受电者为日本寺内首相、本野外相、犬养毅、涩泽荣一男爵、头山满等人。该电由张继、戴季陶携带，赴日本交寺内首相。

电称："吾人深望日本朝野上下，对于中国国民爱国爱种之精神，与讨逆护法之行动，与以道德的同情，使中华民国得奠定坚固之基础，而两国国家及国民的永久提携，必能以此道义精神使之巩固，然后吾两国国民所共同希望之亚洲平和、文明发展，可得而致。……如使中国坐失此改革之时机，则将来驯至危亡，日本亦必因之受莫大之危险。唇齿辅车之谊于今日尤切，故所以盼望于友邦朝野者尤深。"（《孙程等对于日本朝野之陈情》，《中华新报》1917 年 8 月 25 日，"紧要新闻"；段云章编著：《孙文与日本史事编年（增订本）》，第 550 页）

△　报称，派张继、戴季陶前往日本，运动其赞助民党人士，并筹款采购军械，表示"只要日本有人赞成南方政府成立，则华侨捐款，足济需要"。（《广东特别通信》，天津《大公报》1917 年 8 月 25 日，"紧要新闻"）另在某函批语反映出其联日的态度："日人之眼光远之士，皆主联结民党，共维东亚大局；其眼光短少之野心家，则另有肺腑也。现在民党当与〔以〕联日为态度。"（《批某某函二件》，《孙中山全集》第 4 卷，第 284 页）

△　《字林西报》本日一则《政府应付西南问题之西讯》的时评，论及"粤省及其邻省之军界团体"，称"粤省及其邻省之军界团体有四，孙文一派不与焉。孙派今已不足道，其举动已失当地官场之欢心。闻孙刻又电致陆荣廷、唐继尧、熊克武，嘱其在湘、蜀两省抗拒北军，但都人不甚重视此电也。两广军界要人，一为陆荣廷，一为陈炳焜，一为龙济光，一为李烈钧。陈虽系陆之旧部，然在目前可视为政

界中独立人物。至于桂督谭浩明,则惟陆之马首是瞻。李烈钧在南省滇军中最有势力,故即目下情形言之,李亦南方重要人物之一也"。(《政府应付西南问题之西讯》,《申报》1917 年 8 月 30 日,"要闻一";《中央与西南之两面观》,《中华新报》1917 年 8 月 30 日,"紧要新闻")

　　△　报载,各省旅沪公民汪天才等 383 人通电孙中山等人,请出师赴欧。乐战之情,实为罕见。"两广、滇、黔本已整肃军备,雄师咸集,速宜编成十师,自海道直赴西欧,以助英法。运送船舶,我国不敷甚多,应请协约国迅予辅助。东省、燕京等省所有军队,训练均久,尤多劲旅,亦适调集十师由西伯利铁道运输俄国,以当东欧战地。"其政治立场似乎倾向直系。(《各省旅沪公民请出师赴欧电》,《中华新报》1917年 8 月 25 日,"公电")

　　△　《字林西报》通信指出桂、滇两系对于护法之事颇有犹豫,与北京政府暗通款曲。略谓:24 日"内阁开特别会议后,段总理即赶往公府面谒冯总统,力言宜致电滇督唐继尧,予以自行转圜之机会。盖唐在西南各省,虽发布反抗中央之宣言,同时其在京代表则断言唐氏忠于中央并赞成政府之方针。总之,中央所接云南官电,与其他各方面之私电矛盾之处甚多,故段、冯均亟欲予唐以转圜余地,使川滇大局全握于政府之手。至临时参议院,虽已预备多时,段氏之意亦欲俟得滇、桂、粤各省之同意后,始行发表也。冯总统从总理之请,当即草一致唐氏之电稿,经略加讨论,即于昨夜拍发。电中劝唐速即取消脱离中央关系之举,并正式赞成临时参议院之计划,又历述自身被迫继任总统之情形,及与黎黄陂之谈话。又指陈旧国会不能恢复之故,并言新国会现拟于明年四月召集,故临时参议院必须立时召集,赶行一切职务云云。关于此项电报,现又传说湖南对于临时参议院已不反对。又陆荣廷、冯总统亦与直接通电。闻陆现亦用其手腕,使两广改变态度"。(《中央与西南之两面观》,《中华新报》1917 年 8 月 30 日,"紧要新闻")

　　8 月 26 日　下午 1 时,朱庆澜宴请各界代表,孙中山因事未到席。席间,朱发表演说,突然宣布辞去省长。略称:"兹幸海军倡议,率舰东来,国会非常召集,经已开会,大局转机,拭目可俟。自惭驽钝,无补时艰,何敢恋栈以塞贤路。"并强调"卸任之后决不赴桂任用,以符自主之旨,特用声明"。陈炯明、李烈钧、程璧光、吴景濂、方声涛、谢已原纷纷出言挽留。谢氏略称:"前数礼拜,微闻省长已有退志。已原以个人名义商诸孙中山先生。孙中山先生以为必须诚意挽留,且着已原转告省长,请勿萌退志,必须同心合力,挽救民国之危亡。而唐少川先生亦托其代表卢信君致意,诚恳挽留。况现在吾粤政局困难之时,安能放弃? 已原虽不能代表省会全体,亦可代表民意之一份,请省长万勿辞职。则吾粤人民受赐多矣。"但朱氏未接受挽留,于次晨六时乘车赴香港,省长印信则被陈炳焜取置军署。(《朱庆澜辞职与省长印信》,《申报》1917年9月3日,"要闻二")

其宣言书、留别粤中父老文各一件,均由吴宗慈属稿。事前,朱与吴商议,吴表赞成。"盖朱不去,陆不来;朱留,反碍护法讨逆之进行。既不愿留,故赞其去。……渠署中人不赞成辞职者居多数,则用意当有别耳。"(《护法计程》,黄季陆主编:《革命文献》第49辑,第419页)大概民党同意朱庆澜离职,是以陆荣廷赴粤合作为条件的。

△　离别之际,吴景濂劝说朱氏,将省长卫队二十营交与陈炯明。略谓:"君在粤为省长,在此时局之下决不能久,以前多数军队已为桂系拘去,所余残余二十营,不如送与粤之志士,为造将来复兴之基础。今君去粤亦可留一大纪念。"朱表示赞同,然二十营之军饷需由吴氏与陈炳焜协商。(《吴景濂自述年谱(下)》,中国社会科学院近代史研究所近代史资料编辑组编:《近代史资料》总107号,第61页)

邵元冲的《总理护法实录》将此二十营之给予陈炯明,归功于孙中山,且认为是朱氏下台的主要原因。"当朱未去粤以前,总理因陈炯明力求统军援闽,以图向外发展,而桂系军队当时既绝无分拨之可能,故命胡汉民、汪精卫与朱商之。朱以省长所属只为全省之警卫军,乃谓如陈愿居省长公署亲军司令名义者,则彼可拨二十营归陈统帅,以为出师之基本队伍。胡等以此意陈之总理,总理谓此时只要有军队可带,名义是不必争持。因以此意告之陈,陈亦不坚执,事遂定。桂系因朱以兵力助陈,故益嫉之,朱遂不得不去。"(邵元冲:《总理护法实录》,《广东党务》第29期,第9页)

吴氏之说不无自夸之嫌,元冲所言有扬孙抑陈之时代背景,未可深信。因陈、朱之合作结盟在六月便已完成,陈之接收二十营实为主动。但朱氏在辞职时,还是发一照会予陈炯明,以确立陈的统率地位。略称:"所有亲军营务,前经交贵司令全权统带,认真整顿在案。……为此照会贵司令查照,刻即整备粮食,奖率三军,乘此盛秋,早申敌概〔忾〕。"(《朱庆澜辞职离粤记》,上海《民国日报》1917年9月2日,"要闻")

△　《申报》载广东政务厅长杨嘉森申述朱庆澜辞职原委函。函谓:"凡平日往来粤桂之间者,均谓朱省长一日不去粤,则西南大局一日不能进步,是朱省长在粤恋栈一日,即系对于大局阻碍一日;朱省长能决然早去一日,则大局早能进步一日。众喙纷腾,无足深辩,惟似此疑诱交集,就令勉强支持,亦无事可办,此朱省长所以今晨决然去粤的原因也。"(《粤省长朱庆澜离省详情》,《申报》1917年9月2日,"要闻二")另有消息指,朱庆澜属下警卫军的指挥官联名写信给省议会,要求省议会尽最大努力挽留朱,若无法挽留,他们将共同推选胡汉民接替朱任省长。(广东省档案馆编译:《孙中山与广东——广东省档案馆库藏海关档案选译》,第85页)

其实朱庆澜辞职早有征兆。本月十日之报纸已揭载:"朱梓桥省长以平日未得陆使信任,当此民国飘摇之日,决意勇退,以图西南统一,群谋发展,故愿将粤省长一席荐质自代。因民党巨子胡君汉民为全粤人民所倾向,以长民政,最为适宜。已于日前邀集军民两署及在粤民党领袖宣布,当经全体赞同,金以朱梓桥君让德可钦。闻胡君以西南大局为怀,矢志担任,准备即日接替。所有省署军务厅长冷君通、副官长耿君毅生、刘君德玉等已先后乘轮到沪,寓长发栈矣。"

《胡汉民长粤说》,《中华新报》1917年8月10日,"紧要新闻")

　　8月27日　国会非常会议开首次会议,讨论《国会非常会议组织大纲》。(吴宗慈:《护法计程》,第3页)

　　《申报》对当日开会情况有详细报道:"议员在粤者全体到会。是日议案最重要者为议决《国会非常会议组织大纲案》。先开第一读会,完全通过。续开第二读会,将各条文付修正。第一至第五条均无异议。第六条'国会非常会议正、副议长以现任两院正、副议长充之',改为'就现任两院正、副议长内推定之'。第八条关于议决军政府组织大纲一款,争议颇多。秦君广礼(黑龙江议员)首先反对,主张删除'军'字。继起立表决,反对与赞成各半,后各议员纷纷质问。议长谓检点人数有误,请求再付表决。有主张用反正表决者,有主张唱名表决者。以时太晚,宣告延会,明日再议。就中李君国定(四川议员)反对军政府之组织最为激烈,谓辛亥南京之临时政府、昨年肇庆之军务院,对内对外名义均欠妥当,以致成立未久,即行取销,故欲对抗北政府,非组织真正之政府不可。"(《粤省非常会议之开幕》,《申报》1917年9月2日,"要闻二")另有消息指,当日下午,非常国会发生了一场激烈的争吵。有二十八位议员希望成立南方政府,而另外二十七位议员则希望成立军务院。(广东省档案馆编译:《孙中山与广东——广东省档案馆库藏海关档案选译》,第94页)"特别国会之第一次开议者,即为组织西南政府问题。有主张恢复丙辰年之军务院,及主张选举总统、组织新内阁两派。其讨论结果,仍以主张恢复军务院者为多数。至到会议员人数则有一百二十余人。"(《广东特别国会续闻》,《北京日报》1917年8月29日,"紧要新闻")

　　又据章太炎称:"孙公以护法名,属广东省议会迎致国会议员,开非常会议于番禺。未几,海军亦大至。议员来者七八十人耳。时孙公尚欲称临时大总统,余谓宜称摄大元帅。石屏时亦移书,劝孙公勿自尊。众议喧呶,或议以议员合组政务委员会者。孙公极口詈议长吴景濂,景濂恚,誓不复见。余宿实业团,议员吕复健秋及宇镜来就

议,余谓分疏晓譬,群情渐悟。"(汤志钧编:《章太炎年谱长编》上册,第548页)

8月28日 广东省议会开会选举省长,出席议员六十三人,投票结果胡汉民五十五票,陈炯明六票,唐绍仪两票,以最多票数举胡汉民为广东省长。是日,张开儒致电胡汉民,对其出任广东省长表示祝贺,并请其从速就职。(《张开儒赞同胡汉民出任省长电》,汤锐祥编:《护法运动史料汇编》第4册,第34页)而胡汉民则于本日、次日分别致函李耀汉,力辞广东省长职,劝李就任省长。(《胡汉民敦劝李耀汉就任省长函二则》,汤锐祥编:《护法运动史料汇编》第4册,第35页)随后,李耀汉、程璧光、林葆怿、方声涛亦致电胡汉民,表示赞同其任广东省长。(汤锐祥编:《护法运动史料汇编》第4册,第38—39页)

然桂系,特别是陈炳焜对于胡汉民任省长甚为反对。陈愿意支持李耀汉继任省长,以抵制陈炯明势力。(《陈炳焜欲以李耀汉为广东省长》,《北京日报》1917年8月31日,"紧要新闻")《申报》消息亦指:"胡汉民不愿受广东省长任,因陈督军不赞成之故。陈欲自兼民政,情势复杂,而军人党又举一武人为候补省长,时事愈觉纷扰。"(《广州电》,《申报》1917年9月1日,"专电")有消息指出:桂系最初本属意胡汉民长粤,"盖当朱庆澜与陈炳焜相轧至剧烈时,桂系急于去朱,思得粤人为助,而环顾粤人中之有继任资格者,以胡为感情最洽"。后因桂籍国会议员邓家彦发电攻击,胡颇疑别有授意,而陈炳焜、李耀汉交涉成熟,故而李氏上台。(《广东省长问题之各面观》,《时报》1917年12月7日,"要闻二")

邓家彦之电文除攻击胡汉民"盘桓武鸣,与其左右赌博,虚糜公款,以遂其逢迎之私",还言及胡得粤省长与孙中山之护法理念不合。略谓:"中山先生痛国会非法解散,觅净土于西南,卒以粤省召国会议员开非常会议。而议员来意在一国,不在一省,在约法不在省长。若粤人师孟罗主义而达其旨,曰广东者,广东人之广东,则滇饷纠纷不难再见。勇士裹足,志士灰心,殊非中山先生本意矣。"(《邓家彦致胡汉民电》,天津《益世报》1917年9月6日,"公电录要")

在这种形势下,孙中山命朱执信与李耀汉密商,令胡汉民向省议会辞省长职,并荐李耀汉自代。汉民辞职后,避往香港。(《纪广州来客谈粤中真相》,上海《民国日报》1917年9月20日,"本埠新闻";蒋永敬:《民国胡展堂先生汉民年谱》,第212页)中山后来表示:"此来为救国护法,非代人争省长,吾侪之目的在讨贼,苟能始终贯彻其讨贼目的者,皆吾粤人所愿爱戴者。汉民之避港,即汉民之识得大义处,故吾甚赞许之。"(《陈舜琴对军政府之真态度》,上海《民国日报》1917年9月20日,"要闻")

△　唐继尧通电孙中山等人,公布其与冯国璋的往来密电,以示护法决心。

先是16日唐致电冯:"推原其故,良由执政者私心自用,不能笼罩全局,使各得其所。之所及回忆两年来,竭尽棉薄,勉力从事,地方、个人均感受莫大痛苦。乃不蒙体察,而徒事抑制,且常予人以难堪。""若欲稍施补救,似不能不悬一共由之轨物,使人人群趋于一途,然后若网在纲,可得而理合。约法虽感可议,然恶法犹愈于无法,此种通义治国者曷可不知? 若徒取便一时,我行我法,则人亦各有我法,安得不乱?"

冯于21日复电,"一年以来,旧国会所以害国祸民者,昭昭共见。执事前次亦有国会已成破甑之语。甑已破矣,讵能复完? 后之视今,亦犹今之视昔。以公之明,讵不知此? 尊电又谓国务院非经国会同意,不能认为适法,但国会解散以后,不能常此无政府,前既言之矣。各国既□为正式政府,而本国人乃不认之。黎总统既加任命,而拥护总统者反不认之,似非情理之平。且新任国务员俟将来国会之追认,上年办法固有例可援也。尊电又谓称兵抗命之祸首,应照内乱罪科办。夫论内乱之罪,孰有甚于复辟者。前之抗命则既取消矣,后之复辟。则总理与各督军合力以图,方能速平祸乱,功罪似可抵销。若责人无已,试问当时复辟事起,若南北各省附和观望,今岂复有民国耶?与其寻仇树敌,毋宁息事宁人。以上数端,非强为辩护,公试平心思之,事实之与法理,往往有难于合辙者。鄙人墨守约法,不敢有所出入。至事实所不可能者,似当成事不说,但求此后之共臻轨物而已"。"尊电所谓随事抑制,予人以难堪者,究何所指?"

唐于24日回电,"去年滇军入川、入粤,纵无功伐,亦云劳苦,乃奖恤善后,一切概置不顾。而川湘北军则生赏死恤,部令煌煌,此何为者? 刘存厚两次叛攻督署,政府听其所为,不加裁制。继尧为邻封计,为乡里子弟计,义难坐视。政府勒令止兵,怵以国法。今乃纵令吴①管各部入川,此又何为者? 即此两事,请钧座平心一思,何以服天下?""至真电所陈四义,继尧自信衡之法律,颠扑不破,本可不再置辨。惟钧电既有所剖晰,敢再尽款款之愚。一、国会以黄陂名义解散,是否以黄陂本心解散? 先定此义,然后问国会辞职之事,乃可得言。二、国会初创,未经训练,固多不餍人望,然其所以害国病民之处,则继尧愚陋,不能指实。前电破甑之说,盖欲促依法改组之速成而今已矣。新不可得,宁念故也。三、国会追认国务员,诚有先例,然国会不复,竟无追认之期,尚无先例。四、内乱罪固莫甚于复辟,然复辟果何由起,不能箝张勋之口,何以掩天下之人口? 若谓抗命既已取销,即可不问,则法律之设,直等儿戏。至许其功罪抵消,则人人自埋自撮,恐国家永无宁日矣。"(《唐督军驳复冯代总统之通电》,《中华新报》1917年9月14日,"紧要新闻")

△　黎元洪商得段祺瑞、冯国璋同意,出京还天津私宅,声明不南下,不见客,不预闻政治。(《中华民国史事纪要(初稿)——中华民国六年(一九一七)一至十二月份》,第702页)

8月29日　晚,滇军与桂军在广州旧城内短兵僵持,并多次挑起事端。滇军要求督军马上向其提供武器弹药,但遭到拒绝。(广东省档案馆编译:《孙中山与广东——广东省档案馆库藏海关档案选译》,第95页)

---

①　指吴光新。

△　陈炳焜通知滇军将领方声涛、张开儒,如滇军离穗,即付给六十万元。(粤海关档案《各项时事传闻录》,1917年8月29日条)

△　《申报》将辛亥以来之中国政局比作杂剧,将其中之种种人物比作戏曲角色。称"中山莅粤,招集议员,殆即董卓擅权,袁术谋讨之剧也","孙中山末也"。(《时事如杂剧说》,《申报》1917年8月30日,"游戏文章")所谓"末",即京剧中扮演正面人物而作用较小的中年男子。

△　报载,"陈炯明自接任省长亲军司令后,志切北伐,经已面商孙中山、陈督军、朱省长等,磋议妥当,将该司令部改为讨逆司令部,所有饷械陈君亦肩任筹备"。(《西南人物之动静》,《中华新报》1917年8月29日,"紧要新闻")

△　北京政府下令通缉广州之非常国会议员。(《中华民国史事纪要(初稿)——中华民国六年(一九一七)一至十二月份》,第703页)

8月30日　报载广东存在四大政治派别。

略谓:"现在粤省共分四党:孙文、汪精卫、胡汉民及真正民党为一派;陈炯明及旧日粤籍陆军为一派;滇系人物为一派;桂系人物为一派。孙党则忽联合西南以与北方对抗,即不能达此目的,亦可据粤以自固,故此派为先对外而后图粤;陈派则思先得粤省地位,而后藉以经营中原;且一洗年来粤省屡为外人征服之耻,故以逐退外人为下手之起点,滇、桂系皆其目标也。"(段云章编著:《孙文与陈炯明史事编年(增订本)》,第188页)

△　吴宗慈从香港返省。此行应朱庆澜之邀赴港,为其辞去省长之后续事务。吴返后,即赴黄埔谒见孙中山,"谈商一切"。晚在回龙社第一招待所,集国会同人开谈话会,议定军政府组织大纲。"因在谈话会中将大体决定后,免在正式议场争不已也。"(《护法计程》,黄季陆主编:《革命文献》第49辑,第419—420页)

8月31日　国会非常会议通过《军政府组织大纲》,并决议选举海陆军大元帅。

国会非常会议逐条通过《军政府组织大纲》,凡十三条。规定中华民国为戡定叛乱,恢复《临时约法》,特组织中华民国军政府;军政府设大元帅一人,元帅三人①,主持一切。临时约法之效力未完全恢复以前,中华民国行政权由大元帅行之;大元帅对外代表中华民国;军政府下设外交、内政、财政、陆军、海军、交通六部;军政府设都督若干员,以各省督军赞助军政府者任之。(《国会非常会议纪要》,"决议案"第2—4页、"会议录"第9—17页;《中华民国军政府组织大纲》,汤锐祥编:《护法运动史料汇编》第1册,第64—65页)吴宗慈另提出,各总长由非常国会推定,"示国会同人与大元帅共同负责之意;且被选者,与其被任命于大元帅一人,毋宁被推举于国民代表多数人之为善,众赞此说"。(《护法计程》,黄季陆主编:《革命文献》第49辑,第420页)

　　一正三副之设置,实为调停各方之举。吴景濂指出:"军政府组织用合议制抑用单一制,是时颇有争论。结果,采用单一制。孙中山先生欲为军政府之大元帅,然海军方面首倡反对,滇桂方面亦不同意。调停之说,于大元帅之下,设三元帅,以为大元帅之副。"(《吴景濂自述年谱(下)》,中国社会科学院近代史研究所近代史资料编辑组编:《近代史资料》总107号,第58—59页)

　　△　粤海关情报显示,孙中山初到广州,打算建立南方政府,自任总统,陆荣廷为副总统,陈炯明主持军事委员会,李烈钧任陆军总长,程璧光任海军总长,伍廷芳任外交部长,唐绍仪任内阁总理。但非常国会今天的会议却取消了孙氏的提案,并代之以成立一个军政府。军政府的大元帅之职,原属诸岑春煊或陆荣廷,而以孙中山、唐绍仪、程璧光为元帅。(广东省档案馆编译:《孙中山与广东——广东省档案馆库藏海关档案选译》,第95页)

　　另据共同通信社消息,孙氏初时欲组织之新政府成员如下:国务总理陆荣廷、陆军总长朱庆澜、海军总长程璧光、外交总长伍廷芳、财政总长唐绍仪、司法总长王宠惠、内务总长胡汉民、农商总长张謇。

---

①　《护法运动史料汇编》第1册第64页谓设元帅三人。吴宗慈亦有元帅三人之说。(《革命文献》第49辑,第420页)因程璧光之不肯就职,方改作二人。

(《广东新政府之风传》,《北京日报》1917年7月28日,"紧要新闻")

　　△ 徐之琛密电唐继尧,报告国会选举及军政府人选分配,陆、陈持反对态度等情。略谓:"据各方面意见,大元帅举孙,首选元帅举公,余为陆、陈。条件有大元帅因故不能执行职务时,由首选元帅摄理。推任书及印信,派议员分别赍送。府置六部,外交拟伍廷芳,财政拟唐绍仪,陆军拟张绍曾或李烈钧,海军拟林葆怿,内政拟胡汉民,交通拟孙洪伊。""闻陆、陈意颇反对,惟表面不置一词。陈现□横,孙尤强项,海军又无可发展,若不互相让步,变相乌可预知。"(云南省档案馆藏唐继尧档案106-3-763)

　　△ 北京政府召开国务会议,其讨论内容主要为解决西南时局之办法及电留熊克武镇守使、任命李耀汉继任广东省长等各项问题。(《昨日之国务会议》,《北京日报》1917年9月1日,"紧要新闻")是日,北京政府任命李耀汉为广东省长,免去粤督陈炳焜兼署省长的职务。(《北京政府关于广东署理省长任免令》,汤锐祥编:《护法运动史料汇编》第4册,第36页)

　　△ 陆荣廷电请驻粤滇军援湘。"湘督易人,北方疑忌西南之心已揭露,唇亡齿寒,亟应力筹对待。冀公①盐电拟饬驻粤滇军就近开往援助。组公②致张代表蒸电亦嘱转电舜琴③速拨张、方军队向长沙附近集中。鄙意均极表赞同。即希〔冀〕赓、舜琴两督军飞饬张、方两师长遵照,即日开拔赴援,幸勿延误。我辈仍一致极力联合,另筹正当解决。"(《各省状态》,《北京日报》1917年8月31日,"群报汇选")

9月

9月1日 被国会非常会议举为中华民国军政府大元帅,旋即

---

　① 唐继尧,字冀赓。
　② 湘督谭延闿,字祖安、祖庵。
　③ 陈炳焜,字舜琴。

行礼,接受大元帅之印。

是日,国会非常会议举行第四次会议,出席议员九十一人。孙中山以八十四票当选为大元帅;随后,唐继尧以八十三票、陆荣廷以七十六票当选为元帅。据报道:"下午二时,开会议员出席者九十一人,遂先举大元帅,用无记名投票,监视开票者则为议员秦广礼、叶夏声、王冰锡、王湘、李华林、寇遐六人。选举结果,孙文得八十四票,唐继尧得四票,陆荣廷得二票,另一废票。遵照选举程序办理,大元帅一职即以孙文当选。续举元帅三员,初次投票,陆荣廷得七十六票,唐继尧得二十一票,刘存厚得一票。复再投票,唐继尧得九十三票,程璧光三票,唐绍仪、李烈钧、黄大伟(黎总统侍卫武官)均一票,遂定元帅一职,陆、唐两氏当选。维时已四时许,吴议长遂宣布散会。尚余元帅一员,及六部总长,则俟容日再选。"(《广东非常国会选举大元帅》,《申报》1917 年 9 月 9 日,"要闻一")

关于得票数,另有说法:"投票者九十人,孙文以八十三票当选为大元帅,唐继尧得四票,陆荣廷得二票,余一票废票。开票后,已到休息时间,休息三十分钟,仍开会,选举元帅。议员出席者一百零一人,陆荣廷得七十六票,唐继尧得九十三票,均当选为元帅。"

因程璧光事前已宣言不愿为元帅,派人向议员游说,故此次议员选举,得票甚少。"然于散会后,曾有议员多人往见程总长,说明应举为元帅之理由,定于下次会议,仍须投票选举元帅,程氏必可当选,将来以林司令保〔葆〕怿为海军总长。"(《非常国会选举大元帅之详情》,《中华新报》1917 年 9 月 10 日,"紧要新闻")粤海关情报亦显示,非常国会原准备推选海军将领程璧光为第三元帅,但他婉言谢绝了。(广东省档案馆编译:《孙中山与广东——广东省档案馆库藏海关档案选译》,第 97 页)稍后程璧光被举为海军总长,却致函非常国会推辞。略谓:"鄙人此番南来,不过尽国民一分义务,绝非权利思想,办事只求实济,何骛虚名?"(《唐程辞职之函电》,《中华新报》1917 年 9 月 29 日,"紧要新闻")

选举完毕后,议长吴景濂、副议长王正廷及国会议员数十人,持

《国会非常会议致大元帅书》，乘"舞凤"军舰至黄埔公园，举行大元帅授印礼。时诸人齐集正厅，吴、王两议长南向立，中山北向立，由吴宣读《国会非常会议致大元帅书》。略谓："前临时大总统孙先生文，手造民国，内外具瞻，允当斯任，即日赍致证书，登坛授受，……所愿我大元帅总辖师干，歼除群丑，使民国危而复安，约法废而复续。"同时，吴景濂又现场祝词，勉以"竭诚尽智，相我法纪，以迎邦人于真正共和之域"。

接着王正廷授印，孙氏受印后致答词，表示："文以国会诸君不释之故，不得不统摄军政。任职以后，唯当竭股肱之力，攘除奸凶，恢复约法，以竟元年未竟之责，雪数岁无功之耻。"（《军政府公报》第1号，广州1917年9月17日；《孙中山接任证书的答词》，汤锐祥编：《护法运动史料汇编》第2册，第78页；《广东非常国会选举大元帅》，《申报》1917年9月9日，"要闻一"）

议长及各议员，趋前握手致贺。行辕内外欢呼"中华民国万岁"。其后孙中山邀吴宗慈等议员在园中小憩，并商榷军政府组织等事，至夜深始各兴辞而别。孙并令新任省长李耀汉觅适当地点为大元帅府，委其为府内筹饷总办。（《广东非常国会选举大元帅》，《申报》1917年9月9日，"要闻一"；《护法计程》，黄季陆主编：《革命文献》第49辑，第420页）

△ 通电西南各省督军、省长、省议会，建议设"川滇黔三省靖国军总司令"，由唐继尧担任。（《孙中山对于川滇事之主张》，《申报》1917年9月7日，"要闻二"；广东省档案馆编译：《孙中山与广东——广东省档案馆库藏海关档案选译》，第96页）

△ 滇军师长张开儒率全体将士来电，祝贺当选中华民国大元帅。（《军政府公报》第1号）

△ 广东督军陈炳焜发出通电，不同意在粤组织军政府。

略谓："炳焜始终竭诚吁请中央遵守约法，召集国会，以求正当之解决。区区苦心，无非以国家为前提，以约法为根据，希冀调和政争，共救外侮。乃此极和平正当之旨，不蒙中央鉴谅。迄今数月，尚未依法召集国会。既无国会,民国谓何? 大本既亏,群情斯愤,以致国会有在粤自行集会之举。现闻经以非常会议议决《组织军政府大纲》,并已推举大元帅。凡此举动,无论是否合法,要皆因中央不允召集国会,遂使全国民意无所宣达。""以后因此无论发生何种问题,炳焜概不负责。"李厚基为此致电北京国务院,认为"粤事恐有动机"。(《陈炳焜谴责冯国璋等不依法召开国会通电》《李厚基转达陈炳焜对军政府成立态度电与国务院往来密电》,中国第二历史档案馆、云南省档案馆合编:《护法运动》,第396、414—415页)

△　传媒得到消息,北京政府对于广东军政府的成立,决定取"放任主义,待其自行分裂",并闻陈炳焜与北京政府电报往返日必数起。(《中央对待广东之办法》,《北京日报》1917年9月5日,"紧要新闻")

△　徐之琛致电唐继尧,报告国会非常会议选举元帅事。略称:"元帅选举,本午三钟投票,中山当选为大元帅,干老、蓂公同当选为元帅,程总长先事力辞故未与选,议场有粤军、滇军、海军保护,毫无扰乱,商民均燃爆欢迎。惟陆、陈未表示意旨,有无变相,数日可定。"唐继尧批语:"传观后,密汇存。"(《徐之琛报告国会非常会议选举元帅致唐继尧的密电》,汤锐祥编:《护法运动史料汇编》第1册,第66页)

△　据日本大阪《朝日新闻》消息,在非常国会开幕后,"南方派之主张以先整军容,示中外以威力之必要。此次须就广东设作战总参谋处,分第一靖国军(云贵军)、第二靖国军(湘粤军)、第三靖国军(海陆联合)",分别由唐继尧、陆荣廷、程璧光统领。然陆之态度更难猜度:"一方与冯国璋之关系仍未断绝,派遣其参谋长至北京谒冯氏,又使李开侁南下,另一方又派代表,出席于广东非常国会,参加孙氏一派之计划,依然未改其不即不离之态度。"(《非常国会开幕后之外讯》,天津《益世报》1917年9月5日,"要闻")

△　谭人凤致函陈炯明,谈粤省情势,并请介绍张一鸣晋见孙中山。

函称:"粤省宣布自主,数月于兹,孙公与兄等,煞费苦心,多方迁就,陆、陈始终以骑墙之见,敷衍模棱。海军、议员经费,尚需孙公另筹,饷弹□不给发,然则有军政府之组织,恐不惟难邀赞助,且将有意外之变,亦未可知。言念及此,为民国危,愈为民党痛。至我兄新得省长亲军二十营,挟奋斗之决心,拟□窥闽,洵为至计。虽闽省现时情势,攻取较前稍难,然有海军佐之,当可得手。惟饷需子弹,两受卡制,而又不愿我兄出发,能否见诸事实,则尚属问题也。总之依人作事,必无胜算可操;待兔守株,安有机缘凑巧。现湘省已失,滇、蜀亦难必其一致进行,非法政府已得不战而胜矣,其奈之何?"(《谭人凤谈粤省情势致陈炯明函》,汤锐祥编:《护法运动史料汇编》第 1 册,第 67—68 页)

△　头山满、寺尾亨等组织日支国民协会,决议反对日政府支持段祺瑞政府,认为此为助长中国内乱,有悖中日国民亲善之真正意义。(段云章编著:《孙文与日本史事编年(增订本)》,第 546 页)

△　军政府成立之初,即有不稳定之像。有消息指,上星期六(即 9月 1 日)在广州的独立舰队致电北京说,他们从今以后将服从中央政府的调遣;前几天,非常国会约有十名议员离穗赴沪。他们说他们不适应这里的气候。前后共有十分之四的国会议员离开广州。(广东省档案馆编译:《孙中山与广东——广东省档案馆库藏海关档案选译》,第 96、98 页)

△　报载国会议员陆续抵粤。"日前由天津方面抵沪之参众两院议员约五十名,拟搭(八月)三十一日开船之日本邮船静冈丸赴广东。"(《在沪议员往粤》,《北京日报》1917 年 9 月 1 日,"紧要新闻")"探闻旧国会议员淹留京津者,于二三日前陆续向粤启行。其已出发者约有三十名。"(《在京津议员赴粤》,《北京日报》1917 年 9 月 2 日,"紧要新闻")

英讯综合各报消息指出:"孙中山与程璧光二氏因现在民党领袖到粤者日众,正在计划组织临时政府,已开会议,决定临时政府应于两星期内组织完成。政府组成之后,即召集国会。国会议员日来到广州者甚多,其在上海待船起程者亦复不少。据调查,已到广州之议员约一百余人,在沪束装待发者约二百人,预期十日内将有议员三百余名集于广州。此项人数足敷召集非常国会。"(《粤中组织临时政府之西讯》,《中华新报》1917年9月4日,"紧要新闻")

9月2日　留东学界庆祝非常国会成立。

是日,留东学生开会庆祝非常国会大会揭幕,并欢迎赴日活动之张继、戴季陶。到会者不下千余人,群呼中华民国万岁。张、戴均发表演说,阐明护法宗旨,号召大家去掉悲观心理,共谋维护共和。张、戴于12日到大阪。14日出席神户欢迎会。戴于同日到马关乘船返广东。据次日《东京朝日新闻》刊载,戴季陶于是日向《东京朝日新闻》记者介绍孙中山近况时说,"以博爱为主义,以和平为理想的孙文","今欲拔剑就大元帅职,号召天下,毕竟只是希望早日使国内得到真正和平"。该报还刊载了孙氏之像。(段云章编著:《孙文与日本史事编年(增订本)》,第546页)

△　林葆怿在陈炳焜宴请海军军官席上讲话,报载其大意,"谓海军曾以三事求于督军(即省长由省议会选举,不收省长亲军及更换警厅),经蒙督军认可。今督军于第一、二两事已背前议。督军对别人只管说谎,惟海军将士赤诚与国人相见,向不解作伪云云。又谓海军来粤只知拥护共和,捐顶糜踵,所不敢辞。有破坏大局者,海军惟有准备武力对待云云"。(《林葆怿在陈炳焜宴请海军军官席上的讲话》,汤锐祥编:《护法运动史料汇编》第1册,第69页)显示出海军与桂系的矛盾公开化。

△　是日,林葆怿咨文陈炳焜,请将省长亲军二十营拨充海军陆战队[①]。此前已派海军参谋饶鸣銮前往商请。(莫汝非:《程璧光殉国记》第5章,第2页)

但陈炳焜婉拒之:"对于此项陆战队之编配,应按临时作战之计划,彼此协商妥定,相辅而行,固在不必指定此二十营之亲军,亦不必限定此亲军之二十营。盖值此时艰孔亟之际,宜为长假远取之谋,与其自隘其范围,毋宁共图乎远大。"亲军司令陈炯明对此颇为反对,以

---

①　《程璧光殉国记》第5章第1页:"海军编制,平时有陆战队一营,直隶海军部。有事之际,酌予增加,为海军陆上运输及共同作战之用。海军南下时,陆战队未能与偕,于军事进行,殊形不备。"

亲军二十营本为出师北伐之军队,坚持改编为海军陆战队。陈炯明虽得海军之助,但前后磋商十余次,仍无结果。(《林葆怿就设海军陆战队咨陈炳焜文》《陈炳焜就设海军陆战队咨复林葆怿文》,汤锐祥编:《护法运动史料汇编》第1册,第68—69、72—74页)

陈炳焜反对陈炯明的理由,有如下说法:据说上星期五(8月24日)或上星期五前后,陈炯明曾打算和独立舰队一起攻打督军衙门。督军听到风声后,马上派人去把朱的部队的军官们叫来,责问他们的意图。他们马上回答说,他们将服从督军的命令。因此,督军撤消了陈炯明的职务。(广东省档案馆编译:《孙中山与广东——广东省档案馆库藏海关档案选译》,第96页)

△　陆荣廷会同广西督军谭浩明,致电孙中山及在粤国会议员,反对另组政府。略谓:"应以总统复职为先务之急,总统存在,自无另设政府之必要。元帅名称,尤滋疑义,易淆观听。廷等愚庸,只知实事求是,不为权利竞争,标本张皇,又所不取。此举实不敢轻为附和,深愿国会议员诸公爱国以道,审慎出之。"(《陆荣廷、谭浩明致孙中山等电》,桑兵主编:《各方致孙中山函电汇编》第3卷,第64页;《广东最近之局势(平生通信)》,《申报》1917年9月12日,"要闻二")①同时通电全国,声明"以后广东无论发生何种问题,概不负责"。(陶菊隐:《北洋军阀统治时期史话》,第683页)与此同时,在省城广州宣布戒严令,"兵工厂一带之警备尤为森严"。(《广东最近之消息》,《北京日报》1917年9月3日,"紧要新闻")

△　徐之琛密电唐继尧,探明陈炳焜决定反对军政府。略谓:"闻某督昨晚秘密会议,已决定反对军政府之组织,并取干涉主义,惟尚未发布。如粤事果趋危险,已密商藻林、益之等持武装中立态度,同龙氏一致行动,决不加入某方,观变乘机,或可收渔利也。"(云南省档案馆藏唐继尧档案106—3—763)

---

①　《各方致孙中山函电汇编》第3卷以及《申报》定电文时间为9月2日,《孙中山年谱长编》定为9月4日,兹据前者。

△ 非常国会通告选举元帅电文。略谓:非常国会"依准大纲第二条之规定,开会投票,选举大元帅、元帅。孙中山先生当选为大元帅,陆幹卿、唐蓂赓二公当选为元帅。是日莅会参观者以万计,欢声雷动,益征真正民意之向背矣"。(《非常国会通告选举元帅电文》,黄季陆主编:《革命文献》第49辑,第129页)

9月3日 电请黎元洪来粤组织正式政府。并分电陆荣廷、唐继尧,请其支持护法运动。

因黎元洪已于上月28日离京居津,故特邀其来粤。电文表示:"顷奉来电,知已出虎口,悲喜交集。文前往上海,曾与海军总长商遣军舰至秦皇岛奉迎,未获如愿,私心耿耿。既而与海军舰队相继来粤,会合西南义师,一致讨贼,誓与民国共其存亡。东日国会非常会议投票,以兴师讨贼之任,付之文与陆、唐二公。深观外交大势,及内局人心兵力,逆贼歼除,实可操券。西南士民望公如岁,乞早日莅临,以振方新之气,而慰来苏之望。存亡绝续,间不容发,不胜瞻企之至。"(《孙中山请黎总统来粤电》,上海《民国日报》1917年9月9日,"公电")

国会非常会议同时亦发表欢迎黎元洪南下的江电。略谓:"闻公已出围城,敬为民国庆。今日约法上,大总统之资格完全存在者惟公,则凡以集护法戡乱之功,收排难解纷之效。公与国会同人、西南将士实共负此责。现国会以非常会议之议决,暂设军事上统一之机关,以达到恢复约法之效,国会及大总统完全行使其职权为止。谨电速驾,即日南来,俾慰邦人之喁望,而策军事之进行。"督军陈炳焜闻悉,认为黎在天津,举动虽可自由,而北京政府仍派密探监视其行动,若明电迎请其南下,恐反于黎氏之自由有碍,拟请孙中山亲拟手书,派员迎请。"闻已派胡应长代表诣孙大元请示决定矣。"(《粤中迎黎南下之计划》,《中华新报》1917年9月12日,"紧要新闻")然最终江电还是正式发表,见诸传媒,中山亦仅是去电邀请而已。

日本共同通信社解读,非常国会"以大元帅相饵,谓公如能任大元帅,中山即可退让"。并称:"黄陂赴津,意在养静。近来党人纷纷来津干谒，尤不胜其惊扰。积此种种，颇有迁回京寓之意。"（《黄陂将迁回京寓》，《时报》1917年9月12日，"要闻一"）或可见黎元洪对于赴粤态度消极。北京政府特使李开侁（字隐尘，曾任广东民政长）赴粤，与西南各省疏通意见。随附黎致陆荣廷之亲笔信，略谓："河间入京系元洪所特恳，段总理亦系元洪所特任。从前诸事元洪负疚良多，西南半壁赖公揩拄，尚望以国家为前提，始终维持大局。"（《黎致陆函之大略》，《北京日报》1917年9月4日，"要闻一"）

　　不过，亦有消息指，黎元洪在津行动受北京政府限制，实不自由。《时报》消息指："黎黄陂之出京，本以'四不条件'（不闻时事、不接近政治活动、不见客、不他适也）。故到津后，即登有此类之启事于天津各报。复由某方面电属津警厅杨以德，派得力员弁暗中保卫，无令宵小窥探。""然而陈光远之赴赣过津，先谒黎，述河间调护保全之意，已开见客之端。李开侁赴粤过津，又谒索在京所许之手函，复颇不闻时事之例。前日王聘卿氏又受河间委托往谒，于疏通西南，杜绝党人，有所接洽，则亦不得谓之不接近政治活动。或谓此四不条件当加以但书（但赞成北京现政府之政治活动及北方之客不在此例）。"（《京尘小志》，《时报》1917年9月17日）

　　△　就陆荣廷昨日的表态，孙氏复电再劝："国会以兴师讨贼之任付之吾辈，此时国家存亡绝续，间不容发。受命于颠沛流离之际，以效死为勇，不以谦退为高。公为国长城，西南半壁，视公马首，望奋然而起，当此大任，庶民国有中兴之望。军政府草创，用人行政一切机宜，得公主持，始无贻误。遥度固得南针，亲临尤慰霓望。……昨由上海转来黎大总统平安抵津之电，已即去电奉迎。公如有电，此间可设法照转。"（《致陆荣廷电》，《孙中山全集》第4卷，第138页）

　　国会非常会议亦去电向陆荣廷解释："元帅者，居于临时军事上统一机关最高之地位，以资指挥，而策进行，纯属于义务，而绝无权利之可言。将来大总统完全行使其职权时，军政府当然销灭。除中山先生暨同人已分电黎大总统外，谨并声明，以释误会。"（《吴景濂等说

明组织军政府原因致陆荣廷等电》,汤锐祥编:《护法运动史料汇编》第 2 册,第
70 页)就陆荣廷不就元帅职一事,岑春煊曾发电相劝,谓"中山计划,
大处落墨,正本清源",请陆"速抵粤城,共商大计"。(何平、李露点注;
何平修订:《岑春煊文集》第 531 页)

陆荣廷不但拒不就职,随后反而向北京政府示好,"表明倾向中
央",并云"中央任命李耀汉为广东省长,付托得人,粤事必易收拾",
又云"调任广东省长刘承恩应即饬回广西原任,以专责成"。(《两广已
有倾向中央之意》,《北京日报》1917 年 9 月 6 日,"紧要新闻")

△ 《北京日报》译载英文《京津时报》之文,系"某外人者熟悉中
国政府情形,曾因事赴粤,得晤程璧光、孙逸仙诸人,特将彼地情形与
有观察所得者"。文中言及程偕此外人往访孙中山之情形。"孙氏似
壮健,但缺乏热诚与勇气,不类作大政潮领袖人之面目。彼亦深不以
唐绍仪之久不到省为然。迨问以所事情形如何? 孙氏惟云,以彼之
地位,为力甚微。即转向程璧光言曰:目下之形势,一决于公耳。程
氏闻言不置一辞,微笑而已。某外人与孙谈话甚久,迄不能捉摸其所
欲为者究是何事。彼似除空空洞洞,以为应开设国会外,他事概无决
定之意见。因彼现在之行为,足以惹起乱事,与夫足致生命之损失。
此等责任悉有攸归。乃彼似未尝省觉谈话许久,惟絮絮道其个人之
野心耳。但彼等一派之不甚得势,至为易明。盖某外人其后曾见高
级军官多人,得知其实际情形也。"

另外,此外人亦从程氏口中得知,程之后悔来粤以及唐未到省之
情形。"某外人颇以唐绍仪不到广州为怪,质之程氏。程谓彼亦不解
其故,盖唐绍仪与程在汕头分手之时,唐本约在家仅留两日,便到省
城。乃国民党代表欢迎之,使三度速驾,唐卒不愿离其清静之故乡,
投入广东之漩涡。观于唐之久不到羊城,足知彼中情事之颠倒。某
外人晤程之日,恰在孙文等以广东为其大本营之十日以后。就表面
观之,已见诸事之错误,而程氏态度实极牢骚,直有莫知为计之景。
盖程实完全受人愚弄,彼必深悔不应投入分裂冲突、互相嫉视而无统

一行动之南方派中也。据闻唐绍仪所以急急离沪者，因受侦探之尾随，遂惧而求得海军之保护，以安然南下。"（《各省状态》，《北京日报》1917年9月3日，"群报汇选"）

9月4日　非常国会正副议长吴景濂、王正廷，于是日遍请海军总长程璧光、第一舰队司令林葆怿，暨海军参谋副官及各舰长，海防帮办周天禄、海军学校校长邓聪保、滇军师长张开儒、方声涛，暨旅长、团长，新军司令各统领、陆军师长陈坤培，民党要人汪精卫等数十人。王正廷、程璧光、方声涛即席发表演说，群表护法决心。（《粤省长亲军与海军陆战队》，上海《民国日报》1917年9月12日，"要闻"）

△　方声涛虽然支持护法，但对于孙中山的态度颇为模棱两可。他虽然联合张开儒开会欢迎孙氏，并在孙氏就大元帅职时率全师官佐参加就职典礼，但对孙氏派许崇智送来的广州卫戍司令委任状及印信，则在接受后只是一锁了事，不置可否。在此前后，唐继尧也寄来了靖国军第六军军长的特任状。方也同样收下，一锁了事。（吴艺五：《我所知道的方声涛》，《上海文史资料存稿汇编》第2册，第357—358页）

△　英文《大陆报》广州通信指出："孙君于一切行动计划，早经完成。彼之代表员已在美、日及其他外国从事活动。在此诸国，不但华侨保证必于经济上及他事上相助，且外人担任赞助。"（《大陆报纪广东政局》，《中华新报》1917年9月15日，"紧要新闻"）

△　李耀汉就任广东省长。（《李耀汉就任省长致陈炳焜呈文》，汤锐祥编：《护法运动史料汇编》第4册，第39页）

△　报载香港当局对于孙中山在广东成立军政府，颇有戒心，并有武装干涉之意。略谓："前日粤政府宣布自主，孙中山氏来粤之时，香港梅督即商请日本灭鱼雷五艘来港驻守。其用意非仅为保护港地，则系监视中国南部之举动。其所以如是关切者，则因中国系协约国之一，彼时虽未宣布加入，惟接其政府训令，中国已有加入之决心，不可不助其平乱，以为酬报。故梅督竭力规划，以示尽忠于友好之邦，一面商请灭鱼雷来港，为南方海军之监视；一面整饬军旅，以为陆

上之进行。果真民党在粤组设政府,港督即以印兵二千,由广九车路进粤。其理由谓:中国现已加入协约国,而尔辈故意扰乱,使政府对外不能活动,实无异敌人。且广东地连香港,党人此次举动于港治安、商业,实有妨碍。有此两因,吾英国万难坐视。若不息戈听命于政府,则惟有以敌人看待。"

对于民党在香港活动,港督更有戒心:"闻中国党人纷纷南下,到粤组设政府,而陈炯明、朱执信、邓铿等皆系粤人,此次回粤,总有在港私设机关,以谋不执〔轨〕,应速派侦深,密为侦缉,免碍治安。且粤省频年祸乱相寻,稍有仁心,不忍其再罹灾劫,故此举并系恤邻之好意,切勿轻视之。"李纪堂持孙中山函,请港督解除孙氏到港禁令。港督非但不许,且严饬李勿再与孙联系。(《杂事》,《北京日报》1917 年 9 月 4 日,"群报汇选")

△　四川督军刘存厚通电中央政府并各省督军、省长,据闻系指摘广州非常国会。(《刘存厚电摘非常国会》,《北京日报》1917 年 9 月 11 日,"紧要新闻")

△　北京政府新派四川查办使吴光新抵汉口,将率军入川。(《中华民国史事纪要(初稿)——中华民国六年(一九一七)一至十二月份》,第713 页)

9 月 5 日　接见陆荣廷代表郭椿森等。

陆荣廷代表郭椿森、曾彦于 4 日抵穗。是日到黄埔谒见,并进行商谈。次日,郭等乘"广大"号炮舰去唐家湾与唐绍仪商谈。(《陆巡使派员来粤》,上海《民国日报》1917 年 9 月 14 日,"要闻";《广东组织中之军政府》,《申报》1917 年 9 月 13 日,"要闻二")

△　闽督李厚基密电北京政府,请调兵收拾广州。中引广东潮梅镇守使莫擎宇 4 日之来电曰:"国会举孙为大元帅,陆为元帅。闻陆、陈不甚满足,因之各存意见,双方戒严,事将决裂。彼等战端若起,拟即由尊处调兵前来,连同赴惠,一则遏其东窜,二则前后夹击,可以聚歼,三则乘势收拾广州。此系解决大局,戡定东南上策,时机

已至,稍纵即逝,希速筹备,互策进行。"(《李厚基关于非常国会选举孙文为大元帅并拟请调兵收拾广州致北京政府的密电》,汤锐祥编:《护法运动史料汇编》第2册,第74页)

　　△　午后二时,非常国会同人开谈话会,吴宗慈、王湘、赵世珏、吴景濂、段雄、李华林被推举赴云南送元帅证。吴宗慈又奉孙中山之命,任川滇劳军使。前数日,唐继尧来电请吴宗慈赴滇,担任滇川调和之事,以便与刘存厚携手。故吴自谓"此行诚一举数便"。吴景濂终未能成行,"一因议长职任较重,复因护照之难领,及海防之不易通过也"。(《护法计程》,黄季陆主编:《革命文献》第49辑,第420—421页)

　　△　传媒登载到粤国会议员详细名单,共计一百五十五人,其中国民党籍一百一十二人。(《国会议员到粤调查录》,上海《民国日报》1917年9月5日,"本埠新闻")

　　9月6日　李烈钧赴黄埔公园谒见孙中山,"商承军事进行大计,勾留是间七八句钟之久,方始告别"。当时道路传闻,李氏离粤赴沪,实无其事。惟在粤滇军实遭桂系之忌,故李氏甚为积极进行滇军出发事宜。次日,李氏带方声涛面见省长李耀汉,磋商此事。"闻当其驾至及辞退时,李省长均出二门迎送,并饬号兵奏乐示敬,甚为郑重。"(《大元帅选出后之广东》,《中华新报》1917年9月15日,"紧要新闻";《李烈钧、胡汉民并不离粤》,上海《民国日报》1917年9月15日,"要闻")礼节上的小心谨慎,正显示出双方缺乏互信,关系微妙。

　　△孙中山之赴滇特使章太炎、郭同,今日出发。(《护法计程》,黄季陆主编:《革命文献》第49辑,第420页)

　　△　前南京大总统府秘书郑宪武来函,报告钟汉杰引拿海军侦探王仁棠有功,请军府发给旅费。(环龙路档案第03012.2号)

　　9月7日　胡汉民奉孙中山之命,访美国驻广州总领事海因策尔曼。

　　是日,胡汉民奉命再次和海因策尔曼商谈。胡汉民主要是要海因策尔曼再次把军政府向德国宣战的意向通知美国政府,并向美国要求财政援助。胡汉民还告诉海因策尔曼：日本人正在把一笔借款强加给新政府，但尽管如此，出于对日本人动机的怀疑，这笔借款正在被拒绝之中。（〔美〕韦慕廷著、杨慎之译：《孙中山——壮志未酬的爱国者》，第102—103页）

△ 复函叶独醒，请帮助筹款，并就胡汉民未就任广东省长一事有所交代。函谓："展堂兄（指胡汉民）昨承粤议会推举为省长，惟值统一军政机关成立之际，需人助理，未便以省长一职致屈其才，故展堂兄已向粤议会辞却，暂由李耀汉署理。至本党主义，弟当竭力发展，请不必以区区一省长致烦尊虑也，并希转致列君为盼。"（《复叶独醒函》，《孙中山全集》第4卷，第139页）

△ 廖仲恺在上海，携军政府电，催伍朝枢往粤。（《伍朝枢日记》，中国社会科学院近代史研究所近代史资料编辑组编：《近代史资料》总69号，第213页）

△ 李耀汉就任省长致北京政府密电。电称："汉奉明令后，遵于五日接事。粤事纠纷，刻正密商陈督设法消弭，俟有端倪，再行电请核示。至省长应尽职务，当遵钧电与陈督军和衷共济。"（《李耀汉就任省长致北京政府密电》，汤锐祥编：《护法运动史料汇编》第4册，第40页）

△ 关于就职事致函国会非常会议。定于十日午后二时，于国会非常会议议场举行就任大元帅仪式。（《孙中山关于就职事致国会非常会议函》，汤锐祥编：《护法运动史料汇编》第2册，第76页）

△ 驻粤滇军方声涛师长密电唐继尧，请速决定是否就元帅职。略谓："国会东日举我公任元帅，详情谅悉。迄今未承表示，如其复不赞成，以致粤局颇形不祥，恐西南将从此多事。中流砥柱，惟我公是赖，在粤抚军，尤藉钧意主持，务请速示大旨，俾有遵循。"（云南省档案馆藏省政府秘书处档案106—3—764）

△ 《申报》刊载关于北京政府召集新国会的时评，称西南近日情形，"陆、刘等之态度，似与孙中山等之态度略有出入，但陆、刘等以四周之关系，声言护法，反对召集临时参议院，与孙中山等主张恢复

旧国会者，已微有别"。因此"中央政府果以调和为怀，即当视陆、刘等守土官吏为调停之枢纽，而与以相当转圜之机会"。（《改选新国会之酝酿》，《申报》1917 年 9 月 7 日，"要闻二"）

9 月 8 日　陈炳焜发表反对在广州建立临时政府的谈话。

中午，广东督军陈炳焜在督署举行记者招待会，宣称："（一）建立临时政府不符合宪法，在有总统行使职权的情况下，没有必要再选一个特别的大元帅。因此，有普通常识的人都会认识到，他们的那些做法是不合法的。（二）西南各省的力量，是不足以抵抗北方派系的。在北方成立了正统的国会之后，将不会有人反对取消自主。（三）自从中央政府对德、奥、匈帝国宣战以来，同盟国一直都在各方面援助北方。临时政府要想得到协约国的承认，无疑是困难的。"陈还补充说："经过反复考虑，他眼下所能做的唯一事情是：在问题没有解决之前宣布自主。"但他提醒记者们不要曲解政局，不要进行不必要的解释，以免引起公众的焦虑和不安。（粤海关档案《各项时事传闻录》，1917年 9 月 9 日条）

另据上海《民国日报》载，陈炳焜的讲话如下："粤之自主以护法为宗旨，其合中华民国约法者则承认之，其违反约法者则抗拒之。冯代总统依法应代理大总统，故小弟有事仍多电请示于代总统；段内阁则是非法成立，苟关于段内阁之事决不承认。粤省人士见弟时与总统通电，顿起狐疑，且多谩骂，是亦未知自主之真宗旨矣！自主与独立不同，独立则与政府断绝关系，立于反对之地位。自主云者，若有合法者则以己意从之；不合法耶，则以己意拒之之谓也。（又谓）近日之政局是法争，非种族革命、政府革命之谓也。中华民国依然存在，不过宵小违背国法耳。故苟出以剧烈手段与京政府争持，徒糜烂大局，贻后日之忧，若非出万不得已之时，小弟决不肯出此。"（《陈炳焜在宴请记者席上关于广东自主的演说》，汤锐祥编：《护法运动史料汇编》第 3 册，第 73—74 页［然将此事时间定于 9 月 9 日。］）

长沙《大公报》关于此次记者招待会的记载则更为详细。报载陈炳焜之发言如下："现在言拥护法律，仅有《临时约法》之可言，须知此法既号《临时约法》，当然无永久的性质。吾中华民国所以六年之内屡起兵戈者，实因宪法未定之故，故兄弟所谓拥护法律当以速成宪法为最后之归宿。惟制宪一事，新旧势力不能相容，使北方压倒南方，宪法固难期成；即南方压倒北方，宪法亦不能产出。故欲制定宪法必须南北新旧势力平衡，方能为永久之保持，既欲南北新旧势力平衡，则当保持现势，不可为孤注一掷。现在南方势力能否与北方对抗毋待赘言，幸而北派虽强，隐含有冯、段不和之伏线，故南方势力虽仅有粤、桂、滇、黔、川、湘数省，而能互相联络，则亦不可降服。苟能支持现状，待冯、段决裂时，吾南方即与冯氏携手，而以制宪为条件之提携，此时则南北势力平衡，宪法自易产出。此虽近于权术，然为国前途起见，并无权利之见存于其间。当为国人所欢迎也。"

"故粤省之只称自主，与中央不脱离关系者实有一最大之目的在其后，若遽取独立态度则是与中央脱离关系。毋论冯、段皆借统一之名以行剪灭，此时合而谋我，南方断不能敌。此时新派势力失却立足地点，将来制宪事业不问可知，故特取自主态度，而于最近民党之组织军政府不敢赞同，即此用意。盖南方现时之争为拥护临时约法，然既拥护约法又有组织军政府大纲，有依法代任之大总统又选举元帅，如此则法律上不能自圆其说。其次，则既成军政府便与北方成对抗形势，彼此各不相干，而兵事遂生，结果南方不敌，则不惟军政府须倒台，连南方新派根本地盘亦均被扫□空，将来非起三、四次革命不能有推翻希望。然欲革命成功谈何容易，即侥幸有成而国家元气又经一度损耗，所得恐将不偿所失，此军事上□可虑也。第三，则北方对德宣战后，协约国已非常协助，此军政府断难望其承认，如是则北方更可以内乱问题而诛锄。"

另外，陈炳焜于未入席前有以下谈话内容："对于民党之组织军政府虽不赞成亦不干涉，故孙大元帅如此就职、军政府如何成立、六部总长如何选举，彼概不过问。而军政府及非常国会经费之供给，彼亦不能提任,惟俟彼自行生灭,俟其下台时亦必令其得一安全之地位,断不令北京政权将彼等搜捕以去。""来粤海军舰队完全收归粤省节制,不得自由行动,每月饷项六万余元亦由粤省支给,将来再向中央取还。""滇军按照中央前编制法定为陆军一师,另游击队□营亦归粤省节制,所有传说收为靖国军名目一概不确。""湘省督军问题既由该省军官通电表明湘人治湘,全无异议,则援湘一节亦作罢论。""彼等计划系与陆使同定,即岑西林亦同此旨。如民党在粤必欲强硬做去,则彼惟率全部桂军离去粤省,以后发生何种关系皆不负责。"(《陈炳焜就制宪与广东自主等问题与某记者的谈话》,汤锐祥编:《护法运动史料汇编》第3册,第76—78页)

可见桂系的自主乃是同时对北京政府和大元帅府而言。上海《时报》的"景寒"亦有如是之观察:"自主主义云者,不附于北政府,亦不入于南政府之谓也。又不与北政府反抗,亦不与南政府反对之谓也。然则广东之督军乃立二者之外者也。"(《广东之军政府与督军》,《时报》1917年9月14日,"要闻一")

△　陆荣廷密电唐继尧,反对成立军政府,但不干预。

电称:"粤另组政府,殊难慊人意。此间事前已复电劝其审慎。未蒙采纳,则已发生,亦且置之。"(云南档案馆藏《陆荣廷致唐继尧密电》)

△　据是日粤海关档案《各项时事传闻录》载:陈炳焜拒绝程璧光海军经费拨款要求。(陈锡祺主编:《孙中山年谱长编》上册,第1057页)

△　唐继尧致电国会非常会议,辞元帅职。

电称:"惟念国方多故,人欲横流,万不欲标举过高,愈破君子上人之戒,致以后国事转蒙不良之影响。继尧身在行间,勿论名义如何,总之尽此心力,期以不负国者,勉副诸公之厚望而已。仅以至诚,奉辞元帅名义,即祈公决照准,仍望时赐嘉谋,用策进行。"(《唐继尧不受元帅职复国会非常会议电》,汤锐祥编:《护法运动史料汇编》第1册,第71—72页)次日致电吴景濂等非常国会议员,欢迎到滇。18日,非常国会复电唐继尧,"愿勿固辞"元帅之职。(《粤东元帅府中之辞职声》,上海《申报》1917 年 9 月 29 日,"要闻二")

9 月 9 日　接胡汉民来电,拒绝担任军政府之职务。

电称:"南国今有举弟厕于各部之说,此事之不可,已约略为儒堂、竞生、海滨①等言之。弟虽庸懦,亦知匹夫志不可夺,如或诸人不听,强以相聒,弟惟有避去。""如或以弟为留粤,有时亦可以供奔走、笔札之劳者,则望一切勿以名号相加。弟今日同时以书告国会,并介绍君武、觉生、季隆②三人。此三人任部务,亦实胜弟远甚。先生当亦同情也。"(《胡汉民就获悉国会举荐自身担任职务之说事致孙中山函》,桑兵主编:《各方致孙中山函电汇编》第 3 卷,第 65 页)

△　张继、戴季陶拜访原敬,试图劝说其支持南方。但原敬认为:"革命党主张恢复约法,是想实行依法而不是依人的政治制度,这是一种空想。这理想就是在日本也未能实行,诸如这样的理想只是将来的事。"又谓:"借款给段内阁,是当前迫不得已的事。"(《原敬日记》卷 7,第 230—231 页,转引自李吉奎:《孙中山与日本》,第 474 页)

△　报载共同通信社消息云:"广东非常国会刻致电黎黄陂,声称拟举君为大元帅,如蒙金诺,则孙中山即可辞大元帅。闻黄陂尚未答复。"(《日通信谓非常国会欲举黎黄陂为大元帅》,《北京日报》1917 年 9 月 9 日,"紧要新闻")

9 月 10 日　就中华民国军政府海陆军大元帅职,发表就任布告,宣布于本日就职。

是日由黄埔乘"舞凤"军舰抵省,在天字码头登岸后,即乘自动汽车,以"海圻"舰军乐队为前导,两旁以"海圻"军舰水兵及福军护卫,随行者有侍从武官黄大伟及海、陆军官数人,天字码头有滇军三十三团官兵全副武装迎候,永胜寺则由林虎派出步兵一营在该处保护,随至非常国会。所到之处,军警擎枪示敬。孙氏身着大元帅礼服,既至国会,众均出迎。场内则由警察、游击队保护,场外则由福军及滇军

---

①　分指王正廷、张竞生和邹鲁。

②　分指马君武、居正和徐谦。

保护。

抵会后，鸣炮奏乐，开会，各议员入席。是日出席议员一百四十七人（国会非常会议第六次会议）。主席代表国会致祝词："国会不敢自放其责，而有军政府组织大纲之议决，惟鉴约法未复，国权无主，则授大元帅临时统治之职。"致辞毕，孙氏登台宣言就职。誓词曰："文谨受职，誓竭真诚执行国会非常会议所授与之任务，勉副国会代表国民之期望，并告我邦人。"（《大元帅就职纪盛》，上海《民国日报》1917年9月16日，"要闻"；《军政府公报》第1号）

另还发表就任文告。文中历数黎元洪和国会受压迫之经过，并曰："所赖海军守正，南纪扶义，知民权之不可泯没，元首之不可弃遗，奸回篡窃之不可无对抗，国际交涉之不可无代表也。于是申请国会，集于斯地，间关开议，以文为海陆军大元帅，责以戡定内乱，恢复约法，奉迎元首之事。""艰难之际，不敢以谦让自洁，即于六年九月十日就职。冀二三君子同德协力，共赴大义。文虽驽钝，犹当荷戈援枪，为士卒先，与天下共击破坏共和者。"（《就任海陆军大元帅布告》，《孙中山全集》第4卷，第140页）

经孙中山提名，会议选举伍廷芳为外交总长，孙洪伊为内政总长（未就任，后改任居正），唐绍仪为财政总长（未就任），张开儒为陆军总长，程璧光为海军总长（未就任），胡汉民为交通总长（未就任）。详情可见国会非常会议为各部总长当选致孙氏的咨文："当经本会议依法于本日开会投票选举，出席议员二十二省计一百二十人[①]。伍廷芳得一百零八票，唐绍仪得一百十六票，孙洪伊得九十四票，张开儒得八十六票，程璧光得一百十二票，胡汉民得一百十六票，以上得票均过投票总数之半。"（《国会非常会议为各部总长当选致孙中山的咨文》，汤锐祥编：《护法运动史料汇编》第2册，第79页）

礼毕，返回黄埔，在黄埔公园设立大元帅行辕作为大元帅临时公

---

①　莫汝非《程璧光殉国记》则谓一百二十三人，参阅《革命文献》第49辑第380页。

署。是晚,广州举行恭祝大元帅就职提灯会。先是傍晚五点半钟在东园齐集,参加者约万余人,万人空巷,极一时之盛,游行者皆携小国旗及国旗灯笼,多书"共和万岁,民权复振""南方之强,民国复苏""恭祝大元帅就职"等字样。(《大元帅就职纪盛》,上海《民国日报》1917年9月16日)先是6日晚上,不知因何误会,谓提灯会已定是夕举行。"自入黑后,西关各繁盛街道即有无数男女,扶老携幼,云集路旁,候观会景,大有拭目以望之势。迨至九句钟后,因见殊无影响,各始陆续散去。"于此可见省城民众对于军政府成立之欢迎态度,同时也是对桂系实施戒严的反感。(《大元帅选出后之广东》,《中华新报》1917年9月15日,"紧要新闻")

　　△　军政府秘书处分七股办事。秘书长章炳麟,代理秘书长徐谦。

　　总务股主任张伯烈,委任事项万黄裳,掌印陈群,收发摘要李健中、陈群。不属各股来往函件:古应芬、熊英、邵元冲、梁树熊、林焕廷、黄展云。国会事件:叶夏声、贺赞元、马君武、张伯烈。密电:李录超。西文函件:陈清文、谢英伯。新闻及公报:苏理平、陈大年。会计事务:林焕廷。庶务、军务:林焕廷、黄伯耀。管卷:林直勉。

　　军事股主任邵元冲,秘书刘希瑶、蒋文汉、陈言。

　　财政股主任朱念祈,贺赞元、林学衡、苏理平。

　　外交股主任暂缺,秘书陈清文、谢英伯。

　　内政股主任罗家衡,秘书苏理平、刘希瑶、秦广礼、张大义、刘盥训、平刚、陆言。

　　交通股主任暂缺,秘书黄伯耀。

　　法制股主任吕复,秘书张大义、杜之秋、林学衡。(《各省状态》,《北京日报》1917年10月21日,"群报汇选")

　　△　外间特别注意到,这次大元帅就职典礼,广东督军和省长均未出席,只是派了一名代表参加典礼。(广东省档案馆编译:《孙中山与广东——广东省档案馆库藏海关档案选译》,第99页)

△ 报载各部长就职情况并不理想。唐绍仪被选为财政总长后,致电请其早日莅任,唐则复电"以乡事纠纷,未允即行赴任",令孙氏"颇为焦灼",欲"一俟戴天仇返粤后,拟即亲往劝驾"。此外,还要请廖仲恺来粤,并欲授予廖氏财政次长一职。近日,孙氏因"公牍日繁,节经分请各秘书从速就职",而"各秘书未到差以前,元帅府中公牍多由胡汉民、朱大符等经理,惟无论何项公牍,必须呈孙核阅,方盖印画行。"(《粤东要人态度渐明》,《申报》1917年9月22日,"要闻二")

△ 广东军政府成立后,立即将自己身穿大元帅服的照片及就职布告寄给梅屋庄吉,宋庆龄也将自己在广州的新照寄给梅屋夫人。梅屋夫妇闻讯,立即致电祝贺。(段云章编著:《孙文与日本史事编年(增订本)》,第546页)

△ 英国《泰晤士报》刊登消息:英国首相今天知会中国政府,协约国承认中国自行向同盟国宣战的法律地位,并允推迟庚子赔款的偿付。另还指出孙中山与广东地方当局关系紧张,一是因为后者支持北京政府向德国宣战的命令,而未与国民党磋商;其次是因为地方职位的任命。(The Times,1917.9.10,p.112)

△ 广西省长刘承恩作为陆荣廷特使抵京,代向北京政府提出调停时局之意见如下:(一)召集立法机关须服从多数之主张,召集新国会;(二)不得变更《约法》;(三)西南各省督军省长一时不得轻易更动;(四)黄陂即不能复职,亦当听其行动自由;(五)对于湘、川各省风潮宜以平和解决。除第一项有待李开侁赴粤接洽始可决定外,双方意见不甚相远。(《陆荣廷调停时局之意见》,《北京日报》1917年9月14日,"紧要新闻")

△ 吴景濂于本日偕议员李执中等四人,前往广西武鸣,欲为陆荣廷"举行印信、证书授与礼",但陆已声明不就元帅职位。(《广东组织中之军政府》,《申报》1917年9月13日,"要闻二")

9月11日 公布《中华民国军政府海陆军大元帅府组织条例》,规定大元帅府下设参谋、秘书、参军三处和卫戍总司令。另设顾问和参议若干人，"以备大元帅之谘徇"。参谋处内，参谋总长"辅佐大元帅参赞机要，统一作战计划，并指挥监督海陆军参谋执行职务"。秘书处内，秘书长"承大元帅之命，指挥监督各秘书掌管机要文书，管守印信，及重要文书之起草、记录、保存事项"。参军处"率同参军掌理内部勤务，传达军令，接见宾客，并办理会计、庶务、警卫、扈从典礼及一切不属他处之事务"。(《公布海陆军大元帅组织条例令》，《孙中山全集》第4卷，第156—158页)

△　颁布各总长任职令。任命伍廷芳、唐绍仪、张开儒、程璧光、孙洪伊、胡汉民分别为外交、财政、陆军、海军、内政、交通总长。另以王正廷为外交次长，居正为内政次长，并令王、居在伍廷芳、孙洪伊未到任前，暂行代理。(《军政府公报》第1号)

△　任命林葆怿为军政府海军总司。(《军政府公报》第1号)

△　任命大元帅府各要职。方声涛为军政府卫戍总司令，李烈钧为军政府参谋总长，章太炎为大元帅府秘书长，许崇智为大元帅府参军长，李福林为大元帅府亲军总司令。黄大伟、周应时、邓玉麟、高尚志、周之贞为大元帅府参军；罗家衡、叶夏声、刘奇瑶、秦广礼、张大义、马君武、贺赞元、平刚、刘盥训、吕复、张伯烈为秘书；吴宗慈、宋渊源、周震鳞、茅祖权、吕志伊、王湘、马骧、王法勤、凌钺、邹鲁、赵世钰为大元帅府参议。(《大元帅府简任人员职务姓名录》，《孙中山全集》第4卷，第544—546页)

△　派军政府秘书长章太炎为全权代表，偕议员吴鲲及前参议院秘书长平刚，于本日起程，赴滇促唐继尧就元帅职。后日之《军政府公报》发表该消息，并电告唐，望其"与之商榷方略，以利戎机，国事幸甚"。(《军政府公报》第1号)

关于派章太炎赴滇事，据章自述："余初以云南督军唐继尧蕡庚之招，欲赴云南观军容，未果，至是以广州事难就，戒期西行，竞存(按即陈炯明)止之曰：'诸议员尚信君，事毕前往，不晚也。'至九月，番禺立军政府，孙文被选为大元帅。两广巡阅使陆荣廷、云南督军唐继尧被选为元帅。余劝孙公遥戴黎公以存国统，使人不能苟与贼合，且示无自尊意。为大元帅作宣言书，称愿与全国共击废总统者。孙公虽貌从，情不顺也。时孙、陆不相能，荣廷不受元帅印证。滇军师长张开儒等言唐督军已与龙济光和好，约为兄弟，其人可用。余往香港视之，济光怨荣廷甚深，欲观望南北胜负。孙公所部粤人亦欲挟军政府以行广东主义，余知其无就，欲西行。孙公使人来曰：'今人心不固，君旧同志也，不当先去以为人望。'余曰：'此如弈棋，内困则求外解。孙公在广东，局道相逼，未有两眼，仆去为作眼耳，嫌人失望，以总代表任仆可也。'孙公从之。遂与议员五人授元帅印证者及宇镜、少璜偕西，自交趾抵昆明焉。"（汤志钧编：《章太炎年谱长编》上册，第548—549页）

另有史料称："自大元帅府成立后，号令不出河南士敏土厂，各部总长均未就职，元帅陆、唐二公亦在观望中。大家无事可为，终日在长堤照霞楼俱乐部闲聊，或奕棋自遣。秘书长章太炎（炳麟）先生遂自请往滇说唐继尧。国父语先生：'君忍弃我而去耶？'先生曰：'公知围棋乎？有两眼者活，今公仅广州一眼，非活子也。我之去滇欲为公另作一眼耳！'国父悦，命先生为总代表，国会议员郭同（宇镜）、吴宗慈（霭林）等副之。并以元帅印授托先生面致继尧。"（朱镜宙：《梦痕记》上册，第223页）

然吴景濂却言："中山不得已以章太炎为秘书长，而章氏素有疯子之称，本为文人，不明政治，在军政府与秘书厅各职员亦颇有意见不合。中山先生于国会派员赴滇时，因派章太炎代表赴滇，实为驱章于大元帅府，以免其再为捣乱。"（《吴景濂自述年谱（下）》，中国社会科学院近代史研究所近代史资料编辑组编：《近代史资料》总107号，第59—60页）此说乃后来追述，有些失真，毕竟其时孙、章关系远比孙、吴关系密切得多。

张开儒亦就此事致电唐继尧，请派员前往河口或海防欢迎。略谓：章太炎等人"于本日起程来滇谒见我公，对大局颇有陈说。章先生为海内名流，一言一动，为社会所尊崇。因慕我公声誉，渴欲一见。兹惠然肯来，万流仰镜，群贤毕至，此为我公成功之兆，亦招贤之雅，乞我公预派人到河口或海防欢迎。到省后请开会欢迎，以表示礼贤敬能之忱悃"。（云南省档案馆藏省政府秘书处档案 106－3－764）

　　△　张开儒另外急电唐继尧，报告国会派吴景濂等人来滇，授元帅证印，请立即就职。略谓："孙大元帅于灰日在国会会场就职，各界往贺者众数十万，人心未死，于此可见。"吴景濂等人来滇，"请派人欢迎，妥为招待，一俟送到，即请我公克日就职，以挽危局"。（云南省档案馆藏省政府秘书处档案 106－3－764）

　　△　署理广东省长李耀汉密电徐树铮，报告民党与陈炳焜在粤斗争之情况。

　　密电称："子桥（按即朱庆澜）去后，陈督将司令部撤销，仍改为警卫军，归督军节制。而竞存则倡议改为海军陆战队，现在争持不下。然无论如何，此二十营恐终非省署所有矣。党人方面，似易融洽，汉民、精卫均接洽极欢。惟人杂言庞，内容叵测，窥测诚难。连日设政府，开非常会，孙文已于十日就元帅职。凡此举动，虽无价值，但将来纵肯让步，而其邀〔要〕求条件如何，能否应付妥协，究难逆料。……总之，此次会议及党人、滇军均反对陈督甚力，陈督知难自立，故允肯让汉进步。汉亦思彼此协力，以挽粤局。一俟各方面调停得力，当请命中央，以归统一。现胡、汪诸人已面称，绝不扰乱广东，止求得下场善法，以存体面。"（中国第二历史档案馆编：《中华民国史档案资料汇编》第4辑上册，第3—4页）

　　△　靖国军第四混成旅长杨体震等电贺国会选出大元帅、元帅。（《杨体震等为国会选出大元帅元帅表示祝贺与唐继尧往来电》，中国第二历史档案馆、云南省档案馆合编：《护法运动》，第419页）唐继尧复电，"深悚盛名难副，业经去电正式辞谢"。（云南省档案馆藏唐继尧档案 106－3－1312）

　　△　日本临时外交调查会开会，代表日本内阁之委员首先提出要给予有实力之段祺瑞内阁以可及之援助，以息中国内争，但政友会

总裁兼该调查会会长原敬、国民党总裁犬养毅等对此表示异议，认为不能偏袒孙中山或段祺瑞任何一方。援段案未获通过。原敬强调日本应采取"促使南北妥协，援助妥协的势力"。（段云章编著：《孙文与日本史事编年（增订本）》，第546—547页）

△　莫荣新等十九人发电声讨北京非法之段内阁。（《莫荣新等声讨北京非法内阁电》，汤锐祥编：《护法运动史料汇编》第3册，第74页）

9月12日　唐继尧来电辞元帅职。电文略谓："国家不幸，丧乱频仍，推原祸本，实由有特殊势力与法律常不相容，非使国人之法律观念，发荣滋长，不足以救其敝，故发为护法之议，期于世变有裨。……惟元帅一职，虽承国会推举，自维才望无似，不欲冒君子上人之戒；又惧蒙世俗权利之嫌，故已沥诚奉辞，非敢矫激鸣高，实欲循分见志。"末有唐之批语"连原电抄登报"。（《唐继尧恳辞元帅职与孙文往来密电》，中国第二历史档案馆、云南省档案馆合编：《护法运动》，第420页）

△　胡汉民在本日前后由港返省，连日均在黄埔公园与孙中山等人筹商要事。十三日谒见陈炳焜，"密谈甚久"。（《大元帅选出后之广东》，《中华新报》1917年9月15日，"紧要新闻"）

△　致函邓泽如等人，告以护法军政府已经成立，恳其速筹款应急。（《致邓泽如等函》，《孙中山全集》第4卷，第158页）

△　吴宗慈从香港返省，即至黄埔谒见。前两日，吴在港与龙济光见面。（《护法计程》，黄季陆主编：《革命文献》第49辑，第421页）龙之来港，亦意在与桂系接洽。以其军饷向来依赖两广，故前月已派人赴桂谒见陆荣廷，"愿率部下一万一千余人，与西南义师为一致之举动"，故陆特派曾彦、郭春森赴港与龙接洽。（《龙济光倾向南方之近讯》，天津《益世报》1917年9月23日，"要闻"）

△　任命大元帅府参议吴宗慈、王湘为川滇劳军使；陈炯明为中华民国军政府第一军总司令；万黄裳、陈群为大元帅府秘书。（《军政府公报》第1号）

△　被云南国民后援会推举为名誉会长。函谓："本会之组织，原期为云南靖国各军之声援，以尽国民爱国之责任，凡属滇人，俱宜指示硕画，以匡不逮。同人等久仰先生为滇中泰斗，素抱拥护共和之主旨，经众议决，公举先生为本会名誉会长。"（《国民后援会推孙中山为该会名誉会长函》，第二历史档案馆、云南省档案馆合编：《护法运动》，第27页）后亦来电，表达支持护法之意。略谓："本会亦于九月二日开成立会，到会者四万余人，誓以至诚助唐公，必使根据约法，恢复国会，产出正式政府，扫除非法内阁，保全法治，巩固国基，此理此心，与天下同之。"（《云南国民后援会致孙中山电》，桑兵主编：《各方致孙中山函电汇编》第3卷，第73页）

△　《申报》转载《字林西报》9月6日的北京通讯，对于孙中山出任大元帅，微有讽言："孙中山大元帅之奇衔，似无人大注意之。今日之流行者，厥为有兵权者相互间一种无声无臭，而气力不稍减之权势竞争耳。"（《政府对付西南政策之西讯》，《申报》1917年9月12日，"要闻一"）

9月13日　致函特聘吴景濂为大元帅府高等顾问。函称："执事迈德重望，海内瞻依，时艰方殷，尤待勋勘。特聘任为大元帅府高等顾问，俾得时亲教益。"（《致吴景濂函》，《孙中山全集》第4卷，第164页）据吴氏后来说："初中山先生由黄埔来省住西濠酒店，约予为内政部长，王正廷为外交部长，恳说再三，予与王君咸辞谢之，于是聘任予为军政府高等顾问。"（《吴景濂自述年谱（下）》，中国社会科学院近代史研究所近代史资料编辑组编：《近代史资料》总107号，第59页）

△　另任命陆兰清为大元帅府参军；崔文藻、刘成禺、刘英、彭介石、萧晋荣、谢持、张大昕、李执中、胡祖舜为大元帅府参议。（《军政府公报》第1号）时孙中山正积极网罗人才，"其余民党中，曾任将领，具有才略，如邓铿、姚雨平、林震、胡毅生等，现均分函敦请到省，将委以讨逆军司令部要职。"（《罗致参赞人才》，《中华新报》1917年9月26日，"紧要新闻"）

△ 大阪《朝日新闻》社开会,欢迎孙中山派赴日本之张继、戴季陶、殷汝耕,颇极盛况。张继等三人相继登坛演说,批评日本对华政策,希望实现中日亲善和提携。(段云章编著:《孙文与日本史事编年(增订本)》,第 547 页)

△ 帅府参军长许崇智致函海军饶鸣銮,以大元帅就职时,蒙选派将士扈从,奉命饬送纸币百元,致谢各将士。(环龙路档案第 03038 号)

△ 张开儒密电唐继尧,揭发驻粤滇军第四师长方声涛结党贪污罪状。唐批示:"电令叶司令官①就近查酌拟候核办,或暂由该司令官兼带。"(云南省档案馆藏省政府秘书处档案 106—3—764)

9 月 14 日 任命冯自由、郭椿森、曾彦、覃超、龚政、徐之琛、徐瑞霖、曹亚伯、许继祥、毛仲芳为大元帅府参议;苏理平、谢英伯、黄展云、梅培、古应芬、熊英、梁树熊为大元帅府秘书。(《任命郭椿森职务令》等,《孙中山全集》第 4 卷,第 165—170 页)汪精卫亦在同日任为秘书,然未就职,委任状注销。(《大元帅府简任人员职务姓名录》,《孙中山全集》第 4 卷,第 548 页)

△ 凌钺来呈,允任大元帅府参议。(环龙路档案第 02216 号)

△ 杜去恨来函,述云南四野多匪,欲设法招抚,请电商唐继尧委任出外招抚,由陈人强带领赴粤使用。(环龙路档案第 04111 号)大元帅府秘书处复以招抚义军事,请先与唐继尧接洽。(环龙路档案第 04112 号)

△ 张继、戴季陶、殷汝耕于是日接受神户、大阪之华侨共和维持会邀请,分别作报告,报告会由会长王敬祥主持,到会者约二百余人。在会上,张演讲"支那之民意",戴演讲"支那政界之近状",殷演讲"支那青年之决心"。(段云章编著:《孙文与日本史事编年(增订本)》,第 547 页)

———————————

① 指叶荃。

△　本日英文《大陆报》消息,伍廷芳嘱该报代为宣布,彼于广州军政府外交总长一职将不承受之,亦不前往广州,惟不愿说明其理由或讨论其事。(《关于粤事之所闻》,《时报》1917 年 9 月 15 日,"要闻二")

△　程璧光致电国会非常会议,辞海军总长职。

电称:"昨自唐家湾①回船,阅报始悉复选鄙人为海军总长,是否实在,固未敢必。第念鄙人此番南来,不过尽国民一分义务,绝无权利思想,办事只求实济〔际〕,何骛虚名。是故,事前屡经面向孙先生暨诸公前力辞。如果实有复选鄙人为海军总长之事,请将此席取消。"(《程璧光辞海军总长职致国会非常会议电》,汤锐祥编:《护法运动史料汇编》第 1 册,第 78 页)

△　陈炳焜设宴邀请民党要人及广东政要、国会议员②,在席间发表对于时局之政见,宣布出师援湘之方针,"言论极为激昂"。并抚慰到粤国会议员,希望"最好系能凑足法定人数,开一正式国会,以解决种种问题"。"据鄙见所主张,一总统问题,黎黄陂是否准其辞职,黎辞职后是否应由冯河间继任,均宜付之国会解决;二内阁问题,现在非法内阁,国会开会后,即宜提出讨论。如不能承认,即宜解散,另组正当内阁;三宪法问题,所有约法及宪法均系神圣不可侵犯之物,宜全由国会主持,一切非法暴力,绝不许越俎干预。此三问题之解决,实鄙人希望于国会,以平时局之纠纷。"另再解释"自主"之意,"外间不察,以为与独立相同,其实两者范围本有多少区别。当日自主宣言,原有重要事件仍秉承大总统命令一语,故广东对德亦有一致宣战之事。但鄙人对于段祺瑞,则始终未尝私干一事,谬通一电,盖已立于誓不两立之地位"。(《两广近来之真相》,《时报》1917 年 9 月 25 日,"要闻二")

△　李烈钧向唐继尧报告粤中政情,略谓:"中山处进行亦有效,

---

①　指从唐绍仪家乡的香山县唐家湾回来,程氏此前往该处访晤唐氏,系征询就任军政府职务问题,唐氏说他是否就任军政府财政总长视陆荣廷是否就任元帅职而定。

②　天津《益世报》则称宴请时间为 9 月 16 日,对象为吴景濂等国会议员七十三人。(天津《益世报》10 月 1 日)

实力虽不充,然目标既大,已可牵制北方。"(云南省档案馆藏省政府秘书处档案 106－3－764)

△　张开儒密电唐继尧,痛斥罗佩金投靠段祺瑞,并请唐坚持护法到底。(云南省档案馆藏省政府秘书处档案 106－3－764)

△　龙济光、叶荃密电唐继尧,建议唐勿接受元帅职。略谓:"中山组织元帅府事,未得各方同意。闻派议员吴宗慈等赍送元帅印证来滇,似宜善词推谢,勿遽接受。"唐接电后批示:"婉辞元帅与鄙意正同。"(云南省档案馆藏省政府秘书处档案 106－3－764)

△　北京政府代表李开侁抵南宁与陆荣廷会晤。然此后"即不复相见。陆之不满意于李氏挟疏通临时参议〔院〕之使命而来,固显已然可见矣"。(《各省状态》,《北京日报》1917 年 10 月 12 日,"群报汇选")

9 月 15 日　会见日本国际问题评论家、社会活动家河上清。客人经犬养毅介绍来访,长期在美居住。

孙先招呼河上清隔桌坐下,然后问候犬养毅的健康,称他为"庄严的老人"。称道他和革命同志在亡命东京之时,犬养毅是如何帮助他们的:让他们住在自己的家里,与之分享自己的衣服、食物甚至金钱,尽管他并不富有。

孙氏在对谈中表示:"这次欧战如果以德国的溃败结局,也就是说事实上受英国控制的协约国获胜,那对亚洲毫无裨益,对中国和日本更是如此①。因为那种局面一旦形成,它必将导致英国加紧对亚洲的控制,尤其是对中国的控制。这次战争如果能以平局结束,那对我们亚洲更为有利。""当然,我们对德国,也和对英国一样,并没有什么好感。不过从我国的国家安全考虑,我们不愿看到德国被彻底打败,不再成为英国在远东推进的制衡力量。这就是我们——南方的共和主义者为什么不要对德宣战,为什么要和以段祺瑞为首的、加入

————————

①　在河上清同题异文的记载中,孙说道:"贵国日前的行为恰似一个受英国操纵的木偶。贵国本来不必因日英同盟之故而对德宣战的。"(〔日〕藤井昇三著、禹昌夏译:《一九一七年九月孙中山与河上清的谈话》,《孙中山研究》第 2 辑)

协约国一方参战的北方派斗争的主要原因之一。"

"从世界政治、广泛的国际关系的角度来看,在目前这一关头,日本在中国应该走的道路是显而易见的,日本应该以金钱武器援助南方的共和主义者。假如贵国政府立刻借给我们几百万美元,送给我们几船武器,我们就可以轻而易举打败北方派。等我们取得对我国政治的决定影响力以后,我们将以最有利于保卫亚洲的利益为目的,明确表示我们对这场战争的态度。""在今天的中国人里面,只有南方的我们对复杂的国际政治真正有所了解。北方那些老朽政治家们,如段祺瑞、冯国璋之辈,对二十世纪政治一窍不通,只不过盲目追随欧美而已。日本作为亚洲公认的领袖,不应该跟他们一样去为白种人火中取栗。"①

"欧美人在中国设立的学校,现在全都被人用作在中国青年中煽动反日情绪的地方,这您知道吗? 日本人应该去看看这些学校。现在已经到了日本应该和中国的正当的一方、进步分子的一方达成一个明确的协议的时候了。"(段云章编著:《孙文与日本史事编年(增订本)》,第547—548页;《与日本河上清的谈话》,郝盛潮主编、王耿雄等编:《孙中山集外集补编》,第206—208页)②

另外有资料显示,孙中山在此次会谈中提到满洲问题。在取得政权后,"我将乐于把满洲委日本'支配',但满洲将保持在我们手中"。这是因为"我们不像你们日本人那样需要满洲,我们承认你们紧急需要的是你们不断增长的人口所需的自由行动范围。有几千万中国人去了南洋,他们每年汇回几百万元养家之费,南洋土地当然是

---

① 在河上清同题异文的记载中,孙讲到:"贵国政府应该做的是:向我们提供武器弹药和大笔贷款,好让我们向长江流域进军,把政府迁到华中某一个战略要地,然后向北京推进。"一旦实现该计划,将与日本结成同盟,宣布实行"亚洲人的亚洲"主义。([日]藤井昇三著、禹昌夏译:《一九一七年九月孙中山与河上清的谈话》,《孙中山研究》第2辑)

② 此次谈话出处为河上清的《日本与世界和平》一书的第8章《中国参战经过》。河上清认为孙中山的谈话"会失去那些西方朋友",他的名声在海外会受到沉重的打击,因此"还是以缄默不言为好"。

亚洲人的,但在中国人心目中,它是远比满洲更有希望的地方"。([日]藤井昇三:《孙文与"满洲"问题》,《国外中国近代史研究》第16辑,第55页)

△　大元帅府搬至广州河南之士敏土厂办公。(粤海关档案《各项时事传闻录》,1917年9月17日条)搬入之前,军政府参军处曾就借士敏土厂作为元帅府办公地一事致函士敏土厂总办。称:"现因需地办公,暂借河南士敏土厂办公洋房门后两幢,以资办公。"(汤锐祥编:《护法运动史料汇编》第2册,第80页)报载,大元帅府"经于本月十五日下午迁入,十六日开始办公。而士敏土之制造则依然照常工作也"。此事得到广东省长李耀汉的配合,指示该厂总办孙嘉荣:"刻日率各职员撤出,以便请大元帅移节办公。"(《军政府大事记》,上海《民国日报》1917年9月22日,"要闻")另有消息称,孙系强行进占,"派出滇军一营,前往该厂驻扎,随即率同秘书及重要人物迁进办事"。(《粤军政府与援湘计划》,《申报》1917年9月23日,"要闻二")

据广东警察厅报告,本月十九日士敏土厂门首挂有横木匾一方,"白质黑字,题曰大元帅府字样,卫队守之门前,河边泊有警卫军第六十一营之船两艘,外部墙壁概行粉饰,其东界外沙地搭盖葵棚三座仍未竣工"。(《广东警察厅就大元帅府在士敏土厂设办公署致督军省长呈文》汤锐祥编:《护法运动史料汇编》第4册,第44—45页)之所以选择"河南"为帅府办公地,主要是借助于福军司令李福林的武装巩卫。(罗翼群:《论孙中山南下护法后十年间粤局之演变》,《广东文史资料》第25辑,第108页)

据汤锐祥《大元帅府设署士敏土厂日期考》,"大元帅工作人员是在9月15日迁入广东士敏土厂,16日开始在该处办公。而孙中山则在22日以后才移节广东士敏土厂,因为他在21日仍在黄埔召集研究军事进行的会议"。(汤锐祥:《孙中山与海军护法研究》,第34页)

大元帅府周边的防卫甚为严密:"大元帅迁进士敏土厂办事后,所有陆上军队星罗棋布,守卫森严,而海军各兵舰沿河寄泊者,亦已有四艘之多。闻自昨日起,并各派附属小轮在鸭墩关至东壕口一带分班轮值,按段梭巡。"(《元帅府之翊卫》,《中华新报》1917 年 9 月 26 日,"紧要新闻")"只见府前河面上泊有永丰炮舰一艘,以供差遣,贴近府前之河干则泊有蛮船二艘,福军驻焉。府之左右及府后一带各要隘,均有军队驻守,殊形周密,约共数百名,并有四生的半日径快炮、黑心炮及机关枪多架,分置府内各处。闻之府中人云,亲军司令李福林每日均至府巡视,甚属认真。报纸载其致函辞职,想系传闻之误。调令飞鹰、凤舞两舰至府前守卫,亦无是事。"(《卫队分防之周密》,《中华新报》1917 年 9 月 29 日,"紧要新闻")

但是,孙中山对于驻扎士敏土厂办公并不十分满意,另有搬迁入城之打算,或因桂系阻挠而未果。报载:"该地究非适中,故虽拟定,尚未实行。刻以城内旧将军署局面宏敞,于改建军政府极称适宜。且该署驻扎滇军人数有限,亦可无庸他徙。现向陈、李两当道商榷一切,俟核准拨给。"另外,警厅呈报"尚有长堤东园一处地段宽饶,空气充足,颇适于用,业将园内面积绘图呈报察核"。(《商榷政府地点》,《中华新报》1917 年 9 月 20 日,"紧要新闻")

大元帅府之组织亦在积极进行中。报载:"孙大元帅昨委任邓元、高固华、黄大伟、朱卓文四人为大元帅府筹备员。现经指定士敏土厂为大元帅府,并派亲军一营前往驻扎,以为守卫。日下筹备异常忙碌,一二日内可以迁入办公矣。""大元帅府现经孙中山派委黄大伟、朱执信及各筹办员赶行组织。兹闻该府内容,计设亲军司令部司令一、盖印官一、秘书处秘书长一、秘书四,参谋处参谋长一、参谋四,副官处副官长一、副官六,机要处处长一、处员四,其余参议官、顾问官等等,设置无定额,惟均不驻府办事。""闻昨先雇工匠,即将该处地方从新粉饰,以壮观瞻,并于门首墙壁多开枪孔,以作防卫之准备。又孙大元帅就职时之宣言书,已志本报。现元帅府特将该书按照公文程式印刷多张,令发城厢内外各处张贴,俾众咸知此中真相。该布告之衔名,系为中华民国海陆军大元帅孙,文末并盖印信。此印方形,横阔约三寸,中篆大元帅印四字。孙君就职后之布告,实以此为嚆矢。"（《进行中之军政府》，《中华新报》1917 年 9 月 22 日，"紧要新闻"）"中华民国海陆军大元帅孙之布告散贴于省城各地，盖有大元帅印约一寸见方。""孙氏被举大元帅后，即在高第街元发军衣店赶做元帅礼服一套，金碧辉煌，闻价值三百余元。是日由黄埔来省即御此，颇为路人注目。"（《各省状态》，《北京日报》1917 年 9 月 20 日，"群报汇选"）

另有报道："在大南门某牌扁店定造大元帅府四字扁额，一面长约六尺，阔约二尺余，蓝地黑字，特于本月十九号悬挂，以壮观瞻。又孙中山目前就职，经将大元帅关防实行启用，并将各部总长木质印信饬匠刊就，缴呈到府。现特将海军部、陆军部、交通部印信派员赍付程、张、胡三总长核收，藉昭信守。其余财政等部印信，则俟各该总长到任，始行点交，以资郑重。"（《帅府布置之完备》，《中华新报》1917 年 9 月 29 日，"紧要新闻"）

至于大元帅府公文程式，"闻现拟暂行办法。对于非常国会及督军、省长，概用公函或用咨；省议会暨各机关□由秘书长承令转函，其于府内各处人员□概用令"。（《公文程式之规定》，《中华新报》1917 年 9 月 29 日，"紧要新闻"）

△　粤海关情报称，据说孙中山已经制定了以下三点计划：1. 在当地征兵十万；2. 派兵援湘，舰队炮击福建；3. 通过谈判获得国内外贷款，以供军用。（广东省档案馆编译：《孙中山与广东——广东省档案馆库藏海关档案选译》，第 101 页）

△　任汪精卫代理大元帅府秘书长。（罗家伦主编，黄季陆、秦孝仪增订：《国父年谱（增订本）》，第 774 页）

△　董福开密电唐继尧，缕陈不可固辞元帅之缘由。唐批语曰："办事在实力，不在虚声，且我以护法宣言，何能自蹈非法，此中苦心，一言难尽。"（《董福开缕陈不可固辞元帅职密电》，中国第二历史档案馆、云南省档案馆合编：《护法运动》，第 422 页）

△　广州本地报纸说，安徽、江西、福建等省的督军已致电中央政府，请求批准他们派远征军到广东攻打孙中山。（广东省档案馆编

译:《孙中山与广东——广东省档案馆库藏海关档案选译》,第 101 页)

△　新闻编译社记者向"政界间接有关之某要人"询以种种近事。记者问其"西南之形势如何?"答:"广东方面,自陆巡阅不与孙文等一致,颇为困难,闻已决议除去元帅名义。目下所紧要者,尚在四川,虽有和平之望,恐非即此所可了结。又召集参议院问题,至今尚未有来电,大约日内李开侁当有电到。"(《外交要题与政局近情》,《申报》1917 年 9 月 16 日,"要闻二")

9 月 16 日　电请唐继尧早日就元帅职。

电称:"顷以议员在粤开会,于执事及文皆有推举。推原其意,以为名义既定,而后对内对外,责有所归;并非以权利许人,以为讨逆之报酬。今日国运颠危,吾人以身许国,久无权利之志,义务实不容辞。惟望我公体国步之艰难,鉴于议员之诚意,早日就职,毋为世俗流言所误。余由秘书长章太炎君面陈。"(《唐继尧恳辞元帅职与孙文往来密电》,中国第二历史档案馆、云南省档案馆合编:《护法运动》,第 420 页)

唐继尧致电张开儒,解释不就元帅职之原因。电称:"盖此间所闻,组织军府,非桂、粤当局所愿,恐因此愈失其同情,转多室碍,故决然辞去,实欲顾全西南局势,非有他意。但元帅虽经告辞,而吴议长、议员及太炎先生、吴平诸君远道贲临,实所欢感。已饬沿途妥为照料,并设馆招待。"(《唐继尧决定辞去元帅职密电》,中国第二历史档案馆、云南省档案馆合编:《护法运动》,第 422—423 页)

唐继尧另电方声涛,告以须顾全西南团结,北伐行动惟桂系马首是瞻。略谓:"鄙意今日之西南,勿论内容如何复杂,总当委曲求全,勿使表面露出破绽,致为人所乘,同归于尽。""在粤之滇军,鄙意万不宜单独行动。若得桂粤同意,则以滇军合龙部,共规闽浙,以桂粤军入湘,在川滇军则取渝之后,相机规鄂,如此通力合作,斯为大局之福。倘桂粤仍无动静,则滇军亦只宜在粤,极力整顿,待时而动,庶免进退失据。"(云南省档案馆藏唐继尧档案 106—3—1337)

同日,唐继尧密电徐之琛,略称:"中山举动,本嫌唐突,惟既已发表,似勿庸积极反对,亦有一种助力,将来取销,一〔亦〕得一番之交换利益,故此间虽辞元帅,未言其他,以免内部太形纷歧,反授人以隙也。"(云南省档案馆藏唐继尧档案 106-3-1337)先是,徐之琛致电唐继尧,主要内容是因当时陈炳焜等所发表之两粤宣言既讨段又反对孙中山,拟请唐继尧居间调处。次日唐继尧即有批示:"中山举动,本嫌唐突,惟既已发表,有彼在,对内对外亦有一助力,将来取消,亦有一番交换,故此间仅辞元帅职,未言其他,拟将此意密告陆、龙、陈、谭诸人,以免内部大纷歧,反授人以隙。"(云南省档案馆藏省政府秘书处档案 106-3-764)后据此批示,复电徐氏。

△ 任命谭民三、陈民钟、董昆瀛、时功玖、郭同为大元帅府参议;邵元冲、林焕庭、蒋文汉、李禄超、林直勉、陈清文为大元帅府秘书。(《军政府公报》第 2 号;《大元帅府简任人员职务姓名录》,《孙中山全集》第 4 卷,第 549-550 页)

△ 任命邓耀为广东安抚委员长(广东招抚局长)。(《大元帅府简任人员职务姓名录》,《孙中山全集》第 4 卷,第 548、550 页)

△ 任命刘汉华(后注销改委)、张民达、李安邦、李天德、李绮庵为大元帅府委员,杨西岩、林护、谢树棠、邓仲泽、伍耀庭、余斌臣、李自重、梁振华、吴东启、何乐琴、马应彪、伍学焜、简让之、张吉盛、陈卓平为筹饷委员。(《大元帅府简任人员职务姓名录》,《孙中山全集》第 4 卷,第 548-549 页)

9 月 17 日 公布《大元帅府秘书处组织条例》和《大元帅府特别军事会议条例》。

后者规定,由参谋总长、海军总长、陆军总长、广东督军、海军总司令、第一军总司令、卫戍总司令以及由大元帅特指定之军事参议五人组成大元帅府特别军事会议,以大元帅为主席;以多数决定;必有过半数以上之列席,始得开议;会议内容及其议决,与议者均须绝对守秘密。(《军政府公报》第 2 号)

△ 报载大元帅府内保卫趋于严密,"已定将府内办公厅楼上划

为会议厅,并调福军一连分布守卫,在会议时间,毋论何项人等,概行禁止出入,关防加紧严密"。(《军政府与非常国会近情》,《申报》1917 年 10月 1 日,"要闻二")

　　△ 在本日前后,"中山特邀请李烈钧、陈炯明、汪精卫、程璧光各要人莅府,磋商军事进行计划。闻会议最重要之点,系讨逆第一军之组织办法及饷械之筹备,并议敦促各部总长克日视事,以免军政府形同虚设,贻误事机。闻议至五时许,各员始行陆续出府"。(《大开军事会议》,《中华新报》1917 年 9 月 29 日,"紧要新闻")

　　△ 任命杨福田为大元帅府参军。(《军政府公报》第 3 号)

　　△ 照准参军长许崇智之呈请,任命蒋国斌为参军处总务科科长,梅培为参军处会计科科长,陈永惠为参军处庶务科科长。(《任命蒋国斌等职务令》,《孙中山全集》第 4 卷,第 179 页)

　　△ 致电陆荣廷,对其"出师援湘"表示欣慰。电称:"两粤以我公主倡,将士一致决定出师援湘。西南局面转固,民国前途有赖矣。文正董率义师,声讨国贼。期使国会更生,黎公复职。从此袍泽可共,骖靳验随,西瞻邕桂,喜慰无已。"(《大元帅致陆使电》,上海《民国日报》1917 年 9 月 26 日,"要闻")

　　△ 派往日本活动之戴季陶回到上海。

　　据戴称:赴日之行,此为第三次。系受孙中山暨民党诸前辈嘱托,"因是时军政府尚未成立,故并非中华民国军政府代表,而实代表民党之资格也。……举中国国家之境遇、国民之境遇,及吾民党之目的主张,明告诸于关系至切之邻邦,盖中国大局之治乱,东亚前途之安危,日本朝野皆极注意也。此次到东京后,在朝当局在野名流以及实业界、舆论界对于予等所述说,无不留意倾听"。言次之间,颇有满意之色。(《戴季陶君之谈话》,《民国日报》1917 年 9 月 19 日,"要闻";《戴天仇与某报记者之谈话》,《中华新报》1917 年 9 月 19 日,"紧要新闻")其后返粤过香港,孙中山派军政府参议赵世钰赴香港迎接。(《派员迎接张戴》,《中华新报》1917 年 9 月 26 日,"紧要新闻")

△ 接云南省议会来电,祝贺当选大元帅。(《云南省议会贺孙中山当选大元帅电》,桑兵主编:《各方致孙中山函电汇编》第3卷,第69页)

△ 陈炳焜宴请国会议员吴霭林等八十一人,席上发表坚持西南"自主"的谈话。其言曰:"调和之说本欲息事宁人。我国近来变故迭兴,民穷财尽,元气大伤,加以对德宣战,外侮亟御,不宜内阅,则北京政府之意思未尝不可以迁就。但调和为单纯的而不附加以条件,我西南亦断不可以曲从,必恢复国会、遵守约法、实行共和确有担保,方能互寝干戈,同舟共济。否则,我西南半壁仍必坚持自主,宁为玉碎,不为瓦全。"(《陈炳焜在督军署宴请国会议员席上的讲话》,汤锐祥编:《护法运动史料汇编》第2册,第81页)

△ 广州非常国会选举褚辅成为众议院副议长。(《中华民国史事纪要(初稿)——中华民国六年(一九一七)一至十二月份》,第742页)

9月18日 发表坚持护法通电。

略谓:"惟此次西南举义,既由于蹂躏《约法》,解散国会,则舍恢复《约法》及旧国会外,断无磋商之余地。文虽不敏,于拥护《约法》,维持国会,实具牺牲之精神,则除依照《军政府组织大纲》,非至《约法》完全恢复、国会职权完全行使时,断不废止。"(《坚持护法通电》,《孙中山全集》第4卷,第184—185页)

△ 咨请国会非常会议讨论"咨询外交方针案"和"募集外债案"。

在《咨国会非常会议咨询外交方针》一文中,指出:"自对德宣战问题发生以来,国民鲜表示赞同之意,而揆诸事理,亦未见有无故宣战之由。然自国会被迫解散,张勋敢行复辟以后,民国已无合法政府,段祺瑞假窃名号,乘军政府之未建立,擅向德、奥宣战,今日民国与德、奥两国间,交战状态已经成立。以理言,此违法之宣战行为,军政府不能容认;以势言,则交战状态已经成立,非从头再宣布中立,无解决此问题之办法。凡一国外交,首当审已〔己〕国利害所存,以决政策。""国会代表民意,必能审度理势,宏谋国利,确定方针,用特依《国会非常会议组织大纲》第九条,谘询以后对于德、奥两国,应恢复中立关系,抑应暂行容忍现在之交战状态? 希贵会从速开会公决。"(《咨国会非常会议谘询外文方针文》,《孙中山全集》第4卷,第185—186页)结果,议决"容忍现在交战状态"。(《国会非常会议纪要》,"会议录"第26—28页)

同日,在关于募集外债的咨文中提出:"以有利条件起募外债,以济军用,现拟与外国资本家缔结合同,募集外资二万万元,军政府愿以将来颁行之全国土地增价税为担保。"由于外交问题未解决,此咨案无法讨论。(《国会非常会议纪要》,"公文"第4页)

△ 任命蒙民伟、段雄、张华澜、梁培、李茂之、卢信、李华林、朱念祖、王有兰、张于浔、陈时铨、黄元白、黄攻素、卢仲琳、杨大实、于洪起、邓天一、李秉恕、方潜、张瑞萱、曹振懋、王观铭、寇遐、杨铭源、王乃昌、丁象谦、刘泽龙、李国定、李含芳为大元帅府参议;黄伯耀、林学衡、李建中、吕复为大元帅府秘书。(《军政府公报》第3号)

△ 委任赵植之为驻港航海筹饷委员。(《大元帅府简任人员职务姓名录》,《孙中山全集》第4卷,第550页)

△ 接云南第三军总司令庾恩旸来电,祝贺当选大元帅。(《云南第三军总司令庾恩旸致孙中山电》,桑兵主编:《各方致孙中山函电汇编》第3卷,第69页)

△ 驻广州河南的李福林司令来函,婉言谢绝担任大元帅的警卫队司令。孙中山要求程璧光调"舞凤"号和"飞鹰"号两艘炮舰在水泥厂附近停泊,以便在必要时保卫他的办公室。(广东省档案馆编译:《孙中山与广东——广东省档案馆库藏海关档案选译》,第101页)

△ 为湖南零陵镇守使刘建藩等宣告自主并加入护法军,致电嘉勉。

刘氏之原电谓:"建藩等治军湘南,保国卫民,是为天职,特率湘南军民子弟,宣告自主,与段政府脱离关系,一切军民政务,均与海军、两广、云南各省一致进行,一俟约法有效,国会恢复后,正式政府成立时,即仍谨奉命令。"(《湖南零陵镇守使刘建藩等致孙中山电》,桑兵主编:《各方致孙中山函电汇编》第3卷,第70页)并已于十八日封锁辖区湘南二十四县金融、交通各机关,"所有货币不得丝毫输出,应予封存"。(《湘炎纪略(战事)》,黄季陆主编:《革命文献》第50辑,第15-16页)孙复电嘉勉:"诸君子扶义湖南,摧沮逆焰,风声所树,视听顿易。尚冀踔励进行,克竟肤功,荡涤暇秽,重奠共和,大局实利赖之。"(《复刘建藩等电》,《孙中山全集》第4卷,第185页)

△　北京的内阁和法院决定要对孙中山和非常国会进行起诉,因为他们阴谋推翻中国政府。(广东省档案馆编译:《孙中山与广东——广东省档案馆库藏海关档案选译》,第102页)

△　司法总长林长民在北京国务院例会上报告,总检察厅已对于孙中山就任大元帅及非常国会议员提起公诉,"或将发通缉之命令"。报告的主旨谓:"总检察厅方面,以孙文在广东既就大元帅之职,而非常国会又大开特开。同一国家之内,南北有两政府,是何政体?"《申报》记者邵飘萍认为,不过是"逐客令而已","此事或非总检厅之自议,吾人于此可以征政府与广东孙文一派命运之消长,盖至今时而政府始毅然为此也"。(《北京特别通信》,《申报》1917年9月20日、21日,"要闻一")

但是通缉之议在北京司法界颇有阻力。传媒报导称:"检察厅方面虽有人倡此议,然因政府处置复辟关系者过于宽大,且对于督军团之独立毫不过问,仅对于西南问题以严法相绳,未免不足以服人,故反对者甚众。""综观以上各种情报,当局者已将该案成为议题,固为事实,但因检察厅反对之议论续出,遂未克成立。""反对者之最大理由,以为起诉孙文,非仅对于孙文一人之问题,实对于民党全体之问题,即无异用武力解决西南问题之意味,如此与北京政府现在方针甚相背驰,且使时局益加混乱,尤非得计。"另有司法界之某君称:"余未闻有此事,但据余个人意见,内乱罪之构成须具二要件:(一)紊乱国宪之意思;(二)暴动之行为。孙文等标榜恢复国会,是否可认为紊宪,尚属疑问,而广东方面现在又无暴动,遽然起诉,恐理由不甚充足。司法官最忌牵入政治,尤以带党派臭味为大耻。目下对于督军团领袖倪嗣冲、领班议政大臣王士珍等人,尚因政治关系不便起诉,倘独对罪状未著之民党领袖起诉,恐人将目司法官为政府之机械,而大损独立之尊严矣。"(《起诉孙文问题之所闻》,《申报》1917年9月24日,"要闻二")

《字林西报》9月22日的北京通讯指出,"起诉孙文与非常国会议员之问题,近日声浪愈高,因种种原因,已促检察厅办理。苟非因有同一案情而办法各异之嫌疑,则检察厅定必毅然行之,无所顾虑矣"。"政府之所以急急催促起诉者,其故有二:一则反对政府派之国会议员,既经起诉在捕,则按诸法律,自无被选复为将来国会议员之资格;二则总统不允大赦帝制犯,今若以问一罪名加诸国民党之激烈分子,即可引起双方之让步,将已往之事一笔勾销也。"(《起诉孙文等与临时参议院》,《申报》1917年10月2日,"要闻一")

9月24日,司法部次长江庸接受通信社记者半个小时的采访,谈及起诉、逮捕孙中山之事。江庸谓:"关于逮捕孙等命令,司法部中尚无此议。唯检察总长朱深君拟以独立之权能直接起诉,此说似尚可靠。然欲实行起诉,非详细调查非常国会之组织及人员不可,大约尚须经过许多时日方能实现。此事本在总检察厅权限之内,固毋庸提交国务会议通过也。"(《江庸之孙文起诉谭》,《申报》1917年9月25日,"要闻二")

另据英文《大陆报》消息,江苏督军李纯有令饬淞沪警察厅长徐国樑捕拿孙中山、前浙江都督屈映光、前闸北光复军统领李征五,因诸人"均与在浙谋乱者有关系"。(《苏督饬捕民党要人之译报》,天津《益世报》1917年9月11日,"要闻")

9月19日 公布《大元帅府参军组织条例》,参军处分总务、会计、庶务三科,"掌理内部勤务,传达军令,接见宾客,并办理会计、庶务、警卫、扈从、典礼"之事。(《公布海陆军大元帅府组织条例令》,《孙中山

全集》第4卷,第157页;《军政府公报》第3号)

△ 任命覃振、田桐、陈策、王釜、陈寿如、刘芷芬、陈鸿钧、汪哕鸾、简经纶、陆孟飞、廖德山为大元帅府参议;陈大年、杜之秋为大元帅府秘书。(《军政府公报》第3号;《大元帅府简任人员职务姓名录》,《孙中山全集》第4卷,第552—553页)

△ 任命陈培深、周昭岳、伍横贯、关宝华为筹饷委员。(《大元帅府简任人员职务姓名录》,《孙中山全集》第4卷,第552—553页)

△ 接陆兰清来书,接受参议之任命。

略谓:"第思执事此举,名正言顺。律以国家兴亡、匹夫有责之义,海内人士谅必共表同情。清本武夫,惟知奉公守法。关于共和要旨,益当勉力维持。"(《陆兰清上孙中山书》,桑兵主编:《各方致孙中山函电汇编》第3卷,第71页)

△ 李六更来书,敬劝即退大元帅之任,以救祖国。

略谓:"万不意六更阅九月二十号《顺天时报》所载,先生竟就大元帅之任于广东矣,足见先生不欲作正大光明之调人,至欲为反对派之魁首,可疼可恨! 六更尚有何言,不过抱我十四年所击之本梆大击大哭,一死矣而已,望先生好自为之。六更请问先生,元帅自为之,致黎正大总统、冯代总统于何地?"(《李六更致孙中山函》,桑兵主编:《各方致孙中山函电汇编》第3卷,第72页)

△ 国会议员张伯烈来函告知军政府存在之问题,语多耿直[1]。

函谓:"惟日来用人行政,外间啧有烦言。伯烈之于我公,原不在信而后谏之列,第以谊切同舟,火非隔岸,与其不言而有负于我公,不若言之以重一己之罪。""公就职之次日,除任命由议会选举各总长外,以任命议员为参议、秘书为最多,不知是何用意? 以为议员等此次组织军政府不无微劳,故酬以参议、秘书等官,用昭激劝耶? 窃议员等为国民代表,此次奔走来粤,为救国而来,非为作官而来。如因

---

① 《孙中山与广东——广东省档案馆库藏海关档案选译》第103页谓写信人为非常国会的一名议员——张继。

军政府成立,为议员者即尽数取得一官,则天下人民莫不交相鄙之曰:'议员之主张组织军政府者,殆为此也。'即令天下人民,不屑鄙弃,而清夜自问,亦觉难安。""议长原由议员选出,而公则特别待遇,聘请吴景濂君为高等顾问,以吴君之学行、才识,当此高等顾问,何所不可。然出自我公,似若舍吴君外,其余议员均难邀中下□选。且对于议长为顾问,则用函聘请;对于议员为参议、秘书,则下命令。虽精牛□马勃之别,虽有贵贱阶级之分,况国会议员同一资格,孰能备顾问,孰不能备顾问? 孰能充参议,孰不能充参议? 孰能任秘书,孰不能任秘书? 在公之雅意,或藉此治议员为一炉,而不知适足以启水火畛域之渐。""军事方面,吾质诸新任参军者,皆不与闻,日所司事均传达译电人役。然尚曰军事秘密,未便普通参军与闻大计。但外交则军政府主张赞成宣战,财政则军政府主张以某项抵押品借款二万万元。虽曰皆有案咨询国会,而国会之议决表示,不过形式上之手续耳。何以当此未曾定谋之先,我公绝不集请顾问参议,在大元帅府中再有一筹商,然后进行。"同时又指出有两事"足以失天下人心"。一为"借款过巨","徒以二万万之虚名惊骇国人,不惟予北京政府以攻击嘲笑之口实,窃恐惹起一般社会人民之反对,则军政府将立脚不住,即等于自杀";二是"用人过狭","公所信任者,为左右一二青年之士。公之旧人如胡汉民、汪精卫、冯自由等均不能参与机要,遑论其他?"(《议员张伯烈诘孙中山函》,桑兵主编:《各方致孙中山函电汇编》第3卷,第85—86页)

　　孙中山得函后,"反复阅看四小时之久,同时有某某在座。忽一军官指某某曰:文中所指一二青年者,即汝辈也。孙氏相视无言"。当晚让黄大伟到海珠请张伯烈来谈。次日十时,张氏到府,"又为痛切陈之"。孙氏表示:"参议、秘书等令本属错误,无从挽回。财政借款,毫无成见,可将此案撤回,或商募国内公债。用人一节,尚希诸君举其所知,阻梗把持之弊,自此留心防范,并希张君时常到府商筹一切。"(《军政府与非常国会近情》,《申报》1917年10月1日,"要闻二";《非常国会咨覆大元帅府文》，长沙《大公报》1917年10月8日，"紧要新闻"）

张氏在民初时名在进步党，后脱党，称为老共和党。（《吴景濂自述年谱（下）》，中国社会科学院近代史研究所近代史资料编辑组编：《近代史资料》总107号，第39页）他力主陆荣廷主持大局，并不支持孙中山自为领袖。此前曾公开表示："今愿陆公出而主持大计，陈、谭两公同心戮力，务复真正共和，使议员等得将去年推戴陆公之宗旨实行贯彻，此次集合粤省之目的亦可达到。"（《张伯烈在督军署宴请国会议员席上的发言》，汤锐祥编：《护法运动史料汇编》第2册，第81页）

另外，《北京日报》对于孙中山处境艰难的分析虽然不无夸张，然亦有与张函互相参考之处。略谓："兹从各方面探其（按指军政府）岑寂之原因有三：（一）府中各务全由朱执信一人把持，即汪精卫、胡汉民自建帅府后，所言皆不蒙采纳，恨恨赴港。所任之参议，属于国会议员者七十余人，名为搜罗俊杰，采纳群言，而每日到府，府中事概未与闻。代秘书长张伯烈对人言，自任事以来，未办一事，坐拥虚名，实同傀儡，先已具函辞职，继之者亦复不少。（二）军政府实产生于非常国会，故孙之任仪员为参议，实欲以笼络一般议员。惟议员等以开会以来，极少薪水，又未能支足，感怀去志。到粤者一百九十余人，现陆续去粤者已有六十余人，非常会议已成无形解散。（三）军政府之所恃以对付北方者，全在滇、海两军。自程璧光赴南宁与陆荣廷会晤后，即将海军舰队归陈炳焜节制，而滇军师长张开儒因杀团附贺鑫常事，与孙大生意见，辞去陆军总长职，旋拍电往武鸣，一任指挥。孙之所恃，概归无有。军政府已毫无能力。至近日所办，惟招募各路民军一事，又为陈炳焜禁止。"（《各省状态》，《北京日报》1917年11月11日，"群报汇选"）

对于孙氏用人问题，何天炯在是月20日致宫崎寅藏函称："刻下粤省大局，混沌中尚含危险性质，结果如何，虽神仙不能逆睹也。其原因虽由陆氏之野蛮无识，而第一着由孙公做坏，其后种种办法，背道而驰，如作茧自缚，使一切民党毫无活动之余地，则不能不咎孙公之用人不当耳。可悲可惭,民党其从此已矣乎!"(杨天石、〔日〕狭间直树:《何天炯与孙中山》,《历史研究》1987 年第 5 期)谭人凤致函章太炎,亦谓:"所可惜者,粤自先生去后,帅府金壬揽政,人心涣散,势力亦衰。"(《谭人凤致章炳麟述坚持护法意见函》,黄季陆主编:《革命文献》第 49 辑,第109 页)

△　彭介石、林森、褚辅成、马骧等议员代表非常国会,到上海请孙洪伊南下就任。孙复函称:"惟有勉竭驽骀,力效驱策。"(《欢迎伍孙二君赴粤之复音》《申报》1917 年 9 月 24 日,"本埠新闻")但最终还是没有南下就职。因其为直隶人,故一直在沪为军政府联络和策反直系。

是月中旬　川军刘存厚等人来电,表示愿意与滇、桂、粤一致,共同护法。

略谓:"兹幸大势已明,滇川觉悟,爱国护法,主旨无殊,各释小嫌,共维大局。私情公谊,依然如昔,联络进行,携手讨乱,粤桂一致,分道出兵,攻守同盟,义无反顾,非约法回复、国会重开,我西南义师决不中止。"(《刘存厚等致孙中山电》,桑兵主编:《各方致孙中山函电汇编》第3 卷,第 74 页)

9 月 20 日　复咨国会非常会议,请修改对德外交案辞令。以"暂行容忍"四字措词尚属含混,似仍须改用"承认现在交战状态"字样,始免疑义。再请开会议定见复。(《咨国会非常会议请改外交案词句文》,《孙中山全集》第 4 卷,第 188—189 页)

△　《申报》记者分析"北京"、广东"当道"和"民党"三大势力的动向,认为"三者各有主义"。"北京"方面"欲缚束民党,使持西南主义者或软化或阴消",尽管冯、段"一恃谋略以缓和,一恃武力以急进"。广东"当道"则认冯、拒段、援湘。"纯粹之民党如孙中山辈","既以斥段为宗旨,而联冯亦未必赞成",外交方面的"最关紧要第一问题"为对德宣战问题,却得到伍廷芳和唐绍仪的支援。(《广东最近之趋势(平生通信)》,《申报》1917 年 9 月 20 日,"要闻二")

△　报载:"孙文为大元帅后,以军政府办事机关尚未组织成立,

故连日召集会议,仍在黄埔公园举行,惟恐有人混入刺探内情,特请派干探四名,分赴长洲、黄埔、新洲各墟场严密查缉。"并由李福林调拨一连军队驻守公园附近,关防加密。(《广东军政府之人物》,《申报》1917年9月20日,"要闻二")

△ 任命张左丞、林镜台、伍于簪为大元帅府参议。(《军政府公报》第3号;《大元帅府简任人员职务姓名录》,《孙中山全集》第4卷,第553页)传媒评论:"连前核计共任命参议七十四人。所谓非常国会议员几人人得有参议头衔矣。"(《各省状态》,《北京日报》1917年10月6日,"群报汇选")

△ 任命简英甫为筹饷委员长。(《大元帅府简任人员职务姓名录》,《孙中山全集》第4卷,第553页)

△ 黎元洪派刘秘书来京谒见冯国璋、段祺瑞,传述黎氏之意,称:"孙文等虽求余密行南下,然余既经声明,于政界已绝望,毫无再入政局之意。惟切望依赖冯、段两公之力,迅速统一南北,余当留津,以观立法机关成立,正式总统就任,此际并不欲往外国。"(《国内杂电黎黄陂》,《时报》1917年9月21日,"公电")

9月21日 召集军政府特别会议,商决军政进行方略。

是日,召集各要人,假座黄埔,开特别会议,商决军政进行方略。一、长江一带先练北伐军十师,由海陆军大元帅统辖;二、滇军第三师由韶关出发,进取湘省,第四师随同海军舰队攻闽;三、拟提请非常国会讨论,迅速商借内外债或发行公债数百万元,俾军政进行有保证;四、大元帅府移节于广州市河南之士敏土厂内,着黄大伟、朱执信及各筹办员赶紧组织大元帅府。(《军政府之会议》,上海《民国日报》1917年9月22日)会上,孙氏亦因"五师长官士兵训练有素,去年征讨龙氏时,该师异常奋勇,若编成一讨逆军,诚足称为劲敌",特委任院署秘书邹鲁,将"先将前两广都司令部所解散之第五师",重新召集。(《粤东要人态度渐明》,《申报》1917年9月22日,"要闻二")

△ 敦促程璧光就任海军总长,未果。

是日,亲诣"海圻"号巡洋舰,试图说服程璧光就任军政府海军总长职,程婉言谢辞。(粤海关档案《各项时事传闻录》,1917 年 9 月 21 日条)

△ 柬请国会议员到府讨论募集内债等问题。

在讨论中,孙中山首先申明军政府并非定要借外债,如国债应募者踊跃,则可以无须外债。继言:本府求才向无畛域,倘四方有志之士,不弃此险阻艰难之军政府来相辅助,军政府正欢迎之不暇。至于任议员为参议,亦因此次政府与国会,本系休戚相关,议员等皆富于政治学识,又为人民代表,故拟陆续请为参议,共襄大计,不可视此为笼络敷衍之具。吴景濂等议员亦相继发表意见,颇为欢洽。(《军政府大事记》,上海《民国日报》1917 年 10 月 1 日)又据《各项时事传闻录》9 月 26 日条载,孙中山等想募集五千万元公债,年息为 8%,拟于八年内分期归还。此事曾与省长李耀汉商量。但在香港募款遇阻,捐募者被驱逐出港。(陈锡祺主编:《孙中山年谱长编》上册,第 1064 页)

△ 任命王杰、李式璠、文笃周、周之翰、傅谐、王绍鏊、孙钟、苏祐慈、梁士模、汪建刚、林伯和、李自芳为大元帅府参议。(《大元帅府简任人员职务姓名录》,《孙中山全集》第 4 卷,第 553—554 页)

△ 任命陈嘉猷、张丹青、刘恢汉、沈智夫为筹饷委员。(《大元帅府简任人员职务姓名录》,《孙中山全集》第 4 卷,第 554 页)

△ 任命徐东垣为吉林军事委员。(《大元帅府简任人员职务姓名录》,《孙中山全集》第 4 卷,第 554 页)

△ 任命张继为中华民国军政府驻日外交代表,殷汝耕为驻日外交代表秘书。(《大元帅府简任人员职务姓名录》,《孙中山全集》第 4 卷,第 554 页)但张继于 27 日即自日本返国。(罗刚编著:《中华民国国父实录》第 4 册,第 3064 页)

△ 伍廷芳复电国会非常会议,表示暂时不能赴粤,略谓:"此次国会因被非法解散,在粤开非常会议,依照军政府组织大纲,选举各部总长,廷芳不才,谬承推长外交,自惭衰朽,感愧不胜。惟现在尚有贱冗羁身,一时未能赴粤,谨先电复。"同日,孙洪伊复电国会非常会

议,表示愿意效力。(《伍廷芳复国会非常会议电》,汤锐祥编:《护法运动史料汇编》第 2 册,第 87 页)

军政府派国会议员彭介石到沪欢迎伍廷芳、孙洪伊二人就职。彭在致国会非常会议的函电中称:"即于十九日亲诣两公,具道来意。两公均热心护法,慨允就职,惟伍公尚有私人事务,暂须少留,着其长子柳〔梯〕云先行赴粤。"(《国会议员彭介石致国会非常会议电》,汤锐祥编:《护法运动史料汇编》第 2 册,第 91 页)

9 月 22 日　以章太炎赴滇之故,特任徐谦代理大元帅府秘书长;廖仲恺代理中华民国军政府财政总长;任命邹鲁为财政次长。(《军政府公报》第 5 号)

△　是日下午,国会非常会议开会,商讨三事。一为本会议员不兼军政府他项职务案。议员邓元、陈子斌提出。是日限于时间延会。二为孙中山所派戴季陶出席说明赴日外交情况。略谓:日本朝野赞同西南举兵,日本外务当局亦谓民党反对段内阁如果理由正当,亦当赞成。至段内阁之违法虽已闻知,然有国际之关系,未便遽尔反对而掩护民党,一万万借款垫款契约已经调印,交款之际当严监察用途,民党议员议决宣战问题之后,日本亦可借款赞助,如承认为交战团体等,则俟政府成立之后实行。三为对德宣战的文本问题。(《非常国会决议外交方针》,《中华新报》1917 年 9 月 30 日,"紧要新闻";《中华民国史事纪要(初稿)——中华民国六年(一九一七)一至十二月份》,第 768 页)

宣战咨文经国会非常会议开会议决,以多数决定对德宣战:"讨论对于宣战案条文中无有暂行容认字样,遂有一部份议员谓应改为承认。议论间大生龃龉,卒为修改议员胜。遂通过并咨复军政府云。为咨复事案。准大元帅咨称,前咨询外交方针一案,经贵会开会议决咨复,即依据进行。惟查前文有暂行容认现在之交战状态一语,所谓暂行容认即承认之义,非含有别种意味,然前文仍未明晰,应请贵会对于此案再行开会议决见复。等因。准此,当经本会于本日开会议决,计到会议员二十二省凡六十人,赞成将暂行容认现在之交战状态改为承认者,四十九人,多数取决,相应咨复查照可也。"(《非常国会决议外交方针》,《中华新报》1917 年 9 月 30 日,"紧要新闻")

　　△　戴季陶从日本回到广州,当即奉孙中山之命向国会非常会议报告赴日经过及观感。略谓"往东京拜会日外交部及当道要人,谈及我国此次西南之举兵,多有赞同"。当时日本外交部称:"贵国民党反对段内阁,果系正当行为,不为无意思之举动,敝国无不赞同,惟因事实上有许多国际交涉,未便遽然反对段内阁,拥护民党。但段内阁近来向五国银行团磋商借款一万万元,议定由本国先垫一千万元,虽已签字,本国绝不赞成,必俟贵国内乱平息后,查其用途正当与否,方许交付。贵国民党对付段内阁,必须以正当手段,宣战问题关系极重,不可以私人忿争,妨害公意。""若宣战案议决后,民党方面:第一借款问题,本国首先赞助,而犬养赞助尤诚;第二项要求承认交战团体,俟我军政府完全成立,有咨文到日,即行承认。"但据前日东方通信社电,日本当局对此加以否认。(《军政府与非常国会近情》,《申报》1917 年 10 月 1 日,"要闻二")

　　△　发布《〈军政府公报〉发行章程》。该公报由大元帅府秘书处公报课发行,从 9 月 20 日起,每日出报,可以定购和刊登广告。(《〈军政府公报〉发行章程》,陈旭麓、郝盛潮主编,王耿雄等编:《孙中山集外集》,第 588—589 页)

　　△　任命黄林为筹饷委员;邓荫南、陈清为军事委员。(《大元帅府简任人员职务姓名录》,《孙中山全集》第 4 卷,第 554—555 页)

　　△　长沙《大公报》评论广州非常国会选举孙中山为大元帅,颇有讥讽之意。略谓:"孙文挟议员数十人及海军数舰赴粤,欲组织西南政府。乃入粤之始,即为陈炳焜氏所反对,于是不得已有不理粤事之宣言。迟之又久,而非常国会开会矣,而举孙氏为大元帅矣,而各部部长已行选出矣! 政府之形式之不可谓不略具,乃按其内容则林林总总之豪杰,仅能摇旗呐喊于黄埔一隅,微论西南全局,即广州省政府亦在其势力范围之外。人以其无土地无人可管,讥之为超然政

府,吾谓超然二字,意义犹嫌含混,直戏剧政府而已。演剧者或为帝
王,或为将相,未尝不惟妙惟肖,然其能力所及,终不出方丈之舞台。
孙氏之政府何以异是,尤奇者孙氏虽被举为大元帅,而同时所举之元
帅三人,皆辞不就职,而孙氏不顾形单影只,竟在洋灰工厂设立大元
帅府。有黄埔公园之政府,斯有洋灰工厂之大元帅。"(《长沙〈大公报〉
评广州非常国会选举大元帅》,汤锐祥编:《护法运动史料汇编》第 2 册,第 89
页)

　　△　长沙《大公报》载陈炳焜不赞成召开非常国会等问题与某西
人的谈话。

　　略称:"余元〔原〕来主张拥护共和、维持约法之人,对于段内阁之
非法成立,在理与势,余固不能不反对也。然对于此间非常国会之举
动,亦不能妄表赞成,希望有相当之人物念国势之飘摇,人民之涂炭,
出而当解决时局之任。至海军独立,原为拥护共和、维持约法,不得
已而为之,正与余之主张不期而同,故关于海军独立之经费,无论省
库如何支绌,必力行负担。驻粤滇军之经费亦必力任其艰,由本省筹
给,但须归余之指挥。"(《陈炳焜不赞成召开非常国会等问题与某西人的谈
话》,汤锐祥编:《护法运动史料汇编》第 3 册,第 76 页)

　　9 月 23 日　致函菲律宾同志,拟派孙科、陈民钟、黄展云赴菲
募饷。

　　略称:"义师待发,需饷孔殷,兹特派美国加拿亚大学商科硕士孙
科、本府参议陈民钟、本府秘书黄展云前赴大埠,募军饷。诸同志频
年奔走,助益良多,尚乞念一篑未竟之功,作将伯之助,则民国再造,
皆诸同志之力也。"(《致菲律宾同志函》,《孙中山全集》第 4 卷,第 191 页)

　　△　复函徐统雄,已妥收邓子瑜带来的星币一百十五元二角。
(《复徐统雄函》,《孙中山全集》第 4 卷,第 192 页)

　　△　派国会议员陈某,前往中华医院探询钮永建病状,并转告
"将以参议长一席相敦聘,特来征求同意"。钮云:"吾辈既同是缔造
共和之人,元帅有意以参谋长一席相托,值兹凶焰方炽之日,大义所

在,讵容委卸,断无不愿同心协力之理。惟昨日接到陆巡阅使密电,催促赴桂一行,故兄弟刻下急欲聆陆使出师计划,及各项进行办法,拟先行西上,然后回粤就职务,望将此实情回府复命。"(《粤军政府与援湘计划》,《申报》1917 年 9 月 23 日,"要闻二")钮氏到粤后即病在医院。先是,孙中山派汪精卫、胡汉民两人往访,托其疏通陆荣廷,然钮终以病托。他很不满意孙的轻举急进,常说两广军人已觉满足,"断不肯因举事失败而随同亡命,故绝难推动之"。(谭群玉:《派系和制衡:军政府改组与南北政局》,第 37 页)

△ 任命刘崛、徐元诰为大元帅府参议。(《大元帅府简任人员职务姓名录》,《孙中山全集》第 4 卷,第 555 页)

△ 据《字林西报》广州通信,有蒙古国会议员四人到广州,参列非常国会,"大惹一般人之注意"。(《西报记粤东近事》,《中华新报》1917 年 10 月 3 日,"紧要新闻")

△ 梁启超致电梁季宽,请转商陈炳焜,勿再坚持复旧国会,并告诫民党在谋粤。略谓:"某党目的在争地盘,对于吾粤尤抵死不肯放过,谓容其一二端之要求,即可宁人息事,恐无是理。……若欲餍某派之意,则除将两粤双手奉让外,恐无他术。"(丁文江、赵本田编:《梁启超年谱长编》,第 538—539 页)

9 月 24 日 致函唐继尧,通报护法现状与前景,促唐统军东下,并派张左丞为军政府驻滇代表。

略称:"文自率海军将士南来,知非护约法无以维持国本,非讨国贼无以荡涤瑕秽,而国会诸君子亦复心同此理,以为不亟从事组织军政府,非但不能与非法政府相对抗,亦且无从与各友邦相周旋,因是国会非常会议开会以后,即进而议决《军政府组织法》,且以文之不才,亦得从执事及幹老之后,勉尽讨贼之责,艰难之际,不敢以谦退鸣高,已于九月十日就职任事。现方敦劝各部总长分别就职,组织各部,不久当可完全成立。""外交方面,日美两国皆示亲善之意,如军政府力能发展,则彼两国必可为我援助。""此间一俟基础稍固,即当向沿海各省徐图发展。闻川事已可和平解决,倘执事布置就绪,能早日统军东下,将来会师中原,在指顾间耳。"(《复唐继尧函》,《孙中山全集》第4卷,第192—193页)

同日,在张左丞赴滇之际,还致函手握兵符之唐继虞,望其"投袂奋起,以慷慨杀贼为己任"。(《致唐继虞函》,《孙中山全集》第4卷,第194页)

△ 任命廖仲恺为军政府财政次长。(《大元帅府简任人员职务姓名录》,《孙中山全集》第4卷,第555页)

△ 零陵镇守使刘建藩致电孙中山并国会非常会议,报告"此间兵队已集中衡阳,敌众我寡,其势悬殊,仅取守势",望促护法各师急进迅援。(《湖南方面致桂省电汇录》,上海《民国日报》1917年10月5日)在这前后,尚有余鏖、曾广瀛等致电孙氏或非常国会,报告湘局,望敦促滇粤各军迅速援湘。(《余鏖致大元帅电》,桑兵主编:《各方致孙中山函电汇编》第3卷,第76页)

△ 何畏密电唐继尧,报告广东政府情况。电称:"广东〔政〕府组织,阁员就职寥寥,恐无圆满效果。惟戴天仇告:非常议会主旨,日本朝野人士,均希望西南诸省一致进行组织适法政府,方可以代表国家。否则,欲辅助民国,无从下手。援湘已进兵永州。冯、段将大破裂。"(《何畏报告广东政府情况密电》,中国第二历史档案馆、云南省档案馆合编:《护法运动》,第425页)

△ 致函叶荃,特派军政府参议崔文藻、参军黄大伟赴港,与之"详商一切",并请来广州面谈。(《致叶香石函》,《孙中山全集》第4卷,第192页)

△ 任命"海圻"舰长汤廷光、"海琛"舰长程耀垣、"飞鹰"舰长李国堂、"永丰"舰长魏子浩、"豫章"舰长吴志馨、"楚豫"舰长郑祖怡和舰队参谋饶鸣銮为大元帅府参军。(《大元帅府简任人员职务姓名录》,《孙中山全集》第4卷,第555页)

△ 因"军政府既已成立,不可无军队以为后盾",特函请张、方

两师长到元帅府,筹商办法。据悉孙氏"拟改编滇军为讨伐军,请该师长查核所部现有兵额及缺额人数总共若干,列单备阅,俾便编配。其有情愿退伍者,即加给军饷一月,护送回籍。其愿充讨伐军者,应赶紧编定,使早日成军,准备出发。至所有讨伐军饷械一层,则自改编之日起,一律由军政府担任给发,并直接由大元帅指挥"。张开儒、方胜涛表示同意。

此外,自从近日搬入士敏土厂办公后,"所有侍卫军队,亦已妥为支配。刻下元帅府前并有永丰炮舰停泊,以供差遣,至府中公务,亦经分科办理";"又以该厂一带,地当水陆要冲,防卫亟宜周密,闻昨商请程司令,橄饬舞凤、飞鹰两舰,驶入省河,驻泊厂前一带,藉资防卫"。(《在粤滇军之出师准备》,《申报》1917 年 9 月 25 日,"要闻二")

△ 徐元诰来函,欲与李烈钧同行,劝说在沪议员来粤。

略谓:"窃以此次解决国难,应注重国会。国会能足法定人数,则一切难关胥迎刃而解。议员在沪观望者不下二百人。元诰兹请准协和自备资斧,往沪劝驾。"(环龙路档案第 01958 号)

△ 报载,近日外间风传,李烈钧与孙中山不睦,已由广州他往。实际上李仍在广州,"热心运动其与各方面之联络"。(《广东近讯二则》,《北京日报》1917 年 9 月 24 日,"紧要新闻")

△ 北京政府总检察厅致电各省长官,通缉孙中山、吴景濂、王正廷三人。略谓:"孙文就职后,即任命官吏,对抗中央,曾于八月感日致电滇黔各省督军、师长,内有此后当以一致抵抗北军为旨等语。此等行为,名虽拥护共和,实则破坏统一,既已触犯刑律内乱罪规定",并请各公署"先将上开首要孙文、吴景濂、王正廷三名,严饬所属一体协缉"。(《总检厅致各省通缉党人之电文》,《时报》1917 年 10 月 8 日,"要闻二")

事前,段祺瑞曾向阁员征集意见。"惟某总长以此种命令一经发表,南北益增最大恶感,国内愈将纷扰,且夙怨宜解不宜再结,意涉犹豫,其余各员均一律表示同情段总理。"(《孙文等通缉令未发表前之会议》,天津《益世报》1917 年 10 月 1 日,"特别纪事")冯国璋坚持将"其余执行重要伪职暨非常国会列席诸人应即查明,一并拿办"等语删除。"段总理亦颇活动,惟梁、汤两总长坚执不可,争持极力,以致不果。"(《三大命令发表前后之状况》,天津《益世报》1917 年 10 月 2 日,"特别纪事")北京政府最后并未通缉民党全体,意在留下南北和谈的空间。另据李开侁之电,陆荣廷"于逮捕孙、吴明令似无意见,惟于国会仍有要求,内容甚秘"。(《中华通信社电》,《中华新报》1917 年 10 月 5 日,"公电录要")

北京某外报也评论称:"孙文等之逮捕命令果然发表,惟孙文一派不过与现政府政见不同之政敌,非可视同匪贼。""孙文、吴景濂等在广州方面之行动,是否可认为紊乱国宪,是否构成内乱之嫌疑,系属法律问题,姑勿深论。专就政治方面言,吾人认政府此举确为无益而有害。盖现今南北已成对峙之势,北京政府之势力不能及于岭南,亦犹南派之势力不能及于江北。设使政府朝发一令,夕即能捕孙文等而惩治之,则南北间早无问题,不必复有今日之事矣。今既明知此一纸空文不足损孙文等之毫末,犹复悍然宣告,岂非徒损法律之威严,益使人视政府行为等于儿戏乎?且文明国之政治家对于政敌,应互相尊重。若凡属自己之反对党,概目为贼匪叛逆,则不独表示自己度量偏狭,不脱野蛮专制之遗风,且于国家元气实有莫大之伤损。"(《某外报对孙文等通缉令之评论》,天津《益世报》1917 年 10 月 1 日,"特别纪事")

亦有传媒认为,通缉之举不过是"预为设法禁阻之计",阻止非常国会民党议员加入即将召集的临时参议院。(《颁布严缉孙吴等命令之用意》,《盛京时报》1917 年 10 月 5 日,"北京专电")通缉令发表后,中央政界对于时局"多抱极大悲观者"。某方面要人向友人私语称:"政府旧官僚之痕迹本未铲尽,且反日增日盛。民国自建设以来,前后历演之乱象,何不俱由彼等所构乱而成者。彼等谋福国利民不逮,而造乱则有余。今因民党政见不合,突然出此手段,不惟有失身分,且亦太无价值。国难已成,约在三五日内,南方民党最激烈之举必起无疑。"
(《某要人对缉拿孙中山之私议》,天津《益世报》1917 年 10 月 2 日,"要闻")

9 月 25 日 特任马君武代理中华民国军政府交通总长,叶夏声代理内政次长,邓慕韩为大元帅府参议。(《军政府公报》第 6 号)王正廷署理外交总长。(罗家伦主编,黄季陆增订:《国父年谱(增订本)》下册,776 页)

△ 将关于军事内国公债局条例及募集军事内国军事公债条例咨交非常国会会议,并派代理财政总长廖仲恺出席,报告一切。国会接咨后称,"经本会本日午后二时开会议决,计出席议员二十一省凡八十三人,除将议决全文另行缮写外,其募集军内国公债条例,多数认为财政组织范围之内务须交议,应将原案退回"。(《军政府拟募内国公债》,《中华新报》1917 年 10 月 1 日,"紧要新闻")

△ 财政次长廖仲恺代理总长,内政次长居正代理总长,马君武署理交通总长,叶夏声代理内政次长,均呈文就职。(桑兵主编:《各方致孙中山函电汇编》第 3 卷,第 76—78 页)

△ 任命崔灼明为筹饷委员。(《大元帅府简任人员职务姓名录》,《孙中山全集》第 4 卷,第 556 页)

△ 前南京大总统府秘书郑宪武来呈,再次报告钟汉杰引拿海军侦探王仁棠有功,请军府优加体恤。(环龙路档案第 03012.1 号)

△ 北京 25 日电称"二十七晚或二十八晨将发下要令:(一)速筹召正式新国会;(二)即召集临时参院以改正组织法;(三)拿办孙文及议员之列非常席与就元帅府职诸人"。(《专电》,《申报》1917 年 9 月 26 日,"要闻二")

9 月 26 日 军政府布告对德、奥宣战。

布告略称:"迩者段祺瑞矫托大总统命令,擅组政府,对于德、奥实行宣战,揆之国法,自属不合。按之事实,我国之与德、奥实已处于敌对地位。今军政府成立伊始,关于对外大计亟宜决定,以利进行。当于本月 18 日具文咨询国会非常会议,应否承认对于德奥两国交战状态,旋经国会非常会议,于本月 22 日开会议决,承认交战状态。"

"特此布告中外,咸使闻之。"(《军政府大事记》,上海《民国日报》1917年10月5日,"要闻")

另上海《民国日报》10月10日载《西报纪军政府对德奥宣战》一文,与上文文辞稍有出入,兹录于此,以供参考。"自德国宣布潜艇政策后,我国政府立即提出抗议。抗议无效,我政府得国会之准许,复与德国断绝外交关系。未几政府咨请国会通过对德宣战案,政府正欲决议而倪嗣冲等造反,以致国会停顿,宣战案之通过遂延搁至今。段祺瑞假造总统命令,自为总统,组织政府,旋即对德奥宣战。按照法律,此项宣言乃不正当,但在事实上则中国与德、奥两国间确已立于战争状态。本军政府成立之后,以对外政策必须确定,爰于九月十八日咨询非常国会应否承认中国与德、奥立于战争状态。非常国会于二十二日开会决议承认战争状态之存在。照复前来,内国政争与对外宣战本系两事。非常国会既决议承认宣战,本军政府爰发布告中外,吾人对于战事应力行不懈,并依据国际战事公法对于德、奥两国予以相当必要之处置。"(《军政府对德奥宣战宣言》,汤锐祥编:《护法运动史料汇编》第3册,第79页)

△ 公布《军事内国公债条例》及《承购军事内国公债奖励条例》。

军政府成立后,财政极为拮据,军政府内各职员,自部长、秘书、参军各长以至书记事务员,每人均一律一月领零用二十元,故必须发行公债。军事内国公债条例共十三条,规定募集公债五千万元,以及发行和偿还办法。承购军事内国公债奖励条例共六条,奖励分五级,按十万元、五万元、一万元、五千元、五百元以上分别给予三、四、五、六等勋章和奖章。(《军政府公报》第7号)

△ 公布《〈军政府公报〉条例》,规定《军政府公报》为"公布法律命令之机关,凡法令及应行公布之文电统由《军政府公报》发行"。(《公布军政府公报条例令》,《孙中山全集》第4卷,第198—199页)

△ 任命朱本富为军事委员。(《大元帅府简任人员职务姓名录》,

《孙中山全集》第4卷，第556页)

△ 《字林西报》广州通信云："广州政府已决定发行军用债券五千万元，利息八厘，每年四十两月付息，两年后开始抽签发还，八年内还清。财政部发行债券，实收九十，最先二百万元仅收八八，代理发行之人即以百分之十或百分之十二为酬劳金，不另取回扣。利息由在华之中国或外国银行经手发给，债券分千元、百元、五十元、五元四种，除海关税外，其他钱粮赋税一律通用。"(《西报记粤东近事》,《中华新报》1917年10月3日,"紧要新闻")

△ 报载《字林西报》广州通信，陆荣廷向孙中山推荐马济为援湘军总司令。略谓："江防总司令马济已任为援湘军总司令，宪兵司令林虎副之。马率师四千人，林率五六千人马，将随时出发。林则须待陆荣廷之训令。马为陆氏提拔之人，少年有大志，前欲得广东省长或肇庆镇守使一职，目的未达，陆使遂荐于大元帅，将来以湖南督军畀之。"(《西报记粤东近事》,《中华新报》1917年10月3日,"紧要新闻")

△ 北京26日电："检举孙文等之令，闻因对外关系，藉免人视为有两政府。"(《北京电》,《申报》1917年9月28日,"专电")

△ 下午四时半，孙中山之代表章太炎、郭同，以及国会代表吴景濂、吴宗慈、赵世钰、王湘抵达昆明。前者到滇系为筹商时局，后者则是赍送元帅证书与印信。唐继尧亲率文武高级官员迎迓于车站，以临安八属会馆为其下榻处，由李宗黄负责接待。

次日章太炎在军政界欢迎会上发表演说，略云："今日之急务，在出师东下，经略中原，使黎总统复职，旧国会重开，倡乱群凶俱获正法，约法效力乃见真行。欲达此的，师行在速。欲其速行，须求和众。和众之道，在川滇无碍，六省通行，所谓利害相关，同舟共济者也。"吴宗慈亦有演说："此次对于大局，应求一根本解决而且一劳永逸之计，不可再蹈从前苟且调和之局，惟目下最难解决者，即所谓川滇问题是也。鄙人之意，与其言川滇，不如言西南；与其言西南，不如言南北；与其言南北，不如言国法。盖此次兴师，所以救国，所以护法，非可介

介于四川一隅也。"(《纪云南之欢迎会》,《申报》1917 年 10 月 21 日)

赵世珏属岑春煊之派别,此次虽受国会派遣,然不仅不劝唐继尧接受元帅之职,反而加以劝阻,"隐教以观望"。(南北名人言行录丛书社编:《叶夏声》,第 33 页)

△ 唐继尧于本日复电,辞不就职。电称:"惟终以尺寸未效,标举过高,转昧两军哀胜之义,故亟欲壹志进取,勉副厚期,他日课责程功有所表见,亦不敢矫情镇物,致臬权责,辱爱再掬衷曲,惟赐原察。"(中国第二历史档案馆、云南省档案馆合编:《护法运动》,第 421 页)

△ 张耀曾来函,推荐前任农工商部主事徐璞来府任职。(环龙路档案第 02219.1 号)

9 月 27 日 在黄埔公园建立了指挥分部。(广东省档案馆编译:《孙中山与广东——广东省档案馆库藏海关档案选译》,第 103 页)

△ 任命李元白为大元帅府秘书,吴铁城、金雅丞、孙继烈、冯镇东、彭泽、黄承胄为大元帅府参议。(《军政府公报》第 8 号;《大元帅府简任人员职务姓名录》,《孙中山全集》第 4 卷,第 556—556 页)

△ 任命邓耀为北江、东江和西江的三江安抚使,以便使本省珠江三角洲地带不受海盗骚扰。(广东省档案馆编译:《孙中山与广东——广东省档案馆库藏海关档案选译》,第 103 页)

△ 任命李炳初、杨汉魂、雷荫棠为筹饷委员,谢已原为檀香山筹饷委员。(《大元帅府简任人员职务姓名录》,《孙中山全集》第 4 卷,第 556—557 页)△ 是日报载,孙中山"自迁入士敏土厂后,布置一切,甚为忙碌,除任命各项人员外,又特颁《元帅府条例》"。(《粤东军事行动之酝酿》,《申报》1917 年 9 月 27 日,"要闻二")

△ 英文《北京日报》称,桂系援湘与孙逸仙无关。陆荣廷尝谓:"孙已失国民信任力,不能驾驭其手下之人,苟与孙同谋,直自杀耳。"该报认为"陆荣廷殆持两端主义"。(《北京电》,《申报》1917 年 9 月 29 日,"外电")

9 月 28 日 任命陈言为大元帅府秘书,刘汉川为大元帅府参议,刘成、彭养光、梁钟汉为大元帅府参军。(《军政府公报》第9号;《大元帅府简任人员职务姓名录》,《孙中山全集》第4卷,第557页)

　　△　任命简崇光、黄心持、叶富、侯锡蕃、刘伟卿、黄杰亭为筹饷委员。(《大元帅府简任人员职务姓名录》,《孙中山全集》第4卷,第557页)

　　△　云南省督军署少将参谋李宗黄来函,祝贺荣膺大元帅之任,"谨当联络滇军,听候调遣也"。在信封批示:"李宗黄言当联络滇军,听候调遣,请示优词答复。"(环龙路档案第04113号)

　　△　杨华馨来函,述从事革命之历史,请重隶麾下,讨逆护法。秘书熊英题签:"查杨君华馨已由本处函请参军处委以副官之职,可否不答,请钧裁。"批以:"不答。"(环龙路档案第02217号)

　　△　浙江省公署"准北京总检察厅电咨,通缉孙文、吴景濂、王正廷三名",并"飞饬各机关,一律照案严缉"。(《杭州快信》,《申报》1917年9月29日,"要闻一")另闻本日内阁会议,因冯国璋不赞成通缉令列举议员,拟改为"孙文等"三字,其议员名由司法机关另行办缉。(《国内专电》,《时报》1917年9月29日,"公电")

　　9月29日　致电唐继尧,促就元帅职。电称:"军政府新□,对外关系至多。若我公再事执谦,则外交上之承认与借款,必致阻碍。一发千钧,当仁不让。即乞即日宣布就职,以救危亡。"另电唐及陆荣廷,告知即将发行军事内国公债。电称:"《军事内国公债条例》业经国会非常会议议决有日,公布此项公债,可分给各省出师讨逆饷糈。""此间如募有的款,即当竭力挹助。倘贵省力能筹募,亦可将债票寄由贵省自行募集。特此预闻。"(《致唐继尧电二件》,《孙中山全集》第4卷,第201页)

　　△　北京政府下令通缉孙中山及非常国会诸议员。

　　大总统令原文略谓:"孙文、吴景濂等通电全国,僭称非常国会,设立军政府,举孙文为大元帅,于本月十日受职,并立各部总长、总参谋、都督、司令诸名目,擅发伪令,煽动军队。复据奉天督军张作霖呈报,查获孙文派人招集党徒,联络马贼,预备起事各证据。其为谋覆政府,紊乱国宪,逆踪实已昭著,非按法惩治,不足以伸国纪。孙文、吴景濂,着各军民长官,一体严缉,拿交法庭,依法讯办,并褫夺勋位、勋章。其余执行重要伪职,暨非常国会列席诸人,应即查明,一例拿办。"(《命令》,《申报》1917 年 10 月 1 日;粤海关档案《各项时事传闻录》,1917 年 9 月 30 日条)

路透社 10 月 2 日广州电,称:"此间当道对于缉捕孙文之命令,恝然置之,亦未阻止军政府之募兵。"(《广州电》,《申报》1917 年 10 月 6 日,"外电")

英文《大陆报》评论对于孙氏等人的通缉令,称该令"指斥异党,仅限于孙文等诸人。政府此举,盖欲对于稳健派之不与孙文同志者,表示政府非漫无区别也"。"表明总统欲与南方疏通,而保全中国统一与和平之意也。"(《西报论政府最近三命令》,《申报》1917 年 10 月 6 日,"要闻一")

《申报》的评论将通缉孙中山、吴景濂、蓝天蔚之令,与袁世凯政府之惩治国贼条例比较,认为袁例"实有购其首要头颅,准由地方官枪毙胁从之寓意",而今之通缉令"专讲手段内容大略。逮捕此项党人,务依各国待遇政治犯手续,捕获后其人是否有内乱嫌疑,概由法庭处分,凡有逃往海外或租界者,另订引渡专章,至奖励缉捕人员,亦有详细的规则"。(《内部又有通缉条例说》,《申报》1917 年 10 月 17 日,"要闻二")

通缉令发表后,各省纷纷来电请示处置办法。段、冯商议后决定五项办法:"一、孙文等设立军政府,淆乱国宪,确认为叛逆行为;一、居住各省民党经调查后确实与孙文无谋逆关系者,可勿庸拘捕,惟其一切行动须加意监视;一、邮电各局仍应援照前例,派员检查来往邮电各件,一经查觉有与孙文等谋乱关系,即行派员拘捕,并电告中央;一、谋乱党人不论正逆、附逆,一经捕获,除严重看守外,不得有其他虐待行为;一、各商埠口岸、轮船、码头、火车站、各旅栈均须加意访查。其余未尽事宜尚须随时商议,通告各省。"(《缉拿孙文通告各省之事项》,天津《益世报》1917 年 10 月 7 日,"特别纪事")

△　任命邬宝祥为大元帅府参军,梁钟汉、安健为大元帅府参议,彭养光、饶章甫为军事委员。(《大元帅府简任人员职务姓名录》,《孙中山全集》第 4 卷,第 557—558 页)

△　冯国璋下令组织临时参议院,职权以修正国会组织、选举各法为限,"此外职权,应俟正式国会成立后,按法执行,以示尊重立法机关之至意"。(章伯锋主编:《北洋军阀(1912—1928)》第 3 卷,第 301 页)稍后又通电各省,解释此举。略谓:"一面令内务部筹备国会选举,一面按照约法,由各省选派参议院议员。但参议院仅以修正《国会组织法》为限度,而其他职权,乃待诸正式国会执行。"(《冯国璋主张毁法造法通电》,黄季陆主编:《革命文献》第 49 辑,第 96—97 页)

△　《申报》报导大元帅府迁入士敏土厂后之工作人员薪俸情况。略谓:"孙文等迁进士敏土厂后,所委秘书及各员人等均先后到差。孙氏现以军府初创伊始,头绪纷繁,各员夙夜奉公,虽无权利思想,但薪俸一项不能不酌量酬给,闻经拟定,已到差者概于本月起给发薪俸,惟至多不逾五十元。其顾问、参议等职,仅挂虚衔,暂时拟不开支薪俸。又闻元帅府秘书长章太炎奉重要使命,入滇与督军唐继尧面商一切。"(《粤东元帅府中之辞职声》,《申报》1917 年 9 月 29 日,"要闻二")传闻军政府每日开支约需万元。(《广东近讯三则》,《北京日报》1917 年 10 月 17 日,"紧要新闻")另据邵元冲忆述:"军政府本身既无收入来源,所恃者仅海外华侨募助之款,极为竭蹶,军政府内各职员,自部长、秘书、参军各长以至书记、事务员,每人均一律月领零用二十元。"(邵元冲:《总理护法实录》,《广东党务》第 29 期)

9 月 30 日　致函叶独醒,颇有赞扬之辞,嘱以后捐款和财务事宜请径与廖仲恺接洽。

略称:"当兹军糈浩繁之际,尊处提倡捐款,不遗余力,殊堪嘉尚。仍希认真鼓舞侨胞,输将助饷,以资接济。""廖君已归粤东,于廿五日就任财政次长,署理总长职。嗣后关于筹款及财务上事宜,请径函廖君接洽,函件由省城长堤实业团转当妥。学生会捐款(如系汇沪款项),请致函沪上机关丁君景良查询。"(《复叶独醒函》,《孙中山全集》第 4 卷,第 202 页)

△　复函邓泽如,转告廖仲恺关于此前汇款事的回复,并嘱尔后筹款,与仲恺联系。又以"军糈浩繁,财源无着",告知发行军事内国公债事。(《复邓泽如函》,《孙中山全集》第 4 卷,第 202—203 页)

是月　电召日人塚原嘉一郎到广州,洽谈在汕头附近由中日联合开采铁矿之事。同年末,何天炯陪山田纯三郎到汕头调查铁矿,结果发现储量相当丰富。(段云章编著:《孙文与日本史事编年(增订本)》,第 549—550 页)

△　徐州公民马荫秋来函,报告江北一带联络军队情形,民党毛思忠等集有同志七千余人,并有枪六千余枝,白宝山、张文生统率约二十营为附和势力,现须在沪设联络机关,先筹五六千元。(环龙路档案第 11278 号)

△　叶荃自香港来函,介绍杨彦如晋谒,叩请未来政治方略。(环龙路档案第 01437 号)

10 月

10 月 1 日　是日《中华新报》载,咨国会非常会议,请核议《军事内国公债奖励条例》。

略称:"国会非常会议组织大纲第九条:国会非常会议于军政府有交议事件,得随时开会议决。兹因整备军旅,筹划出师,需款孔殷,特拟募集内国公债五千万元,以济军用。相应将《军事内国公债奖励条例》,咨请贵会开会公〔决〕。"(《咨国会非常会议请核议军事内国公债奖励条例文》,《孙中山全集》第 4 卷,第 203 页)

△　任命刘子文、陈云峰为筹饷委员,邓家彦、赵荣勋、李增霨为

大元帅府秘书,帅府参议朱念祖兼任秘书,江柏坚为大元帅府参议。
(《大元帅府简任人员职务姓名录》,《孙中山全集》第4卷,第558页)

△ 蒋介石上《滇粤两军对闽浙单独作战计划》。略谓:"我军主作战地,当定于东南沿海一带之地区,而于湘省暂取守势,先以海军为主力,向东南沿海之闽浙两省,扫除北军之势力,击攘淞沪之敌军,以吴淞为海军根据地,封锁长江之门户,东南之势力不难完全造成矣。若西南战局能有转机,则与之互相策应,出入于长江沿岸一带,肃清长江上下游之敌军,则第二期作战北伐之基本定矣。"(毛思诚编纂:《民国十五年前之蒋介石先生》第6编第1卷,第2—10页)

10月2日 复函谭人凤,告以正处困境,仍望竭力主持湘事。

略谓:"特是军府初置,国内犹多观望,而西南各省,于进行主张,亦稍有出入,故抵粤以来,除借贷小款外,殊无挹注之法。现国会虽通过内国公债案,然无确实地盘,承销尚不易易。""顾文意以为讨贼之师,万不容缓,现正多方筹措,准备进行,苟款项稍能周转,自当量力补助。其大江义旅,仍望竭力主持"。(《复谭人凤函》,《孙中山全集》第4卷,第204页)

△ 章太炎自云南来电,报告唐继尧护法意向,并望容纳群言。

电称:"抵滇七日,唐帅态度甚明,决心北伐,于军政府事,亦赞同一致,绝无异论。顷外间闻有改组军务院事,此时军政府已由国会议决,若复改组,非独事同儿戏,且尊崇国会之旨谓何?我公独力支持,苦心如见。振天下之大任,必先拂乱其所为,深愿我公平心忍气,容纳群言,以副天下之望。总一师旅,仗义前驱,军府、议会尤当和衷商酌,共济艰难。人心苟定,进取自易,此非特为我公一身久长计,亦欲谋国会与军政府俱安也。"(《章太炎由云南致孙中山电》,桑兵主编:《各方致孙中山函电汇编》第3卷,第81页)章氏此行,有消息谓系商议军政府移滇之事。(《西南近讯一束》,《北京日报》1917年10月2日,"紧要新闻")在滇期间,章氏曾语人:"此次来滇,并非孙中山代表,纯以个人资格来滇。予个人亦深望唐督军为元帅。又此后更拟入蜀,劝说刘存厚赞助南方。"(《日通信之川滇近讯一束》,《北京日报》1917年10月7日,"紧要新闻")

孙中山复电称:"先生此行,益资固结,良用嘉慰。"(《复章炳麟电》,《孙中山全集》第4卷,第212页)实际上章此行并未取得预期效果,其《自定年谱》记:"时云南兵在川南者尚二万人,冀庚惧,不敢出,其秘书长李曰垓尤尼之。余至云南,冀庚犹豫,不敢受元帅印证。余谓五议员曰:'不受,诸君为无面目,宜速归。余名义亦属军府,随君等去矣。'冀庚始具礼受印证。然其文移号令,终自称滇黔靖国联军总司令,未肯称元帅也。数日,以公函请余为总参议,少璜为参议,宇镜为秘书。余受之,亦未尝自称云。冀庚问计,余言:'南北相持,不得湖北,不能取均势。今桂军方援湖南,荆襄黎天才、石兴川亦思独立。君必待破重庆、定成都,然后东下,则岁时淹久,事将中变;且川人怨云南深,未可猝下也。宜分兵自贵州出湘西,取辰沅常澧为根本,北与江陵相望,黎、石一起,计时湘中亦已下矣,乃与桂军会师武汉,敌人震慴,形势在我,刘存厚亦焉能倔强也。'冀庚歆四川富原,不肯舍。"(汤志钧编:《章太炎年谱长编》上册,第549—550页)是月8日,唐继尧致电非常国会,仍不受元帅职。

东方通信社11日北京电,称:"孙文特使赍送元帅推任书来滇,唐继尧未行何等仪式而受纳之,元帅之印绶云暂由其保管。"(《北京电》,上海《申报》1917年10月12日,"外电")《申报》的报道亦显示唐继尧对于就元帅职的犹豫心态:"孙文代表章太炎及国会议长吴景濂等到滇后,即驻于临安九属会馆,现已数日,会晤唐督军亦已数次,而举行亲授元帅印信一事,尚无确定日期。闻唐督军以此次虽已起义,尚未成功,元帅一职仍拟不就,现正在婉辞之中。"(《云南通信》,《申报》1917年10月27日,"要闻二")

△　任命吴醒汉为大元帅府参军,刘治洲为大元帅府秘书,帅府参议彭介石兼任秘书。(《军政府公报》第15号;《大元帅府简任人员职务姓名录》,《孙中山全集》第4卷,第558页)

△ 马幼伯报告云南舆论及唐继尧对护法之态度。略称："默查心迹,对于钧〔军〕府,仍是不即不离,究难得其真确之表示。然则此后之进行,防间尤不容稍疏,加以政学系及北系陆续来滇,暗中蛊惑,图谋破坏,消长之机,关系全在此时。窃以吾党于此际,惟有施最精密之运动,最敏活之手腕,一面急进,一面防间,庶或有济,否则千变万化,将并党务亦难进行,害莫甚焉。"另言及将来夺取桂系地盘之事。"南北局势,动关吾党命脉,然终必以武汉为解决之重心,此尽人知之而不能行。夫大事业,无根据即无发展,请自今统筹全局,渐植根株,期以三年,必操胜算。尝以护法以来,徒劳心力,桂实为绝大之障碍,兹欲达其最初之目的,始终非攻桂不可。"(《马幼伯报告云南唐继尧对护法之态度致孙中山函》,桑兵主编:《各方致孙中山函电汇编》第3卷,第200页)

△ 陆荣廷在南宁召开军事会议,讨论援湘问题,陈炳焜、程璧光等参加。

上月6日,冯国璋特任傅良佐为湖南督军,北军随即南下攻湘南,与桂系陆荣廷等冲突日烈。本日,陆荣廷在南宁召开军事会议,在会上首先表示:"今余所抱宗旨,在使谭延闿复职,撤回湘省北军,然后再与段氏谈法律。欲达此目的,非实行征伐不可。"会议历时三天,决议桂、粤共出援兵八十营,组成五军,任谭浩明为"两广护国联军总司令",陆裕光、林俊廷、韦荣昌、马济、林虎分任各军司令。会议还议决:迎黎复职、恢复国会、罢免段祺瑞、撤回傅良佐等四项主张。同时,陆荣廷还允准将二十营警卫军交陈炯明接管,归程璧光统辖的海军,每月军饷十万元,由粤库领支。(莫汝非:《程璧光殉国记》第5章,第5页)这些决议与孙中山代表向陆荣廷要求三事有关。"第一,拨警卫军二十营归陈炯明统带。第二,更换江防司令。第三,更换广东财政厅长。"①(段云章、沈晓敏编著:《孙文与陈炯明史事编年(增订本)》,第191

---

① 据载:陆荣廷所主持之南宁军事会议于10月3日举行,程璧光亦提出类似要求,但多"出兵援湘"一项。(汤锐祥:《护法舰队史(增订本)》,第223页)

页)

　　先是,陈炯明联络古应芬,请早日得到兵权。略谓:"前途交涉,请速定夺为佳。如不能早日移交,实但误吾人之进行,且恐为彼所诳,局势一变,又难措手。最好于三日内将兵权移交公事发表,否则弟亦不能耐也。上省一节,再四思维,仍候公事发表后再晋较佳。因弟在港可表示一种决心,兄等从中斡旋,较易着手也。"(李穗梅主编、李兴国等整理:《古应芬家藏未刊函电文稿辑释》,第 7 页)

　　但是陈炯明对于最后隶属海军,不甚满意。其致函汪精卫、古应芬,在感谢争得兵权的同时,表示:"惟阅报纸所载,称系编海军陆战队,未审即提此项否? 如果属指此,似有未妥。盖弟既奉大元帅令为第一军,自不能再隶海军节制。况海军前既为弟交涉此项,而迄无效力。此项全仗季兄①之力,始得其拨兵,程公何能贪天功而收为己有! 弟亦不愿隶之也。"(段云章、沈晓敏编著:《孙文与陈炯明史事编年(增订本)》,第 192—193 页)

　　另外,日本共同通信社消息指,程璧光决计归陆荣廷"节制"。又云:"广东第一舰队已与孙文脱离关系。刻每月饷需亦由陆荣廷筹拨。日来程璧光之与陆氏提携,据此益可了然。"东方通信社则谓,陆荣廷在 10 月 4 日已对独立海军支给饷银十二万元。(《日通信之广东近讯一束》《日通信之广东近讯二则》,《北京日报》1917 年 10 月 6 日,"紧要新闻";10 月 9 日,"紧要新闻")但陆荣廷对于海军索款也不是有求必应,"闻林葆怿向陆荣廷要求三个月军饷,陆氏以款无所出,仅允发给一个月饷项"。(《广东近事一束》,《北京日报》1917 年 10 月 26 日)这也导致海军军心不稳。"独立舰队自九月以降,薪俸停滞,水兵颇抱不平,欲加入北洋舰队者不少。程司令慰抚部下,甚为劳心。"(《广东昨讯一束》,《北京日报》1917 年 11 月 4 日,"紧要新闻")

　　随着护法战争的即将展开,陆、孙关系有缓和迹象。据日本共同

―――――――――

　　①　指汪精卫。

通信社消息,陆荣廷"近接北方密报,段政府决以武力压服西南,将以龙济光为两广巡阅使,李纯为广东督军,张鸣岐为省长,莫擎宇为广西督军,李开侁为省长。因此之故,陆氏遂与孙文联合,不日将就军政府元帅职"。(《外人方面之陆孙连盟消息》,天津《益世报》1917年10月14日,"要闻一")

　　△ 关于陈炳焜偕程璧光赴梧会见陆荣廷,传媒分析,陈炳焜不赞成军政府,"自军政府成立,陈督未尝派代表赴会,而军政府亦不敢加委任于陈督,同处一地,一若两不相涉,则军政府固确非与陈气味相投者",而陈与孙中山"无甚协商之事,而陈与程、林又颇相联络,至最近赴桂,谒见陆使,且与程璧光同行"。

军政府"委任之令源源不绝,各部总长虽多不就任,而代理者则纷纷就任矣"。孙氏亦在招兵扩充势力,"委任陈炯明为第一军而后,现在惠州大招退伍陆军及民,谓应招者甚多,而军政府又东西北各江伏莽遍地,拟实行安抚以息盗风,现已委任邓耀为三江安抚使,闻已择定八旗会馆为办事所,此为大招民军之先声"。(《粤政局之近况(平生通信)》,《申报》1917年10月5日,"要闻一")另有消息指,此次陈炳焜赴桂,已与陆荣廷、谭浩明商定驱逐孙中山之办法。"(一)和平办法使其自行退去;(二)武力办法。如第一办法不行,则依照中央通缉令,严行拘办。"(《广东昨讯一束》,《北京日报》1917年10月7日,"紧要新闻")

　　△ 徐树铮密电湖南督军傅良佐,转报军政府成立后孙、陆矛盾尖锐情况。略谓:"自孙文军政府成立,加以非常国会之开支,每月必向陈挪贷;孙又拟在两广筹抵押品,向日银行借款,陆、陈均极不满意。又桂、粤、黔三路援湘,桂军已有陆裕光由南宁取道全州,韦荣昌由浔州取道桂林,均向衡、永进发。粤军方声涛、张开儒犹留广州。炮兵团长梁某先带队窥郴。闻因军政府干预援湘计划,陆不谓然,授意于陈,将粤军援湘事卸于军府。并声言除驻粤滇军两师外,其余禁卫军、游击队,概不能他调。林虎出而调停,尚未有效。"(《徐树铮转报

军政府成立后孙陆矛盾尖锐密电稿》,中国第二历史档案馆、云南省档案馆合编:《护法运动》,第425—426页)

△ 高等法院通告广东和其他各省,要求他们逮捕孙中山、吴景濂和王正廷三名叛匪归案,交法院审判。(广东省档案馆编译:《孙中山与广东——广东省档案馆库藏海关档案选译》,第104页)

△ 传媒消息指,到粤参加非常国会之议员已达二百二十八名之多。(《西南近讯一束》,《北京日报》1917年10月2日,"紧要新闻")此讯恐系谣传。

10月3日 发布明正段祺瑞乱国盗权罪通令,以及缉拿乱国盗权首逆段祺瑞令。

通令指出:"段祺瑞阴贼险狠又过于袁世凯","此辈阳托共和,阴行专制,……实为共和之蟊贼。""除自国会解散后,伪政府之一切命令概认为无效。"(《军政府公报》第10号)缉拿令曰:"查段祺瑞实为首逆,倪嗣冲为叛军之魁,梁启超、汤化龙为主谋,朱深假借检察职权,公然附逆。着各路司令一体进剿,有能擒斩以献者,本大元帅当视厥等差,予以厚赏。"(《军政府公报》第10号)缉拿令除《大陆报》外,各报都未予刊登。(劳祖德整理:《郑孝胥日记》第3册,第1686页)

此两令不过表明护法之决心,而乏实际意义。有传媒报道:"北京人士皆一笑置之。"(《北京电》,《申报》1917年10月7日,"外电")北京某外报评论称:"北京政府发布逮捕孙、吴等之命令,时吾人曾笑其度量之褊浅,而谓此等儿戏举动最足损失法律之尊严。今南方政府势力范围之广不及北京政府,乃亦尤而效之。其为一种至无谓、至可笑之举动,更不待言矣。"(《发令逮捕发令逮捕人之奇闻》,天津《益世报》1917年10月7日,"特别纪事")

即便倾向民党的传媒也不以为然:"有北京政府之通缉令,而粤中军政府之价值可见;有粤中军政府之通缉令,而北京政府之价值益显。吾以为北京政府之通缉令,惟以军政府之答复,乃能逼肖其无聊;而军政府发之命令,亦以唯此次之无聊对付无聊。乃足大显其作用,此真民国开国以来之一场大笑话。"(《一场大笑话》,《中华新报》1917年10月7日,"评论一")

　　△　因北京政府拟另组新国会、重开临时参议院,发布反对之通电。

　　略谓:"民国存亡,系于约法,约法无效,民国即亡。查约法,政府既无解散国会之权,更无国会成立后再发生参议院之理。乃北京政府于九月二十九日,忽有另组新国会,重开参议院之令,背叛约法,退化却步,为天下笑。""今竟继续叛军之暴力,遏抑国会之再开,俨然以一己之大权,自造立法机关,修改国会组织法及两院议院选举法,与袁世凯之以另召国会,欺朦全国,而自造袁氏之参政院,修改约法,如出一辙,试问孰授之权? 而敢于恣睢妄行如此? 约法之根本,已遭破坏无余,而犹复曰依约法某条,其将谁欺?"故重申:"本军政府以讨灭伪政府、恢复约法、国会为职志。"(中国国民党中央委员会党史委员会编:《国父全集》第3册,第471—472页;另见《军政府公报》第10号,字句略有差异)

　　英文《大陆报》之社论亦指出北京此令并不合法。"政府之意在巩固其实在地位,惟只在命令上着想,难有效。命令中亦有依法召集、选授字样。夫临时参议院而欲依法选授议员,不知根据何项法律。昔者南京国会议员,有由省会选出者,有都督选授者,亦有上海各省会馆公举者,原质不一,杂凑而成。迨南京国会移至北京后,又加入北方议员多人,皆袁世凯之代表。由此可知,南京之混合国会实无法律规定之者。今召集临时参议院之命令,乃曰依法选授,试问其法安在哉?""政府中颇有以旧国会权限无制为不然者。该院召集开会后,当从事减少议员人数与薪水以应之矣。临时参议院固无立法之权,惟永远宪法究当如何规定,且由何人起草,今仍毫无发表。"(《大陆报对于新三命令之论调》,《时报》1917年10月6日,"要闻一")

　　△　为军政府筹款事,致函饶潜川等海外侨胞。略谓已收悉一

千元捐款,"此次筹款承诸君热心济助,感谢良深!惟军政府既已成立,军饷浩大,待济良急,非得海外侨胞竭力佽助,恐汲深绠短,应付维难。希即与贵埠侨胞鼎力筹集,以充军实"。以后汇款请汇交财政次长廖仲恺。(《孙中山为军政府筹款事致饶潜川等函》,汤锐祥编:《护法运动史料汇编》第1册,第80页)另任命梁端益、郑行果、任重为筹饷委员。(《大元帅府简任人员职务姓名录》,《孙中山全集》第4卷,第559页)

　　△　本日报载国务院咨浙江函电,称:"据牒报,孙文密遣党羽赴奉天各省,阴谋扰害,请严饬侦防云云。已转令各属一体查照。"(《杭州快信》,《申报》1917年10月3日,"要闻二")

　　△　段祺瑞向冯国璋密呈对待时局封缄。闻其概要如下:"一系陆荣廷主战黎黄陂复任之对待;一系西南各省因反对参议院,不举选议员来京之对待;一系孙文万一潜逃海外之对待。此外尚有关于湘、川、滇、桂、粤等省事项之对待。"(《段总理密呈对待时局封缄》,天津《益世报》1917年10月5日,"要闻")

　　△　湘军第一师第一旅旅长李右文在衡州投入护法军。(《中华民国史事纪要(初稿)——中华民国六年(一九一七)一至十二月份》,第805页)

10月4日　致电唐继尧,请查明日本驻云南总领事所称,孙约唐"煽动排斥日货"的谣诼。

　　略谓:"兹据日本驻上海武官松井中佐声称:据日本驻云南总领事面称:尊处接此间密电,约同煽动排斥日货,尊处以有碍邦交却之。等语。查此间从未有此密电,此等谣诼从何而来?殊堪诧异。事关国际友谊,应请执事秘查该议长曾否向日领为此言?并希转询日领曾否有此报告?"(广东省档案馆:《孙中山致唐继尧函一通》,《历史档案》1987年第3期,第67页)

　　△　任命袁炳煌、文登瀛、马良弼、王秉谦、李永声、李克明、李景泉、阎鸿举、罗黼、石璜、尚镇圭、张廷弼、丁骞、廉炳华、邵仲康、罗永庆、何海涛、姚翰卿、郝濯、狄楼海、陈纯修、张敬之、金贻厚、赵金堂、杜凯元、宋桢、谢鹏翰、窦应昌、景定成、于均生、覃寿恭、廖宗

北、彭汉遗、吴崐、杨时杰、范鸿钧、赵鲸、李汉丞、彭邦栋、禹瀛、梁系登、周泽苞、魏肇文、李积芳、陈九韶、彭允彝、童杭时、陈子斌、赵舒、邓元、卢元弼、黄懋鑫、卢式楷、欧阳沂、赖庆晖、曾幹桢、蔡突灵、萧辉锦、邹树声、黄宝铭、严恭、程修鲁、翟富文、王永锡、黄绍侃、黄宏宪、卢天游、詹永祺、李文治、杨开源、何畏、刘楚湘、李燮阳、李正阳、蒋应澍、角显溃、陈祖基、赵诚、毕宣、丁超五、詹调元、朱观玄、裴章淦、陈堃、金溶熙、周学宏、程铎、潘乃德、王安富、曹玉德、谢良牧、萧凤翥、饶芙裳、黄汝瀛、彭建标、李英铨、邱福鋆、杨梦弼、陆祺、郭宝慈、杨永泰、沈智夫、黄时澄、周知礼、王树槐为大元帅府参议。(《大元帅府简任人员职务姓名录》,《孙中山全集》第4卷,第559—564页)

△ 任命罗春霖、邓剑灵为筹饷委员。(《大元帅府简任人员职务姓名录》,《孙中山全集》第4卷,第559页)

△ 任命彭学浚为大元帅府秘书。(《大元帅府简任人员职务姓名录》,《孙中山全集》第4卷,第561页)

△ 石青阳自綦江来电[1],谓得黔军袁祖铭、胡斌之助,已成游击十营,请求接济,"汇银十万元,少亦五万元,方能维持现状,扩张势力"。(云南省档案馆藏唐继尧档案106—3—1337)

△ 上海《申报》发表评论文章《无独有偶》,提及"孙中山之为大元帅而抗北"的非法性。(冷:《无独有偶》,《申报》1917年10月4日,"时评")

△ 《申报》刊载王有兰来电,不愿就大元帅府秘书,因为"国会非常会议以在《约法》上无根据,始终未尝赞同,由非常会议所产出之大元帅之命令,当然不能承认,望即取消"。(《公电》,《申报》1917年10月4日)

10月5日 致电唐继尧,盼去电欢迎伍廷芳来粤。略谓:"伍秩

---

[1] 石青阳此电请唐继尧、刘显世转达。唐继尧于6日转给广东李烈钧,再转孙中山。

庸先生决心来粤维西南大局，闻陆帅已有函交伍朝枢往沪欢迎。盼
公速致电促行。"（《致唐继尧电》，《孙中山全集》第 4 卷，第 211 页）

△　午后，本日抵穗的伍朝枢，联同徐谦、王正廷往大元帅府拜
见，"颇示欢迎"，汪精卫、胡汉民等均在座。随后签发外交次长委任
状予伍氏，然伍嘱徐谦"暂勿发表，并将状交其代存"。（《伍朝枢日记》，
中国社会科学院近代史研究所近代史资料编辑组编：《近代史资料》总 69 号，第
216 页）

△　任命谢松南、梁耀池、梁丽生分任西堤、河内、海防筹饷局
长，陈顺和、罗春霖、邓剑灵分任金边、美狄、茶荣筹饷委员，陈林为筹
饷委员，马培生为西堤公债支局长。（《大元帅府简任人员职务姓名录》，
《孙中山全集》第 4 卷，第 565 页）

△　大元帅秘书处发文海军总司令林葆怿，以大元帅面命，国庆
纪念为民国大典，应行筹备各事当由各部分任办理。应请即日转饬
海军各舰届时一律悬挂国旗志庆。（环龙路档案第 03083 号）

△　林镜台来函，报告川滇黔陕联军会议情形，以及川中各要人
内情，望多加联络。此函 10 月 17 日收到。

略谓："熊锦帆对于先生精神上毫无隔膜，望时以温谕慰之。其
左右最有力者，如但懋辛（号怒刚，现为第一师师长）、余际唐（号蕴
兰，现代理重庆镇守使兼全川江防总司令），均隶籍同盟会及中华国
民党，对于先生崇拜极矣。望赐以像片并作函慰之。郭崇渠（号云
楼，省议会中坚人物）调和熊、杨，煞费苦心，请赐像以作纪念。此数
人均先生旧部，如得尽力赞助吾党，则先生可免西顾之忧也。"（环龙
路档案第 00449 号）

10 月 6 日　复湘军将领林德轩电，嘉其率师北伐。

电称："知拟率所部北伐，热忱毅力，至堪嘉慰。望即与覃理鸣君
妥为策划，与在湘各军接洽，勉事进行，以树大勋。"（《复林德轩电》，《孙
中山全集》第 4 卷，第 211 页）

△　唐继虞来函，祝贺就任大元帅，并述兄长继尧之动向。

略谓："家兄赴川之举,本拟早出督师,因川事一时尚未布置就绪,加以两粤方面一切进行事宜须与太炎先生商榷之处甚多,是以稍延时日,现拟不日即驰赴前敌,期与我公共饮黄龙。"(环龙路档案第04175号)

△　护法战争开始。

北洋政府以第八师师长王汝贤为湘军总司令,第二十师师长范国璋为副司令,向湘南进攻,是日南北正面战争开始。

△　护法军湘南总司令程潜、湘南陆军第一师师长赵恒惕宣布兴兵护法电。(《程潜赵恒惕宣布护法电》,中国第二历史档案馆、云南省档案馆合编:《护法运动》,第944－945页)两人于上月二十六日到达衡州。(《湘炎纪略(战事)》,黄季陆主编:《革命文献》第50辑,第16页)

△　《申报》报导陆荣廷主导援湘之事,"以此次援湘不啻对于北京政府为宣战之开始",然而援湘之两粤桂军仅三十营左右,兵力不厚,因此特电孙中山,"令驻粤滇军第三师师长张开儒由韶关开赴湘境,分路并进,会于衡阳"。"闻孙氏现正与张开儒磋商进行。"(《粤东所传之湘南开战说》,《申报》1917年10月11日,"要闻二")

△　英文《字林西报》论及两粤援湘之事,称粤军已抵湖南衡州,"湘军第一师已联合南方共抗北军",同时"陆荣廷以粤桂军队三十营尚未足与湘省北军相抗,故向孙中山商榷,拟调滇军第三师,赴湘策应,现已决定以韶关为总兵站,派林虎管理之"。(《西报之粤东时局观》,《申报》1917年10月16日,"要闻二")

△　北京政府发布大总统令:据张作霖呈报,下令褫夺蓝天蔚原官勋位,"并着各省督军、省长,饬将蓝天蔚等一体严密缉拿",因其"受孙文伪令",勾结刘文双、赵鸿宾、马海龙、金鼎臣等人,"分带多金,联合胡匪,分途扰乱"奉天治安。(《命令》,《申报》1917年10月8日)遭到通缉后,"蓝匪居某外人家中十余天,知在奉省难以立足,遂乔装易服,逃往东蒙古,劝诱各王公大臣"。(《各省状态》,《北京日报》1917年10月7日,"群报汇选")

10月7日　唐继尧接受章太炎赍来之副元帅大印,但"对于章氏提出的举行就职典礼、通电就职、由他代表孙大元帅授印、设立副元帅府三〔四〕点,则一再谦称实力未允,时机未至,坚请假以时日。……唐都督表示他的处境远较广州方面复杂,同时他既已接受孙先生所颁发的印信,当然就是承认军政府的设立,何必一定要举行典礼、授印、通电、开府?"(《李宗黄回忆录》,转引自李守孔:《国父护法与广州军政府之成立》,《中国近代现代史论集》第27册,第26页)

唐继尧在12月8日向梁启超解释不就广东政府元帅职原因。密电曰:"尧独何人,敢直情径行,故逆大势趋向。特以国家法纪再三破坏,几无完肤,倘仍随声附和,噤不一言,后此将何以自立。是以有真电之宣言。实期维持正义,俾斯民共上法律轨道,斯和平乃有保障,建设乃有凭依,非与激烈分子为和声也。昨由君幼先,迭致尊意及河间意旨,肫肫以对外之际,宜息内讧为言,至所□□。但使于法律不致隳废,滇、川□局,有以维持,斯个人体面亦可借以保全,息事宁人,宁非大愿? 以后彼此提携,共图国是,为日方长,现在何肯一意孤行,致辜厚望。近如粤省以元帅见举,亦正复电力辞,足见鄙怀。"(《唐继尧陈述不就广东政府元帅职原因密电》,中国第二历史档案馆、云南省档案馆合编:《护法运动》,第55页)

△　报载,"孙逸仙通电南方各领袖,声讨段政府之召集临时参议院及新国会,系非法举动,与袁世凯之修改约法无异。故段内阁必须推翻,约法与旧国会必须恢复"。(《北京特别通信》,《中华新报》1917年10月7日,"紧要新闻")

△　通过唐继尧转电章太炎,表示各方护法意见趋于融洽。略谓:"唐帅决心北伐,赞同军政府,先生此行,益资固结,良用嘉慰。……国会诸君时相接洽,均能和衷共济。……陆帅、陈督近因利害共同,联络已趋一致,分路出师,计可实行。"(《中华民国史事纪要(初稿)——中华民国六年(一九一七)一至十二月份》,第814页)

△　程潜自衡州通电孙中山等南方势力,报告就湘南护法军总

司令职。(《中华民国史事纪要(初稿)——中华民国六年(一九一七)一至十二月份》,第814页)

10月8日　致电唐继尧,促就元帅之职。电称:"务请首先来电,宣布就职,陆帅自未便独异。军府一臻固结,不待战事开始,外交即可认为交战团体。此中关键,谅已洞瞩,不胜盼切。"(《致唐继尧电》,《孙中山全集》第4卷,第212页)

△　致电章太炎,告知两广政局趋于稳定,并祈劝唐就职。略称:"务望速为劝驾,唐就陆必不辞。势难再缓,幸力图之。"(《致章炳麟电》,《孙中山全集》第4卷,第213页)

△　伍朝枢、程璧光和王正廷同来见。(《伍朝枢日记》,中国社会科学院近代史研究所近代史资料编辑组编:《近代史资料》总69号,第216页)

△　批准居正筹设通俗讲演所呈。

代理内政总长居正,请准予筹设通俗讲演所,审核其所拟讲演规程、规则,并派员讲演,孙中山于是日准其所呈,略谓:"共和国家,重在民治。民之自治,基于自觉。欲民之自觉,不可无启导诱掖之方。今据呈称:'筹设讲演所,遴选热心爱国之士,分任讲演使,宣示军政府成立之必要,发挥民治之真理。'等语。洵足为导民自觉之一助,良堪嘉许。所拟办法,尚属周密,应即照准。着该部即行如拟切实办理。"(《军政府公报》第11号)

△　孙中山大范围任命非常国会议员为参议、秘书一事,引起部分议员之反弹。是日报载,邓元、陈子斌提出国会议员不兼任军政府职务案。该案批评:"现在军政府组织伊始,□务未遑,惟日以任命国会议员参议、秘书为事,一卷军政府公报,除任命议员外,几无余墨,令人见之殊堪浩叹。"论其原因则有三:"(一)垄断政权,社会深恶,军政府初立,此举动使社会对于军政府,不无轻视,对于国会尤属冒嫌。(二)豪杰志士望风景从,天下归心,愿随鞭策,今军政府如此用人,直欲拒人于千里之外,灰心短气者,且将以议员为怨府矣!(三)议员到粤现仅百余人,将来人数日多,势为有加无已,非一榜尽赐及第不可,

尚复成何景象。况人数多则办事者必少,且责任不专,尤难集事,此则事理之无可讳言者也。"(《国会议员邓元等关于议员不兼任军政府职务案》,汤锐祥编:《护法运动史料汇编》第2册,第94页)

△　四川义军代表范侠夫等致电军政府,报告"刻已组合义师四万余人",并推举夏之时为义军总长,"请大元帅正式委任外,并电唐元帅饬驻川赵、黄两军长南来赞助"。(《范侠夫等致孙中山等电》,桑兵主编:《各方致孙中山函电汇编》第3卷,第94页)

△　派参军黄大伟致祭历次殉国诸先烈。(《军政府公报》第12号)

△　批准参军长许崇智所拟参军处办事细则,略谓:"所拟该处办事细则,大致尚属妥善,间有未尽合宜之处,业经改正,仰即遵照办理可也。"(《军政府公报》第12号)

△　任命徐惠霖为大元帅府参议。(《大元帅府简任人员职务姓名录》,《孙中山全集》第4卷,第565页)

10月9日　召集军事会议,谈论援湘、攻闽等事。

军事会议决定:(一)派员与陆荣廷及两粤督军等磋商抵御龙济光等计划;(二)以滇军第三师援湘;(三)以滇军第四师及海军即日誓师攻闽;(四)饬陈炯明、朱执信两军长加紧招募,训练部队,为滇军、海军后援;(五)电陆荣廷、唐继尧火速出大军会师武汉。

随后,蒋介石等又根据孙氏意图制订出"西南统一作战计划"。"以长江沿岸为主要战地,先克武昌,次定南京,击攘敌军长江一带之势力。再图直捣北京,以为作战之大方针。"计划对敌我双方军力作了估计,南军拟动员十个师,组成中央、左、右翼三军,分路进击。作战步骤拟分两期。第一期:中央军由两广进击长沙,肃清湘境北军,待左翼军(滇、黔军)经川入鄂时,合攻武昌。左翼军攻占四川后,除一部扼守川北、牵制秦晋敌军外,其主力东下与中央军合攻武昌。右翼军与海军合攻闽浙、淞沪,待中央军与左翼军克服武昌,然后与之会师南京,肃清长江上下游之敌军。海军在随右翼军占领淞沪后,即以吴淞为根据地,封锁长江门户,并消灭江内之敌舰,配合陆军进攻南京。第一期作战计划拟于 11 月下旬完成。第二期：于次年春季开始，中央军由津浦路北进；左翼军由京汉路北进，其川北支队出秦晋，袭击北军侧背，策应正面行动；右翼军则由海路北上，三路军分道并进，会攻北京。(黄季陆主编：《革命文献》第 50 辑，第 1—4 页)

　　△　颁布纪念双十节布告，庆祝中华民国国庆六周年。(《纪念双十节布告》,《孙中山全集》第 4 卷，第 215—216 页)

　　△　任命李玉昆为大元帅府参军。(《军政府公报》第 12、15 号)

　　△　任命崔文藻为军政府交通次长，伦允襄为财政委员，梁国栋为大元帅府参议。(《大元帅府简任人员职务姓名录》,《孙中山全集》第 4 卷，第 565—566 页)文藻表示就任。(桑兵主编：《各方致孙中山函电汇编》第 3 卷，第 99 页)

　　△　是日报载：孙中山派华侨参议员谢良牧、冯自由赴南洋美洲各埠劝捐；港澳两地亦就近派专员前往办理。(《军政府近讯一束》,上海《民国日报》1917 年 10 月 9 日，"要闻")

　　10 月 10 日　致函邓泽如，告以"义师待发，需饷孔殷，粤省财赋匮乏，难以应付"，望慨捐巨资，以裕军用。以后关于财政事宜，统与署理财政总长廖仲恺接洽。另有函件致南洋挂罗胜埠商会，目的亦在筹款。(《致邓泽如函》《致南洋挂罗胜埠商会函》,《孙中山全集》第 4 卷，第 216—218 页)

　　△　国庆纪念，发表告国民书。略谓："本岁国庆纪念之日，又为文受任之始，越在南疆，朝夕黾勉，缅怀先烈，亦欲与我国民饮水思源，知民国缔造之由来，暨夫诸先烈之耿光伟业，为吾人所拳拳服膺，致其诚敬。"(《中华民国史事纪要(初稿)——中华民国六年(一九一七)一至十二月份》,第 822 页)

　　△　传媒引用陕西督军陈树藩电文，"孙文在南方反抗中央，欲联北方陕军，以扩党势"。(《各省状态》,《北京日报》1917 年 10 月 10 日，"群报汇选")"孙文分派党徒前赴各省煽惑土匪，希图扰乱。奉、鲁、浙、沪等处叠经失败，犹不自知觉悟，复结合康任等在陕阴图不

轨,已被陕督破获。目下正在搜捕余党,戡清乱源,并将拿办情形电达中央核示矣。"(《各省状态》,《北京日报》1917 年 10 月 28 日,"群报汇选")

△　伍朝枢约胡汉民、汪精卫、王正廷在南园讨论西南联络一致办法,"暂假定联邦制"。(《伍朝枢日记》,中国社会科学院近代史研究所近代史资料编辑组编:《近代史资料》总 69 号,第 217 页)大元帅制之被取代,已露端倪。

△　北京传媒报道军政府财政之窘迫情形。略谓:"闻粤军政府自成立后,所费已达数百万。除德华银行前曾借与百余万元外,余皆由党人自行分途筹集,近已陷于困境。日前特派冯自由等前往美洲各埠劝捐,一面并拟仿照南京临时政府成例,募集军用公债,以资救济。惟发行公债案提出非常国会时,又被退回,故目下甚形窘迫。"(《粤军政府之筹款方法》,《北京日报》1917 年 10 月 10 日,"紧要新闻")

△　是日报载,程璧光在与澳门绅士、知交卢某的谈话中,谈及其与孙中山"一致行动"实有"不得已之苦衷",流露后悔之意。略谓:"当政变之始,余奉黄陂秘密命令,以宣慰海军为名,驻沪静观时变。时孙文在沪,因以同邑之谊,投刺请见。适余他出,为余妻所知,乃亲率娘子军逐之门外,且骂之曰:汝既害吾小叔①,今又欲害及吾夫,吾断不汝宥,复告司阍者:以后孙某来,当以闭门羹享之。盖余弟奎光于光绪间,与孙文同谋革命,为李家焯所害,俗所谓朱、邱〔丘〕、陆、程四君子者是也。孙既受此奇辱,翌日仍投刺请见,至再至三。余以余妻过于唐突,不得已乃延人入厅事,亲为道歉。孙遂乘间以海军独立说余,且愿先以三万金助海军经费,余婉辞却之。以后曾时相过从,余实始终不为所动。复辟事起,余乃谋之唐少川率第一舰队南下,冀遥掣北方,保护黄陂,磊落光明,颇堪自信。然莫之为而为,莫之致而

---

①　指 1895 年参与广州重阳起义而牺牲的程奎光。

致,至是遂与孙共事于一方矣。孙氏自卸任临时总统以后,经几番挫折,政治上之经验当大有进益,不料夜郎自大,等国事于儿戏,此中黑幕余实不忍言。"(《程璧光在广州与澳门绅士卢某的谈话》,汤锐祥编:《护法运动史料汇编》第1册,第82页)

△　云南督军唐继尧通电反对北京召集临时参议院。(《中华民国史事纪要(初稿)——中华民国六年(一九一七)一至十二月份》,第822页)

10月11日　任命王仲文、吴鸿勋、何子奇、蒋群为大元帅府参议,叶心传、熊秉坤、曾尚武、席正铭、徐清泰为大元帅府参军,萧萱为大元帅府秘书。(《大元帅府简任人员职务姓名录》,《孙中山全集》第4卷,第566—567页)

△　致电滇军将领李宗黄,望其"协力同心,共任艰巨,异日会师中原,当图握手也"。(《致李宗黄函》,《孙中山全集》第4卷,第219页)

△　孙中山特使李静安、刘辅周至滇,"亦负调和川滇责任者"。(《护法计程》,黄季陆主编:《革命文献》第49辑,第423页)

△　致函简琴石,请将前省长朱庆澜所交之华暹轮船公司股票,即检交朱卓文带来。(《致简琴石函》,《孙中山全集》第4卷,第220页)

△　是日出版的《军政府公报》载有招待宾客时间的通告。略谓:"大元帅招待宾客,除有预约,依约定时间接见外,通常每日午前九时半至十一时半由本府参军处招待,大元帅接见或派员代见,过时概不招待。星期及其他例假日均不招待。"(《军政府公报》第13号)

10月12日　分电杨庶堪、黄复生,赞同委任黄复生为中华民国军政府四川国民军总司令,卢师谛为副司令,石青阳为川东招讨使。(周开庆编著:《民国川事纪要》,第194—195页)

△　致函岑春煊,反对南北调和。

时岑春煊在上海,阴结长江三督,任调停,其实为北方缓兵计。章太炎《自定年谱》记岑春煊"在上海,交关南北,冯国璋以厚赂资之"。(汤志钧编:《章太炎年谱长编》上册,第550页)

函中历数段祺瑞毁法罪行,表示"调停之说,文亦非极端反对;所必须坚持者,厥为根本大法耳。若毁法造法,一任二三强有力之私意,则国本已倾,尚何共和之是云"。"特近有少数政客,意存簧鼓,抛荒法律,牵就强权,遂有苟且调停之说,莠言乱政,岂足当明公之一盼。尚望主持正论,发布通电,其影响于全国人心者,必非浅鲜。"(《军政府公报》第14号;环龙路档案第13951号)此函虽似批评旁人,实则质疑岑氏积极调停的举动。

△ 唐继尧密电李烈钧,表示"此时他无成见,惟决不在桂粤之前先发和议,此则豫定之宗旨耳"。(《唐继尧表示决不在粤桂之前与北系议和密电》,中国第二历史档案馆、云南省档案馆合编:《护法运动》,第1072页)

△ 任命赖人存为大元帅府参军。(《大元帅府简任人员职务姓名录》,《孙中山全集》第4卷,第567页)

△ 伍朝枢往香山,访唐绍仪。唐表示:"愿出帮忙,惟须中山离粤,对于余等主张之政治委员会可赞成,对于组织稳健派之党亦赞成。"(《伍朝枢日记》,中国社会科学院近代史研究所近代史资料编辑组编:《近代史资料》总69号,第217—218页)

△ 易寅暐、刘龙、张梓桥、周潘勋、唐元等来函,自愿在湘西组织游击队,以遏北军,请发委任状,并拨助开办经费及一切后援军实。(环龙路档案第04521号)

△ 据报道:两个在香港的中国商人(一个姓于、一个姓吴)因代表孙中山从事征募捐款的活动,被香港政府严厉谴责,不久将被驱逐出境。(广东省档案馆编译:《孙中山与广东——广东省档案馆库藏海关档案选译》,第106页)

10月13日 令朱执信、陈炯明立即征募军队以应急需。(粤海关档案《各项时事传闻录》,1917年10月13日条)

△ 任命蔡公时、李桢为大元帅府参军,蔡启顽为筹饷委员。(《大元帅府简任人员职务姓名录》,《孙中山全集》第4卷,第567页)

△ 传媒报道,桂系和程璧光向北京政府提出和谈条件,南北在秘密谈判。略谓:"陆荣廷致电中央,其署名者为陆荣廷、谭浩明、陈

炳焜、程璧光等四人。内容虽未详,似对于国会问题及湖南问题有所主张。此实两广自主以来,陆氏直接致中央最初之电,与南北形势大有关系。中央对之已于昨日晨特发复电,对于陆等要求之各条件,中央亦有所希望。陆等接此复电,苟能与以承认,则南北之妥协,于□即可成立,否则今后将更有数次之交涉。万一双方条件竟无妥协之余地,则此次南北问题将愈重大。然陆之意向亦在和平解决,此盖南北妥协之一线曙光也。兹据某要人传出消息,该联名电报中实有两项重要之要求:第一,要求撤换傅良佐之督湘;第二,要求黎黄陂复位。而第一项中并有以马济督湘之要求。公府及国务院之复电,均略谓傅之督湘已成事实,且湘省对于傅督并无反对之举,殊不便轻于更动,并详述傅督到任时湘省欢迎之情形。至第二项之要求,复电中作何措辞则不详悉。"

对于北京以临时参议院为过渡,再召集正式国会,桂系表示谅解,但要求解决湖南等实际问题。"来电中有政府预备召集正式国会之令,甚为满意,召集临时参议院之苦衷,亦可勉强原谅。惟湖南方面事实上问题,有须为公平之解决。揣其意旨,无非以湖南为两粤之咽喉,陆氏不愿以根据地之实权完全操诸北方军派之手。虽未明言具体之办法,而昨日某报所载,谓请收回以傅良佐督湘之命,不为无因,但陆氏现在并不提出须以何人督湘。前数日所传,预备以部下马济赴湘之任,现已不成事实,将来湘局之变迁,或须仍择湘人中有信望者佐理湘事。"

谈判中亦谈及对于孙中山之处置问题。"闻陆使等对于逮捕孙文等一项,亦有道及。略谓逮捕孙文等并非难事,唯望中央撤换傅督,及明令允准粤省开赌等语。据当局之言,此二事政府均难办到。"另有消息指,"闻政府对于陆巡阅使之要求于湖南事,已表示可以让步,但不能仅以承认参议院为条件,须令陈炳焜实行前日政府所发表逮捕孙文等之命令,傅督之更调条件方可容纳"。

日本《大阪每日新闻》分析,北京政府内部有文治派和武断派之争论，"文治派喜此际陆荣廷等出于妥协的态度，主张容纳其要求，而为平和的解决。武断派则以陆等之屈伏，原由于事势之不得已，若政府徇其所请，而免傅督军职，中止吴光新入川，益招西南之轻侮，坠中央政府之威信，仍宜如预定计划，以武力解决之。"该报主张南北和谈妥协，"南方有力者悟阋墙之争，终有害于国计民生，而以(一)罢免傅良佐，(二)撤退入湘北军，(三)止吴光新入川为条件，服从中央政府，且取消海军之独立，电达北京。使此消息而确，则所服从者，必含有(一)承认参议院之召集，(二)同意新国会之召集，(三)取消南方各省自主之事。吾人以为北京政府急宜容纳而遂行妥协，以改筑新民国之基础之事业。盖以武力解决西南，究不可能，徒结南北之怨，无何等之所得。免一督军，停一查办，本琐事耳，与其谓为损政府之威信，无宁谓政府为表示公明正大之态度。所谓推赤心置人腹之举也。以动两人之位置，而易全国之和平，所得多而所失少。段总理之势力，由此妥协而或减少，然从形式上则可有永久之胜利，不朽之成功。设一旦危其位置，犹得保存政府的生命，存卷土重来之机，即仅为陆军总长，亦易事耳。故妥协之实行，顺应世界的大势，南北两方之利益，支那国民全体之幸福也"。(《陆谭陈程联电之关系》，《中华新报》1917年10月13日，"紧要新闻"；《陆谭陈程联名电报之内容》《中央政府》，《北京日报》1917年10月8日，"紧要新闻"；10月13日，"群报汇选")

10月14日　复函唐继虞，望其率师共规中原。

略谓："贤昆玉伟略冠时，功在民国，甚望于川事布置稍稍就绪，即统雄师东下，共规中原，歼厥凶顽，拨乱反正。文侯此间计划略定，亦当亲率三军之士，进取闽、浙、湘、楚。"(《复唐继虞函》，《孙中山全集》第4卷，第221页)

△　特任许崇智署理陆军总长，黄大伟代理军政府参军长。(《军政府公报》第14号)

△　任命刘玉山为大元帅府参议。(《大元帅府简任人员职务姓名录》，《孙中山全集》第4卷，第567页)

　　△　湘南前线的王汝贤、范国璋通电全国,恳请停战,导致段祺瑞的武力统一政策大受打击。电文略谓:"此次湘南自主,以护法为名,否认内阁。但现内阁虽非依法成立,实为事实上临时不得已之办法,即有不合,亦未始无磋商之余地。在西南举事诸公,既称爱国,何忍甘为戎首,涂炭生灵,自应双方停战,恳请大总统下令征求南北各省意见,持平协议,组织立法机关,议决根本大法,以垂永久,而免纷争。"同日,湖南督军傅良佐、省长周肇祥私逃,长沙大乱,由绅商组织湖南暂时维持军民两政办公处,公推王汝贤为主任,以维持秩序。无奈之下,北洋政府惟有委任王氏代行督军职务。(《湘炎纪略(战事)》,黄季陆主编:《革命文献》第 50 辑,第 21—24 页)

　　10 月 15 日　派参军周应时赴港欢迎前南京卫戍都督徐绍桢。(《军政府公报》第 15 号)并附信函,略谓:"顷闻台驾莅港,承教有日,私衷至为欣慰。兹特派本府周参军应时来港欢迎,尚希即日命驾来省,俾得时亲雅范,指导一切。"(徐正卿、徐家阜编校:《徐绍桢集》,第 394 页)26 日,孙中山与绍桢商讨军事大计。(《军政府大事记》,上海《民国日报》1917 年 10 月 27 日,"要闻")徐氏逝后之《行述》言及此期之主张:"虽久在兵间,然深知民隐,常谓官之卫兵不如民之自卫,力持急办团练之议,分县练团,悉以营制部勒之。无事为民,有事为兵,既无糜饷养兵之害,实收全省皆兵之利,为莫荣新辈所梗,不能实行。"(徐正卿、徐家阜编校:《徐绍桢集》,第 408 页)

　　徐氏到粤后,对于推动攻闽之事,颇有助力。据北洋密探马凤池报告:"徐绍桢甘作孙文走狗,顷密派其旧部钟骏德,即钟毓琦(湘人)等多人,至闽运动兵警。查徐曾由李勉林①奏调到闽,襄办该省军警暨武备学堂,钟骏德与现任福建警务处处长俞绍瀛均曾在该省武备学堂毕业,为徐之学生,且系多年部属。并闻徐部之在闽者,实繁有徒。孙亦乐得利用徐暗为联闽,冀可与广、汕一气。目下粤、闽势甚

_____

　　①　指晚清闽浙总督李兴锐。

岌岌。"(《马凤池密报》,中国社会科学院近代史研究所近代史资料编辑组编:《近代史资料》总36号,第53页)

△　任命李国定、刘泽龙为四川劳军使,蒋群为大元帅府参军。(《军政府公报》第15号)

△　任命王树槐、黄振中为筹饷委员,刘星海为澳洲昆士仑筹饷委员,陈春舫为暹逻筹饷委员,李伟儒、孙光明为香港筹饷委员,阎志远为大元帅府参议,梁钟汉为大元帅府参军。(《大元帅府简任人员职务姓名录》,《孙中山全集》第4卷,第567—568页)

△　章杰来函,反对调停和议,应早伐乱贼,并报告在苏、皖、鲁等省运动军队情形,请派员到部指挥,或自派代表驻粤商议详情。(环龙路档案第09161号)

△　复函徐统雄,告以收悉此前的两笔汇款,共两千余元,并"请与同志诸公源源接济,俾竟大功"。(《复徐统雄函》,《孙中山全集》第4卷,第223页)

10月16日　驻粤各国领事因得到北京公使馆消息,以近日北京又有第二次复辟之传闻,故于是日急赴大元帅府聆听孙中山之意见。孙氏表示可无虑:"徐世昌、梁士诒诸帝孽,一日留存于中国,则提倡复辟之事,不能保其必无。愚早已料及,亦早经筹备对待方法,但事关秘密,现在未便宣布,请贵领事安心。"(《与驻粤各国领事的谈话》,陈旭麓、郝盛潮主编,王耿雄等编:《孙中山集外集》,第229页)

△　章太炎在云南发电,报告西南政情,并请坚持反冯。

略谓:"唐元帅于七日亲受印证,已电非常国会,因战功未著,不欲遽开帅府,受印已足。陆处亦应促非常国会电催受印,勿以个人之挹谦而自生畏沮也。抑炳麟尤有进者,军府之设,所以宣示大义,树之风声,非以对内为能事。今之所患,在认冯倒段一语,军政各界皆受其煽惑,莠言乱国,资寇粮而助盗兵。我公已宣言勘定内乱,恢复国会,奉迎黄陂,此旨宜坚持到底,若舍此义,而空投兵力于段氏一人战争,此但为冯逆作嫁,将置国会议员于何地?且美人所深重者,属在黎公,江汉人心固已誓死无二,讨逆附逆,非义所宜,精诚内充,名义外布,岂独民心感奋,胜负亦何待烦言?勿以东南掎角之势,而误上游根本之计,此为至要,惟我公尽心焉。"(《秘书长章炳麟呈孙中山电》,桑兵主编:《各方致孙中山函电汇编》第3卷,第97页)

△ 任命钟炳良、陆宗绪为军事委员。(《大元帅府简任人员职务姓名录》,《孙中山全集》第4卷,第572页)

△ 参议院广西籍议员潘乃德来函,允任大元帅府参议。(环龙路档案第02218号)

10月17日 任命马培生为安南筹饷委员长,叶伯衡为安南筹饷委员,陈炽南、陈锦继、谭云轩、林春树、胡子昭为河内筹饷委员,赵弼卿、杜子齐、潘灼南、梁复先、张南生、李泰初、钱显章、杨温泉、黄志愉、苏玉田、阮其昌为海防筹饷委员,郑福东为南定筹饷委员,黄隆生为越南筹饷委员,崔鼎新、林永伦、黎赞新、陈金钟、辛景祺、樊镇安、王瑶笃、邱永生、李少逸、黄景南为西堤筹饷委员,曾翰生、黄兴汉为金边筹饷委员,薛汉英为小吕宋筹饷局长,吕渭生、戴金华、冯伯砺为小吕宋筹饷委员。(《大元帅府简任人员职务姓名录》,《孙中山全集》第4卷,第568—570页)

△ 任命林祖涵为湖南劳军使。(《军政府公报》第17号)

△ 东方通信社消息,近日江苏督军署接到冒名信件甚多,谓有刘达成(译音)者联络孙中山等人,在南京设立暗杀机关。因谣言颇盛,故李纯特饬军警严加警戒。(《国内杂电》,《时报》1917年10月18日,"译电")

△ 黄三德来函,有要事相商,请择期面谒。次日由帅府秘书处回函,告以十九日上午来府晋谒。(环龙路档案第03033.1、03033.2号)

△ 徐璞日前来函请求委任职务,由秘书厅答复:"刻下各机关尚未成立,无相当位置,将来定当借重。"(《批徐璞函》,《孙中山全集》第4卷,第223页)大约同时,张华润、吕志伊、张大义、陈时铨来函,叙述徐氏简历,认为"品纯学粹,谨慎诚笃",请量予使用。(环龙路档案第

02219.2号)

10月18日　发布《通令将士宣告讨逆护法缘由》。

略称:"共和政治,以法律为纲维;民国军人,以护法为天职。""此次叛督肇变,迫胁解散国会,继之以总统迁废,民国国统于此斩焉中绝。是以西南将士扶义而起,海军舰队援袍而兴,以为非恢复约法、国会,则有死无贰,誓不解兵。议员诸君见义帜之飞翻,知民气之可用,乃相率南来,集合国会非常会议,组织军政府,于约法效力未完全恢复以前,由大元帅执行民国之行政权。""受任之始,即以攘除奸凶,恢复约法自矢。苟约法、国会一日不恢复,奸宄一日不扫清,则文之任务一日未尽。"(罗家伦主编,黄季陆、秦孝仪增订:《国父年谱(增订本)》下册,第781—782页;《国父全集补编》第6—7页)

△　任命徐璞、张百麟为大元帅府参议,雷维森为军事委员,钟坚持、梁世慈为冲旧筹饷委员,黄师瑶为海防筹饷委员,黄进步、林潮清为南定筹饷委员,黄灼之为河内筹饷委员。(《大元帅府简任人员职务姓名录》,《孙中山全集》第4卷,第570—571页)张百麟后来有所表现,曾来函请求资助其策动闽中军队,以应陈炯明。内称:"前此由闽到沪者三人,现已有二人返闽,将来或催促(一部分)军队内应,或收拾一部分军队,以待义军,必有几分成效可睹。……麟到粤且可俟闽中确息,速赴事机,以应竞存。拟请惠赐百元,俾得布署就道,感激实非浅鲜。"(段云章、沈晓敏编著:《孙文与陈炯明史事编年(增订本)》,第195页)

△　复函张耀曾,答复所荐之徐璞已委为本府参议。(《复张耀曾函》,《孙中山全集》第4卷,第224页)

10月19日　任命林飞云为大元帅府秘书[①]。(《军政府公报》第16号)

△　湖南耒阳县知事江海宗来电,询问王武是否大元帅府特派员。(《湖南耒阳县知事致孙中山电》,桑兵主编:《各方致孙中山函电汇编》第3

---

① 《孙中山全集》第4卷第571页记其任命时间为10月18日。

卷,第 97 页)

　　△　英文《大陆报》报道,伍廷芳之子伍朝枢已担任军政府外交次长之职,显示出南方各势力"已暂时联合一致对待北京,且较北京尤为团结,此亦成真确之事实"。初时陆荣廷、唐继尧"尤不表同意于孙氏,盖孙之主张偏于激烈,与稳健派不合,而孙氏未先商诸陆、唐,遽以大元帅自命,亦足引起个人嫉妒也。再陆、唐二人互相嫉视,由来已久,此亦意见参差之又一原因"。"北京当南方分裂之际,不思乘机利用,而乃鼓荡湘省之风潮,以傅良佐为导火线,遂酿成零陵之独立,战事既将不免,陆荣廷调和时局之请求又不为北京所重视,陆氏至此别无他道,惟有与广州一致行动而已。""传说冯氏势力所及之省,如江苏、湖北等,将守中立,若战事果作,则战场或不仅为湘省。闻南方定计,拟海陆并举,合攻闽省,再唐继尧派兵入蜀之消息已见报端,统观全局,中国殆将又有内部战争矣。"(《广州政府代表之南北观》,《申报》1917 年 10 月 19 日)

　　△　广州非常国会选林森为参议院议长(代替王家襄)。(《中华民国史事纪要(初稿)——中华民国六年(一九一七)一至十二月份》,第 850 页)

　　△　王汝贤退走岳州,长沙秩序大乱。是日段祺瑞辞去陆军总长兼职,由王士珍继任。(《湘灾纪略(战事)》,黄季陆主编:《革命文献》第 50 辑,第 24 页)

10 月 20 日　致电程潜、赵恒惕、林修梅、林支宇、刘建藩等人,告以林祖涵作为湖南劳军使,赴湘慰问湘南各护法军。电中称赞他们"衡永首义,万方警省,既开天下之先,已褫奸人之魄",望其奋力战斗,会师武汉。(《致程潜等电》,《孙中山全集》第 4 卷,第 225 页)

　　△　广西督军谭浩明就任"两广护国军联军总司令",誓师援湘。通电主旨在于反段。略谓:"惧元首之公明也,则胁迫使先去位;利金壬之党附也,则网罗置之要津;畏民气之激昂,则阴布海军以固其势;疑宪法之束缚,则集参议院以文其奸。尤复勾煽川兵,更易湘督,诛锄异己,好恶逆人。"(《湘灾纪略(战事)》,黄季陆主编:《革命文献》第 50 辑,

第18页)24日,谭自南宁率师出发,入湘后,谭又自署湘粤桂联军总司令,兼领湖南军政民政事宜。(陈锡祺主编:《孙中山年谱长编》上册,第1072页)

△　章太炎、郭同等军政府在云南代表,密电非常国会和军政府,表示战争目的在于护法,不仅要倒段,还要倒冯。

略谓:"务望公等速倡正义,警醒舆情,使知此次战争目的,非仅在段,庶段去我犹可进,且使首义诸公不至徒劳兵力而无报酬,则人心不至于灰挫。若谓投鼠忌器,不妨先段后冯,此为行军步骤而非终局目的。"(《章炳麟等认为战争目的在于护法密电》,中国第二历史档案馆、云南省档案馆合编:《护法运动》,第396—397页)

△　任命罗锦为军事委员。(《大元帅府简任人员职务姓名录》,《孙中山全集》第4卷,第571页)

△　据是日报载:"广州之各国总领事在沙面连日集议,谓南政府组设,实害中国统一,自难派兵赴欧,间接影响于协约国,而广东政府于此时尚不表明态度,取消自主,其为包藏祸心,已可概见。我协约国领事应提出绝交,以促反省;若再执迷不悟,则惟有调集驻港之兵舰来粤,由领事团指挥,与之决裂。各国领事经已签押一致进行云。"并扬言:当时广东省长、督军"尚可凑集三二十万与其作跑路费,若冥顽不灵,则最后之解决,只有武力对待而已"。(重庆《国民公报》1917年10月20日,转引自陈锡祺主编:《孙中山年谱长编》上册,第1072页)

10月21日　吴景濂密电唐继尧,陈述军政府改组计划。略谓:"事出仓猝,军政府名义未先征求西南意见,成立既难,效果尤鲜。今大局决裂,时机紧迫,内体不固,敌氛〔嚣〕张。同人一再筹维,惟有存留军政府名义,改组内部。凡属军事计划,除由各路元帅相机进退外,另设各省联合军事会议,以收连络之效。而对于外交,涉借款计划暨对待□□□□者,并有以具体之主张,以期一致也。(一)是以此间倒□□军政府内部改组;(二)设行政委员会,由国会同中山、幹卿两公以及国会非常会议议决,请少川、秩庸、西林、柮〔樾〕村诸先生主政其间。同人等已协商妥帖,咸谓应变机宜,适法可行。"(《吴景濂陈述军政府改组计划密电》,中国第二历史档案馆、云南省档案馆合编:《护法运动》,第 432 页)

10 月 22 日 任命蒋国斌为大元帅府参军。(《军政府公报》第 18 号)

△ 任命高亢藩、陈人杰为大元帅府参议。(《大元帅府简任人员职务姓名录》,《孙中山全集》第 4 卷,第 571 页)

△ 军政府陆军部长张开儒因未经批准,枪毙陆军上尉何钦昌,而被孙中山解除职务。(广东省档案馆编译:《孙中山与广东——广东省档案馆库藏海关档案选译》,第 109 页)

△ 北京政府致电杭州,称:"孙文又密遣党人图浙,饬属妥为防范,严密侦缉。"(《杭州快信》,《申报》1917 年 10 月 22 日,"要闻二")

△ 段祺瑞辞去国务总理,由汪大燮暂行兼代。(《湘炎纪略(战事)》,黄季陆主编:《革命文献》第 50 辑,第 25 页)

△ 陈炯明部粤军刘志陆、洪兆麟等击败盘踞惠州之张天骥部,克复惠州。(《中华民国史事纪要(初稿)——中华民国六年(一九一七)一至十二月份》,第 855 页)

10 月 23 日 国会非常会议发出吁请各方反对段祺瑞向日借款购械电。

非常国会致电孙中山、唐继尧、陆荣廷,反对段祺瑞向日本借款购用军械,望其致电日本当局,以示西南团结一致,而破此项逆谋。(云南省档案馆编:《云南档案史料》第 1 期,第 62—63 页)25 日,非常国会致电日本政府,望对段祺瑞借款购械"严词拒绝"。(《军政府公报》第 19 号)26 日,非常国会又发出通电,揭露段祺瑞借款购械阴谋,吁请全国"群策群力,共抗击焉"。(云南省档案馆编:《云南档案史料》第 1 期,第 63 页)

△ 传媒报导,"闻军政府现以龙济光、莫擎宇已率兵离汕,用意殊难悬测,特召集海军总长程璧光、总司令林葆怿、代理陆军总长许

崇智、滇军第四师长方声涛以及参军参议等重要职员会议"。会上，孙中山发言,谓:"现在军政成立一月有余,陈军长在惠州所招军队尚未满额,又未训练。滇军第三师,一则韶关防守紧要,二则须出发援湘。今龙济光、莫擎宇立心不测,究以何策平之?"方声涛与林葆怿称"愿率所部,灭此朝食,直攻闽浙",而孙氏"壮之"。(《粤垣议防琼南》,《申报》1917年10月23日,"要闻二")

△　湘南总司令程潜率兵抵长沙,湖南各界公推谭浩明为督军,程潜为省长。(《湘炎纪略(战事)》,黄季陆主编:《革命文献》第50辑,第25页)

△　广东潮梅镇守使莫擎宇,本日向省政府宣告独立,与督军陈炳焜自主政府脱离关系。独立期内,军政直隶中央,民政仍商承李省长办理。并闻钦廉道冯相荣及镇守使隆世储,亦已与潮州联合,对省独立。惠州清乡总办张天骥,自惠州举事失败后,亦奔至潮州,与莫擎宇联合,谋攻惠州。(《东方杂志》第14卷第12号,第203页)路透社消息指:"粤人欲驱逐陈炳焜,以广东归粤人自管。惠州之独立,特其一部分之举动耳。莫擎宇及胡汉民似均为幕内人。"(《国内杂电》,《时报》1917年10月26日,"译电")

10月24日　据香港中文报纸报道,下星期日,孙中山将设宴招待各国领事,并向领事团解释在南方建立临时政府的原因。(广东省档案馆编译:《孙中山与广东——广东省档案馆库藏海关档案选译》,第109页)

△　大元帅秘书长张伯烈以任职月余无所事事,不能为临时政府做些有益的事为口实,提出辞呈。(广东省档案馆编译:《孙中山与广东——广东省档案馆库藏海关档案选译》,第109页)孙中山写信挽留,称:"昨奉大札,捧读甫竟,令我神沮。时局艰难,端资共济。爱国爱我能有几人?两日未见,恍如有失,待商事件多似牛毛。艰巨难膺,彼此同慨。拂袖而去,岂近人情?兄即恝然于我,讵忍恝然于我耶?"另派参军长黄大伟、参议吴铁城、蒋文翰等先后对张氏进行挽留,军政府秘书李建中、梁树熊亦以私情相劝。张伯烈表示暂不辞职。(《粤军政

府又有会议》,长沙《大公报》1917 年 11 月 8 日;汤锐祥编注:《护法时期孙中山轶文集》,第 159 页)

　　△　特任刘存厚为中华民国军政府四川督军。(《军政府公报》第 24 号)

　　△　任命吴少琴为毛里士埠筹饷委员,陈九韶为湘南筹饷委员,彭邦栋为湘南劳军使。(《大元帅府简任人员职务姓名录》,《孙中山全集》第 4 卷,第 571—572 页)

　　10 月 25 日　派张继赴南宁,与陆荣廷商议北伐方略。

　　潮梅镇守使莫擎宇宣告与广东自主政府脱离关系后,段祺瑞政府与桂系的矛盾加剧。孙中山亟欲利用此时机,使桂系接受护法主张,与军政府行动一致。是日,特派张继赴南宁与陆荣廷磋商北伐方略,"竭陆商方略,候稍妥协,即分别出师"。(《复章炳麟电》,《孙中山全集》第 4 卷,第 227 页)另有消息指,张继此行"系因孙文欲让大元帅职与陆,藉谋孙、陆之提携"。(《广东昨讯一束》,《北京日报》1917 年 11 月 4 日,"紧要新闻")

　　然联络之事不易取得成果。张继面询陆荣廷对于军政府之意见。陆即宣言:"鄙人对于军政府,实不赞成其办法,但今事已至此,亦无可如何。"(平生:《粤局又有发现》,《申报》1917 年 11 月 25 日,"要闻二")舆论认为,粤、桂军入湘虽猛进,行动则"于军政府毫无相连",誓词不外乎讨段护法,"绝无拥护军政府字样"。陆之义子马济对某报声言,军政府方面既由孙主持,陆向持不过问主义。对外间传闻陆将就元帅职,及马济奉命赴军政府接洽之说,矢口否认。(《粤桂与军政府之现状》,《盛京时报》1917 年 10 月 25 日,"民国要闻")

　　稍后陆之部下更向报界透露只等与北妥协就逼孙下台之讯息:"陆氏与军政府方面意见殊不一致,拟俟将来与北方妥协成立后,对于军政府发给若干经费,将彼等遣散。若不听命时,则拟用武力驱逐彼等。刻下对于北方虽尚未提出妥协条件,若大总统能以命令恢复约法,复活旧国会,则平和解决,亦非难事。"(《陆氏部下之谈话》,《盛京时报》1917 年 11 月 24 日,"民国要闻")

△ 通过唐继尧转电章太炎,告知梁士诒嗾莫擎宇等在惠州独立阴谋失败。略谓:"竞存前因陈督收其亲军,故在惠召集旧部。嗣闻梁士诒亦适嗾莫擎宇、张天骥等在惠独立谋粤,竞存乃急止所部举动,梁、段谋遂败,故惠事骤发即定。联梁说实讹传,此间仍与陈督协议,拨回前亲军,陆、陈意亦渐接近。本日派溥泉谒陆商方略,候稍妥协,即分别出师。"又云"以后倘来电,有关粤事,请改用申密"。(《复章炳麟电》,《孙中山全集》第 4 卷,第 227 页)可见孙氏防范桂系之心理。

△ 特任王勳闻为西伯利亚调查专员。(《孙中山曾派员赴苏了解十月革命情况》,《团结报》1985 年 3 月 30 日,转引自陈锡祺主编:《孙中山年谱长编》上册,第 1073 页)

△ 任命徐承庶为大元帅府参议。(《大元帅府简任人员职务姓名录》,《孙中山全集》第 4 卷,第 572 页)

△ 非常国会的议员迄今已超过二百一十人。但前几天共有约六十位议员离开广州,原因不详。(广东省档案馆编译:《孙中山与广东——广东省档案馆库藏海关档案选译》,第 99 页)

△ 广州非常国会致电冯国璋,并通告全国反对北京政府军械借款。(《中华民国史事纪要(初稿)——中华民国六年(一九一七)一至十二月份》,第 858 页)

△ 驻京某通信社记者访问靳云鹏,问"南北调和可望否?"靳答曰:"政府决不欲用武力解决。现陆荣廷等不念国家,任意用兵。又孙文一派,主张恢复已经消灭之国会,以事反抗,既与德奥立于交战状态,则国内抗争殊为可虑。"(《靳云鹏之中国时局谈》,《申报》1917 年 10 月 26 日,"要闻二")

△ 广东省长李耀汉的代表黄孝觉到京,本日谒冯国璋。闻孙中山亦有代表到京。(《国内专电》,《时报》1917 年 10 月 27 日)另闻李福林和莫擎宇亦有代表到京。"此等代表之来,固表示一种拥护中央之意,但实兼有侦察中央政情之任务。缘二李均为粤中军官,久欲推倒

陈炳煜,以排斥桂军。"(《粤中三代表北来之用意》,《时报》1917年10月30日,"要闻一")

　　△　两粤援湘护法军第一军由马济率领,自粤出发,陈炳煜以下粤省政要、国会议员等到场祝捷。(《中华民国史事纪要(初稿)——中华民国六年(一九一七)一至十二月份》,第859页)

　　10月26日　召开大元帅府全体会议,至下午五时散会,并作出重要决定。

　　是日会议作出如下决定:"一、再次派张继到日本,设法阻止外国向北京政府贷款的计划。二、派出官员请求张伯烈不要辞职。三、再派若干名代表分赴香港、拱北和上海,请唐绍仪、伍廷芳、孙洪伊和胡汉民返穗担任他们的职务。四、派代表至四川、湖南收集可靠的情报向孙文报告。五、向西南各省和星马的侨民发放公债券,请其认购。六、委任徐绍桢指挥浙江讨逆军,委任柏文蔚指挥安徽讨逆军。七、分别派代表到上海和南宁与岑春煊和陆荣廷就有关的重大问题进行磋商。"(广东省档案馆编译:《孙中山与广东——广东省档案馆库藏海关档案选译》,第110页;《各省状态》,《北京日报》1917年11月8日,"群报汇选")

　　又据1917年11月1日《各项时事传闻录》载:孙中山"已派其秘书徐谦访问在上海的伍廷芳和孙洪伊,商议此事"。(陈锡祺主编:《孙中山年谱长编》上册,第1074页)

　　△　电召蓝天蔚到省,令其出任关外招抚使兼任司令。

　　时蓝天蔚"潜行出京,赴津组织讨逆机关,招募旧时部下,在东三省一带联络军警各界及关内外胡子头目,为北伐先声"。故望其"陈兵山海,直捣幽燕"。(《蓝天蔚任招抚使》,上海《民国日报》1917年9月27日,"要闻")

　　是日,电召蓝天蔚到大元帅府,谓:"西南方面已一致进行,北方曹锟及直隶军人为孙洪伊所联合,急切待人声援,现欲任君为关外招抚使兼任司令之职,请君即日北行,并拨款十五万元,以资军饷。"蓝氏受命而去。(《与蓝天蔚的对话》,上海《民国日报》1917年10月27日,"要闻")

△　谭浩明以"粤桂护国军联军总司令"名义,来电宣布讨段。略谓段之罪名有四:"威劫元首""构成内乱""垄断政权"和"故纵帝孽"。署名者尚有总参谋钮永建,湘南军总司令程潜,广东第一军总司令马济、第二军总司令林虎、第三军总司令沈鸿英,广西第一军总司令韦荣昌、第二军总司令林俊廷、第三军总司令陆裕光。(《谭总司令传檄讨段之电文》,《中华新报》1917 年 11 月 4 日,"紧要新闻")

△　任命程天斗为大元帅府参议。(《大元帅府简任人员职务姓名录》,《孙中山全集》第 4 卷,第 572 页)

10 月 27 日　致电宁远屯殖使张煦(午岚),劝其与唐继尧合作。略谓:"时闻谢慧生君称道足下志行","尚希足下声应气求,联为一致"。(《军政府公报》第 19 号)

△　任命戴愧生为小吕宋筹饷委员。(《给戴愧生任命状》,陈旭麓、郝盛潮主编,王耿雄等编:《孙中山集外集》第 705 页)

△　北京政府因陈炳焜"倡言自主","孙文等在广州地方设立伪国会,甘心纵逆,扰害国家",下令免其粤省督军职,以省长李耀汉兼摄。同时任命莫擎宇会办广东军务,免莫荣新广惠镇守使职,任命李福林为广惠镇守使。但是李耀汉拒绝此令,"在今日两粤宣布自主尚未取消之时,此种命令,决不公认。现时一切军政,请督军勿馁志进行"。(《北京政府更动粤省军政职官司的几则命令》《李耀汉拒受北京政府着兼署督军命令》,汤锐祥:《护法运动史料汇编》第 4 册,第 46、47 页)

陈炳焜随后拒绝此命令,称:"此次粤省自主纯出拥护约法,是非曲直,天下后世自有公论,无取词也。中央此令无非欲粤省自起内讧,又为川、湘之续。我粤桂军民素明大义,决不堕其术中。炳焜素无权利思想,苟能奉身而退,自计固属甚得。然当此时事艰危,何敢但为个人自了之论而置大局、地方于不顾。"(《陈炳焜拒绝北庭命令的通电》,汤锐祥编:《护法运动史料汇编》第 3 册,第 91 页)

△　《字林西报》将北京政府通缉孙中山令与罢免陈炳焜令相比

较,质疑两令均不能如愿。略谓:"孙等乃一群无责任之徒,其获罪中央也,不若陈炳焜、陆荣廷、唐继尧之甚","北京当时竟遗罪之较重者,而独与无责任者为难,今始更进一步,以粤省当道不从北京命令,遂罢免陈炳焜而任用北京信其忠于中央之武员以代之,惟此种纸上撤换能否较通缉孙文之令更有效力,不无疑问"。(《西报论政府对付西南问题》,《申报》1917 年 11 月 6 日,"要闻一")

△ 梁士诒由香港启程赴日。虽然"此行系作为个人行动,对日声明并未受政府嘱托",然意在为北京政府打通关节,可见南北政府均注重日本政府之态度。梁氏致段祺瑞之电称:"今后之中国必须结交日本,然后疆域乃不动摇,外交之应付不烦,内乱自渐渐消灭,财政、军政亦不致被其束缚。执事年来注重日本,万分倾佩,日人与诒言亦深佩执事也。诒拟先往日本,访晤其当道及社会,探明其今后对于我国之真相,及以在野个人,询商其提携联络之办法;并与实业家商议,组合一两种实业,以示握手。"(凤冈及门弟子编:《梁士诒年谱》上册,第 387 页;《致叶恭绰转呈段祺瑞(感)电》,陈奋主编:《梁士诒史料集》,第 213 页)

10 月 28 日 粤湘桂联军总司令谭浩明以段祺瑞被免职,通令停战,并要求驻岳州之北军完全退出湘境,以表示和平之决心。(《湘炎纪略(战事)》,黄季陆主编:《革命文献》第 50 辑,第 26—27 页)

10 月 29 日 任命曹玉德、谢家鸿、管鹏为大元帅府参议,吴山为大元帅府秘书,黄兴汉为金边筹饷局长。(《大元帅府简任人员职务姓名录》,《孙中山全集》第 4 卷,第 572 页)

10 月 30 日 致函陆石泉,请其相助邓耀招兵,并秘密从事。
略谓:"兹着邓耀兄到四邑等处,集合军队,以便出发,以应中原父老之望。务请兄处竭力相助,以利进行,并祈秘密,毋使督军、省长知之,免至冲突。"另有写给周之贞的信函,也是同样的内容。(《致陆石泉函》,陈旭麓、郝盛潮主编,王耿雄等编:《孙中山集外集》,第 384 页)

△ 任命朱晋经为筹饷委员。(《给朱晋经委任状》,《孙中山全集》第

4 卷,第 229 页)

△　下午,伍朝枢、汤漪和李茂之一同来见。(《伍朝枢日记》,中国社会科学院近代史研究所近代史资料编辑组编:《近代史资料》总 69 号,第 221 页)

△　暂代国务总理、外交总长汪大燮辞去本兼各职,王士珍继任国务总理。(《湘炎纪略(战事)》,黄季陆主编:《革命文献》第 50 辑,第 27 页)

△　复谭延闿、程潜电,促率劲旅迅攻岳州。略谓:"苟且言和,非所凤许。所示各节,岂不赞同。顷得沪电,知北军陆续南下,宁已下动员令,战事当不远。望即率劲旅,迅攻岳州,分其势力。文以护法始,以护法终,必殚竭棉力,以相援助。"(《复谭延闿、程潜电》,《孙中山全集》第 4 卷,第 230 页)

10 月 31 日　江苏护法军临时总司令章杰呈文,为组织江苏护法军之事,并汇报职员编制。略谓:"窃杰于七月间,在沪联络同志,召集旧部,组织苏、皖、鲁三省总机关,前经函报在案。惟刻下皖、鲁间虽有把握,而苏省前途尤著成效。据各调查,报称该地所驻水陆各军队,及其兵种与驻在地,并联络各该军队情形前来,复经属部派遣妥员,前往该地侦察进行情形,与所称符合。故令各该军队公举代表来申,开军事会议,经多数议决,推定各主任,编制成军,由属部加给委任状,以专责成。"另请启用"江苏护法军总司令"印信。(黄季陆主编:《革命文献》第 50 辑,第 228 页;《江苏护法军临时总司令章杰为组织江苏护法军呈孙中山文》《江苏护法军临时总司令章杰为组织江苏护法军上军政府大元帅呈》,桑兵主编:《各方致孙中山函电汇编》第 3 卷,第 101—108 页)

△　广东警卫军致电陆荣廷,指责陈炳焜"日借筹饷为名,剥削脂膏,排除异见,直视吾粤为征服地",请将其调离,另委贤能担任广东督军。同日,陆荣廷复电警卫军各统领,威胁称:"粤局纷扰,自应妥筹应付,断无中止。诸君遇事,请密商陈督,悉心筹付。廷准一日率师赴梧暂驻,妥策进行,再巡视各方,藉资镇慑。"(《警卫军统领请免除陈炳焜督军职致陆荣廷电》,汤锐祥编:《护法运动史料汇编》第 4 册,第 48、49

页）

　　△　程璧光召各舰回省河，以维持秩序。是日在一德社滇军司令部，与各要人讨论维持粤局办法。会议结果如下：（一）维持粤省现状起见，劝陈督卸责。（二）为维持粤省自主精神起见，李耀汉不宜接代督军。（三）对于粤省督军，希望当道慎选替人，令各方感情益相融洽。（四）将来海、陆军吏，须确实联络，以期为国宣劳，而尤以不违反粤省人民心理，及不破坏粤省自主精神为主旨。议毕，遂将会议实情，电达陆荣廷。时警卫军方面主张督军一席，终以粤人为宜，属意程氏。当道要人，踵门劝驾者，日凡数十至。各界人士及公民大会，亦无不吁请程氏俯顺舆情，力任其难。程氏始终不允。而桂系将官则频电陆荣廷，促其东来，解决此事。陆旋电陈督，谓段政府此等对待手段，早在其意料中，陈督宜一意坚持，无论如何为难，陆自有把握，幸勿因此介意。陈遂有坚持之表示。（莫汝非：《程璧光殉国记》第7章，第1页；《程璧光与各政要议订维持粤局的办法》，汤锐祥编：《护法运动史料汇编》第1册，第88页）

　　△　任命钟应熙为大元帅府参议。（《大元帅府简任人员职务姓名录》，《孙中山全集》第4卷，第572页）

　　是月　发出号召川、滇、黔军事统一通电①。

　　电曰："川、黔之斗，本由误会。北兵入蜀，祸等燃眉。唐督军扶义北征，心无固我，而熊镇守使、周师长亦赞成西南义举，力拒吴军。川、滇、黔之和解，既有端绪，此后当以一致抵御北军为主旨。三省形势相依，军事行动宜求统一。鄙意谓宜设川、滇、黔三省靖国军总司令，由唐公担任，统率既归于一，庶指臂之效可期。"（《号召川滇黔军事统一通电》，《孙中山全集》第4卷，第230页）

　　△　致信夫人卢慕贞，交代家事。略谓："现在事情尚未妥当，我未能定期回乡。可传知丁财叔出省城见我，得以交带他，先修理好乡

――――――

　　①　《孙中山与广东——广东省档案馆库藏海关档案选译》第96页将时间定于9月1日。

间之屋,并办理下乡中之事。待我事妥当后,当亲自回乡一转,夫人可在澳门静候,不必来省也。"(《复卢慕贞函》,郝盛潮主编、王耿雄等编:《孙中山集外集补编》,第 209 页)

△　非常国会致电日本当局,请拒绝北京政府购械借款。(《军政府公报》第 19 号)

11 月

11 月 1 日　任命张群、蒋介石为大元帅府参军。(《大元帅府简任人员职务姓名录》,《孙中山全集》第 4 卷,第 572—573 页)

△　任命甄兆麟为温地群筹饷委员。(《大元帅府简任人员职务姓名录》,《孙中山全集》第 4 卷,第 573 页)

△　据当地新闻报道,陆荣廷近几天将来广州,请求程璧光接替即将带领其部援助湖南的陈炳焜;陆还将拜访孙中山,共商要事。(广东省档案馆编译:《孙中山与广东——广东省档案馆库藏海关档案选译》,第 111 页)

11 月 2 日　张煦来电,宣告护法,并派傅畅和赴粤。时张氏接受唐继尧之命,任靖国联军第七军司令。(中国社会科学院近代史研究所中华民国史组编:《中华民国史资料丛稿·大事记》第 4 辑,第 62 页;《复张煦电》,《孙中山全集》第 4 卷,第 237 页)

△　致函李烈钧,哀悼其父仙游,特派邵元冲代表奉唁。(《致李烈钧函》,《孙中山全集》第 4 卷,第 232 页)

△　北京政府欲贿买西南护法舰队,然未得逞。

海军南下后,北京政府派人秘密游说程璧光等,只要广东取消自主,北京政府即可接济海军饷项。是日,程璧光以此商诸各舰长,遭到反对,此谋未逞。(《第一舰队矢志护法》,上海《民国日报》1917 年 11 月 4 日,"要闻")

11 月 3 日　与来访之日人澁田红塔会面。

据日本《朝日新闻》纪述此行之经过："府前临江筑土城一带,设有炮眼甚多,府之内外以福军护卫之。余先在门卫事务所,于会客簿上书明姓名、年龄、国籍,由门者投刺入。未几由人导至应接室,有孙逸仙之秘书官为招待,见时以流畅之英语与余酬酢,申言大元帅欢迎来宾之意。即导余入次室,室甚广而又甚朴素,中央置极长大菜台一,傍列坐椅七八,盖会议室也。时孙氏坐于最上之一藤椅上,见余面露微笑,悠然起立,坚握余手曰:余甚喜与足下相见,足下以何时来此? 其语言颇明晰,而声调又极恳挚。谈次即转入国家问题,而及于南军之情状。孙氏乃高声曰:'广东、广西之一部,虽有黑云之暂蔽,然内部之暗云渐次展开,而事态渐达顺境矣。'所谓一部之黑云者何? 大约一为海南岛龙济光军之独立(龙现在香港),二为汕头莫擎宇之独立,三为香港及各处之北京政府使者,买收南军。所谓内部之事态渐达顺境者,或谓南方派之一致乎? 抑为广东孙氏一派之势力增进乎? 殊难判断。然孙氏之自信甚坚,与夫抱负不凡,此可由其眉宇间一望而知之者焉。余最后问孙氏曰:南方军之团结非甚困难乎? 若南军而一致结为一团,则以之与北军相抗,未有不占胜利者。足下之意中,是否亦作如是想? 孙至此暂时默然。有顷答以今日步调已渐见合一。"(《日人澁田氏游广东谒孙文记》,《时报》1917 年 11 月 27 日,"要闻二")

　　△ 任命刘汉华为军事委员。(《大元帅府简任人员职务姓名录》,《孙中山全集》第4卷,第573页)

　　△ 任命高敦焯、阮日华为筹饷委员。(《给高敦焯委任状》《给阮日华委任状》,《孙中山全集》第4卷,第233页)

　　△ 唐继尧分电桂粤当局诸要人,以赴蜀督师之故,委托李烈钧为全权代表,负责与各派就近商讨。(云南省档案馆藏唐继尧档案106—3—1337;《各省状态》,《北京日报》1917 年 11 月 22 日,"群报汇选")

　　11 月 4 日 任命洪慈、瞿钧、祁耿寰为大元帅府参军。(《大元帅府简任人员职务姓名录》,《孙中山全集》第4卷,第573页)

△　任命陈煊为筹饷委员,伍横贯为军事委员。(《大元帅府简任人员职务姓名录》,《孙中山全集》第 4 卷,第 573 页)

△　报载,章太炎来电,请"迅速出滇军两师、海军全舰进攻福建,光复金陵"。(《章太炎致孙中山电》,桑兵主编:《各方致孙中山函电汇编》第 3 卷,第 109 页)

11 月 5 日　任命内政总长孙洪伊为军政府驻沪全权代表。(《任命孙洪伊职务令》,《孙中山全集》第 4 卷,第 234 页)

△　任命刘汉华为东海十六沙护沙督办。(《给刘汉华任命状二件》,陈旭麓、郝盛潮主编,王耿雄等编:《孙中山集外集》,第 705 页)

△　任命牟琳为大元帅府参议,陈箇民为安南筹饷委员,刘悦生、刘汉臣、池顺利、吴起汉、赵之璋为金边筹饷委员。(《大元帅府简任人员职务姓名录》,《孙中山全集》第 4 卷,第 573 页)

△　密电唐继尧,告以伍廷芳以决心来粤,维持西南护法大局,且陆荣廷已有函表示欢迎之意,希望唐亦致电促行。(云南省档案馆藏唐继尧档案 106—3—1311)

△　《申报》刊载云南籍国会议员陈祖基致陆荣廷信件,其中对孙中山之评论甚多。略谓:"自明公弃元帅职不就,唐元帅亦未绝对赞成军政府,遂如五石之匏落,而无所容。论者谓,由中山之无实力所致,适堕入阴谋家之术中。夫中山对于国家,极袁世凯时之搜求罗织,不能指其罪恶之所在。国人但信其真诚为国,无所瑕疵。就职两月,不召民军,不干内政,委曲求全,约束旧部。然而不赞成军政府可也,不赞成军政府,或改组、或设机关亦可也,为军政府而因噎废食,此大不可也。人方协以谋我,挟暴力席卷囊括而来,我乃抟沙无策,首尾不相应,指臂不相助,其结果即固有之一省一隅地位亦不能常保,是自杀之道也。窃尝私忧过虑,以为志在天下者,当与天下共谋之,是宜从速连合西南〔各〕省军政长官,择适中地点,派员组织军事统一机关,或即就军政府改组。中山共和为命,冲淡为怀,亦当然服从多数。机关既立,六省之意见,为一人之意思,六省之行动,为一致

之行动,而后离间之阴谋乃不获逞,军事之发展乃克有济。惟公系西南重望,主动者非公莫属。"

该信函对于非常国会议员人数不足,亦有解释:"广州会议以来,国会议员不惮艰险,跋涉来会者二百数十人。""只以西南意见犹形参差,望重如公尚迟回审慎,靳于表示,坐是逗留海上观望时机者亦二百余人。法定人数之稽延,职此之由。"(《陈祖基致陆荣廷书》,《申报》1917年11月5日,"要闻二")

11月6日 任命卢师谛为川西招讨使,石青阳为川东招讨使,陈剑虹、蔡鹤朋为军事委员,顾时济为大元帅府秘书,宋以梅、吴肇甫为筹饷委员,钱祖勤为无锡筹饷委员,胡龙为苏门答腊筹饷委员。(《大元帅府简任人员职务姓名录》,《孙中山全集》第4卷,第574页)

△ 劳军使林祖涵来电,报告会晤程潜、林支宇,并汇报军情进展顺利。同日,林支宇亦来电,感谢派遣林祖涵出使衡阳。(《民政处长林支宇致孙中山电》《劳军使林祖涵致孙中山电》,桑兵主编:《各方致孙中山函电汇编》第3卷,第109、110页)

△ 据广东地方报纸报道,前税务处督办梁士诒与段祺瑞商议,先由他在私人款额中垫付五百万元,用以收买广东的军队、独立舰队和国民党人,劝诱他们服从中央政府。上述款项已经支付出半数。据说,孙中山已接到几封密信,提醒他注意他的一些文秘人员已被梁士诒收买。(广东省档案馆编译:《孙中山与广东——广东省档案馆库藏海关档案选译》,第112页)

11月7日 俄国十月社会主义革命爆发。

△报载,孙中山致长电予天津的黎元洪。文约三千四百余字,"大意系力邀黄陂赴粤主持"。但元洪并无复电。(《孙文又电请黄陂》,《北京日报》1917年11月7日,"紧要新闻")其后黎澄清说,"此系外间揣测之词,我处实未接有孙文等之来电,余亦始终不愿与闻此事"。(《黎黄陂之起居近志》,《北京日报》1917年11月11日,"紧要新闻")

△ 陆荣廷来电,略谓现在大局已有转机,西南会议似可从缓,

恐因此惹起南北恶感。西南联合会议之计划遂遇阻。(莫非汝:《程璧光殉国记》第 6 章,第 2 页)

11 月 8 日 北京政府特任陆荣廷为宁威上将军,着即赴京就职;特派龙济光为两广巡阅使取代陆荣廷;责成李耀汉饬令驻粤桂军撤出。(《海军护法大事记》《北京政府关于陆荣廷龙济光调职并饬桂军撤离广东的几则命令》,汤锐祥编:《护法运动史料汇编》第 1 册,第 509 页、第 89 页)特派胡汉民、方声涛、吴景濂赴梧州与陆荣廷会商应付办法:以桂督谭浩明既任援湘联军总司令,不遑兼顾,而以炳焜归任桂督,陆荣廷兼粤督,以桂系之广惠镇守使莫荣新代理粤督。(莫非汝:《程璧光殉国记》第 7 章,第 4 页)

同时经过胡汉民等反复陈说,陆荣廷终于答应将省署亲军二十营划交陈炯明接管。惟炳焜仍不执行。旋孙氏发表不干涉粤政之谈话。谓:"粤省早经自主,舜卿(指陈炳焜)亦一时人杰,督军一席关系重要,现有省议会及各军官,又有陆巡阅使近在咫尺,自有尽善尽美办法,非我军政府之所可闻,余前已宣言不干涉粤政矣!"(《广东督军问题》,上海《民国日报》1917 年 11 月 9 日,"要闻")

粤督陈炳焜秉承陆荣廷意旨,嫉视护法军政府,孙氏欲以士敏土厂为大元帅府,亦多方阻挠限制。其他如打电报不能用头等,且须付现款发四等电;欲与沙面各国领事有所交涉,桂系交涉员不为承转,令其愤甚。(邵元冲:《总理护法实录》,《广东党务》第 29 期,第 10 页)

报载陆荣廷就粤督人选的讲话,称:"此次两广问题关系西南全局,段祺瑞之一生计划,纯出狡狯,故褫陈舜琴〔卿〕之职,而易以李子云省长兼署,冀使两粤由此分离,内讧旋踵立至。其挑拨之计,用心良巧,但有识者未免嫌其太浅。现督军问题,前粤军各统领并海军舰长、滇军长官曾申请一致,敦请程玉堂继任,余接电后,深表赞同。嗣因程公决计固辞,余觉一时难有选者,即问各人仍推程公继任。"(《陆荣廷在梧州会议就粤督人选的讲话》,汤锐祥编:《护法运动史料汇编》第 4 册,第 57 页)

　　另有报导称,陆荣廷表示"我的主意请程玉堂继任,如程玉堂不能担任,鄙人自己兼任,否则由鄙人拣择人接代之"。此外对于军政府,陆荣廷称"鄙人对于军政府实在不赞成其办法,但谓余反对,则余亦无反对之理由,今事已至此,亦无可如何"。(《陆荣廷在梧州两广军事会议上与张继等人的谈话》,汤锐祥编:《护法运动史料汇编》第 4 册,第 66—67 页)

　　△　报载,孙中山有长电致冯国璋,冯不答。(《本馆专电》,《中华新报》1917 年 11 月 8 日,"本馆专电")

　　△　任命钟资能为亚齐筹饷委员,黎尊为大元帅府参军。(《大元帅府简任人员职务姓名录》,《孙中山全集》第 4 卷,第 574 页)

　　△　北京舆论称:"闻陆意原拟在梧组织都督府,以壮声势,后因闻内阁风潮,段总理辞职,时局既已一变,此举暂拟从缓。""陆荣廷部下要人对某人云:陆荣廷与军政府全不一致,将来若能与北方议和,如能拨给军饷,即可使之遣散,若不遵令,则可以武力驱逐。"(《关于粤事之昨闻》,《北京日报》1917 年 11 月 22 日,"紧要新闻")

　　"南北妥协条件,陆荣廷与民党之主张亦有不同之点。在陆之主张,系恢复旧约法,依法再为召集国会。在民党之主张,国会乃黎总统被胁迫而解散,是乃非法而解散,故仍须恢复。"(《广东昨讯一束》,《北京日报》1917 年 12 月 4 日,"紧要新闻")

　　△　梧州会议期间,颇有名望的国民党员钮永建告诉陆荣廷,应尊敬孙中山,因孙是中华民国的英雄,又是国民党领袖。钮认为,虽然孙的活动完全不必要,且不能成功,但吾人仍应克制自身行动,以请孙早日引退,借以挽救名誉。钮又说,当下要做的第一件事,就是要选举陆荣廷为粤、桂、湘三省总司令。(广东省档案馆编译:《孙中山与广东——广东省档案馆库藏海关档案选译》,第 113—114 页)

　　另有报导称,这是钮永建在陆荣廷宴会席上发表的讲话。钮永建称:"孙中山为民国伟人,本党首领,吾辈本应服从其意思,但观其行事无裨实际,恐终至失败。吾辈宜及早请其下台,以保全面子。至于鄙人主张宜由西南各军首领合力组织一军务院，而收划一整齐之效。目前则先由湘、粤、桂三省军队共推戴陆幹老为三省大都统，以统一军令。”(《钮永建在陆荣廷宴会席上的讲话》，汤锐祥编：《护法运动史料汇编》第3册，第99页)

△　为香山东海十六沙护沙事宜发表布告。据当地农民代表何昇平等呈请，十六沙由农民自捐自卫，成立“农民护沙自卫局”，“由政府委官督办”。布告认为：“该简章规定局董由各沙遴选公正沙董充当，该局常费照民国历年护沙捕费成案办理，另各按该沙田亩之多寡，照数拨出二成为该沙联防经费暨维持政府捐务，保护业户租项，维持各乡乡佣公益捐，各办法尤为公溥。”除委任本府委员刘汉华充当督办外，并代为布告东海十六沙佃人知悉，“所有各业佃应纳之沙捐捕费等项，迅赴香山东海十六沙农民护沙自卫局缴纳，慎毋观望迟延”。(《军政府为香山东海十六沙护沙事宜布告》，陈旭麓、郝盛潮主编，王耿雄等编：《孙中山集外集》第545—546页)

11月9日　任命张国桢、黄钺锋为军事委员，杨伯文为吻里洞筹饷委员。(《大元帅府简任人员职务姓名录》，《孙中山全集》第4卷，第575页)

11月10日　密电唐继尧，请援助黄复生、卢师谛、石青阳组织之民军。电文略谓：“川事非得民军相助不足以资提挈。黄复生、卢师谛在泸组织四川国民军，兹已任命黄为该军总司令，卢为副司令。石青阳在綦江亦组民军，已任为川东招讨使。关于牵制逆军及调和川军，此两人均可为用，请量予援助，并电前敌各军长转饬各师、旅、团长知照，互相接洽，以资联络是幸。”唐氏于16日回电：“黄复生、卢师谛、石青阳诸君处，已加电敦勉，并电饬前敌各军，互相接洽，以资联络矣。”(《孙文为黄复生等组织民军请予援助与唐继尧往来密电》，中国第二历史档案馆、云南省档案馆合编：《护法运动》，第277—278页)

但唐已加委卢师谛为靖国军第一师长，丁厚堂为靖国军第一梯团长。黄、卢于19日致唐皓电中，表示“顷奉大元帅灰电任命复生、师谛为四川国民军长。重蒙推诚指导,感愧曷胜。惟三省联军,统受我公节制,本军称谓,未便独歧,恳电商军府,另名饬遵,俾归划一"。(《唐继尧请另名黄复生卢师谛职务与孙文往来密电》,中国第二历史档案馆、云南省档案馆合编:《护法运动》,第280—281页)唐于25日来电,词虽委婉,意在要孙中山令饬黄、卢接受其加委。29日,孙氏复电坚持最后由军政府加委,略谓:"有电奉悉。黄复生、卢师谛既以委任,名誉有所歧异,此间又未尽悉,其军队情况,亦似宜确当之名。不如尊处酌量委任后,即行电知,再军府加委,方为适合也。"(云南档案馆藏唐继尧档案106—3—1311)

△ 复唐继尧电,表示欢迎李烈钧为其驻粤全权代表。(云南档案馆藏唐继尧档案106—3—1311)

△ 任命赵端为军事委员。(《大元帅府简任人员职务姓名录》,《孙中山全集》第4卷,第575页)

△ 程璧光致函陆荣廷,商讨解决粤督问题。

略谓:"日来粤局,更趋危迫,连日迭据滇粤各军长官来言,已与陈督势成决裂,宁与偕亡。又目击省会人情汹惧,风鹤频惊,十室九空,仓皇可悯。……默察军民心理,所不惬于陈督者,固自有种种原因,非尽由段氏嗾使,然倘因此激成变乱,则实无异为段氏愚弄。……议者或谓倘执事以大兵临粤,则一切变幻,可弭于无形,光亦何尝不作此想。惟观近来趋势,各军正虑执事与陈督关系至密,情难坐视,必将与陈督合兵,加以惩创,故相与惴惴然以亟谋抵御。设使执事果率兵东下,则各军铤而走险,恐执事未至粤,而省垣已兵燹途地矣。……则惟有仗执事英断,一面令陈督去粤,一面选人接任粤督,而必申明约法,与西南一致,共向护法之目的进行。援湘后方,担任接济;潮梅方面,担任弭平,如此则陈督可安心而去,各军亦必无异言。"(《程璧光建议选人接替陈炳焜任粤督致陆荣廷函》,汤锐祥编:《护法运动史料汇编》第1册,第90页)

时驻粤海军各舰长吁请程璧光出任粤督,略谓:"今者粤省督军,群情所向集于总长,且闻陆巡阅使等皆有推许之诚,此真大局转危为安之机,亦即我海军达宣言之志愿也。望我总长审安危之所关,毅然决然出而肩此重任。"(《驻粤海军各舰长吁请程璧光出任粤督书》,汤锐祥编:《护法运动史料汇编》第1册,第91页)程氏坚辞未就。

陈炳焜受到粤人排斥,除了省籍意识外,还与桂系对粤的掠夺有关。据北方情报,"粤为财富之巨,物产饶美,巨商辐集,屡经剥削而元气尚充,即以赌捐而论,每月收入二百万之巨",桂与粤、滇军之矛盾在于广西对粤省的掠夺,"桂省地瘠民贫冠于全国",故"其对粤性质仿佛日之对韩"。(张淑娟:《国会议员与民国宪政(1916-1923)——以吴景濂的政治活动为中心》,第49页)

陈炳焜去职一事,其实亦受到在粤滇军将领的推动。陈对驻穗滇军第四师排斥甚力,后者粮饷时常无继。闽籍师长方声涛加意联络南下护法的海军舰队诸将领(自林葆怿以下多为闽人),特别是与所谓"海军三杰"——毛仲芳、魏子浩、饶鸣銮过从甚密。粤财政厅长曾其巩对海军协饷按月13万之约,常悭不履行,海军亦因此恶陈。方声涛遂联合海军在一德社滇军第四司令部召开联席会议,联名电告陆荣廷,抨击陈炳焜。(吴艺五:《我所知道的方声涛》,《上海文史资料存稿汇编》第2册,第358页)

但也有消息指,陈炳焜并无克扣滇军粮饷事。据广州"某要人"言:"此事全属谣言。近数月来无论何种军队,均无失期发饷之事。至滇军则不独无欠,而且领足。前月来领饷时,除全饷领足外,尚多领七万元。而渠之所以谓粤政府欠渠饷者,则指去年帝制发生,该军准备出发,计共开销过一百五十万元。惟先是都司令部曾有六七十万拨给该军,且该军扣留南韶连一带地丁钱粮及正杂税项,已有年余,是则除粤商认助该军军饷外,取回之数已不止一百五十万。第渠此项进款不之计,而只谓此一百五十万粤政府尚未拨回。故外间喧传,谓该军师长张开儒来粤年余,遂拥资过百万以上。"(《各省状态》,《北京日报》1917年8月12日,"群报汇选")

△ 为应付北军南进的紧急形势,陆荣廷在南宁再次召开军事会议,胡汉民作为孙中山代表出席。会议议定:将陈炳焜调职,程璧光以海军总长兼任讨闽军陆海联军总司令,林葆怿为海军总司令,陈炯明为粤军总司令,方声涛为滇军总司令,共同进攻福建。11 月 20 日陈炳焜离粤后,陈炯明得以接受二十营。(段云章、沈晓敏编著:《孙文与陈炯明史事编年(增订本)》,第 192 页)

△ 李烈钧致信岑春煊,推举其为西南军事联合会全权代表,并言及西南各省当切实联合,实即不认可孙中山主持之军政府。略谓:"西南局势,发展迟缓,实因军务、政务莫能统一所致。乃者滇黔两粤诸督,咸觉联合会委员会为必不可少之机关,斯乃将来发展之要键。"(《致岑西林书》,黄季陆主编:《革命文献》第 50 辑,第 190 页)

△ 北京临时参议院开议。(《北京临时参议院开会词》,黄季陆主编:《革命文献》第 49 辑,第 97 页)

11 月 11 日 致电章太炎等人,告知两广近情,因粤督问题而有内讧之发生。主张和衷共济,以免落入北方之阴谋。

略谓:"伪政府利用此间弱点,捣乱粤局。粤、桂如起内讧,于援湘即生障碍,西南全局或致动摇,即军府亦难立足。""惟陆、陈始终不晓〔悟〕,近派溥泉①使陆,请其承认军府,文必降心相从,即退让亦无不可。兹又派汉民往梧,迄未得其答复。粤对陈感情太恶,其中情形复杂,双方皆有通北之嫌,甚至玉堂②之态度,亦颇难测。日间决裂之势,益形岌岌,军府既无实力,无从发言,所幸海军尚能自保。"而唐继尧之作用则甚为关键:"理应即日宣布就元帅职,以壮军威;并电促陆,使其自觉孤立,非与军府固结,则将为粤人所逐,自可审度利害,就我范围。举足重轻,系于唐帅。"(《致章炳麟等电》,《孙中山全集》第 4 卷,第 236 页)

△ 刘存厚致电北京政府,表示对军政府之任命"绝不承受"。

---

① 指张继。
② 指程璧光。

(中国社会科学院近代史研究所中华民国史组编:《中华民国史资料丛稿·大事记》第 4 辑,第 60 页)

11 月 12 日　复电唐继尧,赞同联名致电日本,劝阻借款。

略谓:"段逆诡谋军械借款,借外兵以杀国民,卖祖国而利一己,实为世界之公敌,亦即日本所鄙弃。日本朝野一致主张中日亲善,岂有助段逞逆,尚能与我国民亲善之理? 试观其舆论之反对,即知段逆狡谋之难成。"(《复唐继尧电》,《孙中山全集》第 4 卷,第 236 页)

△　唐继尧来电,"极表赞成"李烈钧在 4 日来电的主张,即"组织军事联合会,并设政务委员会,电约岑、唐、伍诸公南来筹商,组织一切办法"。并告知滇军在川战况,一切进展顺利。(《唐继尧致孙中山电》,桑兵主编:《各方致孙中山函电汇编》第 3 卷,第 112 页)

△　任命陈铁五、李松年、黄炎、谢白燊、陈寿如为军事委员,陈树森、魏熙为筹饷委员。(《大元帅府简任人员职务姓名录》,《孙中山全集》第 4 卷,第 575 页)

△　贵州督军刘显世通电至粤,内有西南联合会议为现势所不可少,经陆使主张从缓,不过因条例与初意不合,今只宜修改条件,期以对内对外一致进行等语。(莫非汝:《程璧光殉国记》第 6 章,第 2 页)

11 月 13 日　请唐继尧转嘉奖张煦独立电。电文略谓:"遥闻独立,深明大义,良用嘉慰。唐帅已督师入蜀,自可静候指挥,提携川军,共下武汉,期在君等。饷械宜就近请唐帅接济。"唐氏于 11 月 20 日转致张煦。(《孙文请唐继尧转嘉奖张煦独立电》中国第二历史档案馆、云南省档案馆合编:《护法运动》,第 278 页)

△　任命黄季陆、邓天翔、陈得尊为四川军事委员,李栖云为军事委员。(《大元帅府简任人员职务姓名录》,《孙中山全集》第 4 卷,第 575 页)

△　刘建藩来函,请代购枪弹。

略谓:"奉恳我公于贵省代购机关枪八枝,附子弹四十万,另七米里九子弹一百万,俾资接济。他日戡定湖湘,皆我公之赐也。"(环龙路档案第 04522 号)

△ 陈炳焜电贺西南唐继尧宣布独立。(《陈炳焜贺西南宣布独立电》,中国第二历史档案馆、云南省档案馆合编:《护法运动》,第 399 页)

△ 国民党美洲总支部唐瑞年、朱箕赏来函,报告已将军政府宣传品分发美洲各处,祈往后多寄,并及筹饷事宜。略谓:"此间筹饷进行,苟非内地专派遣一声望素著者前来鼓吹,断难令各处信用也。"(环龙路档案第 06425 号)

△ 吉林公民赵志超来函,"今者粤滇既兴义师,北地亟应兼筹",呈报东三省军队情形,并进行办法。(环龙路档案第 12642 号)

△ 长江巡阅使倪嗣冲派侦探搜索国民党人,为此咨行淞沪护军使卢永祥,称:"自刘、林独立后,孙文辈又用旧日伎俩,派遣党人分赴各省,图谋煽惑,若不严行缉捕,实于各省治安有碍。为此咨行贵使,倘遇本署探员在贵辖境缉拿党人,即请饬知地方军警协助。"卢接电后,"已通饬各机关一体查照矣"。(《倪嗣冲派探搜索党人》,《申报》1917 年 11 月 14 日,"本埠新闻")

11 月 14 日 致电唐继尧、陆荣廷等,赞同发起西南联合会议。此在段政府势大且获得日本支持的情况下,西南实有进一步紧密联系之必要。

略谓:"西南局势涣散,若无具体之联合,恐不足以资抵抗。原电似有联合西南之意,但苦无具体办法。宜即时发起西南联合会议,务期联合西南各省为一大团体,兵家所谓先爱不可胜是也。如蒙赞同,即希公决集会地点及时期,以便联名招集。"唐批语:"组织军事联合会各节,或电协和向机接洽。"(《孙文建议发起西南联合会议电》,中国第二历史档案馆、云南省档案馆合编:《护法运动》,第 441 页)

△ 致电苏督李纯和赣督陈光远,盼始终主张恢复国会、约法。

略谓:"本日李、白两君来粤,备述尊旨,甚钦伟略。方今欲息纷争,但在恢复旧国会、约法。余〔执〕事关怀民瘼,维持调护,深佩苦心。尚望始终主张斯义,挽救难危,国事幸甚。"(《致李纯陈光远电》,《孙中山全集》第 4 卷,第 238 页)

△　传媒报道，刘存厚通电孙中山等南方要人，表示"前此川滇误会，均为戴竖所挑，现已猜嫌尽释，言归于好。冀赓既推诚相与，存厚自当协力同仇。护法卫国，原属初志，固巩共和，始终不渝，尚希转达各省义军长官，是所盼祷"。该报评论说："刘方受政府信任，何以忽来此电，殊不可解。"（《刘存厚致南方各省通电》，天津《益世报》1917 年 11 月 14 日，"要闻"）

△　报载，北京政府昨接新疆督军杨增新来电，略称孙文派人来新，向官场售募债券，业已驱逐，并遍告各界勿受其欺骗。（《杂事》，《北京日报》1917 年 11 月 14 日，"群报汇选"）

△　李烈钧致电唐继尧，谈及目前护法形势和未来趋向。略谓："粤省纠纷颇甚，滇军举足轻重，当道若善处置，整理尚易。梧州会议，解决粤局办法，尚未宣布。弟拟俟伍、岑、唐、谭有一二人到粤，再往晤武鸣。刻下即在此间，详察事机。我公青电四条，如下针砭，既经揭破，而动以诚恳之词，收效必大。滇军、海军已切实联络，可以促进一切。陆、谭进兵，大有破釜沉舟之概。苏、鄂、赣二次电冯，反对军械借款，请免段职，弟恐义师未渡长江，而段又踵袁以去也。"（《致唐会泽电》，黄季陆主编：《革命文献》第 50 辑，第 109 页）

△　湖南督军傅良佐、代理省长周肇祥离开长沙，不知去向。北京政府于 18 日将其免职查办，并令王汝贤代理督军职务。（《命令》，《北京日报》1917 年 11 月 19 日）

△　北京政府以湖南战事不利，欲引龙济光领兵入粤，减轻军事压力。然却遭到外国列强的阻拦。"闻日来驻京各公使对于粤中将起战事，非常注意，以为与各国商务必有极大妨碍，拟将提出正式照会，限制各军在粤中发生战争，以维地方秩序，而保各国商务。现正在互相核议，或将为联合之提出。其中以英朱公使主持最力。"（《外人限制粤中战事之消息》，天津《益世报》1917 年 11 月 14 日，"特别纪事"）

11 月 15 日　与程璧光、李福林商议炮轰广东督军驻地观音山，以驱逐陈炳焜。程、李拒不执行。

　　孙中山亲到广州河南拜会李福林,告诉李,他已向程璧光借调一艘炮舰,此舰将于本月15日晚炮击广州城,要求李协助他,并保护其安全。李拒绝并称,他的责任是保持本地的安宁。孙氏立即告辞。李则前往说服程璧光不要让孙之企图得以实现。程答,他已向孙作了许诺,不能收回。李遂前往拜会程夫人,她立即拦阻其丈夫,炮舰也就未由孙氏支使。报纸发表评论说:"程夫人和李将军的仁爱举动给我们留下了难忘的印象。"(广东省档案馆编译:《孙中山与广东——广东省档案馆库藏海关档案选译》,第113页)

　　孙中山因程、李拒不奉命,曾责备程璧光:"你是军政府成员,为何不按指示炮轰广州?"程答:"我们舰队开赴南方的原来宗旨,是坚持共和护法,并无其他。此外,我是广东人,应维持当地和平。"(粤海关档案《各项时事传闻录》,1917年11月21日条)

　　此后,孙与海军及程璧光之关系急转直下。程先将舰队调至黄埔,并特别戒严,宣言无论任何船艇均须远离舰队。另外,江防司令部所辖舰艇则屡出意外,一是"保捷"舰被佩戴大元帅襟章之二十余人洗劫,旋即沉没;二是"雷虎"舰长被扣留讯办,"因有受人运动嫌疑";三是"西江"兵舰被骑劫,在士敏土厂前沉没,公物遗失,人员无着落。(《粤省内讧之情形》,《时报》1917年12月2日,"要闻二")11月30日夜间,"广利""江巩"两浅水炮舰由广州潜逃,不知下落。外间盛传为龙济光收买。(《国内杂电》,《时报》1917年12月5日,"译电")

　　△　致电章太炎,否认派赵端为招抚使。

　　略谓:"此间并无派赵端为招抚使,倘有假名招摇,逾越轨范举动,请商由冀帅酌予处置。滇、川事得左右及冀帅主持,川事又委黄、卢①办理,文亦何乐纷歧事权,以生掣肘,想亮及之。"(《复章炳麟电》,

---

　　①　指黄复生、卢师谛。

《孙中山全集》第4卷,第238页)

△　唐继尧复电,对伍廷芳"来粤赞助,极为欣慰"。(云南省档案馆编:《云南档案史料》第1期,第45页)同时应孙之要求,请滇系全权代表李烈钧,加电敦促成行。(云南省档案馆藏唐继尧档案106—3—1337)

△　《文汇西报》消息:"云南督军唐继尧已声请孙大元帅及陆巡阅使与彼联合,正式抗争日本军器借款。孙逸仙已决计协同抗议。粤、桂两省当局,决定与陆巡阅使一致,继续赞助湘省独立军反对段内阁。龙济光对于两广巡阅使之任命,已电辞不就。广州安谧如常。讨伐汕头叛乱之军队,大有进步,已占要隘数处。"(《西报之广州通信》,《中华新报》1917年11月20日,"紧要新闻")

△　任命黄范一为军事委员,周仲良、黄嘉梁为大元帅府秘书,杨德麟为荷属特别团体联络委员。(《大元帅府简任人员职务姓名录》,《孙中山全集》第4卷,第575—576页)

△　湘粤护法军赵恒惕等克复衡山城。(《湘粤军恢复衡山》,《中华新报》1917年11月25日,"紧要新闻")

△　石青阳等来电,告以公推石青阳为湖北靖国联军总司令。孙中山复电表示"极所赞同","尚祈积极准备,克日会师,直捣武汉"。(《孙中山全集》第4卷,第256页)

11月16日　返香山,19日返穗,仍住士敏土厂。(粤海关档案《各项时事传闻录》,1917年11月19日、20日条)

在这期间,陈炳焜电告陆荣廷:"孙文以其大元帅名义,已招募许多民军,甚至企图进攻广州和督军衙门。……要求陆致电孙文,问他为何募军,并要求他立即解散民军。否则广州政府一定派兵消灭他们。"(粤海关档案《各项时事传闻录》,1917年11月20日条)

△　传闻称:通过邮局致函督军署,因陈炳焜已离穗,所有桂军也必须立即调离广州,否则孙将采取强硬措施反对他们。(广东省档案馆编译:《孙中山与广东——广东省档案馆库藏海关档案选译》,第113页)

△　章太炎自威宁上书,报告四川情形,并请委其为临时办事全

权委员。

是月 4 日,唐继尧聘章太炎为滇黔联军总参议,并同由昆明启程赴川。15 日抵威宁,即来此函。先是汇报四川刘存厚态度未明,委任一事宜从缓进行。略谓:"刘至今态度尚未明了,其部下降者、抗者均有。吴、王两使①已入成都,现亦尚无书来。各方民党运动,响应则尚烈也。"然"川人与滇恶感太深,各处散处之民军,辄起而与滇军为难,最为可虑"。

并请得电后,即日委其为军政府驻川全权委员:"炳麟拟至泸时,另设军政府驻川临时办事处,请公任炳麟为临时办事全权委员(任命状外加一公文)。并另文声明,凡川中军政、民政、财政、外交等事,由全权委员就近承商唐帅便宜处理;又电唐帅及刘,亦声明此节。此外请任命郭同、王乃昌两人为办事处参赞。""如此以五省之联合,使川人就范围,以军政府之名义,使川人平意气,则滇无占川之嫌疑,川无降滇之惭悔,可以融洽川滇两军,免生冲突,更可使军府实力及于川中。"

又言及与唐之联络事。"前国会电冀帅请联名电日本政府,破坏伪廷借款购械,冀帅电公,日久尚无复音,不识何故。又冀帅为防他省单独媾和,曾拟定四事电公,此事命意所在,当早在洞见之中,无庸赘述。尚乞公速复,并就近运动陆、陈、谭等均赞其议为是。"(《章炳麟请委为军政府驻川临时办事处全权委员上国父书》,黄季陆主编:《革命文献》第50 辑,第 275—276 页)

△ 靖国联军第七军司令张煦来电,表示坚决"遥承军府,近联滇黔,为国讨贼,虽死不避"。(《靖国联军第七司令张煦致孙中山电》,桑兵主编:《各方致孙中山函电汇编》第 3 卷,第 118—119 页)

△ 唐继尧来电,告知滇黔军已克岷场、界石、三百梯、自流井、荣县等地。(《军政府公报》第 28 号)

---

① 指吴宗慈、王湘。

△ 李烈钧密电唐继尧,言陆、孙交恶。略谓:"粤中纠纷,陆幹卿纯取侵略主义,不稍放松,其对于中山,尤为太过。陈舜琴去粤,又继之以程玉堂,而欲□□并以莫荣新统□□□,中山尤怒,昨晚几乎炮洗老城矣。若约主问题,不能平允解决,则统筹计划归属未易,现正分别设法融和促进,一面敦请伍、岑诸公来粤,共商进行。"唐继尧批示:"改组政府事能进行否? 此间已发电调停。"(云南省档案馆藏省政府秘书处档案 106—3—764)

△ 李烈钧另电唐继尧,报告陆荣廷被推为湘、桂、粤大都督及发表督府纲领等情。"钧按此举,不但使广东问题有解决之希望,且足以策三省军事之进行。而一切机关完全改组,耳目为之一新,尤足坚众志而寒敌胆。惟关于组织全局之办法,一班政客尤视为必要,待此间部锅之组织略有端倪,想必有多数政客联袂西行,前赴行营面商一切。"(云南省档案馆藏唐继尧档案 106—3—762)

11 月 17 日 任命罗锃为筹饷委员,林铁汉、刘庚、沈维心、李国柱为军事委员。(《大元帅府简任人员职务姓名录》,《孙中山全集》第 4 卷,第 576 页)

△ 段祺瑞通电宣告,因冯国璋坚留,是日起照旧任事。冯国璋致电各省,宣布对国事近情之意见,声称政府对于西南"不得已而用兵",现"川事颇为得手",广东方面,因龙济光、李厚基、莫擎宇"倾向中央,暗中牵制",故陆荣廷等"虽有援湘之兵","以是不能大举";指责长沙求和通电未能"为中央留余地,保政府之威严";要求各省提出挽救时局之意见。(韩信夫、姜克夫主编:《中华民国史·大事记》第 2 卷,第 896 页)

11 月 18 日 通电全国,坚持以恢复约法及国会为和议条件。略谓:"西南将士用命,克奏肤功,傅逆潜逃,段贼解职。于是有主张调和,以解决大局者。惟此次西南举义,既由于蹂躏约法,解散国会,则舍恢复约法及旧国会外,断无磋商之余地。""文虽不敏,至于拥护约法、维持国会,实具牺牲之精神,则除依照军政府组织大纲,非至约法完全恢复,国会职权完全行使时,断不废止。其有袭段祺瑞之故智,敢与约法、国会为仇者,一息尚存,岂容坐视! 诸公匡时爱国,具有同情,尚祈一致主张,坚持到底。"(《军政府公报》第25号)

△　发表申张讨逆法令,表示军政府坚决拥护约法,恢复国会,号召西南义军同心讨逆。

略谓:"受任之始,即以攘除奸凶,恢复约法自矢。苟约法国会一日不恢复,奸宄一日不扫清,则文之任务一日未尽。"恳切告诫:"须知当此逆党方张,协以谋我之际,我义军责职未尽,艰危方殷。诸将士与军政府为同舟共济之时,非党同伐异之日,所望猛悟自觉互相告诫。""其犹有妄逞私图负固不率者,则是显逆义军讨逆护法之公意。军政府职权所在,亦惟有不得已垂涕征诛。"(《军政府公报》第25号)但唐继尧等以不为意,唐在上述通电中批曰:"遥复数语,不必通电。"(陈锡祺主编:《孙中山年谱长编》上册,第1078—1079页)

△　直督曹锟、鄂督王占元、赣督陈光远、苏督李纯又联衔通电,主张北京政府及西南各省撤兵停战,并愿肩负调停之责。(韩信夫、姜克夫主编:《中华民国史·大事记》第2卷,第897页)

△　致电上海孙洪伊,重申南北和议,"当以取消非法机关恢复旧国会,为惟一无二之条件"。(《电商议和》,上海《民国日报》1917年11月25日,"要闻")

按此,孙洪伊于20日复电曹锟等四督军,指出必须坚持约法,否则"别无调停之可言",提出罢免段祺瑞职;恢复旧国会;惩办倪嗣冲、张勋等三项主张。

△　任命赵志超为军事委员。(《大元帅府简任人员职务姓名录》,《孙中山全集》第4卷,第576页)

△　报载,曹亚伯来电,请努力进兵,惩办段祺瑞、梁启超等祸首。

略谓:"段氏卖国,全国愤恨,今虽逃窜,非缉捕正法不足以警奸邪,望西南诸公努力进兵,至恢复旧国会,维持旧约法,照海军、云南之宣言,实行做去。至于卖国诸奴,如梁启超、汤化龙、曹汝霖、倪嗣冲、张作霖,非一一拿办,不可罢兵,共和幸甚。"(《曹亚伯请办祸首致孙中山电》,桑兵主编:《各方致孙中山函电汇编》第 3 卷,第 120－121 页)

△　耒阳县知事江海宗、长沙刘人熙分别来电,报告长沙已克。(《耒阳江知事致孙中山电》,桑兵主编:《各方致孙中山函电汇编》第 3 卷,第 121 页)

△　张开儒密电唐继尧,报告傅良佐潜逃,以及粤省争夺督军等情况。略谓:"粤督问题仍未解决,暗潮甚烈,一方面则视粤为私有,不肯放手,一方面则急欲脱去他人之势力范围。我军暂持中立态度,留作调人地位。"唐氏批语:"滇军暂守中立,极是。以后对于陆幹卿应表示联络之意,川中近情据实撮要告之。"(云南省档案馆藏唐继尧档案 106－3－763)

△　东方通信社 19 日电,称李烈钧接陆荣廷自梧州来电后,即于今日(十八日)乘军舰江汉号赴梧州。据外间传说,此次李氏之至梧州,与设立大都督府,以完成两广之联结之举有关。一说李氏将乘此机会,与陆荣廷、孙中山二氏相联合,以融洽向日意见各执之恶感。(《广东电》,《申报》1917 年 11 月 20 日,"外电")

△　近日,上海总商会及商界各团体闻段氏辞职,后即致电孙中山等西南各派势力,请求南北议和。

略谓:"南北相争,人民涂炭,商业凋残。两军军费达于巨额,在政府方面或取诸人民,或仰给借款,俱无底止。其结果仍归人民之负担。务祈诸公顾念大局,体恤商民之痛苦,相互速为停战协和,不胜盼望之至。"(《上海昨讯一束》,《北京日报》1917 年 11 月 20 日,"紧要新闻")

11 月 19 日　唐继尧来电,调和桂系陈炳焜与军政府之矛盾,并请陆荣廷作调人。

略谓:"近闻广州内部意见分歧,究其根由,多集矢于陈督。继尧窃以吾辈宗旨,本在护法,筹备半载,始得出师,军事虽稍得手,而敌势尚甚披猖,此时非协力同心,犁庭扫穴,事之成败,尚未可知。倘以内部个人之争,致牵前敌进行之计,敌势重张,前途益险。万一西南不保,广州宁能独存? 继尧与公等,平时既号同志,此日尤亲袍泽,利害休戚,咸与共之,务望就近察□情形,妥为解释,勿因个人问题,致生影响于全局。继尧现正电陆幹老,请其居间,设法融洽粤人感情。幹老公忠明察,必能持公平之理,尚乞粤中同人,静候进止。"(《唐继尧致孙中山电》,桑兵主编:《各方致孙中山函电汇编》第3卷,第122页)

△ 唐继尧来电,告知滇军顾品珍部已攻克合江,将乘势进攻江津。(《军政府公报》第28号)

△ 陆荣廷通电孙中山等人,告知已委陈炳焜督师赴湘,由广惠镇守使莫荣新代理广东督军之职。(《陆荣廷致孙中山电》,桑兵主编:《各方致孙中山函电汇编》第3卷,第123页)

略称:"三省联合护国讨段,大张挞伐,迭据湘南捷报,我军所向无前,宝庆、永丰、衡山、湘潭等处以次克复。傅良佐、周肇祥等闻风逃遁,长沙指顾可下。乘此时机,亟应大张吾军,厚集兵力进攻岳州,会师武汉,以期肤功早奏,大局澄清。陈督军电请亲自督师赴湘,为第二路策应,远猷壮志,至足钦爱,应即照行。所有广东督军篆务,迅即交由广惠镇守使莫荣新代理,以重职务。荣廷现在移驻梧州,兼顾粤局,一切紧要事件,代负完全责任。"(《各省状态》,《北京日报》1917年12月1日,"群报汇选")

事后,唐继尧密电张开儒,表示:"粤督闻已由莫荣新代理,或可稍息争端。我军暂持中立态度,极为合宜,以后对于陆幹卿,应表示联络之意。"(云南省档案馆藏唐继尧档案106—3—1337)

△ 任命李汉丞为湖南安抚使,许继祥为海军参谋。(《大元帅府简任人员职务姓名录》,《孙中山全集》第4卷,第576页)

△ 唐继尧密电李烈钧,询问改组军政府能否进行。电称:"粤中内容如此纠纷,何胜浩叹。现军事正值进行,内部亟宜团结。顷已分电粤中各方面竭力调停,未审能有效否? 切望吾兄就近排难解纷,用全大局。前议改组军政府事能进行否? 如果磋商就绪,或可少息

纷争也。"(《唐继尧询问改组军政府能否进行密电》,中国第二历史档案馆、云南省档案馆合编:《护法运动》,第442—443页)

△ 报载,上海总商会等商界团体来电,请趁段内阁倒台、傅良佐弃湘之机,实现南北停战,并进行和谈。(《上海商界致孙中山等电》,桑兵主编:《各方致孙中山函电汇编》第3卷,第124页)

△ 向文甲致函唐继尧,报告在香港与龙济光会谈详请,言及龙氏因两粤内讧而迟迟未能宣布誓师,并向北方提出以唐任川滇黔巡阅使为和谈条件。略称:"龙督其所以迟迟未能宣布誓师之困状,略以密陈之。近如粤东表面虽言一致,内容实不堪闻。向所言出师,终为个人,实非为国。大都因权利以图窃取位置。目下此数日风潮尤为激烈。广东督军一席,欲夺者则暗有十余人之多,将见内有暴动。如李耀汉、莫擎宇、莫荣新、程璧光、李福林、方声涛、魏邦平、林虎、隆世储、陈炯明等均在虎视眈眈。""拟请钧座为川滇黔三省巡阅使,驻川滇军两师,饷项由中央担认,方可调停。"

唐之批语谓:"子臣迭次均以巡阅三省事见商,爱滇爱尧,至为感佩。……拟俟军事粗定,即行班师,休养生息。如必为指挥在川滇军计,则兼之可耳,或即以滇督名义统率,亦无不可。驻川滇军至少须当两师,饷由中央任。"(云南省档案馆藏唐继尧档案106—3—762)从中可见唐参与护法所要取得的政治利益。

11月20日 与陆荣廷、唐继尧、谭浩明、陈炳焜联名致电日本寺内首相,反对向段祺瑞政府提供借款,望他对段之要求"严词拒绝"。(《军政府公报》第27号)

△ 孙洪伊来电,认为"共和国家,以法律为根据,舍弃法律,别无调停之可言",并提出南北调停之三条件:"一、罢免段职;二、恢复非法解散之国会以维约法;三、惩办倡乱之倪、张。"(《孙洪伊致孙中山与西南各省电》,桑兵主编:《各方致孙中山函电汇编》第3卷,第125页)

△ 程潜、赵恒惕、刘建藩、林修梅来电,提出停战调和七条件:恢复国会、惩办祸首、北军退出岳州、裁减北方军队、规定全国兵额、

解决四川问题、放逐奸邪。(《程潜等致孙中山电》,桑兵主编:《各方致孙中山函电汇编》第3卷,第126—127页)

△　是日迁返黄埔。(广东省档案馆编译:《孙中山与广东——广东省档案馆库藏海关档案选译》,第114页)

△　侄儿孙昌(振兴)在黄埔海面,为海军击毙。(《总理护法实录》,《广东党务》第29期,第12页)孙中山闻耗极为悲痛,命葬于黄埔公园,亲题挽词"为国捐躯",刻石于墓前。1933年迁葬翠亨村。(黄健敏:《孙眉年谱》,第27页;《悼孙昌挽词》,陈旭麓、郝盛潮主编,王耿雄等编:《孙中山集外集》,第625页)

孙昌(1881—1917),字建谋,号振兴,孙眉独子。在檀香山接受中学教育,曾受业于梁启超门下,与檀香山华侨子弟罗昌、何望、梁文贤等同肄业于东京大同学校。1910年加入同盟会,在美国加州积极进行革命活动。民国成立后在广州警察厅任职。1914年加入中华革命党,与陈耿夫等在香港、澳门设立秘密机关讨伐龙济光。(黄健敏:《孙眉年谱》,第27页;冯自由:《革命逸史》第2集,第9页)护法运动初起时,任陆军第二混成旅旅长,并负责北路民军之招募。(《粤省内讧之情形》,《时报》1917年12月2日,"要闻二")另说时任海陆军大元帅府别动队司令,职叙陆军中校。(黄健敏:《孙眉年谱》,第27页)

孙振兴在是日下午3时离开元帅公署(士敏土厂),乘坐"泰山"号汽艇,带着卫兵和大量的粮食以及军需品,开往黄埔。行至半途时遇上独立舰队的"豫章""同安"和"福安"号军舰。该舰队突然向它开火,孙认为这纯属误会,便走至甲板上,站在船头,试图让他们停火,但那些军舰不顾其示意,继续射击。孙跳进江里,顷刻被击毙。其警卫队长、小艇上一女孩和岸边一行人也未能幸免,几名卫兵也负伤。许多报纸编辑评论说,他们不明白独立舰队何以在光天化日之下造成如此骇人听闻的误会。(广东省档案馆编译:《孙中山与广东——广东省档案馆库藏海关档案选译》,第115页)

此事另有说法。据路透社消息,此事源于孙中山在15日令军舰攻击观音山督署未果,海军于次日开赴黄埔以避孙氏。"孙文之兵一小队又于二十日攻击军舰,被军舰击退,传闻孙之侄死于是役。"（《国内杂电》,《时报》1917 年 11 月 28 日,"译电"）

△　任命温德尧为军事委员,杨华馨为大元帅府参议。（《大元帅府简任人员职务姓名录》,《孙中山全集》第 4 卷,第 576 页）

△　陈炳焜在商务总会送别会席上演说,对孙中山有所抨击。略谓:"刻下南军已攻下长沙,正向岳州进军。俟抵岳后,即在该地商议平和解决方法。至潮州、汕头方面,不日当可平定"。并谓:"孙中山虽云广东为广东人之广东,然广东实被广东人扰乱。此种民军与匪何异？应讲求适当方法处置善后。"（《广东昨讯一束》,《北京日报》1917 年 11 月 23 日,"紧要新闻"）

对于陈氏被迫离职的原因,粤海关之报告有如下分析:"1. 他强烈反对未经准许而招募民军,因而引起孙文和国民党的不满,并采取措施把他撵走。2. 由于他批准赌博专利,引起民众极为不满。3. 他聘请广西人在粤担任领导要职。4. 他把广东大笔款项汇至广西,并把广州兵工厂的武器军火供应广西,激起粤军官长极大不满。"（广东省档案馆编译:《孙中山与广东——广东省档案馆库藏海关档案选译》,第 115 页）

△　崔文藻密电唐继尧,揭露陆荣廷与冯国璋勾结,召开新国会,建议滇军东下武汉及应通电拥护非常国会和军政府。唐之批语:"崔极荒唐,不理或略复数语。"（云南省档案馆藏唐继尧档案106－3－763）

11 月 21 日　复电金国治,贺其进军告捷。不久,金氏即遇害。

军政府成立后,任命邹鲁为潮梅军总司令,并命桂系沈鸿英部在惠州相机协助。邹鲁乃派金国治为潮梅第一支队长兼前敌司令。金氏英勇善战,于是月 16 日向莫擎宇部进击,17 日克铁场、长安,19 日克五华,潮梅震动。20 日,金国治来电告捷。是日,复电祝贺其迭获胜利,"调度有方,士气奋勉,至为欣慰"。（《军政府公报》第 26 号）然沈鸿英忌其功,于 28 日以商谈军事为名,将金氏骗至军中杀害,并将金军缴械遣散。邹鲁急电军政府,请治沈鸿英之罪,但陈炳焜曲为庇护,邹电无效。(邹鲁:《中国国民党史稿》第 4 编,第 1550 页)孙氏对此极为不满。尝言:"如果曾做过土匪的便要枪毙,那就怎样的去处置现在的督军、省长?"广东督军莫荣新和省长李耀汉均为土匪出身,故有所指。(《总理炮教莫荣新》,黄季陆主编:《革命文献》第 49 辑,第 136 页)

传媒对此事报道甚详:"金国治湘人,初为莫擎宇营长,以与邹鲁善,且主张又与民党相同,值军政府谋潮甚急,邹鲁遂与金深相结纳,军府乃委金为前敌司令。金之旧部本在蓝关、铁岭一带,金与邹鲁商定即以是为发难地。蓝关、铁岭一带地势极险,沈鸿英之得安然前进,皆金国治先下蓝关、铁岭之力也。沈攻兴宁,战不利,事急至五里亭,邀金,乞之曰:金君曷助我?金曰:诺,吾与君同为国效力,何分彼此。乃助沈血战六昼夜,而克兴宁。寻又克五华。当是时,金已有两三营众矣。潮、梅固金旧游地,情形尤熟。以是沈鸿英必待金先击胜已,乃趋进,如是者十余战,而至揭阳。潮州者,广东富厚之区也。莫擎宇据潮一年,而所得竟数百万,沈固心焉羡之。然金国治实勇甚,又素得潮军欢,潮军尝往往携械降。潮军之言曰:金国治,吾侪之旧侣,彼沈鸿英何人?吾侪不得金君降,宁死耳。沈闻之大惧,深恐潮州为金得,则功不全,又尝私说金国治,欲使为己属,而金拒之。沈于是害之心乃起。金军行至泥坡墟,沈忽使人来请。金不得已遂往,往即被留。俄而沈军已包围泥坡墟,令金军缴械,否则将开炮轰击。金军莫明其故,只得缴械。缴械后,沈遂派人来,每人给二十元,令遣散,且以威逼之。金军不得已,乃陆续出墟,散出墟不远,沈军复大至,将每人二十元夺去,而沈鸿英亦遂将金枪毙。"(《各省状态》,《北京日报》1917 年 12 月 27 日,"群报汇选")

对于此次潮梅失败,莫擎宇将之归咎于闽军之消极支援,且承认目前战况极为不利。其致梁季典函指出:"至于此次之失,一原于自己可靠之军队力太单,不能不调别营为之助。讵知失处即在此处,影响于军心实大;一原于闽军过于持重不发;一原于策应不灵,指挥不统一。有此原因，甚难成功。现求补救之法，惟望外援。冯玉祥之旅尚在浦口，未有确期。闽军精练无多，其称健者已过半数，恐难再有一旅以上调来。舰队既观望不前，即来矣，未必肯为我用。况近因湘南停战，四督军宣言，调和湘中。北军已退守岳州，冯旅之来尚无把握。且敌军更有极好时机，悉将援湘各部队得以调赴潮梅。纵有冯旅之众，亦恐缓不济急矣！"（《莫擎宇致梁季典报告粤东局势函》，陈奋主编：《梁士诒史料集》，第 397 页）

△　复电唐继尧，以其连日来报四川各军捷音，并促唐就元帅职，另对组织西南各省联合会表示赞同。

电称："望借屡胜之威，即就元帅职，以慰国人之向望，则西南基础益形巩固。""粤局始以陈督不理于众，日内情形极纷纭，现陈督既退职，此次继任者倘能公忠卫国，共济艰难，则各方必合。""文志在为国，故毫无芥蒂之私也。更望兄主张组织军事联合会及政务委员会各节，足收同力共举之效，鄙意亦甚赞同。望由尊处分促进行。"（《孙文促唐继尧就元帅职并赞同组织军事联合会等密电》，中国第二历史档案馆、云南省档案馆合编：《护法运动》，第 444 页）

△　复电黄复生、卢师谛，赞同其用靖国军名义，意在使唐支助四川护法力量，推进护法事业。

该电望黄、卢"近闻赴毕商承唐帅策划进行，极为嘉慰。……望即积极准备，提挈川中各军，渝沪、宁远分道并出，与滇、黔共图进取川中。前观望各将领苟可转圜，幸勿深拒，想两兄必能酌划得宜也"。（《复黄复生卢师谛电》，《孙中山全集》第 4 卷，第 255 页）

△　复黔军将领袁祖铭电，贺其奏捷，勉其努力前进。（《军政府公报》第 27 号）

△　批准代理内政总长居正呈请，任命郑振春、袁麟阁、黎庆恩、林者仁、曹羡、吴适为佥事，李维新为技正。（《军政府公报》第 30 号）

△　非常国会来电，强调"国家之生存，惟恃法律，法律破坏，国家实受其殃，然破坏法律之人，终无幸理"；重申只有"重集原有国会，

制定根本大法,慎选贤明之人,组织合法内阁",庶能"解目前之纷,弥将来之祸"。(《国会非常会议致孙中山电》,桑兵主编:《各方致孙中山函电汇编》第3卷,第127页)

　　△　致电张煦,鼓励其爱国杀敌。电文略谓:"仗义执言,声讨叛逆,爱国热忱,昭然若揭,殊堪敬佩。望激励师旅,努力进行,贯彻始终,克遂初志,力锄逆党之根诛,勿惑调停之邪说。"(《孙文鼓励张煦爱国杀敌电》,中国第二历史档案馆、云南省档案馆合编:《护法运动》,第279页)

　　△　贵州督军刘显世来电,报告攻克江津,即将兵临重庆城下。

　　略谓:"我军开战以来,分两路向重庆、江津方面,猛力前进。重庆一路,迭夺界石、鹿角场、三百梯、老塔、江口各要地,已逼攻距渝城数里之黄角丫。该地与渝城隔江,对屯敌人兵力,约北兵两旅、川军一师、盐防、水陆军警暨棒客约五千人,崛强抗拒。我军苦战九昼夜,前仆后继,将士努力。江津一路,自文日进攻,围逼城下,直至皓日,始将津城完全占领。敌人现在溃逃,夺获军糈马匹无算。查江津居重庆上游,津城既下,重庆当不难指日攻破也。"(《军政府公报》第30号)

　　△　军政府内政总长孙洪伊在沪来电,提出南北和解的条件:一、罢免段职;二、恢复非法解散之国会以维约法;三、惩办倡乱之倪、张。(《军政府公报》第30号)此与海军所提三条件(拥护约法、恢复国会、惩办祸首),以及滇桂粤湘出师通电之主张,大致相同。

　　△　林葆怿致函大元帅府秘书处,请调回日前派往守卫帅府的六名弁兵,"一俟解严后,再行遣派,听贵府调用"。秘书处回复:"来函已呈大元帅察阅,奉谕所请调回水兵一节,应行照准等因。惟此处一时差艇未便,务即派小轮前来运载可也。"(环龙路档案第02606号)

　　△　报载孙中山对于旅沪陕人之通告,劝诫勿借款给陕督陈树藩。

　　略称:"陈树藩竟敢私借商款,购买军火,以全省厘金指还。似此敲吸陕民之骨髓,以供□政府抗拒义师之用,实属狼子野心,罪无可道。惟恐陕中商民或有惑于陈树藩之甘言,借款奉贼,坐使桑梓邻封两遭涂炭，则将来义师所指，难免玉石俱焚，而此项助逆之借款，非但无厘金指还之可言，且恐国法尚不能为助逆者宽也。"（《孙文对于旅沪陕人之通告》，天津《益世报》1917 年 11 月 21 日，"要闻"）

△　陆荣廷通电唐继尧、刘显世、谭浩明、陈炳焜、莫荣新、李烈钧等。略谓："余意在推倒段内阁，召集国会，恢复黎总统之自由。黎氏若正式辞职，即依据约法，以冯氏继任总统。欲贯彻自己意志，非出兵至武汉不可。刻下正在梧州会议设立总司令部及进攻福建等事。至对于孙中山派，目前虽不能遽为一致，然亦无反对之意。"（《广东昨讯一束》，《北京日报》1917 年 11 月 28 日，"紧要新闻"）

11 月 22 日　接见广东代理督军莫荣新①。

是日，粤督陈炳焜去职离省，莫荣新奉陆荣廷电令代理粤督（次日正式履任）。为此，莫荣新前来谒见。时孙氏卧病在床，招待人为军政府参军长黄大伟、参军吴铁城。莫入卧室晤谈，表示"自后凡有重大问题，开诚布公，凡可协助进行者，必尽力为之。现在长沙经已攻陷，前敌屡胜，西南局面日形发展，此托庇大元帅之福也"。孙表示："今承惠临，甚谢厚意！大局之事，果至彼此相见以诚，自无隔阂矣！"（《莫代督往谒孙大元帅》，上海《民国日报》1917 年 12 月 2 日，"要闻"）是日，莫还发表致大元帅电，表示"共图匡济"。（《军政府公报》第 26 号）

△　莫荣新来电，力辟南北调停之说，指出目前军事进展顺利，护法之目的在所必争。

略谓："我西南所争者，一为屏斥段贼，一为惩办祸首，一为恢复国会，一为回复黄陂之自由。若黄陂必欲辞职，须由正式国会解决。今四者一未能行，而遽议调停，不独非我诸将帅誓师起义之初心，亦恐无以慰海内人民之期望。荣新锋镝余生，饱尝忧患，素明宗旨，誓贯主张，现正简练军实，召集师徒，听候巡宪指挥，分途策应，一日不达目的，一日不能罢兵。"（《莫代督荣新致孙中山电》，桑兵主编：《各方致孙

① 另有消息指，两人会见时间在 25 日，"督军谒访军政府，实以今次为嚆矢"。（《北京日报》1917 年 11 月 28 日）

中山函电汇编》第3卷,第130—131页)孙氏在十二月又致函莫氏,提出合作的三条件:"一、承认临时政府为南方唯一的军事指挥机构;二、承认孙文为大元帅,有全权统率所有军队;三、广东省的外交官员应由临时政府任命。"(《致莫荣新函》,郝盛潮主编、王耿雄等编:《孙中山集外集补编》,第210页)另据孙派国会议员居正所言:"莫荣新继任,初尚受命,继而抗命。"(居蜜编著:《居正与近代中国:居氏家藏手稿释读》,第164页)

△　亲笔致函邓泽如等,具述形势良好,望速筹巨款。

略谓:"自军政府成立以来,非常发展。四川方面,刘存厚已受此间委任为四川督军,川、滇嫌隙业已泯除。唐元帅亲自督师,克日进取重庆,以扼长江上游。湖南方面,傅贼已逃,长沙省城尽为南军所有。最近段贼军械借款,不惜全国兵权全归外人之手,是以苏督李纯、赣督陈光远等极力反对,伪内阁阁员全体辞职。昨又以王占元为援湘总司令,段芝贵为代理鄂督,而王占元遂宣布自主,因之西南大局,更为进步。第军饷之需,待济良巨,当此功在垂成之际,尤望速筹巨款,陆续汇来,以应军用。"(《致邓泽如等函》,《孙中山全集》第4卷,第246页)

△　去电勖勉黔军师长王文华,"知督率劲旅,进赴前敌,至为欣慰"。并谓:"此次滇、黔联军攻川,屡奏大捷,倘江津得手,望即会攻重庆,然后顺流东下,直趋武汉,则长江之形势定矣。"(《复王文华电》,《孙中山全集》第4卷,第245页)

△　致电参议林镜台,望促友军直趋武汉,"刻冀帅已亲赴前敌指挥,倘重庆早下,宜急趋大江,则形势成矣"。并询应委袁祖铭何职。(《致林镜台电》,《孙中山全集》第4卷.第246—247页)此电由滇督军署转达,唐继尧批语:"送章总参议一阅后照转。"(中国第二历史档案馆、云南省档案馆合编:《护法运动》,第280页)

△　陆荣廷来电,表示反对与北方媾和。略谓:"段氏违法祸国,薄海同仇,西南各省兴师护国,亟应积极进行,坚持到底。廷所主张,与尊旨若合符节,循诵伟论,敢不赞同。"(《陆荣廷致孙中山电》,桑兵主

编:《各方致孙中山函电汇编》第 3 卷,第 130 页)

△ 任命尹骥、王振渚为湖南特务委员,罗冀群为大元帅府参
议。(《大元帅府简任人员职务姓名录》,《孙中山全集》第 4 卷,第 576—577 页)

△ 湖南省议会议长彭兆璜等政、军、学界代表开会议决,并来
电称:"因念国基未固,西南不可以无主帅。傅良佐、周肇祥潜逃,曾
经璜等电请解决,数日未奉明令,人心惶恐万状,实不能虚席以待。
爰于本月二十二日开各界代表会议,公举陆公荣廷为湘粤桂巡阅使,
谭公浩明为湖南督军,程公潜为湖南省长兼军务会办。"(《致冯代总统
电》,上海《中华新报》1917 年 12 月 7 日,"紧要新闻")

△ 援湘滇军彭学游司令等来电,表示响应护法义举,表示"不
忍神圣约法为彼破坏,更不忍大好河山为彼断送,现奉军长李公之
令,督率健儿,联合桂粤义军,志在护国,相继援湘"。(《援湘滇军司令
彭学游等致孙中山电》,桑兵主编:《各方致孙中山函电汇编》第 3 卷,第 132 页)

△ 北京政府国务总理段祺瑞辞职照准,以汪大燮暂代国务总
理,研究系阁员梁启超、汤化龙、范源濂、林长民等均随段去职。冯国
璋于 24 日通电说明段氏去职之苦衷。(《中华民国史事纪要(初稿)——
中华民国六年(一九一七)一至十二月份》,第 944、948 页)

11 月 23 日 颁布停招民军令。

是月 12 日,帅府已派三十多名专员到各处招兵,规定带枪士兵
来投者每月十五元军饷,未带枪来投者每月十元军饷,其时已花招兵
费五千元。此举深遭桂系之忌。陆荣廷在 20 日与胡汉民等晤商时,
对此强烈反对,要求军府停止招兵,已招者予以遣散。(粤海关档案《各
项时事传闻录》,1917 年 11 月 12 日条)亦有消息指,孙中山已招募一万四
千名兵员,其中部分属遣散军人,部分是土匪,但他平时忽视实情,声
称迄今共招十万名兵员。其大部分无武器,每人仅给军饷一角二分。
(广东省档案馆编译:《孙中山与广东——广东省档案馆库藏海关档案选译》,第
113 页)故于是日颁布停招民军令,申述其理由称:"惟近日西南各路
凯报迭至,而陈督去任,莫督接事,开诚相与,尤足维持地方之治安,

所有各属民军,除潮、梅外一律停止,以待后命。"(《军政府公报》第27号)

△　张汇滔代表孙砚农来函,报告张氏在沪运动军官情形,请拨款协助,如果暂难接济,亦请饬拨川资数十元,俾得回沪,继续进行护法事业。批以:"参军处接洽。"(环龙路档案第13968号)

△　任命李国柱为大元帅府参议。(《大元帅府简任人员职务姓名录》,《孙中山全集》第4卷,第577页)

11月24日　任命安健为川边宣慰使。(《军政府公报》第30号)

△　任命区培、左新辉、丁复、吴兆鲤为军事委员,欧阳豪为大元帅府参议,伍瑞年、劳伟、张化成、卢梓竹、何勤为西堤筹饷委员。(《大元帅府简任人员职务姓名录》,《孙中山全集》第4卷,第577—578页)

△　复电李纯,表示和议必须尊重法律。

略谓:"执事本息事宁人之忱,负排难解纷之任,人同此心,讵能持异。西南各将帅皆素以维持大局为心,相见以兵,势非得已。今日重庆虽下,师未加于宜昌;潮汕虽平,卒不逼于闽境;荆襄虽独立,甲胄未接于武汉,不可谓为无意于平和。商榷调停,本自不难就绪;然北〔方〕政府〔方〕令〔今〕任段芝贵长陆军,命龙济光扰两粤,近且闻任曹锟、张怀芝为征南总副司令,汲汲备战,不遗余力,举措如斯,何以推诚? 西南诸省纵不言进取,势不能不谋自卫,执事又将何以教之? 文以为解决国内之争,只在'法律'二字。"(《复李纯电》,《孙中山全集》第4卷,第248页)

△　莫荣新在督署召开军事会议,胡汉民、程璧光、林葆怿、李烈钧、汪精卫、陈炯明、李福林、张开儒、魏邦平等均出席。会中决定以陆海军联合攻闽。海军以程璧光为总司令,陆军分别以林虎、陈炯明、李烈钧为桂、粤、滇各军总司令。

会上,陈炯明得到莫氏的支持,得掌省长亲军二十营,且得称援闽粤军总司令。此因胡汉民、汪精卫乘时结交督署参谋长郭椿森,以陈炯明掌二十营为条件,愿支持莫之出任粤督。

会议期间,李耀汉忽通电辞广东省长职,当夜即赴肇庆原任所。表面理由称:"不忍取专城之印,致操同室之戈,因而涂炭生灵,凋伤元气,是以忍尤负谤,勉保安全,朝夕焦劳,积成忧疾,病躯恋栈,如治理何。"(《李省长辞职之粤闻》,《中华新报》1917 年 12 月 3 日,"紧要新闻")实际意在反对拨还省警卫军二十营与陈炯明,以示效忠桂系。

驻粤滇军、海军、省议会和吴景濂等国会议员对李并不挽留,拟举胡汉民长粤。(《各要人举胡展堂》,《中华新报》1917 年 12 月 3 日)据闻胡氏"已有允意。至省长公署,原统辖警卫军二十营,据胡君谓,省长一职原属专管民政,不在军权之有无,苟伊为省长,可由警厅派特务警察十余名保卫公署,无设警卫军之必要,且欲趁此次开其先例,以为后来掌民政者之范围"。(《胡汉民最近态度》,《中华新报》1917 年 12 月 4 日,"紧要新闻")

岂料出发前,陈之二十营又被李烈钧抢去五营,两人因之大起冲突。吴景濂之会计科长欧阳荣之为粤护沙统领,甘愿陈李两方面不起冲突,遂将其军队尽数拨予陈炯明,凑足二十营之数。(《吴景濂自述年谱(下)》,中国社会科学院近代史研究所近代史资料编辑组编:《近代史资料》总 107 号,第 61—62 页)

△ 张开儒来电,表示在满足以下十项条件之前,决不能与北方罢兵议和:"(一)恢复旧约法之效力,以固国本;(二)恢复旧国会,以促成宪法;(三)请黎大总统复职,如黎公辞职,则由国会解决;(四)组织合法内阁,以促进改良政治之程序;(五)惩办叛督及新旧帝党,以除祸根;(六)取消清室优待条件,以免死灰复燃;(七)解散非法之参议院;(八)反对肥私殃民一切卖国借款;(九)厚恤义军阵亡将士;(十)取消逮捕民党之伪令。"(《张开儒致孙中山电》,桑兵主编:《各方致孙中山函电汇编》第 3 卷,第 134 页)

△ 在湘省战事大胜的形势下,西南人士对于议和前途和条件未免乐观。如李烈钧致西南要人通电,提出控重兵于湖北中区、副总统由西南领袖充任、国会设于南方、海军永驻南方等条件,甚至认为

黄河以北省份若不遵从共和，"亦准其另设统治区，用人行政，由彼自主"。(《致西南各要人电》,黄季陆主编:《革命文献》第50辑,第97—98页)

△ 孙洪伊致电孙中山和非常国会，"此间与各督协商。苏督李纯有依法解决意,适用旧约法、恢复旧国会两项大可做到。鄙意以祸首倪、张等似亦难宽,但已由西南提出,望诸公坚持,稍勿迁就"。(《各省状态》,《北京日报》1917年12月6日,"群报汇选")

△ 林修梅来函，反对在未达护法目标以前，与北妥协和议。

略谓："近来北政府因外交、财政种种关系,已不能战。若我西南协力进行,自可收效。乃一二苟且偷安之人,倡言和平,其声浪已鼓动全国,置护法二字于不顾,偷目前之安,忘永久之害,既非根本的解决,其为和平能几时耶! 瞻望前途,隐忧殊深,务望我公积极主张,发摅护法之精神,奠国基于磐石。梅虽无能,自应策励将士,听候指挥。"批示："答函鼓励,并告外间近情。"(环龙路档案第04325号)

△ 陆荣廷发起南北停战。据《中华新报》揭载,南北停战之请求,原系陆氏之主动。此可见于陆复李纯之电文。略谓："我公爱民忧国,慨然出作调人,妥筹办法,允负责任,苟筹所及,必能统筹全局,俯顺舆情,宣布停战,再行提议条件,鄙意亦极赞同。惟双方停战问题,如得极峰发一明令,尤为圆满。顷已电商谭联军总司令,通饬前方各军,暂时停战,以待磋商矣。结束办法,内容若何,切希速示。"(《关于和战问题之要电》《中华新报》1917年12月8日,"紧要新闻")

△ 李烈钧致函唐继尧，"公致中山冬电,据云均已奉复。联名致电日本当道,并已由彼处拍发。大局愈入佳境,再做工夫,则完满结果可成也"。(《致唐会泽电》,黄季陆主编:《革命文献》第50辑,第98页)

11月25日 程璧光、李烈钧、张开儒、吴景濂等人来电,推举胡汉民即日就任广东省长之职,"以重民意而维粤局"。(《程海军总长等致大元帅电》,桑兵主编:《各方致孙中山函电汇编》第3卷,第137页)

△ 电复唐继尧，嘉其迭克名城，并望速下重庆。

略谓："知顾军已克合江,进取江津,兵气郁奋,名城屡捷,此非惟

劲旅效命，亦以雄麾所至，足落逆胆也，岂胜欣贺。此时重庆之势已摇，长驱荡涤，当在指顾。"（《军政府公报》第 28 号）

　　△　路透社该日北京电，对于孙派与桂系之矛盾有所揭露。略谓："广州政府屡欲与陆荣廷调和，但终无效果。目下两党之关系愈形危急。张继、吴景濂、胡汉民等新近往谒陆氏，亦无效果。陆氏显欲得两广、湖南之最高权。惟因彼之欲望，孙逸仙为之大愤。乃于十五日命兵舰攻击广州。兵舰殊不乐闻其号令，遂于翌日开往黄埔以避嫌。有孙氏之军队一小队，由其侄统带，于二十日攻击兵舰，然被击退。闻其侄身死，现极保守秘密。"（《北京电》，《申报》1917 年 11 月 28 日，"外电"）

　　另有消息称："孙文一派近因南军声势暴涨。孙文日前特派代表张继、胡汉民、吴景濂三人驰赴梧州，谒见陆荣廷。谓与北军议和，须以迁都为第一条件。陆氏拒绝不纳。孙文知陆氏不肯附己，乃又下一命令，饬令程璧光速将在粤之一部海军再发宣言，与陆氏脱离关系。程璧光、林葆怿等当复以该舰队自八月以来之饷项，均由陆氏发给，赖以维持，如非先将陆氏所发饷项偿清，则海军断不能与之脱离关系。"（《粤省近闻一束》，《北京日报》1917 年 11 月 27 日，"紧要新闻"）

　　△　冯国璋通电停战。

　　略谓："迭诵南京李督军与陆幹老来往电文，希望和平，正与鄙意符合。本拟早日发布，以定方针，只因内阁易人，辗转访求，迁延时日。若新内阁之政策，一反前内阁之所为，非从各方面竭力疏通，或恐明令一颁，或生反响，不如先从两方面剀切晓示，使其涣然冰释。""但在此犹豫期间，若两方稍有冲突，势必难以收拾。请各饬现在交战地点之前敌军队，停止进行，听候解决，不过一星期，当有分晓。"（《中华民国史事纪要（初稿）——中华民国六年（一九一七）一至十二月份》，第 952—953 页）

　　△　陕西护法军在白水起义，声讨陕西督军陈树藩。（《中华民国史事纪要（初稿）——中华民国六年（一九一七）一至十二月份》，第 953—955

页）

11月26日 电示湖北襄阳联军总司令黎天才进军机宜,促与滇、黔、川、湘、桂各军会师武汉。

略谓:"执事自辛亥革命以来,屡著勋绩,有功民国。此次宣布自主,抗〔扶〕义讨贼于江汉流域,树之风声,壮我军威,益寒敌胆。逆军之在川湘者,已师徒奔命,将吏逃遁,而奸人犹狡焉思逞,厚集兵援,思欲再战。执事据荆襄重地,地扼江汉之形胜,南与滇、黔、川、湘、桂互为声援,合力并进,以成腹背夹攻之势,则必胜之算操自我手。若复东取武汉,断敌归路,而西南大兵奋击于前,更可使逆军正〔匹〕马只轮不返。"(《致黎天才电》,《孙中山全集》第4卷,第249—250页)

△ 任命林义顺、刘德泽、钟琦为大元帅府参议,李思汉为大元帅府秘书,陈中孚为参议兼军事委员。(《大元帅府简任人员职务姓名录》,《孙中山全集》第4卷,第577页)

△ 省议会开第三次临时会,因有微恙,特派汪精卫为代表观礼并发表演说。略谓:"现在西南护法着着胜利,长沙已得,四川方面亦极力发展。至于粤省问题,以前极为险恶,但得陆巡阅使、孙中山先生同心协力,极意维持,乃能转危为安。"(《广东省长问题之各面观》,《时报》1917年12月7日,"要闻二")

11月27日 唐继尧电嘱张开儒,于粤、桂纠纷中滇军应守中立。略谓:"粤督闻已由莫荣新代理,或可稍息争端,我军暂持中立态度,极为合宜。以后对于陆幹卿,应表示联络之意,是所切盼。"12月15日又电责张不应于报端宣布李烈钧罪状,并令其部择道入川。(《唐继尧嘱张开儒于粤桂纠纷中滇军应守中立密电》《唐继尧令张开儒部入川或回滇密电》,中国第二历史档案馆、云南省档案馆合编:《护法运动》,第695—697页)

△ 李烈钧致电唐继尧,就和战问题发表看法。

略谓:"中部四督,巧日通电,调和两粤,相与周旋,而事实仍着着进行。冯洽电激励续战,用意极为狡猾,盖前既利用西南以倒段,兹复欲收复段派以固其位置。但冯、段两系,实际冲突,融合殊难,以后良好机会极多。我滇、黔似宜沉静从容应付。而实际上迅速收拾川东,整军以观大势,能截断重庆下游,断敌后路,饬降缴械尤善。此间滇军,已与海军切实联络。至必要时,拟宣言主张一切,以求完满之结果也。"(《致唐会泽电》,黄季陆主编:《革命文献》第50辑,第109—110页)

△ 邹鲁、金国治分别来电,报告广东五华已克,兴宁将下,即进攻潮州。(《邹总司令鲁致孙中山电》《军政府潮梅军前敌司令金国治致孙中山电》,桑兵主编:《各方致孙中山函电汇编》第3卷,第140—141页)

△ 程璧光等人来电,请敦促胡汉民接任粤省长。

电称:"省长一职关系地方异常重大,现李省长业经去职,继任无人。前省议会曾举胡汉民先生担任斯职,现更责无旁贷,应照省议会原案,公请胡汉民先生即日就任,以重民意而维粤局。"(汤锐祥编:《护法运动史料汇编》第4册,第60页)

△ 浙江驻甬第三旅旅长叶焕华等,联络前浙江都督、宣威将军蒋尊簋,于26日在宁波宣布自主,与浙江军民两署脱离关系,以蒋尊簋为浙军总司令,并由甬绍铁路派兵至绍兴,在百官车站驻扎。并于27日来电,宣布"与违法叛国之杨善德脱离关系,誓必荡除叛逆,兴复约法,还我国会,励行自治,成败祸福,当与国人共之"。(《宣布自主之通电》,《申报》1917年11月30日,"本埠新闻")省中派第一师师长童保喧率师至绍,29日在百官开战。甬军败回宁波,由宁波商会给资遣散,省军进驻宁波。当宁波宣告自主时,温州亦随同自主,旋于12月2日自行取消。时蒋介石正在此次自主运动之中,奉孙之命,联络宁绍各地同志,以图清除袁世凯时期之帝制余孽。(《中华民国史事纪要(初稿)——中华民国六年(一九一七)一至十二月份》,第958—959页)

△ 程璧光、李烈钧、张开儒、方声涛、陈炯明、郭椿森、汪精卫、胡汉民等,在海珠开军事大会议,程为主席,筹议向闽进军方略,决定以海军、滇军、粤军三部分,分途进取。当日所定征闽海陆联合军编制形式为:联合军总司令官程璧光、总参谋长李烈钧、总参议汪精卫;

海军总司令林葆怿,统帅海军全部;征闽粤军总司令陈炯明,统粤军二十营;征闽滇军指挥官由李烈钧兼任,下辖靖国五军(司令官张开儒、参谋长张惟胜),靖国六军(司令官方声涛,参谋长林仲墉),外有辎重队与航空队。程璧光以为联合攻闽,分途并进,只求彼此联络,互相策应,不必拘牵名义,故主张依议进行军事,勿须设置总司令官。(莫汝非:《程璧光殉国记》,黄季陆主编:《革命文献》第49辑,第384页;《中华民国史事纪要(初稿)——中华民国六年(一九一七)一至十二月份》,第969页)

△　复函叶独醒,"承汇各次款项,已由财政部照发收据",孙扶摇之委任状由陈君带呈,并请照转致吕、孙两君函。(《复叶独醒等函》,《孙中山全集》第4卷,第250页)

11月28日　江苏督军李纯来电,指出南北议和"现虽粗有端倪,而问题尚多",日内将派代表,"专程赴粤","庶陈一切"。(《江苏李督军致孙中山电》,桑兵主编:《各方致孙中山函电汇编》第3卷,第142页)

△　唐继尧来电,转告对于曹锟等四督军和谈之复电,可见唐氏坚持护法,勿稍迁就之主张。

略谓:"惟国家之治安,全恃法律为维系,倘法律得其保障,斯国基立可奠安。若执政者必叛法而行,残民以逞,则南方各省人民,宁死于枪林弹雨之中,不能偷活于暴戾淫威之下。安危利害,只在当局一转移间而已。伏乞我代总统默察乱源,深维治本,勿迁就一人以扰天下之大法,勿曲徇私意以拂全国之舆情,则兵气自消,国基自定矣。"(《唐继尧致孙中山电》,桑兵主编:《各方致孙中山函电汇编》第3卷,第142—143页)

△　覃振来电,报告湖南新近政局,并请坚持护法。

略谓:"湘城自义军到后,日就安宁,各界以军民两政主持无人,公推联军总司令谭皓〔浩〕明兼任湖南督军,湖南总司令程潜任湖南省长,会办军务。程省长业于敬日视事,谭督军尚驻衡州,意存辞让,已由各界公推代表欢迎,并分电敦劝即来就任,藉资维系。政务厅长已委易象,财政厅长已委林祖涵,其余各机关,亦将组织就绪。溃军负隅岳州,我军已节节布置,待谭督军就职后,即当大举挞伐,但国人习惯苟安,每由误会调和,至无根本廓清之望。现段逆虽畏罪潜逃,而余孽及据要津,不谋拔除,仍滋后患,恳大元帅力持正议,会商陆、唐两元帅,一致主张,俾得直捣巢穴,巩固国基。"(《覃振致孙中山电》,桑兵主编:《各方致孙中山函电汇编》第3卷,第144页)

△ 新会公民团代表周抚尘来电,为省议会原案,请胡汉民担任广东省长之职。(《新会公民代表周抚尘致孙中山电》,桑兵主编:《各方致孙中山函电汇编》第3卷,第141页)

△ 任命秦广智为大元帅府参议。(《大元帅府简任人员职务姓名录》,《孙中山全集》第4卷,第578页)

△ 北洋密探马凤池报告,孙中山已派人运动浙、皖、鄂、陕独立。此讯得自陆军参议马锦春[①]:"孙派之蒋尊簋图浙,柏文蔚图皖,季雨霖图鄂,于右任图陕。浙事已发动,而柏率刘德裕、端木横生、李晓岚、岳相如(皆皖人),季率聂豫、刘英、向海潜(皆鄂人),分寇皖、鄂,正在暗中积极进行。于亦密遣心腹往西安运动兵警,并宣布陈督军戕杀康毅如、宋向宸等罪状。"(《马凤池密报》,中国社会科学院近代史研究所近代史资料编辑组编:《近代史资料》总36号,第47页)

△ 传媒报道,驻粤英领事解米逊日前到京,与英使朱尔典见面,报告广东内情,"闻报告中亦谓陆荣廷与孙文绝对不能相合"。(《驻粤英领事日内出京》,《北京日报》1917年11月28日,"紧要新闻")

△ 湘粤桂联军总司令谭浩明发出停战通电。(《中华民国史事纪要(初稿)——中华民国六年(一九一七)一至十二月份》,第972—973页)

11月29日 电复李纯,告以停战须完全恢复约法、国会。

略谓:"惟是军政府与西南诸省,既以护法讨逆为职志,倘能约法、国会完全恢复,创乱诸逆依法惩办,并由正式国会解决总统、内阁诸问题,则半国之兵,不难·朝而罢。否则法治难复,共和徒有虚名,

---

① 此人乃陈炯明一系,前曾将黎元洪派代表金永炎、李书城到邕会议情形告知马氏。

劳师旷日，士气忿郁，口舌既穷，战祸益烈，亦非执事息事宁人之意也。"(《复李纯电》,《孙中山全集》第4卷,第252页)

△ 任命连声海为印铸局长。(《军政府公报》第30号)

△ 任命高建平为军事委员,周况为湖南军事特派员。(《大元帅府简任人员职务姓名录》,《孙中山全集》第4卷,第578页)

△ 复电刘显世,嘉其克复江津。

略谓："知贵军力摧强虏,克复江津,捷报遥传,无任欣贺。""日内想长驱直进,又克名城矣。军书之暇,幸时惠教。"(《复刘显世电》,《孙中山全集》第4卷,第253页)

△ 致电唐继尧,拟派张继、汪精卫赴日,消减日本对于南方之压力,为此征求意见。

日本议员菊池日前来电谓："俄国内乱,由俄之德俘煽成,有人中国煽动,扰东亚平和者,对支政策一变。昨阁议决定,与协商国商议,使南北妥协,中国早归平和,南方须多让步,勉求东亚大局一致。此际认为必要。赶急派遣西南各省之人于〔赴〕日,代表南方各派以在日有信用之张继、汪兆铭为宜。"孙氏接电后指出,此次石井访美,梁士诒与段充赴欧助战监督,皆与日本此举有关。国脉将以此终,不得不急图救济。更认为："南方和议,本不容外国干涉,但恐为强有力者所制","并闻协商国有利用中国人众物力以攻俄之说。对德宣战,已铸成大错。今欲并御俄、德,亡国必矣"。故拟照派张、汪二君赴日,"陈述意见,借图挽救"。(《致唐继尧电》,《孙中山全集》第4卷,第251页)唐批语："送李参赞子畅复。"(《孙文拟派张继等赴日征求意见密电》,中国第二历史档案馆、云南省档案馆合编:《护法运动》,第452页[然将此件定于12月29日,误。])

又在致孙洪伊电中称："寺内决定方针,使中国南北调和,利用我人众物力以攻俄国,此事若成,中国其高丽矣。一国之亡,当亡得轰轰烈烈,不可因冯、段之私,遂暧昧断送之也。此时救亡妙策,在南北分离,庶不致为寺内利用,劫持中央,以临各省。"并"望将此意设法传布国人"。同时请孙洪伊将此电转给李纯,并谓"如南京宣布独立,军舰当可一致相助,文或乘之来沪,以取淞浙,为李督后援,请李放胆做去,断不致孤立也"。(《致孙洪伊电》,《孙中山全集》第 4 卷,第 256 页)

同时又将菊池电之内容,转电上海国民党本部,"请告宁、赣两督,协力救亡","此间经电赞赞征求同意,一候复电,即请精、溥二兄赴日,陈述南方意见"。(《致上海国民党本部电》,《孙中山全集》第 4 卷,第 254 页)

△ 电复章太炎,致日本政府电已于 20 日会衔拍发,另"号电未到,请再以大意电示为荷"。(《复章炳麟电》,《孙中山全集》第 4 卷,第 253 页)

△ 李烈钧致电陆荣廷、唐继尧、刘显世、莫荣新、程璧光等人,报告西南组织联合会议,并拟订自主十项条件等情。(云南省档案馆藏唐继尧档案 106—3—763)同日李氏亦将《西南联合会议条例草案》送交吴景濂。该案主旨在于联络西南反北之各派势力,以联合长为主席,"力谋西南各省对内、对外一致主张",特别是媾和问题须经西南联合会议各派代表"六分五以上出席,五分四以上之同意"。(李家璘、郭鸿林、郑华编辑:《北洋军阀史料·吴景濂卷》第 3 册,第 101—107 页)

11 月 30 日 晨六时,伍廷芳、伍朝枢父子抵穗,程璧光、汪精卫、胡汉民等到码头迎接,吴景濂等议员数十人和莫荣新稍后亦往迎。伍氏父子在下午来访,并进行了长达两小时的谈话。(《伍朝枢日记》,中国社会科学院近代史研究所近代史资料编辑组编:《近代史资料》总 69 号,第 226—227 页;广东省档案馆编译:《孙中山与广东——广东省档案馆库藏海关档案选译》,第 117 页)伍氏抵粤后,"即电请冯总统派适当人物南来会商,调停南北事宜"。(《广东昨讯一束》,《北京日报》1917 年 12 月 4 日,"紧要新闻")

△ 莫荣新迎迓伍廷芳后回署,在途中被人投以炸弹。未能得逞,莫即悬赏一千元缉拿凶手。孙中山闻讯后,即派代理参军长黄大伟、参议员吴铁城前往慰问。(《大元帅派员慰问莫督军》,上海《民国日报》

1917年12月10日，"要闻"；《广东昨讯一束》，《北京日报》1917年12月4日，"紧要新闻"）

　　△　任命管鹏为安徽招抚使。（《给管鹏委任状》，《孙中山全集》第4卷，第253页）

　　△　任命周知礼为大元帅府参议，李凤威、苏苍为大元帅府秘书。（《大元帅府简任人员职务姓名录》，《孙中山全集》第4卷，第578页）

　　△　云南省议会来电，指出段祺瑞非法借款之害，绝不承认，并请加以讨伐。

　　略谓："近日各报纷传，非法政府将与某国订立军械借款专利密约，有让渡苏省凤凰山铁矿及某项械厂归其管理、派军官训练中国军队及聘该国人为军事顾问等种种条件，非法政府也已派员协商，闻之不胜骇诧。""段氏之非法政府，本为我全体人民所拒绝，则非法政府所结之条约，当然为我民国人民所誓死不承认。应请唐督军、陆巡阅使、谭、刘各督军，迅速进兵，谋讨奸慝，以救危亡。"（《滇省议会致孙中山电》，桑兵主编：《各方致孙中山函电汇编》第3卷，第147页）

　　△　报载，湖北旅粤国会议员刘成禺、居正等人来电，请"屏绝姑息，制除调和"。（《鄂籍国会议员致孙中山电》，桑兵主编：《各方致孙中山函电汇编》第3卷，第146页）

　　是月　致电贵州督军刘显世，促加强川、黔、滇军团结，共图中原。

　　电称："西南共起义师，非实力联合，不足以抗凶锋而纾国难。黔界川、湘，双方均宜顾及，援湘即所以保黔，而和川尤可以规鄂。尚希与唐、陆两帅互相提挈，以奏讨逆之功。军府居中策应，必当竭力援助。"（《致刘显世电》，《孙中山全集》第4卷，第254页）

　　作为滇系代表的李烈钧，是月17日也有电文致刘氏，劝以团结西南各省。略谓："致三公电已转达，西南团结，协定大局，皆公之赐。愚昧之见，以为国家主义、西南主义、地方主义，应相倚重。西南各省唇齿相依，除甘心附逆如周钟者，不可以常理论外，应互相辅助提携，而不相侵占抑压，精神团结，庶地方发达，由是遵依轨道，与北派竞争，国家建立之基础，始有发展之望。新旧党派，非所论于今日也。"（《复刘兴义电》，黄季陆主编：《革命文献》第 50 辑，第 109 页）

　　△　岑春煊于本月某日复函孙中山，谓："乃蒙徐君过访，宠赐大札，谠言正论，敢不拜嘉。惟时局如斯，法律之效已穷，舆论之功亦失，空言护法，曾无毫发之裨。实力斡旋，一惟西南是赖。煊所熏香祷祝，惟有公以先觉之资，竭赞助之力，以促西南当道之成功，俾国家大法赖以护持，正义人权有所保障而已，其他非所知也。"（何平、李露点注；何平修订：《岑春煊文集》，第 148 页）岑意所在，还是要依靠西南陆、唐之力量，孙之所为毫无实益。

　　岑氏的护法主张稳健，与孙之主张大不相同，可以具见其在 11 月 3 日致冯国璋之信函。略谓："所陈于我公者，不过老生常谈，亦日以法律为指归，以诚心公道为作用而已。使合肥幡然改悟，撤退傅、吴，止北兵入湘、蜀，召集正式国会，取销通缉党人命令，君子之过，日月之食，何损于合肥之闻望？"（何平、李露点注；何平修订：《岑春煊文集》，第 146 页）

　　△　是月致电张煦，委以职务，并致公债收条五十万，以充军实。

　　事前，张煦已派傅畅和代表来粤，沟通情况。此次加委张煦为川南镇守使，傅畅和为建昌道尹。并派员解送内国公债收条五十万，嘱入滇领用。（《致张煦电》，《孙中山全集》第 4 卷，第 255 页）

12 月

12 月 1 日　复函刘建藩，告以财饷短缺，无法购械。

　　略谓："购械事，甚思力为相助，无如粤省所有，供给本省各军犹异常短缺；若向国外购取，则现时西南各省犹未正式经诸国承认，事实上难可援助，故购械一层，必稍需时日，始能设法，此中艰困想能谅

之也。"(《复刘建藩电》,《孙中山全集》第4卷,第257页)

△　蒋作宾来电,请坚持护法初衷,对于约法、国会、总统、祸首诸问题,联合西南各省,一致主张,坚持到底。(《蒋作宾致孙中山电》,桑兵主编:《各方致孙中山函电汇编》第3卷,第150页)

△　任命许人观、冯中兴(四川)为军事委员。(《大元帅府简任人员职务姓名录》,《孙中山全集》第4卷,第578页)

△　前曾提出辞呈而赴肇庆之李耀汉于本日回广州,就省长之任。(《国内专电》,《时报》1917年12月5日,"公电")

△　近期香山民军各部争持不断,骚扰香山,"人民转徙流杂,伤心惨目,是未见其利,先蒙其害",当地绅士"议决联请孙文,将香属民军迅予收束,以免糜烂地方"。(《广东》,《申报》1917年12月2日,"地方通信")

△　张开儒密电唐继尧,告以粤中权力争斗之情。略谓:"其中不妥协之处甚多。陈炯明所部之廿营,被林虎分去十营,李烈钧分去八营,现陈所得者仅两营,此不妥者一也。程璧光辞海军总司令,此不妥者二也。李烈钧另自招民军一混成旅,对于滇军则欲于四师内先将非滇籍者一、二团为彼所招民军骨干,以充其数,歧视之端已开,此不妥者三也。"(云南省档案馆藏唐继尧档案106—3—763)

△　李烈钧复电陆荣廷,婉劝其应乘胜追击在湘北军,否则难免影响在川东、潮汕作战之友军。略谓:"窃以义师护法,迭败逆军,应即乘势穷追,不令生还,以为惩前毖后之计。月公①令其自由退去,宽待敌人,自属仁者之仁,未审逆军缴械投诚,抑尚盘踞岳州,阴图防阻。军事贵于协同,主张尤宜一致,诚如月公尊论,联军为义师中枢。现川东、潮汕,尚在激战,若湘中停战,似不免影响及于友军,而予敌以徐图整顿之余地。故鄙意以为此时各路义军,宜乘战胜之威,先行扫荡一切,再进而定长治久安之计。"(《复陆武鸣并通告西南电》,黄季陆

---

① 指谭浩明。

主编:《革命文献》第 50 辑,第 110 页)

△ 湖北第一师师长石星川,于本日组织靖国军,据荆州独立,并以湖北独立第一军司令官之名义发表宣言。并电湖北督军王占元,声明在允诺南方之要求召集旧国会,惩办段祺瑞等未实行以前,与北京政府及武昌脱离关系。(《中华民国史事纪要(初稿)——中华民国六年(一九一七)一至十二月份》,第 979 页)

12 月 2 日 李烈钧致电唐继尧,提出调处孙中山与陆荣廷矛盾的办法。略谓:"粤局纠纷,孙、陆不和,险象魅形,非我赐电调处,滇军居中维持,则今日不知奈何也。现仍不融洽,弟拟如左调处:一、商由藻林、韵松①会同海军林司令推中山为海陆联合军元帅,征闽援浙。二、公推伍秩庸为外交总代表。三、公推唐少川为政务委员长。四、催陆幹卿在粤组织湘桂粤三省都司令部。五、军政府即以伍、唐、陆为主幹组织,随时电商滇黔进行,采取□政治与滇黔均处于平等位置,另设参谋处以求军事上之进步。"唐继尧在 12 月 7 日有批语:"主义屡次反覆,无从指示办法,暂不复。"(《李烈钧提出调处孙中山与陆荣廷矛盾办法致唐继尧密电》,汤锐祥编:《护法运动史料汇编》第 1 册,第 104 页)

△ 广东全省招抚局局长邓耀来呈,报告招抚情形,并因广东警卫军李统领来电阻挠,请求电令该统领遵奉大元帅之命。

略谓:"本局长自奉委任招抚,设局办事,一面先在四邑属地之沙岗组设分局,当经呈报在案。后以交通未便,改在台山公益埠苏杭街门牌八十五号设局招抚,手续已积极进行。乃顷据敝分局转来驻恩台新各属广东警卫军第四十八、九营,七十六营李统领部快邮代电内开,据称为尊崇大元帅,督军通令应请大元帅、督军、省长会商明白,方许本分局在所辖区域内自由招抚等因。经本局长答复去后,窃以本局案奉大元帅委任,公布在案,系在通令禁止民军之前,且招抚之重点系为化莠为良,维持地方起见,原无何项不便之处。一经俟招抚

---

① 指张开儒、方声涛。

完备，自必奉承大元帅妥订办法，以善其后也。伏希大元帅电令该统领遵照，互相维护，以利进行为祷。"（环龙路档案第 02605 号）

12 月 3 日　致电谭延闿、程潜，请释毕同。

日前，毕同在祁阳来电，奉谭人凤之命返湘组织义军，却被拘留，请为挽救。因此去电湖南当局，略称："毕同事文固未详，第其创事之始，既以鼓励民气，协同讨逆，情实尚有可原。倘所犯轻微，望即饬令宥释。"（《致谭延闿程潜电》，《孙中山全集》第 4 卷，第 257 页）

△　任命欧阳琳为军事委员。（《大元帅府简任人员职务姓名录》，《孙中山全集》第 4 卷，第 579 页）

△　陈炯明就任援闽粤军总司令，此数月不决之问题，终告解决。（中国科学院近代史研究所中华民国史组编：《中华民国史资料丛稿·大事记》第 4 辑，第 70—74 页）另有消息指，省警卫军原拟拨出四十营由陈炯明统率。其中，有士官九期生夏述唐，时任统领，不愿接受陈炯明统率，于石龙通电脱离亲军。闻风而附之者共九营。以滇军势大，故向第四师投效。当时尚有其他不服者，故实际拨归陈统率者，仅二十营之数。（吴艺五：《我所知道的方声涛》，《上海文史资料存稿汇编》第 2 册，第 359—360 页）

△　唐绍仪乘军舰从香山抵达广州，受到各界的热烈欢迎。在答词时，唐氏略谓："自沪归来，忽忽已历数月，以家事缠扰，潜居村落，不获随诸君子后，效力驱驰，抱歉殊甚。""若至兄弟之迟迟未能来城者，以个人之事本至细微，只以识力有限，恐再参以意见，愈形参差耳。但最初曾宣言，无论若何艰苦，必不敢辞。故今趁伍公秩庸之来，信其能提挈一切，为时局之转圜者。用是亲来领教。乡兄弟已先期派郭议员赴梧州，领略陆幹老意见。将来西南大局应如何进行，愿彼此各竭其心思才力以解决之。"（《唐少川抵省之粤讯》，《中华新报》1917 年 12 月 11 日，"紧要新闻"）据闻，唐氏此行由王正廷亲自劝行。（《广东昨讯一束》，《北京日报》1917 年 12 月 4 日，"紧要新闻"）随后，唐氏与伍朝枢一同来见孙中山。（《伍朝枢日记》，中国社会科学院近代史研究所近代史资料

编辑组编:《近代史资料》总69号,第227页)

△　直隶督军曹锟、山东督军张怀芝,暨奉、黑、秦、晋、皖、豫、闽、浙诸省,及热、察、绥特别区域、上海护军使、三省剿匪督办各代表,因对付西南自主问题,于本日在天津举行会议。议决主张开战,反对调停,由各代表认定出师数目,要求中央明令讨伐。(《中华民国史事纪要(初稿)——中华民国六年(一九一七)一至十二月份》,第988页)

△　以道路传闻梧州会议八项和谈条件,李纯去电陆荣廷,望随时解释,"至将来条件自以双方调人正式函电为据"。5日陆氏复电否认,"八条廷决无其事,且非如此之人"。(《李陆来往之两原电》,《时报》1917年12月13日,"要闻二")

△　黔军突袭重庆,吴光新率师离渝,督军周道光宵遁。(《中华民国史事纪要(初稿)——中华民国六年(一九一七)一至十二月份》,第991页)

12月4日　陈炯明来电,报告已受任为攻闽粤军总司令,领军二十营。(《援闽粤军陈总司令致孙中山电》,桑兵主编:《各方致孙中山函电汇编》第3卷,第152页)

△　令饬广东招抚局局长邓耀停止招抚。

略谓:"正筹划安插之时,略有端绪,而地方官吏、士绅于招抚主旨尚多未喻,以致遇事扞格,奸人乘机假冒,以遂其私。乃丛谤于招抚,甚非设局本旨。军府深知治盗决非可以操切从事,而承流布政尤赖史士用命。人民了解既多未喻,招抚之良法美意未便强行,招抚局事宜着即行停止。所有已经派出人员均即由该局长分令撤回。"(《军政府公报》第31号)

此因招抚绿林之举颇招桂系之忌,为安抚桂系,共谋护法,不得不如此。传媒报道:"孙文在粤任邓耀为招抚局局长,招集绿林豪客,冀以充作羽翼。此举大为莫荣新、李耀汉所反对,即日通电各地文武长官,严禁招匪,并有设法解散,违者即行痛惩。"(《各省状态》,《北京日报》1917年12月18日,"群报汇选")

△　任命安瑞荘、杨春浩为云南拖坦司筹饷委员,钱祖勤为江苏

筹饷委员。(《大元帅府简任人员职务姓名录》,《孙中山全集》第4卷,第579页)

△　席正铭呈文,请拨款经营北事。获批准川资五百元。(《席正铭请拨款经营北事呈孙中山文》,桑兵主编:《各方致孙中山函电汇编》第3卷,第150—151页)

△　顾品珍来电,谓已克服重庆,"川事指日可定"。另,刘显世来电,转来顾品珍进攻重庆之报告。(《顾品珍致孙中山等电》,桑兵主编:《各方致孙中山函电汇编》第3卷,第151—152页)

△　湖北第三师长王安澜来电,愿意支持护法运动,宣布独立。

略谓:"爰于十二月一日集合属部,誓师鄂豫之交,宣布独立,业于四日进据枣、随,与西南各省一致进行。负弩先驱,整旅北伐,会师武汉,直捣京畿,迎还总统,恢复约法,巩固国基,促成法治,以慰先烈在天之灵,而竟西南护法之志。"(《湖北第三师长王安澜致孙中山电》,桑兵主编:《各方致孙中山函电汇编》第3卷,第153—154页)

△　唐绍仪、程璧光、林葆怿、吴景濂、王正廷、陈镜泉、汪精卫、胡汉民、郭松年、钮永建、伍氏父子等二十余人在海珠开会,"会商和战议和条件及西南联合会议等问题,互换意见而散"①。(《伍朝枢日记》,中国社会科学院近代史研究所近代史资料编辑组编:《近代史资料》总69号,第227页)

△　江苏督军李纯、湖北督军王占元、江西督军陈光远电请冯国璋宣布停战。(《中华民国史事纪要(初稿)——中华民国六年(一九一七)一至十二月份》,第997页)

12月5日　任命苏苍为大元帅府秘书,(《军政府公报》第33号)任命杨虎为军事委员,杨春浩为大元帅府参议。(《大元帅府简任人员职务姓名录》,《孙中山全集》第4卷,第579页)

△　接章太炎通电,略称:冯国璋之罪,减于段氏,一律声讨,不论直、皖之异。(《章太炎通电》,桑兵主编:《各方致孙中山函电汇编》第3卷,

––––––––––––

①　许多论著依据《程璧光殉国记》作11月4日,不确,其时伍廷芳尚在上海。

第 158—159 页）

△　刘显世来电，报告攻克重庆后的接收情况。(《刘督军致孙中山电》,桑兵主编:《各方致孙中山函电汇编》第 3 卷,第 154 页)

△　王文华来电，报告于昨日攻克重庆，并已启程赴渝办理善后。(《王文华致孙中山等电》,桑兵主编:《各方致孙中山函电汇编》第 3 卷,第 157 页)

△　龚振鹏等来电，昭告孙毓筠谋划帝制之罪，且为北方之"贼谍"。(《龚振鹏等致孙中山电》,桑兵主编:《各方致孙中山函电汇编》第 3 卷,第 155 页)

△　湖南巡防各营营长唐天寿、田楚珩等来电，请前湖南督军谭延闿回湘主政。

略谓:"乃者北兵来省，蹂躏之惨，纸不忍宣。现省城秩序，虽幸稍复，而主持大政，端赖得人。前谭督延闿，两次莅湘，军民爱戴，若回原任，就熟驾轻，另易生人，终非湘福。"(《湖南巡防各营营长唐天寿、田楚珩等致孙中山电》,桑兵主编:《各方致孙中山函电汇编》第 3 卷,第 157—158 页)

△　报载，冯国璋与王士珍提出南北和谈条件如下:(一)广东、广西两省克日取消自主;(二)西南各省派往四川、湖南等省之军队应一律撤归本省;(三)西南各省军民长官仍由中央遴员简命，不得违抗;(四)取消广东非常国会，由中央召集正式国会;(五)暴乱党人不准逗留境内;(六)广东所设之大元帅府尤应积极撤消;(七)陆荣廷应来京就宁威上将军本职。除以上七项之外，尚有数端因极秘密，无从探悉。

北洋各省督军已分主战、主和两派。前者有直隶、山东、浙江、安徽、奉天、吉林、黑龙江、陕西、福建、四川十省之多。明确主和者，仅李纯一人，赣、鄂二督军"以该省地当用兵必争之处，因保持治安计，亦确有消极主和之态度"。(《中央政府》,《北京日报》1917 年 12 月 5 日,"群报汇选")另有消息指:"某系政客反对旧国会并防御国民党，说冯

（国璋）主战，某秘书长进言尤力。冯以南军力攻潮汕，闽屡告急，亦疑陆（荣廷）、唐（继尧）无诚意，电苏李（纯）主和宜慎。"（《国内专电》，《时报》1917年12月16日，"公电"）

12月6日　续邀伍廷芳和唐绍仪加入军政府。

孙中山指派两代表带上密信至海珠公园，会见伍廷芳和唐绍仪，请求他们按非常国会原先选举所定，分别担任外交部长和财政部长。伍和唐回答，他们正忙于处理南北争端问题，因此不可能担任上述职务。然而几天内将亲自到访，向他进行解释。（广东省档案馆编译：《孙中山与广东——广东省档案馆库藏海关档案选译》，第119页）

△　接张开儒通电，略称：即将班师回滇，"一以减吾粤父老之负担，一以使此锋镝健儿得返故乡，与父老重话桑麻，共叙天伦"。"开儒亦得以早卸仔肩，养疴泉石，用补负国、负己之过，于愿足矣。"语意间透出对于唐、陆等西南军阀的不平之气。稍后，英、美、法各埠粤侨梁少文等1176人通电孙中山等人，请加以挽留。（《各省状态》，《北京日报》1917年12月21日，"群报汇选"；《张开儒通告班师回滇电》《英美法各埠粤侨梁少文等致孙中山电》，桑兵主编：《各方致孙中山函电汇编》第3卷，第162、195—196页）

△　唐继尧来电，告知攻克重庆，我军入城之况。（《唐继尧致孙中山电》，桑兵主编：《各方致孙中山函电汇编》第3卷，第161页）

△　章太炎等敦促速平息粤桂内部纷争，来电谓："近日湘中战事进步甚少，闻系因莫、张串通，龙果谋占两广。陆、陈因固根本，故援湘之军未能尽数出发。湘事不进，西南终无巩固之日。风闻莫等所为，仍由桂、粤不调而起。窃意陈既免职，势不能不发愤为雄。与前日之宣布自主，藉息众谤□而全无实事者，当然不同。所患者，他人蹑其后耳。公等皆公诚体国之士，当然洞见及此。望速主张大义，以息内讧，使陆、陈无内顾之忧，再促湘事之进行，实为今日要着。"（《章太炎等敦促速平息粤桂内争致程璧光等并呈孙中山电》，汤锐祥编：《护法运动史料汇编》第1册，第105页）

△ 特派秘书秦广礼作为代表,赴南京与苏督李纯磋商要件。(《南京快信》,《申报》1917 年 12 月 6 日,"要闻二")抵达上海时,"与沪上民党要人交换意见"。(《上海昨讯一束》,《北京日报》1917 年 12 月 8 日,"紧要新闻")

与李纯面谈时,秦广礼"述中山先生对于调停时局主张,唯以法律解决,并以督军坐镇江宁,实为南北两方之枢纽"。"西南之所以出师者,惟在恢复国会,国会不恢复则无调停之可言。盖恢复国会,其利于国者有五:一、巩固国基;二、宪法早成;三、早息兵祸;四、依法组织内阁;五、总统得依法继任。""中山先生到粤以来,纯为护法问题,并尝谓国内军长不乏忠诚爱国之辈,专恃西南实为放弃,故与孙伯兰先生相约各负责任,以期长江以北共起护法之师,其一毫无南北权利之光明心已可表见。"李纯答以:"民国成立,三次政变,半由于法律,半由于权利,半由于远因之恶果。果能开诚布公,何至操戈同室,以国家为掷品。予所希望于中山先生者,在默谅吾侪调人苦衷,务须以国家为前提,对于政治方面尚请放宽一步,并望与幹卿、蓂赓一致主持,共议和平之策。"(《秦广礼与李督军之谈话》,天津《益世报》1917 年 12 月 23 日,"要闻")

△ 任命温宗铠为四川军事委员。(《大元帅府简任人员职务姓名录》,《孙中山全集》第 4 卷,第 579 页)

△ 本日英文《字林西报》北京通信:近日十三省督军代表(东三省、直、鲁、晋、陕、豫、陇、新疆、皖、浙、闽),并有督军数人,于天津开会,专讨论时局。"吾人闻之不禁失笑",南北和谈条件如下:(一)两广之自主立即取消;(二)川湘南军立即出境;(三)西南诸省军民两长必归中央任命,不必征南方领袖同意;(四)取消孙逸仙之非常国会,另于北京召集正式国会;(五)各省驱逐激烈份子;(六)广州大元帅府撤除;(七)陆荣廷来京。(《西报论天津会议》,《申报》1917 年 12 月 11 日,"要闻一")

12 月 7 日 复电章太炎,指出桂系所为危害大局,望劝说唐继尧早日东下武汉,制衡陆荣廷。

略谓:"陆此次出兵,本在攫取湘权,长沙既得,其欲已偿,故一再电冯停战,而未及旧国会之应恢复;对于岳州北军,亦无驱除之意,于军府始终无诚意之表示,致冯意益肆,局势至此,危险实甚!现幸黎、石两师,举义荆、襄,闻联军亦下重庆,大江脉络可望贯通,此实一大转机。望促冀帅渝事稍定,即分兵东下,武汉三镇桂所必争,倘能为我所有,即形势略定。文于皖、洛之郊,亦稍有布置,届时当可并起相应。此间征闽军已定,协和统滇军,竞存统粤军,悦卿统海军,玉堂任联军总指挥①,一星期内,可有一部出发。此后局势,不无挽回之望,惟在吾人奋勉而已。"(《复章炳麟电》,《孙中山全集》第 4 卷,第 260-261 页)

△ 复刘显世电,"知我军已克重庆","望促冀帅及电轮司令,倘部署确定,宜即会率精锐,径趋宜、万"。(《复刘显世电》,《孙中山全集》第 4 卷,第 260 页)

△ 北京政府令湖南省长谭延闿兼署督军,但次日谭提出诸多条件,包括(一)撤退驻岳州之北军;(二)自行商请在湘桂军出境,"勿庸政府干预";(三)由中央拨予巨款,维持市面;(四)湖南原有陆军两师,仍须照旧募齐,担任本省防务。并表示,若中央不允,"决不就职"。(《湘炎纪略(战事)》,黄季陆主编:《革命文献》第 50 辑,第 27 页)

△ 程璧光来电,宣布"海军协同滇、桂、粤各军,定于本月九日起,向沿海径发"。海军派出五舰,滇军派出方声涛部之一旅。8 日粤省议会开欢送大会,非常国会议员亦至。程之初意本系亲征,然经莫荣新挽留,遂令林葆怿代领。陆荣廷时发电阻拦,请"少缓日期,暂候解决",然程仍坚持征闽。(莫汝非:《程璧光殉国记》,黄季陆主编:《革命文献》第 49 辑,第 386-387 页)

△ 任命刘荫、陆高满为军事委员,赵之璋为金边筹饷局董事

---

① 竞存、悦卿、玉堂,分指陈炯明、林葆怿、程璧光。

长。(《大元帅府简任人员职务姓名录》,《孙中山全集》第 4 卷,第 579 页)

△　《时报》转载南方民党某向大阪《每日新闻》记者发表谈话,语及孙中山之政治倾向趋于温和,与桂系之关系改善。略谓:"北京电报谓孙、陆两派隔离云云,全属子虚。夫孙逸仙之幕下,有田桐、叶夏声等激烈之理想派,又有汲其余流之实行派,而送此等人以潮州之运动场,俾攻击莫擎宇,而集中激烈之锐气者,厥惟孙。然孙之意见,近已十分温和,以余视之,胡汉民与汪兆铭等之思想,殆传诸彼矣。胡汉民之推为广东省长,同系陈炯明之任福建讨伐军司令官,皆陆荣廷之主义也。"(《南方民党某与日记者之谈话》,《时报》1917 年 12 月 7 日,"要闻二")

△　代理内政总长居正呈请任命周道万、周知礼、汪鲲南为内政部参事,照准。(《军政府公报》第 33 号)

12 月 8 日　唐继尧来电报捷,详细告知克服重庆的军事进程,本日已攻下黄角丫;而吴光新、周道刚率队离渝,渝城秩序暂由熊克武维持。(《唐继尧致孙中山电》,桑兵主编:《各方致孙中山函电汇编》第 3 卷,第 163－164 页)同日,电唐继尧、王文华,表示欣慰,并"望克日督师出峡,联合荆襄,传檄大江,以慰国人之望"。(《孙中山先生复电》,上海《民国日报》1917 年 12 月 18 日,"要闻")

△　任命彭程万为大元帅府参议。(《大元帅府简任人员职务姓名录》,《孙中山全集》第 4 卷,第 579 页)

△　李烈钧致电陆荣廷、唐继尧等,商讨筹备西南联合会议,并请注意与军政府的交涉问题。

略谓:"拟请代表诸君,迅速集合广州,先开筹备会,斟酌审慎,以为正式会议之准备。至于统筹全局,尤望幹帅主持,滇黔协同,团体既固,斯实效可期。中山先生本共和先导,作革命楷模,百折不磨,毅力可佩。将来本会议对于军政府方面宜如何接洽,期与各主帅提挈进行。"(云南省档案馆藏唐继尧档案 106－3－762)

△　何天炯致信宫崎,述及当时孙中山与日本之关系。略谓:

"刻下支那全局,自湖北独立,重庆收复后,形势又复一变矣。粤中军政府此刻惟有取稳健态度,以观时机之变耳。中山公屡欲遣弟东来,为经济之运动,弟以为此刻尚非其时,故局促于此也。"又问及对于援闽粤军(即陈炯明部)有无办法助以饷械。(杨天石、[日]狭间直树:《何天炯与孙中山》,《历史研究》1987年第5期)

12月9日 陆荣廷致电程璧光和莫荣新,请缓进取。略谓:"迭接冯代总统来电,主张调和,直、苏、鄂、赣亦与前军提议停战条件。海军出发,可否少缓日期,暂候解决,以免别生冲突。"13日,程、莫复电婉拒,表示:"冯总统及直、苏四督主张调停,似应遵从,惟旧国会尚未恢复,岳州北兵尚未撤退,停战确无担保。况莫擎宇据地称兵,李厚基增兵来援,我不攻人,人日谋我,潮汕一日未平,粤疆万难镇定。在粤海军派出五舰,滇军方师长派出一旅,于九日由省出发,径讨潮汕。如果中央诚意调和,俟潮属完全收复,再行相机进止。"(莫汝非:《程璧光殉国记》第5章,第9—10页)

12月10日 以陆荣廷私自主和,密电唐继尧促其东下武汉,予以制止。略谓:"陆主停战议和,全出于自便私图,故于近日荆、襄举义,概称之为暴动,其态度可见。"告以海军及滇粤军已于9日向闽出发,"文于黄河流域,亦有大部兵力布置",形势极好,望继尧等"迅出宜昌东下,进击武汉,则长江以北,将悉属军府范围。届时陆虽单独议和,亦无能为也"。(云南档案馆藏唐继尧档案106—3—1311)为敦促滇、黔军进军,孙中山特派黄嘉梁为劳军使,派滇军护送债券三百七十万由桂赴滇,分拨各军。

△ 布置北方之护法兵力,可从其致烟台镇守使聂伟臣之信函中窥见一斑。略谓:"吴君回,备述爱国热诚,匡时壮志,诺共进行,声讨国贼,至为钦忭。""得阁下推诚相信托,北方杰士必联袂偕来,风声所树,大势可定。"(《致聂伟臣函》,《孙中山全集》第4卷,第283页)

△ 唐继尧来电,已由他任命黄复生、卢师谛为四川靖国联军总、副司令。(《军政府公报》第33号)

△　靖国第一军总司令顾品珍来电,报告克复重庆经过。

略谓:"逆军将及十万,大半溃败,于月之四日,已将重庆完全收复,吴、周两逆逃遁。现在义师四起,共赋同仇,川事指日可定。"(《军政府公报》第 34 号)

△　湖北靖国第一军总司令石星川等来电,表示支持护法,宣布独立。其实石星川早于本月一日便宣布与西南取同一态度,因恐电线阻碍,前电未达,兹又拍发一电。或谓石拍前电时,因布置未周,语意较为和易。今则渐臻完善,故态度较前强硬。

一日之电称:"同室何忍斗争,国基不堪破坏,及段前立非法内阁,时犹复极力隐忍,冀促和平,今则调停均属空谈,大局险象环生。盖川、湘、滇、黔、桂五省各军云集,东下荆南,密迩邻封,何堪滋扰。彼既一误再误,我实忍无可忍,今为大局计、为桑梓计,已于十二月一日宣布独立,与西南各省一致行动,以巩固共和国基,恢复约法为目的。夫欲安大局必清乱源,诸公明达匡时,蓄储宏略,闻鸡起舞,谅表同情,急不择言,敬候明教。"十日之电除引用前文外,表示:"现在公安至荆水线业已修复,若有赐教,请径电荆州为祷。"(《湖北靖国第一军总司令石星川致孙中山电》,桑兵主编:《各方致孙中山函电汇编》第 3 卷,第 166—167 页;《中华民国史事纪要(初稿)——中华民国六年(一九一七)一至十二月份》,第 1029 页)

孙于是日复电,颇有勖勉之语。略谓:"近读通电,知举义荆、襄,宣言讨贼,为大江义师树之风声,威稜所播,足褫逆胆。方今滇、黔联军已先克渝关,湘、桂诸师亦进规岳阳。荆、襄控扼大江,西连巴蜀,得诸君指挥其间,从此左提右挈,共清中原,匡复之功,良可预竣。"(《军政府公报》第 33 号)①

△　任命彭瑞麟为军事委员,张伯烈、蒋文汉为湖北劳军使。(《大元帅府简任人员职务姓名录》,《孙中山全集》第 4 卷,第 580 页)

△　冯国璋征求各省和平意见。(《中华民国史事纪要(初稿)——中

---

①　《孙中山全集》第 4 卷第 262 页亦收该文,然将日期误植为 12 月 11 日。

华民国六年(一九一七)一至十二月份》,第1010页)

　　△　龙济光通告,在琼州就任两广巡阅使。陆荣廷随即赞同,并通电各处,"龙巡阅使威望素著,接替得人,尤深庆幸。嗣后各事均由新任办理"。(《龙陆交替电文》,《时报》1917年12月21日,"要闻二")

　　12月11日　湖南桃源县绅商学界代表沙荣魁等来电,恳将县知事陈镜尧留任,"以慰民望"。(《湖南桃源县绅商学界代表沙荣魁等致孙中山电》,桑兵主编:《各方致孙中山函电汇编》第3卷,第167—168页)

　　△　致电唐继尧、章太炎,告以在粤各军日内出发赴闽,并促出师东下。

　　略谓:"滇、海、粤军定日内出发赴闽,黄河流域文亦均有布置。望冀帅速出宜昌,趋武汉,下游响应者必群起,陆虽单独构和无为也。债券安南难通过,刻派滇军护送,由桂赴滇,共三百七十万,分装五箱,计三百二十五册,内三百万归冀帅拨用,又二十万交太炎先生,五十万交黄复生,先此电闻。"(《致唐继尧章炳麟电》,《孙中山全集》第4卷,第263页)

　　△　陕西省城警备军三百余人,受民党运动,于本日突然哗变,围攻督署,被击败溃走。(《中华民国史事纪要(初稿)——中华民国六年(一九一七)一至十二月份》,第1012页)

　　△　三时半,李烈钧、吴景濂、王正廷、方声涛、汤漪、杨永泰、程璧光和伍氏父子在海珠会议。议决发两电:一为通电主张恢复国会;一为公推伍廷芳为外交总代表,并于适当时机提出议和条件。(《伍朝枢日记》,中国社会科学院近代史研究所近代史资料编辑组编:《近代史资料》总69号,第229页)

　　△　李烈钧密电唐继尧,报告即将攻取闽浙,而张开儒难以共处。略谓:"攻取闽浙已预定计划进行,准于十二日偕同海军出发两混成旅,余两混成旅续行。如藻林良友,左右非人,举止恒反常,难以理喻,殊无法以处置。"唐之批语:"藻林直拗,如果难处,惟有令其回滇。"(云南省档案馆藏唐继尧档案106—3—762)

△　李烈钧致电岑春煊，告知攻闽进展。

略谓："进攻闽、浙，依预定计划进行。伍肖岩所部混成旅，并夏述唐所部混成支队，准于十二日出发。海军数艘同行。余两旅并一混成支队续行，但第三师尚在斟酌中。"（《致岑春煊电》，周元高、孟彭兴、舒颖云编：《李烈钧集》上册，第 290 页）

12 月 12 日　任命石青阳为川北招讨使。（《军政府公报》第 35 号）

△　上海《民国日报》报道孙之代表秦广礼①之谈话，论及组织军政府、孙中山与桂系之关系、孙对海军开枪打死其侄之态度、孙对总统问题的态度四个方面，称赞孙中山大公无私、惟求护法。

略谓：一、"此次组织军政府，实为巩固西南局势、统一军事计划。孙中山先生首造共和，功在民国，彼对于国家之责任心至重且大，而复光明坦白，无一毫权位利禄之私，故由非常国会公举其为海陆军大元帅，挽救已覆之共和。孙大元帅就职后即主张护法讨逆，务使约法、国会完全恢复。尝言政治可以让步，法律不能通融，盖国家根本所系，人民祸福攸关，势必坚持到底"。

二、"现在陆使对于军政府同取一致之主张，而对于解决时局亦以恢复国会为第一要件，故代理督军莫荣新莅任后，即亲往军政府面谒孙大元帅，密谈五小时之久。旋开军事会议，军政府之政策固极表赞同，且惟大元帅之命为是，此实广州数月未有之清明气象"。

三、孙氏之侄遇害"确系误会"。"因海军行营泊驻黄埔，大元帅之侄子一日将新招兵士装送黄埔编制，因船头未标旗帜，海军遥见兵轮先放空枪嘱其停轮，未及注意，海军认错敌人，即行攻击，致伤孙公子之命。事后彼此皆知误会，故安葬时程总长暨全体海军将士咸临黄埔墓前祭奠，大元帅以救国为重，此事殊不介意。两方面仍契洽如初。"

————————————

①　其时秦广礼作为国会众议员、军政府秘书，奉孙中山之命，赴南京与李纯磋商要政。

四、"至于总统问题,孙大元帅毫无成见,只求尊重约法,恢复旧国会,故今日大元帅所主张者唯护法,政权非所注意"。"时局解决之后,孙大元帅即以经济手腕救国,如修铁路、设工厂、兴实业、办学校等事。绝不愿闻政治。"(《秦广礼关于粤中状况的谈话》,汤锐祥编:《护法运动史料汇编》第1册,第108—109页)

12月13日　黄复生、卢师谛来电,报告面谒唐继尧情形,并已更名为四川靖国军,表示"川乱勘定,即可会师武汉,直抵燕云,扫除逆氛,以靖民国"。(《四川靖国军总副司令黄复生、卢师谛致孙中山电》,桑兵主编:《各方致孙中山函电汇编》第3卷,第168页)

△　杨寿彭自神户来函,报告在日本购买飞机事宜,并有刘汝霖向日本洋行提议借款五百万一事。

略谓:"连日本处新报记载潮汕战事,知我军正在活动之下,而飞机在神,尚未运回助战,甚为焦急,故着谭南芳君搭'筑后丸'十一日渡申,即由彼处往汕察视彼地情形,以为运机登陆之预备,然后电晚以便寄去。现该机存大阪仓库,至于购机各情,已由子超君面达,谅荷明鉴矣。""前数天有一人,名刘汝霖,名片上眉书'广东省财政厅顾问',并带一朱姓通译来神。云系奉广东督军陈炳焜及两广巡阅使委任状来,向汤浅洋行借五百万元之巨款,以上海某鸦片行或广东厘金税及其他矿山之利权作抵等情云云。以上各事系由本部日本某势力家口述,并询晚此事究属确否。"(环龙路档案第02996号)

△　两广巡阅使龙济光宣布取消两广自主。

其通电略谓:"回思陆干老迭次宣言,只在改造内阁,并非反对中央,磊落光明,群情共谅。现应体合肥息事宁人之意,以副干老顾全大局之诚,宣布取消自主,克日罢兵,听候大总统明令解决,于国体克保尊严,于西南能维持现状。"(《龙济光宣布取消两广自主通电》,汤锐祥编:《护法运动史料汇编》第1册,第109—110页)

△　李烈钧致电唐继尧、刘显世,力谋团结西南各派势力。

略谓:"欲收完满效果,必先与北方成对峙之形势,力谋精神团结，一致进行。""粤中意见，尚未一致，完全办法仍待磋商。讨论再四，拟先从外交一层着手，公推伍博士秩庸为外交总代表，将由莫督军，程总长，吴、王两议长通电建议。钧亦用代表名义附名。"（周元高、孟彭兴、舒颖云编：《李烈钧集》上册，第291页）

△ 唐继尧通电西南各政要，赞成李烈钧提出的成立西南联合会议的主张。略谓"幹老阳电、日公鱼电、如公真电均悉。解决大局，西南宜有一致主张。此事组织总兵机关，诚不可少。协公近因发起西南联合会议，实为图结西南要图。唯所拟条件范围较广，权责过重，不无窒碍之处。昨曾电商协公，商诸同人，酌加修订，并请派定代表早日集议，庶于应议条件得以协商，提出意见。既免纷歧，大局亦早解决，不胜喜幸。至幹公所以迟疑者，乃在惹起南北恶感，实则护法、靖国两军出后，北人之疑忌日深，亦不因组织此会而加增也"。（《各省状态》，《北京日报》1917年12月30日，"群报汇选"）

12月14日 致电李纯、陈光远，告以其所派代表李廷玉（字实忱、式丞）、白坚武（字醒亚）已来粤，并申述解决时局之主张。

苏督李纯、赣督陈光远特派赣南镇守使李廷玉、苏军署秘书白坚武为代表来粤，与孙中山商量解决时局问题。李、白于本日抵粤，孙氏特派参军长黄大伟等接待，并致电李纯、陈光远，曰："本日李、白两君来粤，备述尊旨，甚钦伟略。方今欲息纷争，但在恢复旧国会、约法。执事关怀民瘼，维持调护，深佩苦心。尚望始终主张斯义，挽救危难，国事幸甚。"①（《致李纯陈光远电》，《孙中山全集》第4卷，第238页）

李氏等人赴粤之前，先往上海与岑春煊、孙洪伊接洽。"余带李登科、白醒亚、孙雅堂随往，先到上海买礼品，以资分送孙等。抵沪时，孙伯兰说中山极盼兄到，并作书数封交余，一达李协和，一达吴莲伯，一达孙中山，一达程玉堂，且电告启程日期，已搭某轮赴香港。"（李实忱：《李实忱回忆录》，《天津文史资料选辑》第44辑，第78—79页）孙洪

---

① 孙中山致李纯、陈光远电，《孙中山全集》第4卷定为11月14日，但据上海《民国日报》报导，李廷玉、白坚武于12月14日抵粤，故前者误。

伊在给孙中山的引荐函称："其中赞襄帷幄,李君式丞之力为多,白君醒亚在李督幕中,亦多所赞助。现二君代表宁赣赴粤,商榷大举,望先生推诚接洽,加以优礼。"(《孙洪伊先生附大元帅书》,上海《民国日报》1917 年 12 月 23 日,"要闻")

△ 任命黄嘉梁为云南劳军使。(《大元帅府简任人员职务姓名录》,《孙中山全集》第 4 卷,第 580 页)

△ 广东自潮梅镇守使莫擎宇对省宣告独立后,经福建派兵往援,迭与粤护法军队接战,海丰、陆丰、五华、惠来、兴宁、梅县各县,先后均为粤护法军所占。本日护法军又攻克汕头,进据潮安县城,莫擎宇退出。粤省另任刘志陆署理潮梅镇守使。闽省援潮军队,亦于十六日离粤。(《中华民国史事纪要(初稿)——中华民国六年(一九一七)一至十二月份》,第 1014 页)

12 月 15 日 复电靖国第一军总司令顾品珍,"望乘新胜之锐,厉义武之众,直趋大江"。(《复顾品珍电》,《孙中山全集》第 4 卷,第 264、267—268 页)

△ 石星川、朱兆熊来电,公举黎天才为湖北靖国联军总司令。(《湖北靖国第一军总司令石星川致孙中山电》,桑兵主编:《各方致孙中山函电汇编》第 3 卷,第 169 页)

△ 致电唐继尧及护理滇督刘祖武,嘱保护黄嘉梁等护送公债入滇。

略谓:"特派黄嘉梁为云南劳军使,随同本府委员秦天枢、马德贵护送公债收条三百七十万,共大小六箱,及滇军十余人,日内取道粤、桂至滇,望尊处通令滇省与广西接境各官厅军队特别保护,沿途关卡迅速放行,并同时电粤、桂大吏,饬属一体保护验放为要!"(《致刘祖武唐继尧电》,《孙中山全集》第 4 卷,第 263—264 页)

△ 内阁总理王士珍主张保存旧约法,召集新国会,折衷南北意见,以谋和谈。(《国内专电》,《时报》1917 年 12 月 16 日,"公电")

12 月 16 日 与苏、赣督军代表谈话。

　　是日,李廷玉、白坚武在吴铁城的陪同下来见。孙中山与之交谈,略谓:"余只知有共和,不知有他";"惟余所酷爱之共和,不但须有共和之名,且须有共和之实。共和国之精神寄托于国会,国会为共和政治之源流,无国会共和精神无由表现"。"余自信为中国最爱和平之一人,唯余所酷爱之,和平非一时的,乃永久的。除去一切共和之障碍及为乱之种子,使国家大法得能确定,人人受此大法之支配,永久的和平之基础方能确定;不然迁就言和平,非余所乐闻也。"(《苏赣两督军代表抵粤记》,上海《民国日报》1917 年 12 月 23 日,"要闻")

　　△　莫荣新、李耀汉等来电,表示不承认由段内阁所任命的两广巡阅使龙济光,"如遇有龙军入境,应勒令缴械,若不肯缴械,即以土匪论,一律剿办。案经议决,希本省军警一体遵照办理,并恳四省一致对待为盼。希各道尹、各县知事一律出示宣布,俾使商民周知"。(《莫代督等致孙中山电》,桑兵主编:《各方致孙中山函电汇编》第 3 卷,第 170—171 页)

　　△　接广西督军谭浩明等来电,表示不愿承认龙济光的两广巡阅使之职。广西军界黄培桂等亦来电拒绝承认龙济光。(《谭总司令浩明等致孙中山电》,桑兵主编:《各方致孙中山函电汇编》第 3 卷,第 171—173 页)

　　△　李烈钧来电,支持莫、李之意见,以龙济光之任命为非法。

　　略谓:"莫、李二公咸电敬悉。西南主义,烈钧扶义驰驱,所为者法,凡关于一切非法命令行为,均非愿闻,正不论人之贤与不贤,事之当与不当也。"(《李烈钧致孙中山电》,桑兵主编:《各方致孙中山函电汇编》第 3 卷,第 173 页)

　　△　黎天才等来电,响应护法,已就任湖北靖国联军总司令之职,宣告自主。(《湖北靖国联军总司令黎天才致孙中山电》,桑兵主编:《各方致孙中山函电汇编》第 3 卷,第 169—170 页)

　　△　唐继尧致电李烈钧,要求酌加修改联合会议条例,并赞同伍廷芳为外交总代表。略谓:"南方各省趋向虽同,而精神实多涣散。

此时非团结一致,终难收完全效果,仍请将联合会议条件酌加修改,早日成立,未始非收散为整之一机关。"(云南省档案馆藏唐继尧档案106-3-1337)

12月17日 李纯在督军署,偕同省长,召开军、警、政、商、学、报各界茶话会,到者百余人。会间,对于南北和谈表达乐观之意,并语及孙中山。略谓:"今观南北督军多属主和。扬子江流域督军则一致主和,亦颇有实力。予谓南方争战,其心理既皆为国事,不为权利,则自易达到和平之境。现在所以停顿者,不过因汕头一部份战事未停耳。然予谓汕头非西南全部之意。盖西南亦有数派。一派是陆巡阅使,为粤、湘首领。一派则是孙中山,为民党首领,李协和及张、方等属之。汕战是孙派所为,陆派则已停战。大抵孙氏所争有二目的:一为国会,二为取得自己地盘。此举非中□人意思,不过孙派一种特别动作而已,大约三五天内必可解决。至于国会问题,以予观之,各主要人物亦绝无必新必旧之成见,无非尊重大多数之心理,取一种法律手续。至于其余各人议论,虽多无甚关系,此问题以外别无问题。故予决定战祸可免,可抱乐观也。况现在东北天灾流行,西南亦苦兵燹,人心厌乱极矣。故大家均可安心,旬日或廿日内必能解决。冯、王、陆、唐无不想望和平也。"(《各省状态》,《北京日报》1917年12月23日,"群报汇选")

△ 陆荣廷致电冯国璋:"奉元首上月号(二十)电,业经迭次劝告滇、黔、粤、桂四省取消自主,拥护中央。乃至日昨始得粤、桂两督来电,允肯取消自主。"但同时也表达乞退、不干政之意。(《两广诸要人取消自主之电文》,《时报》1917年12月23日,"要闻二")但这只不过是两面手法,实际仍在准备战事。此可从龙济光致北京电可见一斑。略谓:"军队甫抵阳江,莫(荣新)、李(烈钧)抵御,陆阳为调解,暗实主使,请责以大义。"(《国内专电》,《时报》1917年12月28日)

△ 国会议员彭建标、童杭时、沈智夫、黄宝铭、李宝铨致电陆荣廷、唐继尧,反对南北调和,并坚持兴师护法。略谓:"西南各省既以

护法始,当以护法终,苟法外迁就,不特有失义师声价,且伏后日乱机,故除一切问题依法解决外,万无和议可言。"(云南档案馆藏唐继尧档案106—3—1311)

12月18日 派政务厅长张伯烈、蒋文汉等赴两湖活动。

时湖北襄阳镇守使黎天才已于16日通电宣布独立,并就任"湖北靖国联军总司令",两湖护法局面有新开展,故派张伯烈赴两湖活动。交代其任务为:"一、联合湖南之显要,以保卫南方;二、联合湖北两独立地区——荆州和襄阳,采取行动,撵跑湖北督军王占元;三、要求唐继尧速派兵至汉口,以会合两广讨贼军。"(粤海关档案《各项时事传闻录》,1917年12月19日条)

△ 致电荆州靖国军第一军总司令石青阳等,颇有嘉勉之语。

略谓:"吾人此次举义西南,本为护法卫国,知非以武力为国法之保障,则无以促成平和之势,而固民国之基。""今果宣义荆、沙,为大江师旅树之先声。从此西通巴蜀,南连三湘,奉提挈左右,共规大计。会西南之雄锐,清河、洛之氛祲,俾国法得连期恢复,国政得渐臻治理,以竟吾人救国之初志。"(《军政府公报》第35号)

△ 致电唐继尧,为刘存厚、钟体道附义事,请和林镜台洽商联络。

略称:接重庆林镜台来电,有"顷闻刘、钟均决心附义,已派人赴渝接洽,不日可到"等语,"林君于川事素有联络,果如所言,于川局前途,殊多进步","望约与一商,当不无裨益"。林氏并称"现川、滇、黔将士,均极服从,理合调度应手,请酌派劲旅二大队,一出宜昌,一出下汉中",请唐氏"裁酌"。孙另电复林氏(托唐转致),已"照商蓂帅,请即接洽刘、钟及川中将士,可设法联络之,并请将近状电文"。唐氏接电后批语:"略复数语,余照转。"实则到次年元旦方将此电转致林氏。(《致唐继尧电》,《孙中山全集》第4卷,第265—266页;《孙文为刘存厚等附义请和林镜台洽商联络与唐继尧往来密电》,中国第二历史档案馆、云南省档案馆合编:《护法运动》,第282页)

△　致函王珩琯、郑渭江,感谢为尹神武案出力。

上海英捕房越界抓捕尹神武,自孙中山看来,本是冤案。"尹君本为吾党青年有志之士,在租界又无纤微罪辜,且英捕房拘票,亦非尹君本身,乃诸捕志图邀功,一味指鹿为马,越捕毒讯,黑暗至此,复有何说。"幸得王、郑二人"敦尚友谊,力为援手,使尹君虽陷幽囹,尚有昭雪之望",仍望继续协力相助。(《致王珩琯郑渭江函》,《孙中山全集》第4卷,第266页)此信由邵元冲起草。(环龙路档案第01457号)

△　川北总司令王奇等来电,愿意归顺军政府,与南方各省一致进行护法。(《川北总司令王奇致孙中山电》,桑兵主编:《各方致孙中山函电汇编》第3卷,第175页)

△　方声涛来电,告知昨晚七时遇袭,幸而伤势轻微,"仍当努力杀贼,以遂救国之志,深恐道路流传失实,特用奉告,藉慰念怀"。(《方师长声涛致孙中山电》,桑兵主编:《各方致孙中山函电汇编》第3卷,第177页)据崔文藻给唐继尧的密电,"行刺者系帝制党,已不待言"。(云南省档案馆藏唐继尧档案106—3—762)

方之出事正值与张开儒出现政治分歧之际。前者宣布就任靖国军第六军军长,后者就任军政府陆军部部长。为了攻闽,方对所部重新部署改编,将不愿归附陈炯明之夏述唐部编为第九旅。军事会议结束,方乘肩舆回太平沙小公馆,中途遇狙,受伤颇重。经日医开刀,子弹没有找出,以后颈项上结成一个大瘤。(吴艺五:《我所知道的方声涛》,《上海文史资料存稿汇编》第2册,第360页)

第三师之旅长李天保、戴永华等人于本月13日联名致电唐继尧,指斥方声涛、李烈钧贪污渎职,请予撤换。张开儒以方氏受伤,主张朱培德暂代师长。(云南省档案馆藏唐继尧档案106—3—762)

△　李烈钧来电,以闽督李厚基暗杀方声涛为由,兴兵攻闽。

略谓:"逆贼李厚基,倡乱叛法,罪恶昭著,犹不自悔悟,扰害粤疆,顷复密遣爪牙,妄逞凶锋,行刺靖国第六军方军长声涛,似此顽恶不悛,尤宜及早剪除。""准于即日协同海军督师讨伐,誓扫毒氛而清

妖孽。"(周元高、孟彭兴、舒颖云编:《李烈钧集》上册,第 294—295 页)

△　潮梅军第一支队长王升平来电,报告已克铁场、长安两处,即将进攻五华、兴宁。(《王升平等致孙中山电》,桑兵主编:《各方致孙中山函电汇编》第 3 卷,第 174 页)

△　任命蔡晓舟、陆杰、丁蔚若、杨友熙、曹子瑞为大元帅府参议,孙纵横为大元帅府参军,马荫秋为军事委员,张煦为川南镇守使,傅畅龢为四川建昌道尹(兼任大元帅府参议),马右白为四川宁远慰问使(兼任大元帅府参议),杜润昌为四川宁远军事特派员。(《大元帅府简任人员职务姓名录》,《孙中山全集》第 4 卷,第 580—581 页)

△　林镜台来电,报告四川局势,"熊、杨两君颇融洽,川事有可为,庶免钧座西顾之忧,吾党亦有荣施也"。(环龙路档案第 00508 号)

△　驻沪调查员夏芷芳来呈,报告于本月 16 日接获任命状,即日就职。拟刊用关防,以备文书来往。批答:"驻沪调查当秘密从事。所有设机关、刊关防办法不能照准。着其将关防销毁呈报。"(环龙路档案第 11371 号)

△　谭浩明抵长沙,权长军民两政事宜,省长程潜辞职督师。(《二年间湖南战争大事记》,黄季陆主编:《革命文献》第 50 辑,第 27 页)

12 月 19 日　湖北刘公等来电,表示支持黎天才宣告自主之举,并请坚持初衷,"不至总统复职,国会招集,约法恢复,逆党扫除,共和巩固,绝不能罢兵"。(《湖北刘公等致孙中山电》,桑兵主编:《各方致孙中山函电汇编》第 3 卷,第 177 页)

△　报载,"冯总统对陆干卿主疏通,并拟假龙(济光)逐孙(中山),对唐(继尧)主直接交涉"。(《本馆专电》,《中华新报》1917 年 12 月 19 日,"公电")

△　致电唐继尧、刘祖武,告知增运之军用债券收条五十万交与张午岚。

略谓:"兹派云南劳军使黄嘉梁及委员秦天枢、马德贵随带滇军十名、弁目一名,于本月二十日内外;由广州启程,经桂赴〔滇〕,解送债券七箱,共四百二十万。其较前数增加之五十万一箱,系托刘护督留交宁远张午岚总司令者,到时请电致宁远,以便张处派员来领,并望尊处仍通饬滇省与桂省接境之各官厅军警一体特别保护为要。"(《致刘祖武唐继尧电》,《孙中山全集》第4卷,第267—268页)

稍后因有桂系向北求和之讯,决将此事暂缓,待正式债券造完后,再行押送。致唐继尧、章太炎之电称:"近据私讯,陆有令两广取消自主之说,虽未征实,然讹言繁多,运送程途,在两粤境内,非三星期不能抵滇。且为数又有七箱之多,中间恐难安全。现在正式债券,三四星期内可以造完,不如待造成后,如两唐无甚变动,当径以正式债券解送,以保道途之安全,并免以公债收条更换债券之手续重复,想尊意亦以为然也。"(《致唐继尧章炳麟电》,《孙中山全集》第4卷,第277页)

△　任命师世昌为大元帅府参议。(《大元帅府简任人员职务姓名录》,《孙中山全集》第4卷,第581页)

12月20日　徐绍桢就军政府、国会、南北调停等问题,与某报记者谈话。徐认为:"孙中山对于护法本极热诚,但此失败由于孙中山就任大元帅。当时曾有多人劝彼云:护法当重实力,大元帅一职官让之幹卿担任。乃中山坚执不悟。数月以来毫无发展,职是故也。"关于国会问题,"在理自宜以恢复国会为是"。论及将来趋势,"余以为此刻南北均有不能续战之势,恐不久出于〔而〕调停了事。但调停结果谅亦不过增长一人一派之势力,于法律方面必多迁就,后患堪虞"。(汤锐祥编:《护法运动史料汇编》第3册,第109页)

△　陈庆云来函,报告学习飞行情况,并请再买大小两机,以便返国飞行练习。批答:"候有定议再答。"(环龙路档案第07934号)

△　滇系代表李烈钧致岑春煊电,赞成和谈。略谓:"此次各省推公为议和总代表,亦即表示诚意之一。而北方居心如何,弗计也。我公硕德雄才,全国系望,迭番护法,皆具苦心,知必有伟画,以慰国人也。"(《致岑西林电》,黄季陆主编:《革命文献》第50辑,第99页)

△ 冯国璋任命段祺瑞为参战督办。(《湘炎纪略(战事)》,黄季陆主编:《革命文献》第50辑,第28页)

△ 李纯来电,已悉代表抵粤会谈之况,"承示各节,正言庄论,钦佩尤殷。辱承勉励,纯虽不敏,谨当恪循初旨,贯彻始终,藉冀稍裨时局"。(《南京李督军致孙中山电》,桑兵主编:《各方致孙中山函电汇编》第3卷,第178页)

△ 湘西护国军总司令张学济来电,不满停战议和以来,"种种争议,卒无所成,徒懈我军之心,而厚彼敌之备",可见北方无诚意和谈,恳请通令前敌兵士从速作战。(《湘西护国军张总司令致孙中山电》,桑兵主编:《各方致孙中山函电汇编》第3卷,第178页)

12月21日 密电唐继尧并转章太炎,为陆荣廷等附北,请唐践约就元帅职。电称:"自龙宣布就巡阅职,陆即通电交卸,又电两粤取消自主。莫督及在湘各桂军将领抑不□行,虽其中别有机缄,粤终恐煽动。如蓂帅能就元帅职,则西南护法根本上不致动摇。今荆、襄、黎、石业已联合□□□,异军突起。蓂帅前者□电曾言:川局稍定,当可就职。今渝埠既克,军势极振,又当粤局诡幻,正蓂帅践约就职时也。如此则观听既一,大江以北,必将群起应之。对内对外,尤易生效。望先生及时开陈,并约川、滇、黔各将领一致推戴。风声所播,陆虽单独媾和,无能为也。文于粤局,自当始终维持,而蓂帅就职,所关尤重。"(《孙文为陆荣廷等附北请唐继尧践约就元帅职密电》,中国第二历史档案馆、云南省档案馆合编:《护法运动》,第450页)

△ 赞同西南地方实力派接受唐继尧统一指挥,以进行北伐。在复重庆镇守使熊克武等电中表示:"川、滇、黔唇齿相依,谊等一体。执事又与蓂帅为体〔休〕戚相共,当此协同救国之时,务宜通力合作,以厚实力,会师东下,进规归宜。"(《复熊克武等电》,《孙中山全集》第4卷,第269页)

△ 莫荣新、程璧光、李烈钧、陈炯明来电,不满停战和谈之后,北方仍不断骚扰南方,"倘不根本消弭,万一战端再开,则谁为乱首,

谁为厉阶,公论所判,无所逃罪"。(《莫代督等致孙中山电》,桑兵主编:《各方致孙中山函电汇编》第3卷,第179页)

　　△　石青阳来电,推举唐继尧、刘显世为川滇黔联军总、副司令,并请东出北伐。(《四川总指挥官致孙中山电》,桑兵主编:《各方致孙中山函电汇编》第3卷,第180页)

　　△　据东方通信社消息,陆荣廷去电冯国璋,开示和谈三条件:一、召集新国会;二、南军撤退湘南,北军撤退岳州;三、黎元洪之辞职当取决于国会。(《国内杂电》,《时报》1917年12月22日,"译电")

　　△　莫荣新有辞职之讯,闻警卫军公举李耀汉继任广东督军。军政府中人则主张以胡汉民继任。(《国内专电》,《时报》1917年12月22日,"公电")

　　△　传闻日前有人请取消孙文等通缉令,未允。(《国内专电》,《时报》1917年12月22日,"公电")

　　△　唐继尧致电粤桂各要人(独缺孙中山),推举岑春煊为西南联合会议总代表,以参加南北议和谈判。(云南省档案馆藏唐继尧档案106-3-196)

　　△　郭坚前在河东率军反对陕西督军陈树藩,失败后退驻凤翔。近自称陕西护法军西南路总司令,宣告与西南取一致行动。(《中华民国史事纪要(初稿)——中华民国六年(一九一七)一至十二月份》,第1043页)

12月22日　刘显世来电,支持唐继尧为川滇黔联军总司令,但自己不愿就任副司令,"不惟骈枝,转于军事进行诸多滞碍,断不宜设,请即作罢"。次日再电请免议。(《贵州刘督军致孙中山电》,桑兵主编:《各方致孙中山函电汇编》第3卷,第181、184页)

　　△　致电刘建藩,嘱释放毕同。

　　此据谭人凤电称:"前派毕同至湘,号召义军作西南之声援。嗣闻忽因事被逮,羁押零陵,嘱代电尊处,请为省释。""查毕同返湘举义,志有足多,其后因事逮羁,倘果情有可原,尚请量予省释,以厉国民好义之气。"(《致刘建藩电》,《孙中山全集》第4卷,第269页)

12月23日　致电唐继尧等,贺云南讨袁纪念。

略谓:"乙丙之交,逆袁叛国,帝制自为,国人怵于淫威暴力,相顾屏息。时蓂帅僻处南疆,不忍坐视共和沦胥,与诸君率先声讨,劳师数万,转战于数千里间,断胿糜踵,后先相继,海内始群起应之,卒使逆袁穷蹙以死,馀逆解体,民国始由危而复定。""今届纪念之辰,又当民国漂摇之际,蓂帅及诸君正戮力戎行,感念前功,责弥艰巨。所望力任靖国之业,成民国三造之功。"(《致刘云峰等电》,《孙中山全集》第4卷,第269—270页)

△　唐继尧来电,通报四川北军反扑情形,表示"继尧初衷原无在蜀省用兵之意,如仍反顺效逆,惟有令三省联军以共弃之"。(《唐继尧致孙中山电》,桑兵主编:《各方致孙中山函电汇编》第3卷,第184页)

△　接上海孙洪伊通电,认为冯国璋议和调和不可恃,"既拒绝主要之国会,而又日为磋商条件之调停,是明明欲以各省或各人私利为饵,易诸公护法之初心"。南方诸公仍应"坚定护法,拒绝和议","为一劳永逸之计"。(《孙总长由沪致孙中山电》,桑兵主编:《各方致孙中山函电汇编》第3卷,第185—186页)

△　张左丞来函,详细报告四川战局及滇军失败之因,拟再留滇一月,待川局稳固,再行返粤复命。另陈经济上之困顿,请速汇款千元。(环龙路档案第04099.1号)同日另函报告,周道刚部之旅长王佑于在合江宣布独立,熊克武通电宣布与西南一致,刘存厚亦有倾向西南之意,滇军在川之形势大为好转;并告温宗铠报效白银千两。军府在滇之五军事委员和张氏以经费缺乏,公推冯中兴返粤面陈一切。(环龙路档案第04099.2号)

△　李纯接陆荣廷之电文,略谓"以法律为归宿,临时参议院非法机关,宜速取消,国会新旧可以另商"。(《国内专电》,《时报》1917年12月25日,"公电")

△　湘西招抚使胡瑛来电,认为目前按兵不动,坐失时机,正拟北伐。(《湘西胡招抚使致孙中山电》,桑兵主编:《各方致孙中山函电汇编》第3

卷,第182—183页)

△ 任命林春华为大元帅府参议,顾人宜、赵德恒、赵德裕为大元帅府参军。(《大元帅府简任人员职务姓名录》,《孙中山全集》第4卷,第581页)

12月24日 接谭浩明等通电,指出自停战以来,"段氏罢职仅去其名,河间言和,难行其实"。"兹特通告我全国父老兄弟,凡自今以后,倘有战事发生,当然有尸其咎者。浩不学,不知死生,不顾势利,中更不别南北,惟既同为共和国民,则断不容有武力专制之魔孽发其间,以造成亡国之奴隶。"(《湘桂粤联军谭总司令致孙中山电》,桑兵主编:《各方致孙中山函电汇编》第3卷,第187页)

△ 以本日为民国四年云南首义国庆日,派代理参军长黄大伟代祭首义诸先烈。(《委派黄大伟代祭先烈令》,《孙中山全集》第4卷,第270页)

△颁布《纪念云南护国首义布告》,"嗣经国会决议,以云南首义之日为国庆日","当兹飘摇之运,弥念匡复之功,凡我邦人,允宜一体庆祝,示欢愉之忱,凛惕厉之志,戮力同心,共靖国难"。(《军政府公报》第36号)意在肯定唐继尧的历史功绩,促进唐就元帅职,并率师图鄂。

△ 复电湖南林修梅旅长,勖勉坚持护法。

略谓:"近日少数人狃于私图,率主张和议。陆幹卿且密电两粤,议取消自主,嗣莫代督以众意反对,抑不实行,态度颇极暧昧。文以为现在西南,既以护法为宗旨,则无论如何必贯彻始终为止。况重庆已得,荆、襄继起,倘能竭力坚持,必可益望发展。岭南方面,文当力任维持之责,望兄与湘中及前敌各将领,互以此意相勉,勿误于缓兵之护,致废一篑之功。"(《复林修梅电》,《孙中山全集》第4卷,第271页)

△ 派本府参军赵德恒(号诚伯)为云南靖国后备军慰问使。并着秘书处作书五通,交其带往云南,"联络感情,并详告此间状况"。(《任命赵德恒职务令》,陈旭麓、郝盛潮主编,王耿雄等编:《孙中山集外集》,第

706页)

12月25日　石星川来电,请催促伍廷芳就任南方外交总代表。(《湖北靖国第一军石总司令致孙中山电》,桑兵主编:《各方致孙中山函电汇编》第3卷,第188—189页)

△　岑春煊致电冯国璋。略谓:"为钧座计,必当尊重法纪,收拾人心,国有纲维而始立。"旨在要其遵守约法,恢复旧国会。(《岑西林致冯总统电》,《时报》1917年12月27日,"公电")

△　大总统冯国璋布告停战。(《湘灾纪略(战事)》,黄季陆主编:《革命文献》第50辑,第28页)

12月26日　致电江苏督军李纯,请其排难解纷,维持大局。略谓:"执事本息人之忧,负排难解纷之任,人同此心,讵能持异?""然北政府方令任段芝贵长陆军,命龙济光扰两粤,近且闻任曹锟、张怀芝为征南总副司令,汲汲备战,不遗余力,举措如斯,何以推诚?西南诸省,纵不言进取,势不能不谋自卫,执事又将何以教之?文以为解决国内之争,只在法律二字,办法本极简易。执事负调停之责,全国属望所归,西南将帅,尤所钦重,望示以良规,力求持平。"(《李纯为孙文请其排难解纷维持大局密电》,中国第二历史档案馆、云南省档案馆合编:《护法运动》,第1089页)

其时直皖暗争甚为激烈,孙中山思以利用之。据居正在沪所得消息:"比晤伯兰时,适有人自宁来云,李督已联合陈督表示决心从根本上着手,大有除恶务尽之气概。其态度较陆、唐、程为明了。但彼方甚希望粤中海、陆军并力攻闽;滇、黔、桂、川诸军会师武汉,使北派中一般梗法主战者闻风胆落;彼方乃得乘机直捣,一刀两断。尔时国会自行集会于南京与定都于南京,似为彼方所甚愿,是一可喜之消息。"(《吴景濂函电有稿》,中国社会科学院近代史研究所近代史资料编辑组编:《近代史资料》总42号,第3页)

△　致电湖北靖国联军司令黎天才等人,鼓励继续进行护法战争。

略谓:"执事据荆襄之重地,扼江汉之形胜,南与滇、黔、川、湘、桂军互为声援,合力并进,以成腹背夹攻之势,则必胜之算操自我手。""尚希积极进行,贯彻终始,尽歼丑类,永奠民国。"(《致黎天才等电》,《孙中山全集》第4卷,第272页)

△　特任古应芬代理大元帅秘书长。(罗家伦主编,黄季陆、秦孝仪增订:《国父年谱(增订本)》下册,第791页)

△　李纯的和谈代表李廷玉在武鸣密电唐继尧,告以西南各方势力所示态度,并询唐之和谈条件。略谓:"近晤中山,则云段已下台,只在恢复国会,别无条件可言,惩办罪魁,向不主张,况外患逼来,正宜早息阋墙,同御外侮,惟国力单弱,但须严守中立,不可投入漩涡,致中日人诡计。""程玉堂尊重护法,愿息干戈,与中山同一宗旨,惟对龙使就职,颇抱不平,业由玉堂请李秀督等设法取消前令。李协和进战潮汕,经李秀督电阻,业已罢兵,并拍出致前方电文告示,谓□□等不尚空谈,专重实际,但得法律复活,作外交后盾,不计其他。陆幹老宅心冲淡,酷爱和平,且云倒阁问题解决,只有复法一端。"唐氏批示:"李廷玉不知何许人?"(云南档案馆藏唐继尧档案106-3-1311)

△　李廷玉致湖北督军王占元电,引述陆荣廷的和谈条件:"尊重法律,拥戴河间,始终如一。段阁倒后,无他问题,只在双方撤兵,赶速恢复国会,俾黄陂正式辞职,河间依法继任,一切善后处置,静待中央解决,遵令而行。"并请王氏约束驻岳各军,免碍调停。李氏另将此电内容转发赣督陈光远。(《李廷玉所存电稿》,中国社会科学院近代史研究所近代史资料编译室编著:《一九一九年南北议和资料》,第1-3页)

△　北京政府下停战布告。(《命令》,《北京日报》1917年12月27日)

12月27日　李纯来电,表示已尽力调停,请坚持议和。略称:"近日事实乃出意表,其先既无所闻,及已发见,亦曾沥诚上陈,冀尽忠告。两路出兵,迭经力争,然总因调人诚信未孚,以致难收效果,惶愧无地。幸近中央已宣布停战命令,似有转圜。现国家大势仍属危迫,非力求和平,不足以挽危局而御外侮。我公手造民国,中外同钦,解决国内之争,固在法律,然亦恃大力,始足使四万万国民出水火而登衽席也。"(《南京李督军致孙中山电》,桑兵主编:《各方致孙中山函电汇编》第3卷,第189页)

△ 孙中山之代表张继、汪精卫抵达南京,谒苏督李纯,"商议和问题","仍主恢复旧国会"。二人于次日晚车回沪。(《南京快信》,《申报》1917年12月29日,"要闻一";《南京快信》,《中华新报》1917年12月29日,"紧要新闻")

△ 致电章太炎,望章对唐晓以利害,促其舍蜀图鄂。

略谓:"北军内讧,黎、石奋起,此时用兵之地,适在中原。倘滇军能顺流东下,会师武汉,则长江下游、黄河流域,必更有响应者,斯时破竹之势已成,其所获视之泸州损失,奚啻倍蓰。""望告莫〔冀〕帅,早撤驻泸之师,鼓行而东,期与黎、石联络,破敌必矣。"(《致章炳麟电》,《孙中山全集》第4卷,第272页)

△ 任命李思辕为大元帅府参议。(《大元帅府简任人员职务姓名录》,《孙中山全集》第4卷,第581页)

△ 批答周之贞报告经营西江之事,"各事可听执信计划而行"。(《批周之贞函》,《孙中山全集》第4卷,第273页)

△ 伍廷芳通电,力主恢复旧国会。(《国内专电》,《时报》1917年12月29日,"公电")

△ 潮梅镇守使刘志陆致电督军莫荣新,报告潮海关税务司查禄德函称,"潮海关监督郑浩确未潜逃,郑系中央任命,陈前督亦经加委,到关以来,为本税务司公认,今遽易新手,木司尚未通过,请乞督军将成命取消"。意在拒绝军政府委任的新海关监督。(《时报》1918年1月5日,"要闻二")

12月28日 唐继尧来电,于本日就任川黔滇靖国军联军总司令,

副司令将请周道刚担任。(《唐继尧致孙中山电》,桑兵主编:《各方致孙中山函电汇编》第 3 卷,第 190 页)

△　王士珍来电,请维时局,并劝一致议和。(《本馆专电》,《中华新报》1917 年 12 月 31 日,"公电")

△　石星川、朱兆熊来电,对于南北停战,命令纷歧,表示"靡知所从"。"大局前途究应如何着手解决,敝军理应协同动作,自未敢擅行歧异,尚希不遗在远,示知大计,俾便有所遵循。"(《湖北靖国第一军石总司令等致孙中山电》,桑兵主编:《各方致孙中山函电汇编》第 3 卷,第 190 页)

△　复电章太炎,请告唐继尧,李纯趋于中立,北军势孤,请尽早东下图鄂。

略谓:"能不与川军争持,克取东下,大局庶有裨益。昨得密告,北军仍赓南来,议和必非诚意。"而苏督李纯"态度渐近明了,闻有派兵浦口截诸〔堵〕北兵之事,西南益不孤矣"。至于福建,方声涛已出兵两团攻闽,陈炯明"得兵十余营,不日亦可向闽出发"。如李纯"能于中部独立,则北方援师已绝,破闽必矣"。另外,林德轩等"起兵湘西,有兵二团,令其改用靖国军名号",请告唐继尧"与之提挈"。(《复章炳麟电》,《孙中山全集》第 4 卷,第 273 页)

△　致电唐继尧、刘显世、熊克武等人,告知林德轩、张学济、周则范、胡汉所部起兵湘西,"德轩有兵三千,余众相若,集合于常、澧,合之张、周诸军,计湘西有两师以上,决计与荆石师联络"。"护法军现令改称靖国军,以归划一。请转告前敌各将官,妥为联络。"(《致唐继尧等电》,《孙中山全集》第 4 卷,第 274—275 页)

△　致电黎天才等人,告以湖南常、澧等地有林德轩等友军三千余人,"足为贵军之助,希妥为接洽,互相提挈"。(《致黎天才等电》,《孙中山全集》第 4 卷,第 274 页)

△　致电零陵镇守使刘建藩、长沙林修梅旅长,告以湘中同志林德轩等人有兵两师,"均属惯战之士,与两公谊属旧交",以各友军相

互提挈为勖。(《致刘建藩林修梅电》,《孙中山全集》第4卷,第274页)

△　任命郑炳煊为四川军事委员,董耕云、王洪身为大元帅府参军。(《大元帅府简任人员职务姓名录》,《孙中山全集》第4卷,第581页)

△　杨虎来函,承命经营沪事,现时机成熟,望汇现款前来,方能有济。(环龙路档案第11564号)

△　下午,李烈钧发起会议,在海珠讨论护法各省联合事,各省代表均列席,到者二十余人。(《伍朝枢日记》,中国社会科学院近代史研究所近代史资料编辑组编:《近代史资料》总69号,第231页)

△　近日传媒消息指,非常国会议员到南京者七十余人,拟将国会迁南京,并准备选举李纯为副总统。条件为支持南方。然李未允。(《各省状态》《非常国会与李苏督》,《北京日报》1917年12月28日,"群报汇选";12月29日,"紧要新闻")

12月29日　报载,"闻陆荣廷、孙中山、唐继尧等均电李督,推岑西林为议和总代表,惟岑以时局混沌任责繁,推辞不就"。(《南京快信》,《申报》1917年12月29日,"要闻一")可见孙对岑春煊虽甚不赞成,但为势所迫,也只有承认岑之调人地位。

△复电唐继尧、刘显世,明确表示:"熊镇守使举滇、川、黔三省总副司令,为统一指挥起见,文极赞同。责望所关,两公毋以撝谦自许,望早就职,以慰众心。"(《军政府公报》第38号)

△　内阁总理王士珍来电,大意谓南北宜不分畛域,务恳设法维持。(《国内专电》,《时报》1917年12月31日,"公电")

12月30日　孙洪伊、徐谦等人自上海来电,略谓北方对于和谈"毫无诚意",不过是"利用停战之名腾出时间,以筹军备之故智"。应速提出条件:"(一)恢复旧国会;(二)北京当局宣言守法。此两项办到,始实行停战,再协议其他条件,否则,姑息言和,失千载一时之机,贻再次战乱之祸。且冯、段挟中央以临,诸将罢兵而后渐次剪除,良可寒心。"(《孙总长、徐代理秘书长等由沪致孙中山电》,桑兵主编:《各方致孙中山函电汇编》第3卷,第191页)

△　任命吴忠信为大元帅府参军。(《大元帅府简任人员职务姓名录》,《孙中山全集》第 4 卷,第 581 页)

△　任命郑启聪为大元帅府参议。(《军政府公报》第 47 号)

12 月 31 日　陆荣廷来电,解释前次主张和谈之意,惟现已解职,不再负担战和责任。略谓:"迭准前途来电,雅意殷拳,时局艰虞,复何忍国内再滋纷扰。不得不勉竭棉薄,出任调停。是以有会商前敌停战,及忠告各省罢兵,并劝桂粤取消自主之电。比来往返蹉〔磋〕商,迄无端绪,群情疑惑,枝节横生。廷方解职,此间冀得闭门养病,调融无术,徒切杞忧,所有战守事宜,此间不敢遥制。尚希诸公协商办理,共维大局。"(《陆荣廷致孙中山电》,桑兵主编:《各方致孙中山函电汇编》第 3 卷,第 193 页)

△　莫荣新来电,龙济光入寇雷州,即派沈鸿英率兵讨伐。沈亦来电,已于本日就职,"当整率师干,誓灭逆贼,以靖妖氛"。(《莫代督致孙中山电》,桑兵主编:《各方致孙中山函电汇编》第 3 卷,第 192 页)莫荣新的主战态度颇为坚决,此可从其致岑春煊之电文亦可窥见。略谓:"此次西南各省自主,义在护法,故所争者乃约法效力有无之问题,非国会自身有无之问题。约法既无解散国会明文,政府即不应以非法解散。非谓旧国会之必良,其议员之皆善也。优劣之见,人各不同,姑无论新国会之未必优于旧国会也。即使比较为优,又焉知未来者之不以为劣,而以非法解散。循此不已,国本既失,何以为治! 故此次所争旧国会之恢复者,不在国会之自身,而在约法之效力。国会自身之有无,实为别一问题,乌足以召集新国会塞责,而塞我义师之口!"(《莫荣新复岑西林电》,《时报》1917 年 12 月 31 日,"本埠新闻")

△　程潜等人来电,赞同岑春煊就任西南联合会议总代表,专任和谈事宜。另电通报致冯国璋电文,要求保障约法,回复国会,并请南方诸公一致主张,以"还我共和,保持大局"。(《湘军总司令程潜等致孙中山电》,桑兵主编:《各方致孙中山函电汇编》第 3 卷,第 193—195 页)

△　李纯来电,祝贺春禧。(《南京李督军致孙中山电》,桑兵主编:《各

方致孙中山函电汇编》第 3 卷，第 192 页）

△　曹锟、张作霖、倪嗣冲、阎锡山等十督军通电反对恢复旧国会，主张以临时参议院代行国会职权。（《中华民国史事纪要（初稿）——中华民国六年（一九一七）一至十二月份》，第 16－18 页）

△　莫荣新、程璧光起草的《中华民国护法各省联合条例》出台，并分电陆荣廷、唐继尧、熊克武、刘显世、谭浩明、程潜等人，征求意见。

其所规定之组织、义务较为松散，受一意求和的桂系影响较大。该条例规定联合会议由护法各省自主政府及海军各派一人组成，"未完全自主省分之护法各军及各战区之联合军，经联合会议承认者，得各派全权①代表一人"。此外经过公推之"民国元老"亦得与会。凡与会各派势力，"有不得脱离之义务"，"非得联合会议之许可，不得募集外债，或与外人订立以土地、矿山、公产作抵之契约"，"不得为停战之宣告，或和平条例之提出"。（《莫荣新等征求对护法各省联合条例意见密电》，中国第二历史档案馆、云南省档案馆合编：《护法运动》，第 453－455 页）

是月　多方设法筹款，以济急需，但收效甚少。

据粤海关档案《各项时事传闻录》12 月 11 日、27 日条载：孙中山派人于新宁（即台山）、江门、石龙和花山设立四个办公署发动认捐，冀筹款五万元。同时报纸传闻，孙氏已派代表至内陆各地以及新加坡等地募捐。由于督军、省长不支持，公债难于推销，故派许崇智、戴季陶赴沪以低利率推销公债于日商，并达成协议，推销一千万元公债券，实仅获三百万元现金。因条件苛刻而遭到非议。负责此项工作之廖仲恺特函报纸，否认此事。

△　复电石青阳等人，分析唐继尧就任元帅之必要性，并对四川时局有所交代。

略谓："近日龙已宣布就巡阅使职，陆即通电交卸。又电莫督取

---

①　据莫荣新等 1918 年 1 月 16 日致岑春煊等密电，句中"全权"二字系笔误，应删除。

消自主,莫及在湘各桂军将领,抑不奉行,一面海陆军又声讨龙氏,此中固别有机械,然粤局终恐生变动,故唐帅就职尤为时势所不可缓。""械弹实无法购运,目前缺乏,由青阳请滇、黔接济,较顺而易得。"(《复石青阳等电》,《孙中山全集》第 4 卷,第 278 页)

△ 葛永青来函,欲在山东青州组织义师,并报告起事方略,请核夺施行。(环龙路档案第 02606 号)

△ 舆论传闻西南方面有惩办祸首电到京。"据知其内蕴者言,此举实为请撤消孙文、吴景濂等通缉令而发。中央对于孙、吴通缉令有取消意,如果实行,则此项要求亦将消灭。"(《国内专电》,《时报》1918 年 1 月 3 日,"公电")

是年 军政府成立后,委任鲁籍国会议员刘冠三为山东招讨使,主持山东护法事务。冠三返回上海,置招讨使办事处,以班启瑞为参谋处处长,隋即吾为秘书处处长,赵光为财政处处长,使人返省分赴各县,潜召民军旧部,广罗绿林豪强。刘冠三亲往郯城,与党人刘憨商讨策略,偕丁德金返上海。至冬间,布置略定,委任薄子明、孙楚云、陈成功、宫锡德、丁德金为各路司令,邓天乙为前敌总指挥,使各路便宜行事。

第一路司令薄子明,代理司令庞子周,继之者范铭新,战绩特著,威行数百里,震惊鲁地,绵延数年之久。二路司令孙楚云以资望未孚,幸得赵光助之,勉成一队。十二月一日发青岛,至昌邑县南之炸山,为日本宪兵所扼而散。二路军于是终。五路司令宫锡德,与其党胡慎之、姜树甲,及族子澍藻等,募集得百人。十二月六日发上海,至威海卫英租界登岸。英吏洞悉,迫之缴械,众散而锡德、澍藻被囚,不久释出,返上海。五路军至此结束。其余各路均无实绩可纪。(《山东护法之师》,黄季陆主编:《革命文献》第 50 辑,第 254—257 页)

△ 到粤后,与刘成禺谈话,言及护法难为一般民众所了解,故前途并不乐观。

略谓:"凡纲领、命语愈简单,人愈明了,运动无不成功。""至若三民主义、五权宪法，为立国之根本，中人以上能言之，大批中下民众，甚难解释。行之恐周章时日，不若排满口号，推倒满清之易。民国成立以来，民国无皇帝，民众一说即知，故反对帝制，袁世凯八十三日而崩溃。今来广州，以护法为号召，所护何法？法如何护？难为一般民众详尽告之，恐此事难结良果。"（《与刘成禺的谈话》，陈旭麓、郝盛潮主编，王耿雄等编：《孙中山集外集》，第230—231页）

　　△　马幼伯来函，陈述六年来民党失败之故，主要在于缺少可依赖之兵力，不可仅恃法理。并请严密党务。

　　略谓："推原其故，虽由于旧官僚之拥权，亦由于民党之无健全对抗强力耳。强力云何，兵权是也。尝思民党几次举义，均借重于他人之固有兵力，无论成事与失败，终成他人之势力，而民党毕竟空空洞洞，一无立足之所，此皆吾党经过之前车也。今日者，乱局也。法理二字，以之治世可也，以之平乱，则断乎不能。是必从强力着手，乃可推翻帝制余孽。故窃以为此次政府成立，拟请筹备饷械，组织民军。查各省民党中之健全分子，须十年来始终不变其志者，以命令委之，饬其就该省募练民军，军团师团旅团，视其人之才具，亦不必限于陆军出身，与所在之名望定之。此在血性爱国男子，一奉明令，其必自筹饷械，竭力进行，将来训成劲旅，散在各省，为吾党挤〔掎〕角声势，调往前敌，即为民党强大兵力，胜则节节进行，败亦有各省根据，万不至再蹈前辙也。"对于党务，"今后组织，应宜严加限制，务使其成为健全巩固之党，则将来本党主义，或可实现，国家前途，庶可有望焉"。（《马幼伯陈述云南政局及严密党务意见书》，桑兵主编：《各方致孙中山函电汇编》第3卷，第196—198页）

　　△　马骧等来函，以黄毓英在云南辛亥革命之功，请表彰之。（《马骧等请表彰黄毓英致孙中山函》，桑兵主编：《各方致孙中山函电汇编》第3卷，第198—199页）

　　△　为鼎湖山庆云寺法师题词："一切有情，众生平等。"

　　时在夫人宋庆龄的陪同下，邀请一些资助过革命的华侨和港商游览鼎湖山,并到飞水潭瀑布下游泳。当时孙夫人和魏邦平夫人在树下乘凉,孙氏则会见了庆云寺法师,并应法师的请求题了词。(《为鼎湖山庆云寺法师题词》,郝盛潮主编、王耿雄等编:《孙中山集外集补编》,第211页)